Springer-Lehrbuch

Für weitere Bände
http://www.springer.com/series/1183

Jochen Schumann • Ulrich Meyer
Wolfgang Ströbele

Grundzüge der mikroökonomischen Theorie

Neunte, aktualisierte Auflage

Prof. em. Dr. Dr. h.c. Jochen Schumann
Westfälische Wilhelms-Universität Münster
Wirtschaftswissenschaftliche Fakultät
Lehrstuhl für Volkswirtschaftstheorie
Universitätsstr. 14-16
48143 Münster
Deutschland
15pevo@wiwi.uni-muenster.de

Prof. Dr. Wolfgang Ströbele
Westfälische Wilhelms-Universität Münster
Wirtschaftswissenschaftliche Fakultät
Lehrstuhl für Volkswirtschaftstheorie
Universitätsstr. 14-16
48143 Münster
Deutschland
15wost@wiwi.uni-muenster.de

Prof. i.R. Dr. Ulrich Meyer
Otto-Friedrich-Universität Bamberg
Lehrstuhl für Volkswirtschaftslehre
Feldkirchenstr. 21
96045 Bamberg
Deutschland
ulrich.meyer@uni-bamberg.de

ISSN 0937-7433
ISBN 978-3-642-21224-6   e-ISBN 978-3-642-21225-3
DOI 10.1007/978-3-642-21225-3
Springer Heidelberg Dordrecht London New York

Die Deutsche Nationalbibliothek verzeichnet diese Publikation in der Deutschen Nationalbibliografie; detaillierte bibliografische Daten sind im Internet über http://dnb.d-nb.de abrufbar.

© Springer-Verlag Berlin Heidelberg 1971, 1976, 1980, 1984, 1987, 1992, 1999, 2007, 2011
Dieses Werk ist urheberrechtlich geschützt. Die dadurch begründeten Rechte, insbesondere die der Übersetzung, des Nachdrucks, des Vortrags, der Entnahme von Abbildungen und Tabellen, der Funksendung, der Mikroverfilmung oder der Vervielfältigung auf anderen Wegen und der Speicherung in Datenverarbeitungsanlagen, bleiben, auch bei nur auszugsweiser Verwertung, vorbehalten. Eine Vervielfältigung dieses Werkes oder von Teilen dieses Werkes ist auch im Einzelfall nur in den Grenzen der gesetzlichen Bestimmungen des Urheberrechtsgesetzes der Bundesrepublik Deutschland vom 9. September 1965 in der jeweils geltenden Fassung zulässig. Sie ist grundsätzlich vergütungspflichtig. Zuwiderhandlungen unterliegen den Strafbestimmungen des Urheberrechtsgesetzes.
Die Wiedergabe von Gebrauchsnamen, Handelsnamen, Warenbezeichnungen usw. in diesem Werk berechtigt auch ohne besondere Kennzeichnung nicht zu der Annahme, dass solche Namen im Sinne der Warenzeichen- und Markenschutz-Gesetzgebung als frei zu betrachten wären und daher von jedermann benutzt werden dürften.

Einbandentwurf: WMXDesign GmbH, Heidelberg

Gedruckt auf säurefreiem Papier

Springer ist Teil der Fachverlagsgruppe Springer Science+Business Media (www.springer.com)

Vorwort zur neunten Auflage

Mit dieser Neuauflage geht das Lehrbuch in sein fünftes Lebensjahrzehnt. Die 1. Auflage, die 1971 als „Heidelberger Taschenbuch" erschien, beschränkte sich auf traditionelle Neoklassik und ist mit späteren Auflagen nicht mehr zu vergleichen. Die 3. Auflage von 1980 enthielt wesentliche Erweiterungen und neue Kapitel über Faktormärkte (einschließlich erschöpfbarer Ressourcen) sowie über aktuelle Entwicklungen wie asymmetrische Information, Neue Mikroökonomik, Ungleichgewichtstheorie, externe Effekte und Eigentumsrechte. In der 6. Auflage von 1993 wurde dem umfangreich gewordenen Stoff ein einführender Überblick als Kapitel 0 vorangestellt und die Neue Institutionenökonomik, vor allem die Transaktionskostentheorie des Unternehmens, in den Mittelpunkt gestellt. Seit der 7. Auflage von 1999 ergänzen Ulrich Meyer und Wolfgang Ströbele den bisherigen Autor Jochen Schumann. Jeder der nun drei Autoren übernahm die Zuständigkeit für bestimmte Kapitel, Abschnitte und Sachgebiete (vgl. dazu das Vorwort zur siebten Auflage); dadurch gelang eine gründliche Überarbeitung und Erweiterung z.B. auf Versicherungsmärkte. Die 8. Auflage von 2006 erhielt neue Akzente z.B. durch eine Einführung in internationale Aspekte der Mikroökonomik und den Innovationswettbewerb mittels „Patentrennen". Die hiermit vorgelegte 9. Auflage konzentriert sich auf die Beseitigung einiger Fehler im Text sowie auf Ergänzung der Literatur- und Sachverzeichnisse.

Wir hoffen, mit der Neuauflage studentischen und nicht-studentischen Lesern ein Lehrbuch vorzulegen, das sich bemüht, den vielgestaltigen Stoff so darzulegen, dass das Funktionieren einer Marktwirtschaft mit ihren Vorzügen und möglichen Mängeln sichtbar wird. Für Vorschläge zur Stoffauswahl für Anfänger und Fortgeschrittene verweisen wir auf das Vorwort zur siebten Auflage.

Für engagierte Mitwirkung an der technischen Gestaltung der 9. Auflage danken wir herzlich Herrn Diplom-Kaufmann Daniel Schultz. Verbliebene Fehler verantworten wir gemeinsam.

Münster und Bamberg, im Mai 2011

Jochen Schumann, Ulrich Meyer, Wolfgang Ströbele

Vorwort zur achten Auflage

Die Neuauflage wurde von den drei Autoren gründlich überarbeitet. Jochen Schumann war vor allem zuständig für Kapitel 0 (Marktwirtschaft im Überblick, mit einem neuen Abschnitt I über „Internationale Aspekte der Marktwirtschaft"), Kapitel VI.C-F (Erweiterungen) und Kapitel VII (Wettbewerb, Sozialpolitik, Toleranz). Ulrich Meyer legte den Schwerpunkt auf Kapitel I (Haushalt), Kapitel III (vollständige Konkurrenz) und Kapitel VI.A (Erweiterungen). Wolfgang Ströbele widmete sich besonders Kapitel II (Unternehmen), Kapitel IV (unvollständige Konkurrenz) und Kapitel VI.B (Erweiterungen).
Die Neuauflage von

Ulrich Meyer, Jochen Diekmann
Arbeitsbuch zu den Grundzügen der mikroökonomischen Theorie,
5., überarbeitete und erweiterte Aufl., Springer Lehrbuch 2000.

empfiehlt sich wieder als Ergänzung, auch zu dieser Auflage des Lehrbuchs.
An der technischen Gestaltung der achten Auflage waren beteiligt Herr Diplom Volkswirt Michael Heuterkes, Herr cand. rer. pol. Kai Flinkerbusch und Herr cand. rer. pol. Achim Voß; ihnen sagen wir herzlichen Dank.
Gemeinsam verantworten wir wieder verbliebene Fehler.

Münster, im Dezember 2006

Jochen Schumann, Ulrich Meyer, Wolfgang Ströbele

Aus dem Vorwort zur siebten Auflage

Es gibt große Vorbilder dafür, dass in die reiferen Jahre gekommene Autoren für die Neuauflage ihres Werkes jüngere Kollegen als Mitautoren engagieren.

Die Mitautoren übernahmen es, alle Kapitel durchzusehen und die meisten Kapitel zum Teil erheblich aufzuarbeiten. Ulrich Meyer widmete sich besonders Kapitel I (Theorie des Haushalts) und Kapitel III (Vollständige Konkurrenz). Wolfgang Ströbele bearbeitete besonders Kapitel II (Theorie des Unternehmens) und Kapitel IV (Unvollständige Konkurrenz). In Kapitel VI wurden die Abschnitte zur Entscheidung bei Risiko von Ulrich Meyer, die über asymmetrische Information und Prinzipal-Agenten-Theorie von Wolfgang Ströbele neu formuliert. Hinzugekommen ist ein Schlusskapitel VII von Jochen Schumann, welches die Verbindung der Mikroökonomik zu den Wettbewerbslehren herstellt und fragt, ob eine Marktwirtschaft durch Sozialpolitik ergänzt werden sollte und einem ethischen Anspruch wie Toleranz gerecht werden kann.

Das Buch richtet sich weiterhin als Einführung, die nicht nur exemplarisch auf wenige Problembereiche, sondern auf ein relativ breites Spektrum von Fragestellungen der Mikroökonomik ausgerichtet ist, an Studierende der Volkswirtschaftslehre und der Betriebswirtschaftslehre im Grundstudium und im Hauptstudium. Es ist so abgefasst, dass ein Dozent oder Leser die Möglichkeit der Stoffauswahl, z.B. für Anfänger oder für Fortgeschrittene, hat. Ausdrücklich für Anfänger gemeint ist der Überblick über die Theorie der Marktwirtschaft in Kapitel 0, der beispielsweise durch die Institutionenökonomik aus Kapitel VI und durch das Schlusskapitel VII ergänzt werden kann. Auch für Fortgeschrittene ist, insbesondere was die „Ergänzungen" in den Kapiteln II und III angeht, eine Auswahl möglich.

Die früheren Auflagen des Buches profitierten von einer Vielzahl von fachlichen Anregungen durch Prof. Dr. Eva Bössmann, Prof. Dr. Susanne Wied-Nebbeling, Prof. Dr. Werner Güth, Prof. Dr. Jürgen Roth, Dr. Jochen Dieckmann, Dr. Gerhard Thor und Dr. Detlef Aufderheide. An deren inhaltlicher und technischer Gestaltung waren ferner Dr. Hans Brüning, Dr. Christof Domrös, Dr. Wolf-Rüdiger Frank, Dr. Konrad Rentrup, Prof. Dr. Johann Walter und Elisabeth Zöller beteiligt. Petra Voß im Sekretariat erledigte die organisatorischen und viele der technischen Arbeiten ohne Verlust an guter Laune.

An der technischen Gestaltung der Neuauflage waren beteiligt von der Universität Bamberg Diplomvolkswirt Michael Betten, Diplomvolkswirtin Anja Theis und Diplomkauffrau Stephanie Sehlen, von der Universität Münster Dr. rer. pol Jürgen Blank, Dipl.-Oec Hartmut Clausen, stud. rer. pol. Ursula Kneilmann, stud. rer. pol. Jens Weyer und cand. rer. pol. Sven Flakowski. Allen gilt unser herzlicher Dank!

Inhaltsverzeichnis

VORWORT V

KAPITEL 0. EINFÜHRUNG: THEORIE DER MARKTWIRTSCHAFT IM
        ÜBERBLICK 1

A. METHODISCHE BEMERKUNGEN: MIKROÖKONOMIK, MAKROÖKONOMIK
   UND BETRIEBSWIRTSCHAFTSLEHRE 1
B. BEDÜRFNISSE, NUTZEN, PRODUKTION UND KNAPPHEIT 4
   1. Bedürfnisse 4
   2. Nutzen und Güter 4
   3. Produktion und Produktionsfaktoren 5
   4. Knappheit 6
C. WETTBEWERB, PREISE UND EIGENINTERESSE 9
   1. Wettbewerb und Preise 9
   2. Eigeninteresse 11
D. NACHFRAGE UND ANGEBOT AN EINEM MARKT 14
   1. Die Nachfrage der Haushalte nach einem Konsumgut 14
   2. Das Angebot der Unternehmen an einem Konsumgut 17
E. MÄRKTE UND MARKTGLEICHGEWICHTE 22
   1. Der idealtypische Markt mit vollständiger Konkurrenz 22
   2. Hinweis auf Marktformen unvollständiger Konkurrenz 24
   3. Weitere Aspekte marktwirtschaftlichen Geschehens 29
F. MARKTLICHE KOORDINATION DER GESAMTWIRTSCHAFT 30
   1. Ausgangspunkt: Gleichgewicht auf allen Märkten im
      volkswirtschaftlichen Kreislauf 30
   2. Störungen des Gleichgewichts 32
G. VORZÜGE MARKTLICHER KOORDINATION 33
   1. Individuelle Entfaltungsmöglichkeiten 33
   2. Relativ faires Zuteilungsverfahren 34
   3. Arbeitsteilung und Produktivitätssteigerung 34

4. Statische Effizienz: PARETO-Optimalität 36
5. Dynamische Effizienz: Innovatorischer Wettbewerb 37
H. DEFEKTE MARKTLICHER KOORDINATION 38
  1. Allgemeine Marktunvollkommenheiten 38
  2. Fälle des Marktversagens 38
     a. Natürliches Monopol *38*
     b. Externe Effekte *39*
     c. Kollektivgüter *39*
I. INTERNATIONALE ASPEKTE DER MARKTWIRTSCHAFT 40

KAPITEL I. THEORIE DES HAUSHALTS 47

A. EINFÜHRUNG 47
B. THEORIE DER HAUSHALTSNACHFRAGE 48
  1. Die Budget- oder Bilanzgleichung 48
  2. Nutzenfunktionen und Indifferenzkurven 49
  3. Der optimale Verbrauchsplan 57
     a. Geometrische Bestimmung *57*
     b. Analytische Bestimmung *58*
     c. Exkurs zum LAGRANGE-Verfahren *61*
  4. Die Nachfrage des Haushalts 63
     a. Allgemeine Nachfragefunktionen *63*
     b. Spezielle Nachfragefunktionen: Einkommens-Konsum-Kurven und ENGELsche Kurven *65*
     c. Spezielle Nachfragefunktionen: Preis-Konsum-Kurven, MARSHALLsche Nachfragekurven und Kreuznachfragekurven *68*
     d. Einkommens- und Substitutionseffekt, GIFFENsches Paradox . . *71*
     e. Exkurs: Elastizitäten *73*
  5. Kardinale und ordinale Nutzenfunktionen, Indifferenzkurven und Präferenzen 78
     a. Ordinale Nutzenfunktionen und monotone Transformationen . *78*
     b. Axiomatische Charakterisierung von ordinalen Nutzenfunktionen . *80*
  6. Indirekte Nutzenfunktion und Dualität 82
  7. Ergänzungen 88
     a. Präferenzen für einzelne und mehrere Personen *88*
     b. Die Bedeutung von Gütereigenschaften *90*
     c. Die Bedeutung der Konsumzeit *92*
     d. Aggregation von Nachfragekurven der Haushalte *94*
     e. Nachfrageinterdependenzen *97*
     f. Die Problematik der Konsumentensouveränität und des rationalen Verhaltens *101*
     g. Unvollständige Information *104*

h. Rationales Verhalten unter Unsicherheit	*106*
C. THEORIE DES HAUSHALTSANGEBOTS	109
1. Arbeitsangebot	109
a. Höhe des Arbeitsangebots	*109*
b. Zusammensetzung des Arbeitsangebots	*114*
2. Kapitalangebot	116
D. INTERTEMPORALE HAUSHALTSGLEICHGEWICHTE	117
1. Das intertemporale Nachfragegleichgewicht	117
2. Das intertemporale Angebotsgleichgewicht	122

KAPITEL II. THEORIE DES UNTERNEHMENS — 127

A. EINFÜHRUNG	127
B. DIE PRODUKTIONSFUNKTION	133
1. Fixe und variable Faktoren	133
2. Produktionsfunktion und Isoquanten	134
3. Ertragskurven und Isoquanten für substitutionale Produktionsfunktionen	139
4. Skalenelastizität und homogene Produktionsfunktionen	146
C. DIE KOSTENFUNKTION (BEI GEGEBENEN FAKTORPREISEN)	156
1. Kosten und Isokostengleichung	156
2. Die Minimalkostenkombination: Geometrische Bestimmung	158
3. Die Minimalkostenkombination: Analytische Bestimmung	160
4. Der Expansionspfad (Faktoranpassungskurve)	161
5. Ableitung der Kostenfunktion	162
6. Durchschnittskosten und Grenzkosten	167
7. Dualität von Produktions- und Kostenfunktion	169
D. DER OPTIMALE PRODUKTIONSPLAN (BEI GEGEBENEN PREISEN FÜR PRODUKT UND FAKTOREN)	172
1. Bestimmung des allgemeinen Gewinnmaximums	172
2. Eigenschaften des optimalen Produktionsplans	177
E. ALLGEMEINE UND SPEZIELLE ANGEBOTS- UND NACHFRAGEFUNKTIONEN	179
1. Allgemeine Angebots- und Nachfragefunktion	179
2. Spezielle Angebotsfunktionen	179
3. Spezielle Nachfragefunktion	181
F. KOSTENKURVEN, OPTIMALER PRODUKTIONSPLAN, ANGEBOT UND NACHFRAGE BEI LINEAR-HOMOGENER PRODUKTIONSFUNKTION	186
G. LANGFRISTIGE KOSTEN- UND LANGFRISTIGE ANGEBOTSKURVE	191
1. Die langfristige Kostenkurve	191
2. Langfristige Durchschnitts- und Grenzkostenkurve	192

3. Langfristig optimaler Produktionsplan und langfristige Angebotskurve — 194
4. Alternative Verläufe der langfristigen Kosten- und Angebotskurven — 195
5. Der Produktionsapparat als variabler Faktor — 197

H. AUFBAU DES PRODUKTIONSAPPARATES DURCH INVESTITION — 197

I. AGGREGATION VON ANGEBOTS- UND NACHFRAGEKURVEN DER UNTERNEHMEN — 201

J. ERGÄNZUNGEN — 203
1. Externe Produktionseffekte — 203
2. Das Mehrproduktunternehmen — 208

KAPITEL III. VOLLSTÄNDIGE KONKURRENZ AUF EINEM MARKT ODER AUF ALLEN MÄRKTEN — 215

A. VOLLSTÄNDIGE KONKURRENZ AUF DEM MARKT FÜR EIN GUT: DAS PARTIELLE KONKURRENZGLEICHGEWICHT — 215
1. Marktbeschreibung — 215
2. Bestimmung von Gleichgewichtspreis und Gleichgewichtsmenge aus gesamtwirtschaftlicher Nachfrage- und Angebotskurve — 217
   a. Die gesamtwirtschaftliche Nachfrage- bzw. Angebotskurve aus der Sicht des einzelnen Marktteilnehmers als Mengenanpasser — *217*
   b. Bestimmung von Gleichgewichtspreis und Gleichgewichtsmenge — *218*
   c. Spielregeln zum Ablauf eines Marktes mit vollständiger Konkurrenz — *220*
   d. Existenz, Eindeutigkeit und Stabilität des partiellen Konkurrenzgleichgewichts — *221*
   e. Die Begriffe Käufer- und Verkäuferrente — *225*
3. Veränderungen des partiellen Konkurrenzgleichgewichts — 228
   a. Verschiebung von Nachfrage- oder Angebotskurve — *228*
   b. Besteuerung von Nachfrage oder Angebot — *229*
   c. Staatlich festgesetzter Höchst- oder Mindestpreis — *230*
4. Zeitaspekte des Konkurrenzgleichgewichts — 231
   a. Verzögerte Angebotsanpassung: Das Spinngewebe-Modell — *231*
   b. Kassamärkte, Terminmärkte und Spekulation — *236*
5. Langfristiges partielles Konkurrenzgleichgewicht bei freiem Marktzugang — 238

B. VOLLSTÄNDIGE KONKURRENZ AUF ALLEN MÄRKTEN: DAS TOTALE KONKURRENZGLEICHGEWICHT — 242
1. Einführung — 242
2. Formulierung des Modells — 244
   a. Angebot und Nachfrage der Haushalte — *244*
   b. Angebot und Nachfrage der Unternehmen — *246*
   c. Marktgleichgewichtsbedingungen — *247*

    d. Das gesamte Modell   248
    e. PARETO-Optimalität und die Marginalbedingungen des Güterverbrauchs und des Faktoreinsatzes   251
3. Geometrische und wohlfahrtstheoretische Interpretation I: Der Fall des „reinen Tausches"   253
    a. EDGEWORTH-Box und Tauschkurven für die zum Verbrauch bestimmten Güter   253
    b. Kontraktkurve und Nutzenmöglichkeitenkurve   258
    c. Die gesellschaftliche Wohlfahrtsfunktion   260
4. Geometrische und wohlfahrtstheoretische Interpretation II: Einbeziehung der Produktion   262
    a. EDGEWORTH-Box für die als Faktoren verwendeten Güter   263
    b. Kontraktkurve und Produktionsmöglichkeitenkurve   264
    c. Marginalbedingung für die Gütertransformation   270
    d. Produktionsmöglichkeitenkurve und Nutzenmöglichkeitenkurve   272
    e. Die gesellschaftliche Wohlfahrtsfunktion   274
5. Zusammenfassung der Eigenschaften eines totalen Konkurrenzgleichgewichts   276
6. Die Bedeutung externer Effekte   277

KAPITEL IV. VERSCHIEDENE VARIANTEN DER UNVOLLSTÄNDIGEN KONKURRENZ AUF DEM MARKT FÜR EIN GUT   **281**

A. EINFÜHRUNG   281

B. MONOPOLMÄRKTE   283
    1. Marktbeschreibung   283
    2. Das Angebotsmonopol   284
        a. Das Problem der Marktabgrenzung   284
        b. Preis-Absatz-, Erlös- und Grenzerlösfunktion   285
        c. Der optimale Produktionsplan des Angebotsmonopolisten   287
        d. Monopolistische Preisdifferenzierung   293
        e. Langfristiges Gleichgewicht im Angebotsmonopol   297
        f. Das natürliche Monopol   299
        g. Teilmonopol   305
    3. Das Nachfragemonopol (Monopson)   309
    4. Das bilaterale Monopol   313
        a. Problemstellung und Verhaltensweisen   313
        b. Bilaterales Monopol im Fall des „reinen Tausches"   314
        c. Bilaterales Monopol zwischen zwei Unternehmen   317

C. MÄRKTE MIT MONOPOLISTISCHER KONKURRENZ   323
    1. Marktbeschreibung   323
    2. Monopolistische Angebotskonkurrenz   324
        a. Allgemeine Beschreibung   324

  b. *Der Ansatz GUTENBERGS*   *325*
  c. *Der Ansatz CHAMBERLINS*   *329*
  d. *Langfristiges Gleichgewicht bei monopolistischer Angebotskonkurrenz*   *332*
 3. Monopolistische Nachfragekonkurrenz   334

D. OLIGOPOLMÄRKTE   339
 1. Marktbeschreibung   339
 2. Das Angebotsoligopol: Mengenfixierung bei homogener Konkurrenz   342
  a. *Das homogene Mengenduopol von Cournot*   *342*
  b. *Das asymmetrische Duopol von V. STACKELBERG*   *350*
  c. *Gemeinsame Gewinnmaximierung und Kartellbildung*   *353*
  d. *Vergleich der Lösungen des homogenen Mengenduopols*   *355*
  e. *Abwehr von Markteintritten*   *356*
 3. Das Angebotsoligopol: Preisstrategien bei homogener Konkurrenz   359
  a. *BERTRAND-Lösung im homogenen Duopol ohne Kapazitätsbegrenzung*   *359*
  b. *Kapazitätsgrenzen*   *360*
 4. Das Angebotsoligopol: Preisfixierung bei heterogener Konkurrenz   361
  a. *Die geknickte Preis-Absatz-Kurve*   *361*
  b. *Preisstrategien im heterogenen Duopol: NASH-, V. STACKELBERG- und Preisführerschaftslösung*   *363*
 5. Das Nachfrageoligopol: Preisfixierung bei heterogener Konkurrenz   371

E. KOOPERATION ZWISCHEN ANBIETERN   374
 1. Einführung   374
 2. Kartelle   375
 3. Preisführerschaft   381

F. ENTSTEHUNG, ZEITLICHE ENTWICKLUNG VON MÄRKTEN UND MARKTEINTRITTSHEMMNISSE   382
 1. Einführung   382
 2. Unternehmer und Innovationen   382
 3. Die Theorie der Marktphasen (Produkt-Lebenszyklus)   388
 4. „Angreifbare Märkte" und Markteintrittshemmnisse   390

KAPITEL V. THEORIE DER FAKTORMÄRKTE UND DER MÄRKTE FÜR ERSCHÖPFBARE RESSOURCEN   **393**

A. EINFÜHRUNG   393

B. FAKTORPREIS UND GRENZPRODUKTIVITÄT   394
 1. Allgemeine Formulierung der Bedingungen für den optimalen Einsatz variabler Faktoren   394
 2. Vergleich früher behandelter Fälle   395
 3. Die Bedeutung gewerkschaftlicher Mindestlohnsatzpolitik   399

C. DIE PRODUKTIONSFAKTOREN ARBEIT, SACHKAPITAL UND BODEN ... 402
   1. Faktorbestände, Faktornutzungen, Faktorvarianten ... 402
   2. Ein Zusammenhang zwischen Faktorbestandspreis, Faktornutzungspreis und Zinssatz: Das Renditeausgleichstheorem ... 404
   3. Renten und Quasi-Renten bei vollständiger Konkurrenz auf Faktornutzungsmärkten ... 407
   4. Quasi-Renten bei spezialisierten Faktoren ... 410
   5. Mobilität von Produktionsfaktoren ... 411
   6. Sonderprobleme des Arbeitsmarktes ... 412

D. ZUR THEORIE ERSCHÖPFBARER RESSOURCEN ... 415
   1. Definition erschöpfbarer Ressourcen ... 415
   2. Die zeitliche Verteilung des Abbaus erschöpfbarer Ressourcen als Grundsatzproblem ... 416
   3. Die HOTELLING-Regel ... 417
   4. Die zeitliche Verteilung des Abbaus erschöpfbarer Ressourcen bei vollständiger Konkurrenz und im Angebotsmonopol ... 421

KAPITEL VI. ERWEITERUNGEN ... 427

A. ENTSCHEIDUNGEN UNTER RISIKO ... 427
   1. Erwartungsnutzentheorie ... 427
      a. Risikonutzenfunktion ... *427*
      b. Anwendung: Vermögens- und Haftpflichtversicherung ... *430*
      c. Zwei-Zustands-Diagramm ... *434*
      d. Anwendung: Optimaler Deckungsgrad einer Versicherung ... *436*
      e. Anwendung: Asymmetrische Informationen auf dem Versicherungsmarkt ... *438*
      f. Risikoaversionsmaße ... *441*
   2. μ-σ-Analyse ... 444
      a. Das μ-σ-Diagramm ... *444*
      b. Der Zusammenhang zwischen μ-σ-Analyse und Erwartungsnutzentheorie ... *446*
      c. Anwendung: Optimales Portfolio ... *448*

B. ASYMMETRISCHE INFORMATION ... 450
   1. Das allgemeine Prinzipal-Agenten-Problem ... 450
   2. Das Problem der moralischen Wagnisse (moral hazard) ... 452
   3. Adverse Selektion ... 457
   4. Signalgebung ... 459

C. NEUE MIKROÖKONOMIK UND UNGLEICHGEWICHTSTHEORIE ... 460
   1. Einführung ... 460
   2. Unvollständige Information und Informationskosten als Grund für nicht markträumende Preise ... 461
   3. Anwendung auf den Arbeitsmarkt: Sucharbeitslosigkeit ... 463
   4. „Neue Mikroökonomik" - eine Ungleichgewichtstheorie? ... 466

5. Mikroökonomische Grundlagen KEYNESscher
   Ungleichgewichtstheorie („Neue Makroökonomik") 467
D. ALTERNATIVE ANSÄTZE ZUR THEORIE DES UNTERNEHMENS 474
   1. Einführung 474
   2. Preissetzung auf der Grundlage von Kostenzuschlägen 474
   3. Trennung von Eigentum und Management 477
   4. Alternative Maximierungszielsetzungen 480
   5. Unternehmensinterne Ineffizienzen 482
   6. Zielsetzung „Satisfizierung" und Verhaltenstheorie des
      Unternehmens 483
E. „NEUE INSTITUTIONENÖKONOMIK": UNTERNEHMEN, MÄRKTE UND
   KOOPERATIONEN ALS ÖKONOMISCHE KOORDINATIONSINSTITUTIONEN 485
   1. Einführung 485
   2. Die Koordinationsinstitutionen „Markt" und „Unternehmen" in der
      Theorie von COASE 486
   3. Transaktionskostentheorie: Die Governance-Richtung von
      WILLIAMSON 488
      a. Verhalten der an Transaktionen beteiligten Personen *488*
      b. Transaktionen und Transaktionskosten *488*
      c. Absicherung vertraglicher Regelungen *490*
      *d. Dimensionen von Transaktionen: Unsicherheit, Häufigkeit,
         Faktorspezifität* *490*
      e. Fixfaktoren und Faktormobilität im Verhältnis zur Faktorspezifität *492*
      f. Die fundamentale Transformation *493*
      g. Faktorspezifität und vertikale Integration *496*
      *h. Faktorspezifität, Transaktionshäufigkeit und Koordinationsstruktur
         (governance structure)* *499*
      i. Abschließende Bemerkung *503*
   4. Transaktionskostentheorie und *Agency*-Theorie: Ein Vergleich 504
F. PROPERTY RIGHTS UND EXTERNE EFFEKTE 505
   1. Privateigentum und *property rights* 505
   2. Externe Effekte 506
   3. Gemeineigentum und externe Effekte: Die Rationalitätsfalle 508
   4. Internalisierung von externen Effekten: Das COASE-Theorem 509

KAPITEL VII. DREI ABSCHLIEßENDE ANMERKUNGEN ZUR
             MARKTWIRTSCHAFT: WETTBEWERB, SOZIALPOLITIK
             UND TOLERANZ 515

A. MARKTWIRTSCHAFT UND WETTBEWERB 515
B. MARKTWIRTSCHAFT UND SOZIALPOLITIK 518

C. MARKTWIRTSCHAFT UND TOLERANZ 520
   1. Wirkungen marktwirtschaftlichen Wettbewerbs 520
   2. Zum Begriff der Toleranz 521
   3. Die Bedeutung der Wettbewerbsordnung für die Toleranz 522

LITERATUR 523

A. LITERATURHINWEISE 523
   Allgemeine Volkswirtschaftslehre 523
   Lehrbücher zur mikroökonomischen Theorie 523
   Anwendungsbeispiele und Übungen zur Mikroökonomik 524
   Mathematische Grundlagen 524
   Weiterführende Literaturhinweise zu den einzelnen Kapiteln 525
B. LITERATURVERZEICHNIS 528

SACHVERZEICHNIS 533

Kapitel 0.

Einführung: Theorie der Marktwirtschaft im Überblick

A. Methodische Bemerkungen: Mikroökonomik, Makroökonomik und Betriebswirtschaftslehre

Was ist „mikroökonomische Theorie" oder „Mikroökonomik"? Die Volkswirtschaft eines Landes oder einer Gruppe von Ländern besteht aus einer Vielzahl von *Wirtschaftseinheiten*, d. h. von einzelnen Personen, privaten Haushalten und Unternehmen (Firmen), die Entscheidungskompetenz für wirtschaftliches Handeln haben; hinzu kommt noch der „Staat" mit seinem wirtschaftlichen Handeln. Es hängt von der *Wirtschaftsordnung* der Volkswirtschaft ab, wie umfangreich die Entscheidungsspielräume der Wirtschaftseinheiten sind. Im unmenschlichen Extremfall der Ordnung einer totalen *Zentralverwaltungswirtschaft* ist den privaten Wirtschaftseinheiten jede Entscheidungskompetenz genommen. In der Ordnung einer *Marktwirtschaft* haben die privaten Wirtschaftseinheiten grundsätzlich Entscheidungsfreiheit; sie sind allerdings eingeschränkt durch die Normen des Rechts, der Moral und auch der Tradition. Die privaten Haushalte entscheiden u. a. über die Bereitstellung von Arbeitskraft gegen Lohn zur Erzielung eines Einkommens und über die Verausgabung von Einkommen für den Kauf von Konsumgütern. Die Unternehmen, vertreten durch Unternehmer oder Manager, entscheiden über den Einsatz von Arbeitskraft und anderen Faktorleistungen zur Produktion und Bereitstellung von Gütern. Der Staat, als Kollektivorgan aller, entscheidet über die Bereitstellung von Gütern, die von privaten Unternehmen nicht angeboten werden können oder sollen; insbesondere entscheidet der Staat auch über die Wirtschaftsordnung sowie über wirtschaftspolitische Eingriffe.

Die mikroökonomische Theorie untersucht, ob und wie in den gegebenen Entscheidungsspielräumen einer Marktwirtschaft die unzähligen Einzelentscheidungen der Wirtschaftseinheiten aufeinander abgestimmt werden, sich damit zusammenfügen, also koordiniert werden. Die *Erklärung der marktwirtschaftlichen Koordination der einzelwirtschaftlichen Entscheidungen* ist das Hauptanliegen der

mikroökonomischen Theorie. Im Zuge dieser Koordination ergibt sich die Lösung dreier Grundfragen der mikroökonomischen Theorie, nämlich
- welche Güter in welchen Mengen produziert werden sollen,
- welche Produktionsfaktoren oder Ressourcen in die Produktion der Güter gelenkt und welche Produktionsmethoden zur Anwendung kommen sollen,
- in welcher Weise die produzierten Güter an die Wirtschaftseinheiten verteilt werden sollen.

Die Ergebnisse der marktwirtschaftlichen Koordination könnten mängelbehaftet in dem Sinne sein, dass
- von manchen, z. B. umweltschädigenden, Gütern zu viel, von anderen zu wenig produziert wird,
- ein Teil der Ressourcen, z. B. Arbeitskräfte, unfreiwillig unterbeschäftigt bleiben,
- die Verteilung der Einkommen aus Lohn- und Zinszahlungen ungerecht in dem Sinne ist, dass sich manche Wirtschaftseinheiten damit nur wenige der produzierten Güter kaufen können.

Die mikroökonomische Theorie untersucht auch, wie sich durch Veränderung der einzelwirtschaftlichen Entscheidungsspielräume innerhalb der marktwirtschaftlichen Ordnung die Ergebnisse der Koordination ändern können, vor allem, wie sich durch staatliche Änderung rechtlicher Normen der Wirtschaftsordnung, also durch *Ordnungspolitik*, Mängel beseitigen oder reduzieren lassen.

Das Gegenstück zur mikroökonomischen ist die *makroökonomische Theorie*. Diese macht es sich insofern leichter, als sie nicht auf die Entscheidungen der Vielzahl von einzelnen Wirtschaftseinheiten zurückgeht, sondern diese Wirtschaftseinheiten zu den typischen Sektoren der privaten Haushalte und der privaten Unternehmen zusammenfasst („aggregiert"). Die Entscheidungen des Sektors „Haushalte", beispielsweise über Konsumausgaben insgesamt, und des Sektors „Unternehmen", beispielsweise über Produktion oder Investitionen insgesamt, sind es dann, deren Zusammenwirken oder Koordination in der Makroökonomik untersucht wird. Diese Sektoren werden um die Sektoren „Staat" und „Ausland" ergänzt. Gegenstand der Makroökonomik ist vorzugsweise die Erklärung des Prozesses des Entstehens und der Verwendung des in der Volkswirtschaft insgesamt pro Periode produzierten „Sozialproduktes" sowie der Entwicklung von Beschäftigung und Inflation. Sind die Ergebnisse der makroökonomisch untersuchten Koordination mängelbehaftet, so kann durch staatliche „Prozesspolitik" versucht werden, die Koordination zu verbessern, z. B. durch zusätzliche Staatsausgaben Sozialprodukt und Beschäftigung zu steigern.

Der Unterschied zwischen Mikro- und Makroökonomik ist also methodischer Art: Ausgehen von den mikroökonomischen Wirtschaftseinheiten hier, von den makroökonomischen Sektoren dort; wirtschaftspolitische Gestaltung des Rahmens einzelwirtschaftlicher Entscheidungsfelder durch Ordnungspolitik hier, des Ablaufs der Entwicklung gesamtwirtschaftlicher Größen dort.

Worin unterscheiden sich *volks- und betriebswirtschaftliche Sichtweise*? Wenn die Mikroökonomik von den Entscheidungen der einzelnen Wirtschaftseinheiten ausgeht, schließt sie dann nicht die Betriebswirtschaftslehre, die sich mit Unternehmen befasst, bereits ein? Auch hier ist der Unterschied methodischer Art. In der volkswirtschaftlichen Mikroökonomik sind die einzelwirtschaftlichen Theorien des Haushalts und des Unternehmens stets nur Unterbau oder Vorstufe für das Vordringen zum Problem der marktwirtschaftlichen Koordination. Die Mikroökonomik zielt letztlich stets auf die analytische Erklärung und die ordnungspolitische Gestaltung der gesamten Volkswirtschaft. In der Betriebswirtschaftslehre steht die analytische Durchdringung und die erfolgreiche Führung eines Unternehmens im Vordergrund; der Untersuchungsgegenstand „Unternehmen" oder „Firma" kann breiter aufgefächert werden. Ein erfolgreiches Management muss zwar auf die wirtschaftliche Umgebung des Unternehmens, also auf Absatzmärkte für produzierte Güter, auf Beschaffungsmärkte für Produktionsfaktoren, auf Finanzierungsmöglichkeiten über den Kapitalmarkt achten und konkurrierende Unternehmen einbeziehen, doch stellt dieses Umfeld nur einen vergleichsweise engen Ausschnitt aus der gesamten Volkswirtschaft dar.

Der Anspruch der Mikroökonomik, die marktwirtschaftliche Koordination zu untersuchen, lässt sich für die gesamte Volkswirtschaft nur verwirklichen, wenn für die Entscheidungen der Wirtschaftseinheiten vereinfachende Annahmen gemacht werden. Jede wissenschaftliche Durchdringung von Sachverhalten erfordert, von der komplexen Wirklichkeit zu abstrahieren. Es ist eine Kunst, die Realität durch Abstraktion so auf ein *theoretisches Modell* abzubilden, dass das Modell einerseits nicht zu kompliziert ist, um überhaupt die Realität erklären zu können, andererseits aber die Besonderheiten der abzubildenden Wirklichkeit nicht unterschlägt. Der Mikroökonomik gelang das Kunststück, die marktliche Koordination der gesamten Volkswirtschaft darzustellen, mit der sogenannten *neoklassischen Theorie eines totalen Konkurrenzgleichgewichtes*, das von LEON WALRAS bereits 1874 beschrieben und dessen denkbare Existenz von ABRAHAM WALD 1936 erstmals bewiesen wurde. Der Nachteil dieser Theorie besteht in einem hohen Abstraktionsniveau; es wird z. B. angenommen, dass die privaten Haushalte Nutzenmaximierer, die Unternehmen Gewinnmaximierer sind, dass es innerhalb des Unternehmens keine divergierenden Interessen von Menschen gibt, dass an allen Güter- und Faktormärkten viele „kleine", „machtlose" Anbieter und Nachfrager agieren. Der neoklassischen Theorie des totalen Konkurrenzgleichgewichts wird zu Recht vorgeworfen, dass sie mit den genannten Annahmen stark von der Realität abstrahiert, so dass sie zur gedanklichen Durchdringung einer Marktwirtschaft, wie sie „wirklich existiert", wenig beiträgt.

Als Beispiel einer Theorie, die die marktwirtschaftliche Koordination der Entscheidungen der Vielzahl von Wirtschaftseinheiten unter den vereinfachenden Annahmen darstellt, werden wir die neoklassische Theorie mit ihren einzelwirtschaftlichen Grundlagen in Kap. I und II, mit ihrer Beschreibung des Konkurrenzgleichgewichtes auf einem Markt und schließlich auf allen Märkten einer Volkswirtschaft in Kap. III kennen lernen.

Der Kritik eines zu hohen Abstraktionsniveaus tragen wir Rechnung, indem wir in den Kapiteln I und II unter „Ergänzungen" einzelne Annahmen abändern, in Kap. IV Fälle der unvollständigen Konkurrenz mit weniger als „vielen" Anbietern oder Nachfragern untersuchen und in Kap. VI neuere Entwicklungen der mikroökonomischen Theorie darstellen. Alle diese Ansätze bilden Ausschnitte der Wirklichkeit realitätsnäher ab, haben allerdings zur Folge, dass mit ihnen der oberste Anspruch der Mikroökonomik, die Erklärung der marktwirtschaftlichen Koordination aller einzelwirtschaftlichen Entscheidungen, z. Zt. noch nicht erfüllt werden kann. Die die neoklassische Theorie modifizierenden Ansätze sind einerseits für sich selbst genommen überzeugende Erklärungsversuche von Teilbereichen der Mikroökonomik und haben andererseits die Chance, Bausteine einer zukünftigen umfassenden mikroökonomischen Theorie zu werden, welche die marktwirtschaftliche Koordination unter wirklichkeitsnäheren Annahmen erklärt als die neoklassische Theorie.

Das abschließende Kap. VII geht darauf ein, inwieweit Markwirtschaft und Wettbewerb als soziale und toleranzfördernde Institutionen gesehen werden können.

B. Bedürfnisse, Nutzen, Produktion und Knappheit

1. Bedürfnisse

Die Menschen haben *Bedürfnisse*, die sie befriedigen möchten, d. h. sie empfinden subjektiv einen Mangel und haben den Wunsch, diesen zu beseitigen. Die Bedürfnisse sind nicht nur durch die körperliche Existenz des Menschen und seinen Drang bestimmt, sich zu erhalten, sondern auch durch seine Lebensumstände und sein soziales Umfeld. Die Bedürfnisse können sich auf einzelne Güter oder auch Gruppen von Gütern beziehen. Nahrungsmittel-, Kleidungs- und Wohnbedürfnisse nennt man auch *Grundbedürfnisse*, weil deren Befriedigung lebensnotwendig ist. Bedürfnisse nach Luxus und Kultur sind eher vom erreichten Wohlstand und von gesellschaftlichen Einflüssen geprägt.

2. Nutzen und Güter

Die Bedürfnisbefriedigung erfolgt durch den Konsum von Gütern, die dabei dem Verbrauchenden einen Nutzen stiften. Mit „Gütern" sind stets die *materiellen Güter* wie Brot oder Wein, aber auch die *immateriellen Güter* oder *Dienstleistungen* wie ärztlicher Rat oder musikalische Darbietungen gemeint. Der *Nutzen* aus dem Güterverbrauch ist als ein *Maß individueller, subjektiv empfundener Bedürfnisbefriedigung* zu verstehen; über Messbarkeit und Eigenschaften des Nutzens wird in Kap. I zu sprechen sein.

Die meisten Bedürfnisse können als praktisch unbegrenzt unterstellt werden, d. h. jeder zusätzliche Konsum eines Gutes oder einer Gruppe von Gütern stiftet einem Menschen zusätzlichen Nutzen. Allerdings nimmt der Nutzen einer zusätzlich verbrauchten Mengeneinheit des Gutes regelmäßig ab – die zweite verzehrte Scheibe Brot stiftet weniger Nutzen als die erste, die dritte weniger als die zweite, die vierte weniger als die dritte usw. Man bezeichnet den jeweiligen zusätzlichen Nutzen einer Gütermengeneinheit als den *Grenznutzen* des Gutes und spricht vom *Gesetz abnehmenden Grenznutzens* oder dem *1. GOSSENschen Gesetz*.

Stets positiver, aber abnehmender Grenznutzen trifft nur in der Regel zu, denn einerseits könnte zusätzlicher Verbrauch auch einmal größeren Grenznutzen bringen (das zweite Glas Bier schmeckt noch besser als das erste), andererseits sind auch ein Grenznutzen von null oder ein negativer Grenznutzen nicht auszuschließen (das siebente Glas Bier steigert das Wohlbefinden nicht mehr, das achte Glas erzeugt sogar Widerwillen).

Im Kontrast zu den praktisch unbegrenzten Bedürfnissen der Menschen sind die Möglichkeiten der Bereitstellung von Gütern begrenzt. Man unterscheidet *freie Güter*, die in beliebiger Menge verfügbar sind und keinen Preis haben (wie Sand in der Sahara), von *wirtschaftlichen Gütern*, die knapp sind und für die ein Preis zu zahlen ist. Es sind nur die letzteren, auf die sich die Aussage begrenzter Bereitstellung bezieht.

3. Produktion und Produktionsfaktoren

Wirtschaftliche Güter müssen durch den Einsatz der *Produktionsfaktoren Arbeit, Sachkapital* und *Boden (einschließlich Rohstoffen)*, die man zusammenfassend auch *Ressourcen* nennt, produziert werden. Genauer betrachtet verfügt eine Volkswirtschaft zu einem bestimmten Zeitpunkt über einen *Bestand an Arbeitskräften* unterschiedlichen Ausbildungsgrades, einen *Bestand an Sachkapital* in der Form von Fabrik- und Verwaltungsgebäuden, Maschinen und Ausrüstungen, sowie einen *Bestand* an zur Produktion nutzbaren *Böden (Rohstoffen)*. In einer privatwirtschaftlich organisierten Marktwirtschaft stehen die *Faktorbestände* grundsätzlich *im Eigentum privater Haushalte*. Dass die Arbeitskraft privates Eigentum der Menschen ist, ist seit Abschaffung der Leibeigenschaft selbstverständlich. Die Bestände an Sachkapital, auch „produzierte Produktionsmittel" genannt, und Boden (Rohstoffen) können zwar juristisch Eigentum von Firmen sein; wirtschaftliche Eigentümer sind jedoch die Eigentümer der Firmen, also Haushalte. Bestände an Sachkapital oder Boden haben einzeln (z. B. als Maschine) oder als Faktorkombination (z. B. als Firma) einen *Faktorbestandspreis*.

In die Produktion einer Periode, z. B. eines Jahres, gehen nicht die Faktorbestände selbst, sondern deren *Leistungsabgaben* während dieses Jahres ein, also Arbeitsstunden, Maschinenstunden und andere Sachkapitalleistungen, Bodenleistungen (Rohstoffmengen). Die privaten Haushalte als Eigentümer der Faktorbestände lassen sich deren Leistungsabgabe durch *Faktornutzungspreise* in Form von Lohn- oder Gehaltssätzen, von Zinsen oder Dividenden und von Bodenpachtsätzen (Rohstoffpreisen) vergüten. Von der Höhe dieser Faktorpreise kann auch die Bereitschaft der privaten Haushalte abhängen, Faktorleistungen für die Produktion verfügbar zu machen. Werden die bereitgestellten Faktorleistungen von den Unternehmen nicht restlos genutzt, liegt Unterbeschäftigung, beispielsweise Arbeitslosigkeit, und damit ein Funktionsmangel der Marktwirtschaft vor.

In der Produktion einer arbeitsteiligen Volkswirtschaft werden außer Arbeits-, Sachkapital- und Bodenleistungen (Rohstoffmengen) auch *Vor-* oder *Zwischenprodukte* eingesetzt. Ein Unternehmen bezieht z. B. Materialien und Einbauteile von anderen Unternehmen, die, wie man sagt, einer vorgelagerten Produktionsstufe zugehören. Die Vorstellung ist dabei, dass ein Gut, bis es zu einem konsumfertigen Gut gereift ist, eine Anzahl von Produktionsstufen oder eine Wertschöpfungskette durchläuft. Beispielsweise sind die Kornproduktion beim Bauern, die Mehlproduktion beim Müller und die Brotproduktion beim Bäcker die Stufen, die ein Brot auf seinem Weg zum Konsumenten zurücklegt.

4. Knappheit

Alle ökonomischen Probleme entstehen letztlich aus der Tatsache, dass im Vergleich zu den Bedürfnissen der Menschen die Ressourcen knapp sind. Selbst in einer hoch entwickelten Volkswirtschaft, die über gut ausgebildete Arbeitskräfte und Sachkapital modernster Technik verfügt, ist es unmöglich, Güter aller Art in solchen Mengen herzustellen, dass alle Bedürfnisse in dem Sinne vollständig befriedigt werden, dass der Verbrauch zusätzlicher Güter den Menschen keinen weiteren Nutzen brächte; denn regelmäßig nimmt der Grenznutzen zwar ab, bleibt aber positiv. Darüber hinaus ist es realistisch anzunehmen, dass die Nutzenempfindung der Menschen sich mit dem Entwicklungsstand einer Volkswirtschaft ändert nach dem Grundsatz: Je mehr sie bereits haben, desto mehr wollen sie! Aus der Knappheit der Ressourcen im Verhältnis zu den praktisch unbegrenzten Bedürfnissen ergibt sich das bereits in Abschn. A genannte Auswahlproblem: Welche Güter sollen in welchen Mengen produziert werden?

Das Auswahlproblem kann für das Beispiel einer Volkswirtschaft, die nur zwei Güter „Nahrung" und „Kleidung" erzeugt, anhand einer *Produktionsmöglichkeitenkurve* oder *Transformationskurve* veranschaulicht werden (vgl. Abb. 1): Mit den in einem bestimmten Zeitabschnitt zu bestimmten Faktornutzungspreisen von den Haushalten für die Produktion bereitgestellten Faktorleistungen an Arbeit, Sachkapital und Boden sollen sich gemäß der herrschenden Produktionstechnik wahlweise alle aus Nahrung und Kleidung bestehenden Güterbündel produzieren lassen, die durch Punkte auf der Kurve $ABHC$ dargestellt sind. Punkt A würde erfordern, alle Ressourcen in der Nahrungsproduktion zur Herstellung der Menge OA einzusetzen; es würde dann keine Kleidung erzeugt. Punkt C würde den Einsatz aller Ressourcen in der Kleidungsproduktion zur Herstellung der Menge OC bedeuten; dann würde keine Nahrung produziert. Punkt B impliziert eine Aufteilung der Ressourcen auf die Produktion beider Güter zur Herstellung der Menge OD an Nahrung und der Menge OE an Kleidung. Die genaue Herleitung der Pro-

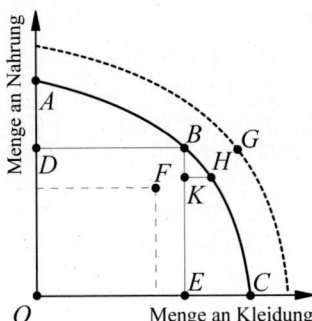

Abb. 1: Transformationskurve

duktionsmöglichkeitenkurve und ihrer denkbaren Verläufe erfolgt in Kap. III.B.4.b.

Die Umstellung der Produktion von Nahrung auf Kleidung, also der Übergang von einem Punkt auf einen weiter rechts liegenden Punkt der Produktionsmöglichkeitenkurve, erfordert die Umlenkung von Produktionsfaktoren. In einer Marktwirtschaft wird die Umlenkung über Marktsignale wie sinkende Faktornutzungspreise in der Nahrungsproduktion und höhere Faktornutzungspreise in der Kleidungsproduktion eingeleitet. Es kommt dabei auch auf die Wanderbereitschaft oder *Mobilität der Faktoren* an. Für Arbeitskräfte gibt es vor allem räumliche und soziokulturell bedingte Mobilitätshemmnisse. Sachkapital zur Nahrungsproduktion lässt sich nicht in der Kleidungsproduktion einsetzen; eine Umlenkung ist nur durch Nichtersetzen abgenutzten Sachkapitals in der Nahrungsproduktion und Bildung entsprechenden Sachkapitals in der Kleidungsproduktion möglich. In der Wirklichkeit sind Übergänge von einem zu einem anderen Punkt der Produktionsmöglichkeitenkurve kurzfristig nur begrenzt möglich.

Wird in der Volkswirtschaft ein unterhalb der Produktionsmöglichkeitenkurve liegendes Güterbündel F produziert, so bleiben die zur Produktion bereitgestellten Faktorleistungen entweder teilweise unbeschäftigt, oder sie werden ineffizient genutzt (es herrscht dann z. B. „versteckte Arbeitslosigkeit"; diese war in den ehemals sozialistischen Staaten verbreitet). Ein Güterbündel wie G rechts außerhalb der Produktionsmöglichkeitenkurve könnte die Volkswirtschaft mit den bereitgestellten Faktorleistungen bei der herrschenden Produktionstechnik nicht realisieren. Eine Vergrößerung der Faktorbestände und ihrer Leistungsabgaben oder auch eine verbesserte Produktionstechnik würde die gesamte Produktionsmöglichkeitenkurve nach rechts verlagern; mit der Geltung der in Abb. 1 gestrichelt eingezeichneten Kurve würde dann auch G realisierbar.

Bei der Vergrößerung der Faktorbestände könnte es sich zum einen um mehr Arbeit aus einer gewachsenen Bevölkerung, zum anderen aber auch um Vergrößerung des Sachkapitalbestandes durch Nettoinvestitionen handeln. In Wirklichkeit produziert eine Volkswirtschaft mit den bereitgestellten Faktorleistungen neben

Konsumgütern wie Nahrung und Kleidung auch Investitionsgüter, die unter der Bezeichnung „Maschinen" zusammengefasst seien. Je mehr Faktorleistungen in der Maschinenproduktion eingesetzt werden, desto weniger kann an Nahrung und Kleidung hergestellt werden, desto weiter links (näher zum Ursprung) verläuft die Produktionsmöglichkeitenkurve. Je größer jedoch die Maschinenproduktion eines Jahres, desto mehr bleibt von dieser Produktion – über die Re-Investitionen für den Ersatz ausrangierter Maschinen hinaus – als Nettoinvestition zur Vergrößerung des Sachkapitalbestandes. Je größer diese Zunahme des Sachkapitalbestandes und seiner Leistungsabgabe, desto stärker verlagert sich die Produktionsmöglichkeitenkurve nach rechts.

Wir lassen nun die Verschiebung der Produktionsmöglichkeitenkurve im Zeitablauf außer Betracht und konzentrieren uns auf das Auswahlproblem der Gegenwart. Hat die historische Entwicklung beispielsweise auf Punkt *B* als produziertes Güterbündel geführt, so ist wegen mangelnder Faktormobilität zwar ein kurzfristiger Übergang insbesondere auf weit von *B* entfernte Punkte der Produktionsmöglichkeitenkurve *ABC* nicht mehr möglich. Bei frühzeitiger Orientierung der Produktionsfaktoren oder – theoretisch argumentierend – bei Vernachlässigung von Mobilitätshemmnissen und Anpassungszeiten stehen einer Volkswirtschaft jedoch alle durch Punkte auf *ABC* repräsentierten Güterbündel als Produktionsmöglichkeiten offen. *ABC* ist sozusagen die Speisekarte, aus der ein Menü gewählt werden kann.

Die Produktionsmöglichkeitenkurve oder Transformationskurve ist Ausdruck der Ressourcenknappheit; sie beschreibt eine Restriktion, unter der das Knappheitsproblem gelöst werden muss. Soll von einem Gut mehr erzeugt werden, so ist das nur unter Verzicht auf eine Menge des anderen Gutes möglich. Von *B* aus müsste die Volkswirtschaft auf die Menge *BK* an Nahrung verzichten, um zusätzlich die Menge *KH* an Kleidung produzieren zu können. *BK* sind die in Nahrungs-Mengeneinheiten ausgedrückten *Alternativ- oder Opportunitätskosten* der Menge *KH* an Kleidung. Lassen wir *H* immer näher an *B* heranrücken, so wird das Verhältnis von *BK* zu *KH* im Grenzfall gleich der absoluten Steigung der Produktionsmöglichkeitenkurve in *B*. Die Alternativkosten von Kleidung in einem Punkt der Produktionsmöglichkeitenkurve sind also gleich der absoluten Steigung der Kurve in diesem Punkt. Diese absolute Steigung ist bei dem unterstellten Kurvenverlauf umso geringer, je weiter links oben *B* liegt. Bei einer Wanderung auf der Kurve von *A* nach *C* steigen die Alternativkosten der Kleidung also von geringen auf hohe Mengen an Nahrung an. Es steht uns selbstverständlich frei, auch die Alternativkosten von Nahrung, ausgedrückt in Mengen an Kleidung, zu betrachten, die gleich dem Kehrwert der absoluten Steigung sein müssen.

Bei der Auswahl eines Güterbündels auf der Produktionsmöglichkeitenkurve spielt der *Wettbewerb* um die im Vergleich zu den Bedürfnissen knappen Ressourcen und Güter eine wichtige Rolle. Der Wettbewerb ist der marktwirtschaftliche Rahmen, in dem den Wirtschaftseinheiten die *Verfolgung ihres Eigeninteresses* zugestanden wird: den Haushalten das Ziel bestmöglicher Bedürfnisbefriedigung durch Nutzenmaximierung, den Unternehmen das Ziel maximalen Gewinns im Interesse ihrer wirtschaftlichen Eigentümer. Die wettbewerblich bzw. marktwirtschaftliche Koordination der einzelwirtschaftlichen Entscheidungen beantwortet nicht nur die erste der früher erwähnten Grundfragen, welche Güter in welchen Mengen produziert werden sollen, d. h. welcher Punkt auf *ABHC* gewählt wird, sondern auch die zweite Grundfrage nach der Lenkung der Produktionsfaktoren in die Produktion der Güter und die dritte Grundfrage nach der Verteilung der produzierten Güter auf die Haushalte. Die Antwort auf alle drei Grundfragen ergibt sich allerdings erst, wenn wir Nachfrage, Angebot, Preisbildung und Gleichgewicht auf den Märkten in späteren Abschnitten erläutert haben. Vorerst wollen wir Teilaspekte des Wettbewerbs und der Verfolgung des Eigeninteresses am Beispiel der Haushalte betrachten.

C. Wettbewerb, Preise und Eigeninteresse

1. Wettbewerb und Preise

Im Wettbewerb stehen heißt wetteifern mit anderen. Unternehmen sind Wettbewerber um knappe Produktionsfaktoren; Haushalte sind Wettbewerber um knappe Konsumgüter. Die Knappheit impliziert bereits den Wettbewerb. Am Beispiel der Haushalte bedeutet sie: Nicht alle Bedürfnisse können so weit befriedigt werden, dass der Grenznutzen zusätzlichen Konsums auf null gefallen ist. Die Haushalte können nur eine geringere Menge bekommen als sie ohne Knappheit nehmen würden; es muss also eine rationierende Zuteilung der knappen Güter erfolgen. *Marktwirtschaftlicher Wettbewerb* ist eine besondere *Form der Zuteilung knapper Produktionsfaktoren oder knapper Güter*. Wiederum am Beispiel der Haushalte argumentiert: Wirtschaftliche Güter haben einen Preis; ein Haushalt muss für eine Mengeneinheit Kleidung oder eine Mengeneinheit Nahrung einen Geldbetrag bezahlen. Dieses „Opfer" veranlasst einen vernünftig handelnden Haushalt, seine Nachfrage nach den Gütern einzuschränken und dadurch eine marktwirtschaftliche Zuteilung zu akzeptieren. *Preise* haben demnach die *Funktion, die Nachfrage nach Gütern zurückzudrängen*, um so die rationierende Zuteilung der knappen Güter zu ermöglichen. Entsprechendes gilt für die Preise von Faktorleistungen.

Gilt es für einen Haushalt, eine bestimmte Geldsumme bei gegebenen Preisen auf den Kauf von Gütern aufzuteilen, so wird er jeweils die nächste auszugebende Geldeinheit jener Verwendung zuführen, die ihm jeweils den höchsten Nutzen bringt. So lange bei vollständigem Ausgeben der Geldsumme der Nutzen einer Geldeinheit durch zusätzlichen Nahrungskonsum noch größer ist als der durch zusätzlichen Kleidungskonsum, lässt sich der Nutzen des Haushalts durch Umverteilung von Geld aus dem Kauf von Kleidung in den Kauf von Nahrung noch vergrößern. Der Haushalt wird die Geldsumme schließlich so aufgeteilt haben, dass die letzte für Nahrung ausgegebene Geldeinheit für ihn den gleichen Nutzen hat wie die letzte für Kleidung ausgegebene Geldeinheit. Wir haben damit das *2. GOSSENsche Gesetz* vom *Ausgleich der Grenznutzen des Geldes* beschrieben, auf das wir im nächsten Abschnitt und in Kap. I zurückkommen werden. Je höher der Preis eines Gutes, desto geringer die Menge, die man davon für eine Geldeinheit kaufen kann, desto geringer auch der Grenznutzen des Geldes für jede weitere für das Gut verausgabte Geldeinheit. Ein hoher Preis drängt daher die Kauf- und Zahlungsbereitschaft für ein Gut zurück. Kauft der Haushalt in der Situation des Ausgleichs der Grenznutzen des Geldes dennoch relativ viel von einem Gut (und dementsprechend mit der gegebenen Geldsumme relativ wenig von anderen Gütern), so zeigt sich darin die besonders hohe Bedeutung dieses Gutes im Urteil des Haushalts.

Der Wettbewerb als Zuteilungsverfahren knapper Güter lässt konkurrenzwirtschaftliche Güterpreise sich so einpendeln, dass diese die gesamte Kaufbereitschaft der Nachfrager für die einzelnen Güter auf die insgesamt von den Anbietern zur Verfügung gestellten Mengen zurückdrängen. Die Haushalte werden in der Zuteilung also gemäß ihrer objektiv erkennbaren Kaufbereitschaft berücksichtigt, in der sich ihre subjektiven Nutzeneinschätzungen ausdrücken.

Das marktwirtschaftliche Zuteilungsverfahren für Konsumgüter scheint fair zu sein. Allerdings sollten auch die Einkommen der verschiedenen Haushalte berücksichtigt werden, aus denen die Geldsummen für die Konsumgüterkäufe stammen. Ein „armer" Haushalt könnte sich gegenüber einem „reichen" sehr benachteiligt fühlen. Selbst wenn die Einkommen in marktwirtschaftlich fairen Zuteilungsverfahren im Wettbewerb der Unternehmen um knappe Faktorleistungen zustande gekommen sind, bleibt das Problem, dass „reiche" Haushalte durch Erbschaft oder unter Ausnutzung von Monopolmacht zu großen Beteiligungen am Faktor Sachkapital gekommen sein könnten, während „arme" Haushalte nur auf Arbeitseinkommen angewiesen sind oder wegen Krankheit, Alter oder Arbeitslosigkeit nicht einmal Arbeitseinkommen beziehen. Damit sei hier nur angedeutet, dass sich eine Volkswirtschaft nicht allein auf die marktwirtschaftlichen Zuteilungsverfahren verlassen kann, dass vielmehr ein Korrekturbedarf bei der Einkommensverteilung durch sozialpolitische Maßnahmen des Staates bestehen kann.

Die marktwirtschaftlichen Zuteilungsverfahren heben sich vorteilhaft ab von folgenden Formen der Zuteilung wirtschaftlicher Güter, die in Geschichte und Gegenwart tatsächlich oder auch nur als Forderungen eine Rolle spielten:
- Bei militärischen Feldzügen gegen andere Länder oder beim Raubrittertum ging es um Zuteilung durch Gewalt.
- Diskriminierung nach Geschlecht, Rasse oder Nationalität macht nicht die Zahlungsbereitschaft zum Kriterium der Zuteilung, sondern benachteiligt die jeweils diskriminierte Gruppe.
- Das „Windhundverfahren" oder „Wer zuerst kommt, mahlt zuerst" benachteiligt bei der Zuteilung willkürlich die „Langsameren".
- „Jedem nach seinen Bedürfnissen" ist das Zuteilungsverfahren, das sich Marxisten für die kommunistische Gesellschaft vorstellten; es bezieht sich auf einen paradiesischen Zustand, in dem die Knappheit überwunden ist.

- „Jedem das Gleiche" fordert Zuteilung aller Güter in gleichen Mengen an alle, ohne auf die unterschiedlichen Bedürfnisse und die unterschiedlichen Fähigkeiten der Menschen Rücksicht zu nehmen.

Bei einer vergleichenden Bewertung ist auch zu beachten, dass das wettbewerbliche Zuteilungsverfahren in den marktwirtschaftlichen Koordinationsmechanismus eingebettet ist. Funktioniert dieser defektfrei, so werden die vorhandenen Faktorbestände und -leistungen effizient genutzt, und es wird jeweils ein Güterbündel produziert, das durch einen Punkt auf der Produktionsmöglichkeitenkurve darzustellen ist. Eine Rechtsverlagerung dieser Kurve im Zeitablauf bedeutet Wachstum des Güterbündels. Von einer Marktwirtschaft kann erwartet werden, dass sie einen möglichst großen und wachsenden „Kuchen" zur Zuteilung auf die Haushalte zur Verfügung stellt. Die als Kontrast genannten nicht wettbewerblichen Zuteilungsverfahren klammern die Frage nach der Zubereitung, der Größe und einem Wachstum des „Kuchens" aus.

2. Eigeninteresse

Teilt ein Haushalt eine Geldsumme nach dem 2. GOSSENschen Gesetz auf den Kauf verschiedener Güter auf, so handelt er *nutzenmaximierend*; denn der Ausgleich der Grenznutzen des Geldes bedeutet, dass sich durch keine Umverteilung einer Geldeinheit von einer Verwendung in eine andere ein höherer Nutzen erreichen lässt. – Bezüglich des Angebotes an Faktorleistungen zur Einkommenserzielung wird den Haushalten ein Streben nach möglichst hohem Einkommen unterstellt, welches sie zur Bereitstellung möglichst großer Geldsummen für den Konsum, auch unter Berücksichtigung zeitlicher Aspekte, befähigt und damit zur Nutzenmaximierung beiträgt.

Von den Unternehmen wird in der neoklassischen Theorie angenommen, dass sie, im Interesse der Eigentümer der in ihnen eingesetzten Faktorleistungen, nach *Gewinnmaximierung* streben; denn diese fördert die Einkommen der an dem Unternehmen beteiligten Eigentümer und trägt daher zu deren Nutzenmaximierung bei.

Daraus wird erkennbar, dass die Theorie der Marktwirtschaft auf einer *individualistischen Gesellschaftskonzeption* beruht, in der die einzelnen Wirtschaftseinheiten die Freiheit haben, im Rahmen von Recht, Moral und Tradition ihre Entscheidungsspielräume im *eigenen Interesse der Nutzenmaximierung oder der Gewinnmaximierung* auszufüllen. Das *Handeln der einzelnen Menschen im Eigeninteresse* – so lautet die klassisch-liberale These – *fördert bei funktionierendem Wettbewerb die Wohlfahrt aller*.

Bereits der Arzt BERNARD DE MANDEVILLE schilderte in seiner Satire „*Fable of the Bees, or Private Vices Publick Benefits*" (erstmals erschienen 1705), wie in einem Bienenstaat gerade durch Egoismus und Laster der Fleiß angestachelt wird und das Gemeinwesen zum Blühen kommt.

ADAM SMITH, der berühmteste Vertreter der englischen Klassischen Schule und eigentliche Begründer der Marktwirtschaftslehre, trug in seinem Buch „*An Inquiry into the Nature and Causes of the Wealth of Nations*" (abgekürzt übersetzt als „Wohlstand der Nationen") von 1776 die folgenden Überlegungen vor: „Nicht vom Wohlwollen des Metzgers, Brauers und Bäckers erwarten wir das, was wir zum Essen brauchen, sondern davon, dass sie ihre eigenen Interessen wahrnehmen" (deutsche Übersetzung, Bd.1, S.17). In der marktwirtschaftlichen Koordination der im Eigeninteresse ausgeführten individuellen Tauschhandlungen drücke sich das Wirken einer *unsichtbaren Hand* aus. Der Tausch fördere Arbeitsteilung und Produktivität; damit fördere er den Wohlstand der ganzen Volkswirtschaft. Allerdings veranlasse das Eigeninteresse insbesondere die Unternehmer zu versuchen, den Wettbewerb außer Kraft zu setzen, um durch Machtpositionen und Monopolstellungen nicht-konkurrenzwirtschaftliche Preise und Tauschbedingungen zu ihrem eigenen Vorteil und zum Nachteil anderer durchzusetzen. Damit eine auf dem Eigeninteresse basierende marktwirtschaftliche Ordnung ihre den volkswirtschaftlichen Wohlstand fördernde Wirkung entfaltet, sei daher eine gegen Macht und Monopole gerichtete Wettbewerbspolitik des Staates erforderlich.

Es gab und gibt immer wieder Zweifel, ob die Verfolgung des Eigeninteresses, auch wenn innerhalb von Recht, Moral und Tradition geschehend, nicht eine wirtschaftlich und/oder ethisch problematische Maxime sei. Wir wollen im Folgenden
– den marxistischen Standpunkt diskutieren, der mit dem Eigeninteresse bei Privateigentum an den Produktionsmitteln eine kapitalistische Ausbeutung der Arbeit verbindet,
– den Begriff des Eigeninteresses auf altruistisches Handeln für andere Menschen und auf die Möglichkeit weitgehenden Verzichts der Teilnahme am Wirtschaftsprozess ausdehnen,
– auf die Probleme hinweisen, die eigeninteressiertes Handeln bei negativen externen Effekten schafft.

Nach der von KARL MARX in seinem dreibändigen Hauptwerk „Das Kapital" (1867, 1885, 1894) vorgetragenen Kritik gibt es in einer kapitalistischen Marktwirtschaft, in der „Kapitalisten" die Eigentümer aller aus Sachkapital und Boden bestehenden Produktionsmittel, die Arbeiter hingegen nur Eigentümer ihrer Arbeitskraft sind, eine *Ausbeutung* der Arbeiter. Denn die Verfolgung des Eigeninteresses der Profiterzielung veranlasse die Kapitalisten dazu, den Arbeitern nur einen die Arbeitskraft erhaltenden Lohn auszuzahlen und einen von der Arbeitskraft geschaffenen *Mehrwert* sich selbst anzueignen. Nur Kapitalisten könnten aus ihrem Einkommen zusätzliche Produktionsmittel erwerben, während Arbeiter nur lebensnotwendige Konsumgüter kaufen könnten. Diese kapitalistisch-marktwirtschaftliche Zuteilung von Gütern beruhe auf einer fehlkonstruierten Eigentumsordnung für Produktionsmittel, die den Kapitalisten den Anreiz gebe, das Eigeninteresse der Profiterzielung zu verfolgen. Gemein- oder Staatseigentum an den Produktionsmitteln soll in den dem Kapitalismus folgenden Entwicklungsstadien des Sozialismus und des Kommunismus dafür sorgen, dass der Mehrwert nicht privater Aneignung unterliegt und der Staat über die Lenkung der Produktionsmittel in die Produktion der verschiedenen Güter entscheidet.

Die wichtigsten Einwände gegen die marxistische Konzeption bestehen darin, dass erstens Arbeitskräfte in entwickelten Volkswirtschaften keineswegs Lohneinkommen beziehen, die zu nicht mehr als zum Erwerb lebensnotwendiger Konsumgüter ausreichen, und dass zweitens gerade aufgrund des vom Privateigentum an den Produktionsfaktoren ausgehenden Eigeninteresses an hohen Faktornutzungspreisen die Ressourcen in die Produktion von Gütern gelenkt werden, die von den Konsumenten am dringlichsten gewünscht werden, während eine staatliche Lenkung zu dramatischen Ineffizienzen führen muss.

Die Möglichkeit der Einbeziehung *altruistischen Handelns* in den Begriff des Eigeninteresses ist schon in ADAM SMITH' Buch *„Theory of Moral Sentiments"* (übersetzt als „Theorie ethischer Gefühle") angelegt, welches bereits 1759 erschien, als sein Autor sich noch nicht vom Moralphilosophen zum Wirtschaftswissenschaftler gewandelt hatte. Nach dieser Theorie ist die für das Zusammenleben wichtigste Fähigkeit des Menschen das Empfinden von *„sympathy"*, wodurch er sich in Mitmenschen hineinversetzen, an deren Empfinden teilnehmen kann. Diese Fähigkeit lässt sich als Kontrollelement wirtschaftlichen Eigeninteresses deuten. In der Interpretation der späteren Nutzentheorie: Ein Haushalt, der einem anderen hilft, muss durch den Verzicht auf eigenen Konsum nicht notwendigerweise eine Nutzeneinbuße erleiden; dies könnte für ihn sogar größeren Nutzen aus der geleisteten Hilfe und aus dem Konsum der ihm verbliebenen Güter bedeuten. Es wäre eine unnötige Einengung, der marktwirtschaftlichen Theorie einen eigeninteressierten *homo oeconomicus* zu unterstellen, der ausschließlich auf den Verbrauch materieller Güter und Dienstleistungen für sein eigenes, hauptsächlich sein körperliches Wohlbefinden abzielt. Der Spielraum freier Entscheidungen eines privaten Haushaltes umfasst auch altruistisches Weitergeben von Gütern. – Ebenso widerspricht es nicht marktwirtschaftlicher Handlungsweise, wenn ein Haushalt auf Bereitstellung von Arbeitskraft und auf Einkommen weitgehend verzichtet; ein solches „eigeninteressiertes Aussteigen" sollte sich allerdings nicht mit Ansprüchen auf Hilfe durch die Gesellschaft verbinden.

Handeln im Eigeninteresse könnte über *negative externe Effekte* die Umwelt schädigen. Trotz geschärften Umweltbewusstseins könnte ein Haushalt zugunsten der Nutzenmaximierung Ausgaben zur Entsorgung sparen, die zur Vermeidung von mit dem Konsum verbundenen Umweltbelastungen notwendig wären. Ein Unternehmen könnte im Interesse der Gewinnmaximierung bereit sein, mit der Produktion verbundene Umweltbelastungen, deren Vermeidung Kosten verursachen würde, hinzunehmen. Umweltschädigende Anreizwirkungen zu solchem Handeln bestehen insbesondere dann, wenn es (noch) keine Rechtsvorschriften für die Vermeidung der Belastung gibt. Diese negativen externen Effekte des Konsums bzw. der Produktion betreffen einzelne oder mehrere andere Wirtschaftseinheiten, in ihrer Summe auch die ganze Volkswirtschaft und selbst andere Volkswirtschaften. Negative (ebenso auch positive) externe Effekte gehören als nicht marktliche Beziehungen zwischen Wirtschaftseinheiten zu den Fällen des

Marktversagens und damit zu den Defekten marktwirtschaftlicher Steuerung, auf die wir in Abschn. H.2.B und zusammenfassend im Kap. BI.F.2-4 zurückkommen werden.

D. Nachfrage und Angebot an einem Markt

Aufbauend auf den Grundbegriffen der Bedürfnisse, des Nutzens, der im Eigeninteresse erfolgenden Nutzenmaximierung aus einer durch Bereitstellung von Faktorleistungen verdienten Geldsumme soll in diesem Abschnitt überblicksartig die Herleitung der Nachfrage eines Haushalts nach einem Konsumgut erläutert werden. Durch Verallgemeinerung auf alle Haushalte erhalten wir dann Aussagen für die Nachfrage aller Haushalte nach diesem Gut. – Im nächsten Abschnitt führen wir analog in die Theorie des Angebotes eines Unternehmens für das Konsumgut ein, verallgemeinern auf alle Unternehmen, die dieses Gut produzieren, und erhalten so Aussagen für das Angebot aller Unternehmen an dem Konsumgut.

Die dann folgenden Abschnitte führen Nachfrage und Angebot auf dem Markt des Konsumgutes zusammen, verallgemeinern auf alle Märkte der Volkswirtschaft und dringen so zu einer vorläufigen Beschreibung der auf den Entscheidungen der einzelnen Wirtschaftseinheiten basierenden marktlichen Koordination der gesamten Volkswirtschaft vor. Die Argumentation dient der Vorbereitung auf spätere Kapitel, insbesondere der Verdeutlichung ihres inhaltlichen Zusammenhangs. Wir nehmen in Kauf, dass einzelne „Bausteine" dort wiederholt werden müssen, um dann viel ausführlicher und allgemeiner besprochen zu werden.

1. Die Nachfrage der Haushalte nach einem Konsumgut

An den Achsen der Abb. 1 stehen die Mengen zweier Konsumgüter, Brot und Wein, welche die einzigen Güter sein sollen, die für die Bedürfnisbefriedigung des Haushalts in Frage kommen. Die Mengen seien in kg bzw. Liter ausgedrückt, die Güter seien jedoch in beliebig kleinen Teilmengen erhältlich.

Die eingezeichnete Gerade heißt *Bilanzgerade* und stellt alle Güterbündel dar, die der Haushalt mit seinem hier nur für den Konsum vorgesehenen Einkommen e bei gegebenem Preis p_B für ein kg Brot und gegebenem Preis p_W für einen l Wein kaufen kann. Würde der Haushalt nur Brot erwerben, so wären es $e/p_B = OH$ kg; würde er nur Wein kaufen, so wären es $e/p_W = OJ$ l. Sämtliche Punkte auf der Verbindungsgerade HJ bezeichnen Mengenkombinationen aus Brot und Wein, die für den Geldbetrag e zu haben sind.

Die eingezeichneten Kurven sind *Indifferenzkurven*, welche die subjektiven Nutzenempfindungen des Haushalts beschreiben. Güterbündel wie A und B stiften dem Haushalt den gleichen Nutzen u_2; daher ist ihnen gegenüber der Haushalt gleichgültig oder indifferent. Beim Übergang von A nach B wird der Nutzenverlust aus dem um AE verringerten Brotkonsum durch den Nutzenzuwachs aus dem

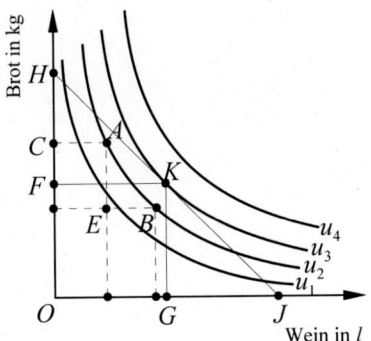

Abb. 1: Bilanzgerade, Indifferenzkurven und optimaler Konsumplan (K)

um EB vergrößerten Weinkonsum gerade ausgeglichen. Nicht nur A und B, sondern *ex definitione* alle durch einen Punkt auf der Indifferenzkurve dargestellten Güterbündel bedeuten für den Haushalt den Nutzen u_2. – Außer der für u_2 geltenden Indifferenzkurve sind drei weitere Indifferenzkurven eingezeichnet. Die näher zum Ursprung verlaufende kennzeichnet Güterbündel mit geringerem Nutzen u_1, die beiden weiter rechts oben verlaufenden beschreiben Güterbündel mit jeweils höherem Nutzen u_3 bzw. u_4. Zwischen den eingezeichneten Indifferenzkurven sowie unterhalb und oberhalb derselben gibt es weitere Indifferenzkurven, und zwar jeweils eine für gegebenen Nutzen. Das ganze System der Indifferenzkurven beschreibt die sichtbar gemachte Bedürfnis- oder *Präferenzstruktur* des Haushalts. Wir können uns vorstellen, der Haushalt bestehe aus nur einer Person, und die eingezeichneten Indifferenzkurven seien durch Befragen näherungsweise ermittelt worden.

Will der Haushalt als eine im Eigeninteresse handelnde Wirtschaftseinheit mit dem gegebenen Einkommen e höchstmöglichen Nutzen erreichen, so sollte er von den gemäß der Bilanzgeraden erwerbbaren Konsumgüterbündeln offenbar jenes Bündel wählen, welches durch einen Punkt auf der höchsterreichbaren Indifferenzkurve dargestellt wird. Der Tangentialpunkt K von Bilanzgerade und Indifferenzkurve stellt dieses Bündel dar; mit ihm realisiert der Haushalt den mit e maximal erreichbaren Nutzen. Der Punkt K mit den Konsummengen OF an Brot und OG an Wein wird als *optimaler Konsumplan* des Haushalts bezeichnet.

In K muss das 2. GOSSENsche Gesetz vom Ausgleich der Grenznutzen des Geldes erfüllt sein, welches wir im Zusammenhang mit wettbewerblich-marktwirtschaftlicher Zuteilung bereits kennen lernten: Das Einkommen e ist so auf den Kauf der beiden Güter aufgeteilt, dass der letzte für Brot ausgegebene Cent den gleichen Nutzen stiftet wie der letzte für Wein ausgegebene Cent. Auf einen Beweis dieser Eigenschaft des optimalen Konsumplans kommen wir in Kap. I zurück.

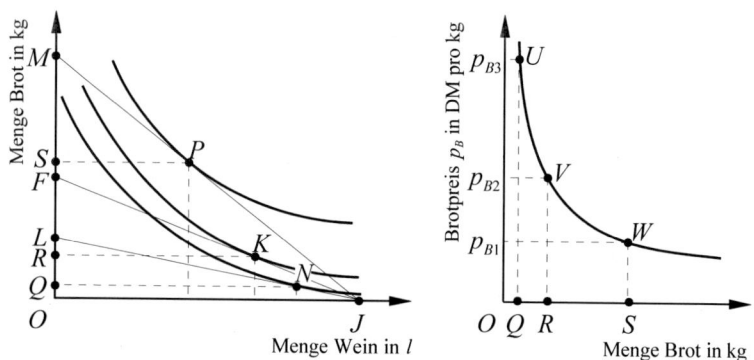

Abb. 2.a/b: Optimaler Konsumplan und Brotnachfrage bei Brotpreisänderungen

Wir wollen nun die *Nachfrage des Haushalts nach Brot in Abhängigkeit vom Brotpreis* untersuchen. Zu diesem Zweck fragen wir, wie sich die gemäß dem optimalen Konsumplan gekaufte Brotmenge ändert, wenn sich der Brotpreis p_B ändert, während e und p_W wie bisher bleiben. Mit Brotpreisänderungen verändern sich die Ordinatenabschnitte c/p_B der Bilanzgeraden: Würde der Haushalt nur Brot erwerben, so könnte er bei Verdoppelung des Brotpreises von bisher p_{B2} auf p_{B3} nur noch die Hälfte OL der bisherigen Menge OF, bei Halbierung des Brotpreises auf p_{B1} das Doppelte OM der bisherigen Menge kaufen (vgl. Abb. 2.a). Der Abszissenabschnitt der Bilanzgeraden c/p_W verändert sich nicht. Wir können daher sagen: Mit sinkendem Brotpreis dreht sich die Bilanzgerade um den Punkt J im Uhrzeigersinn.

Zu den drei eingezeichneten Bilanzgeraden wurden aus dem System der Indifferenzkurven jene Kurven ausgewählt und eingezeichnet, die die Bilanzgerade berühren. N, K und P sind die optimalen Konsumpläne für die drei alternativ unterstellten Brotpreise. Mit sinkendem Brotpreis steigt demnach die Brotmenge, die zum Erreichen des jeweils maximalen Nutzens verbraucht bzw. nachgefragt wird. Die zu N, K und P gehörenden Preis-Mengen-Kombinationen U, V, W für Brot sind in Abb. 2.b dargestellt. Die durch U, V und W gezeichnete Kurve ergibt sich genau genommen bei nicht schrittweise, sondern kontinuierlich sinkendem Brotpreis. Sie wird als *individuelle Nachfragekurve* des Haushalts für Brot (bei gegebener Präferenzstruktur, gegebenem Einkommen und gegebenem Preis für Wein) bezeichnet und beschreibt dessen Kaufbereitschaft bei alternativen Brotpreisen. Die Nachfragekurve hat in unserem Beispiel einen *typischen fallenden Verlauf*.

Man könnte sich vorstellen, dass die Nachfragekurve nicht über den Umweg eines durch Befragen des Haushalts ermittelten Indifferenzkurvensystems und des Nachvollziehens nutzenmaximierender Entscheidungen bei alternativen Brotpreisen, sondern durch direktes Abfragen der Brotkaufmengen bei alternativen Brotpreisen herauszufinden ist. Nur der dargestellte Umweg macht jedoch die mikro-

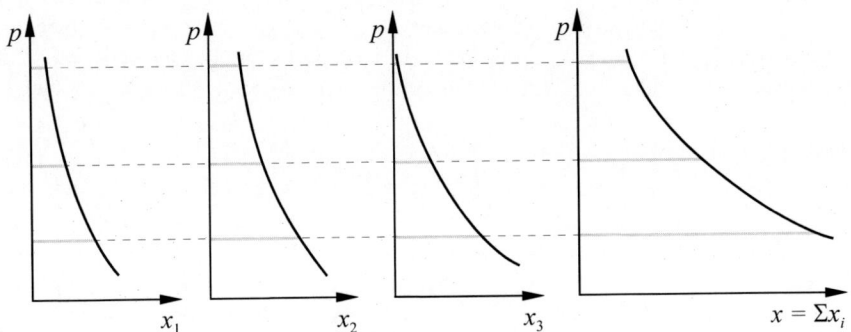

Abb. 3: Aggregation einzelwirtschaftlicher zu gesamtwirtschaftlicher Nachfrage

ökonomischen Grundlagen des eigeninteressierten, nutzenmaximierenden Handelns bei gegebenem Einkommen und gegebenem Weinpreis erkennbar.

Von der individuellen Nachfragekurve eines Haushalts gelangen wir zur *Gesamtnachfragekurve* aller Haushalte für Brot, indem wir bei einem jeweils für alle Haushalte als gleich unterstellten Brotpreis die einzelnen Nachfragemengen x_{Bi}, $i=1,...,n$, addieren. Die individuellen Nachfragemengen können dabei wegen unterschiedlicher Präferenzstruktur und unterschiedlicher Konsumsumme der einzelnen Haushalte sehr verschieden sein. Geometrisch gesprochen erhalten wir die Gesamtnachfragekurve durch *horizontale Addition* der individuellen Kurven. Sie ist in Abb. 3 in verkleinertem Maßstab am Beispiel von drei Haushalten, $i=1,2,3$, angedeutet. Da wir uns gegenwärtig auf die Betrachtung eines einzigen Gutes bzw. Marktes beschränken – man nennt diese Betrachtungsweise „Partialanalyse" –, lassen wir im Folgenden das Subskript „B" an den Preis- und Mengenvariablen weg.

Die Gesamtnachfrage beschreibt die Kaufbereitschaft der Gesamtheit der Haushalte für Brot bei alternativen Brotpreisen *„ceteris paribus"*, d. h. bei gegebenen Präferenzstrukturen und Einkommen der einzelnen Haushalte und gegebenem Weinpreis (allgemeiner: gegebenen Preisen aller anderen Güter). Eine Änderung solcher gegebenen Größen verschiebt regelmäßig individuelle Nachfragekurven und beeinflusst daher auch die Lage der gesamtwirtschaftlichen Nachfragekurve.

2. Das Angebot der Unternehmen an einem Konsumgut

Aufbauend auf den Grundbegriffen der Produktionsfaktoren und der Produktion sowie einer im Eigeninteresse der Faktoreigentümer angestrebten Gewinnmaximierung eines Unternehmens soll im Folgenden überblicksartig und vereinfachend das Angebot des Unternehmens an einem von ihm produzierten Konsumgut dargestellt werden. Durch Verallgemeinerung auf alle dieses Gut produzierenden Unternehmen leiten wir danach die Gesamtangebotskurve für das Konsumgut her.

Das Unternehmen, eine Bäckerei, die ausschließlich das beispielhaft ausgewählte Gut Brot produzieren soll, hat durch Nettoinvestition einen Bestand an Sachkapital und Boden gebildet, also eine Backstube und einen Laden, jeweils mit Ausstattung, auf einem Grundstück errichtet. Der Entschluss zur Errichtung der Bäckerei, und ebenso die Entscheidung, Brot und nicht Kuchen zu produzieren, gehen auf eine Entscheidung des Bäckermeisters als Unternehmer zurück. Die Faktorbestände stehen im Eigentum des Bäckermeisters und/oder anderer Personen. Der Bäckermeister als Unternehmer ist an einer möglichst guten Entlohnung des unternehmerischen Gespürs, der oder die Eigentümer sind an einer möglichst guten Verzinsung des investierten Eigenkapitals, damit am maximalen Gewinn des Unternehmens interessiert. Die Eigentümer tragen aber auch das Risiko eines Verlustes, wenn die Bäckerei nicht floriert. Zur Finanzierung könnten auch Fremdkapitalgeber (z. B. eine Bank) beigetragen haben, deren eingesetztes Kapital zu einem vereinbarten Satz verzinst werden muss.

Die Leistungsabgabe des Sachkapitals und des Bodens in den Produktionsprozess pro Periode ist weitgehend unabhängig davon, wieviel Brot tatsächlich produziert wird. Es handelt sich daher um *Fixfaktoren*, für deren Leistungsabgabe oder Einsatzmenge ein Betrag an *Fixkosten* angesetzt werden muss. Neben Fixfaktoren werden Arbeitskraft und Vorprodukte wie Mehl, Zutaten und Energie eingesetzt. Bei der Arbeitskraft handelt es sich erstens um die nicht-unternehmerischen Routineleistungen des Bäckermeisters, die mit einem Unternehmerlohn angesetzt werden müssen, zweitens um die Arbeitsleistungen von Gehilfen und Auszubildenden. Alle diese Arbeitsleistungen und Einsatzmengen der Vorprodukte können grundsätzlich innerhalb einer Periode (z. B. eines Monats) der Produktionsmenge angepasst werden. Damit wird unterstellt, dass bei einem drastischen Rückgang der Brotproduktion Arbeitskräfte entlassen werden können oder Kurzarbeit eingeführt werden kann. Es handelt sich somit um *variable Faktoren*. Bei gegebenen Lohnsätzen für Arbeit und gegebenen Preisen der Vorprodukte verändern sich daher die für die variablen Faktoren entstehenden *variablen Kosten* mit der Produktionsmenge.

Bei der eingehenden Behandlung der Theorie des Unternehmens in Kap. II werden wir ausführlich das Problem einer kostenminimierenden Kombination variabler Produktionsfaktoren (einschließlich Vorleistungen) im Rahmen eines gegebenen Fixfaktorbestandes oder Produktionsapparates diskutieren. Hier sei vorausgesetzt, dass die Produktionsfaktoren bei gegebenen Produktionsbedingungen und bei gegebenen Faktorpreisen jeweils in der kostengünstigsten Weise zur Produktion einer Menge y eingesetzt werden. Dann lässt sich ein eindeutiger Zusammenhang zwischen der Produktionsmenge y und den Kosten $K(y)$ herstellen.

In Abb. 4.a ist beispielhaft der Zusammenhang zwischen der produzierten Brotmenge y und den aus den Fixkosten *FK* und den variablen Kosten *VK* bestehenden *totalen* oder *gesamten Kosten K* dargestellt. Bei der Produktionsmenge $y=0$ würden nur die Fixkosten *FK* anfallen. Mit steigender Brotmenge kommen

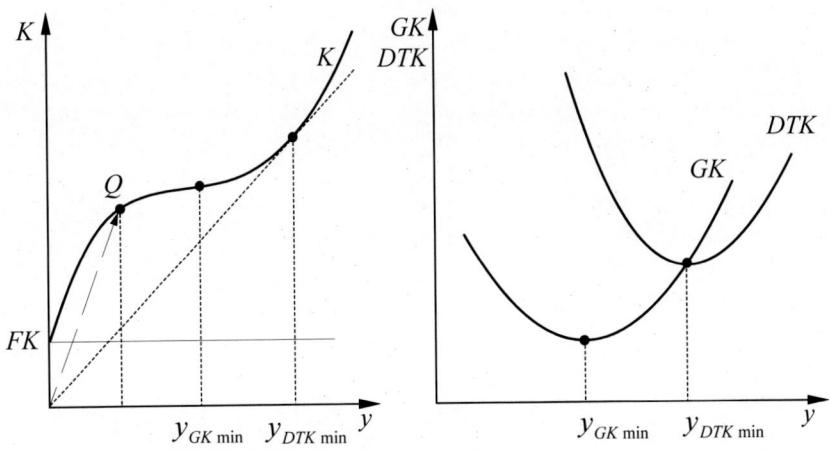

Abb. 4.a/b: Kosten (K), Grenz- und Durchschnittskosten (GK und DTK)

zu den Fixkosten variable Kosten hinzu. Bei geringer Brotmenge verursacht jedes zusätzliche kg Brot zunächst weniger zusätzliche variable Kosten als das vorhergehende kg; es gibt in diesem Bereich Größenvorteile der Produktion, die dadurch zu erklären sind, dass das Bündel der variablen Faktoren die Fixfaktoren zunehmend besser in Anspruch nehmen kann. Die Kosten einer zusätzlichen Produktionsmengeneinheit sind die *Grenzkosten GK*; sie entsprechen der Steigung der Kurve der gesamten Kosten K. Die Grenzkosten erreichen ihren geringsten Wert bei der Wendepunktmenge y_{GKmin}. In Abb. 4.b fällt daher die Grenzkostenkurve bis zu dieser Menge.

Jenseits von y_{GKmin} verursacht jedes zusätzliche Kilogramm Brot höhere zusätzliche variable Kosten als das vorhergehende Kilogramm; es ergeben sich nun Nachteile dieser Produktionsausdehnung, da es durch den Mehreinsatz der variablen Faktoren z.B. immer enger in der Bäckerei wird. Das bedeutet, dass die Grenzkostenkurve von ihrem Minimum bei y_{GKmin} wieder ansteigt, wie in Abb. 4.b dargestellt.

Bei den als gegeben unterstellten Preisen der variablen Faktoren kommt in dem Verlauf der Kurve K der sogenannte *typische Kostenverlauf* zum Ausdruck, der durch technische Produktionsbedingungen bestimmt ist, die wir in Kap. II durch eine Produktionsfunktion beschreiben werden.

Neben den Grenzkosten GK sind in Abb. 4.b auch die *durchschnittlichen totalen Kosten* oder *Stückkosten DTK* eingezeichnet. Sie sind definiert als K/y (also als der Tangens des Winkels, den ein Fahrstrahl aus dem Ursprung an einen Punkt wie Q mit der Abszisse in Abb. 4.a bildet). Die DTK fallen bis zur Menge y_{DTKmin}, wo sie den Grenzkosten gleich sind.

Wenn die Bäckerei nach größtmöglichem Periodengewinn strebt, welche Brotmenge sollte sie dann backen und verkaufen?

Wir unterstellen hier, ebenso wie später in den Kapiteln II und III, dass der einzelne Anbieter nur einer unter vielen „kleinen", „machtlosen" Anbietern ist, der daher nicht selbständig den Verkaufspreis je kg Brot festsetzen kann. Der Anbieter muss vielmehr den Preis, so wie er sich am Markt aus Gesamtnachfrage und Gesamtangebot gebildet hat, hinnehmen. Er kann seinen Gewinn nur durch Anpassung der produzierten bzw. verkauften Brotmenge an den ihm vom Markt vorgegebenen Preis maximieren. Man nennt einen solchen Anbieter auch *Preisnehmer* oder *Mengenanpasser* (im Gegensatz zu den im nächsten Abschnitt und in Kap. IV eingeführten *Preissetzern*).

Der Gewinn ist allgemein definiert als:

$$\text{Gewinn} = \text{Erlös} - \text{Kosten},$$

$$G = p(y) \cdot y - K(y). \qquad (1)$$

Wenn der einzelne Anbieter mit seiner Angebotsmenge y den Marktpreis nicht beeinflussen kann, gilt $p(y) = \bar{p}$. In Abb. 5.a ist der Erlös E für den vom Markt vorgegebenen festen Preis $\bar{p}$ eine Gerade aus dem Ursprung mit der Steigung $\bar{p}$. Der Gewinn ist mithin der senkrechte Abstand zwischen Erlösgerade und Kostenkurve; er ist positiv, wo die Erlösgerade über der Kostenkurve verläuft. Bis zur Brotmenge y_G würde die Bäckerei also Verluste machen; bei y_{Gmax} ist der maximale Gewinn erreicht.

In der Abb. 5.b ist die gewinnmaximierende Menge auf andere Weise ermittelt: Die Ausdehnung der Brotmenge lohnt sich, so lange der Erlös eines zusätzlich verkauften Kilogramms Brot über den Kosten dieses Kilogramms Brot liegt, denn

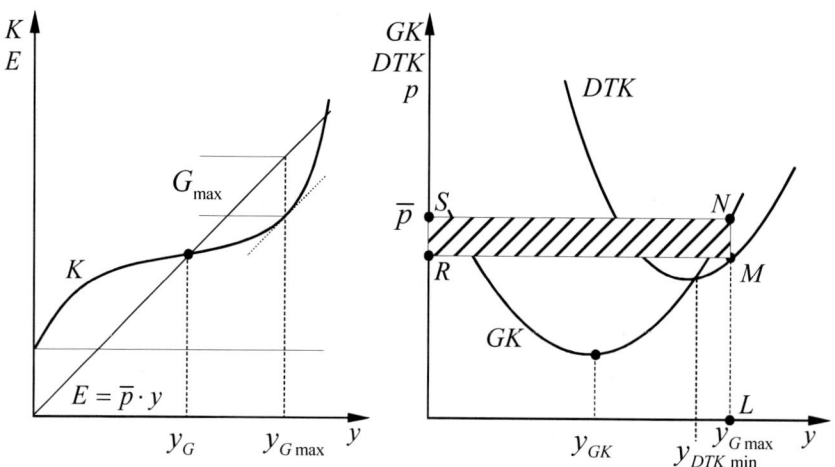

Abb. 5.a/b: Gewinnmaximum

dann trägt das zusätzlich verkaufte Brot zum Gewinn noch bei. Erst wenn die Grenzkosten auf den zusätzlichen Erlös oder den *Grenzerlös*, der hier $\bar{p}$ beträgt, angestiegen sind, ist der maximale Gewinn erreicht; dies trifft bei y_{Gmax} zu. Bei der gewinnmaximierenden Brotmenge muss also gelten:

Grenzerlös (hier: gegebener Preis) = Grenzkosten,

$$\bar{p} = GK. \qquad (2)$$

Bei y_{Gmax} betragen die Stückkosten pro kg Brot gemäß der *DTK*-Kurve *LM*, und *NM* ist der Stückgewinn, der sich als Differenz zwischen dem Stückpreis $\bar{p}$ und den Stückkosten ergibt. Dieser Stückgewinn, multipliziert mit der in kg ausgedrückten Brotmenge y_{Gmax}, ergibt den maximalen Gesamtgewinn, der geometrisch gleich der schraffierten Fläche *MNRS* in Abb. 5.b ist.

Je geringer der vom Markt vorgegebene Brotpreis $\bar{p}$ ist, desto mehr schränkt die Bäckerei, von y_{Gmax} aus betrachtet, gemäß der „Preis=Grenzkosten"-Regel ihr Angebot ein. Deckt der Preis nur noch das Minimum der Durchschnitts- oder Stückkosten, so sind der Stück- und damit auch der Gesamtgewinn auf null gefallen, und es würde die Menge y_{DTKmin} produziert. Jedes noch weitere Sinken des Preises würde Verluste bedeuten und die Eigentümer längerfristig veranlassen, Produktionsfaktoren aus der Brotproduktion abzuziehen. Je höher der Marktpreis des Brotes, desto mehr dehnt die Bäckerei gemäß der „Preis=Grenzkosten"-Regel ihre Produktion aus – bis die Grenzkostenkurve fast senkrecht verläuft und eine Ausdehnung im Rahmen des gegebenen Produktionsapparates daher nicht mehr möglich ist. Da die Angebotsvariation ab dem Minimum der *DTK*-Kurve stets entlang des aufsteigenden Astes der Grenzkostenkurve erfolgt, kommen wir zu dem Schluss, dass dieser Ast die *einzelwirtschaftliche Angebotskurve des Unternehmens* ist. Diese Angebotskurve zeigt den Zusammenhang zwischen jeweils gege-

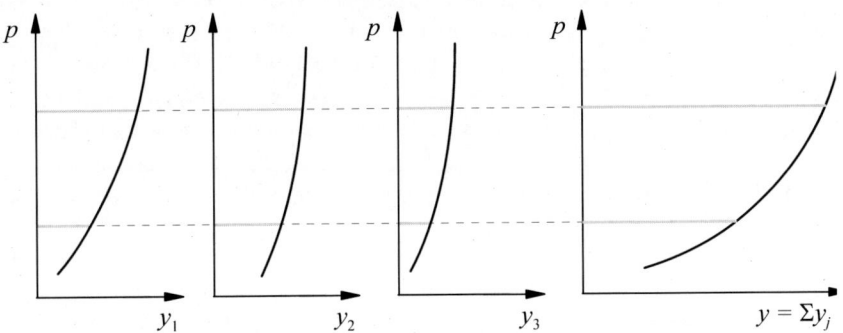

Abb. 6: Aggregation einzelwirtschaftlichen Angebots zum Gesamtangebot

benem Marktpreis des Gutes und dem gewinnmaximierenden Angebot des Unternehmens. Sie wurde abgeleitet bei gegebenen technischen Produktionsbedingungen (gegebenem Produktionsapparat) und damit bei gegebenem Fixfaktoreinsatz, ferner bei gegebenen Preisen für die Leistungen variabler Faktoren.. (Wie in Kap. II.D.1 zu zeigen bleibt, beginnt die Angebotskurve kurzfristig bereits ab einem Preis, der dem Minimum der durchschnittlichen variablen Kosten entspricht). Von der Angebotskurve eines Unternehmens gelangen wir zur *Gesamtangebotskurve* aller Unternehmen für Brot, indem wir zu einem jeweils als gegeben gedachten, für alle Anbieter als gleich unterstellten Brotpreis die von allen der insgesamt m Unternehmen angebotenen Brotmengen y_j, $j=1,...,m$, addieren. Die einzelwirtschaftlichen Angebotsmengen können dabei wegen unterschiedlicher Produktionsapparate der Unternehmen sehr verschieden sein. Geometrisch erhalten wir die Gesamtangebotskurve durch *horizontale Addition* der einzelwirtschaftlichen Kurven; diese ist in Abb. 6 in verkleinertem Maßstab am Beispiel dreier Unternehmen, $j=1,2,3$, angedeutet. Die Gesamtangebotskurve beschreibt die Angebotsbereitschaft der Gesamtheit der Bäckereien bei alternativen Brotpreisen *ceteris paribus*, d. h. bei gegebenen Produktionsbedingungen (Produktionsapparaten), damit gegebenen Fixfaktoreinsätzen, sowie bei gegebenen Preisen für die Leistungen variabler Faktoren.

E. Märkte und Marktgleichgewichte

1. Der idealtypische Markt mit vollständiger Konkurrenz

Die in Abschn. D.1 hergeleitete gesamtwirtschaftliche Nachfragekurve stellt die Kaufbereitschaft aller Haushalte für Brot bei alternativen Brotpreisen dar. Gemäß dem typischen, fallenden Verlauf der Nachfragekurve wird durch einen steigenden Brotpreis die Nachfrage nach Brot in wettbewerblicher Zuteilung gemäß individueller Kaufbereitschaft zurückgedrängt. Die in Abschn. D.2 hergeleitete gesamtwirtschaftliche Angebotskurve beschreibt die Produktions- und Verkaufsbereitschaft aller Unternehmen für Brot bei alternativen Brotpreisen. Gemäß dem typischen, steigenden Verlauf der Angebotskurve wird durch steigenden Brotpreis das Angebot an Brot vergrößert.

Nachfrage und *Angebot* definieren den *Markt eines Gutes*; man sagt auch, dass sich auf dem Markt Nachfrage und Angebot treffen. In der Wirklichkeit spielt sich der Markt für Brot in einer großen Zahl von Bäckerläden und Einzelhandelsgeschäften ab, in denen die Haushalte einkaufen. Wir wollen hier jedoch einen idealtypischen Markt nach Art einer Börse (die es ja nicht nur für Wertpapiere, sondern auch für standardisierte Waren gibt) unterstellen. Nachfrager und Anbieter geben einem Börsenmakler bekannt, welche Mengen sie zu alternativ hohen Preisen zu kaufen bzw. zu verkaufen bereit sind; sie übermitteln ihm also ihre Kauf- bzw. Verkaufsbereitschaft gemäß ihrer Nachfrage- bzw. Angebotskurve. Der Börsenmakler kann nun nach jenem Preis suchen, bei dem die gewünschte Kaufmen-

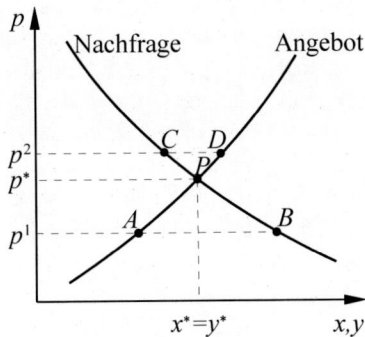

Abb. 1: **Marktangebot, -nachfrage und -gleichgewicht**

ge mit der gewünschten Verkaufsmenge übereinstimmt. Überprüft der Makler zunächst die Wünsche der Nachfrager und der Anbieter beim Preis p^1 in Abb. 1, so stellt er fest, dass die Nachfrager OB nachfragen, die Anbieter aber nur OA anbieten, mithin ein *Nachfrageüberschuss AB* besteht. Um zu einer Übereinstimmung der Mengen zu kommen, muss durch Preiserhöhung die bestehende Nachfrage zurückgedrängt und ein zusätzliches Angebot hervorgelockt werden. Versucht es der Makler zunächst mit dem Preis p^2, so stellt sich heraus, dass die Nachfrager OC nachfragen, die Anbieter OD anbieten, mithin ein *Angebotsüberschuss CD* besteht. Von hier aus muss durch Preissenkung zusätzliche Nachfrage hervorgerufen und das zu große Angebot reduziert werden. Nur beim Preis p^* stimmen Nachfrage- und Angebotsmenge überein und werden gekauft bzw. verkauft: $x^* = y^*$; der Markt wird also „geräumt". Beim Schnittpunkt von Nachfrage- und Angebotskurve herrscht *Marktgleichgewicht*.

Verschiebt sich die gesamtwirtschaftliche Nachfragekurve nach Brot – z. B., weil Wein wegen einer schlechten Weinernte teurer geworden ist und weniger gekauft wird, und die Haushalte nun bei alternativen Brotpreisen jeweils mehr Brot wünschen – nach rechts, so wird Marktgleichgewicht bei einem höheren Preis und höherer Kauf- und Verkaufsmenge erreicht. Verschiebt sich die gesamtwirtschaftliche Angebotskurve – z. B., weil Mehl teurer geworden ist und bei allen Bäckereien die Grenzkosten des Brotes erhöht hat – nach links, dann wird Marktgleichgewicht bei höherem Preis, jedoch nunmehr bei geringerer Kauf- bzw. Verkaufsmenge realisiert.

Wir musterten in Abschn. D.1. verschieden hohe Brotpreise durch und fragten, welche Brotmengen der als Nutzenmaximierer handelnde Haushalt jeweils kaufen sollte; diese Mengen ergaben die individuelle Nachfragekurve des Haushalts. In Abschn. D.2. stellten wir dar, welche Brotmengen ein gewinnmaximierender Anbieter gemäß der „Preis=Grenzkosten"-Regel bei verschieden hohen Brotpreisen verkaufen sollte. Der aus dem Schnittpunkt von gesamtwirtschaftlicher Nachfrage- und gesamtwirtschaftlicher Angebotskurve ermittelte Gleichgewichtspreis p^*

gibt den einzelnen Nachfragern und Anbietern nun das Signal, welche Menge sie gemäß ihren einzelwirtschaftlichen Kurven als Mengenanpasser tatsächlich kaufen bzw. verkaufen, welchen Konsum- bzw. Produktionsplan sie also realisieren sollten. Die Addition aller individuellen Kaufmengen bzw. aller einzelwirtschaftlichen Verkaufsmengen ergibt dann selbstverständlich die insgesamt umgesetzte Menge $x^* = y^*$. Der Gleichgewichtspreis, der an dem idealtypischen Markt aus Gesamtnachfrage und Gesamtangebot von einem Makler ermittelt wird, ist für die einzelnen Marktteilnehmer das einzig relevante Signal. Weder ein Nachfrager noch ein Anbieter benötigt Kenntnis der Nachfrage- oder Angebotskurve anderer oder der gesamtwirtschaftlichen Kurven. An dem Markt kaufen bzw. verkaufen die Marktteilnehmer gegen einen in Geld ausgedrückten Gleichgewichtspreis. Die Ähnlichkeit mit einer Börse macht verständlich, dass es dem einzelnen Nachfrager oder Anbieter nicht darauf ankommt, wer sein Tauschpartner ist. Er hat als Nachfrager *keine Präferenzen* für einen bestimmten Anbieter bzw. das Brot aus dessen Bäckerei; er muss daher keine Mühen und Kosten für die Suche eines individuellen Tauschpartners aufwenden. Die beschriebene *idealtypische Marktform der vollständigen Konkurrenz* mit vielen „kleinen" Nachfragern und Anbietern, die sich als Mengenanpasser verhalten und keine Präferenzen für bestimmte Tauschpartner und deren Produkte haben, kommt in der Wirklichkeit allenfalls für Güter vor, die sich an Börsen handeln lassen.

Die für einen einzelnen Markt behandelte Theorie der vollständigen Konkurrenz abstrahiert sehr stark von der Realität, gestattet jedoch, wenn sie für alle Märkte unterstellt wird, als walrasianische *neoklassische Theorie eines totalen Konkurrenzgleichgewichtes* die Darstellung der marktlichen Koordination der gesamten Volkswirtschaft. Ein totales Konkurrenzgleichgewicht ist definiert als ein System von markträumenden Gleichgewichtspreisen und den zugeordneten Gleichgewichtsmengen. Mit den Gleichgewichtspreisen sind die Nachfrage- bzw. Angebotsmengen der einzelnen nutzen- bzw. gewinnmaximierenden Wirtschaftseinheiten bestimmt, deren Addition für jeden Markt selbstverständlich wieder die Gleichgewichtsmenge ergibt.

Wir kommen im nächsten Abschnitt auf dieses idealtypische Modell einer Marktwirtschaft zurück, wollen jedoch zunächst auf einige der zahlreichen Marktformen unvollständiger Konkurrenz hinweisen, um keinen Zweifel daran zu lassen, dass die marktliche Koordination einer Volkswirtschaft in Wirklichkeit bei unvollständiger Konkurrenz vonstatten geht.

2. Hinweis auf Marktformen unvollständiger Konkurrenz

Aus den in Kap. IV näher behandelten Varianten der unvollständigen Konkurrenz wählen wir für eine vorläufige Beschreibung als erste Variante das *Angebotsmonopol* aus, welches, genau genommen, ebenfalls keine „realistische Marktform" ist, aber einen leichten Einstieg in die Problematik liefert. Angenommen, es sei einer Brotfabrik gelungen, alle Bäcker vom Brotmarkt zu vertreiben bzw. ihre Bäckereien aufzukaufen, so dass sie, mit entsprechend großem Produktionsapparat, einziger Anbieter, also *Monopolist*, auf dem Brotmarkt ist. Dieser Anbieter hat die Macht, den Preis zu setzen. Er ist damit nicht Preisnehmer, sondern *Preissetzer*. Sein Ziel bestehe wieder in Gewinnmaximierung, welches er durch gewinnmaximierende Preissetzung zu erreichen versucht. Dem Angebotsmonopolisten steht die gesamte Nachfrage gegenüber. Es wird angenommen, er habe die Gesamtnachfragekurve durch Marktforschung ermittelt. Sie wird aus seiner Sicht *Preis-Absatz-Funktion PAF* genannt. Gesucht ist die Preis-Mengen-Kombination, die dem Angebotsmonopolisten den höchstmöglichen Gewinn bringt. In Abb. 2.a ist als Preis-Absatz-Funktion eine Gerade gewählt worden, gemäß der beim Preis $\tilde{p}$ nichts mehr und beim Preis 0 die „Sättigungsmenge" $\bar{y}$ gekauft würde. Brot wäre beim Preis 0 ein freies Gut und in so großer Menge verfügbar, dass alle Haushalte bis zu einem Grenznutzen von null davon verbrauchen würden.

Auch hier kommt es auf den *Grenzerlös GE* an, der aus dem Verkauf einer zusätzlichen Mengeneinheit resultiert. So lange der Grenzerlös noch über den Grenzkosten liegt, vergrößert die letzte verkaufte Mengeneinheit Brot den Gewinn.

Zur Herleitung des Grenzerlöses betrachten wir in Abb. 2.a den *Erlös* oder *Umsatz* aus Preis-Mengen-Kombinationen auf der Preis-Absatz-Funktion; er ist mit $p \cdot y$ jeweils gleich dem Flächeninhalt des Rechtecks unter der Preis-Absatz-Kurve. Bei $y=0$ beginnend wird der Flächeninhalt der Rechtecke, von 0 beginnend, größer bis die halbe Sättigungsmenge, $y/2$, erreicht ist; danach wird er wieder kleiner bis er bei $\bar{y}$ wieder auf 0 geschrumpft ist. Die Größe des Flächeninhalts, als Erlöskurve dargestellt, ergibt die in Abb. 2.a eingezeichnete, nach unten geöffnete Parabel. Der Grenzerlös entspricht für die erste Mengeneinheit dem

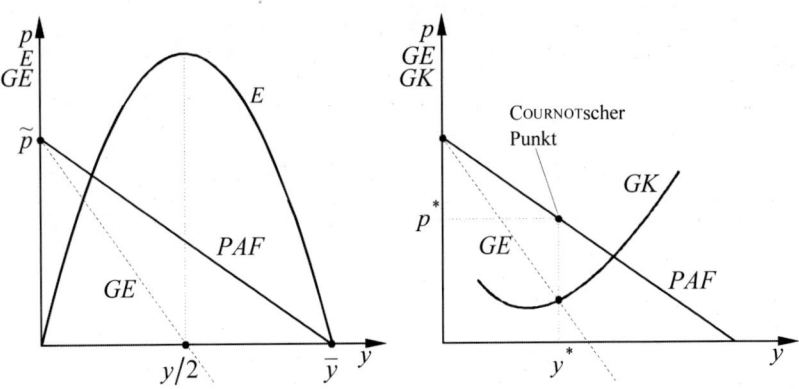

Abb. 2.a/b: COURNOTscher Punkt

Preis p; er sinkt mit zunehmendem y stärker als der Preis, denn jede zusätzlich verkaufte Mengeneinheit bedeutet, dass der Preis aller verkauften Mengeneinheiten geringer ist, also weniger an Erlös hinzukommt als der Preis der letzten Einheit. Bei der halben Sättigungsmenge, $y/2$, hat die Erlöskurve ihr Maximum; der Grenzerlös beträgt hier 0. Bei größeren Mengen nimmt der Erlös wieder ab, die Grenzerlöse sind dann negativ. Die Grenzerlöskurve ist im gewählten Beispiel gleich der eingezeichneten Geraden GE.

Die Preis-Absatz-Gerade und die Grenz-Erlös-Gerade werden nach Abb. 2.b übertragen; ferner ist hier die Grenzkostenkurve des Monopolisten, GK, dargestellt. Der Grenzerlös ist bei der Schnittpunktmenge y^* auf die Grenzkosten gesunken. Hier gilt

$$\text{Grenzerlös} = \text{Grenzkosten,}$$

$$GE = GK. \tag{1}$$

Der Monopolgewinn hat bei dieser Menge sein Maximum erreicht.

Will der Monopolist die Menge y^* verkaufen, muss er gemäß der Preis-Absatz-Geraden den Monopolpreis p^* setzen. Der Punkt der im Monopol gewinnmaximierenden Preis-Mengen-Kombination heißt COURNOTscher Punkt, so genannt nach dem Begründer der Monopolpreistheorie, AUGUSTIN COURNOT, der diesen Ansatz 1838 veröffentlichte.

Der Angebotsmonopolist setzt den Preis p^* und bietet die Menge y^* an; das ist genau die Menge, welche die Nachfrager gemäß der gesamtwirtschaftlichen Nachfragekurve zu diesem Preis kaufen möchte. Auch auf dem Monopolmarkt findet also Markträumung statt; es herrscht Marktgleichgewicht. Im Vergleich zu einem Markt der „kleinen" Anbieter bei vollständiger Konkurrenz könnte der Monopolist, weil er mit großem Produktionsapparat in großer Serie produziert,

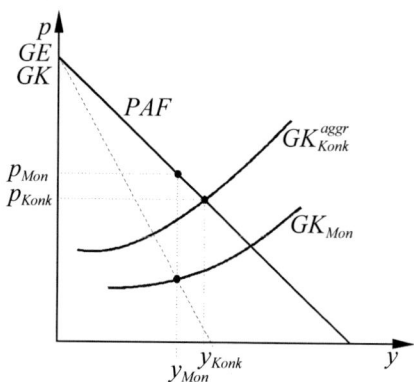

Abb. 3: Angebot im Konkurrenz- und im Monopolfall

Grenzkostenvorteile haben. In der Regel ist jedoch die Monopolmenge kleiner als die bei vollständiger Konkurrenz von allen Anbietern zusammen verkaufte Menge, und der Monopolpreis liegt höher als der bei vollständiger Konkurrenz. Im Monopol bekommen die Nachfrager also regelmäßig weniger Brot zu höherem Preis. Dies wird in Abb. 3 verdeutlicht, wo trotz des hier beispielhaft angenommenen deutlichen Kostenvorteils des Monopolisten gegenüber der Vielzahl der „kleinen" Anbieter das Marktergebnis derart ausfällt. Der Kostenvorteil wird durch die Lage der Angebotsfunktion bei vollständiger Konkurrenz, die ja der aggregierten Grenzkostenfunktion GK_{Konk}^{aggr} der vielen „kleinen" Unternehmen entspricht, relativ zur Grenzkostenfunktion GK_{Mon} des Monopolisten deutlich.

Die Marktform des Monopols ist, zumindest auf Dauer, unrealistisch. Ein hoher Monopolgewinn könnte die Brotfabrik dazu verleiten, in die Errichtung neuer Produktionskapazität zu investieren, um durch eine noch günstigere Grenzkostenkurve ein höheres Gewinnmaximum zu erreichen. Oder Bäcker-Unternehmer könnten in die Errichtung neuer Bäckereien investieren, um als Konkurrenten sozusagen am Monopolgewinn der Brotfabrik teilzuhaben.

Das zusätzliche Angebot von Konkurrenten müsste nicht unbedingt aus Brot bestehen; auch ein dem Monopolgut ähnliches Gut wie Brötchen würde das Monopol brechen. Wir hätten es dann mit einem Markt zu tun, auf dem mehrere Anbieter nicht gleiche, sondern einander ähnliche Güter anbieten. Im Unterschied zu den bisher behandelten Märkten der vollständigen Konkurrenz und des Angebotsmonopols läge dann ein Markt mit *heterogenem* Güterangebot oder mit *Produktdifferenzierung* vor.

Diese Bemerkungen führen uns auf zwei wichtige allgemeine Merkmale zur Beschreibung der Angebotsseite von Märkten, nämlich erstens die Zahl der Anbieter, zweitens das Nichtbestehen oder das Bestehen von Unterschieden bei den auf einem Markt angebotenen Gütern.

Bei der *Zahl der Anbieter* kann man „einen", „wenige" und „viele" unterscheiden; man spricht dementsprechend vom *Monopol*, vom *Oligopol* oder vom *Polypol*.

Gibt es im Urteil der Nachfrager bei den auf einem Markt angebotenen Gütern keine Unterschiede, so haben die Nachfrager keinen Grund, das Angebot bestimmter Anbieter zu bevorzugen, Präferenzen zu entwickeln; man spricht dann von einem *homogenen Markt*. Unterschiede bei den auf einem Markt angebotenen Gütern kann es erstens in dem Sinne geben, dass die Güter hinsichtlich der Bedürfnisbefriedigung einander ähnlich sind, wie Brot und Brötchen, oder in dem Sinne, dass sie von den Anbietern durch besondere Qualitätsgestaltung oder auch durch Werbung bewusst im Urteil der Nachfrager geschaffen wurden. Die Nachfrager auf einem solchen Markt haben die Möglichkeit, *Präferenzen* für die einzelnen Gütervarianten zu entwickeln; man spricht dann von einem *heterogenen Markt*. Als besonders realitätsnah sind zwei Marktformen einzustufen, die des heterogenen Polypols und die des heterogenen Oligopols, die – vor ihrer ausführlichen Darstellung in Kap. IV – im Folgenden kurz erläutert werden sollen.

Beim *heterogenen Polypol* gibt es wie bei vollständiger Konkurrenz viele kleine Anbieter. Anders als bei vollständiger Konkurrenz ist das Güterangebot jedoch nicht homogen. Einem Nachfrager ist es nicht gleichgültig, bei wem er kauft; er hat Präferenzen. Kommen wir auf das Beispiel des Brotmarktes zurück, so haben wir diesen nun als einen Markt mit vielen Bäckereien zu beschreiben, die Brot und/oder Brötchen in verschiedenen Varianten anbieten. Die Präferenzen der Nachfrager können in tatsächlichen oder in nur vermuteten Qualitätseigenschaften der Produkte begründet sein, aber auch in einer netten Bäckerin oder in räumlicher Nähe zur Verkaufsstelle. Der gesamte Markt für Brot und Brötchen teilt sich aufgrund dieser Besonderheiten in Teilmärkte für die einzelnen Anbieter auf, so dass jeder Anbieter hauptsächlich an eine durch Präferenzen an ihn gebundene Stammkundschaft verkauft. Der Teilmarkt des einzelnen Bäckers ist einem Monopol ähnlich; der Anbieter kann mittels Anwendung der „Grenzerlös=Grenzkosten"-Regel für diesen Teilmarkt den COURNOTschen Punkt ermitteln, der ihm den gewinnmaximierenden Preis und die zugehörige Absatzmenge liefert, welche seine Kunden bei diesem Preis abzunehmen bereit sind. Der monopolistische Teilmarkt ist allerdings von der Abwanderungsbereitschaft der Kunden bedroht; diese wird aktuell, wenn der Bäcker einen zu hohen Preis verlangt oder das Vertrauen der Kunden etwa bezüglich der Qualität enttäuscht. Je geringer die Präferenzbindung der Kunden an die eine Bäckerei, desto enger die Konkurrenzbeziehung zwischen den verschiedenen Anbietern. Weil die Marktform wegen der präferenzbedingten COURNOT-Preissetzung Monopolelemente, wegen der großen Zahl der Anbieter auch Konkurrenzelemente enthält, spricht man auch von *monopolistischer Konkurrenz*.

Beim *heterogenen Oligopol* gibt es wenige, *Oligopolisten* genannte Anbieter; wiederum haben die Nachfrager Präferenzen für die Produkte einzelner Anbieter. Der gesamte Markt für Brot und Brötchen teilt sich nun in wenige Teilmärkte auf, und jeder Anbieter verkauft wieder hauptsächlich an seine Stammkundschaft. Gemäß der „Grenzerlös=Grenzkosten"-Regel maximiert er seinen Gewinn mit der Preis-Mengen-Kombination des COURNOTschen Punktes. Zu beachten ist nun nicht nur eine Abwanderungsbereitschaft der Kunden (wie beim heterogenen Polypol), sondern zusätzlich eine *oligopolistische Interdependenz* oder *Reaktionsverbundenheit* zwischen den Oligopolisten, die an folgendem Beispiel erklärt sei: Bäcker A führt eine neue Brötchensorte mit einer Werbekampagne ein, die ihm Zuwanderung von Nachfragern bringt, welche bisher bei anderen Bäckern kauften. Im heterogenen Polypol hätte sich dieser Zulauf bei A auf den Abgang bei verhältnismäßig vielen Konkurrenzanbietern verteilt, so dass der einzelne Konkurrent den Verlust durch abwandernde Nachfrage kaum gespürt und wenig Anlass gehabt hätte, selbst mit einer absatzpolitischen Aktion, etwa Preissenkung für seine Brötchen, zu antworten. Im Oligopol ist jedoch der Verlust durch die abwandernde Nachfrage für jeden der wenigen Mitanbieter durchaus spürbar, so dass jeder Anlass hat, auf die Aktion von A zu reagieren. Je nachdem, ob und wie die oligopolistische Interdependenz berücksichtigt wird, fallen die Ansätze zur

Erklärung des Geschehens an Oligopolmärkten mehr oder weniger kompliziert aus.

3. Weitere Aspekte marktwirtschaftlichen Geschehens

Die Betrachtung einzelner Märkte und Marktgleichgewichte ist zu ergänzen um wichtige weitere Aspekte marktwirtschaftlichen Geschehens:

(1) Da sich Nachfrage- und Angebotsbedingungen auf einem einzelnen Markt in nicht vorhersehbarer Weise ändern können, sind die Gewinne, die ein Unternehmen dort erzielen kann, nicht sicher, sondern mit Unsicherheit oder Risiko behaftet. Es lohnt sich für eine Firma aus Gründen der Risikostreuung regelmäßig, Produktdiversifizierung zu betreiben, d. h. statt eines einzelnen Gutes eine Palette von Gütern zu produzieren und auf den verschiedensten Märkten anzubieten.

(2) Höhere Gewinne im Interesse der Eigentümer oder alternative Ziele wie Umsatzsteigerung im Interesse des Managements lassen sich auch über Verminderung des Wettbewerbs mittels Verdrängen von Konkurrenten oder Aufkaufen von Konkurrenzunternehmen des gleichen Marktes, d. h. durch *horizontale Konzentration,* erreichen. Kostenersparnisse durch Massenfertigung, damit verbundene Rechtsverschiebungen von Grenzkostenkurven mögen einem „Sieger" im Konzentrationsprozeß Preissenkungsmöglichkeiten eröffnen; die Zunahme der Monopolisierung schafft ihm aber auch Preiserhöhungsmöglichkeiten, die er im Interesse seiner Zielsetzung nutzen kann.

(3) Kostenersparnisse durch den Wegfall des Aushandelns und Überwachens von Verträgen mit Zulieferern oder Abnehmern können dafür sprechen, hintereinander geschaltete Produktionsstufen zu integrieren, also *vertikale Konzentration* zu betreiben.

(4) Wiederum Risikostreuung kann ein Anreiz zum Aufkaufen von Unternehmen anderer Branchen, d. h. zu *konglomerater Konzentration,* sein.

(5) Das Marktgeschehen ist stets unter dem Aspekt der Folgen von Veränderungen gegebener Größen zu sehen. Beispielsweise verschieben veränderte Präferenzstrukturen der Haushalte die Nachfragekurve für manche Güter nach rechts und steigern deren Preise. Diese Preissteigerungen können Signale für Unternehmer sein, zusätzlich in Sachkapital und Boden zu investieren und damit die Produktionsapparate und das Angebot an solchen Gütern zu vergrößern. Das *Streben nach Teilnahme* an den durch Preissteigerung *gestiegenen Gewinnen führt tendenziell über vergrößertes Angebot* zum Wiederabsinken der Preise und zum *Abschmelzen der Gewinne.* – Dort, wo sich Nachfragekurven nach links verschieben und Preise verfallen, ergibt sich eine Tendenz zum Abziehen von Sachkapital und Boden, so daß sich das Angebot verkleinert und der Preisrückgang aufgehalten wird.

(6) Der *Wettbewerb* kann als ein *Entdeckungsverfahren* angesehen werden (VON HAYEK 1968). Denn er befähigt *dynamische Unternehmer*, durch *Innovationen Pionier-* oder *Vorsprungsgewinne* zu erzielen (SCHUMPETER 1912). – Besteht

die Innovation aus einem *neuen Gut*, das von den Nachfragern (nach einer möglicherweise verlustbringenden Einführungsphase) akzeptiert wird, so ist der Pionierunternehmer mit dem von ihm durch Nettoinvestition geschaffenen Produktionsapparat zunächst ein Monopolist, der bei bereits großer Nachfrage einen verhältnismäßig hohen Monopolpreis setzen kann. Durch *imitierende Unternehmer* geht das Monopol in ein Oligopol oder ein Polypol über. Das sich damit vergrößernde Angebot lässt auch hier den Preis sinken und Vorsprungsgewinne abschmelzen. – Besteht die Innovation in der *Einführung eines kostengünstigeren Produktionsverfahrens*, so ist der Vorsprungsgewinn des Pionierunternehmers nicht auf einen hohen Preis, sondern auf Kostensenkung zurückzuführen. Wenn andere Unternehmer das neue Produktionsverfahren nachahmen, geht der Vorsprungsgewinn durch Preissenkungstendenz verloren.

F. Marktliche Koordination der Gesamtwirtschaft

1. Ausgangspunkt: Gleichgewicht auf allen Märkten im volkswirtschaftlichen Kreislauf

Aus der Makroökonomik übernehmen wir das in Abb. 1 dargestellte Schema des volkswirtschaftlichen Kreislaufs einer Periode ohne Staat und ohne Ausland. Die privaten *Haushalte H* streben nach Bedürfnisbefriedigung durch Konsum von Gütern, die sie von den *Unternehmen U* kaufen. Die Konsumausgaben bestreiten sie aus Einkommen, welches sie durch Bereitstellung von Leistungen der in ihrem Eigentum stehenden Bestände an den Produktionsfaktoren Arbeit, Sachkapital und Boden erzielen oder welches sie als Unternehmereinkommen in Form von Gewinnen erhalten. Die Unternehmen setzten die Faktorleistungen und ebenso Vorprodukte ein; letztere beziehen sie von anderen Unternehmen.

Was die Haushalte von ihrem Einkommen nicht ausgeben, ist Ersparnis oder Vermögensbildung; diese entspricht der Nettoinvestition von Unternehmen in Beständen an Sachkapital oder Boden. Die Nettoinvestition zuzüglich der Ersatz- oder Reinvestition ergibt die Bruttoinvestitition. Die Ersatzinvestition dient der Erhaltung der Faktorbestände der Unternehmen und damit nicht der Vermögensbildung; sie kann der Beschaffung von Vorprodukten zugeordnet werden. Im Folgenden klammern wir Ersparnis und Nettoinvestition, ebenso die Beschaffung von Vorprodukten aus der Betrachtung aus, um uns auf Märkte für Konsumgüter und Märkte für Faktorleistungen konzentrieren zu können.

In Abb. 2 sind Marktdiagramme für die einzelnen Konsumgüter und Faktorleistungen angedeutet; das Diagramm soll ein *neoklassisches walrasianisches totales Konkurrenzgleichgewicht* der Volkswirtschaft mit vollständiger Konkurrenz auf allen Märkten vermitteln. Auf den Konsumgütermärkten äußern die Haushalte mit den Nachfragekurven Kaufbereitschaft, die Unternehmen mit den Angebotskurven Produktions- und Lieferbereitschaft. Auf den Märkten für Faktorleistungen bieten die Haushalte an und fragen die Unternehmen nach, und zwar jeweils ab-

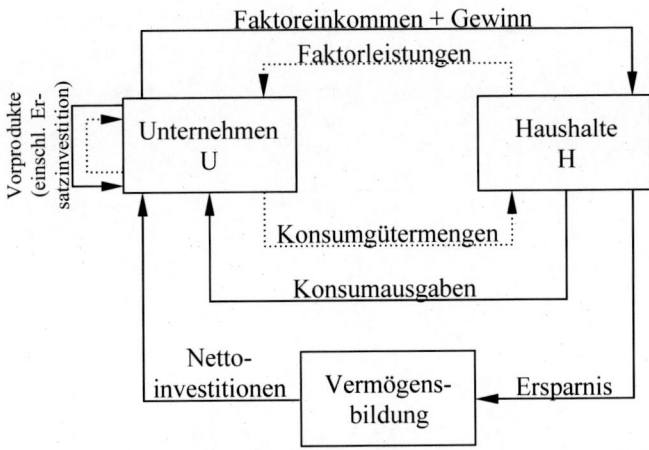

Abb. 1: Volkswirtschaftlicher Kreislauf

hängig von den Faktorpreisen. Die Schnittpunkte der Nachfrage- und der Angebotskurven beschreiben jeweils die Preis-Mengen-Kombination, bei welcher der Markt geräumt wird und damit Marktgleichgewicht herrscht. Die Flächeninhalte der durch Preise und Mengen gebildeten Rechtecke bezeichnen die Marktumsätze, also die Konsumausgaben der Haushalte bzw. die Erlöse der Unternehmen, ferner die Faktorleistungsausgaben der Unternehmen bzw. Faktoreinkommen der Haushalte im totalen Konkurrenzgleichgewicht. Die Pfeile im unteren Teil der Abbildung beschreiben die auf den einzelnen Märkten zustande kommenden Konsumausgabenströme, deren Summe den gesamten Konsumausgabenstrom von den Haushalten zu den Unternehmen im Gleichgewicht darstellt. Analog beschreiben die Pfeile im oberen Teil der Abbildung die auf den einzelnen Faktormärkten entstehenden Einkommensströme. Da man sich für unternehmerische Leistungen keinen Markt vorstellen kann, ist der oberste Pfeil für Gewinneinkommen ohne eine Unterbrechung durch einen Markt gezeichnet.

Wir wiesen in Abschn. D.1 darauf hin, dass die für einen Markt hergeleitete Nachfragekurve *„ceteris paribus"*, d. h. bei gegebenen Präferenzstrukturen und Einkommen bzw. Konsumsummen der einzelnen Haushalte sowie für gegebene Preise für andere Konsumgüter gilt. In Abschn. D.2 erwähnten wir, dass auch für die Angebotskurve die *„ceteris paribus"*-Bedingung gilt, d. h. die Produktionsbedingungen bzw. die Produktionsapparate und die Faktorpreise sind gegeben. Es ist wichtig, bei der Veranschaulichung des totalen Konkurrenzgleichgewichts an diese Bedingungen zu erinnern. Sie bedeuten beispielsweise für das unterste der in Abb. 2 dargestellten Marktdiagramme, dass dort sowohl die Nachfragekurve als auch die Angebotskurve für die in den übrigen Marktdiagrammen dargestellten Gleichgewichtspreise der Konsumgüter und der Faktorleistungen gezeichnet zu denken sind. Allgemeiner: Auf jedem Markt ist Nachfrage- und Angebotsbereitschaft unter der Annahme dargestellt, dass auf allen übrigen Märkten bereits

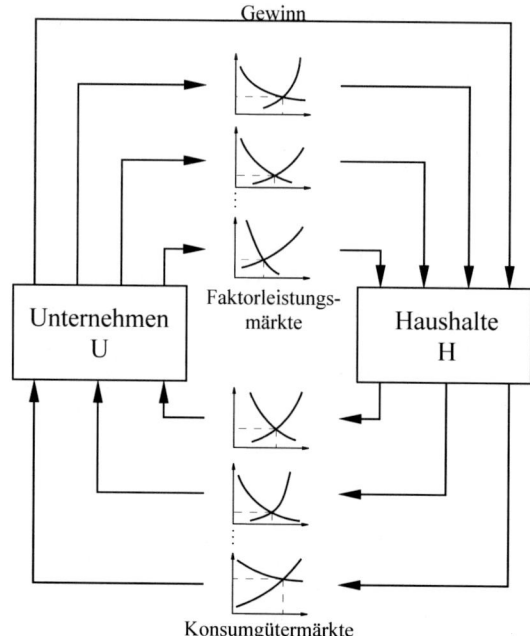

Abb. 2: **Totales Konkurrenzgleichgewicht**

Gleichgewicht herrscht und dass deren Gleichgewichtspreise diejenigen sind, die für den betrachteten Markt als gegeben unterstellt werden.

Wir betonten in Abschn. E.1, dass die Marktform der vollständigen Konkurrenz schon deshalb eine Abstraktion von der Wirklichkeit ist, weil es auf einem solchen Markt keinerlei Präferenzen gibt und eine Organisation des Marktes nach Art von Börsen notwendig ist. Auch der Zustand eines totalen Konkurrenzgleichgewichts abstrahiert somit von der Wirklichkeit. Die mit Abb. 2 veranschaulichte marktliche Koordination hat daher nur exemplarische Bedeutung; immerhin zeigt sie, dass eine Abstimmung der eigeninteressierten Entscheidungen von unzähligen einzelnen Wirtschaftseinheiten durch die „unsichtbare Hand" oder den *Marktmechanismus* von Nachfrage und Angebot unter den vereinfachenden Annahmen tatsächlich möglich ist.

2. Störungen des Gleichgewichts

Wie würde sich eine Störung des totalen Konkurrenzgleichgewichts in Form der Verschiebung der Nachfrage- oder der Angebotskurve eines Marktes auf das System der interdependenten Märkte auswirken? Die Verschiebung löst Marktungleichgewicht und eine Preisänderung auf dem betrachteten Markt aus. Die Preisänderung könnte die Anbieter auf diesem Markt dazu verleiten, die Produktionsapparate zu verändern. Die Preisänderung wird sich – als Abänderung der *„ceteris paribus"*-Bedingung – aber auch auf die Lage anderer Nachfrage- und Angebotskurven auswirken.

Unterstellen wir als Störung beispielsweise eine Rechtsverschiebung der Nachfragekurve für ein neumodisches Konsumgut, so signalisiert eine Preiserhöhung verbesserte Gewinnchancen in dessen Produktion. Die Preiserhöhung könnte eine Faktorzuwanderung einleiten, d. h. die Anbieter auf diesem Markt veranlassen, durch Nettoinvestition in Sachkapital und Boden die Produktionsapparate zu vergrößern. Dadurch verschieben sich die Angebotskurven der Anbieter des neumodischen Gutes nach rechts. Das vergrößerte Angebot wird den Preis und damit die Gewinnchancen wieder reduzieren, so dass die Faktorzuwanderungen aufhören. Die Rechtsverschiebung der Nachfragekurve für das neumodische Gut könnte zu Lasten der Nachfrage für ein altmodisches Konsumgut erfolgt sein, die in dessen Produktion Faktorabwanderungen auslösen kann.

Es mag schon schwer genug sein, in einer Welt der vollständigen Konkurrenz die vielfältigen Konsequenzen der Störung eines totalen Gleichgewichts in Form von Preissignalen und Faktorumlenkungen zu durchdenken. Noch schwerer wird die Aufgabe, wenn wir stattdessen Märkte mit unvollständiger Konkurrenz berücksichtigen und an die in Abschn. E.3 angesprochenen Aspekte marktwirtschaftlichen Geschehens erinnern. Für Angebotsmonopole, monopolistische Konkurrenz und Oligopole gibt es keine Angebotskurven; wir hätten in Abb. 2 jeweils Diagramme zeichnen müssen, welche deren „Grenzerlös=Grenzkosten"-Regeln zum Ausdruck bringen. Anreize für Unternehmen zur Diversifizierung und zur Konzentration, aber auch zur Durchsetzung von Innovationen wären zu beachten. Bei Faktorumlenkungen wäre schließlich die in Abschn. B.4 erwähnte Wanderbereitschaft oder Mobilität der Faktoren zu berücksichtigen. Trotz der verwirrenden Vielfalt in der allgemeinen Interdependenz von Märkten ist es nicht aussichtslos, die wichtigsten Wirkungsketten bedeutender Störungen, z. B. von „Ölpreisschocks" oder technischen Revolutionen, auch im Geflecht von Märkten mit unvollständiger Konkurrenz zu verfolgen und durch Faktorumlenkungen herbeigeführte Strukturveränderungen der Volkswirtschaft zu erklären.

G. Vorzüge marktlicher Koordination

1. Individuelle Entfaltungsmöglichkeiten

Eine marktwirtschaftliche Ordnung mit Privateigentum an den Produktionsfaktoren schafft den einzelnen Haushalten Entscheidungsspielräume, zum ersten bei der Bereitstellung von Faktorleistungen zum Einsatz in Unternehmen gegen Arbeits-, Kapital- und Bodenrenteneinkommen, zum zweiten bei der Verwendung des Einkommens, insbesondere bei der Aufteilung der für den Verbrauch bereitgestellten Summe auf den Kauf der verschiedenen Konsumgüter. Die Entscheidungsspielräume können im Eigeninteresse ausgefüllt werden, wie es etwa in der

Annahme der Nutzenmaximierung zum Ausdruck kommt. Der Begriff des Eigeninteresses schließt dabei die Möglichkeiten altruistischen Handelns ein.

Auch für das Unternehmen bestehen Entscheidungsspielräume beim Einsatz der Produktionsfaktoren und im Absatzbereich. Mit der Annahme der Gewinnmaximierung wird unterstellt, dass das Unternehmen sie im Interesse der Eigentümer nutzt.

2. Relativ faires Zuteilungsverfahren

Die marktwirtschaftliche Zuteilung von Gütern richtet sich nach der Kaufbereitschaft von Nachfragern; sie diskriminiert nicht nach Kriterien wie Gewalt, Geschlecht oder Rasse. Die Kaufbereitschaft eines Haushalts für Konsumgüter hängt von seiner Präferenzstruktur und von seinem Einkommen ab. Das Einkommen ist allerdings von der Ausstattung des Haushalts mit Produktionsfaktoren mitbestimmt, welche nicht nur von marktwirtschaftlichen Einflussgrößen abhängt. Vermögens- und Einkommensverteilungspolitik sind daher im Interesse fairer Zuteilung besondere Anliegen einer sozial orientierten Marktwirtschaft.

3. Arbeitsteilung und Produktivitätssteigerung

In einem frühen Stadium des Wirtschaftens, der *Hauswirtschaft*, sind die Haushalte *autark*, d. h. sie versorgen sich selbst durch Einsammeln, Jagen, Anbauen oder auch Selbstproduzieren von Gütern. Nur sofern Tauschpartner gefunden werden können, kann ein Haushalt einzelne Güter, mit denen er relativ zu seinen Bedürfnissen reichlich versorgt ist, gegen andere Güter eintauschen, mit denen er weniger gut versorgt ist. Die Tauschmengenverhältnisse müssen bei diesem *Naturaltausch* so sein, dass jeder Haushalt mit der erhaltenen Gütermenge mehr oder mindestens gleichviel Nutzen gewinnt als er durch die hingegebene Gütermenge verliert.

In einer solchen Volkswirtschaft mit autarken, allenfalls natural tauschenden Haushalten müssen die einzelnen oder die wenigen Personen eines Haushalts jeweils alle Vorgänge der Güterbereitstellung selbst ausführen. Der *Grad der Arbeitsteilung*, und damit die Möglichkeiten der Spezialisierung auf bestimmte Tätigkeiten, sind *gering*. Das bezieht sich nicht nur auf die Bereitstellung von Konsumgütern, sondern auch auf Hilfsmittel zu deren Bereitstellung, also auf die Herstellung von Jagdgeräten oder Werkzeugen, d. h. auf Investitionsgüter zur Sachkapitalbildung. Bei geringem Grad der Arbeitsteilung ist *auch die Produktivität der Arbeit*, also *die pro Arbeitskraft oder pro Arbeitsstunde erzeugte Gütermenge*, gering.

Nur in einer Wirtschaft, in der nicht mühsam natural getauscht wird, in der vielmehr *Güter gegen Geld verkauft bzw. gekauft* werden, kann es zur *Herausbildung von Märkten* kommen. In einer Hauswirtschaft könnte sich zunächst Geld als allgemeines Tauschmittel durchsetzen und Haushalte in die Lage versetzen, Güter arbeitsteilig zu produzieren und an Märkten gegen Geld auszutauschen. Die Haushalte würden die in ihrem Eigentum stehenden Produktionsfaktoren nur in ihrer eigenen Produktion einsetzen; es wäre noch nicht zur Ausgliederung von Unternehmen gekommen, welche Faktorleistungen nachfragen. Wenn die Haushalte sich auf bestimmte Güter spezialisieren und einen Teil dieser Güter gegen Geld tauschen, mit dem sie andere Güter kaufen, könnte diese marktwirtschaftliche Hauswirtschaft bereits eine viel höhere Produktivität erreichen als die zuvor erwähnte, nur natural tauschende Hauswirtschaft

In einer in diesem Buch sonst stets unterstellten entwickelten Marktwirtschaft ist es zur Herauslösung von Unternehmen aus den Haushalten gekommen. Neben Gütermärkten existieren auch Faktormärkte. Dann können *Arbeitsteilung und Spezialisierung vorangetrieben* werden, wodurch die Produktivität der Arbeitskräfte weiter steigt. ADAM SMITH demonstriert im „Wohlstand der Nationen" von 1776 die produktivitätssteigernde Wirkung der Arbeitsteilung am berühmt gewordenen *Stecknadelbeispiel* (deutsche Übersetzung Bd.1, S.9f.): Wenn in einer Stecknadelfabrik jeder der 10 Arbeiter jeweils alle Arbeitsgänge in der Herstellung von Stecknadeln ausführt, kann jeder pro Tag höchstens 20 Nadeln, können alle zusammen also höchstens 200 Nadeln anfertigen. Hat sich hingegen jeder Arbeiter auf einen Teilvorgang der Erzeugung, z. B. das Ziehen, das Schneiden, das Anspitzen des Drahtes, das Herstellen, das Ansetzen des Kopfes usw. spezialisiert, so können, nach SMITH' Schätzung, alle zusammen 48.000 Nadeln täglich anfertigen. Die durchschnittliche Produktivität ist also von 20 auf 4.800 gestiegen. Die Realisierung dieser Arbeitsteilung setzt voraus, dass das viel umfangreichere Produktionsergebnis am Markt verkauft werden kann. Der *Grad der Arbeitsteilung hängt* nach ADAM SMITH daher *von der Ausdehnung der Märkte ab*.

Wenn Möglichkeiten der Produktivitätssteigerung durch zusätzliche Arbeitsteilung bestehen, lohnt es sich bei funktionierender marktwirtschaftlicher Koordination, sie zu nutzen. Denn einerseits sichert das größere volkswirtschaftliche Produktionsergebnis eine bessere durchschnittliche Versorgung der Bevölkerung mit Konsumgütern und/oder Investitionsgütern – die Einführung einer stärker arbeitsteiligen Technik verschiebt die Produktionsmöglichkeitenkurve nach außen. Andererseits können sich Preise und Mengen auf den durch Arbeitsteilung ausgedehnten Güter- und Faktormärkten so bilden, dass die Märkte geräumt werden.

Die Herausbildung eines hohen Grades an Arbeitsteilung, Spezialisierung und Produktivität in einem marktwirtschaftlichen System sich ausdehnender Märkte ist auch als Entwicklungsprozess zu sehen, der stark von der Sachkapitalbildung mitgeprägt wird. Es ist *nicht nur* die SMITHsche *Arbeitszerlegung*, sondern auch die *zunehmende Ausstattung der Arbeitsplätze mit Sachkapital* in der Form von Maschinen, die die Arbeitskräfte im Verlauf der Industrialisierung immer produktiver machte. Für die Arbeiter bedeutet Arbeitszerlegung in Kombination mit immer größerer Maschinenausstattung die Gefahr eintöniger werdender Arbeit; dies wurde am Beispiel der Arbeitskräfte am Fließband in der mechanisierten Automobilproduktion sichtbar.

Mit Sachkapital in der Form von computergesteuerten Maschinen und von Informationssystemen ist in den letzten Jahrzehnten in weiten Bereichen eine *Automatisierung* von Produktionsabläufen möglich geworden, die für viele Arbeitskräfte nicht weitere Arbeitszerlegung, sondern, im Gegenteil, *Zusammenlegung von Arbeitsaufgaben* bedeutete. Die Produktivität der Arbeit kann daher nicht länger als abhängig nur von der Arbeitsteilung betrachtet werden; sie hängt mehr und mehr von der modernen Informationstechnik ab, die sich einerseits in der Ausbildung der Arbeitskräfte selbst, also im *Humankapital*, andererseits im Sachkapital, mit dem die Arbeit kombiniert wird, niederschlägt.

4. Statische Effizienz: PARETO-Optimalität

Als weiterer positiver Aspekt marktwirtschaftlicher Koordination sei eine Eigenschaft des neoklassischen walrasianischen totalen Konkurrenzgleichgewichts erwähnt, die als PARETO-Optimalität bekannt ist (wir gehen später in Kap. III.B.2-5 näher darauf ein). Streben die Haushalte nach Nutzenmaximierung, die Unternehmen nach Gewinnmaximierung, und verhalten sie sich dabei als Mengenanpasser, dann ist ein sich an den Märkten einstellendes totales Konkurrenzgleichgewicht *optimal*
– erstens in dem Sinne, dass die *Produktion eines Gutes nicht erhöht* werden kann, ohne dass die *mindestens eines anderen eingeschränkt* werden muss,
– zweitens in der Bedeutung, dass der *Nutzen eines Haushalts nicht erhöht* werden kann, ohne dass der *mindestens eines anderen eingeschränkt* werden muss.

Der erste Teil des PARETO-Optimalitäts-Kriteriums lässt sich an Abb. 1 in Abschn. 0.B verdeutlichen. Das Kriterium ist für jeden Punkt auf der Produktionsmöglichkeitenkurve erfüllt. Die vorhandenen Faktorbestände bzw. deren Leistungsabgabe sind für Güterbündel, die durch Punkte auf ABC darzustellen sind, jeweils voll beschäftigt. Wollte man die Produktion von Kleidung ausdehnen, so ginge das nur über Einschränkung der Nahrungsproduktion und Umlenkung dort frei werdender Faktoren in die Kleidungsproduktion.

Der zweite Teil des Kriteriums bezieht sich auf die Verteilung der produzierten Güter auf die Haushalte. Diese mag ungerecht in dem Sinne sein, dass manche Haushalte reichlich mit Faktoren ausgestattet sind und daher hohes Einkommen aus dem Verkauf von Faktorleistungen beziehen, während andere arm sind; dies könnte, wie erwähnt, Anlass für staatliche Korrekturen der Einkommensverteilung sein. Ein pareto-optimales Konkurrenzgleichgewicht bedeutet, dass alle produzierten Güter irgendwelchen Haushalten Nutzen stiften, dass nicht nutzlos „an den Bedürfnissen vorbei" produziert wird. Staatliche Korrektur der Einkommensverteilung bedeutet dann zwar stets ein „Opfer" für die abgebenden Haushalte und damit ein Handeln gegen die PARETO-Optimalität; sie entspricht jedoch der politischen Überzeugung, dass die Einkommen abgebenden Haushalte weniger verlieren als die Einkommen empfangenden Haushalte gewinnen.

Mit der PARETO-Optimalität ist auch der Begriff *statischer Effizienz* umschrieben. Nicht-effiziente Produktion würde Erzeugung eines Güterbündels bedeuten, welches durch einen Punkt unterhalb der Produktionsmöglichkeitenkurve darzustellen ist. Die Produktion mindestens eines der Güter könnte mit den vorhandenen Produktionsfaktoren noch vergrößert werden. Nicht-effiziente Verteilung der produzierten Güter würde heißen, dass der Nutzen mindestens eines Haushalts noch erhöht werden kann, ohne dass der eines anderen vermindert wird. Statische Effizienz bedeutet also, dass keine Möglichkeit der Produktion und der Bedürfnisbefriedigung ungenutzt bleibt.

5. Dynamische Effizienz: Innovatorischer Wettbewerb

Wir wiesen wiederholt darauf hin, dass ein totales Konkurrenzgleichgewicht zum einen auf unrealistischen Annahmen beruht und zum anderen eine theoretische Fiktion ist. Die Wirklichkeit marktwirtschaftlichen Geschehens ist durch unvollständige Konkurrenz, durch Konzentration und durch mangelhafte Faktormobilität gekennzeichnet. In dieser Wirklichkeit suchen eigeninteressierte Haushalte und Unternehmen ständig nach besonderen Vorteilen in Form von Einkommen bzw. Gewinnen; man spricht auch vom *rent-seeking*. Viele dieser Aktivitäten von einzelnen oder von Gruppen gehen zu Lasten anderer; sie tragen dazu bei, dass Möglichkeiten der Produktion und der Bedürfnisbefriedigung ungenutzt bleiben, Effizienz im statischen Sinne also nicht erreicht wird.

Es gibt allerdings Aktivitäten einzelner Wirtschaftseinheiten, die, obgleich sie dem konkurrenzwirtschaftlichen Mengenanpasserverhalten widersprechen und damit gegen die statische Effizienz verstoßen, eine Marktwirtschaft in Entwicklung und Wachstum treiben und sie damit zentral geplanten Volkswirtschaften haushoch überlegen machen. Dies sind die bereits erwähnten *Innovationen* in der Form der *Einführung neuer Güter* oder der *Einführung neuer kostengünstigerer Produktionsverfahren*. Es ist ein wichtiger Vorzug einer durch Privateigentum und Eigeninteresse geprägten marktwirtschaftlichen Ordnung, dass sie die schöpferischen Fähigkeiten von Menschen zu Entdeckungen mobilisiert, die dynamische Unternehmer zu Innovationen veranlassen, welche Entwicklung auslösen. Innovierende Unternehmer werden vor allem durch die Chance, *Vorsprungsgewinne* zu erzielen, zu ihrem Verhalten motiviert. Einerseits gilt es, die Vorsprungsgewinne, z. B. durch Gewährung von Patenten auf die Innovationen, den dynamischen Unternehmern als Belohnung ihrer die Entwicklung anstoßenden Tätigkeiten zuzugestehen und auf Zeit zu erhalten. Andererseits kommt eine Entwicklung umfassend nur durch den Wettbewerb *imitierender Unternehmen* in Gang. Diese möchten an den Vorsprungsgewinnen teilhaben, veranlassen aber durch zusätzliches Angebot und Preissenkungen deren Abschmelzen. Nur Anbieter mit konkurrenzfähigem Angebot und günstigen Kosten können in diesem Wettbewerbsprozess bestehen, der somit auch eine Auslesefunktion hat. Bestimmend für Entwicklung und Wachstum und damit für eine *dynamische Effizienz* der Volkswirtschaft sind also sowohl günstige Bedingungen für Innovationen als auch ein funktionierender Imitationswettbewerb.

H. Defekte marktlicher Koordination

1. Allgemeine Marktunvollkommenheiten

Von Defekten marktlicher Koordination ist dann zu sprechen, wenn wegen Unvollkommenheiten des tatsächlichen Marktgeschehens einer oder mehrere der in Abschn. G geschilderten Vorzüge nicht zur Geltung kommen. Insbesondere ist hier an das Nichterreichen statischer oder dynamischer Effizienz zu denken, das sich in Unterbeschäftigung vorhandener Produktionsfaktoren oder in einem Mangel an Innovationsbereitschaft äußert.

2. Fälle des Marktversagens

Außer den auf allgemeinen Marktunvollkommenheiten beruhenden Defekten gibt es eine Reihe von Besonderheiten, die ein *Marktversagen* implizieren. Einige Fälle des Marktversagens sollen im Folgenden erläutert werden.

a. Natürliches Monopol

Erfordert die Produktion eines Gutes sehr hohe Fixkosten und relativ geringe variable Kosten, so ist es möglich, dass bei Erzeugung der insgesamt anzubietenden Menge in einem einzigen Unternehmen geringere Durchschnittskosten anfallen als bei Aufteilung dieser Menge auf mehrere oder gar viele Anbieter. Eine ausführliche Darstellung ist in Kap. IV.B.2.f zu finden. Ein solcher Fall liegt beispielsweise vor, wenn zur Leistungserbringung auch ein Leitungsnetz gehört wie beim Transport und der Verteilung von elektrischem Strom. Die Errichtung mehrerer Stromleitungsnetze wäre zumindest auf kommunaler Ebene offenbar unsinnig, da es nicht wirtschaftlich ist, mehrere Leitungen von verschiedenen Stromanbietern zu einem Haushalt zu verlegen. Es sollte daher unter diesen technischen Bedingungen keinen Wettbewerb unter schon am Markt befindlichen Anbietern von Netzleistungen geben; ein einziger Anbieter sollte das natürliche Monopol innehaben. Auf der Ebene der Stromerzeugung kann es selbstverständlich mehrere unabhängige Anbieter mit verschiedenen Kraftwerken geben, die in das Netz einspeisen. Damit ein natürlicher Monopolist von Netzleistungen nicht gemäß dem COURNOTschen Punkt eine relativ geringe Menge zu einem relativ hohen Monopolpreis anbietet, bedarf das natürliche Monopol der öffentlichen Kontrolle oder besonderer, den Wettbewerb ersetzender Organisation.

b. Externe Effekte

Bei externen Effekten handelt es sich um Leistungsbeziehungen zwischen Wirtschaftseinheiten, die nicht über Märkte vonstatten gehen und daher nicht durch Preise abgegolten werden. Der Absender eines von dem Empfänger (den Empfängern) als *positiv bewerteten externen Effektes* erhält von diesem (von diesen) keine Vergütung. Der Absender eines von dem Empfänger (den Empfängern) *negativ bewerteten externen Effektes* haftet nicht für den von ihm damit angerichteten Schaden. Beispiele positiver externer Effekte sind Erfindungen oder Kunstwerke, die andere Wirtschaftseinheiten kostenfrei nutzen bzw. genießen. Beispiele negativer externer Effekte sind Umweltverschmutzungen, die einzelne oder mehrere andere oder aber die Gemeinschaft aller Wirtschaftseinheiten schädigen.

Für ein Chemieunternehmen, das für in den Fluss abgeführte Abwässer nicht haftet, sind die privaten Kosten der Produktion geringer als die der ganzen Volkswirtschaft entstehenden Kosten, welche auch die Kosten der Entsorgung des Flusses einschließen. Dehnt das Unternehmen gemäß der „Grenzerlös=Grenzkosten"-Regel seine Chemieproduktion so lange aus, bis die (zu gering angesetzten) privaten Grenzkosten auf den Grenzerlös des Chemieproduktes angestiegen sind, so produziert es mehr als beim Ansetzen der volkswirtschaftlichen, die Entsorgung einschließenden Grenzkosten. Das kostenfreie, nicht marktliche Inanspruchnehmen der Umwelt, welches andere Wirtschaftseinheiten schädigt, hat also eine zu groß gewählte Menge an Chemieprodukten zur Folge. Das bedeutet, dass zu viele Produktionsfaktoren in die Chemieproduktion gelenkt werden. In dieser *Fehlallokation* von Produktionsfaktoren besteht das Marktversagen.

Man kann versuchen, die Absender positiver externer Effekte gegenüber den Empfängern anspruchsberechtigt und die Absender negativer externer Effekte gegenüber den Empfängern schadenersatzpflichtig zu machen. Nur ein Teil der externen Effekte lässt sich jedoch durch ordnungspolitische Maßnahmen in marktliche, entgeltliche Beziehungen umwandeln oder *internalisieren*.

c. Kollektivgüter

Wir betrachteten bisher stets wirtschaftliche Güter, die, wenn sie von privaten Unternehmen produziert und angeboten werden, am Markt einen Preis erzielen. Nur Nachfrager, die gemäß ihrer Kaufbereitschaft gewillt sind, den Marktpreis zu zahlen, kommen in den Besitz eines Gutes; andere werden vom Erwerb des Gutes ausgeschlossen. Güter, für die dieses Ausschlussprinzip gilt, werden *private Güter* oder *Individualgüter* genannt.

Daneben gibt es die *öffentlichen Güter* oder *Kollektivgüter*, für die zwei Merkmale zutreffen. Erstens besteht für sie *Nichtrivalität im Konsum*, d. h. sie können gleichzeitig von mehreren oder vielen Wirtschaftseinheiten genutzt werden, ohne dass ihre Menge spürbar abnimmt. Zweitens gilt für sie die *Nichtausschließbarkeit von Nichtzahlern*; solche Nichtzahler nennt man (mit Bezug auf missbräuchliche Benutzung von Straßenbahnen) auch *Trittbrettfahrer*. Typische Beispiele für Kollektivgüter sind Leuchtturm, Deich, Impfschutz und Rechtssicherheit. Sind diese Güter erst einmal vorhanden, werden die Nachfrager dazu verleitet, ihre Kaufbereitschaft dafür herunterzuspielen, da sie damit rechnen können, als nichtausschließbare Trittbrettfahrer ohnehin in den Genuss der Güter zu kommen.

Bei privaten Gütern ist es das Eigeninteresse von privaten Unternehmen, deren Produktion aufzunehmen, sofern ein Angebot auf dem Markt einen Preis erwarten lässt, der die Durchschnittskosten übersteigt und damit einen Gewinn verspricht. Bei Kollektivgütern fehlt es an diesem Eigeninteresse, weil die Anbieter keine Möglichkeit hätten, Nichtzahler vom Erwerb auszuschließen. In der Nichtausschließbarkeit ist das Marktversagen bei der Produktion von Kollektivgütern begründet. Der Staat muss die Bereitstellung solcher Güter durch Finanzierung über den Staatshaushalt sichern. Viele der Kollektivgüter (wie Leuchtturm, Deich und Impfschutz) können in privaten Unternehmen erzeugt werden, zwischen denen Wettbewerb um die öffentlich finanzierten Aufträge herrschen sollte. Sind die Kollektivgüter erst einmal vorhanden, werden die Haushalte sie in einem Ausmaß wie bei einem Nullpreis verbrauchen wollen, weil sie ihren durch Steuern geleisteten Finanzierungsbeitrag kaum als Preis für die Kollektivgüter in Anrechnung bringen dürften. Der Sachverhalt einer großen Verbrauchsbereitschaft für Kollektivgüter könnte den Anschein erwecken, als sei die tatsächliche Kollektivgüterversorgung besonders knapp bemessen. Daraus könnte eine *Tendenz zur Überversorgung mit Kollektivgütern* resultieren, die eine *Fehlallokation* von Faktoren in der Produktion solcher Güter bedeuten würde.

Der Staat beschränkt sich übrigens nicht allein auf die Bereitstellung von Kollektivgütern, sondern stellt auch Güter bereit, für die eine Ausschließung nichtzahlender Nachfrager prinzipiell möglich wäre, die deshalb private Güter sind. Beispiele sind Schul- und Hochschulbildung, die zum Nullpreis zur Verfügung gestellt werden, oder Schwimmbäder, für die ein nicht kostendeckender Preis verlangt wird. Die Politiker meinen, die Bereitstellung solcher *meritorischer Güter* entspreche gewissen „gesellschaftlichen Präferenzen", und man dürfe sich nicht allein auf die durch Kaufbereitschaft an den privaten Märkten geäußerten Präferenzen und eine entsprechende private Marktversorgung verlassen. Historisch ist die Bereitstellung meritorischer Güter durch den Staat hauptsächlich als Bemühen zu erklären, solche Güter auch ärmeren Bevölkerungsschichten zugänglich zu machen. Die Zielsetzung war also Umverteilung. Ein Marktversagen liegt bei meritorischen Gütern nicht vor.

I. Internationale Aspekte der Marktwirtschaft

Obgleich sich dieses Buch auf die Koordination einzelwirtschaftlicher Entscheidungen in den Märkten einer geschlossenen Volkswirtschaft ohne außenwirtschaftliche Beziehungen konzentriert, soll in diesem einleitenden Überblick kurz auf einige Sachverhalte hingewiesen werden, die mit zunehmender Internationalisierung oder Globalisierung immer stärker an Bedeutung gewinnen.

Den Handel mit Gütern zwischen Wirtschaftseinheiten verschiedener Volkswirtschaften gab es als Export oder Import schon in frühen Stadien der Geschichte; man denke z. B. an den Seehandel mittels Schiffen oder den Landhandel mittels Karawanen. Zunächst ging es hauptsächlich um den Export von Gütern, die im Ausland nicht verfügbar waren, und um den Import von Gütern, die im Inland nicht zu haben waren.

Später kam der Handel mit Gütern hinzu, die sowohl im Inland als auch im Ausland produziert werden können. ADAM SMITH vertrat im „Wohlstand der Nationen" (1776) den Standpunkt, dass internationaler Handel die Ausdehnung der Märkte bedeutet und weitere Arbeitsteilung mit Produktivitätssteigerungen ermöglicht. Ein Land würde jene Güter exportieren, bei deren Produktion es *absolute Kostenvorteile* gegenüber dem Ausland erreicht hat und die es daher preisgünstiger als das Ausland anbieten kann, und die Güter importieren, bei denen das Ausland absolute Kostenvorteile hat. Nach DAVID RICARDO (1817) kommt es bei der Frage, ob Außenhandel lohnt, nicht auf absolute, sondern nur auf relative oder *komparative Kostenvorteile* an. Im Beispiel zweier Länder, A und B, und zweier Güter, 1 und 2, wird sich Land A auf die Produktion z. B. des Gutes 1 spezialisieren, das es im Vergleich zum Land B mit komparativem Kostenvorteil produziert, und einen Teil der erzeugten Menge als Export zum Tausch gegen eine Importmenge des Gutes 2 verwenden, bei dem Land A einen komparativen Kostennachteil hat. Land B hat dementsprechend einen komparativen Kostenvorteil bei Gut 2, das es produzieren und teils exportieren wird, und einen komparativen Kostennachteil bei Gut 1, das es importieren wird. Auf diese Weise erhält jedes Land pro Einheit des exportierten Gutes mehr vom importierten Gut als es mit gleichem Faktoraufwand selbst produzieren könnte.

Bei SMITH und RICARDO beruhen die absoluten bzw. komparativen Kostenvorteile auf Unterschieden der Länder in den Produktionsbedingungen (Produktivitäten). ELI HECKSCHER (1919) und BERTIL OHLIN (1933) argumentieren mit jeweils gleichen Produktionsbedingungen, leiten komparative Kostenunterschiede jedoch aus Unterschieden in den komparativen Faktorausstattungen oder Faktorproportionen der Länder ab: Nach dem *Faktorproportionentheorem* wird ein Land zu Gunsten des Exports die Produktion des Gutes ausdehnen, dessen Herstellung relativ stark den Faktor benötigt, mit dem es im Vergleich zum Ausland reichlich ausgestattet ist; es wird zu Gunsten des Imports die Produktion des Gutes einschränken, dessen Erzeugung relativ stark den Faktor benötigt, mit dem es im Vergleich zum Ausland knapp ausgestattet ist. Durch Außenhandel wird in beiden Ländern der jeweils relativ reichliche Faktor knapper, der jeweils relativ knappe Faktor weniger knapp.

Vorteilhafter Außenhandel wird nach der traditionellen Außenhandelstheorie also begründet zum einem durch Nichtverfügbarkeiten von Gütern, zum anderen durch komparative Kostenvorteile der Länder entweder infolge von Unterschieden in den Produktionsbedingungen oder von Unterschieden in der Faktorausstattung.

Auf dieser Außenhandelslehre basiert die wirtschaftspolitische Forderung nach Freihandel, nach Beseitigung der Protektion von Ländern durch Zölle oder andere Handelshemmnisse.

Der Außenhandel hat erhebliche Konsequenzen für die Güter- und die Faktorpreise, die sich an den Güter- und den Faktormärkten offener Volkswirtschaften einspielen. Abstrahiert man von Transportkosten und allen Handelshemmnissen für Güter, so müssen sich, ausgedrückt in einer Währung, die Preise homogener Güter durch Außenhandel im Inland und im Ausland angleichen. Gibt es auch innerhalb der Länder keine Kosten und Hemmnisse der Umlenkung von Faktoren aus den Produktionen mit komparativem Kostennachteil in solche mit komparativem Kostenvorteil, so müssen sich, wie HECKSCHER (1919), OHLIN (1933) und SAMUELSON (1948) gezeigt haben, auch die Preise jeweils eines Faktors im Inland und im Ausland angleichen. Dieses *Theorem des internationalen Faktorpreisausgleichs* bedeutet, dass im Inland der Preis des weniger knapp werdenden knappen Faktors sinkt und der Preis des knapper werdenden reichlichen Faktors steigt. Der im Inland relativ knappe Faktor ist im Ausland der relativ reichliche; der im Inland relativ reichliche Faktor ist im Ausland der relativ knappe. Im Ausland bewegen sich die Faktorpreise in umgekehrter Richtung. Die Preise jedes Faktors im Inland und im Ausland bewegen sich daher aufeinander zu, bis sie sich, unter den Voraussetzungen des Faktorproportionentheorems, vollständig angeglichen haben.

Die durch internationalen freien Außenhandel erreichbaren Wohlfahrtswirkungen im Sinne einer besseren Güterversorgung lassen sich für die Gesamtheit der Wirtschaftseinheiten einer offenen Volkswirtschaft eindrucksvoll nachweisen; zumindest könnten die aus dem Außenhandel gewinnenden Wirtschaftseinheiten eventuelle Verlierer so entschädigen, dass sich alle besser stehen. Betrachtet man jeweils getrennt die Eigentümer des knappen und des reichlichen Faktor, sind die Wohlfahrtswirkungen jedoch unterschiedlich: Weil der Preis des relativ knappen, jedoch weniger knapp werdenden Faktors sinkt und der Preis des relativ reichlichen, jedoch knapper werdenden Faktors steigt, sinkt bzw. steigt auch das Einkommen dieses Faktors. Unabhängig davon, wie die Faktoreigentümer ihr Faktoreinkommen zum Kauf der einschließlich des Außenhandels insgesamt verfügbaren Güter verwenden, erleiden nach STOLPER/SAMUELSON (1941/42) die Eigentümer des relativ knappen Faktors wegen des sinkenden Preises dieses Faktors einen realen Einkommens- und Wohlfahrtsverlust. Nur die Eigentümer des relativ reichlichen Faktors stellen sich wegen des gestiegenen Preises dieses Faktors besser, und zwar um so viel, dass sie die Verlierer mehr als entschädigen könnten.

Auch wenn die Ergebnisse der traditionellen Außenhandelstheorie in einer abstrakten Welt vereinfachender Annahmen hergeleitet sind, scheinen sie doch in der komplizierten Wirklichkeit bemerkenswerte Entsprechungen zu haben: In höher entwickelten Volkswirtschaften wie Deutschland ist Arbeit der relativ knappe, Sachkapital der relativ reichliche Faktor; in weniger entwickelten Volkswirtschaften wie China ist es umgekehrt. Zunehmende Öffnung der Länder für internationalen Handel macht in den höher entwickelten Volkswirtschaften die Arbeit weniger knapp und drückt auf die Lohnsätze, das Sachkapital weniger reichlich und fördert dessen Verzinsung. Allein die zunehmende Öffnung für den Austausch von Gütern bringt den Volkswirtschaften zwar gewaltige gesamtwirtschaftliche Wohlfahrtsgewinne, verursacht aber durch die Umstrukturierung der Produktion Einkommens- und Wohlfahrtsverluste für den bisher relativ knappen, aber weniger knapp werdenden Faktor. Hinzukommt, dass im Prozess der Umstrukturierung frei gesetzte Arbeitskräfte Zeit brauchen, um zu vermindertem Faktorpreis wieder Beschäftigung zu finden. Die höher entwickelten Volkswirtschaften hoffen darauf, dem von Wohlfahrteinbußen bedrohten Faktor Arbeit durch bessere Ausbildung eine durch Humankapital untermauerte höhere Qualifikation zu verschaffen. Diese soll ihn zum Einsatz auch in neuen Produktionsprozessen und zur Produktion neuer Güter geeignet machen, wodurch seine Knappheit und seine Entlohnung tendenziell wieder steigen können.

Bisher argumentierten wir nur mir dem Güterhandel und seinen Allokations- und Verteilungswirkungen auf die Produktionsfaktoren: Unter den Voraussetzungen der traditionellen Theorie, u. a. dem Fehlen von Transportkosten und Handelshemmnissen, gleichen sich durch Außenhandel und die durch diesen bewirkten intranationalen Produktionsumstellungen die Güterpreise und die Faktorpreise international an, ohne dass internationale Faktorwanderungen notwenig wären. Es gibt in dieser stark abstrahierenden Welt keine durch Faktorpreisunterschiede begründeten Anreize für die *Migration* von Arbeitskräften und die Bildung von Sachkapital durch Investitionen in einem anderen Land. In einer Welt mit Transportkosten und Handelshemmnissen sowie mit unvollständiger Konkurrenz, ferner mit großen Entwicklungsunterschieden von Volkswirtschaften, gibt es hingegen eine internationale Faktorpreisangleichung nur in der Tendenz. Die verbleibenden Faktorpreisunterschiede und ebenso politische und kulturelle Unterschiede bedeuten Anreize für Faktorwanderungen.

Arbeitskräfte haben Anreize einzuwandern, wenn im Inland die Entlohnung oder die soziale Sicherung höher ist als im Ausland. Die Migrationspolitik eines Landes kann vorsehen, die Einwanderung auf Höchstquoten zu begrenzen oder auf Arbeitskräfte mit besonderen, im Inland knappen Fähigkeiten zu beschränken. Für Bürger aus Ländern der Europäischen Union gilt, abgesehen von Übergangsfristen für neu aufgenommene Länder, das Recht grundsätzlich freier Migration in andere Mitgliedsländer. Die Verknappung des Arbeitsangebotes im Auswanderungsland bewirkt dort ein tendenzielles Steigen der Lohnsätze; die Zunahme des Arbeitsangebotes im Einwanderungsland ist dort mit einem tendenziellen Sinken der Lohnsätze verbunden. Die auf der Grundlage des Faktorpreisausgleichstheorems der traditionellen Außenhandelstheorie angedeutete Tendenz zur internationalen Angleichung der Lohnsätze kann also durch eine mit Migration verbundene Annäherung der Lohnsätze in verschiedenen Ländern unterstützt werden.

Die internationale Wanderung von Sachkapital durch Investitionen ist insbesondere unter der Bezeichnung *Direktinvestitionen* bekannt geworden. Bei Direktinvestitionen, z. B. des Inlands im Ausland, folgen inländische Investoren dem Anreiz, wegen günstigerer Ertragserwartungen Kontrolle über ausländisches Sachkapital zu erwerben. Es könnte sich dabei um Gründung oder Erweiterung von ausländischen Tochterunternehmen oder Zweigniederlassungen oder um Beteiligung an ausländischen Unternehmen handeln. Mit Direktinvestitionen werden inländische Investor-Firmen zu multinationalen Unternehmen. Die Direktinvestitionen können in den Bereichen der Produktion, des Absatzes und der Vermarktung von Gütern oder in der Beschaffung von Rohstoffen und Vorprodukten, schließlich auch in der Bereitstellung von Management- und Service-Leistungen bestehen. Selbst wenn das ausländische Tochterunternehmen, die Zweigniederlassung oder die Beteiligung formal selbständig sein sollten, sind sie durch die Direktinvestition wirtschaftlich unter die Kontrolle der inländischen Investor-Firma gekommen. Eine solche Kontrolle ist nicht vorhanden oder viel weniger stark, wenn ein inländisches Unternehmen an Stelle der Direktinvestition nur die Kooperation mit selbstständig bleibenden ausländischen Unternehmen sucht, z. B. durch Lizenzvergabe, Franchising oder Joint Venture.

Direktinvestitionen gibt es selbstverständlich auch in umgekehrter Richtung, also durch ausländische Investor-Firmen, die im Inland Tochterunternehmen, Zweigniederlassungen oder Beteiligungen an inländischen Unternehmen schaffen oder diese erweitern. Ebenso gibt es die Kooperation ausländischer Unternehmen mit selbständig bleibenden inländischen Firmen.

Direktinvestitionen wachsen seit etwa zwanzig Jahren weltweit stärker als Produktion und Außenhandel. Sie lohnen sich nicht nur als Investitionen multinationaler Firmen aus höher entwickelten Ländern in weniger entwickelten Ländern. Sie sind besonders zwischen multinationalen Unternehmen aus hoch entwickelten Ländern in anderen hoch entwickelten Ländern verbreitet. Schließlich bilden sich heute im Prozess neu in die Entwicklung kommender Volkswirtschaften dort frühzeitig multinationale Unternehmen heraus, die Direktinvestitionen auch in hoch entwickelten Ländern tätigen. Neben die Integration der Weltwirtschaft durch Außenhandel tritt immer stärker eine durch Direktinvestitionen erfolgende Integration von Unternehmen. Bei multinationalen Firmen kann sich die inländische Umstrukturierung der Produktion mit Entlassung von Arbeitskräften verbinden mit Direktinvestitionen im Ausland mit Schaffung von Arbeitsplätzen.

Während die bisher angesprochenen Direktinvestitionen multinationaler Unternehmen in der Regel auf Dauer angelegt sind, gibt es auch Investitionen, die als *Private Equity Investment* von Beteiligungsgesellschaften getätigt werden, welche (auch) ausländische Unternehmen in Teilen oder ganz kaufen, diese ergänzen, zerteilen oder sanieren, um sie mittelfristig gewinnbringend zu verkaufen.

Bei beiden, den langfristig orientierten Direktinvestitionen und dem mittelfristig angelegten Private Equity Investment, geht es um Anlagen in neu zu schaffende oder in bereits vorhandene Bestände an Sachkapital. Durch das Agieren von Direkt-Investoren und von Beteiligungsgesellschaften sind vor allem größere Unternehmen in offenen Volkswirtschaften ständig einer an Gewinnkriterien orientierten Veränderung ihres Tätigkeitsbereiches und ihrer nationalen und internationalen Ausdehnung ausgesetzt.

Alle diese Investitionen können grundsätzlich sowohl im Inland als auch im Ausland entweder durch Eigenkapital (z. B. Aktien) oder durch Fremdkapital (Kreditaufnahme) finanziert werden. Im Finanzierungsgeschäft sind außer Banken und traditionellen Fonds auch die als „Heuschrecken" bekannt gewordenen Hedge-Fonds zu erwähnen, die durch relativ kurzfristige Finanzanlagen, auch solche mit hohem Risiko, hohe Gewinne zu erwirtschaften versuchen.

Kapitel I.

Theorie des Haushalts

A. Einführung

Aus dem Überblick in Kap. 0 wissen wir, dass die privaten Haushalte einerseits Konsumgüter nachfragen, deren Verbrauch einen Nutzen stiftet und damit dem Zweck jedes Wirtschaftens, der Bedürfnisbefriedigung, dient. Andererseits bieten die Haushalte Faktorleistungen an, um so ein Einkommen zu erzielen.

Grundsätzlich wird in der Haushaltstheorie davon ausgegangen, dass Konsumentensouveränität herrscht. In einem engeren Sinne ist darunter zu verstehen, dass der Haushalt im Rahmen der ihm zur Verfügung stehenden Mittel frei, ohne Bevormundung, gemäß seiner Präferenzstruktur entscheiden kann, welche der angebotenen privaten Güter er in welchen Mengen kauft. Hinsichtlich der vom Staat betriebenen Bereitstellung kollektiver und meritorischer Güter ist Konsumentensouveränität als demokratischer Entscheidungsprozess über die Besetzung der Staatsorgane und damit die Verwirklichung bestimmter Staatsaufgabenprogramme zu sehen. In einem weiteren Sinne schließt Konsumentensouveränität auch ein, dass die durch den Marktprozess koordinierte private Produktion und die mit der demokratischen Besetzung von Staatsorganen verbundene staatliche Bereitstellung von Gütern sich in einer bestmöglichen (freilich noch präzisionsbedürftigen) Weise an den Präferenzstrukturen der Haushalte orientieren.

Die Haushaltstheorie unterstellt ein zweckrationales Verhalten im Sinne des *Ökonomischen Prinzips*, nach dem entweder mit gegebenen Mitteln ein größtmöglicher Erfolg oder ein gegebener Erfolg mit geringst möglichen Mitteln angestrebt wird. Mit dem Nutzen als Maß der Bedürfnisbefriedigung durch Konsumgüter lässt sich die Rationalitätshypothese so formulieren, dass der Haushalt durch den Einsatz seiner in der Form von Produktionsfaktoren gegebenen Mittel das Ziel der *Nutzenmaximierung* verfolgt. Die damit umschriebene Problemstellung der Haushaltstheorie lässt sich in verschiedenen Schritten konkretisieren, die in den folgenden Abschnitten behandelt werden.

In *Abschn. B* über die Haushaltsnachfrage wird die Einkommenserzielung nicht näher untersucht; wir gehen vielmehr von einer gegebenen, für den Konsum vorgesehenen Summe aus, die in optimaler Weise, d. h. so, dass der Nutzen maximiert wird, auf den Kauf verschiedener Verbrauchsgüter aufgeteilt werden soll.

Im Zusammenhang damit ist auf verschiedene Nutzentheorien, die Herleitung von Nachfragefunktionen, auf Nachfrageinterdependenzen zwischen Haushalten sowie auf ergänzende Beiträge zur Konsumtheorie einzugehen. In *Abschn. C* über das Haushaltsangebot geben wir die Annahme einer bestimmten Konsumsumme auf und untersuchen, wie der Haushalt durch Bereitstellung von Arbeit und Kapital Einkommen erzielen und mit diesem seinen Nutzen maximieren kann. Während in den *Abschnitten B* und *C* aus Vereinfachungsgründen als Entscheidungszeitraum stets eine Periode betrachtet wird, behandelt *Abschn. D* Haushaltsnachfrage und -angebot unter Einbeziehung eines längeren Planungszeitraums. Hier finden auch Probleme wie Gebrauchsgüternachfrage, Veränderungen und Qualitätsverbesserungen der im Eigentum des Haushalts stehenden Produktionsfaktoren Berücksichtigung.

B. Theorie der Haushaltsnachfrage

1. Die Budget- oder Bilanzgleichung

Mit p_i bzw. x_i bezeichnen wir Preise und Mengen der für den Verbrauch in Betracht kommenden Güter $i=1,2,...,n$. Vom Preis p_i unterstellen wir, dass er einheitlich und für den Haushalt exogen ist. Da ein einzelner Haushalt mit seiner Nachfrage nach einem Gut i nämlich nur einen geringen Teil der Gesamtnachfrage nach diesem Gut ausmacht, hat der einzelne Haushalt keinen Einfluss auf den Preis p_i. Er hat die Preise, an die er sich mit den nachgefragten Gütermengen anpasst, daher als gegeben hinzunehmen: Er verhält sich als *Mengenanpasser*. Wir unterstellen beliebige Teilbarkeit der Güter, so dass x_i nicht nur ganzzahlig, sondern eine beliebige (nichtnegative) reelle Zahl sein kann.

Mit e bezeichnen wir das Einkommen eines Haushalts. Im gesamten Abschn. B sehen wir e als gegeben an und unterstellen, dass es ganz für Konsumzwecke zur Verfügung steht (d. h. Sparen = null). Erst in den Abschnitten C und D werden wir uns mit der Erzielung von Einkommen (e variabel) und (positivem und negativem) Sparen aus dem Einkommen beschäftigen. Mit dieser Voraussetzung gilt die sogenannte *Budget- oder Bilanzungleichung*

$$p_1 x_1 + p_2 x_2 + \cdots + p_n x_n \leq e, \qquad (1)$$

die aussagt, dass die Ausgabensumme, gebildet aus den mit den Preisen multiplizierten Gütermengen, höchstens gleich dem Einkommen sein darf. Beschränken wir uns auf den Fall von zwei Gütern, dann können wir die Beziehung

$$p_1 x_1 + p_2 x_2 \leq e \qquad (2)$$

in

$$x_1 \leq \frac{e}{p_1} - \frac{p_2}{p_1} x_2 \qquad (3)$$

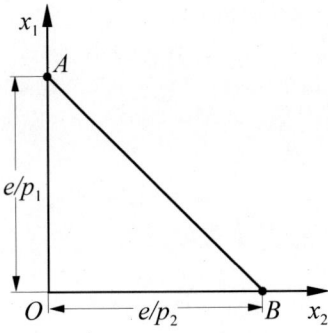

Abb. 1: Bilanzgerade

umformen und in einem (x_1,x_2)-Diagramm darstellen (vgl. Abb. 1). Gilt das =-Zeichen, so repräsentiert (3) die Budget- oder Bilanzgerade AB, die wegen $e, p_1, p_2 > 0$ positive Achsenabschnitte e/p_1, e/p_2 und negative Steigung hat und wegen $x_1, x_2 \geq 0$ auf den ersten Quadranten beschränkt ist. Die Steigung der Geraden ist

$$\frac{d x_1}{d x_2} = -\frac{p_2}{p_1}. \tag{4}$$

Gilt in (3) das <-Zeichen, so stellt (3) einen Punkt *unterhalb* der Bilanzgeraden dar. Jeder Punkt unterhalb oder auf der Bilanzgeraden erfüllt die Beziehung (3).

Unabhängig von der Bilanzgeraden stellt jeder Punkt des ersten Quadranten in Abb. 1 eine bestimmte Gütermengenkombination dar. Da wir Verbrauchsmengen untersuchen, spricht man auch von der *Verbrauchsebene*. Jede Mengenkombination (x_1,x_2) kann als ein denkbarer Verbrauchsplan des Haushalts aufgefasst werden. Realisierbar sind bei gegebenem Einkommen e aber nur Verbrauchspläne, die durch Punkte unterhalb oder auf der Bilanzgeraden repräsentiert werden, also Punkte im Bereich OAB. Jeder Verbrauchsplan, der durch einen Punkt außerhalb dieses Bereichs bezeichnet wird, würde höhere Ausgaben als das vorgegebene Einkommen verursachen. Die Bilanzgerade kann auch als einschränkende Bedingung aufgefasst werden, unter der der im Folgenden einzuführende Nutzen maximiert werden soll. Anders ausgedrückt: Bei Maximierung des Nutzens sind nur realisierbare Verbrauchspläne zugelassen. Unterstellen wir drei Güter anstatt zwei, so erhalten wir eine Bilanzebene statt einer Bilanzgeraden, bei beliebiger Zahl von n Gütern eine Hyperebene (= Unterraum der Dimension $n-1$ im n-dimensionalen Raum). Realisierbare Verbrauchspläne werden im n-dimensionalen Raum durch Punkte unterhalb oder auf dieser Hyperebene dargestellt.

2. Nutzenfunktionen und Indifferenzkurven

Mit der Budgetgeraden und dem Bereich realisierbarer Verbrauchspläne sind die (objektiven) Entscheidungsmöglichkeiten des Haushalts hinsichtlich der Verbrauchsmengenkombinationen beschrieben, denn Einkommen und Preise sind für den Haushalt gegebene Größen. Wir betrachten nun die subjektiven Vorstellungen des Haushalts über diese Mengenkombinationen, die seine Bedürfnis- oder Präferenzstruktur zum Ausdruck bringen. Sie werden ausgedrückt durch eine *Nutzenfunktion*

$$u = f(x_1, x_2, ..., x_n), \qquad (5)$$

die jeder Kombination nichtnegativer Verbrauchsmengen $x = (x_1, x_2, ..., x_n)$ einen nichtnegativen Nutzen u zuordnet. Von dieser Funktion unterstellen wir, dass sie stetig ist und stetige 1. und 2. Ableitungen hat. Mit der Stetigkeit ist beliebige Teilbarkeit nicht nur der Verbrauchsmengen, sondern auch des Nutzens unterstellt.

An dieser Stelle sei darauf hingewiesen, dass in der gesamten Haushaltstheorie stets Nutzenvergleiche eines Haushalts (vorerst repräsentiert durch eine Person) gemeint sind. Niemals geht es um interpersonelle Nutzenvergleiche, die grundsätzlich unmöglich sind.

Zur geometrischen Darstellung der Nutzenfunktion betrachten wir den Fall $n=2$ und tragen die Variablen x_1, x_2 und u auf den Achsen eines dreidimensionalen Diagramms ab. Die Nutzenfunktion wird in diesem Diagramm durch ein Funktionsgebirge wiedergegeben, das eine Gestalt hat, wie sie beispielhaft in Abb. 2 dargestellt ist. Das *Nutzengebirge* können wir in verschiedener Weise schneiden, z. B. folgendermaßen:

(1) Schnitt senkrecht zur Grundfläche, parallel zur x_1-Achse. Die Schnittkurve, die wir so erhalten, beschreibt den Zusammenhang zwischen x_1 und u bei gegebener Verbrauchsmenge des Gutes 2 und wird als *Nutzenkurve für Gut 1* bezeichnet.

(2) Schnitt senkrecht zur Grundfläche, parallel zur x_2-Achse. Auf diese Weise ergibt sich bei gegebener Verbrauchsmenge des Gutes 1 die *Nutzenkurve für Gut 2*.

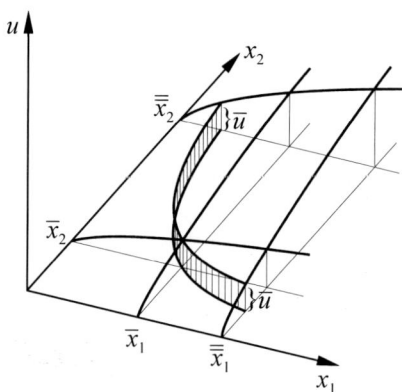

Abb. 2: Nutzengebirge

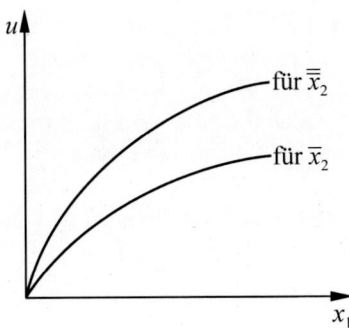

Abb. 3: Nutzenkurven von Gut 1 für unterschiedliche Werte von x_2

(3) Schnitt parallel zur Grundfläche. Wir erhalten als Schnittkurve den Zusammenhang zwischen x_1 und x_2 bei gegebenem Nutzen. Die Projektion dieser Kurve auf die Grundfläche heißt *Indifferenzkurve*; sie bezeichnet die Gesamtheit der Mengenkombinationen (x_1, x_2), die dem Haushalt den gleichen Nutzen stiften, denen gegenüber er also indifferent ist. Eine Indifferenzkurve ist mit der Höhenlinie einer Landkarte vergleichbar.

Nutzenkurven, z. B. für Gut 1 bei Mengen $\bar{x}_2$ bzw. $\bar{\bar{x}}_2$, sind analytisch durch

$$u = f(x_1, \bar{x}_2) \quad \text{bzw.} \quad u = f(x_1, \bar{\bar{x}}_2) \tag{6}$$

gegeben. Geometrisch sind sie bereits in Abb. 2 zu erkennen und noch einmal in Abb. 3 dargestellt. Die Gestalt der Nutzenfunktion hängt von den subjektiven Vorstellungen (Präferenzen) des betrachteten Haushalts ab. In der Haushaltstheorie werden üblicherweise folgende allgemeine Annahmen (A1) bis (A3) über die Nutzenfunktion gemacht:

(A1) Nichtsättigung: Die Steigung der Nutzenkurven ist für alle Güter stets positiv. Ein Mehrverbrauch an Gut *i* bei konstantem Verbrauch am anderen Gut (allgemeiner: an anderen Gütern) bedeutet für den Haushalt einen Nutzenzuwachs. Analytisch heißt das, dass die 1. partielle Ableitung der Nutzenfunktion nach x_i positiv ist:

$$\frac{\partial u}{\partial x_i} = f_i > 0 \quad \text{für alle } i.^* \tag{7}$$

Diese Annahme wird als Annahme der *Nichtsättigung* bezeichnet, da sie besagt, dass der Haushalt einer Verbrauchsmengenkombination, auch wenn sie schon recht viel von dem Gut enthält, stets eine solche vorzieht, die von den übrigen Gütern gleich viel und von dem betrachteten Gut noch mehr enthält; er ist

---

* Mit f_i bezeichnen wir für Funktionen $y = f(x_1, x_2, \ldots, x_n)$ mit mehreren Argumenten die partielle Ableitung der Funktion nach ihrem *i*-ten Argument: $f_i = \partial f / \partial x_i$. Für Funktionen $y = f(x)$ mit nur einem Argument bezeichnen wir die Ableitung mit f': $f' = dy/dx$.

also „unersättlich". Die partielle Ableitung f_i nennt man auch *Grenznutzen* von Gut i. Etwas vereinfacht ausgedrückt gibt der Grenznutzen von Gut i den Nutzenzuwachs an, den der Haushalt durch den Konsum einer zusätzlichen Einheit von Gut i erfährt. Der Grenznutzen ist davon abhängig, wie viel der Haushalt (schon vor der zusätzlichen Einheit) von dem betrachteten Gut und von allen anderen Gütern konsumiert.

(A2) Gesetz vom abnehmenden Grenznutzen: Mit steigendem Verbrauch des Gutes i nimmt der jeweilige Nutzenzuwachs oder Grenznutzen ab. Für die 2. direkte partielle Ableitung der Nutzenfunktion nach x_i gilt somit:

$$\frac{\partial^2 u}{\partial x_i^2} = f_{ii} < 0. \tag{8}$$

(A2) heißt auch 1. GOSSENsches Gesetz. (GOSSEN unterstellte grundsätzlich positiven Grenznutzen, also $f_i > 0$ gemäß (7); für große Verbrauchsmengen x_i ließ er auch den in Kap. 0.B.2 angesprochenen Fall der *Sättigung* $f_i = 0$ oder den Fall des *Widerwillens* $f_i < 0$ zu. Die Geltung des 1. GOSSENschen Gesetzes ist nicht selbstverständlich, denn innerhalb bestimmter Mengenbereiche wäre auch konstanter oder zunehmender Grenznutzen plausibel. Es wird sich später zeigen, dass auf die Annahme einer uneingeschränkten Geltung des 1. GOSSENschen Gesetzes in weiten Teilen der Theorie verzichtet werden kann.

Die Nutzenkurve für Gut 1 bei der größeren Menge $\bar{\bar{x}}_2$ verläuft überall oberhalb derjenigen für die kleinere Menge $\bar{x}_2$. Das folgt ganz allgemein aus (A1). In der Abb. 3 hat die Nutzenkurve für $\bar{\bar{x}}_2$ für jedes x_1 eine größere Steigung als die für $\bar{x}_2$. Dementsprechend verläuft die in Abb. 4 dargestellte Grenznutzenkurve des Gutes 1 für $\bar{\bar{x}}_2$ höher als die für $\bar{x}_2$. In dem den Abbildungen zugrundeliegenden Beispiel nimmt also der Grenznutzen des Gutes 1 mit der Verbrauchsmenge des Gutes 2 zu, was analytisch bedeutet, dass die 2. indirekte partielle Ableitung oder Kreuzableitung nach x_2 positiv ist:

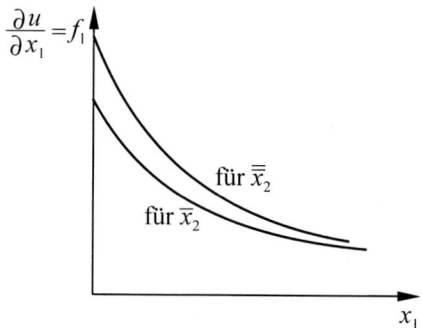

Abb. 4: Grenznutzen von Gut 1 für unterschiedliche Werte von x_2

$$\frac{\partial^2 u}{\partial x_1 \partial x_2} = f_{12} > 0. \qquad (9)$$

Dies ist aber keine Annahme, die wir allgemein machen wollen; wir lassen den Fall $f_{12} \leq 0$ ebenfalls zu.

Die *Indifferenzkurve* für den Nutzen $\bar{u}$ wird analytisch gegeben durch

$$\bar{u} = f(x_1, x_2). \qquad (10)$$

Löst man diese Gleichung nach x_1 auf, so erhält man (für gegebenen Nutzen $\bar{u}$) x_1 als Funktion von x_2:

$$x_1 = x_1(x_2) = \varphi(x_2). \qquad (11)$$

Diese Funktion hat wegen der Annahme (A1) immer negative Steigung:

$$\varphi' = \frac{dx_1}{dx_2} < 0, \qquad (12)$$

denn ausgehend von einer bestimmten Verbrauchsmengenkombination bedeutet ein „Mehr" an Gut 1 ($dx_1 > 0$) nach (A1) immer zusätzlichen Nutzen, so dass derselbe Nutzen $\bar{u}$ wie in der Ausgangssituation – wieder gemäß (A1) – nur bei einem „Weniger" an Gut 2 ($dx_2 < 0$) gegeben sein kann.

(A3) Abnehmende Grenzrate der Substitution: Die Indifferenzkurven sind konvex gekrümmt:

$$\varphi'' = \frac{d^2 x_1}{dx_2^2} > 0. \qquad (13)$$

In der Steigung der Indifferenzkurve (in einem bestimmten Punkt) kommt das Mengenverhältnis zum Ausdruck, in dem sich (in diesem Punkt) das eine Gut durch das andere substituieren lässt, ohne dass der Nutzen sich ändert. Man nennt die absolute Steigung der Indifferenzkurve $|dx_1/dx_2|$ daher *Grenzrate der Substitu-*

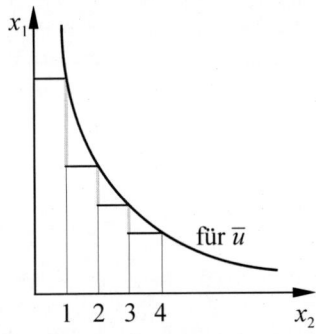

Abb. 5: Konvexität der Indifferenzkurven (abnehmende Grenzrate der Substitution)

> Das **totale Differential** der Funktion $u = f(x_1, x_2)$ gibt an, wie der Funktionswert (hier also der Nutzen) sich ändert, wenn die Argumente der Funktion (hier also die Konsummengen) sich ändern. Näherungsweise gilt mit den Bezeichnungen $\Delta u, \Delta x_1, \Delta x_2$ (für endliche Änderungen):
>
> $$\Delta u \approx f_1 \Delta x_1 + f_2 \Delta x_2.$$
>
> Beim Übergang zu stetigen („infinitesimal kleinen") Veränderungen ergibt sich daraus (14).

tion (des Konsums oder beim Konsum). Die Annahme (A3) besagt also, dass bei zunehmendem Konsum von x_2 ($x_2 = 1, 2, 3, 4$ in Abb. 5) eine Einheit von x_2 nur zur Substitution von immer weniger x_1 geeignet ist (vgl. die abnehmende Höhe der „Dreiecke" in Abb. 5).

Die Steigung einer Indifferenzkurve (und damit die Grenzrate der Substitution) erhalten wir aus der Nutzenfunktion mit Hilfe ihres totalen Differentials:

$$\mathrm{d}u = f_1 \mathrm{d}x_1 + f_2 \mathrm{d}x_2. \tag{14}$$

Die Änderung des Nutzens bei einer Änderung $\mathrm{d}x_1, \mathrm{d}x_2$ der konsumierten Mengen wird durch (14) beschrieben. Bei einer Bewegung auf einer Indifferenzkurve handelt es sich um solche Konsummengenänderungen, die insgesamt *ex definitione* eine Nutzenveränderung von null zur Folge haben. Entlang einer Indifferenzkurve gilt also nach (14):

$$f_1 \mathrm{d}x_1 + f_2 \mathrm{d}x_2 = 0 \tag{15}$$

oder

$$\frac{\mathrm{d}x_1}{\mathrm{d}x_2} = -\frac{f_2}{f_1} = \varphi'. \tag{16}$$

Da beide Grenznutzen positiv sind (vgl. (7)), ist die rechte Seite von (16) negativ. Also muss auf der linken Seite entweder der Zähler oder der Nenner negativ sein, d. h. eine Erhöhung der Menge eines Gutes erfordert, damit die Bewegung auf einer Indifferenzkurve erfolgt, eine bestimmte Verminderung der Menge des anderen Gutes. Aus (16) erhalten wir

$$\left|\frac{\mathrm{d}x_1}{\mathrm{d}x_2}\right| = \frac{f_2}{f_1}, \tag{17}$$

wonach die Grenzrate der Substitution von Gut 1 durch Gut 2 dem umgekehrten Verhältnis der Grenznutzen gleich ist.

Auch die Eigenschaft der Konvexität der Indifferenzkurven (abnehmende Grenzrate der Substitution) lässt sich mit Hilfe der partiellen Ableitungen der Nutzenfunktion ausdrücken (vgl. Kasten).

> ***Konvexität der Indifferenzkurven:*** Jede Indifferenzkurve lässt sich schreiben in der Form $x_1 = \varphi(x_2)$. Von der Ableitung dieser Funktion haben wir in (16) festgestellt, dass sie dem negativen Grenznutzenverhältnis entspricht. Ausführlich geschrieben heißt das:
>
> $$\varphi'(x_2) = \frac{dx_1}{dx_2} = -\frac{f_2(x_1,x_2)}{f_1(x_1,x_2)} = -\frac{f_2(\varphi(x_2),x_2)}{f_1(\varphi(x_2),x_2)}.$$
>
> Leitet man diese Gleichung gemäß Quotienten- und Kettenregel nach x_2 ab, so erhält man:
>
> $$\varphi''(x_2) = \frac{d^2 x_1}{dx_2^2} = -\frac{f_1(f_{22} + f_{21}\cdot\varphi') - f_2(f_{12} + f_{11}\cdot\varphi')}{(f_1)^2}.$$
>
> Setzt man hierin wiederum (16) ein und benutzt den Sachverhalt, dass für zweimal stetig partiell differenzierbare Funktionen f gilt: $f_{12}=f_{21}$, so erhält man als gleichwertig zur Konvexitätsbedingung ($\varphi'' > 0$) den Ausdruck:
>
> $$f_1^2 f_{22} - 2 f_1 f_2 f_{12} + f_2^2 f_{11} < 0.$$

Für jeden beliebigen alternativen Wert von u lässt sich das Nutzengebirge in Abb. 2 parallel zur Grundfläche schneiden und die Schnittkurve als Indifferenzkurve in die Grundebene projizieren. Man erhält dort ein System von Indifferenzkurven (vgl. Abb. 6). Je weiter eine Indifferenzkurve vom Ursprung entfernt ist, desto höher ist der Nutzen, den die durch sie beschriebenen Verbrauchsmengenkombinationen repräsentieren.

Mit der durch die Annahme (A3) der abnehmenden Grenzrate der Substitution beschriebenen Form einer Indifferenzkurve ist unterstellt, dass der Haushalt ein Konsumgut als jeweils durch ein anderes (allgemeiner: durch andere Konsumgü-

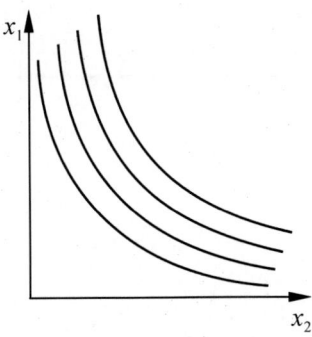

Abb. 6: Indifferenzkurvensystem

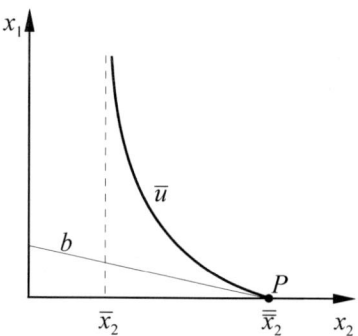

Abb. 7: Periphere und Alternativsubstitution

ter) ersetzbar betrachtet. Ersetzbarkeit gemäß einer abnehmenden Grenzrate der Substitution muss nicht bedeuten, dass der Haushalt entlang einer Indifferenzkurve stets auf weitere Mengen eines Gutes zu verzichten bereit ist, weil diese durch wachsende Mengen des anderen Gutes (allgemeiner: anderer Güter) ausgeglichen werden können. Das Beispiel der Indifferenzkurve in Abb. 7, die sich einer Senkrechten bei $\bar{x}_2$ nähert, macht deutlich, dass der Haushalt $\bar{x}_2$ als unverzichtbare Mindestmenge für den Nutzen $\bar{u}$ einschätzt. Dass die Indifferenzkurve bei $\bar{\bar{x}}_2$ auf der Abszisse endet, bedeutet, dass der Haushalt bei dieser Menge des Gutes 2 auf Gut 1 ganz zu verzichten bereit ist. Im Gegensatz zum Fall der *peripheren Substitution*, in dem keine der Indifferenzkurven eine der Achsen erreicht, liegt hier *Alternativsubstitution* vor.

Zwei Extremfälle der Substituierbarkeit von zwei Gütern x_1 und x_2 sind in Abb. 8.a/b dargestellt. Wenn die Indifferenzkurven Geraden sind (vgl. Abb. 8.a), kann x_1 (etwa ausgehend vom Punkt P_1) in einem festen Mengenverhältnis, einer festen Grenzrate der Substitution, durch x_2 ersetzt werden. Bei fortschreitender Ersetzung ändert sich die Grenzrate der Substitution dabei nicht. Dieser Fall, in dem x_1

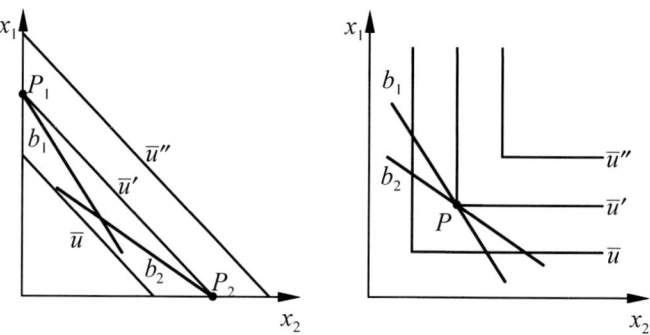

Abb. 8.a/b: Vollkommene Substitute, strikte Komplemente

und x_2 *vollkommene Substitute* (vollkommen gegeneinander substituierbar) genannt werden, kann als Grenzfall zulässigen Indifferenzkurvenverlaufs angesehen werden: Die Indifferenzkurven sind nur *schwach konvex* gekrümmt, d. h. in (13) gilt anstelle des >-Zeichens nur das ≥-Zeichen („*Nicht zunehmende* Grenzrate der Substitution"). Verlaufen die Indifferenzkurven dagegen rechtwinklig wie in Abb. 8.b dargestellt, so lassen sich x_1 und x_2 überhaupt nicht gegeneinander substituieren. Man nennt x_1 und x_2 in dieser Situation daher strikte Komplemente (strikt komplementär zueinander). Auch diese Situation kann als Grenzfall zulässigen Indifferenzkurvenverlauf angesehen werden, wenn nicht nur in (13) sondern auch in (7) und (8) das >- bzw. <-Zeichen durch das ≥- bzw. ≤-Zeichen ersetzt wird („*schwache* Nichtsättigung" bzw. „Gesetz vom *nicht abnehmenden* Grenznutzen").

Der Normalfall des Indifferenzkurvenverlaufs liegt zwischen diesen beiden Extremen. Wir werden in den Abschnitten 4.c und 6 noch einmal auf Substituierbarkeit und Komplementarität zurückkommen.

3. Der optimale Verbrauchsplan

a. Geometrische Bestimmung

Wollen wir denjenigen Verbrauchsplan, der dem Haushalt im Zwei-Güter-Beispiel den bei gegebenen Preisen und mit gegebenem Einkommen maximal erreichbaren Nutzen bringt, geometrisch bestimmen, so zeichnen wir die Bilanzgerade in das Indifferenzkurvensystem ein (vgl. Abb. 9). Wenn wir auf der Geraden z. B. von links oben nach rechts unten wandern, überqueren wir fortgesetzt Indifferenzkurven, denen zunehmender Nutzen entspricht. Das geht so bis zu dem Punkt P, an dem die Bilanzgerade eine Indifferenzkurve tangiert. Setzen wir die Wanderung über diesen Tangentialpunkt hinaus fort, dann überqueren wir fortgesetzt Indifferenzkurven, denen abnehmender Nutzen entspricht. Der Punkt P in Abb. 9 bezeichnet daher den *optimalen Verbrauchsplan* mit den *optimalen Kon-*

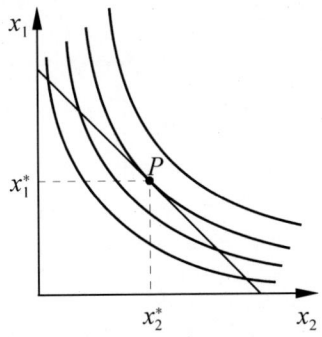

Abb. 9: Optimaler Verbrauchsplan

summengen x_1^*, x_2^*. Bereits aus der geometrischen Überlegung wird erkennbar, welche Bedeutung die Konvexität der Indifferenzkurven, d. h. die abnehmende Grenzrate der Substitution, hat. Sie stellt erstens sicher, dass P der Punkt ist, in dem ein *maximaler* Nutzen erreicht wird. Verliefen die Indifferenzkurven konkav zum Ursprung, dann wäre im Berührungspunkt einer Indifferenzkurve mit der Bilanzgeraden ein minimaler Nutzen realisiert. Konvexität gewährleistet zweitens, dass es nur einen Tangentialpunkt von Indifferenzkurve und Bilanzgerade gibt, d. h. der optimale Verbrauchsplan ist eindeutig.

In P haben Bilanzgerade und Indifferenzkurve die gleiche Steigung. Nach (4) und (16) gilt dort also

$$-\left(\frac{dx_1}{dx_2}\right)_{\text{Indiff.}} = \frac{f_2}{f_1} = \frac{p_2}{p_1} = -\left(\frac{dx_1}{dx_2}\right)_{\text{Bilanzg.}} . \qquad (18)$$

Da die absolute Steigung der Indifferenzkurve die Grenzrate der Substitution ist, lässt sich (18) verbal auch so formulieren: Im optimalen Verbrauchsplan ist die Grenzrate der Substitution von Gut 1 durch Gut 2 gleich dem umgekehrten Verhältnis der gegebenen Güterpreise. Diese Bedingung gilt auch, wenn mehr als zwei Güter betrachtet werden, und zwar lautet sie dann für ein beliebiges Paar von Gütern i und j aus einer Zahl von n Gütern:

$$\left|\frac{dx_i}{dx_j}\right| = \frac{p_j}{p_i}, \quad i,j = 1, ..., n. \qquad (19)$$

Im oben erwähnten Fall der Alternativsubstitution (vgl. Abb. 7), in dem eine Indifferenzkurve eine Achse erreicht (Punkt P), kann es sein, dass diese Bedingung nicht gilt, dann nämlich, wenn ein *Randoptimum* vorliegt. Berührt die Bilanzgerade b die höchste Indifferenzkurve im Achsenschnittpunkt, dann stimmen die Steigungen beider Kurven in der Regel dort nicht überein. Auch für die Grenzfälle der vollkommenen Substituierbarkeit und der strikten Komplementarität gilt (19) nicht, wie die in Abb. 8.a/b eingezeichneten Bilanzgeraden b_1 und b_2 zeigen. Wir werden im Folgenden auf diese Ausnahmefälle nicht gesondert eingehen.

b. Analytische Bestimmung

Die analytische Bestimmung des optimalen Verbrauchsplans können wir als ein Problem der Maximierung einer Funktion unter Nebenbedingungen auffassen. Zu maximieren ist die Nutzenfunktion (5) unter der Nebenbedingung, dass die Bilanzgleichung erfüllt ist. Im Zwei-Güter-Fall ist das zu formulieren als:

$$\text{Max} \quad u = f(x_1, x_2)$$
$$\text{u. d. R.}^* \quad p_1 x_1 + p_2 x_2 = e. \qquad (20)$$

---

[*] „u. d. R." heißt „unter der Restriktion" (ggfs. „unter den Restriktionen"). Üblich ist hierfür auch die Bezeichnung „NB" für „Nebenbedingung" oder „s. t." für *„subject to"*.

Das <-Zeichen, das wir früher in der Bilanzungleichung berücksichtigten, können wir weglassen, weil es sich lohnt, das ganze Einkommen auszugeben. Denn ein nicht ausgegebener Teil würde bedeuten, dass der Haushalt auf möglichen Konsum verzichtet, der ihm aber wegen Nichtsättigung bzw. positivem Grenznutzen aller Güter zusätzlichen Nutzen stiften würde. Der Haushalt würde also auf Nutzen verzichten, er hätte demnach das Nutzenmaximum nicht erreicht.

Die Maximierung oder Minimierung einer Funktion unter Nebenbedingungen ist unmittelbar verwandt mit dem ökonomischen Prinzip. Beim Maximierungsproblem soll mit gegebenen Mitteln (hier: Nebenbedingung in der Form der Bilanzgleichung, d. h. gegebenem Einkommen) ein maximaler Erfolg (hier: Nutzen) erzielt werden. Eine einfache Technik zur Bestimmung des Extremums von Funktionen unter einer oder mehreren Nebenbedingungen in der Form von Gleichungen ist die der LAGRANGE-Multiplikatoren. Man bildet aus der Funktion und den Nebenbedingungen zunächst die LAGRANGE-Funktion, die für unser Problem mit nur einer Nebenbedingung wie folgt lautet:

$$L = f(x_1, x_2) + \lambda(e - p_1 x_1 - p_2 x_2). \tag{21}$$

Die Nebenbedingung in (20) wird dazu so umgeformt, dass auf der einen Seite null steht. Die andere Seite wird dann mit einem zunächst unbestimmten LAGRANGE-Multiplikator λ multipliziert und zu der zu maximierenden Nutzenfunktion addiert. Wären weitere Nebenbedingungen vorhanden, hätte man diese in gleicher Weise umzuformen, mit weiteren LAGRANGE-Multiplikatoren (μ, ...) zu multiplizieren und ebenfalls zu der zu maximierenden Funktion zu addieren. Ist die Funktion zu minimieren, verfährt man genauso.

Die so gebildete LAGRANGE-Funktion (L) hat die Eigenschaft, dass sie genau dort ihren Extremwert annimmt, wo die ursprünglich zu maximierende (minimierende) Funktion (f) *in dem durch die Nebenbedingungen eingegrenzten Bereich* ihren Extremwert erreicht. Den Extremwert der LAGRANGE-Funktion kann man aber – anders als für die ursprüngliche Funktion – ohne weitere Berücksichtigung von Nebenbedingungen ermitteln.

Im hier vorliegenden Fall enthält die LAGRANGE-Funktion die drei unabhängigen Variablen: x_1, x_2 und λ; die *Bedingungen 1. Ordnung* ergeben sich damit einfach durch Nullsetzen der partiellen Ableitungen der LAGRANGE-Funktion nach diesen drei Variablen. Es ergeben sich drei Gleichungen mit ebenso vielen Variablen; die Lösung dieses Gleichungssystems liefert die gesuchten Variablenwerte für das Maximum:

$$\frac{\partial L}{\partial x_1} = f_1 - \lambda p_1 = 0,$$

$$\frac{\partial L}{\partial x_2} = f_2 - \lambda p_2 = 0, \tag{22}$$

$$\frac{\partial L}{\partial \lambda} = e - p_1 x_1 - p_2 x_2 = 0.$$

Im Allgemeinen müssen zur Prüfung der Frage, ob die Bedingungen 1. Ordnung tatsächlich ein Maximum (bzw. Minimum) beschreiben, die *Bedingungen 2. Ordnung* herangezogen werden. Das ist für ein Problem mit mehr als einer unabhängigen Variablen nicht ganz einfach, weil man hier aus den 2. Ableitungen nach den einzelnen Variablen (einschließlich Kreuzableitungen) gewisse Determinanten zu bilden und deren Vorzeichen zu bestimmen hat. Allerdings ist in vielen Fällen schon mit Hilfe heuristischer Überlegungen feststellbar, dass die Bedingungen 1. Ordnung nur ein Maximum (bzw. Minimum) beschreiben können. So lässt sich im Falle der Nutzenmaximierung (20) anhand der Abb. 9 erkennen, dass die Lösung des Extremwertproblems (21) nur ein Maximum sein kann. Wir untersuchen hier daher die Bedingungen 2. Ordnung nicht.

Aufgrund der allgemein unterstellten Eigenschaften der Nutzenfunktion (insbesondere: abnehmende Grenzrate der Substitution) liefert die Lösung des Gleichungssystems (22) neben dem Wert des LAGRANGE-Multiplikators stets die optimalen Verbrauchsmengen x_1^*, x_2^*. Für eine konkret gegebene (spezifizierte) Nutzenfunktion lassen sich diese Werte aus (22) berechnen, vgl. dazu das im

---

Beispiel (wird fortgesetzt): Die Nutzenfunktion sei als

$$u = f(x_1, x_2) = (x_1 + 2)(x_2 + 1) = x_1 x_2 + x_1 + 2x_2 + 2$$

gegeben. Die Preise mögen $p_1 = 5$ und $p_2 = 10$ betragen, und das Einkommen betrage $e = 1000$. Die zu diesem Problem gehörige LAGRANGE-Funktion lautet:

$$L = x_1 x_2 + x_1 + 2x_2 + 2 + \lambda(1000 - 5x_1 - 10x_2).$$

Daraus ergeben sich die Bedingungen 1. Ordnung als

$$\frac{\partial L}{\partial x_1} = x_2 + 1 - 5\lambda = 0,$$

$$\frac{\partial L}{\partial x_2} = x_1 + 2 - 10\lambda = 0,$$

$$\frac{\partial L}{\partial \lambda} = 1000 - 5x_1 - 10x_2 = 0.$$

Die ersten beiden Gleichungen führen zu

$$\frac{x_2 + 1}{x_1 + 2} = \frac{1}{2} \quad \text{oder} \quad x_2 = \frac{1}{2}x_1.$$

Durch Einsetzen dieser Beziehung in die 3. Gleichung erhält man

$$x_1^* = 100 \quad \text{und} \quad x_2^* = 50.$$

Kasten dargestellte Beispiel. Allgemein lässt sich aus (22) Folgendes ableiten: Die ersten beiden Gleichungen ergeben

$$\frac{f_1}{p_1} = \frac{f_2}{p_2} = \lambda. \tag{23}$$

Diese Beziehung stimmt überein mit dem Ergebnis der geometrischen Bestimmung des Optimums (Steigung der Indifferenzkurve = Steigung der Bilanzgeraden, vgl. (18)).

Nach (23) muss der Quotient aus Grenznutzen und Preis eines Gutes für alle Güter gleich sein, und zwar gleich dem Wert des LAGRANGE-Multiplikators λ. Da f_i den zusätzliche Nutzen der letzten konsumierten Einheit von Gut i bezeichnet, gibt f_i/p_i den zusätzlichen Nutzen der letzten für Gut i verausgabten Geldeinheit an. (Man mache sich das etwa für p_i = 2 EUR/Stück klar.) f_i/p_i heißt daher auch *Grenznutzen des Geldes* in der Verwendung zum Kauf (Konsum) von Gut i.

Die Optimalitätsbedingung (23) lässt sich also auch so beschreiben: „Im Optimum muss der Grenznutzen des Geldes in jeder Verwendung gleich groß sein." In dieser Form ist die Optimalitätsbedingung unmittelbar einsichtig: Stiftet „der letzte EUR, verwendet zum Kauf von Gut 1" mehr Nutzen als „der letzte zum Kauf von Gut 2 verwendete EUR", also $f_1/p_1 > f_2/p_2$, so kann das Optimum noch nicht erreicht sein; eine Ausdehnung des Konsums von Gut 1 zu Lasten von Gut 2 erhöht nämlich den Nutzen (bei gleichem Einkommen).

Die Formel (23) lässt sich leicht auf den Fall von n Gütern verallgemeinern. Für jeweils zwei Güter, i und j, muss gelten:

$$\frac{f_i}{p_i} = \frac{f_j}{p_j} = \lambda, \quad \text{für alle } i,j = 1, ..., n. \tag{24}$$

(23) bzw. (24) nennt man auch das *2. GOSSENsche Gesetz*.

c. Exkurs zum LAGRANGE-Verfahren

Die LAGRANGE-Funktion dient dazu, ein Maximierungsproblem *mit* Nebenbedingungen in ein Maximierungsproblem *ohne* Nebenbedingungen zu überführen; letzteres kann dann durch einfaches Nullsetzen der partiellen Ableitungen gelöst werden. Folgende Überlegung führt zu einem besseren Verständnis des LAGRANGE-Verfahrens: Der Wert der LAGRANGE-Funktion

$$L = L(x_1, x_2, \lambda) = f(x_1, x_2) + \lambda(e - p_1 x_1 - p_2 x_2) \tag{25}$$

hängt ab von den Gütermengen x_1, x_2 und dem LAGRANGE-Multiplikator λ. Für einen (vorerst willkürlich festgesetzten) festen positiven Wert für λ (etwa λ = 10) hängt L – wie die eigentlich zu maximierende Nutzenfunktion – nur noch ab von den Gütermengen x_1 und x_2. Für festes λ sei die Funktion L = L(x_1, x_2, λ) als λ-Nutzenfunktion bezeichnet. (Diese Bezeichnung ist nicht allgemein verbreitet; sie

soll hier auch nur vorübergehend benutzt werden.) Nach obiger Gleichung gilt (für beliebiges λ):
- Für Gütermengen x_1, x_2, die auf der Bilanzgeraden liegen, stimmt der λ-Nutzen mit dem (eigentlichen) Nutzen überein.
- Für Gütermengen x_1, x_2 unterhalb der Bilanzgeraden, die also einen positiven Sparbetrag $s = e - p_1 x_1 - p_2 x_2$ aus dem für den Konsum zur Verfügung stehenden Betrag e implizieren, ist der λ-Nutzen um $\lambda \cdot s$ größer als der eigentliche Nutzen bei derselben Gütermenge.
- Für Gütermengen x_1, x_2 oberhalb der Bilanzgeraden, die also ein Defizit in Bezug auf den Betrag e implizieren (negatives $s = e - p_1 x_1 - p_2 x_2$), ist der λ-Nutzen um den Betrag $|\lambda \cdot s|$ kleiner als der eigentliche Nutzen.

Die λ-Nutzenfunktion bringt gegenüber der eigentlichen Nutzenfunktion also eine "Belohnung" bei Sparen (s > 0) und eine "Strafe" bei Überschreitung des Budgets (s < 0) zum Ausdruck.

Wir betrachten jetzt folgendes (fiktive) Problem: Der Haushalt möge für gegebenes $\lambda > 0$ seinen λ-Nutzen maximieren, ohne dass er dabei die Budgetgleichung einhalten muss. Hierbei handelt es sich um ein einfaches Maximierungsproblem (ohne Nebenbedingungen). Die Lösung (falls eine Lösung existiert) lässt sich also durch Nullsetzen der ersten partiellen Ableitungen finden:

(λ exogen vorgegeben)

$$\frac{\partial L(x_1, x_2, \lambda)}{\partial x_1} = 0 \qquad (26)$$

$$\frac{\partial L(x_1, x_2, \lambda)}{\partial x_2} = 0 \qquad (27)$$

Falls die sich aus (26) und (27) ergebenden Mengen x_1^*, x_2^* ("zufällig") die Budgetgleichung erfüllen, stellt diese Lösung des fiktiven Problems (λ-Nutzenmaximierung) bereits eine Lösung des eigentlichen Nutzenmaximierungsproblems dar.

Im Allgemeinen, also für ein willkürlich gegebenes λ, wird die λ-Nutzenmaximierung zu einer Lösung x_1^*, x_2^* führen, die die Budgetgleichung nicht erfüllt – und zwar wird für große Werte von λ die Lösung unterhalb der Bilanzgeraden liegen ("Sparen wird zu stark belohnt"), für kleine Werte von λ wird die Lösung oberhalb der Bilanzgeraden liegen ("Budgetüberschreitung wird nicht hart genug bestraft").

Das Problem besteht nun darin, einen solchen Wert für den LAGRANGE-Multiplikator zu finden, dass die λ-Nutzenmaximierung zu Verbrauchsmengen führt, die genau auf der Bilanzgeraden liegen. Dies ist nun aber ganz einfach: Insgesamt kommen in (25) drei Unbekannte vor: x_1, x_2 und λ; die Lösung des eigentlichen Nutzenmaximierungsproblems soll die Gleichungen (26) und (27) erfüllen und zusätzlich die Budgetgleichung

$$x_1 p_1 + x_2 p_2 = e. \qquad (28)$$

Damit haben wir drei Gleichungen zur Bestimmung der drei Unbekannten. Man beachte, dass gerade die dritte Gleichung, in der λ gar nicht vorkommt, dazu dient, das "richtige" λ zu bestimmen. Die Gleichungen (26) bis (28) bilden genau das sich aus dem LAGRANGE-Verfahren ergebende Gleichungssystem (22), durch das der optimale Verbrauchsplan bestimmt werden kann.

Der LAGRANGE-Multiplikator λ stellt in der obigen Überlegung gewissermaßen den Grenznutzen einer gesparten Geldeinheit dar. Im Optimum muss λ, um zu verhindern, dass positive oder negative Beträge gespart werden, gerade genau gleich dem Grenznutzen des Geldes in der Verwendung zum Kauf von Gut 1 und Gut 2 sein, vgl. (23) bzw. (24).

4. Die Nachfrage des Haushalts

a. Allgemeine Nachfragefunktionen

Bei gegebener Nutzenfunktion hängen die optimalen Verbrauchsmengen x_1, x_2 jeweils von e, p_1 und p_2 ab. Das können wir schreiben als *allgemeine Nachfragefunktionen*:

$$x_1 = x_1^*(p_1, p_2, e),$$
$$x_2 = x_2^*(p_1, p_2, e). \tag{29}$$

Diese Abhängigkeit ergibt sich erstens bei der geometrischen Ermittlung des optimalen Verbrauchsplans: p_1 und p_2 bestimmen die Steigung der Bilanzgeraden, e ihre Entfernung vom Ursprung. Ein anderes Preisverhältnis und ein anderes Einkommen führen zu einer anderen Bilanzgeraden, mithin zu einem anderen Tangentialpunkt von Bilanzgerade und (höchsterreichbarer) Indifferenzkurve. Die Abhängigkeit ergibt sich zweitens bei der algebraischen Berechnung der optimalen Verbrauchsmengen: In unserem Beispiel konnten wir die optimalen Mengen $x_1^* = 100$ und $x_2^* = 50$ nur nach Einsetzen konkreter Werte für p_1, p_2 und e berechnen, andere als diese eingesetzten Werte hätten zu anderen Verbrauchsmengen geführt. Im Folgenden wollen wir versuchen, Gesetzmäßigkeiten darüber herauszufinden, wie sich mit der Änderung der Größen e, p_1, p_2 die vom Haushalt nachgefragten Verbrauchsmengen ändern. Wir beschränken uns hier auf den Fall zweier Güter, die Ergebnisse lassen sich leicht auf den Fall einer beliebigen Zahl n von Gütern übertragen, also auf allgemeine Nachfragefunktionen:

$$x_i = x_i^*(p_1, ..., p_i, ..., p_n, e). \tag{30}$$

Eine Eigenschaft der allgemeinen Nachfragefunktion können wir sofort erkennen: Wenn man p_1, p_2 und e mit einem positiven Faktor k multipliziert, z. B. Preise und Einkommen verdoppelt oder vertausendfacht, ändern sich die nachgefragten Mengen nicht. Das erkennt man aus Abb. 1. Für die Bilanzgerade

$$ke = kp_1 x_1 + kp_2 x_2 \tag{31}$$

betragen die Achsenabschnitte wieder

$$\frac{ke}{kp_1} = \frac{e}{p_1} \quad \text{bzw.} \quad \frac{ke}{kp_2} = \frac{e}{p_2}. \tag{32}$$

Die Bilanzgerade ändert sich also nicht, so dass sich bei gegebenen Indifferenzkurven auch die optimalen Verbrauchsmengen nicht verändern. Der Haushalt erhält zwar ein höheres Geldeinkommen, merkt aber genau, dass er nicht besser gestellt ist als vorher, weil die Preise im gleichen Umfang gestiegen sind. Er fühlt sich daher nicht reicher, er *handelt ohne Geldillusion*. Mathematisch bedeutet diese Eigenschaft, dass die Nachfragefunktionen *homogen vom Grade 0* in Preisen und Einkommen sind[*], denn es gilt:

$$k^0 x_i = x_i = x_i^*(kp_1, kp_2, ke). \tag{33}$$

Beispiel (Fortsetzung): Sind die Preise p_1 und p_2 sowie das Einkommen e nicht nummerisch gegeben, so lässt sich die LAGRANGE-Funktion nur in der Form

$$L = x_1 x_2 + x_1 + 2x_2 + 2 + \lambda(e - p_1 x_1 - p_2 x_2)$$

formulieren. Aus den ersten beiden Optimalitätsbedingungen lässt sich dann

$$\frac{x_2 + 1}{x_1 + 2} = \frac{p_1}{p_2} \quad \text{oder} \quad x_2 = \frac{p_1}{p_2}(x_1 + 2) - 1$$

ableiten. Diese Beziehung zwischen x_1 und x_2, eingesetzt in die dritte Bedingung 1. Ordnung (die Bilanzgleichung), ergibt

$$x_1 = x_1^*(p_1, p_2, e) = \frac{e + p_2}{2p_1} - 1,$$

$$x_2 = x_2^*(p_1, p_2, e) = \frac{e + 2p_1}{2p_2} - \frac{1}{2}.$$

Man kann hieran leicht die Homogenität vom Grade 0 der allgemeinen Nachfragefunktionen überprüfen:

$$x_1^*(kp_1, kp_2, ke) = \frac{ke + kp_2}{2kp_1} - 1 = \frac{e + p_2}{2p_1} - 1 = x_1^*(p_1, p_2, e).$$

---

[*] Allgemein heißt eine Funktion $\quad y = \varphi(z_1, ..., z_n)$
homogen vom Grade m, wenn gilt $\quad k^m y = \varphi(kz_1, ..., kz_n)$.
Für $m = 0$ ist $k^m = k^0 = 1$. Homogenität vom Grade 0 heißt also, dass bei Multiplikation aller z_i mit dem Faktor $k > 0$ sich die abhängige Variable y nicht ändert.

b. Spezielle Nachfragefunktionen: Einkommens-Konsum-Kurven und ENGELsche Kurven

Wir untersuchen nun den Zusammenhang zwischen Nachfragemengen und Einkommen. Wir argumentieren *ceteris paribus*, d. h. wir variieren e, während die Preise konstante Größen $\bar{p}_1$ und $\bar{p}_2$ sind. Die Beziehungen, die wir untersuchen, sind

$$x_1 = x_1^*(\bar{p}_1, \bar{p}_2, e),$$
$$x_2 = x_2^*(\bar{p}_1, \bar{p}_2, e),$$
(34)

d. h. Spezialfälle der allgemeinen Nachfragefunktionen (29). Geometrisch bedeutet die Veränderung von e eine Parallelverschiebung der Bilanzgeraden, und zwar bei Vergrößerung von e vom Ursprung weg, bei Verringerung von e in Richtung des Ursprungs. Mit einer Erhöhung von e_1 auf e_2 nehmen die Achsenabschnitte zu, während die Steigung unverändert bleibt (vgl. Abb. 10).

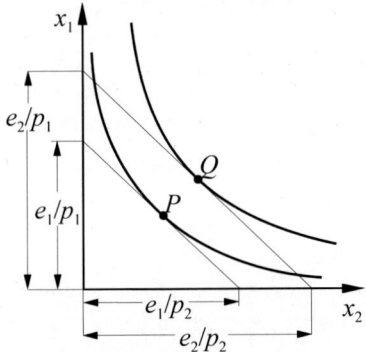

Abb. 10: Optimale Nachfrage bei unterschiedlichem Einkommen

Auf der neuen Bilanzgeraden kann der Haushalt eine Indifferenzkurve mit höherem Nutzen erreichen. Der neue Optimalpunkt Q kann nun rechts oberhalb des bisherigen Optimalpunkts P liegen (Abb. 10); dann nimmt die Nachfrage nach beiden Gütern mit der Erhöhung von e zu. Die Indifferenzkurven können aber auch so verlaufen, dass der Punkt Q sich entweder rechts unten oder links oben von P ergibt (vgl. Abb. 11.a und 11.b); im ersten Fall (a) nimmt die Nachfrage nach Gut 2 zu und die nach Gut 1 ab, im zweiten Fall (b) ist es umgekehrt. Das Gut, dessen Nachfrage mit steigendem Einkommen zurückgeht, nennt man *absolut inferiores* Gut. Es handelt sich dabei typischerweise um Güter des minderen Bedarfs, die mit der Verbesserung der Einkommenssituation durch Güter des gehobenen Bedarfs ersetzt werden, z. B. Margarine (ersetzt durch Butter) oder Kartoffeln (ersetzt durch Fleisch). Bei einer Einkommenssenkung nimmt die Nachfrage nach absolut inferioren Gütern entsprechend zu.

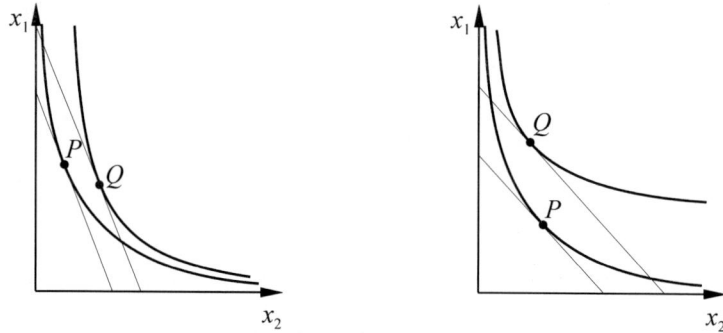

Abb. 11.a/b: Alternative Möglichkeiten der Wirkung einer Einkommenserhöhung

Lassen wir das Einkommen nun eine ganze Skala von möglichen Werten durchlaufen, zeichnen entsprechend eine größere Zahl von Bilanzgeraden und die zugeordneten Berührungspunkte mit Indifferenzkurven in ein Diagramm ein und verbinden dann alle Berührungspunkte, so erhalten wir die *Einkommens-Konsum-Kurve* EKK in Abb. 12.

Übertragen wir den Zusammenhang in ein gesondertes Diagramm für jedes Gut, so erhalten wir für unser Zeichenbeispiel die in Abb. 13.a und 13.b eingezeichneten *Einkommens-Nachfrage-Kurven* oder *ENGELschen Kurven*. Beide Mengen nehmen mit wachsendem Einkommen zu, jedoch wächst die Menge des Gutes 2 relativ stärker, die Menge des Gutes 1 relativ schwächer als das Einkommen. Für konstante Einkommenszuwächse wird die Zunahme von x_1 immer kleiner, die von x_2 immer größer. Ein Gut (hier: Gut 1) nach dem die Nachfrage nur unterproportional mit dem Einkommen wächst, nennen wir *relativ inferior*; ein Gut, nach dem die Nachfrage mit dem Einkommen überproportional wächst, nennen wir *superior*.

ENGEL, der Mitte des 19. Jahrhunderts den Zusammenhang zwischen Einkommen und Nahrungsmittelnachfrage untersuchte, stellte fest, dass mit steigendem

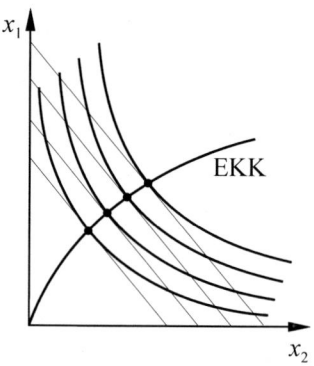

Abb. 12: Einkommens-Konsum-Kurve (EKK)

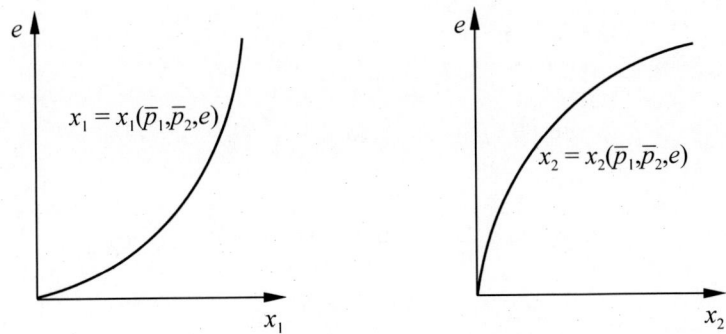

Abb. 13.a/b: Einkommens-Nachfrage-Kurven: x_1 relativ inferior, x_2 superior

Einkommen die Ausgaben für Nahrungsmittel zwar absolut zunehmen, ihr Anteil am Einkommen aber sinkt. Kurz darauf erhielt SCHWABE ein entsprechendes Ergebnis für Mietausgaben. Diesen Zusammenhang bezeichnet man als *ENGEL-SCHWABEsches Gesetz*. Bei den hier untersuchten ENGELschen Kurven geht es zwar um nachgefragte Mengen, nicht um die Ausgaben, doch wenn sich die Preise nicht ändern, gilt derselbe tendenzielle Zusammenhang zwischen Einkommen und Ausgaben. Das ENGEL-SCHWABEsche Gesetz entspricht dem Kurvenverlauf in Abb. 13.a, denn dort nimmt mit wachsendem e das Verhältnis x_1/e ab. Die von Gut 1 nachgefragte Menge erhöht sich zwar, jedoch unterproportional zum Einkommen; man spricht dann auch von einem *relativ inferioren* Gut.

In Abb. 14 ist der Fall dargestellt, dass aus einem relativ inferioren Gut i schließlich ein absolut inferiores Gut wird. Die positive, zunehmende Steigung der ENGELschen Kurve geht hier bei steigendem Einkommen schließlich in eine negative Steigung über.

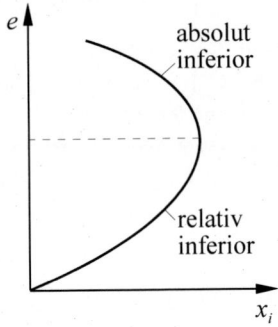

Abb. 14: Einkommens-Nachfrage-Kurve für ein absolut inferiores Gut

> ***Beispiel*** (Fortsetzung): In unserem Beispiel ergeben sich die ENGELschen Kurven für $\overline{p}_1 = 5$ und $\overline{p}_2 = 10$ als:
>
> $$x_1 = x_1^*(\overline{p}_1, \overline{p}_2, e) = x_1^*(5,10,e) = \frac{e+10}{2 \cdot 5} - 1 = \frac{1}{10}e,$$
>
> $$x_2 = x_2^*(\overline{p}_1, \overline{p}_2, e) = x_2^*(5,10,e) = \frac{e + 2 \cdot 5}{2 \cdot 10} - \frac{1}{2} = \frac{1}{20}e,$$
>
> also als Geraden durch den Ursprung. Auch die daraus leicht zu ermittelnde Einkommens-Konsum-Kurve
>
> $$x_1 = \frac{1}{10}e = \frac{1}{10}(20x_2) = 2x_2$$
>
> ist in diesem einfachen Beispiel eine Ursprungsgerade.

c. Spezielle Nachfragefunktionen: Preis-Konsum-Kurven, MARSHALLsche Nachfragekurven und Kreuznachfragekurven

Wir wollen nun den Zusammenhang zwischen nachgefragter Menge eines Gutes und dem Preis entweder des gleichen oder eines anderen Gutes untersuchen, wobei im hier betrachteten 2–Güter–Fall nur jeweils ein anderes Gut in Frage kommt. Wir argumentieren wieder *ceteris paribus*, d. h. wir betrachten das Einkommen und den jeweils anderen Preis als konstante Größen. Untersucht werden also zwei Typen von speziellen Nachfragefunktionen, die wir am Fall einer Variation des Preises p_1 darstellen werden:

$$\begin{aligned} x_1 &= x_1^*(p_1, \overline{p}_2, \overline{e}) \quad \text{(direkte) Nachfragefunktion für Gut 1,} \\ x_2 &= x_2^*(p_1, \overline{p}_2, \overline{e}) \quad \text{Kreuznachfragefunktion für Gut 2.} \end{aligned} \quad (35)$$

Auch hier handelt es sich um Spezialfälle der allgemeinen Nachfragefunktion. Die direkte Nachfragefunktion war bereits Gegenstand der Überlegungen in Kap. 0.D und wird uns später immer wieder beschäftigen. Stets ist dieser Zusammenhang gemeint, wenn einfach von der Nachfragefunktion gesprochen wird. Nach ALFRED MARSHALL (1890) spricht man dabei auch von *MARSHALLscher Nachfragefunktion*.

Wir gehen in Abb. 15 von einer gegebenen Bilanzgeraden mit den Achsenabschnitten $\overline{e}/\overline{p}_2$ und $\overline{e}/p_1'$ aus. Sinkt p_1' über p_1'' auf p_1''', dann erhalten wir zwei weitere Bilanzgeraden mit vergrößertem Ordinaten-, aber unverändertem Abszissenabschnitt. Wir können auch sagen: Mit einer fortlaufenden Senkung von p_1 dreht sich die Bilanzgerade im Uhrzeigersinn um den Punkt *E*. Für p_1 nahe null verläuft die Bilanzgerade beinahe senkrecht. Nun tragen wir diejenigen Indifferenzkurven ein, die die eingezeichneten Bilanzgeraden tangieren. Die Berüh-

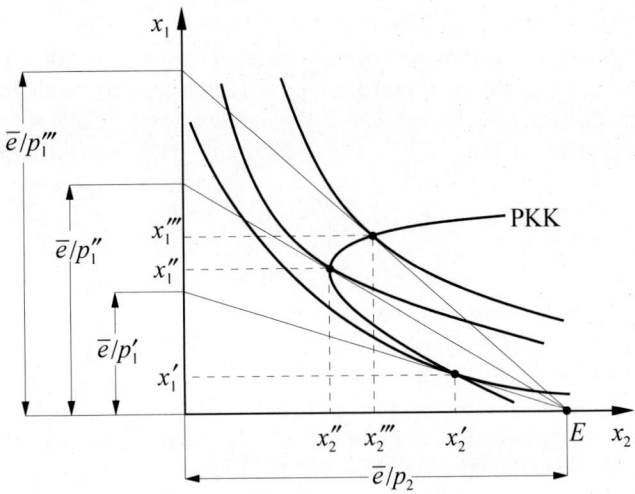

Abb. 15: Preis-Konsum-Kurve

rungspunkte aller Bilanzgeraden, die durch Drehung um E entstehen, mit jeweils einer Indifferenzkurve bilden die *Preis-Konsum-Kurve* PKK. Die Punkte auf PKK sind die optimalen Verbrauchs- bzw. Nachfragemengen x_1 und x_2 für konstante Größen $\bar{e}$ und $\bar{p}_2$ und variablen Preis p_1.

Den Zusammenhang (35) zwischen x_1 und p_1 und zwischen x_2 und p_1 können wir wieder in einem gesonderten Diagramm für jedes Gut darstellen. Was die direkte Nachfragefunktion für Gut 1 angeht, nimmt in dem in Abb. 15 dargestellten Beispiel mit der Drehung der Bilanzgeraden im Uhrzeigersinn um E die optimale Nachfragemenge x_1 zu: Dem relativ hohen Preis p_1' ist eine relativ geringe Menge x_1', dem relativ niedrigen Preis p_1''' eine relativ hohe Menge x_1''' zugeordnet. Denken wir uns alle Preis-Mengen-Kombinationen auf diese Weise in ein (x_1, p_1)-Diagramm übertragen, so erhalten wir eine fallende MARSHALLsche Nach-

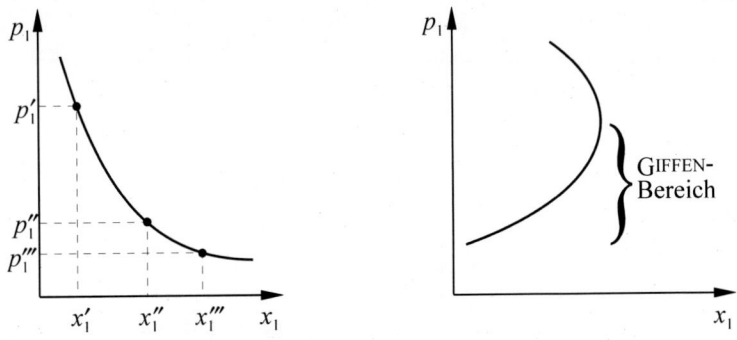

Abb. 16.a/b: Nachfragefunktion, typisch und atypisch

fragekurve (vgl. Abb. 16.a). Mit sinkendem Preis eines Gutes nimmt also die nachgefragte Menge zu, d. h. die Nachfragekurve hat negative Steigung. Dies ist der *typische Verlauf* der Nachfragekurve. Hiervon zu unterscheiden ist der atypische Verlauf einer Nachfragekurve, der vorliegt, wenn diese Kurve positive Steigung hat. Das ist beim GIFFENschen *Paradox* gegeben, einem im nächsten Abschnitt erläuterten Sonderfall, in dem mit steigendem Preis die Nachfrage zunimmt. Natürlich wäre es unsinnig anzunehmen, dass bei fortlaufend steigendem Preis die Nachfrage nach einem Gut immer weiter zunimmt. *Atypisch* ist der Verlauf einer MARSHALLschen Nachfragekurve daher schon dann, wenn sie in einem begrenzten Bereich positiv ansteigt (vgl. Abb. 16.b).

In Bezug auf die *Kreuznachfragefunktion* für Gut 2 ist in Abb. 15 mit einer Preiserhöhung von p_1''' auf p_1'' ein Rückgang der Nachfrage von Gut 2 von x_2''' auf x_2'' verbunden, so dass die hier betrachtete Kreuznachfragekurve in diesem Bereich negative Steigung hat. Erhöhen wir den Preis jedoch weiter auf p_1', so nimmt die Nachfrage wieder auf x_2' zu, d. h. die Kreuznachfragekurve steigt hier positiv an (vgl. Abb. 17). Während man bezüglich der direkten Nachfragefunktion bereits von atypischem Verlauf spricht, wenn die Nachfragekurve einen bestimmten Bereich mit positiver Steigung hat, ist für die Kreuznachfrage sowohl ein negativer als auch ein positiver Zusammenhang durchaus normal. Man nennt ein Gut *i Bruttosubstitut* (*Bruttokomplement*) von Gut *j*, wenn

$$\frac{\partial x_i^*}{\partial p_j} > 0 \quad \left(\frac{\partial x_i^*}{\partial p_j} < 0 \right) \tag{36}$$

gilt. Nach dem eben Gesagten kann es von Preisen und Einkommen (und den damit gegebenen Konsummengen) abhängen, welche Situation jeweils vorliegt. In Abschn. 6 werden wir eine weitere (andere) Definition von Substitutionalität und Komplementarität geben.

Verändern wir eine der als konstant unterstellten Größen $\bar{e}$ oder $\bar{p}_2$ auf einen anderen konstanten Wert, dann verschieben sich die untersuchten Nachfragekurven.

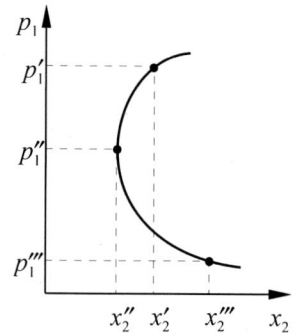

Abb. 17: Kreuznachfragefunktion

> ***Beispiel*** (Fortsetzung): Für $\bar{p}_2 = 10$ und $\bar{e} = 1000$ ergeben sich in unserem Beispiel die Nachfragekurven (35) als:
>
> $$x_1 = \frac{1000+10}{2p_1} - 1 = \frac{505}{p_1} - 1: \qquad \text{(direkte) Nachfragefunktion,}$$
>
> $$x_2 = \frac{1000+2p_1}{2 \cdot 10} - \frac{1}{2} = 49{,}5 + \frac{1}{10}p_1: \quad \text{Kreuznachfragefunktion.}$$
>
> Setzt man andere Werte für $\bar{e}$ ein, so erkennt man, dass *in diesem Beispiel* eine Erhöhung von $\bar{e}$ eine Rechtsverschiebung der Nachfragekurven für beide Güter bewirkt, dass also zu jedem Preis p_1 eine größere Menge x_1 nachgefragt wird. Eine Erhöhung von p_2 bewirkt dagegen *in diesem Beispiel* eine Rechtsverschiebung der Nachfragekurve für Gut 1 und eine Linksverschiebung der Kreuznachfragekurve für Gut 2.

d. Einkommens- und Substitutionseffekt, GIFFENsches Paradox

Wir untersuchen nun noch die grundsätzliche Wirkung einer Preiserhöhung auf die optimale Gütermengenkombination. Eine Erhöhung z. B. des Preises p_1 von p_1'' auf p_1' bei gegebenem Preis $\bar{p}_2$ bedeutet, dass sich in Abb. 18 bei unverändertem Abszissenabschnitt der Ordinatenabschnitt von $\bar{e}/p_1''$ auf $\bar{e}/p_1'$ verringert, mithin die um E gedrehte Bilanzgerade flacher verläuft. Den Nutzen u' der bisherigen optimalen Kombination P kann der Haushalt nicht mehr erreichen; die neue Bilanzgerade tangiert die höchsterreichbare Indifferenzkurve in Q. Die Preiserhöhung impliziert also ein schlechteres Versorgungsniveau des Haushalts.

Den Übergang von P nach Q kann man sich in zwei Schritte zerlegt denken: Der erste Schritt lässt sich als Substitutionsvorgang auffassen und heißt daher Substitutionseffekt; der zweite Schritt lässt sich als Folge einer Einkommensveränderung interpretieren und wird daher Einkommenseffekt genannt. Beide Schritte wollen wir kurz beschreiben:

(1) Der *Substitutionseffekt* ist dadurch definiert, dass wir (gedanklich, fiktiv) unterstellen, der Haushalt werde für die Preiserhöhung voll entschädigt durch ein höheres Einkommen, das es ihm erlaubt, das bisherige, dem Punkt P entsprechende Nutzenniveau u' aufrechtzuerhalten. Wir suchen dazu denjenigen Punkt auf der zu u' gehörigen Indifferenzkurve, der beim neuen Preisverhältnis $\bar{p}_2 / p_1'$ der optimale ist, d. h. den Punkt, an dem die Grenzrate der Substitution gleich dem neuen Preisverhältnis ist. Dieses Preisverhältnis ist gegeben durch die absolute Steigung der neuen Bilanzgeraden. Wir haben daher jenen Punkt R zu wählen, in dem die Tangente der Indifferenzkurve parallel zur neuen Bilanzgeraden verläuft. Der Ordinatenabschnitt dieser Tangente, multipliziert mit p_1', bezeichnet das fiktive Einkommen $\bar{\bar{e}}$, das es dem Haushalt erlaubt, durch Wahl des Punktes R auf

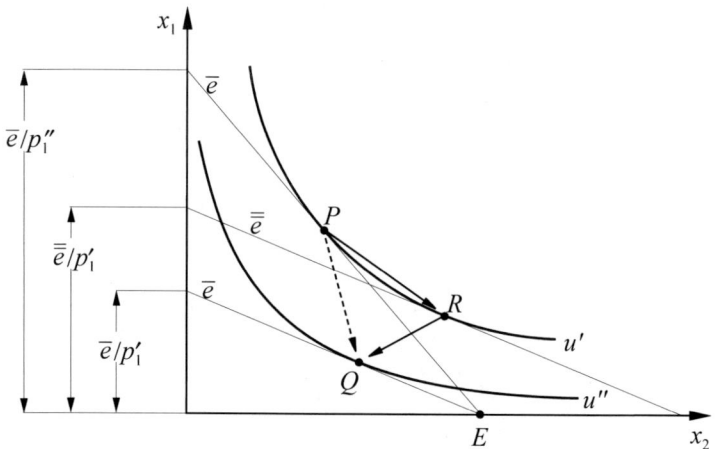

Abb. 18: Substitutionseffekt ($P \rightarrow R$) und Einkommenseffekt ($R \rightarrow Q$) einer Preiserhöhung

der bisherigen Indifferenzkurve zu bleiben. Würden wir dem Haushalt dieses Einkommen bei dem neuen Preisverhältnis zugestehen, so fände lediglich eine Substitution des teurer gewordenen Gutes 1 durch das Gut 2 statt – der durch den Pfeil von P nach R dargestellte Substitutionseffekt.

(2) Nun machen wir die Annahme rückgängig, dass der Haushalt durch eine Einkommenserhöhung für die Preiserhöhung des Gutes 1 entschädigt werde, d. h. wir betrachten die Wirkung einer Senkung des fiktiven Einkommens $\bar{\bar{e}}$ auf das tatsächliche Einkommen $\bar{e}$ beim Preisverhältnis $\bar{p}_2 / p_1'$. Dem entspricht in Abb. 18 der Pfeil von R nach Q, der den *Einkommenseffekt* zeigt.

Der Substitutionseffekt ist immer eindeutig in dem Sinne, dass die Nachfragemenge des teurer gewordenen Gutes 1 abnimmt, während die des im Preis konstanten Gutes zunimmt. Der Einkommenseffekt ist dagegen nicht in diesem Sinne eindeutig. Wie wir oben (Abschn. 4.b) sahen, geht bei einer Einkommenssenkung die Nachfrage entweder nach beiden Gütern oder aber nur nach einem Gut zurück, während die nach dem anderen (das dann absolut inferior ist) zunimmt. Im ersten Fall deutet der Pfeil von R nach Q nach links unten, so wie wir es in Abb. 18 gezeichnet haben. Im zweiten Fall liegt Q im Verhältnis zu R entweder links oben (Gut 1 absolut inferior) oder rechts unten (Gut 2 absolut inferior).

In Abb. 19 ist der Fall dargestellt, in dem bei absolut inferiorem Gut 1 der Punkt Q nicht nur oberhalb von R, sondern auch oberhalb von P liegt. In diesem Fall nimmt trotz der Preissteigerung für Gut 1 die von diesem Gut nachgefragte Menge zu. Der Einkommenseffekt ist hier so stark, dass er den Substitutionseffekt in seiner Richtung nach rechts unten überkompensiert und die Gesamtwirkung, ausgedrückt durch den Pfeil von P nach Q, nach links oben gerichtet ist. Dies ist das sogenannte *GIFFENsche Paradox*, benannt nach ROBERT GIFFEN, der schon Mitte des vorigen Jahrhunderts die Meinung vertrat, dass bei steigendem Brot-

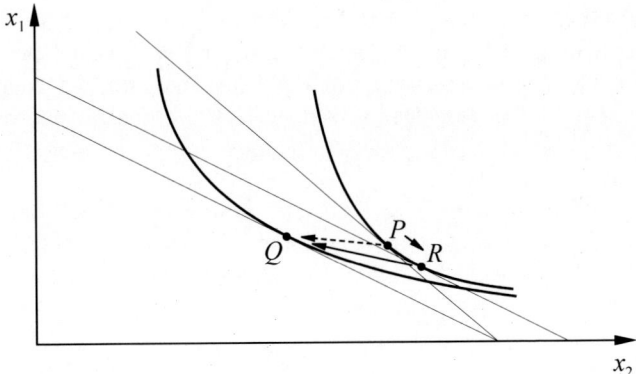

Abb. 19: GIFFENsches Paradox: Einkommenseffekt überkompensiert Substitutionseffekt

preis (Brot als GIFFEN-Gut) die Nachfrage nach Brot in armen Bevölkerungsschichten nicht zurückgehe, sondern ansteige. Ein GIFFEN-Gut muss nicht nur absolut inferior sein; vielmehr muss der Einkommenseffekt so stark sein, dass er den in die andere Richtung gehenden Substitutionseffekt überkompensiert.

e. Exkurs: Elastizitäten

Der Elastizitätsbegriff, den ALFRED MARSHALL (1890, 3. Buch, 4. Kap.) Ende des vorigen Jahrhunderts in die Wirtschaftswissenschaft einführte, ist ein wichtiges Instrument der theoretischen und der praktischen Analyse. In der Theorie lassen sich Eigenschaften von Funktionen und Folgerungen aus ihnen mit Hilfe von Elastizitäten beschreiben. In der empirischen Wirtschaftsforschung ist statt einer ganzen Funktion manchmal nur ihre Elastizität an einer bestimmten Stelle ermittelbar.

Die Elastizität kann erstens in Form der *Strecken-* oder *Bogenelastizität* mit Hilfe von endlichen Größenänderungen definiert werden. Dann handelt es sich um das Verhältnis der relativen (prozentualen) Änderung einer abhängigen Variablen *a* zur relativen (prozentualen) Änderung einer unabhängigen Variablen *b*:

$$\varepsilon_{ab} = \frac{\Delta a/a}{\Delta b/b} = \frac{\Delta a}{\Delta b}\frac{b}{a}. \tag{37}$$

Sie kann zweitens als *Punktelastizität* mit Hilfe von infinitesimalen Größenänderungen definiert werden; dann haben wir anstelle des Differenzenquotienten in (37) den Differentialquotienten zu verwenden:

$$\eta_{ab} = \frac{\mathrm{d}a}{\mathrm{d}b}\frac{b}{a}. \tag{38}$$

Die Elastizität bezieht sich auf einen einzelnen Punkt der Kurve; sie ist durch die Koordinaten a und b des Punktes und die Steigung da/db der Kurve in diesem Punkt bestimmt. Wir befassen uns im Folgenden nur mit der Punktelastizität, werden sie aber – etwas ungenau – verbal auch als prozentuale Änderung der abhängigen Variablen bei einer einprozentigen Änderung der unabhängigen Variablen bezeichnen.

Zunächst erläutern wir eine geometrische Konstruktion des Elastizitätsmaßes für Punkte auf *Kurven mit negativer Steigung*. Als Beispiel wählen wir eine typisch verlaufende Nachfragekurve $x = x(p)$. Den Ausdruck

$$\eta_{xp} = \frac{dx}{dp}\frac{p}{x} \tag{39}$$

nennt man auch *Elastizität der Nachfrage in Bezug auf den Preis* oder *Preiselastizität der Nachfrage*. Wegen $p, x > 0$ und $dx/dp < 0$ muss diese Elastizität immer negatives Vorzeichen haben. In Abb. 20 gilt für einen beliebigen Punkt P der linearen Nachfragekurve RT:

$$\tan \alpha = -\frac{dp}{dx} = \frac{SR}{SP},$$

$$\eta_{xp} = \frac{dx}{dp}\frac{p}{x} = -\frac{SP}{SR}\frac{SO}{SP} = -\frac{SO}{SR} = -\frac{PT}{PR}. \tag{40}$$

Die Elastizität ist also gleich dem *Verhältnis der entlang der Geraden genommenen Abstände des Punktes P zur Abszisse und zur Ordinate*, und zwar mit negativem Vorzeichen. Im Punkt T ist die Elastizität demnach gleich null; im Punkt H, der die Strecke RT halbiert, ist sie gleich minus eins. Nähern wir uns dem Punkt R, dann geht die Elastizität gegen minus unendlich (was wir – wiederum etwas unpräzise – auch durch: „In R ist die Elastizität minus unendlich." ausdrücken wollen).

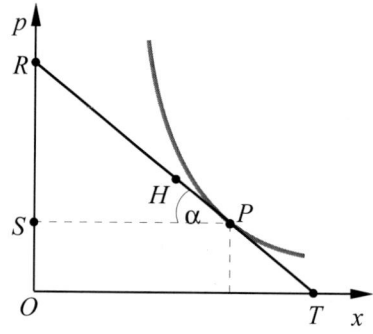

Abb. 20: **Geometrische Konstruktion einer negativen Elastizität** ($\eta_{xp} = -PT/PR$)

> *Elastizität und Ableitung:* Der Begriff der Elastizität ist – wie (39) zeigt – eng verwandt mit dem der (ersten) Ableitung einer Funktion. Er ist aber meist besser zu interpretieren und insbesondere unabhängig von den zugrunde gelegten Maßeinheiten. So sagt die Aussage: „Die Steigung der Nachfragefunktion bei der gegenwärtigen Absatzmenge beträgt –23." wenig aus, solange man nicht weiß, ob der Preis in Pfennig, DM, EUR oder US$ sowie die Menge in Stück, Dutzend, Gramm oder Kilogramm gemessen wird. Die Aussage: „Die Preiselastizität der Nachfrage bei der gegenwärtigen Absatzmenge beträgt –0,51." sagt dagegen unmittelbar verständlich aus, dass eine Preiserhöhung/-senkung um 1% die Nachfragemenge um 0,51% zurückgehen/ansteigen lassen würde.

Die hiermit für eine lineare Nachfragefunktion angegebene geometrische Konstruktion der Elastizität lässt sich auch anwenden, wenn die Nachfragekurve gekrümmt verläuft, wie z. B. die in Abb. 20 grau eingezeichnete Kurve. Soll für diese Kurve die Elastizität in Punkt P bestimmt werden, so hat man die Tangente in P an die Kurve zu zeichnen. Diese Tangente und die Kurve selbst haben in P dieselbe Elastizität; die oben beschriebene Konstruktion für die Gerade RT (die Gleichung (40)) ergibt also die gesuchte Elastizität.

Die Elastizität ist an jedem Punkt auf einer der beiden in Abb. 20 unterstellten Nachfragekurven verschieden. Es gibt jedoch Kurven mit negativer Steigung, deren Elastizität in jedem Punkt gleich ist. Es handelt sich dabei um Hyperbeläste, also Kurven der Form

$$p = \frac{k}{x^\lambda} = kx^{-\lambda} \quad \text{mit} \quad k, \lambda > 0, \tag{41}$$

für die sich (für jeden Wert von x) die Elastizität berechnet als

$$\eta_{xp} = \frac{dx}{dp} \cdot \frac{p}{x} = \frac{1}{-\lambda kx^{-\lambda-1}} \cdot \frac{kx^{-\lambda}}{x} = -\frac{1}{\lambda}. \tag{42}$$

(Man beachte, dass $dx/dp = 1/(dp/dx)$ gilt.) Die Nachfragekurve in Form einer Hyperbel mit $\lambda = 1$ (d. h.: $p = k/x$) hat also an jeder Stelle die Elastizität minus eins.

Zwei Grenzfälle von Kurven mit konstanter Elastizität sind besonders zu erwähnen (vgl. Abb. 21.a und 21.b): Für Geraden parallel zur Abszisse gilt an jedem Punkt

$$\frac{dp}{dx} = 0 \quad \text{oder} \quad \frac{dx}{dp} = \infty, \quad \text{also} \quad \eta_{xp} = \infty; \tag{43}$$

man spricht dann von *vollkommen elastischer Nachfrage*. Für Geraden parallel zur Ordinate gilt in jedem Punkt

$$\frac{dp}{dx} = \infty \quad \text{oder} \quad \frac{dx}{dp} = 0, \quad \text{also} \quad \eta_{xp} = 0; \tag{44}$$

hier spricht man von *vollkommen unelastischer Nachfrage*.

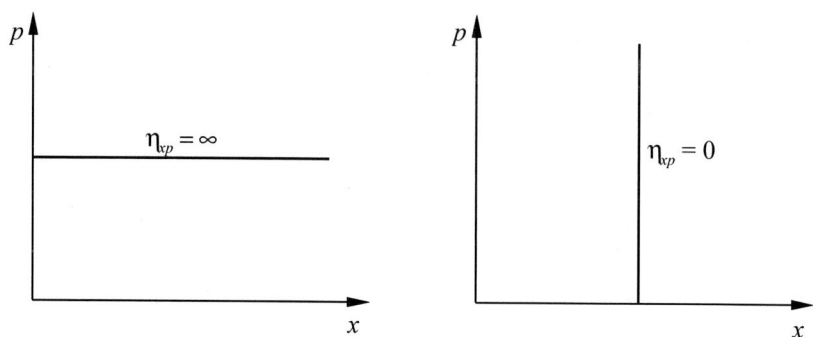

Abb. 21.a/b: Spezialfälle von Kurven mit konstanter Elastizität

Wir diskutieren nun ein Elastizitätsmaß für Punkte auf Kurven mit *positiver Steigung* und wählen als Beispiel eine Einkommens-Konsum-Kurve für ein nicht absolut inferiores Gut x. Den Ausdruck

$$\eta_{xe} = \frac{dx}{de}\frac{e}{x} \qquad (45)$$

bezeichnet man als *Elastizität der Nachfrage in Bezug auf das Einkommen* oder als *Einkommenselastizität der Nachfrage*. Wegen $e, x > 0$ und $dx/de > 0$ hat diese Elastizität (für ein nicht absolut inferiores Gut) stets positives Vorzeichen. In den Abb. 22.a und 22.b verläuft durch P eine lineare Einkommens-Nachfrage-Kurve, die wir bis zu den Schnittpunkten mit den Achsen verlängern. In beiden Diagrammen gilt:

$$\tan\alpha = \frac{de}{dx} = \frac{SP}{ST},$$
$$\eta_{xe} = \frac{dx}{de}\frac{e}{x} = \frac{ST}{SP}\frac{SP}{SO} = \frac{ST}{SO} = \frac{PT}{PR}, \qquad (46)$$

wobei R jeweils den Ordinatenabschnitt und T den Abszissenabschnitt bezeichnet. Die Elastizität ist also wieder gleich dem *Verhältnis der entlang der Geraden gemessenen Abstände des Punktes P zur Abszisse und zur Ordinate*, und zwar hier mit positivem Vorzeichen. In Abb. 22.a ist die Einkommenselastizität in Punkt R unendlich, für wachsendes Einkommen wird sie immer kleiner, bleibt aber immer größer als 1. In Abb. 22.b ist die Einkommenselastizität im Punkt T null, für wachsendes Einkommen wird sie immer größer, bleibt aber immer kleiner als 1.

Die dargestellte geometrische Konstruktion der Elastizität lässt sich auch auf gekrümmte Einkommens-Konsum-Kurven anwenden (in Abb. 22 grau eingezeichnet), indem im jeweiligen Punkt eine Tangente an die Kurve gelegt wird und deren Elastizität im Tangentialpunkt bestimmt wird.

Die Elastizität ist an jedem Punkt der in Abb. 22 dargestellten Kurven verschieden. Jedoch gibt es Kurven mit positiver Steigung, deren Elastizität überall gleich ist. Für die Potenzfunktion

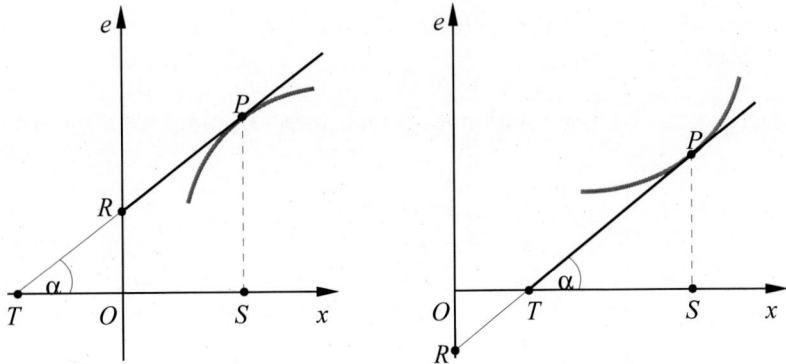

Abb. 22.a/b: Geometrische Konstruktion einer positiven Elastizität ($\eta_{xe} = PT/PR$)

$$e = kx^\lambda \quad \text{mit} \quad k, \lambda > 0 \tag{47}$$

gilt nämlich (für jeden Wert von x):

$$\eta_{xe} = \frac{dx}{de}\frac{e}{x} = \frac{1}{\lambda k x^{\lambda-1}} \cdot \frac{kx^\lambda}{x} = \frac{1}{\lambda}. \tag{48}$$

Für $\lambda = 1$ stellt (47) eine Gerade durch den Ursprung dar. Eine solche Gerade mit beliebiger Steigung k hat, wie auch die geometrische Konstruktion des Elastizitätsmaßes zeigt, überall die Elastizität eins.

Weitere wichtige Elastizitäten sind die *Kreuzpreiselastizität der Nachfrage* η_{x_i,p_j}, also die Elastizität der Nachfrage nach einem Gut i in Bezug auf den Preis eines anderen Gutes j, und die *Elastizität des Angebots in Bezug auf den Preis* oder die *Preiselastizität des Angebots* $\eta_{y,p}$, die sich auf den (in Kap. II untersuchten) Zusammenhang zwischen Preis p und angebotener Menge y bezieht.

Ausgewählte Einkommens- und Preiselastizitäten: Elastizitäten lassen sich empirisch ermitteln. Dabei wird alerdings meist die gesamte Marktnachfrage (vgl. Abschn. 7.d) zugrunde gelegt und nicht die Nachfrage nur eines Haushalts. Die empirische Konkretisierung von Nachfragefunktionen ergibt dann zum Beispiel:

Gut x_i	$\eta_{x_i,e}$	η_{x_i,p_i}
Fleisch	0,70	– 1,23
Milch, Butter	0,30	– 0,59
Strom	2,06	– 1,11
Öff. Verkehr	– 0,31	– 0,93
Zeitschriften, Bücher	0,82	– 0,59
Kunst, Sport, Vergnügen	1,87	– 1,48

Lesebeispiel: Wenn das Einkommen (der Haushalte durchschnittlich) um 5% steigt, steigt die Nachfrage nach Fleisch um 3,5% (= 0,70 · 5%).

5. Kardinale und ordinale Nutzenfunktionen, Indifferenzkurven und Präferenzen

a. Ordinale Nutzenfunktionen und monotone Transformationen

Bisher haben wir die Haushaltstheorie mit Hilfe von Nutzenfunktionen entwickelt, die jedem (nichtnegativen) Güterbündel eine bestimmte reelle Zahl, die das Ausmaß des zugehörigen Nutzens angibt, zuordnet. Solche Nutzenfunktionen nennt man *kardinal*, da der Nutzen gewissermaßen in Nutzeneinheiten gemessen wird, so wie Länge oder Gewicht einer Sache in Längeneinheiten (Metern) oder Masseeinheiten (Kilogramm) gemessen werden. Diese mehr als hundert Jahre alte Theorie des *kardinalen Nutzens* wurde beispielsweise vertreten durch HERMANN HEINRICH GOSSEN (1853), STANLEY JEVONS (1871), LÉON WALRAS (1874), CARL MENGER (1871) und ALFRED MARSHALL (1890). Wenn ein Haushalt etwa einem Güterbündel x' den Nutzen 100 und einem anderen Güterbündel x'' den Nutzen 200 zuordnet, so bedeutet das im Sinne der kardinalen Nutzentheorie nicht nur, dass der Haushalt x'' höher schätzt als x', sondern darüber hinaus, dass x'' dem Haushalt genau doppelt so viel Nutzen bringt wie x'. Nutzendifferenzen werden also als bezifferbar angesehen und haben eine genaue Bedeutung.

In der hier dargestellten Theorie kamen Nutzendifferenzen in Form des Grenznutzens vor: Das 1. GOSSENsche Gesetz macht z. B. eine vergleichende Aussage („abnehmender Grenznutzen") über diese Nutzendifferenzen. Der aufmerksame Leser hat aber vielleicht bemerkt, dass wir dieses Gesetz zur Ableitung des optimalen Verbrauchsplans, der Nachfragefunktionen usw. gar nicht benutzt (benötigt) haben. (Relevant war im Zuge der Analyse das 2. GOSSENsche Gesetz, das etwas über die Gleichheit des Grenznutzens des Geldes aussagt.) Wie die geometrischen Ableitungen zeigten, war von den Nutzenfunktionen überhaupt nur die Form der Indifferenzkurven wesentlich.

Die auf VILFREDO PARETO (1906) zurückgehende Theorie des *ordinalen Nutzens* macht daher wesentlich schwächere Annahmen: Es wird nur unterstellt, dass der Haushalt eine ordinale Nutzenfunktion $u=f(x)$ hat, d. h. wenn $u^{(1)}=f(x^{(1)})$ und $u^{(2)}=f(x^{(2)})$ ist, so bedeutet $u^{(1)}<u^{(2)}$ nur, dass das Güterbündel $x^{(2)}$ dem Güterbündel $x^{(1)}$ vorgezogen wird; die Differenz $u^{(2)}-u^{(1)}$ ist hingegen ohne Bedeutung. $u^{(1)}=u^{(2)}$ bedeutet (wie bei kardinalen Nutzenfunktionen), dass beide Güterbündel den gleichen Nutzen stiften. Ordinale Nutzenfunktionen führen also – wie kardinale – zu Indifferenzkurven(systemen), die die Präferenzen des Haushalts zum Ausdruck bringen. Ordinale Nutzenfunktionen sind aber nicht eindeutig bestimmt; die Funktion $f(x_1,x_2)=x_1x_2$ bringt z. B. genau dieselben Präferenzen zum Ausdruck (d. h. hat dieselben Indifferenzkurven) wie die Funktion $g(x_1,x_2)=2f(x_1,x_2)=2x_1x_2$ oder die Funktion $g(x_1,x_2)=f(x_1,x_2)+5=x_1x_2+5$. Lediglich die konkrete den Nutzen beziffernde Zahl (der *Nutzenindex*), die jeweils zu den einzelnen Indifferenzkurven gehört, ist für die Funktionen f und g unterschiedlich.

Allgemein gilt, dass zwei Nutzenfunktionen $f(x_1,x_2)$ und $g(x_1,x_2)$ dieselben Präferenzen zum Ausdruck bringen – und damit gleich oder gleichwertig im Sinne der ordinalen Nutzentheorie sind – wenn sie sich nur um eine monotone Transformation T unterscheiden. Eine Transformation $T(u)$ heißt dabei monoton, wenn gilt:

$$\text{Aus } u^{(1)} < u^{(2)} \text{ folgt } T(u^{(1)}) < T(u^{(2)}). \tag{49}$$

(Oben wurden $T(u) = 2u$ und $T(u) = u + 5$ als Beispiele für monotone Transformationen genannt.) $f(x_1,x_2)$ und $g(x_1,x_2)$ unterscheiden sich nur um die monotone Transformation T, wenn gilt:

$$g(x_1,x_2) = T(f(x_1,x_2)). \tag{50}$$

Man verifiziert leicht, dass dann f und g identische Indifferenzkurvensysteme haben. Im Folgenden wollen wir nun monotone Transformationen betrachten, die stetig und differenzierbar sind mit $T' = dT/du > 0$.

In der ordinalen Nutzentheorie können nur solche Eigenschaften von Nutzenfunktionen relevant sein, die bei monotonen Transformationen erhalten bleiben. Um zu prüfen, welche das sind, bilden wir für zwei im ordinalen Sinne gleiche Nutzenfunktionen f und g (die also (50) erfüllen) folgende Ausdrücke:

$$\frac{\partial g}{\partial x_i} = \underbrace{T'}_{>0} \cdot \frac{\partial f}{\partial x_i}, \tag{51}$$

$$\frac{\partial^2 g}{\partial x_i^2} = \underbrace{T''}_{?} \cdot \underbrace{\left(\frac{\partial f}{\partial x_i}\right)^2}_{>0} + \underbrace{T'}_{>0} \cdot \frac{\partial^2 f}{\partial x_i^2}, \tag{52}$$

$$\frac{\partial^2 g}{\partial x_1 \partial x_2} = \underbrace{T''}_{?} \cdot \underbrace{\frac{\partial f}{\partial x_1} \frac{\partial f}{\partial x_2}}_{>0} + \underbrace{T'}_{>0} \cdot \frac{\partial^2 f}{\partial x_1 \partial x_2}, \tag{53}$$

$$\frac{\partial g}{\partial x_1} \bigg/ \frac{\partial g}{\partial x_2} = \frac{\partial f}{\partial x_1} \bigg/ \frac{\partial f}{\partial x_2}. \tag{54}$$

Laut (51) ist $\partial g/\partial x_i$ genau dann positiv, wenn $\partial f/\partial x_i$ positiv ist. Das bedeutet: Wenn auch über die Höhe des Grenznutzens bei ordinaler Nutzenfunktion keine Aussage möglich ist, ein positives Vorzeichen des Grenznutzens bleibt bei monotoner Transformation erhalten, so dass man auch bei ordinaler Nutzenfunktion mit dem Vorzeichen des Grenznutzens argumentieren kann. Für die zweiten Ableitungen gilt das nach (52) und (53) nicht; die Vorzeichen der zweiten Ableitungen von g können sich von denen von f unterscheiden (da die zweite Ableitung T'' einer monotonen Transformation ganz unterschiedliche Werte annehmen kann). Das bedeutet: Aussagen über Veränderungen des Grenznutzens, wie sie in (8) und (9) gemacht werden, sind bei ordinaler Nutzenfunktion nicht möglich.

Das Verhältnis der Grenznutzen ändert sich gemäß (54) hingegen bei monotoner Transformation nicht. Das bedeutet: Aussagen über das Verhältnis der Grenznutzen und damit über die Grenzrate der Substitution werden durch den Übergang von der Theorie kardinalen zur Theorie ordinalen Nutzens nicht berührt; (17) bleibt gültig. Dieser wichtige Sachverhalt wurde bereits durch die obige Feststellung deutlich, dass sich bei monotoner Transformation die Indifferenzkurven und mithin auch deren Steigungen bzw. Grenzraten der Substitution nicht ändern.

b. Axiomatische Charakterisierung von ordinalen Nutzenfunktionen

Aus dem oben Gesagten wird klar, dass die Annahme der Existenz einer ordinalen Nutzenfunktion nicht mehr und nicht weniger bedeutet, als von der Existenz von Indifferenzkurven auszugehen, die die Präferenzen des Haushalts beschreiben. Statt zu sagen: „Der Haushalt hat die ordinale Nutzenfunktion $f(x_1,x_2) = x_1 x_2$." kann man ebenso gut sagen: „Die Präferenzen des Haushalts werden durch ein Indifferenzkurvensystem beschrieben, deren einzelne Indifferenzkurven die Form $x_1 x_2 = \alpha$ haben, wobei α eine beliebige positive (reelle) Zahl sein kann." Der Vorteil des Gebrauchs von Nutzenfunktionen für die Analyse liegt darin, dass das Entscheidungsverhalten des Haushalts dann elegant in Form der Maximierung der Nutzenfunktion unter Einhaltung einer Nebenbedingung (Bilanzgleichung) beschrieben werden kann.

Nun kann man auch die Existenz eines Indifferenzkurvensystems als keineswegs selbstverständlich ansehen. (Welcher Mensch hat je seine Indifferenzkurven auf Millimeterpapier gezeichnet?) Es ergibt sich daher die Frage, ob man in der Haushaltstheorie auch ohne diese Existenzannahme auskommen kann oder vielleicht die Existenz der Indifferenzkurven aus einfacheren, unmittelbar einleuchtenden Annahmen („Axiomen") ableiten kann. Das Mindeste, was wir von einem Haushalt, der sich rational zwischen verschiedenen Güterbündeln $x^{(i)}$ entscheidet, annehmen müssen, ist, dass er Präferenzen (im Sinne einer ordinalen Vergleichbarkeit) in Bezug auf diese Güterbündel hat. Im Folgenden möge das Zeichen „$\succeq$" bedeuten „wird mindestens so geschätzt wie". Des Weiteren definieren wir „$\succ$" („wird vorgezogen") und „$\sim$" („wird gleich eingeschätzt wie") durch:

$x^{(1)} \succ x^{(2)}$ genau dann, falls nicht gilt: $x^{(2)} \succeq x^{(1)}$,

$x^{(1)} \sim x^{(2)}$ genau dann, falls gilt: $x^{(1)} \succeq x^{(2)}$ und $x^{(2)} \succeq x^{(1)}$.

Für die Präferenzen formulieren wir die folgenden Bedingungen:

(A1) Vollständigkeit: Für je zwei Güterbündel $x^{(1)}, x^{(2)}$ gilt (mindestens) eine der Beziehungen

$$x^{(1)} \succeq x^{(2)} \quad \text{oder} \quad x^{(2)} \succeq x^{(1)}.$$

(A2) Transitivität oder Konsistenz: Für je drei Güterbündel $x^{(1)}, x^{(2)}, x^{(3)}$ gilt:
Aus: $x^{(1)} \succeq x^{(2)}$ und $x^{(2)} \succeq x^{(3)}$ folgt: $x^{(1)} \succeq x^{(3)}$.

(A3) Nichtsättigung: Unterscheidet sich eine beliebige Kombination $x^{(1)}$ von $x^{(2)}$ dadurch, dass sie von einem Gut mehr und von allen anderen Gütern gleich viel enthält, dann gilt $x^{(1)} \succ x^{(2)}$. (Diese Annahme entspricht der eines positiven Grenznutzens.)

(A4) Konvexität: Für jedes Güterbündel x gilt: Die Menge $\{x' \mid x' \succsim x\}$ („Bessermenge") ist konvex. (Diese Annahme entspricht der einer abnehmenden Grenzrate der Substitution.)

(A5) Stetigkeit: Für jedes Güterbündel x gilt: Die Menge $\{x' \mid x' \succsim x\}$ ist abgeschlossen.

Es lässt sich beweisen, dass jede Präferenzordnung „$\succsim$", die den Annahmen (A1) bis (A5) genügt, sich durch eine Nutzenfunktion darstellen lässt, d. h. es gibt eine Funktion $u = f(x)$ mit der Eigenschaft

$$f(x^{(1)}) \geq f(x^{(2)}) \text{ genau dann, wenn } x^{(1)} \succsim x^{(2)}.$$

Bis auf (A5) sind alle Annahmen unmittelbar einleuchtend. (A5) besagt, dass wenn $x^{(i)}$, $i = 1,2,3, \ldots$ eine Folge von Güterbündeln ist, die gegen ein Bündel x^* konvergiert und für die gilt $x^{(i)} \succsim x$ für alle $i = 1,2,3, \ldots$, dass dann auch für x^* gelten muss: $x^* \succsim x$.

Die Annahme (A5) ist wichtig für die Existenz einer zugehörigen Nutzenfunktion, wie folgendes Beispiel zeigt: Unter einer *lexikografischen* Präferenzordnung (im Zwei-Güter-Fall) versteht man diejenige Präferenzordnung, die definiert ist durch:

$(x_1, x_2) \succ (x_1', x_2')$ genau dann, wenn   entweder: $x_1 > x_1'$
   oder: $x_1 = x_1'$ und $x_2 > x_2'$.

Man überzeugt sich leicht, dass diese Präferenzordnung die Annahmen (A1) bis (A4) erfüllt. Allerdings gibt es zu dieser Präferenzordnung kein Indifferenzkurvensystem, da es keine zwei unterschiedlichen Güterbündel gibt, zwischen denen die Präferenzordnung eine Indifferenz zum Ausdruck bringen würde.

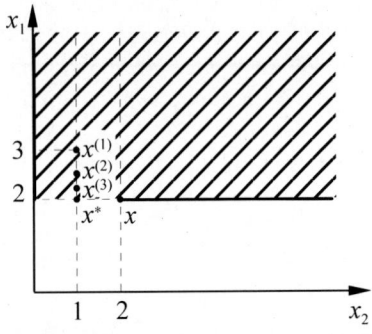

Abb. 23: Lexikografische Ordnung, Bessermenge von (2,2)

Abb. 23 zeigt, dass (A5) für die lexikografische Präferenzordnung nicht erfüllt ist. Die Menge $\{x' \mid x' \succsim x\}$ für $x=(2,2)$ ist schraffiert eingezeichnet. Sie besteht aus allen Punkten mit $x_1>2$ (x_2 beliebig) zuzüglich aller Punkte mit $x_1=2$ und $x_2 \geq 2$. (Es fehlt die Strecke von $(2,0)$ bis unmittelbar vor $(2,2)$.) Die Folge $x^{(i)}=(2+1/i,1)$, $i=1,2,3,...$ konvergiert offensichtlich gegen $x^*=(2,1)$. Für alle $i=1,2,3,...$ gilt $x^{(i)} \succsim x$, für x^* hingegen gilt $x \succ x^*$.

> ***Zusammenfassung:*** Von den 4 Konzeptionen
> a) Kardinale Nutzenfunktionen
> b) Ordinale Nutzenfunktionen
> c) Indifferenzkurvensysteme
> d) Präferenzordnungen (mit (A1) bis (A5))
>
> sind b) bis d) äquivalent; lediglich die Konzeption der kardinalen Nutzenfunktion erfordert die weitergehende Annahme der Existenz von kardinalen Einheiten, in denen der Nutzen gemessen wird. Das 1. GOSSENsche Gesetz lässt sich nur für kardinale Nutzenfunktionen formulieren.

6. Indirekte Nutzenfunktion und Dualität

Die nutzenmaximierenden Verbrauchsmengen eines Haushalts hängen gemäß (30) von den an den Märkten herrschenden Preisen und dem Einkommen des Haushalts ab. Der maximal erreichbare Nutzen lässt sich folglich als durch die Preise und das Einkommen bestimmt ansehen. Diesen Zusammenhang bezeichnet man als *indirekte Nutzenfunktion* $V(p_1,p_2,e)$. Im Fall zweier Güter können wir sie unter Verwendung von (29) als

$$u = V(p_1,p_2,e) = f(x_1^*(p_1,p_2,e), x_2^*(p_1,p_2,e)) \tag{55}$$

schreiben. Unter den oben für Nutzenfunktionen gemachten Annahmen wächst der Nutzen streng monoton mit steigendem Einkommen e (sich parallel nach rechts verschiebenden Bilanzgeraden) und fällt der Nutzen streng monoton mit steigenden Preisen p_1 oder p_2 (sich um einen Ordinatenabschnitt gegen den Ursprung drehenden Bilanzgeraden). Vervielfachen sich Einkommen und Preise mit dem gleichen Faktor k, so verändern sich gemäß (33) die Verbrauchsmengen und damit der Nutzen nicht, d. h. die indirekte Nutzenfunktion (55) ist homogen vom Grade 0 in Einkommen und Preisen.

Zu dem Nutzenmaximierungsproblem mit Nebenbedingung

$$\text{Max} \quad u = f(x_1,x_2) \quad \text{u. d. R.} \quad p_1 x_1 + p_2 x_2 \leq e \tag{56}$$

lässt sich ein *duales Ausgabenminimierungsproblem* mit Nebenbedingung formulieren: Der Haushalt soll bei den gegebenen Preisen p_1 und p_2 diejenigen Mengen x_1, x_2 wählen, die einen gegebenen Nutzen u mit den geringstmöglichen Ausgaben a zu realisieren erlauben:

$$\text{Min} \quad a = p_1 x_1 + p_2 x_2 \quad \text{u. d. R.} \quad f(x_1, x_2) \geq u. \tag{57}$$

Geometrisch sind das Nutzenmaximierungs- und das duale Ausgabenminimierungsproblem in den Abb. 24 gegenübergestellt. Im linken Diagramm ist die Bilanzgerade für ein Einkommen e gegeben; auf ihr wird aus allen erreichbaren Indifferenzkurven diejenige Kurve gesucht, die den höchstmöglichen Nutzen u stiftet. Im rechten Diagramm ist die Indifferenzkurve für einen Nutzen u gegeben; auf ihr wird aus allen erreichbaren Ausgabengeraden diejenige gesucht, die die minimalen Ausgaben a impliziert.

Ähnlich wie wir als indirekte Nutzenfunktion (55) den maximalen Nutzen in Abhängigkeit von den jeweils gegebenen Preisen und dem gegebenen Einkommen definiert haben, können wir als *Ausgabenfunktion* $A(p_1,p_2,u)$ die minimalen Ausgaben in Abhängigkeit von jeweils gegebenen Preisen und gegebenem Nutzen anschreiben:

$$a = A(p_1,p_2,u) = p_1 x_1^c (p_1,p_2,u) + p_2 x_2^c (p_1,p_2,u). \tag{58}$$

$x_i^c (p_1,p_2,u)$ bezeichnet dabei die ausgabenminimierenden Konsum- oder Nachfragemengen für $i = 1,2$. x_i^c wird auch (HICKSsche oder) *kompensierte* Nachfrage genannt, da es die Nachfrage angibt, die unabhängig vom tatsächlichen Einkommen besteht, wenn das Einkommen für gegebene Preise p_1, p_2 jeweils so kompensiert wird, dass das Nutzenniveau u erreicht wird.

Gemäß Konstruktion sind indirekte Nutzenfunktionen und Ausgabenfunktionen *dual zueinander*, d. h. es gilt

$$A(p_1,p_2,V(p_1,p_2,e)) = e, \tag{59}$$

$$V(p_1,p_2,A(p_1,p_2,u)) = u. \tag{60}$$

(59) ist folgendermaßen zu verstehen: Gegeben seien Preise p_1,p_2 sowie das Einkommen e. In dieser Situation kann der Haushalt maximal den Nutzen $u = V(p_1,p_2,e)$ erreichen. Fragt man jetzt nach dem Ausgabenbetrag, der mindestens erforderlich ist, um diesen Nutzen u zu erreichen, also nach $A(p_1,p_2,u)$, so ist das gerade e. Ganz kurz also: Der minimale Ausgabenbetrag, den man braucht, um

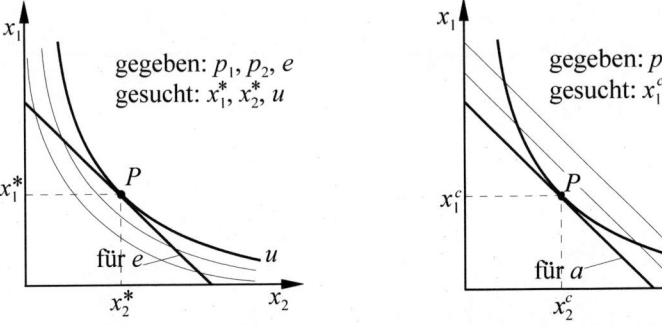

Abb. 24.a/b: Nutzenmaximierung und Ausgabenminimierung

den mit e maximal realisierbaren Nutzen zu erreichen, ist e. Entsprechend ist (60) verbal so auszudrücken: Der maximale Nutzen, der mit dem für u mindestens erforderlichen Ausgabenbetrag zu erreichen ist, ist u. (59) und (60) lassen sich auch so ausdrücken: Bei gegebenen p_1, p_2 sind die Funktionen A und V invers zueinander in den Variablen e und u.

Die *allgemeine* (oder *MARSHALLsche*) Nachfragefunktion $x_i^*(p_1, p_2, e)$ hängt mit der *kompensierten* (oder *HICKSschen*) Nachfragefunktion $x_i^c(p_1, p_2, u)$ folgendermaßen zusammen:

$$x_i^c(p_1, p_2, u) = x_i^*(p_1, p_2, A(p_1, p_2, u)). \tag{61}$$

Differenziert man (61) partiell nach p_j, so ergibt sich

$$\frac{\partial x_i^c}{\partial p_j} = \frac{\partial x_i^*}{\partial p_j} + \frac{\partial x_i^*}{\partial e} \cdot \frac{\partial A}{\partial p_j}. \tag{62}$$

Für die Ableitung der Ausgabenfunktion $\partial A/\partial p_j$ in (62) lassen sich folgende ökonomische Überlegungen anstellen, die mathematisch als SHEPHARDs Lemma (1970) bekannt sind: Eine Preisänderung dp_1 (die Argumentation für dp_2 ist analog) bewirkt eine Änderung dA des Ausgabenbetrags, die sich aus zwei Komponenten zusammensetzt:
(1) der Ausgabenänderung $x_1^c \cdot dp_1$, wenn keine Substitution erfolgen würde (direkter Effekt),
(2) der Ausgabenänderung $dx_1^c \cdot p_1 + dx_2^c \cdot p_2$, die durch den Substitutionseffekt der Preisänderung ausgelöst wird (indirekter Effekt).
Insgesamt gilt also

$$dA = x_1^c \cdot dp_1 + (dx_1^c \cdot p_1 + dx_2^c \cdot p_2). \tag{63}$$

Der Ausdruck in Klammern, also der indirekte Effekt, ist jedoch gleich null; denn das Verhältnis dx_1/dx_2, in dem substituiert wird, entspricht im Optimalpunkt (x_1^c, x_2^c) gerade dem umgekehrten Preisverhältnis, weil entlang der Indifferenzkurve substituiert wird, die im Optimalpunkt gerade die Steigung $-p_2/p_1$ hat. Damit gilt $dA = x_1^c \cdot dp_1$ oder allgemein (SHEPHARDs Lemma):

$$\frac{\partial A}{\partial p_j} = x_j^c (= x_j^*). \tag{64}$$

(62) lässt sich mit (64) jetzt zur sogenannten SLUTSKY-*Gleichung* (1915) umformen:

$$\frac{\partial x_i^c}{\partial p_j} = \frac{\partial x_i^*}{\partial p_j} + \frac{\partial x_i^*}{\partial e} \cdot x_j^*$$

oder

$$\frac{\partial x_i^*}{\partial p_j} = \frac{\partial x_i^c}{\partial p_j} - \frac{\partial x_i^*}{\partial e} \cdot x_j^*. \tag{65}$$

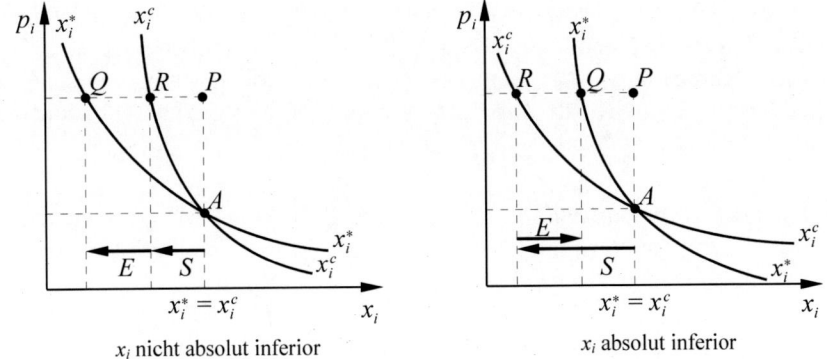

x_i nicht absolut inferior   x_i absolut inferior

Abb. 25.a/b: HICKSsche (x_i^c) und MARSHALLsche (x_i^*) Nachfragefunktion

Indem man (65) für $j=i$ anwendet, erkennt man, dass die Wirkung einer Erhöhung des Preises p_i auf die MARSHALLsche Nachfragemenge x_i^* aus zwei Komponenten besteht, dem negativen *Substitutionseffekt* $\partial x_i^c / \partial p_i$ und dem *Einkommenseffekt* $-(\partial x_i^* / \partial e) x_i^*$, der bei einem nicht absolut inferioren Gut i ($\partial x_i^* / \partial e > 0$) negativ und bei einem absolut inferioren Gut ($\partial x_i^* / \partial e < 0$) positiv ist. Die beiden Komponenten sind in Abb. 25 dargestellt, und zwar (a) für ein nicht absolut inferiores und (b) für ein absolut inferiores Gut. Eine Preiserhöhung AP bewirkt den in jedem Fall negativen (Rückgang der Menge x_i) Substitutionseffekt (S) im Umfang von PR. Der Punkt R liegt dabei auf der HICKSschen (oder kompensierten) Nachfragekurve, die stets negative Steigung hat. (a) Für ein nicht absolut inferiores Gut führt der ebenfalls negative Einkommenseffekt (E) im Umfang von RQ dazu, dass die MARSHALLsche (oder normale) Nachfragekurve flacher verläuft als die HICKSsche Kurve. (b) Für ein absolut inferiores Gut führt der positive Einkommenseffekt zu einem steileren Verlauf der MARSHALLschen Nachfragekurve. Handelt es sich um ein GIFFEN-Gut, ist der Einkommenseffekt so stark positiv, dass er den negativen Substitutionseffekt überwiegt, die Nachfrage also mit steigendem Preis zunimmt (vgl. dazu Abb. 16.b).

In Abschn. 4.c (vgl. (36)) hatten wir (anhand der MARSHALLschen Kreuznachfragefunktion) definiert, dass Gut i Bruttosubstitut (-komplement) von Gut j heißt, falls gilt:

$$\frac{\partial x_i^*}{\partial p_j} > 0 \quad (<0). \tag{66}$$

Unter Verwendung der HICKSschen Kreuznachfragefunktion definiert man entsprechend, dass die Güter x_i und x_j Nettosubstitute (-komplemente) heißen, falls gilt:

$$\frac{\partial x_i^c}{\partial p_j} > 0 \quad (<0). \tag{67}$$

Gemäß (65) bezieht sich „Brutto/Netto" auf die Einbeziehung des Einkommenseffekts. Zwei Güter sind *Netto*substitute, falls eine Preiserhöhung des einen Gutes *ohne Berücksichtigung des Einkommenseffekts* zu Mehrnachfrage des anderen Gutes führt. Beim Begriff *Brutto*substitut geht es dagegen um Mehrnachfrage *unter Berücksichtigung auch des Einkommenseffekts*.

> ***Symmetrie der Nettosubstitutionalität***: Bzgl. der in (67) vorkommenden HICKSschen Nachfragefunktionen lässt sich folgende Symmetrie nachweisen (was hier aber nicht abgeleitet wird):
>
> $$\frac{\partial x_i^c}{\partial p_j} = \frac{\partial x_j^c}{\partial p_i}.$$
>
> Diese Tatsache ermöglicht die Symmetrie der obigen Definition des Nettosubstituts: x_i ist Nettosubstitut von x_j genau dann, wenn x_j Nettosubstitut von x_i ist. Für die MARSHALLschen Nachfragefunktionen gilt eine entsprechende Symmetrie i. Allg. nicht (wie man unschwer der SLUTSKY-Gleichung (65) entnimmt). Daher kann es sein, dass Gut i Bruttosubstitut von Gut j ist, gleichzeitig (also bei denselben Preisen und demselben Einkommen) aber x_j Bruttokomplement von x_i. Man betrachte als Beispiel dazu etwa x_j = Fleisch und x_i = Brot (als GIFFEN-Gut).

Die in diesem Abschnitt eingeführten Begriffe und Zusammenhänge seien an folgendem einfachen *Beispiel* einer speziellen Nutzenfunktion verdeutlicht: Das *Maximierungsproblem* sei

$$\text{Max} \quad u = f(x_1, x_2) = x_1 x_2 \quad \text{u. d. R.} \quad p_1 x_1 + p_2 x_2 = e. \tag{68}$$

Aus der LAGRANGE-Funktion

$$L = x_1 x_2 + \lambda(e - p_1 x_1 - p_2 x_2)$$

erhalten wir folgende Bedingungen 1. Ordnung:

$$\frac{\partial L}{\partial x_1} = x_2 - \lambda p_1 = 0,$$

$$\frac{\partial L}{\partial x_2} = x_1 - \lambda p_2 = 0, \tag{69}$$

$$\frac{\partial L}{\partial \lambda} = e - p_1 x_1 - p_2 x_2 = 0.$$

Die ersten beiden Bedingungen ergeben die Gleichung der Einkommens-Konsum-Kurve,

$$\frac{p_2}{p_1} = \frac{x_1}{x_2} \quad \text{oder} \quad x_1 = \frac{p_2}{p_1} x_2, \tag{70}$$

die, eingesetzt in die dritte Bedingung, die MARSHALLschen Nachfragefunktionen

$$x_1^* = \frac{e}{2p_1}, \quad x_2^* = \frac{e}{2p_2} \tag{71}$$

liefert. (In der Funktion $x_1 = x_1^*(p_1, p_2, e)$ besteht also in diesem Beispiel keine Abhängigkeit von p_2. Entsprechendes gilt für x_2^*.) Setzen wir diese Nachfragefunktionen in die Nutzenfunktion ein, erhalten wir die *indirekte Nutzenfunktion*

$$u = x_1^* x_2^* = \frac{e^2}{4 p_1 p_2} = V(p_1, p_2, e). \tag{72}$$

Das duale Ausgaben*minimierungsproblem* lautet

$$\text{Min} \quad a = p_1 x_1 + p_2 x_2 \quad \text{u. d. R.} \quad x_1 x_2 = u. \tag{73}$$

Aus der LAGRANGE-Funktion

$$\widetilde{L} = p_1 x_1 + p_2 x_2 + \widetilde{\lambda} (u - x_1 x_2) \tag{74}$$

resultieren die Bedingungen 1. Ordnung,

$$\frac{\partial \widetilde{L}}{\partial x_1} = p_1 - \widetilde{\lambda} x_2 = 0,$$

$$\frac{\partial \widetilde{L}}{\partial x_2} = p_2 - \widetilde{\lambda} x_1 = 0, \tag{75}$$

$$\frac{\partial \widetilde{L}}{\partial \widetilde{\lambda}} = u - x_1 x_2 = 0,$$

deren erste beiden wieder

$$\frac{p_2}{p_1} = \frac{x_1}{x_2} \quad \text{oder} \quad x_1 = \frac{p_2}{p_1} \cdot x_2 \tag{76}$$

liefern, was, eingesetzt in die dritte Bedingung, zu den HICKSschen *Nachfragefunktionen* führt:

$$x_1^c = \left(\frac{u \cdot p_2}{p_1} \right)^{1/2}, \quad x_2^c = \left(\frac{u \cdot p_1}{p_2} \right)^{1/2}. \tag{77}$$

Diese Funktionen, eingesetzt in die zu minimierende Funktion (73), ergeben die Ausgabenfunktion:

$$a = p_1 \left(\frac{u \cdot p_2}{p_1} \right)^{1/2} + p_2 \left(\frac{u \cdot p_1}{p_2} \right)^{1/2} = 2(u \cdot p_1 \cdot p_2)^{1/2} = A(p_1, p_2, u). \tag{78}$$

Man verifiziert mit (72) und (78) leicht, dass die Dualitätsbedingungen (59) und (60) gelten.

Die Bedeutung der Dualität von Nutzenmaximierung und Ausgabenminimierung sowie der SLUTSKY-Gleichung als algebraischer Darstellung der früher gegebenen geometrischen Erläuterung des Substitutions- und des Einkommenseffekts einer Preisänderung geht viel weiter als hier ausgeführt. Folgende Hinweise mögen genügen: Die Dualität zeigt, dass die empirische Beobachtung (oder einfache Unterstellung) einer bestimmten Ausgabenfunktion für einen Haushalt über deren Inverse, die indirekte Nutzenfunktion, bereits eine bestimmte Nutzenfunktion des Haushalts impliziert. Die SLUTSKY-Gleichung lässt sich nicht nur für $\partial x_i / \partial p_i$, sondern allgemein für $\partial x_i / \partial p_j$, für alle $i, j = 1, ..., n$, formulieren, so dass sich aus einer Nutzenfunktion eine Matrix von Substitutionsbeziehungen mit

> **Zahlenbeispiel** für die oben untersuchte spezielle Nutzenfunktion:
> Für $p_1 = 10$, $p_2 = 5$, $e = 1000$ gilt:
> $$x_1 = x_1^*(p_1, p_2, e) = e/(2p_1) = 50,$$
> $$x_2 = x_2^*(p_1, p_2, e) = e/(2p_2) = 100,$$
> $$u = V(p_1, p_2, e) = e^2/(4p_1 p_2) = 5000,$$
> $$x_1 = x_1^c(p_1, p_2, u) = (u \cdot p_2/p_1)^{1/2} = 50,$$
> $$x_2 = x_2^c(p_1, p_2, u) = (u \cdot p_1/p_2)^{1/2} = 100.$$
> Für eine Änderung von p_1 erhalten wir:
>
> $$\frac{\partial x_1^*}{\partial p_1} = -\frac{e}{2p_1^2} = -5 \qquad \text{(Gesamteffekt),}$$
>
> $$\frac{\partial x_1^c}{\partial p_1} = -\frac{1}{2p_1}\left(\frac{u \cdot p_2}{p_1}\right)^{1/2} = -2{,}5 \qquad \text{(Substitutionseffekt),}$$
>
> $$-\frac{\partial x_1^*}{\partial e} \cdot x_1^* = -\frac{1}{2p_1} \cdot x_1^* = -2{,}5 \qquad \text{(Einkommenseffekt).}$$
>
> Die SLUTSKY-Gleichung (65) besagt also, dass in der unterstellten Situation der Substitutionseffekt und der Einkommenseffekt jeweils $-2{,}5$ sind und daher die MARSHALLsche Reaktion auf eine Preiserhöhung von einer Geldeinheit $-2{,}5 + (-2{,}5) = -5$ beträgt.

bestimmten Eigenschaften ergibt. Wird andererseits ein System von Nachfragefunktionen für den Haushalt empirisch beobachtet oder einfach unterstellt, welchem eine Substitutionsmatrix mit diesen Eigenschaften entspricht, so ist den Nachfragefunktionen eine Nutzenfunktion zugeordnet („Integrierbarkeitsproblem" der Nachfragetheorie, vgl. VARIAN, 1994, S. 124ff.). Wir kommen in Kap. II.C.7 auf analoge Probleme der Dualität in der Produktions- und Kostentheorie des Unternehmens zurück.

7. Ergänzungen

a. Präferenzen für einzelne und mehrere Personen

In der Regel besteht ein Haushalt aus mehreren Personen. Wir können zunächst nur unterstellen, dass für die einzelne Person ein Indifferenzkurvensystem existiert. Es ergibt sich die Frage, ob auch für den Mehrpersonen-Haushalt ein Indifferenzkurvensystem unterstellt werden kann. Die Frage ist einfach zu beantworten, wenn der Haushalt von einem „Diktator" regiert wird; denn dann gilt dessen Vorstellung über die Bedarfsstruktur des Haushalts, während die Vorstellungen der anderen Haushaltsmitglieder ohne Einfluss auf den optimalen Verbrauchsplan und die Nachfragefunktionen des Haushalts bleiben. Einfach ist die Antwort ferner, wenn alle Mitglieder die gleiche Auffassung über die Bedarfsstruktur des Haushalts haben.

Person	Präferenzordnung	Es gilt mithin
A	$x^{(1)} \succ x^{(2)} \succ x^{(3)}$	$x^{(1)} \succ x^{(3)}$
B	$x^{(2)} \succ x^{(3)} \succ x^{(1)}$	$x^{(2)} \succ x^{(1)}$
C	$x^{(3)} \succ x^{(1)} \succ x^{(2)}$	$x^{(3)} \succ x^{(2)}$

Tabelle 1: Präferenzordnung von A, B und C

Schwierig zu lösen ist dagegen der Fall, in dem die Vorstellungen der Mitglieder über die Bedarfsstruktur des Haushalts voneinander abweichen und jedes Mitglied Einfluss auf die Entscheidungen des Haushalts hat. Die Schwierigkeit zeigt sich schon bei der Annahme der Transitivität der Präferenzordnung des Haushalts. Nehmen wir etwa an, der Haushalt umfasse drei Personen A, B und C, die bezüglich von drei Güterkombinationen $x^{(1)}$, $x^{(2)}$, $x^{(3)}$ die in Tabelle 1 dargestellten (konsistenten) Präferenzordnungen haben. Wird nun versucht, durch demokratische Abstimmung die Präferenzordnung des Haushalts zu bestimmen, so ergeben sich beim Vergleich jeweils zweier Gütermengenkombinationen die in Tabelle 2 dargestellten Präferenzen des Haushalts.

Bei Konsistenz (Transitivität) der (durch Mehrheit gebildeten) Haushaltspräferenzen wäre die dritte Abstimmung gar nicht erforderlich: aus den ersten beiden Abstimmungen ergäbe sich $x^{(1)} \succ x^{(2)} \succ x^{(3)}$, also $x^{(1)} \succ x^{(3)}$. Tatsächlich ist die mehrheitliche Präferenz aber umgekehrt. Trotz Transitivität der Präferenzordnungen der einzelnen Personen ist die Präferenzordnung dieses demokratischen Haushalts also intransitiv. Das Beispiel stammt von KENNETH ARROW (1963, Kap. 1); man spricht auch vom CONDORCET-*Paradox*, weil CONDORCET das Problem als erster 1785 erkannte. Schon die Annahme der Transitivität der Präferenzordnung (die für die Existenz eines Systems von Indifferenzkurven unentbehrlich ist) erweist sich also für einen Mehrpersonen-Haushalt als problematisch.

Nr.	Zur Abstimmung gestellte Präferenz	dafür stimmt	dagegen stimmt	mehrheitlich gilt
1	$x^{(1)} \succ x^{(2)}$?	A, C	B	$x^{(1)} \succ x^{(2)}$
2	$x^{(2)} \succ x^{(3)}$?	A, B	C	$x^{(2)} \succ x^{(3)}$
3	$x^{(3)} \succ x^{(1)}$?	B, C	A	$x^{(3)} \succ x^{(1)}$

Tabelle 2: Mehrheitliche Präferenzordnung des Haushalts

> **CONDORCET-Paradox oder Abstimmungsparadox**: Die oben dargestellte paradoxe Situation ist bei Mehrheitsentscheidungen sehr relevant. Stellen wir uns vor, A, B und C seien drei (etwa gleich starke) Fraktionen in einem Parlament, in dem es um drei Entscheidungsalternativen $x^{(1)}$, $x^{(2)}$ und $x^{(3)}$ geht. Wird zuerst die Abstimmung Nr. 2 durchgeführt und dann die Abstimmung Nr. 1, so fällt die Entscheidung auf $x^{(1)}$ (denn: $x^{(1)} \succ x^{(2)} \succ x^{(3)}$). Würde zunächst die Abstimmungsfrage Nr. 3 gestellt und dann Nr. 2, so würde $x^{(2)}$ als Ergebnis resultieren (denn: $x^{(2)} \succ x^{(3)} \succ x^{(1)}$). Man erkennt, dass das Ergebnis von der Reihenfolge der Abstimmungen abhängt.

b. Die Bedeutung von Gütereigenschaften

In der unter B.2 eingeführten Nutzenfunktion des Haushalts sind es unmittelbar die Güter, deren Verbrauch dem Haushalt Nutzen stiftet. Nach KELVIN LANCASTER (1971) sollten hingegen die Güter mit ihren *Eigenschaften (characteristics)* als Bestimmungsgründe des Nutzens aufgefasst werden. Die Nutzenfunktion lautet dann

$$u = f(z_1, z_2, ..., z_m) \tag{79}$$

wobei z_j, $j = 1, ..., m$ Mengen von Gütereigenschaften sind, wie z. B. Kalorien, Vitamingehalt oder Geschmacksstoffe bei Lebensmitteln. Die Haushalte können sich die Gütereigenschaften nur indirekt, über den Kauf von Gütern, verschaffen. Regelmäßig weist jedes Gut mehrere Eigenschaften auf und kommt jede Eigenschaft in mehreren Gütern vor. Vereinfachend wird im Folgenden angenommen, dass jedes von vier Gütern $i = 1, 2, 3, 4$ zwei Eigenschaften $j = 1, 2$ hat, und zwar in konstanter Mengenproportion. D. h. um z_{i1} Einheiten der ersten Eigenschaft zu erhalten, müssen die Haushalte die Menge $x_{i1} = a_{i1} z_{i1}$ des Gutes i kaufen. Entsprechend gilt $x_{i2} = a_{i2} z_{i2}$, wobei die Koeffizienten a_{ij} konstant (unabhängig von den Mengen) sind. Da man mit dem Kauf der Menge x_i des Gutes stets beide Eigenschaften erwirbt, kann man $x_{i1} = x_{i2} = x_i$ setzen und erhält für den Eigenschaftenstrahl des i-ten Gutes die Gleichung:

$$z_{i2} = \frac{a_{i1}}{a_{i2}} \cdot z_{i1}. \tag{80}$$

In Abb. 26 erscheinen die Mengen z_1 und z_2 der Gütereigenschaften als Achsen eines Koordinatensystems, und die Steigung eines Ursprungsstrahls x_i gibt an, in welchem Verhältnis z_2/z_1 die Eigenschaften in dem Gut i enthalten sind. Auf jedem der Ursprungsstrahlen ist eine Skala der Mengeneinheiten des Gutes i gegeben. Ein Punkt auf einem Strahl repräsentiert zugleich bestimmte Mengen der beiden Eigenschaften, die an den Ordinaten abzulesen sind, und eine bestimmte Menge des Gutes, die durch die jeweilige Skala bestimmt wird.

Bei gegebenem Einkommen e und gegebenem Preis p_i des Gutes i ist die Menge $x_i^{\max} = e/p_i$ des Gutes x_i bestimmt, die ein Haushalt bei Verbrauch nur des

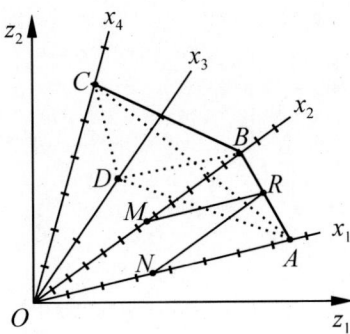

Abb. 26: Konsummöglichkeiten im Gütereigenschaftsdiagramm

Gutes i kaufen kann, und damit die zugehörigen Mengen an Eigenschaften z_1, z_2. Diese seien durch die Punkte A, B, C, D beschrieben. Diese Punkte erfüllen jeweils $z_{i1} = x_i^{max}/a_{i1}$ und $z_{i2} = x_i^{max}/a_{i2}$. Die Koordinaten beispielsweise des Punktes A sind also $z_1 = z_{11} = (e/p_1)/a_{11}$ und $z_2 = z_{12} = (e/p_1)/a_{12}$.

Die Ursprungsstrahlen werden auch als Konsumaktivitäten bezeichnet. Wählt ein Haushalt zur Befriedigung seiner Bedürfnisse an den Eigenschaften $j = 1, 2$ nur ein Gut, so betreibt er eine *reine Konsumaktivität*, wählt er mehrere Güter, dann spricht man von *gemischter Konsumaktivität*. Der Haushalt ist in der Lage, mit seinem Einkommen bei den gegebenen Preisen durch Mischung der Konsumaktivitäten x_1 und x_2 jeden beliebigen Punkt auf der Verbindungsgeraden AB zu erreichen, und zwar nach den Vektoradditionsregeln des Kräfteparallelogramms. Die Kombination R der Eigenschaften 1 und 2 realisiert der Haushalt, wenn er die der Strecke $ON = MR$ entsprechende Menge des Gutes 1 und die der Strecke $OM = NR$ entsprechende Menge des Gutes 2 kauft und verbraucht. Ebenso kann der Haushalt jeden Punkt auf den Verbindungsgeraden AC, AD, BC, BD oder CD durch Mischung von jeweils zwei Konsumaktivitäten realisieren. Abb. 26 verdeutlicht, dass die reine Konsumaktivität x_3 (Punkt D) und ebenso Mischungen (x_1,x_3), (x_2,x_3), (x_1,x_4), (x_3,x_4) ineffizient sind, denn von jedem Punkt auf den diese Mischungen darstellenden gestrichelten Verbindungsgeraden ist eine Verbesserung der Versorgung des Haushalts möglich. Die reinen Konsumaktivitäten x_1, x_2 und x_4 und Mischungen (x_1,x_2), (x_2,x_4) sind hingegen effizient. Es ist der Streckenzug ABC, der den Bereich der realisierbaren Kombinationen von Gütereigenschaften begrenzt. Die die Konsumaktivitäten darstellenden Strahlen haben für alle Haushalte die gleiche Steigung und die gleiche Gütermengenskala. Für zwei Haushalte mit gleichem Einkommen ist der Streckenzug ABC identisch, für solche mit ungleichem Einkommen verlaufen die beiden Teilstrecken AB und BC jeweils parallel.

Steigt (sinkt) der Preis eines Gutes, dann vermindert (erhöht) sich die Menge des Gutes, die ein Haushalt mit seinem Einkommen kaufen kann; entsprechend wandert der Punkt, z. B. B für Gut 2, auf dem Ursprungsstrahl in Richtung (weg vom) Ursprung. Durch Preiserhöhung kann eine bisher effiziente reine Konsumaktivität ineffizient und durch Preissenkung eine bisher ineffiziente Konsumaktivität effizient werden. Aber keinesfalls jede Preisveränderung führt zu einem Austausch effizienter Konsumaktivitäten.

Das geometrische Bild der Nutzenfunktion (79) im Beispiel zweier Güter ist ein Indifferenzkurvensystem im (z_1, z_2)-Diagramm. Für eine Indifferenzkurve dieses Systems kann wie für die früher erläuterten Indifferenzkurven abnehmende Grenzrate der Substitution, d. h. negative Steigung und Konvexität, unterstellt werden. Der optimale Konsumplan eines Haushalts wird durch den Punkt beschrieben, in dem eine Indifferenzkurve den Streckenzug ABC berührt. Ist A, B oder C Berührungspunkt, dann wählt der Haushalt eine reine Konsumaktivität; liegt der Berührungspunkt zwischen A und B oder B und C, dann wählt er eine aus zwei Gütern bestehende Mischung von Konsumaktivitäten. Das Ergebnis, dass mit A, B oder C nur jeweils ein Gut zum Verbrauch nachgefragt wird, stellt sich regelmäßig nicht ein, wenn eine größere Zahl von Gütern und Gütereigenschaften in die Analyse einbezogen wird.

Schon das einfache geometrische Beispiel der Abb. 26 zeigt zwei in der Realität zu beobachtende Sachverhalte. Erstens werden manche Güter mangels Effizienz der entsprechenden Konsumaktivität nicht (mehr) nachgefragt. Zweitens reagiert die Nachfrage bei Preiserhöhung für ein Gut anders als in B.4.c beschrieben: Dort dreht sich die Bilanzgerade, und es treten Einkommens- und Substitutionseffekt ein. Auch hier kommt es zu ähnlichen Effekten, jedoch möglicherweise mit unterschiedlicher Stärke. Wird nur ein Gut zum Verbrauch nachgefragt, dann gibt es bei einer Erhöhung dessen Preises (falls es nicht zum Austausch dieser Konsumaktivität kommt) nur einen der verminderten Kaufkraft des Einkommens entsprechenden Einkommenseffekt; aufgrund einer „Substitutionslücke" entsteht keine Mehrnachfrage nach anderen Gütern. War und bleibt das verteuerte Gut Bestandteil einer Mischung effizienter Konsumaktivitäten, so tritt neben dem Einkommens- ein Substitutionseffekt in einer der früheren Darstellung vergleichbaren Größenordnung auf. Scheidet das verteuerte Gut aus der Mischung effizienter Konsumaktivitäten aus, so erweist sich die Preiserhöhung als Auslöser starker Substitutionsvorgänge.

c. Die Bedeutung der Konsumzeit

Während die ältere Haushaltstheorie davon ausging, dass für den Verbrauch der Güter stets genügend Zeit zur Verfügung steht, machte GARY BECKER (1965) auf die Notwendigkeit aufmerksam, die Konsumzeit in Rechnung zu stellen. Erst durch geeignete Kombinationen von Konsumgütermengen und Konsumzeiten erhält der Haushalt zur Bedürfnisbefriedigung geeignete *Verbrauchsleistungen X_j*. So erfordert die Befriedigung des Nahrungsbedürfnisses Speisen, Getränke und Mahl*zeit*, die des Reisebedürfnisses Transport- und Unterkunftsleistungen und Reise*zeit*. Eine Nutzenfunktion, die den Nutzen in Abhängigkeit m solcher Verbrauchsleistungen beschreibt, lautet:

$$u = f(X_1, X_2, ..., X_m). \qquad (81)$$

Im Fall zweier Verbrauchsleistungen lässt sich die Funktion im (X_1,X_2)-Diagramm durch Indifferenzkurven darstellen. Es gelte wieder das Gesetz der abnehmenden Grenzrate der Substitution. Vereinfachend wird angenommen, dass jeweils die Konsumzeit T_{c_j} und die Menge x_{ij} eines Gutes i, das in die Verbrauchsleistung j eingeht, proportional zur Verbrauchsleistung X_j ist:

$$T_{c_j} = t_{c_j} X_j; \quad x_{ij} = a_{ij} X_j; \quad i = 1,2,...,n, \quad j = 1,2,...,m. \qquad (82)$$

Die Koeffizienten sind entweder positiv oder gleich null: $t_{c_j} \geq 0$, $a_{ij} \geq 0$. Ein Koeffizient von null bedeutet, dass keine Konsumzeit benötigt wird bzw. ein Gut i in eine Verbrauchsleistung j nicht eingeht.

Der Haushalt hat nun zwei Restriktionen zu berücksichtigen: Zum einen die Einkommensrestriktion

$$\sum_{j=1}^{m} \sum_{i=1}^{n} p_i x_{ij} = \sum_{j=1}^{m} \sum_{i=1}^{n} p_i a_{ij} X_j = \sum_{j=1}^{m} P_j \cdot X_j \leq e, \qquad (83)$$

worin p_i für $i = 1,2$ den Preis des Gutes i und $P_j = \sum_{i=1}^{n} p_i a_{ij}$ für $j = 1,2$ die Ausgaben für Güter, die jeweils für eine Einheit der Verbrauchsleistung j notwendig sind, bedeuten. Zum anderen die Konsumzeitrestriktion

$$\sum_{j=1}^{m} T_{c_j} = \sum_{j=1}^{m} t_{c_j} \cdot X_j \leq T_c, \qquad (84)$$

wobei angenommen ist, dass die gesamte Konsumzeit T_c – und damit auch die gesamte Arbeitszeit – vorgegeben ist.

Unter diesen Nebenbedingungen ist die Nutzenfunktion (81) zu maximieren. Die Nebenbedingung (83) ist derjenigen der herkömmlichen Haushaltstheorie ähnlich (vgl. (20)); ihre geometrische Darstellung für $m = 2$ im Diagramm der Verbrauchsleistungen X_1, X_2 ist eine Gerade mit den Achsenschnittpunkten e/P_1 und e/P_2 und der Steigung $dX_1/dX_2 = -P_2/P_1$. Die Restriktion (84) lässt sich für den Fall zweier Verbrauchsleistungsarten ebenfalls als linear fallende Funktion mit den Achsenschnittpunkten T_c/t_{c_1} bzw. T_c/t_{c_2} und der Steigung $dX_1/dX_2 = -t_{c_2}/t_{c_1}$ darstellen. Realisierbar sind nun nur Verbrauchsleistungskombinationen, die *beiden* Nebenbedingungen genügen, d. h. die links unterhalb beider Geraden liegen. In Abhängigkeit von den Parametern der Restriktionen lassen sich drei Fälle unterscheiden:

(1) Verläuft die zu (84) gehörige Gerade stets rechts oberhalb der Einkommensbedingung (vgl. Abb. 27.a), so muss im Optimum P gelten

$$\frac{f_1}{P_1} = \frac{f_2}{P_2}. \qquad (85)$$

Der Haushalt hat also in diesem Fall Verbrauchsleistungen in solcher Menge zu „erzeugen", dass der Grenznutzen des Geldes für jede Verbrauchsleistung gleich ist bzw. das 2. GOSSENsche Gesetz erfüllt ist.

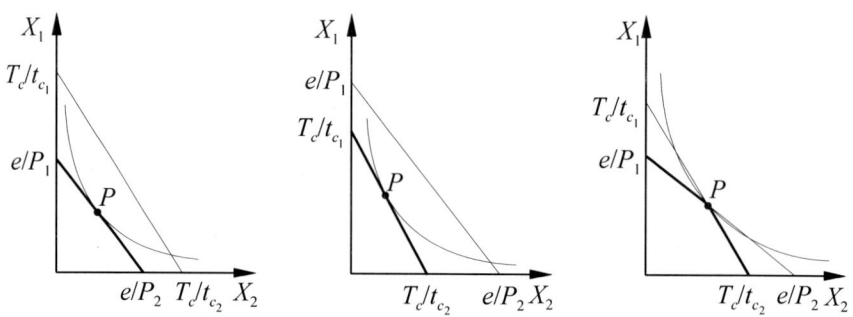

Abb. 27.a/b/c: Optimaler Verbrauchsplan (P) bei Zeit- und Einkommensrestriktion

(2) Verläuft jedoch die die Zeitrestriktion widerspiegelnde Gerade stets links unterhalb der Einkommensbedingung (vgl. Abb. 27.b), dann herrscht Mangel an Konsumzeit. Die zur Verfügung stehende Zeit muss dann so aufgeteilt werden, dass der aus den Verbrauchsleistungen fließende Nutzen maximiert wird. Das 2. GOSSENsche Gesetz impliziert nun:

$$\frac{f_1}{t_{c_1}} = \frac{f_2}{t_{c_2}}. \qquad (86)$$

Die Verbrauchsleistungen sind so zu kombinieren, dass der Grenznutzen pro Zeiteinheit in jeder Verwendung gleich ist.

(3) Es ist auch denkbar, dass sich die beiden Geraden schneiden (vgl. Abb. 27.c). Da jeweils diejenige Restriktion bindend ist, die links unterhalb der anderen verläuft, erhält man eine geknickte Möglichkeitengrenze. Auf welchem Teilstück die optimale Verbrauchsleistungskombination liegt, ob also (85) oder (86) gilt, hängt hier vom genauen Verlauf der Indifferenzkurven ab. Zusätzlich besteht die in Abb. 27.c dargestellte Möglichkeit eines Berührungspunktes im „Knick". In diesem Spezialfall, der um so eher eintritt, je unterschiedlicher P_2/P_1 und t_{c_2}/t_{c_1} sind, gilt in der Regel nicht mehr das 2. GOSSENsche Gesetz (in Bezug auf das Einkommen / auf die Zeit). Das Grenznutzenverhältnis liegt jetzt nämlich im geschlossenen Intervall mit den Grenzen P_2/P_1 und t_{c_2}/t_{c_1}.

Diese Überlegungen zeigen, wie der optimale Konsumplan eines Haushalts zu modifizieren ist, wenn die von STAFFAN LINDER (1971) beschriebene Befürchtung akut wird, in einer entwickelten Volkswirtschaft herrsche Mangel an Konsumzeit. Es muss allerdings betont werden, dass in diesem Abschnitt von einer gegebenen Konsumzeit ausgegangen worden ist. Die Konsumzeitrestriktion lässt sich aber selbstverständlich durch eine Senkung des Arbeitsangebots, das in Abschn. C.1 analysiert wird, lockern.

d. Aggregation von Nachfragekurven der Haushalte

Wir betrachten nun wieder den Zusammenhang zwischen Preis und Menge eines Gutes, d. h. die Nachfragefunktion schlechthin. Wir wollen die Nachfragefunktionen der einzelnen Haushalte für ein Gut zusammenfassen (*aggregieren*) zu einer Gesamtnachfragefunktion aller Haushalte. Wir argumentieren wieder *ceteris paribus*, d. h. unter der Annahme, dass die übrigen Preise und die individuellen Einkommen der Haushalte konstante Größen sind.

Bei der Aggregation werden die bei jedem gegebenen Preis des Gutes von den einzelnen Haushalten nachgefragten Mengen addiert. Als Beispiel betrachten wir den Fall, dass die Gesamtwirtschaft nur zwei Haushalte umfasst, deren Nachfragefunktionen linear wie in den Abb. 28.a und 28.b dargestellt verlaufen. Bei Preisen, die höher sind als $\overline{\overline{p}}$, fragen beide Haushalte nichts nach. Sinkt der Preis unter $\overline{p}$, so tritt Haushalt 1 mit Nachfrage an den Markt. Solange der Preis über $\overline{\overline{p}}$ liegt, ist dieser Haushalt einziger Nachfrager. Zwischen $\overline{p}$ und $\overline{\overline{p}}$ ist die Summe der nachgefragten Mengen mit x^1, der Nachfrage des Haushalts 1, identisch, so dass in diesem Preisbereich die Gesamtnachfragekurve mit der des Haushalts 1 übereinstimmt. Sinkt der Preis unter $\overline{\overline{p}}$, so kommt zusätzlich Haushalt 2 mit einer Nachfragemenge x^2 an den Markt. Um bei gegebenem Preis $\tilde{p} < \overline{\overline{p}}$ die Gesamtnachfrage zu ermitteln, sind die zugeordneten beiden Mengen x^1 und x^2 zur Menge x *horizontal zu addieren*. Wir erhalten so in Abb. 28.c einen Punkt P auf der Gesamtnachfragekurve. Genauso verfahren wir bei anderen Preisen zwischen $\overline{\overline{p}}$ und 0 und ermitteln in dieser Weise alle Punkte auf der Gesamtnachfragekurve. Da die individuellen Kurven im Beispiel linear sind, muss in diesem Preisbereich auch die Gesamtnachfragekurve linear sein. Sie verläuft hier flacher als jede der beiden individuellen Kurven.

Weil die beiden einzelnen Geraden verschiedene Ordinatenabschnitte haben, hat die Gesamtnachfragekurve in Höhe von $\overline{\overline{p}}$ einen Knick. Betrachtet man statt zwei eine größere Zahl n von Haushalten mit linearen Nachfragefunktionen, dann gibt es in der Regel nicht nur einen Knick, sondern bis zu $n-1$ Knicke in der aggregierten Kurve. Auch bei nicht-linearen individuellen Nachfragekurven ergeben sich i. Allg. Knicke in der Gesamtnachfrage. Wenn der Anteil des einzelnen Haushalts an der Gesamtnachfrage gering ist, wird jedoch der einzelne Knick regelmäßig immer weniger ausgeprägt in Erscheinung treten. Geht man von einer großen Zahl von Haushalten aus, kann man zwar das Vorkommen von Knicken in

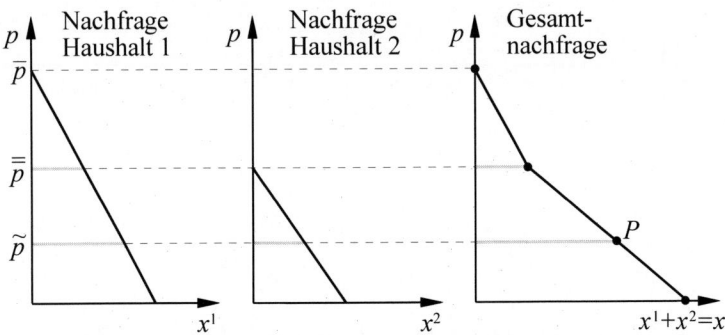

Abb. 28.a/b/c: Horizontale Addition von Nachfragekurven

der Gesamtnachfragekurve nicht ausschließen; es erscheint jedoch nicht allzu restriktiv, die Kurve ohne Knick zu zeichnen, wie es üblicherweise geschieht.

Verändern wir eine der unter der *ceteris-paribus*-Annahme konstant gesetzten Größen auf einen anderen konstanten Wert, dann verschieben sich die individuellen Nachfragekurven und damit auch die gesamtwirtschaftliche Nachfragekurve. Bewirkt etwa ein höherer Preis für ein anderes Gut eine Rechtsverschiebung aller individuellen Kurven, so verschiebt sich auch die aggregierte Kurve nach rechts. Bei Verschiebung der individuellen Kurven in verschiedener Richtung lässt sich die Nettowirkung auf die Gesamtnachfragekurve nicht ohne weiteres angeben.

Zu beachten ist, dass bei der Aggregation sämtliche individuellen Einkommen als konstant vorausgesetzt werden, dass wir mithin von einer *gegebenen Verteilung des Gesamteinkommens* auf die Haushalte ausgehen. Allein durch eine Umverteilung dieses Gesamteinkommens verschiebt sich in der Regel die Gesamtnachfragekurve, da sich die durch die individuellen Einkommensverminderungen bzw. -erhöhungen bewirkten Links- und Rechtsverschiebungen der individuellen Nachfragekurven keineswegs gerade aufheben müssen.

Für die analytische Aggregation von Nachfragefunktionen hat man diese stets zunächst nach den Mengen aufzulösen und erst dann zu addieren. Sind etwa

$$p = -a^1 x^1 + b^1$$
$$p = -a^2 x^2 + b^2 \qquad \text{mit } a^1, a^2, b^1, b^2 > 0 \text{ und } b^1 > b^2 \qquad (87)$$

die linearen Nachfragefunktionen der Haushalte 1 und 2, dann gilt für $b^1 \geq p > b^2$ die Funktion des Haushalts 1 als Gesamtnachfragefunktion. In Höhe von b^2 entsteht ein Knick. Für den Bereich $b^2 \geq p \geq 0$ ermitteln wir die Gesamtnachfragefunktion, indem wir die beiden individuellen Funktionen nach den Mengen auflösen und diese dann addieren:

$$x^1 = -\frac{1}{a^1} p + \frac{b^1}{a^1}, \quad x^2 = -\frac{1}{a^2} p + \frac{b^2}{a^2},$$
$$x = x^1 + x^2 = -\left(\frac{1}{a^1} + \frac{1}{a^2}\right) p + \frac{b^1}{a^1} + \frac{b^2}{a^2}. \qquad (88)$$

Gelten als anderes Beispiel für die beiden Haushalte die nicht-linearen Nachfragekurven (ohne Achsenschnittpunkte)

$$p = \frac{a^1}{x^1} \quad \text{und} \quad p = \frac{a^2}{x^2} \quad \text{mit } a^1, a^2 > 0, \qquad (89)$$

dann folgt

$$x^1 = \frac{a^1}{p} \quad \text{und} \quad x^2 = \frac{a^2}{p} \qquad (90)$$

und damit für alle p

$$x = x^1 + x^2 = \frac{a^1 + a^2}{p}. \qquad (91)$$

e. Nachfrageinterdependenzen

Bisher gingen wir davon aus, dass jeder Haushalt eine unabhängige Wirtschaftseinheit in dem Sinne ist, dass sein Nutzen nur von den von ihm konsumierten Gütermengen abhängt, nicht von den Konsummengen oder dem Einkommen anderer Haushalte. Das entspricht sicher nicht den Tatsachen, denn wir lassen damit wirtschaftlich relevante Auswirkungen von zwischenmenschlichen Beziehungen unberücksichtigt, welche die Soziologie untersucht. Der Nutzen des Haushalts und damit seine Nachfrage sind zweifellos auch abhängig von der Nachfrage anderer Haushalte; es besteht eine Interdependenz der Konsumentscheidungen der verschiedenen Haushalte. Die von den Konsumentscheidungen anderer Haushalte ausgehenden Einflüsse bezeichnet man als *externe Konsum-* oder *Nachfrageeffekte*. Auf die allgemeine Problematik externer Effekte gehen wir in den Kapiteln III.B.6 und VI.F ein. Im Folgenden werden die Wirkungen dreier spezieller externer Effekte auf das Indifferenzkurvensystem im Gütermengendiagramm eines Haushalts sowie auf die Nachfragefunktionen untersucht. Nach HARVEY LEIBENSTEIN (1966) kann man unterscheiden:

(1) *Mitläufereffekt (band wagon effect)*: Der Haushalt schätzt ein Gut höher ein und fragt mehr davon nach, wenn auch andere Haushalte das Gut konsumieren. Seine Indifferenzkurven verschieben sich also mit der Folge einer *ceteris-paribus-*Bevorzugung des betrachteten Gutes, wenn – je nach Sachlage – entweder die vermutete Gesamtnachfragemenge, die vermutete Nachfragemenge einzelner anderer Haushalte (z. B. der Nachbarn) oder die vermutete Zahl von Konsumenten des Gutes zunimmt. In diesem Effekt kommt der Wunsch zum Ausdruck, mit dem Kauf des Gutes es jener Gruppe von Leuten gleichzutun, zu der man gezählt werden will. Hierdurch lassen sich z. B. wesentliche Aspekte des Verhaltens nach der herrschenden Mode erklären.

(2) *Snobeffekt*: Ein Haushalt schätzt ein Gut weniger hoch ein und senkt seine Nachfrage, wenn andere Haushalte das Gut konsumieren bzw. verstärkt konsumieren. Seine Indifferenzkurven verschieben sich gegenläufig zum Fall (1). In diesem Effekt drückt sich das Streben nach Exklusivität, nach Abhebung von der breiten Masse aus.

(3) *VEBLEN-Effekt (Prestigeeffekt)*: Ein Haushalt misst einem Gut um so höheren Nutzen bei, je höher der Preis des Gutes ist, den Nicht-Käufer vermuten. Diese Erscheinung spielt in der Theorie von VEBLEN (1924) eine Rolle, nach der in einer Gesellschaft, die den sozialen Rang nach dem Reichtum bemisst, der Reiche in demonstrativem Müßiggang leben und auffälligen Konsum (*conspicuous consumption*) ausüben muss.

Wir betrachten im Folgenden zur Veranschaulichung nur zwei Haushalte, $i=1,2$, die zwei Güter, $j=1,2$, nachfragen. Das Verhalten jedes Haushalts richtet sich nach der vermuteten Gesamtnachfragemenge oder dem vermuteten Preis. Im Falle von nur zwei Haushalten hängt diese vermutete Größe natürlich wesentlich vom Verhalten des betrachteten Haushalts selbst ab. Bei einer sehr großen Zahl von (kleinen) Nachfragern, die wir der Annahme der Mengenanpassung entspre-

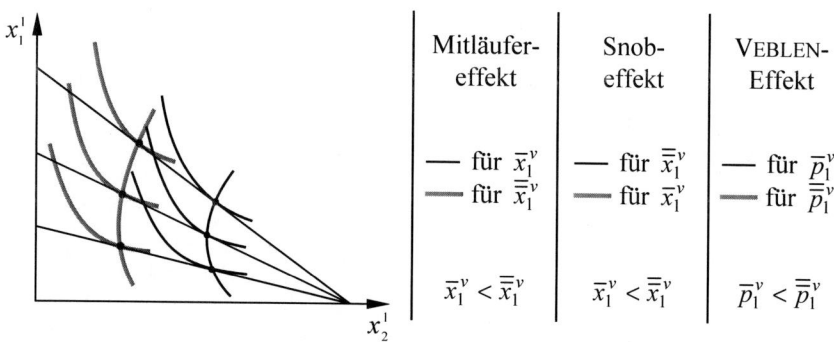

Abb. 29: Indifferenzkurvensysteme bei externen Effekten

chend eigentlich zu unterstellen hätten, wäre das hingegen nicht der Fall. Wir wollen hier vereinfachend von der Abhängigkeit der vermuteten Gesamtgröße vom eigenen Verhalten abstrahieren. Das gibt uns die Berechtigung, Indifferenzkurven und einzelwirtschaftliche Nachfragekurven z. B. jeweils für eine gegebene konstante vermutete Gesamtnachfragemenge eines Gutes zu zeichnen, obgleich die Indifferenzkurven bzw. die einzelwirtschaftlichen Nachfragekurven für variable Konsum- bzw. Nachfragemenge des einzelnen Haushalts gelten.

Bei der Untersuchung des *Mitläufereffekts* unterstellen wir, dass sich beide Haushalte bezüglich des Gutes 1 als Mitläufer verhalten: Die Nachfrage des Haushalts i nach Gut 1, x_1^i, hängt von der vermuteten Gesamtnachfragemenge x_1^v ab. Wir veranschaulichen die Situation am Beispiel des Haushalts 1. Gelten in Abb. 29 die schwarzen Indifferenzkurven für eine vermutete Gesamtnachfragemenge $\bar{x}_1^v$ und die grauen für eine größere vermutete Gesamtnachfragemenge $\bar{\bar{x}}_1^v$, so erhalten wir zwei Preis-Konsum-Kurven, die zeigen, dass der Haushalt bei der größeren Menge $\bar{\bar{x}}_1^v$ bei jedem Preis p_1 mehr vom Gut 1 nachfragt als bei der kleineren Menge $\bar{x}_1^v$. In die allgemeine Nachfragefunktion des Haushalts haben wir jetzt auch die vermutete Gesamtmenge x_1^v aufzunehmen:

$$x_1^1 = x_1^1(p_1, p_2, e^1, x_1^v). \tag{92}$$

Wenn wir den Zusammenhang zwischen p_1 und x_1^1 untersuchen, argumentieren wir unter der *ceteris-paribus*-Annahme, die hier bedeutet, dass wir nicht nur konstante Größen $\bar{p}_2$ und $\bar{e}^1$ voraussetzen, sondern auch die vermutete Gesamtnachfragemenge auf einen konstanten gegebenen Wert, z. B. $\bar{x}_1^v$, fixieren. Vergrößert sich die vermutete Gesamtnachfragemenge auf $\bar{\bar{x}}_1^v$, dann verschiebt sich die Nachfragekurve wegen des Mitläufereffekts nach rechts.

In Abb. 30.a und 30.b sind die Nachfragekurven beider Haushalte für drei jeweils konstante Gesamtnachfragemengen $\underline{x}_1^v < \bar{x}_1^v < \bar{\bar{x}}_1^v$ dargestellt. Wir können nun die Nachfragekurven der beiden Haushalte, die den gleichen Index, z. B. $\bar{x}_1^v$, tragen, horizontal addieren und gelangen so zu der Kurve mit dem Index $\bar{x}_1^v$ in Abb. 30.c. Unter der Annahme, dass auf Dauer die vermutete gleich der tatsächli-

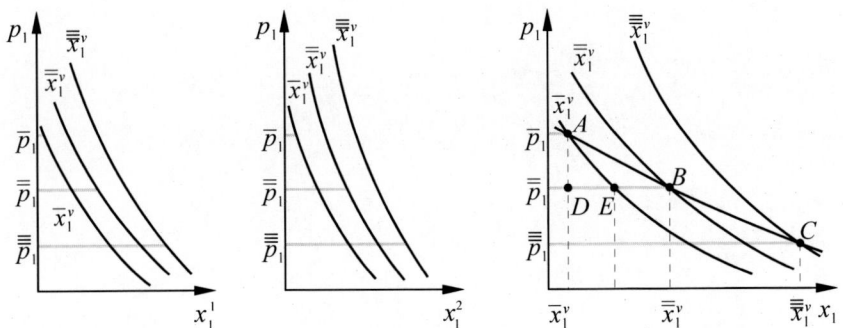

Abb. 30.a/b/c: Aggregation von Nachfragekurven (a, b zu c) beim Mitläufereffekt

chen Gesamtnachfrage sein muss, kann längerfristig nur ein Punkt auf dieser Kurve gelten. Dies ist der Punkt A, bei dem die vermutete Menge $\bar{x}_1^v$ der tatsächlichen, auf der Abszisse abzulesenden Menge entspricht. Ganz analog kommen auf den Gesamtnachfragekurven, die durch Horizontaladdition der individuellen Kurven mit den Indizes $\bar{\bar{x}}_1^v$ bzw. $\bar{\bar{\bar{x}}}_1^v$ entstehen, nur die Punkte B bzw. C in Frage. Wir können nun die Punkte A, B und C durch eine Kurve verbinden und erhalten so die Gesamtnachfragekurve unter Berücksichtigung des Mitläufereffekts. Sie muss flacher verlaufen als die Kurven, die diesen Effekt nicht einbeziehen, weil bei einer Preissenkung aus den früher angeführten Gründen mehr nachgefragt wird, und eben diese Mehrnachfrage noch einmal zu einer Zusatznachfrage der Haushalte führt. Die gesamte Mehrnachfrage aufgrund einer Preissenkung von $\bar{p}_1$ auf $\bar{\bar{p}}_1$ beträgt DB und kann aufgeteilt werden in den *Preiseffekt DE* und den *Mitläufereffekt EB*.

Beim *Snobeffekt* reduziert sich die Nachfrage eines Haushalts mit zunehmender Gesamtnachfragemenge. In Abb. 29 können wir jetzt die gestrichelten Kurven für die kleinere Menge $\bar{x}_1^v$, die durchgezogenen für die größere Menge $\bar{\bar{x}}_1^v$ gelten lassen. In der allgemeinen Nachfragefunktion kommt auch hier die vermutete Gesamtmenge x_1^v vor, jedoch bewirkt jetzt eine Erhöhung dieser Menge ceteris paribus eine Verminderung der Haushaltsnachfrage x_1^1, so dass sich im (p_1, x_1^1)-Diagramm die Nachfragekurve bei größeren vermuteten Nachfragemengen nach links verschiebt.

Stellen wir in Abb. 31.a und 31.b die Nachfragekurven für die beiden Haushalte wieder für jeweils gegebene Gesamtmengen $\bar{x}_1^v < \bar{\bar{x}}_1^v < \bar{\bar{\bar{x}}}_1^v$ dar und addieren Kurven mit gleichem Mengenindex horizontal, so erhalten wir die Kurven in Abb. 31.c. Nur die Punkte A, B und C können längerfristig gelten, und wir erhalten durch Verbindung dieser Punkte die Gesamtnachfragekurve unter Berücksichtigung des Snobeffekts. Diese Kurve verläuft steiler als die Kurven, die diesen Effekt nicht beachten, weil die bei einer Preissenkung auftretende Mehrnachfrage die Haushalte zu einer Nachfrageeinschränkung veranlasst. Die Mehrnachfrage bei einer Preissenkung von $\bar{p}_1$ auf $\bar{\bar{p}}_1$ beträgt DB und ergibt sich als Saldo aus dem *Preiseffekt DE* und dem *Snobeffekt EB*. (Im Allgemeinen, also bei mehr als zwei

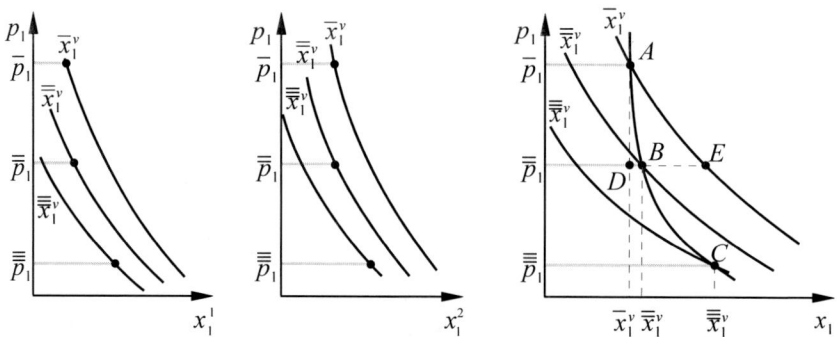

Abb. 31.a/b/c: Aggregation von Nachfragekurven (a, b zu c) beim Snobeffekt

Nachfragern, ist denkbar, dass bei wachsender Gesamtmenge besonders ausgeprägte Snobs den Markt verlassen, obgleich das Gut billiger wird. Für diese Gesamtmenge ist dann eine entsprechend verminderte Zahl von individuellen Nachfragekurven horizontal zu addieren.)

Beim *VEBLEN-Effekt* hängt der Nutzen eines Gutes von dem von Nicht-Käufern vermuteten Preis des Gutes ab, und zwar so, dass mit steigendem vermuteten Preis die nachgefragte Menge zunimmt. Während wir bisher Indifferenzkurven völlig unabhängig von den Preisen zeichneten, haben wir hier zu berücksichtigen, dass für alternative vermutete Preise p_1^v des VEBLEN-Gutes 1 auch alternative Indifferenzkurvensysteme zutreffen. In Abb. 29 haben wir daher jetzt die unterschiedlichen Indifferenzkurvensysteme unterschiedlichen vermuteten Preisen p_1^v zuzuordnen. Für Haushalt 1 erhalten wir für jeden vermuteten Preis p_1^v eine Preis-Konsum-Kurve im (x_1^1, x_2^1)-Diagramm und eine Nachfragekurve im (p_1, x_1^1)-Diagramm.

In Abb. 32.a und 32.b sind die Nachfragekurven beider Haushalte für drei vermutete Preise eingezeichnet, wobei $\overline{\overline{\overline{p}}}_1^v > \overline{\overline{p}}_1^v > \overline{p}_1^v$. Je höher der vermutete Preis, desto weiter vom Ursprung entfernt ist die Nachfragekurve. Die gesamtwirtschaftliche Nachfragekurve für einen vermuteten Preis erhalten wir in Abb. 32.c durch Horizontaladdition der entsprechenden individuellen Nachfragekurven. Nun kann sich längerfristig eine Differenz zwischen tatsächlichem und vermutetem Preis nicht ergeben. Tatsächlicher und vermuteter Preis stimmen nur in den Punkten A, B und C überein. Längerfristig wird sich also immer eine Situation einstellen, die durch einen Punkt auf der durch A, B und C verlaufenden Kurve gekennzeichnet ist, die die Nachfragekurve unter Berücksichtigung des VEBLEN-Verhaltens darstellt. Kurzfristig sind dagegen Abweichungen zwischen vermutetem Preis der Nicht-Käufer und tatsächlichem Preis möglich. Geht der tatsächliche Preis z. B. von $\overline{\overline{p}}_1^v$ auf $\overline{p}_1^v$ zurück und die Nicht-Käufer vermuten zunächst noch den alten Preis $\overline{\overline{p}}_1^v$, so wird die Menge DE zusätzlich nachgefragt. Mit dem Sinken des vermuteten Preises auf den tatsächlichen Preis erlangt die Kurve mit dem Index $\overline{p}_1^v$ Geltung, d. h. die Nachfrage geht um AE zurück. Die Gesamtwirkung AD auf die

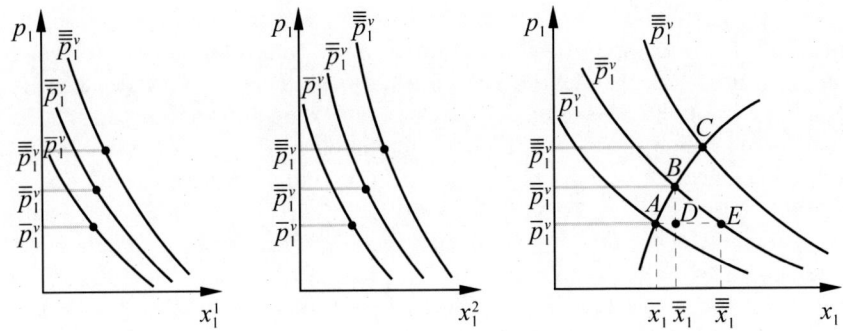

Abb. 32.a/b/c: Aggregation von Nachfragekurven (a, b zu c) beim Prestigeeffekt

Nachfragemenge ergibt sich als Saldo aus dem positiven *Preiseffekt DE* und dem negativen VEBLEN-*Effekt AE*. Der Gesamteffekt ist in unserem Zeichenbeispiel negativ und bewirkt einen atypischen Verlauf der Nachfragekurve durch A, B, C. Zwingend ist der atypische Verlauf allerdings nicht. Verlaufen die für bestimmte vermutete Preise geltenden Nachfragekurven vergleichsweise flach und nahe beisammen, so ist der Preiseffekt groß, der VEBLEN-Effekt klein, der Gesamteffekt mithin positiv, und die Punkte A, B, C liegen auf einer typisch verlaufenden Nachfragekurve. Am plausibelsten erscheint eine Kurve, die nur in einem mittleren Bereich atypisch verläuft: Bei niedrigem Preis ist das Gut nicht für auffälligen Konsum geeignet, der VEBLEN-Effekt mithin zu vernachlässigen. In einem höheren Preisbereich tritt dagegen dieser Effekt in solcher Stärke auf, dass er den Preiseffekt übertrifft. Bei extrem hohen Preisen kann man sich dagegen immer weniger ein Verhalten nach VEBLEN erlauben.

Mitläufer-, Snob- und VEBLEN-Verhalten wurden hier für die Gesamtheit der Haushalte, deren Zahl in unserem Beispiel zwei betrug, unterstellt. Natürlich wäre es möglich, im allgemeinen Fall vieler Haushalte nur für einen Teil der Haushalte ein solches Verhalten anzunehmen. Die Ergebnisse gelten dann in entsprechend abgeschwächter Form.

f. Die Problematik der Konsumentensouveränität und des rationalen Verhaltens

In der Einführung A zu diesem Kapitel erläuterten wir, dass die Haushaltstheorie von Konsumentensouveränität in dem (engeren) Sinne ausgeht, der Haushalt könne im Rahmen der ihm zur Verfügung stehenden Mittel gemäß seiner Präferenzstruktur frei über den Kauf von Gütern entscheiden, und dass diese Theorie rationales Handeln im Sinne der Nutzenmaximierung unterstellt. In diesem Abschnitt soll die Frage nach der Berechtigung dieser Grundannahmen kurz diskutiert werden, wobei wir uns wieder auf die über Märkte von privaten Unternehmen bereitgestellten Individualgüter beschränken, damit also die über den Staatshaushalt finanzierten Kollektivgüter und meritorischen Güter ausklammern.

Die *Konsumentensouveränität* ist erstens dann verletzt, wenn der Haushalt gemäß seiner die Präferenzstruktur ausdrückenden Nutzenfunktion zu einem bestimmten am Markt herrschenden Preis eine im Rahmen seines optimalen Konsumplans ermittelte Menge eines privaten Gutes kaufen möchte, er diese Menge jedoch nicht erhält. Der Grund dafür könnte in einer *Mengenrationierung* liegen, die dadurch bedingt ist, dass zu dem betreffenden Preis die Gesamtnachfrage nach dem Gut das Angebot an dem Gut übertrifft. Handelt es sich um einen staatlich festgesetzten Höchstpreis, so wird die Mengenrationierung häufig mittels Bezugsscheinen durchgeführt. Andernfalls bilden sich Warteschlangen oder diskriminierende Zuteilungsverfahren („gute Beziehungen", Korruption) heraus. Probleme einer Mengenrationierung und Warteschlangenbildung spielen auch in neueren theoretischen Ansätzen eine Rolle, die grundsätzlich freie Preisbildungsprozesse untersuchen; auf diese gehen wir in Kap. VI.C ein. Sie sind grundsätzlich anderer Natur und richten sich nicht gegen die Entscheidungsfreiheit des Konsumenten.

Eine Verletzung der Konsumentensouveränität könnte zweitens darin gesehen werden, dass die Präferenzstruktur des Haushalts durch Einflüsse „von außen" gelenkt wird, der Haushalt also nicht nach seiner originären, sondern nach einer manipulierten Präferenzstruktur nur scheinbar frei entscheidet. Die im vorigen Abschnitt erläuterte Abhängigkeit eines Haushalts von der Nachfrage anderer Haushalte könnte als ein solcher Einfluss gedeutet werden, allerdings als nicht ausdrücklich beabsichtigter. Vor allem ist hier freilich an die ganz beabsichtigte Einflussnahme der Anbieter von Konsumgütern auf die Präferenzstruktur der Haushalte durch Einsatz des „absatzpolitischen Instrumentariums", insbesondere der *Werbung,* zu denken. Werbekosten – oder allgemeiner: Verkaufskosten (*selling costs*)*,* die auch Kosten der Produktvariation durch ansprechende Verpackung usw. einschließen – sind ganz speziell Aufwendungen mit dem Zweck, die Nachfrage nach dem Erzeugnis zu vergrößern, d. h. die Nachfragekurve, der sich ein Anbieter gegenüber sieht, nach rechts zu verschieben. Im Fall der Werbung für Konsumgüter kommt diese Verschiebung über eine Beeinflussung der Nutzenfunktionen bzw. der Indifferenzkurven zustande, weshalb die Werbemittel auch als die „geheimen Verführer" (VANCE PACKARD, 1958) bezeichnet wurden. Eine extrem kritische Einstellung zur These der Konsumentensouveränität ist bei HERBERT MARCUSE (1967) zu finden, nach dem in den hochentwickelten Überflussgesellschaften die „wahren Bedürfnisse" der Haushalte längst befriedigt sind und die Reklame die Aufgabe hat, durch Weckung künstlicher, daher „falscher" Bedürfnisse das Weiterfunktionieren dieser Volkswirtschaften zu sichern. Auch KENNETH GALBRAITH (1958) behauptet, alle dringenden Bedürfnisse der Haushalte seien befriedigt, und die Anbieter müssten die Bedürfnisse, die durch die von ihnen angebotenen Güter befriedigt werden sollen, erst künstlich durch moderne Verkaufstechnik, vor allem durch Werbung, schaffen. Dass die Anbieter auf Schaffung von Nachfrage, beispielsweise auch für neue Güter, und auf Erhaltung von Nachfrage, auch im Interesse von Kapazitätsauslastung und Beschäftigung, angewiesen sind und in diesem Zusammenhang auf die Präferenzstruktur der Haushalte einzuwirken versuchen, ist unbestreitbar. Ein Teil der Werbung, insbesondere die für neue Güter, ist als *Informationsaktivität* zu sehen und spielt in dieser Eigenschaft in der in Kap. VI.C zu erörternden *Neuen Mikroökonomik* eine Rolle. Hier ist hervorzuheben, dass informierende Werbung nicht als Schaffung künstlicher Bedürfnisse zu sehen ist, sondern unter dem Gesichtspunkt, dass sie dem Konsumenten die Möglichkeit vermittelt, vorhandene latente Bedürfnisse in das Bewusstsein zu rücken und/oder eine grobe Struktur von Bedürfnissen auszudifferenzieren und damit den Spielraum für souveräne Konsumentscheidungen zu erweitern.

Über den Einfluss des anderen, über die Information hinausgehenden, *in praxi* freilich nur schwer abtrennbaren Teils der Werbung gehen die Meinungen auseinander. Zwar wird nicht bezweifelt, dass einzelne Anbieter eines Gutes durch Werbung ihren Absatz oder ihren Anteil am gesamten Absatz erhöhen können. Fraglich ist jedoch, in welchem Ausmaß dies auf Kosten anderer Anbieter des gleichen Gutes oder ähnlicher Güter geschieht, mithin eine *kompensatorische,* d. h. sich gegenseitig aufhebende *Wirkung von Werbemaßnahmen* vorliegt. Eine Kompensation könnte sowohl in Bezug auf einen einzelnen Haushalt als auch in Bezug auf die Gesamtheit der Haushalte gegeben sein. Ist nun, soweit beim einzelnen Haushalt keine Kompensation eintritt, sein Indifferenzkurvensystem also von der Werbung mitgeprägt ist, zweifelsfrei von einer Aufhebung der Konsumentensouveränität zu sprechen? Bedürfnisse, selbst wenn ganz durch Nachfrageinterdependenzen oder durch Werbung geschaffen, müssen vom Haushalt keineswegs weniger dringlich als andere, originäre Bedürfnisse empfunden werden. Sind sie einmal vorhanden, dann entscheidet der Haushalt, wenn er sie befriedigt, souverän. Nicht ihre Befriedigung, sondern ein Verbot ihrer Befriedigung müsste als eine Einschränkung der Konsumentensouveränität eingestuft werden. Selbstverständlich bleibt es Beobachtern, die die soziale Bestimmtheit oder Werbeabhängigkeit der Nachfrage eines Haushalts durchschauen, unbenommen, den Haushalt selbst oder die Öffentlichkeit auf diesen Sachverhalt hinzuweisen. Geht es beispielsweise um gesundheitsschädigende Güter, an deren Konsum sich Folgen für die staatliche Bereitstellung von Gütern (Gesundheitsfürsorge, Wohlfahrtseinrichtungen) knüpfen, dann ist das Problem der Konsumentensouveränität nicht mehr unabhängig von der Finanzierung des Staatsbudgets zu sehen.

Unter *Rationalität* des Haushalts ist die Maximierung des Nutzens bei gegebenem Einkommen zu verstehen. Der Rationalitätsbegriff ist allerdings weiter zu fassen, wenn neben der Haushaltsnachfrage auch das optimale Haushaltsangebot und die Einkommensbestimmung behandelt werden. Zweifel an der so formulierten Annahme rationalen Verhaltens könnten erstens am Indifferenzkurvensystem ansetzen. Der Hinweis auf dessen durch Nachfrageinterdependenzen und Werbung beeinflusste Struktur bildet allerdings keinen stichhaltigen Einwand gegen die Möglichkeit rationalen Verhaltens, wenn auch einem Beobachter, der diese Einflüsse durchschaut und der selbst eine andere Nutzenfunktion hat, das Verhalten des Haushalts als sehr unvernünftig erscheinen mag. Hingegen stellt sich die Frage, ob die mit einer Nutzenfunktion unterstellte und auch bei der axiomatischen Konstruktion von Indifferenzkurven benötigte Annahme der Konsistenz stets zutrifft. Angenommen, ein Haushalt wählt bei gleichem Einkommen in kurz aufeinander folgenden Situationen (bei gleichen Preisen) verschiedene Verbrauchsmengenkombinationen auf der Bilanzgeraden. Man kann zwar nicht ausschließen, dass in jeder der Situationen ein anderes konsistentes Indifferenzkurvensystem gilt und der Haushalt mit seiner unterschiedlichen Wahl seinen jeweiligen Nutzen maximiert. Müsste mit kurzfristigen Veränderungen der Präferenzstruktur gerechnet werden, so wäre die Behauptung, der Haushalt habe jeweils ein konsistentes Indifferenzkurvensystem und wähle stets die nutzenmaximierende Kombination, niemals falsifizierbar. Zwar ändert sich die Bedürfnislage des Haushalts beispielsweise hinsichtlich Nahrung im Rhythmus der Mahlzeiten; nichtsdestoweniger muss die Theorie der Haushaltsnachfrage mit einer „durchschnittlichen" Bedürfnisstruktur und damit einem „durchschnittlichen" Indifferenzkurvensystem für einen etwa der Einkommenszahlungsperiode entsprechenden Zeitraum, zumindest mit einem Tag oder einer Woche, argumentieren. Wählt der Haushalt etwa im Ablauf mehrerer aufeinander folgender Wochen bei gleichem Einkommen stets andere Verbrauchsmengenkombinationen, so ist zu vermuten, dass er nicht in der Lage ist, gemäß einem konsistenten Indifferenzkurvensystem rational handelnd seinen Nutzen zu maximieren. Sein Indifferenzkurvensystem mag nur bruchstückhaft ausgebildet sein, Indifferenzkurven können sich schneiden.

Zweifel an der Annahme rationalen Verhaltens in der Form der Nutzenmaximierung bei gegebenem Einkommen könnten zweitens bei der Frage der Information ansetzen. Mit der Nutzenfunktion wird stets vorausgesetzt, dass der Haushalt kostenfrei über alle relevanten Güter und deren Eignung, ihm Nutzen zu stiften, informiert ist (dabei ist es gleichgültig, ob die Gütermengen selbst oder, wie im LANCASTER-Ansatz B.7.c, die Mengen ihrer Eigenschaften als Bestimmungsgründe des Nutzens angesehen werden). Er hat Sicherheit, dass die Entscheidung für den Kauf der Mengenkombination gemäß dem optimalen Verbrauchsplan ihm höheren Nutzen verschafft als die Entscheidung für jede andere Kombination. Es handelt sich um eine *Entscheidung bei vollständiger Information* über das Entscheidungsergebnis, um eine *Entscheidung unter Sicherheit*.

g. Unvollständige Information

Viele Entscheidungen des Haushalts werden in Wirklichkeit bei *unvollständiger Information* gefällt. Unvollständige Information kann sich darauf beziehen, dass dem Haushalt nicht alle Entscheidungsalternativen, nicht alle Eigenschaften der zu kaufenden Güter (Qualität, Reparaturanfälligkeit), nicht die günstigsten Bezugsquellen o. ä. bekannt sind. Häufig lässt sich bei unvollständiger Information durch geeignete Informationsaktivitäten der Informationsstand verbessern. Die Informationsbeschaffung könnte beispielsweise dadurch erfolgen, dass sich der Haushalt für die einzelnen Güter jeweils einen Marktüberblick aneignet. Die mit der Informationsbeschaffung verbundenen *Informationskosten* können aus dem Verzicht auf den Kauf gewisser Gütermengen oder, wenn sich der Haushalt den

Marktüberblick durch zeitaufwendiges Aufsuchen von Bezugsquellen verschafft, aus Verzicht auf Freizeit oder Zeit zum Einkommenserwerb bestehen; sie implizieren auf jeden Fall eine Nutzeneinbuße. Jede zusätzliche Verbesserung des Informationsstandes kann mit erheblichen und steigenden Kosten einhergehen. Es lohnt sich für den Haushalt offensichtlich, den Informationsstand nur so weit zu verbessern, als die aus zusätzlicher Information erwartete Nutzensteigerung die Nutzeneinbuße aufgrund der Informationskosten übertrifft.

Generell lässt sich sagen, dass Informationen die Grundlagen rationalen Verhaltens im Sinne der Maximierung einer Nutzenfunktion verbessern und *Informationsaktivitäten in den Begriff rationalen Verhaltens einbezogen* werden sollten. Es gibt allerdings Unsicherheit über die Zukunft, die sich gewissermaßen ihrer Natur nach nicht beseitigen lässt. Und auch wenn durch Informationsaktivitäten Unsicherheit reduziert werden könnte, verhindern die Kosten solcher Aktivitäten, dass es sich lohnt, den denkbar besten Informationsstand anzustreben.

Angesichts der *Kosten einer Reduzierung unvollständiger Information* ist zu fragen, ob die in der Haushaltstheorie unterstellte Konzeption eines bei gegebenen Nebenbedingungen nutzenmaximierenden Menschen noch vertretbar ist. Ein so handelnder Mensch wurde auch als „homo oeconomicus" apostrophiert; dieser stelle ein verzerrtes Bild des Menschen dar. Soweit diese Kritik eine fehlende Einbindung des „homo oeconomicus" in zwischenmenschliche Beziehungen behauptet, ist sie weitgehend unberechtigt, lassen sich doch z. B. Nachfrageinterdependenzen (vgl. Abschn. 7.e) oder auch Neid und Mitgefühl in der Nutzenfunktion eines Haushalts berücksichtigen. Soweit diese Kritik den begrenzten Informationsstand und auch die begrenzte Rechenkapazität des Menschen bei wirtschaftlichen Entscheidungen zum Inhalt hat, ist sie gerechtfertigt. In den modernen Weiterentwicklungen der neoklassischen Theorie einzelwirtschaftlicher Entscheidungen ist aus dem vollständig informierten und unbegrenzt rechenfähigen „homo oeconomicus" ein „*resourceful, evaluating, maximizing man*" (*REMM*) (vgl. MECKLING 1976), zu deutsch: ein lernfähiger, abwägender, maximierender Mensch (LAMM) geworden, der seinen Informationsstand, auch aus Erfahrungen lernend, verbessert, sich der verbleibenden Unsicherheit bewusst ist und unter diesen Einschränkungen nach höchstmöglichem Nutzen strebt.

Ähnlich wie für die Theorie des Unternehmens ließe sich auch für die Theorie des Haushalts die von HERBERT SIMON (1955) vertretene These anwenden, statt von einem maximierenden, vollständig rationalen Verhalten von Wirtschaftseinheiten sei von einem *satisfizierenden Verhalten* auszugehen, das als Streben nach zufriedenstellender Zielerfüllung in einer Umwelt zu interpretieren ist, über die unvollständige Information besteht. Dem Gedanken zufriedenstellender Zielerfüllung liegt das Menschenbild des „*administrative man*" zugrunde, der unvollständig informiert und nur begrenzt fähig ist, Informationen zu verarbeiten, der daher auch nur nach einem Prinzip „*eingeschränkter Rationalität*" („*bounded rationality*") entscheiden kann. Bei satisfizierendem Verhalten werden den Wirtschaftseinheiten bestimmte *Anspruchsniveaus* (*aspiration levels*) unterstellt; gelingt es (nicht), diese zu erfüllen, setzt ein Suchprozess ein, der die Möglichkeiten und die

Herausbildung höherer (niedrigerer) Anspruchsniveaus zum Inhalt hat. Im Zentrum einer Theorie satisfizierenden Verhaltens steht dementsprechend eine Theorie der *Anspruchsanpassung*. Für den Haushalt ginge es nach dieser Konzeption nicht um maximalen, sondern um „befriedigenden Nutzen" oder einfach um befriedigende Versorgung. Erlauben die Verhältnisse eine Erhöhung des diesbezüglichen Anspruchsniveaus oder erzwingen sie dessen Senkung, so setzt ein Suchprozess nach der Antwort auf die Frage ein, nach welchen Gütern und in welchem Ausmaß die Haushaltsnachfrage erhöht bzw. gesenkt werden soll. Während die Theorie des Unternehmens aus der Konzeption satisfizierenden Verhaltens wesentliche Anstöße erhielt (vgl. dazu Kap. VI.D.6), steht die Ausgestaltung einer entsprechenden Haushaltstheorie noch aus.

Zu erwähnen ist schließlich die *verhaltenswissenschaftlich orientierte Verbrauchsforschung*, in der unter Einbeziehung außerökonomischer, insbesondere psychologischer, sozialpsychologischer und soziologischer Erklärungsansätze die Motive, Einstellungen und Meinungen der Haushalte untersucht werden, ohne dass von maximierendem oder satisfizierendem Verhalten in Bezug auf eine Zielgröße „Nutzen" ausgegangen wird. Die Ergebnisse solcher Forschungen sind für den Einsatz des absatzpolitischen Instrumentariums der Unternehmen, insbesondere der Werbung, auf den Verbrauchsgütermärkten im Rahmen des *Marketing* von Bedeutung. Ein Teil der verhaltenswissenschaftlich ausgerichteten Verbrauchsforschung wird im Zusammenhang mit der Absatzförderung in Unternehmen, ein anderer Teil im Zusammenhang mit dem *Konsumerismus*, einer Bewegung zum Schutz der Verbraucher gegen eine unsachgemäße Beeinflussung durch Werbung, durchgeführt.

Die Konzeption satisfizierenden Verhaltens und die verhaltenswissenschaftliche Verbrauchsforschung sind durch Einbeziehung ökonomischer und außerökonomischer Bestimmungsgründe in der Lage, das Verhalten einzelner Haushalte oder Gruppen oder die Besonderheiten einzelner Gütermärkte weniger abstrakt und daher „realitätsnäher" zu beschreiben. Beide Ansätze dürften dennoch als Ersatz für die auf der Nutzenmaximierung basierende Nachfragetheorie des Haushalts derzeit nicht in Frage kommen. Nur diese Theorie gestattet die Ableitung von Gesamtnachfragefunktionen für ein Gut; nur sie erlaubt die Untersuchung der Zusammenhänge zwischen Märkten über Preise und Einkommen; nur für sie liegen Erweiterungen bezüglich des Haushaltsangebots an Produktionsfaktoren vor. Als Grundlage einer auf gesamtwirtschaftliche Fragestellungen ausgerichteten mikroökonomischen Theorie kann auf sie jedenfalls vorerst nicht verzichtet werden.

h. Rationales Verhalten unter Unsicherheit

In diesem Abschnitt gehen wir von einer auf unvollständiger Information beruhenden Unsicherheit aus, von der wir annehmen wollen, dass es entweder unmöglich ist oder sich wegen der Informationskosten nicht lohnt, den Unsicherheitsgrad durch Informationsaktivitäten zu reduzieren. Entscheidungen, die in einer solchen

Situation zu fällen sind, untergliedert man in *Entscheidungen unter Risiko* und *Entscheidungen unter Ungewissheit* (KNIGHT 1921). Bei ersteren sind (objektive) Wahrscheinlichkeiten, mit denen alternative Ergebnisse eintreten, aufgrund von Erfahrungen aus gleichartigen Entscheidungssituationen der Vergangenheit bekannt, oder es bestehen subjektive Wahrscheinlichkeiten, bei letzteren hingegen nicht.

Wir wollen der Diskussion dieser Frage folgendes Beispiel zugrunde legen (nach HEINZ SAUERMANN 1965, S. 48ff.): Ein Haushalt, der sein Nutzenmaximum noch nicht erreicht hat, steht vor der Entscheidung, eine zusätzliche Geldeinheit zum Kauf entweder des Gutes A, B oder C zu verwenden. (Der Preis möge für jedes der Güter $p = 1$ betragen.) Jeder dieser Güterkäufe könne zwei Ergebnisse (Fall 1, Fall 2) haben, nämlich Erwerb einer einwandfreien, nutzensteigernden, oder Erwerb einer äußerlich nicht erkennbar verdorbenen, nutzenmindernden Menge (es ließen sich leicht mehr als zwei mögliche Ergebnisse berücksichtigen).

In Tabelle 3.a sind die *Nutzenänderungen* für beide Fälle angeführt. Das Problem besteht darin, dass es nicht mehr möglich ist, rationales Verhalten wie früher in einer unmittelbar einsichtigen Weise, im Anschluss an das ökonomische Prinzip, als Maximierung einer Funktion (hier: Nutzenfunktion) unter Nebenbedingungen (hier der Nebenbedingung: Erfüllung der Bilanzgleichung) zu beschreiben, da der Wert der Funktion in Abhängigkeit der Wahl von A, B oder C gar nicht determiniert ist, sondern noch davon abhängt, ob Fall 1 oder Fall 2 eintritt. Es ist daher jetzt notwendig, erst einmal festzulegen, was unter rationalem Verhalten verstanden werden soll.

Dabei ist zu unterscheiden, ob es sich um eine Entscheidung unter Risiko oder unter Ungewissheit handelt. Für die erstere Situation sind in Tabelle 3.a im oberen Tabellenteil („BAYESsches Verhalten") Wahrscheinlichkeiten w_1 und w_2 angegeben, mit denen (je nach Wahl des Gutes A, B oder C) Fall 1 bzw. Fall 2 eintreten möge. In der Spalte E ist der sich daraus ergebende Erwartungswert der Nutzenänderung angeführt, der sich aus der Multiplikation der möglichen Ergebnisse mit ihren Wahrscheinlichkeiten und Addition der so erhaltenen Zahlen ergibt. Er ist bei Kauf des Gutes C am höchsten. Entscheidet sich ein Haushalt gemäß dieser Überlegung, maximiert er also den Erwartungswert der Nutzenänderung, so sprechen wir von *BAYESschem Verhalten*. Da wir bei dieser Rechnung Nutzenänderungen quantitativ (kardinal) interpretiert haben, reicht hierfür die Existenz einer nur ordinalen Nutzenfunktion nicht aus. Bei Entscheidungen unter Unsicherheit wollen wir daher im Gegensatz zum Rest dieses Kapitels einen kardinalen Nutzenbegriff zugrunde legen.

Bei *Ungewissheit* ist es noch schwieriger, ein Kriterium zur Definition rationalen Verhaltens anzugeben. Es wurden eine ganze Reihe von Entscheidungskriterien vorgeschlagen, die möglicherweise zu unterschiedlichen gewählten Entscheidungsalternativen führen. Im rechten Teil der Tabelle 3.a ist das auf LAPLACE zurückgehende *Prinzip des unzureichenden Grundes* dargestellt: Gibt es keinerlei Information über die Wahrscheinlichkeiten, mit denen verschiedene, sich einander ausschließende Ergebnisse einer Entscheidung eintreten, dann besteht kein Grund,

Gut	Nutzen-änderung		BAYESsches Verhalten			Prinzip des unzureichenden Grundes		
			bekannte Wahrscheinlichkeiten			als gleich unterstellte Wahrscheinlichkeiten		
	Fall 1	Fall 2	w_1	w_2	E	w_1	w_2	E
A	+5	−2	0,8	0,2	3,6	1/2	1/2	1,5
B	+2	−1	0,5	0,5	0,5	1/2	1/2	0,5
C	+10	−5	0,75	0,25	6,25	1/2	1/2	2,5

Tabelle 3.a: BAYESsches Verhalten und Prinzip des unzureichenden Grundes

Gut	Nutzen-änderung		Maximin-Kriterium	Optimismus-Pessimismus-Kriterium		
			Zeilen-Minimum	Gewichtung für das Zeilen-		E
	Fall 1	Fall 2		-Maximum	-Minimum	
A	+5	−2	−2	3/10	7/10	0,1
B	+2	−1	−1	3/10	7/10	−0,1
C	+10	−5	−5	3/10	3/10	−0,5

Tabelle 3.b: Maximin-Kriterium und Optimismus-Pessimismus-Kriterium

ein beliebiges dieser Ergebnisse für wahrscheinlicher zu halten als ein anderes. Bei n möglichen Ergebnissen ordne man jedem Ergebnis die gleiche Wahrscheinlichkeit $1/n$ zu und wähle die Entscheidung, die dann den höchsten Erwartungswert hat. Im Beispiel sind die gleichen Wahrscheinlichkeiten 1/2; wieder fiele die Entscheidung auf Gut C.

Im linken Teil der Tabelle 3.b ist das *Maximin-Kriterium* von ABRAHAM WALD erläutert: Man untersuche jede Entscheidungsmöglichkeit auf das ungünstigste Ergebnis hin und wähle diejenige Alternative, deren ungünstigstes Ergebnis unter allen ungünstigsten Ergebnissen noch das beste ist. Das ungünstigste Ergebnis ist das jeweilige Zeilenminimum; das beste davon ist das Maximum der Zeilenminima. Dieses Kriterium ist das eines Pessimisten; es führt im Beispiel auf die Entscheidung für Gut B.

Im rechten Teil derselben Tabelle ist das *Optimismus-Pessimismus-Kriterium* von LEONID HURWICZ dargestellt, nach dem sowohl das günstigste als auch das ungünstigste Ergebnis jeder Entscheidung berücksichtigt wird und beide Größen in einem bestimmten, den individuellen Grad des Optimismus ausdrückenden Verhältnis gewichtet und zu einem „Pessimismus-Optimismus-Index" addiert werden. Im Beispiel sei der Haushalt ein gemäßigter Pessimist, der die günstigsten Ergebnisse, d. h. die Zeilenmaxima, mit 3/10, die ungünstigsten Ergebnisse, d. h. die Zeilenminima, mit 7/10 gewichtet. Die Entscheidung fällt dann auf Gut A.

Im zugrunde gelegten Beispiel ergibt sich für jedes der dargestellten Entscheidungskriterien bei Ungewissheit eine andere Entscheidung. Das ist natürlich nicht immer so; es zeigen sich damit aber die Schwierigkeiten, die einer Definition rationalen Verhaltens in einer solchen Situation entgegenstehen.

Auf das Problem Entscheidungen unter Unsicherheit werden wir in Kap. VI.A noch einmal zurückkommen.

C. Theorie des Haushaltsangebots

1. Arbeitsangebot

a. Höhe des Arbeitsangebots

In Abschn. B argumentierten wir unter der Voraussetzung eines gegebenen Einkommens bzw. einer gegebenen Konsumsumme des Haushalts. Wir diskutieren nun Probleme der Einkommenserzielung, und zwar als erste solche der Einkommenserzielung durch *Angebot des Produktionsfaktors Arbeit.* Zunächst gehen wir von der Annahme aus, der Haushalt könne nur Arbeitsleistungen einer bestimmten Art anbieten. Der Haushalt steht vor der Entscheidung, (a) durch den Einsatz von Arbeit zu einem gegebenen, von ihm nicht beeinflussbaren Lohnsatz pro Stunde Einkommen zu verdienen, das ihm, wie wir annehmen wollen, durch Aufstellung eines optimalen Konsumplans einen bestimmten Nutzen verschafft, oder (b) die mögliche Arbeitszeit nicht zur Arbeit, sondern als Freizeit zu verwenden und so aus dem Gut „Freizeit" einen Nutzen zu ziehen.

Wir können die Entscheidung zwischen den beiden Möglichkeiten in einem Zwei-Güter-Diagramm untersuchen, wobei das eine Gut „Einkommen pro Tag", das andere Gut „Freizeit in Stunden pro Tag" ist (vgl. Abb. 1). Zuerst konstruieren wir die Bilanzgerade bzw. den Bereich aller realisierbaren Kombinationen von Einkommen und Freizeit. Rechnen wir mit einem Minimum von 8 Stunden Erholung täglich, so ist die maximale Arbeitszeit 16 Stunden pro Tag, mit der bei einem Lohnsatz l von 1 ein Einkommen e von 16 erzielt werden kann. Die hier interessierende, über die Mindesterholung hinausgehende Freizeit ist dann 0. Jede Stunde Freizeit kostet den Haushalt 1 Stunde Arbeitszeit, mithin beim Lohnsatz 1 eine Einkommenseinheit. Der Preis einer Stunde Freizeit ist somit 1. Arbeitet der Haushalt überhaupt nicht, sondern konsumiert nur Freizeit, dann kommt er auf 16 Stunden Freizeit. Die Bilanzgerade verläuft also von A nach B.

Beträgt der Lohnsatz 2, dann ist das Einkommen bei einer Freizeit von 0 gleich 32. Jede Stunde Freizeit kostet jetzt 2; bei einer Arbeitszeit von 0, mithin einem Einkommen von 0, ist die Freizeit wieder 16. Die Bilanzgerade verläuft jetzt von C nach B. Sinkt der Lohnsatz auf 1/2, so verläuft die Bilanzgerade von D nach B. Allgemein lautet die Bilanzgleichung, wenn l den Lohnsatz und f die Freizeit bezeichnet,

$$e + lf = 16l. \qquad (1)$$

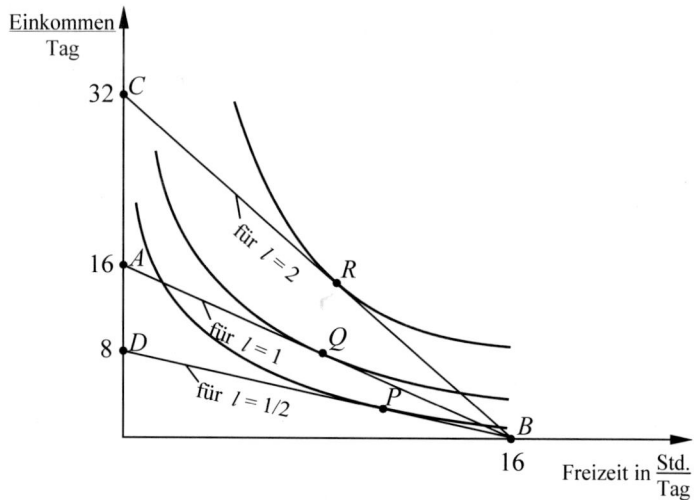

Abb. 1: Bilanzgeraden und Indifferenzkurven im Einkommen-Freizeit-Diagramm

Wir unterstellen nun wieder eine ordinale Nutzenkonzeption für den Nutzen der Güter „Einkommen" und „Freizeit" und tragen jene Indifferenzkurven in Abb. 1 ein, die mit den eingezeichneten Bilanzgeraden einen Berührungspunkt haben. Die Tangentialpunkte aller denkbaren Bilanzgeraden mit den entsprechenden Indifferenzkurven können wir wieder zu einer Kurve verbinden, deren einzelne Punkte gegebenen Lohnsätzen erstens die optimale tägliche Stundenzahl an Freizeit, zweitens das optimale Arbeitseinkommen und damit auch die optimale tägliche Arbeitsstundenzahl zuordnen. Einem Lohnsatz $l = 0{,}5$ entspricht eine größere Freizeit als einem Lohnsatz $l = 1$ (vgl. P und Q); einem Lohnsatz $l = 2$ entspricht eine größere Freizeit als einem Lohnsatz $l = 1$ (vgl. R und Q). Mit wachsendem Lohnsatz nimmt also im Beispiel der Abb. 1 die Nachfrage nach Freizeit zunächst ab, dann wieder zu.

Diesen Zusammenhang zwischen Lohnsatz und Freizeit bilden wir als *Lohn-Freizeit-Kurve* in Abb. 2.a ab. Das Arbeitsangebot ergibt sich aus der Differenz zwischen 16 und der Freizeitnachfrage. Wir können es unmittelbar der Abb. 2.a entnehmen, nämlich als waagerechten Abstand zwischen der bei dem Abszissenwert 16 gezeichneten Senkrechten und der Lohn-Freizeit-Kurve. Diesen Abstand übertragen wir in Abb. 2.b. Dort erhalten wir die *Arbeitsangebotskurve*. Mit wachsendem Lohnsatz nimmt in unserem Beispiel das Arbeitsangebot zunächst zu, bei weiter steigendem Lohnsatz jedoch wieder ab. Die Arbeitsangebotskurve hat in ihrem unteren Bereich also positive, im oberen Bereich negative Steigung. Wir werden später feststellen, dass Angebotskurven für beliebige Güter typischerweise positiv ansteigen. Der Bereich negativer Steigung in Abb. 2.b ist also ein Beispiel für eine *atypische* Reaktion des Angebots.

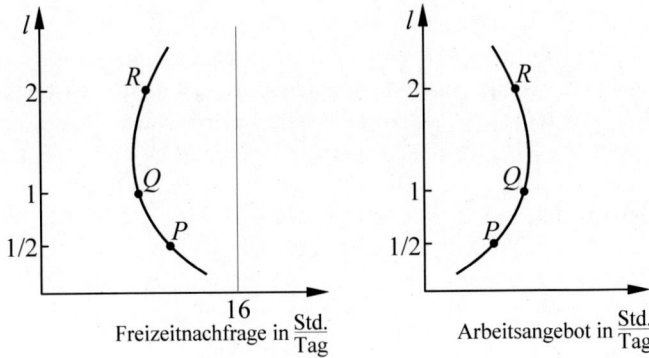

Abb. 2.a/b: Freizeitnachfrage und Arbeitsangebot in Abhängigkeit vom Lohnsatz *l*

Es ist zu betonen, dass der gezeichnete Verlauf der Arbeitsangebotskurve auf der speziellen Lage und Gestalt der Indifferenzkurven beruht. Man kann sich Indifferenzkurven auch so verlaufend vorstellen, dass die Nachfrage nach Freizeit mit steigendem Lohnsatz im ganzen betrachteten Bereich zunimmt, die Arbeitsangebotskurve folglich im ganzen Bereich negative Steigung hat.

Es kommt auch darauf an, bei welchen Lohnsätzen man mit der Betrachtung einsetzt. Früher verzichtete man darauf, die Arbeitsangebotskurve aus Indifferenzkurven abzuleiten, sondern argumentierte anhand einer in Abb. 3 dargestellten Kurve etwa wie folgt: Bei sehr niedrigen Lohnsätzen muss das Arbeitsangebot unter Verzicht auf Freizeit bis zur äußersten Grenze der Leistungsfähigkeit, also beispielsweise auf 16 Stunden täglich, ausgedehnt werden, damit überhaupt das Existenzminimum gesichert ist. Mit steigendem Lohnsatz wird das Arbeitsangebot zunächst zurückgehen, weil der Anbieter es dann nicht mehr nötig hat, bis zur Grenze seiner Leistungsfähigkeit zu gehen. Erst bei weiter steigendem Lohnsatz

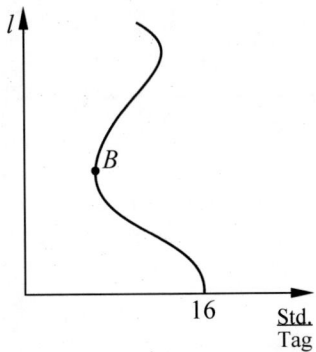

Abb. 3: Arbeitsangebot in Abhängigkeit vom Lohnsatz, plausibler Verlauf

mag es attraktiv sein, wieder mehr zu arbeiten und zu verdienen, um einen dann in den Bereich des Möglichen rückenden Luxusbedarf zu befriedigen. Wenn der Lohnsatz noch weiter steigt, so dass ein gewisser Luxus der Lebenshaltung sowieso möglich ist, könnte das Angebot abermals zurückgehen. Unsere mit Indifferenzkurven fundierte Betrachtung setzt erst in dem bei B beginnenden Bereich ein.

Welcher Bereich der Arbeitsangebotskurve der tatsächlich relevante ist, hängt auch vom Entwicklungsstand einer Wirtschaft ab: Je höher die Entwicklung, desto höher der Lohnsatz, desto relevanter der obere Bereich der Kurve. Dabei ist allerdings zu berücksichtigen, dass sich bei gegebenem Entwicklungsstand und gegebenem Lohnsatz auch die Einstellung zur Arbeit und damit die Arbeitsangebotskurve verändern kann.

Die Ableitung der Arbeitsangebotskurve erfolgte unter der Voraussetzung, dass der Haushalt über sein Arbeitsangebot frei entscheiden kann. Diese Voraussetzung ist regelmäßig wegen der Kollektivvereinbarungen der Sozialpartner über die Arbeitszeit sowie wegen technischer Bedingungen der Produktion nicht erfüllt. Man hat vorgeschlagen, eine Kurve des in Abb. 3 verwendeten Typs auch als gesamtwirtschaftliche Arbeitsangebotskurve zu unterstellen, die bei solchen Vereinbarungen als Grundlage dienen könnte. Allerdings ist es nicht zwingend, dass eine Horizontaladdition individueller Arbeitsangebotskurven auf eine Kurve des gleichen Typs führt. Dies wäre nur dann der Fall, wenn alle individuellen Kurven jeweils im gleichen Lohnsatzbereich positiv bzw. negativ anstiegen. Ist diese Bedingung nicht erfüllt, dann ist es völlig offen, welcher Kurventyp für die Gesamtwirtschaft gilt.

Wir gingen oben davon aus, der Haushalt erziele mit einer bestimmten Einkommens-Freizeit-Kombination einen bestimmten Nutzen, und diskutierten diese optimale Kombination in Abhängigkeit vom Lohnsatz, ohne *explizite* die Verwendung des erzielten Einkommens und die Nutzung der Freizeit zu berücksichtigen. In Abschn. B.7.c wurde andererseits die Einkommensverwendung und die Freizeitnutzung unter der Prämisse gegebenen Einkommens und gegebener Konsumzeit diskutiert. Im Folgenden sollen diese beiden Aspekte simultan betrachtet werden.

Wir gehen wieder aus von der Nutzenfunktion

$$u = f(X_1, X_2, ..., X_m), \qquad (2)$$

die den Nutzen in Abhängigkeit von alternativen Verbrauchsleistungskombinationen angibt. Vereinfachend soll wieder davon ausgegangen werden, dass die Verbrauchskoeffizienten t_{c_j} und a_{ij} der Zeit bzw. der Konsumgütermengen jeweils unabhängig von der Höhe der Verbrauchsleistung sind.

Bezieht der Haushalt nur Arbeitseinkommen und plant keine Ersparnisse, dann gilt bei einer variablen Arbeitszeit von T_a die Budgetgleichung (für das Einkommen)

$$e = lT_a = \sum_{j=1}^{m}\sum_{i=1}^{n} p_i x_{ij} = \sum_{j=1}^{m}\sum_{i=1}^{n} p_i a_{ij} X_j. \qquad (3)$$

Die Budgetgleichung für die Zeit ergibt sich daraus, dass sich Arbeits- und Konsumzeit (T_c) zur gegebenen Gesamtzeit (T, z. B. 16 Std. pro Tag) addieren:

$$T = T_a + T_c = T_a + \sum_{j=1}^{m} t_{c_j} X_j. \tag{4}$$

Multipliziert man (4) mit l und ersetzt den Ausdruck lT_a mit Hilfe von (3), so erhält man

$$lT = \sum_{j=1}^{m} \left(\sum_{i=1}^{n} p_i a_{ij} + lt_{c_j} \right) X_j. \tag{5}$$

Unter dieser Nebenbedingung ist die Nutzenfunktion (2) zu maximieren. Die Nebenbedingung ist derjenigen der herkömmlichen Haushaltstheorie ähnlich (vgl. (B.20)); ihre geometrische Darstellung im Falle zweier Verbrauchsleistungen X_1, X_2 wäre eine Gerade mit negativer Steigung. lT ist das Einkommen, das der Haushalt bei Einsatz der Gesamtzeit T als Arbeitszeit erreichen könnte (seine Konsumzeit wäre dann null). In der Klammer steht der Preis einer Einheit der Verbrauchsleistung j, der sich aus den direkten Kosten der in diese Einheit eingehenden Güter $\sum_{i=1}^{n} p_i a_{ij}$ und den indirekten Kosten lt_{c_j}, die entgangenes Einkommen darstellen, zusammensetzt. Schreiben wir für die Klammer P_j, dann können wir das LAGRANGE-Verfahren anwenden und erhalten analog zu (B.21) bis (B.24) als Ergebnis des Maximierungsprozesses die Aussage

$$\frac{f_j}{P_j} = \frac{f_k}{P_k}, \quad j,k = 1,2,...,m. \tag{6}$$

Das bedeutet, dass der Haushalt zur Erreichung des Nutzenmaximums durch Kombination von Gütern und Konsumzeit Verbrauchsleistungen in solcher Menge zu „erzeugen" hat, dass der Grenznutzen des Geldes für jede Verbrauchsleistung gleich ist bzw. das 2. GOSSENsche Gesetz erfüllt ist. Diese Lösung stellt sicher, dass sich Konsum- und Arbeitszeit zur Gesamtzeit T addieren.

Wir können nun auch angeben, wie sich Lohnsatz-Güterpreis-Variationen auf das optimale Arbeitsangebot auswirken. Zunächst soll dabei die Überlegung aus Abschn. B.4.a angewandt werden. Multiplizieren wir alle Konsumgüterpreise und den Lohnsatz mit einem konstanten Faktor k, so erhalten wir

$$\sum_{j=1}^{m} \left(\sum_{i=1}^{n} k \cdot p_i a_{ij} + k \cdot lt_{c_j} \right) X_j = k \cdot \sum_{j=1}^{m} \left(\sum_{i=1}^{n} p_i a_{ij} + lt_{c_j} \right) X_j = k \cdot lT. \tag{7}$$

Die Nebenbedingung wird demnach durch gleich hohe proportionale Lohnsatz- und Preisniveausteigerungen nicht beeinflusst. Da zusätzlich die Nutzenfunktion weder Preise noch den Lohnsatz enthält, bleibt das Arbeitsangebot von rein monetären Lohnerhöhungen unbeeinflusst, ebenso wie die Verwendungsentscheidungen. Der Haushalt ist also sowohl in seinem Nachfrage- als auch in seinem Angebotsverhalten frei von Geldillusion.

Betrachten wir eine isolierte Lohnsatzsteigerung, so haben wir vier Effekte zu unterscheiden: Erstens ergibt sich ein positiver Substitutionseffekt auf die Arbeitszeit. Nicht-Arbeits-Aktivitäten werden also tendenziell durch Arbeit substituiert. Zweitens resultiert ein negativer Substitutionseffekt bei zeitintensiven Verbrauchsleistungen, da bei diesen die Lohnsatzsteigerung zu einer stärkeren Erhöhung der indirekten Kosten und damit von P_j führt. Drittens ist der Einkommenseffekt auf die Arbeitszeit zu berücksichtigen. Insbesondere bei hohem Ausgangseinkommen kann dieser Effekt den Substitutionseffekt auf die Arbeitszeit überkompensieren, so dass insgesamt die angebotene Arbeitszeit sinkt. Regelmäßig wird diese Arbeitsreduktion aber nicht die Lohnsteigerung überkompensieren; d. h. es ist viertens mit einem Ansteigen des Haushaltseinkommens zu rechnen, das bei den nicht-inferioren Verbrauchsleistungen einen Mehrverbrauch bewirkt, so dass die freigewordene Zeit wieder ausgefüllt ist.

b. Zusammensetzung des Arbeitsangebots

Wir unterstellen nun, der Haushalt könne mehr als eine Arbeitsqualität anbieten. Der geometrischen Darstellung wegen beschränken wir uns auf das Beispiel zweier Arbeitsarten. Die pro Periode angebotenen Arbeitsstunden T = konstant teilen sich in die Arbeitsstunden t_1 und t_2 für die beiden Arbeitsarten auf. Die entsprechenden, gegebenen Lohnsätze seien l_1 und l_2. In Abb. 4 ist auf der Ordinate das Gesamteinkommen $e = l_1 t_1 + l_2 t_2$ und auf der Abszisse die Arbeitszeit in der Tätigkeit 2, t_2, abgetragen.

Bietet der Haushalt nur Arbeitsart 1 an ($t_2 = 0$), so erzielt er ein Einkommen von $l_1 T$, und realisiert Punkt A; bietet er nur Arbeitsart 2 an ($t_2 = T$), so beträgt das Einkommen $l_2 T$, und Punkt B wird verwirklicht. Alle Aufteilungen der Arbeitszeit auf beide Arbeitsarten ergeben eine Kombination (e, t_2), die durch einen Punkt auf der Strecke AB dargestellt wird, deren absolute Steigung $(l_1 - l_2)$ beträgt. Da im

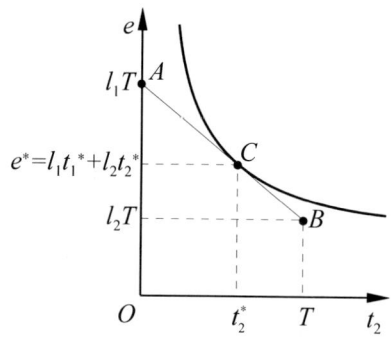

Abb. 4: **Optimale Zusammensetzung des Arbeitsangebots**

Beispiel $l_1 > l_2$, bedeutet jede Einschränkung von t_1 zugunsten von t_2 einen Verzicht auf Einkommen. Wäre der Haushalt allein an einem höchstmöglichen Einkommen interessiert, so böte er nur die Arbeitsart an, die den höchsten Lohnsatz erbringt, hier also l_1. Jede Art von Arbeit ist jedoch durch Merkmale geprägt, die den Nutzen teils positiv, teils negativ beeinflussen (positiv z. B. Prestige, negativ z. B. Schmutz). Es gilt dann abzuwägen zwischen dem Nutzen der mit dem Einkommen erwerbbaren Konsumgüter und dem (positiven oder negativen) Nutzen der Arbeit. In Abb. 4 ist unterstellt, dass Arbeitsart 2 die zwar geringer entlohnte, aber angenehmere Arbeit ist. Das führt zu Indifferenzkurven in Bezug auf Einkommen und Arbeit der Art 2 mit negativer Steigung: Wenn der Haushalt einen größeren Teil seiner Arbeit jetzt in Form der Arbeitsart 2 erbringt, ist er bereit, dafür auf einen Teil des Einkommens zu verzichten. Konvexität der Indifferenzkurven (oder abnehmende Grenzrate der Substitution) bedeutet, dass bei zunehmendem t_2 eine Einheit der Arbeitsart 2 anstelle von Arbeitsart 1 immer weniger Einkommen substituieren kann. Der Tangentialpunkt C einer Indifferenzkurve beschreibt die optimale Höhe des Arbeitseinkommens und die optimale Zusammensetzung des Arbeitsangebots $t_2 = t_2^*$ und $t_1 = T - t_2^*$. Selbstverständlich sind Fälle der Alternativsubstitution denkbar und zugelassen, in denen die Indifferenzkurven bei $t_2 = 0$ bzw. $t_2 = T$ enden. Eine starke Präferenz für die höher entlohnte Arbeitsart würde in Abb. 4 ein Indifferenzkurvensystem mit positiver Steigung bedeuten und einen Tangentialpunkt in A implizieren.

Ausdehnungen der Arbeitszeit bedeuten jeweils eine Parallelverschiebung der Geraden AB nach rechts oben (Punkt A nach oben, Punkt B nach rechts). Die Verbindungslinie der Tangentialpunkte der verschobenen Geraden mit Indifferenzkurven ergeben eine (der Einkommens-Konsum-Kurve ähnliche) Kurve, die den Zusammenhang erstens zwischen T und e, zweitens zwischen T und t_1 bzw. t_2 beschreibt. Steigerungen (Senkungen) des Lohnsatzes l_1 bedeuten eine Drehung der Geraden um den Punkt B mit (entgegen) dem Uhrzeiger. Die Verbindungslinie der Tangentialpunkte ist eine (der Preis-Konsum-Kurve ähnliche) Kurve, die den Zusammenhang erstens zwischen l_1 und e, zweitens zwischen l_1 und t_1 bzw. t_2 darstellt. Analog lässt sich die Untersuchung für Variationen von l_2 durchführen.

Wie bei Erörterung der Höhe des Arbeitsangebots ist auch hier darauf hinzuweisen, dass der Haushalt regelmäßig nicht frei in der Gestaltung seines Arbeitsangebots, hier dessen Zusammensetzung, ist. Es gibt jedoch eine zunehmende Zahl von Ausnahmen zu dieser Regel, in denen wenigstens eine gewisse Wahlfreiheit besteht (Haupt- und Nebentätigkeiten, Halbtagstätigkeiten).

Die Entscheidungen über Höhe und Zusammensetzung des Arbeitsangebots wurden unter a. und b. in gesonderten Nutzenmaximierungsansätzen diskutiert. Bei genauerer Betrachtung fällt der Haushalt beide Entscheidungen gleichzeitig. Dementsprechend wäre von einer einzigen Nutzenfunktion auszugehen, in welcher die Nutzen von mit Einkommen erwerbbaren Konsumgütern, von Freizeit und von verschiedenen Arbeitsarten als Bestimmungsgrößen fungieren, die unter den Nebenbedingungen gegebener Gesamtzeit, gegebener Preise und gegebener Lohnsätze für die verschiedenen Arbeitsarten zu maximieren wäre.

2. Kapitalangebot

Um zu erkennen, was unter dem Kapitalangebot eines Haushalts zu verstehen ist, ist es nützlich, von einem Überblick über die Gesamtheit der *Aktiva eines Haushalts* auszugehen. Ähnlich wie für ein Unternehmen könnte man auch für einen Haushalt zu einem Zeitpunkt (Stichtag) eine Bilanz aufstellen, deren Aktivseite alle Vermögensbestände an Gütern und Forderungen ausweist und deren Passivseite über die Bereitstellung bzw. Finanzierung der Vermögensbestände Auskunft gibt. Ebenso wie die Bilanz des Unternehmens Aufschluss darüber gibt, wie das Unternehmen seine Aktiva in Form von Gebäuden, Maschinen, Lagervorräten, Forderungen u. a. zur Verfolgung des Unternehmensziels (z. B. Gewinnmaximierung) einsetzt, so stellt die Bilanz eines Haushalts dar, in welcher Weise dessen Mittel zur Verfolgung der Zielsetzung einer Nutzenmaximierung eingesetzt sind. Zu den Aktiva des Haushalts gehören erstens seine Vorräte an dauerhaften Konsumgütern oder Gebrauchsgütern wie Wohnhaus, Möbel, Haushaltsgeräte, also Gütern, die ihren Nutzen im Zeitablauf abgeben. Zweitens zählt dazu seine Arbeitskraft, die, wie erläutert, entweder direkt nutzenstiftend oder zum Einkommenserwerb eingesetzt werden kann. Drittens sind hier Aktiva in finanzieller Form zu nennen, die als Transaktionskasse der zeitlichen Überbrückung der Unterschiede zwischen Einkommenszahlungs- und Ausgabenzahlungsterminen dienen. Viertens sind Sparguthaben, entstanden durch Zwecksparen, zu erwähnen, die für zukünftigen Erwerb dauerhafter Konsumgüter bestimmt sind. Fünftens gibt es Aktiva, die dem Einkommenserwerb in der Kapitalform dienen und dem Haushalt ein Besitzeinkommen verschaffen sollen. Es ist dieser letztere Teil, auf den wir uns beziehen, wenn wir vom Kapitalangebot eines Haushalts sprechen.

Die Veränderung der Vermögensbestände auf der Aktivseite der Haushaltsbilanz ist das Ergebnis der Entscheidungen des Haushalts. Verbraucht der Haushalt in einer Periode nicht sein gesamtes Einkommen, sondern spart er einen Teil desselben, so nimmt ein Aktivum oder nehmen mehrere Aktiva zu. Analoges gilt bei einer Kreditaufnahme. Auch ohne Ersparnis oder Kreditaufnahme ist eine Veränderung von Vermögensbeständen möglich, nämlich durch Verkäufe und Käufe verschiedener Arten von Aktiva. Die Erlangung einer besseren Qualifikation der Arbeit, d. h. Entstehung von *Humankapital* durch Schule und Ausbildung, lässt sich als Zunahme des Vermögensbestandes an Arbeitskraft interpretieren.

Beim *Kapitalangebot* des Haushalts kann es sich dementsprechend um Mittel aus früheren Perioden oder um solche aus Ersparnis oder Verkauf anderer Aktiva handeln, die in einer Periode Anlage suchen. Als Anlageformen kommen vor allem der Erwerb von *Wertpapieren* oder *Anteilen an Unternehmen* in Frage. Bei Wertpapieren ist an festverzinsliche Papiere wie Obligationen, Pfandbriefe und Staatsanleihen zu denken. Bei Anteilen an Unternehmen handelt es sich um solche in der Form von Aktien oder Beteiligungen, die regelmäßig nicht fest, sondern, je nach Gewinnlage und Gewinnausschüttung der Unternehmen, variabel verzinslich sind. Über den Erwerb von Anteilen an Unternehmen werden die Haushalte wirtschaftliche (Mit-)Eigentümer an den Unternehmen.

Da Aktiva, die in der Kapitalform gehalten werden und dem Besitzeinkommenserwerb dienen, nur eine unter den fünf genannten Arten von Aktiva in der Haushaltsbilanz sind, deren Umfang und Struktur insbesondere von Haushalten in einer hoch entwickelten Volkswirtschaft in weiten Grenzen frei gestaltbar sind, ist es klar, dass die Bestimmung der Höhe und der Zusammensetzung des Kapitalangebots eines Haushalts das Ergebnis eines vielschichtigen Entscheidungsprozesses ist. Ebenso wie in den Abschnitten über die Verbrauchsgüternachfrage und das Arbeitsangebot in partiellen Ansätzen bestimmte (Nutzenmaximierungs-) Zielsetzungen unter bestimmten Nebenbedingungen analysiert wurden, ließen sich partielle Ansätze zur Bestimmung der Höhe und Zusammensetzung des Kapitalangebots bezüglich der verschiedenen Anlageformen untersuchen. Als Zielsetzung käme hier *Besitzeinkommensmaximierung* in Frage, wobei die Höhe des anlagesuchenden Kapitalangebots in Abhängigkeit von dem Wunsch nach Halten der übrigen Arten von Aktiva zu bestimmen und die Zusammensetzung eines solchen Portefeuilles in Abhängigkeit von den Einkommen aus den einzelnen Anlageformen zu ermitteln wäre. Da bezüglich der Einkommen keine vollständige Information besteht, ergeben sich hier ähnliche Probleme wie bezüglich der Annahme rationalen Verhaltens in Form der Nutzenmaximierung in der Verbrauchsgüternachfragetheorie (vgl. B.7.g-i). Bei gegebenem Stand der Uninformiertheit muss entweder die BAYESsche Verhaltensweise der Erwartungswertmaximierung oder eines der Entscheidungskriterien bei Unsicherheit angewandt werden; oder der Grad der Uninformiertheit ist durch mit Kosten verbundene Informationen (z. B. Anlageberatung) zu reduzieren. Zu denken wäre schließlich auch an die Anwendung der Konzeption satisfizierenden Verhaltens, d. h. hier des Erzielens eines befriedigenden Besitzeinkommens.

Da die Besitzeinkommen aus den Anlagen des Haushalts im Zeitablauf anfallen, zeigt sich am Beispiel des Kapitalangebots besonders deutlich, dass Zielsetzungen und Entscheidungen des Haushalts eine zeitliche Dimension haben, die mehr als eine Periode umfasst. Im Folgenden werden daher Haushaltsnachfrage und -angebot unter Berücksichtigung des Zeitablaufs diskutiert, wobei wir auch auf die Frage des Kapitalangebots zurückkommen werden.

D. Intertemporale Haushaltsgleichgewichte

1. Das intertemporale Nachfragegleichgewicht

In der intertemporalen Theorie des Haushalts kann berücksichtigt werden, dass die zeitliche Verteilung des Verbrauchs für den Nutzen eines Haushalts eine wichtige Rolle spielt. Der Haushalt könnte den Wunsch haben, einen gegebenen zeitlichen Einkommensstrom nicht in einen damit identischen zeitlichen Konsumausgabenstrom zu verwandeln, sondern den Konsumausgabenstrom zeitlich anders zu gestalten. In diesem Fall müssen sich in einigen Perioden Überschüsse des Einkommens über die Konsumausgaben, d. h. positive Ersparnisse, in anderen Perioden Überschüsse der Konsumausgaben über das Einkommen, d. h. negative Ersparnisse, ergeben. Finden die positiven bzw. negativen Ersparnisse nicht in einer Aufstockung bzw. einem Abbau sonstiger Aktiva des Haushalts (z. B. Kauf eines Eigenheims, Verkauf von altem Familienschmuck) ihren Niederschlag, argumentieren wir bezüglich solcher Aktiva also *ceteris paribus,* dann bedeuten positive Ersparnisse ein Kapitalangebot, negative eine Kapitalnachfrage des Haushalts. Kapitalangebot bzw. -nachfrage haben wiederum Einfluss auf den Einkommensstrom. Diese einführenden Überlegungen zeigen, dass die Möglichkeit einer zeitlichen Verteilung des Verbrauchs nicht nur Aussagen über die Verbrauchsgüternachfrage, sondern auch solche über das Kapitalangebot bzw. die Kapitalnachfrage impliziert. In diesem Abschnitt wird der zeitliche Strom des Arbeitseinkommens als gegeben angenommen; erst im nächsten Abschnitt wird er als gestaltbar betrachtet.

In den bisher verwendeten Nutzenfunktionen erübrigte es sich, die Größen durch einen Zeitindex einer bestimmten Periode zuzuordnen, denn alle bezogen sich auf die gleiche Periode. Nunmehr soll prinzipiell zugelassen sein, dass der (ordinale) Nutzen *aus der Sicht einer Periode t*, u_t, von den Verbrauchsmengen der gleichen Periode und allen zukünftigen Perioden, also t, $t+1$, $t+2$, ..., n bis hin zur letzten Periode eines Planungszeitraums gegebener Länge abhängt. Man spricht dann von einer *mehrperiodigen Nutzenfunktion.* Aus Gründen der Vereinfachung und der geometrischen Darstellbarkeit wollen wir allerdings zunächst nur die Verbrauchsmengen der Perioden t und $t+1$, und diese in der Form von Konsumsummen, entstanden aus der Multiplikation der Mengen mit konstanten, gegebenen Preisen, betrachten. Die zweiperiodige Nutzenfunktion

$$u_t = f(c_t, c_{t+1}) \tag{1}$$

drückt die Präferenzstruktur des Haushalts in Periode t aus, die durch die Konsumsummen der Perioden t und $t+1$ bestimmt wird.

Im (c_t, c_{t+1})-Diagramm lässt sich (1) durch Indifferenzkurven darstellen. Eine Indifferenzkurve beschreibt Kombinationen aus gegenwärtigem und zukünftigem Konsum, die nach dem subjektiven gegenwärtigen Urteil des Haushalts den glei-

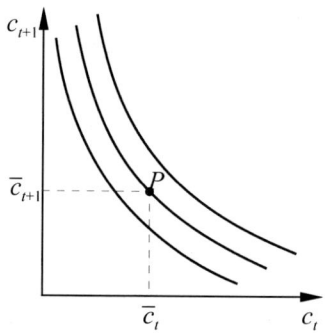

Abb. 1: Darstellung intertemporaler Präferenzen

chen Nutzen stiften. Für die Indifferenzkurven gelten wieder die üblichen Annahmen, darunter die Annahme einer abnehmenden Grenzrate der Substitution, mit der negative Steigung und zum Ursprung konvexer Verlauf einer Indifferenzkurve impliziert ist. Es handelt sich hier um die *Grenzrate der intertemporalen Substitution,* in der analog zu (B.17) das umgekehrte Verhältnis der Grenznutzen der Konsumsummen in beiden Perioden zum Ausdruck kommt:

$$GRS_{int} = \left|\frac{dc_{t+1}}{dc_t}\right| = \frac{f_{c_t}}{f_{c_{t+1}}}. \qquad (2)$$

Der Haushalt ist dementsprechend bereit, zugunsten von Gegenwartskonsum auf Zukunftskonsum zu verzichten und umgekehrt. Je geringer der Gegenwarts- (Zukunfts-) Konsum ist, desto größer ist bei dessen weiterer Einschränkung um eine Einheit der zusätzliche Zukunfts- (Gegenwarts-) Konsum, der diese Einschränkung ausgleicht. Ist beispielsweise in Abb. 1 am Punkt *P* die Grenzrate der Substitution (die absolute Steigung der Indifferenzkurve) gleich 1,05, dann wird im Urteil des Haushalts, ausgehend von der Konsumsummenkombination $(\bar{c}_t, \bar{c}_{t+1})$, Konsum in Höhe von einer Geldeinheit in *t* durch Konsum in Höhe von 1,05 Geldeinheiten in *t*+1 als substituierbar angesehen.

Hat der Haushalt in *t* ein Einkommen e_t, und in *t*+1 ein solches von null, dann kann er eine Konsumsumme in *t*+1 dadurch bereitstellen, dass er c_t kleiner wählt als e_t, mithin $e_t - c_t = s_t$ spart. Die Ersparnisse s_t könnte er als Kapital zu einem gegebenen Zinssatz *i* bis zur folgenden Periode anlegen, so dass er für Konsum in *t*+1 einen Betrag $c_{t+1} = s_t(1+i)$ verfügbar hat. Dieser Betrag beliefe sich auf $e_t(1+i)$, sofern in *t* keinerlei Konsumausgaben erfolgten. Die Gesamtheit aller mit e_t realisierbaren (c_t, c_{t+1})-Kombinationen wird in Abb. 2.a durch die eingezeichnete Bilanzgerade beschrieben, die die absolute Steigung 1+ *i* hat.

Bezieht der Haushalt in *t*+1 ein Einkommen e_{t+1} und in Periode *t* ein solches von null, dann kann er eine Konsumsumme in *t* dadurch verfügbar machen, dass er Kapital zum Zinssatz *i* aufnimmt und mit der Ersparnis $s_{t+1} = e_{t+1} - c_{t+1} = c_t(1+i)$

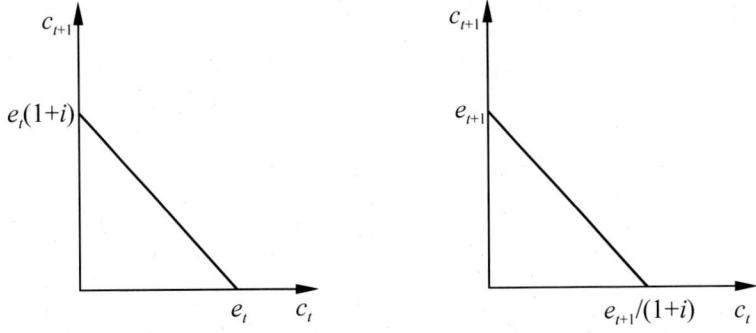

Abb. 2.a/b: Bilanzgerade bei Einkommen (a) nur in *t* bzw. (b) nur in *t*+1

zurückzahlt. Die Konsumsumme in t beliefe sich auf $c_t = e_{t+1}/(1+i)$, sofern in $t+1$ keinerlei Konsumausgaben erfolgten. Die Gesamtheit aller realisierbaren (c_t, c_{t+1})-Kombinationen wird durch die Bilanzgerade in Abb. 2.b dargestellt, welche wieder die absolute Steigung $(1+i)$ hat.

Erhält der Haushalt in beiden Perioden ein Einkommen, nämlich e_t und e_{t+1}, dann ist er offenbar in der Lage, mittels Kapitalangebot aus Ersparnis der ersten Periode die Konsumsumme $c_{t+1} > e_{t+1}$ bzw. mittels Kapitalnachfrage und -rückzahlung aus Ersparnis der zweiten Periode die Konsumsumme $c_t > e_t$ zu wählen. Die Gesamtheit aller realisierbaren (c_t, c_{t+1})-Kombinationen wird jetzt durch die intertemporale Bilanzgerade in Abb. 3 gegeben, deren Gleichung

$$c_{t+1} = -(1+i)c_t + e_{t+1} + e_t(1+i) \tag{3}$$

oder

$$c_t + \frac{c_{t+1}}{1+i} = e_t + \frac{e_{t+1}}{1+i} \tag{4}$$

lautet. Gemäß (3) beträgt die absolute Steigung dieser Geraden wieder $(1+i)$. Gemäß (4) ist die Summe der auf Periode t abgezinsten Konsumausgaben gleich der Summe der auf Periode t abgezinsten Einkommen.

Der Tangentialpunkt P der Bilanzgeraden mit einer Indifferenzkurve beschreibt den nutzenmaximierenden Strom der Konsumausgaben c_t^*, c_{t+1}^*. Die Verwirklichung dieses *optimalen intertemporalen Verbrauchsplans* bedeutet im geometrischen Beispiel der Abb. 3, dass der Haushalt in Periode t vom Einkommen e_t den Betrag s_t^* spart, diesen als Kapital zum Zinssatz i für eine Periode anlegt und mithin sein Einkommen e_{t+1} um $s_t^*(1+i)$ aufstockt. Da die absolute Steigung der Bilanzgeraden $(1+i)$ beträgt, ist im Tangentialpunkt C^* die Grenzrate der Substitution von Zukunfts- durch Gegenwartskonsum $(1+i)$. Die optimale Gestaltung des Konsumstroms erfolgt also immer so, dass die *Zeitpräferenzrate des Haushalts* (definiert als $|dc_{t+1}/dc_t| - 1$) *gleich dem gegebenen Zinssatz* ist.

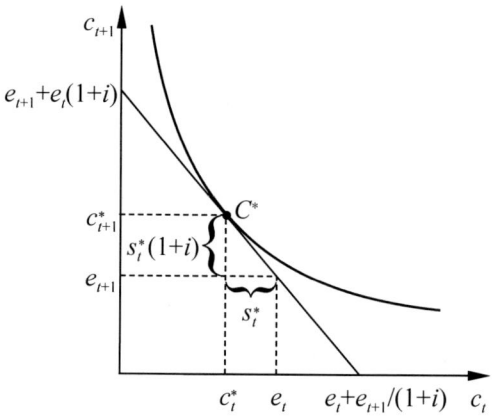

Abb. 3: Intertemporales Nachfragegleichgewicht

Zur analytischen Bestimmung des intertemporalen Nachfragegleichgewichts bilden wir aus (1) und (4) die LAGRANGE-Funktion

$$L = f(c_t, c_{t+1}) + \lambda \left(c_t + \frac{c_{t+1}}{1+i} - e_t - \frac{e_{t+1}}{1+i} \right), \tag{5}$$

deren partielle Ableitungen nach c_t, c_{t+1} und λ wir gleich null setzen:

$$\begin{aligned} \frac{\partial L}{\partial c_t} &= \frac{\partial f}{\partial c_t} + \lambda = 0, \\ \frac{\partial L}{\partial c_{t+1}} &= \frac{\partial f}{\partial c_{t+1}} + \lambda \frac{1}{1+i} = 0, \\ \frac{\partial L}{\partial \lambda} &= c_t + \frac{c_{t+1}}{1+i} - e_t - \frac{e_{t+1}}{1+i} = 0. \end{aligned} \tag{6}$$

Aus den ersten beiden dieser Gleichungen folgt, was bereits aus der geometrischen Überlegung hervorging, dass nämlich die Grenzrate der Substitution von Zukunfts- durch Gegenwartsgüter, ausgedrückt durch das umgekehrte Verhältnis der Grenznutzen in den Perioden t und $t+1$, gleich dem Zinsfaktor $(1+i)$ ist:

$$\left| \frac{d c_{t+1}}{d c_t} \right| = \frac{\partial f}{\partial c_t} \Big/ \frac{\partial f}{\partial c_{t+1}} = (1+i). \tag{7}$$

Dies lässt sich auch durch

$$\frac{\partial f}{\partial c_t} = \frac{\partial f}{\partial c_{t+1}} (1+i) \tag{8}$$

ausdrücken. Bei optimaler Gestaltung des Konsumstroms muss demnach der Grenznutzen einer zusätzlich für Konsum ausgegebenen Geldeinheit in Periode t das $(1+i)$-fache des Grenznutzens einer zusätzlich für Konsum ausgegebenen Geldeinheit in Periode $t+1$ sein. Dieser Sachverhalt ist deshalb plausibel, weil eine nicht in Periode t verausgabte, sondern als Kapital angelegte Geldeinheit in Periode $t+1$ durch die Verzinsung auf den $(1+i)$-fachen Wert ansteigt. Man spricht bezüglich dieser Eigenschaft des optimalen Verbrauchsplanes auch vom *zeitlichen 2. GOSSENschen Gesetz*: Der mit dem Verzinsungsfaktor gewogene Grenznutzen des Geldes muss in jeder Periode gleich sein.

Die Gleichungen (1) und (4) lassen sich unmittelbar auf den Fall von $k+1$ Perioden verallgemeinern:

$$u_t = f(c_t, c_{t+1}, c_{t+2}, \ldots, c_{t+k}), \tag{9}$$

$$c_t + \frac{c_{t+1}}{1+i} + \frac{c_{t+2}}{(1+i)^2} + \ldots + \frac{c_{t+k}}{(1+i)^k} = e_t + \frac{e_{t+1}}{1+i} + \frac{e_{t+2}}{(1+i)^2} + \ldots + \frac{e_{t+k}}{(1+i)^k}. \tag{10}$$

Die (8) entsprechende Beziehung lautet dann:

$$\frac{\partial f}{\partial c_t} = \frac{\partial f}{\partial c_{t+1}}(1+i) = \frac{\partial f}{\partial c_{t+2}}(1+i)^2 = \ldots = \frac{\partial f}{\partial c_{t+k}}(1+i)^k. \tag{11}$$

Sie hat wieder das zeitliche 2. GOSSENsche Gesetz zum Inhalt.

An dieser Stelle liegt es nahe, auf die Problematik der *dauerhaften Konsumgüter* oder *Gebrauchsgüter* einzugehen. In der statischen Theorie der Haushaltsnachfrage, die in Abschn. B behandelt wurde, ist es unmöglich, solche Güter zu berücksichtigen, deren Kauf in einer Periode erfolgt, deren Nutzenabgabe sich jedoch über mehrere Perioden erstreckt, da die statische Theorie keine Unterscheidung von Zeitperioden zulässt. In einer mehrperiodigen Nutzenfunktion wäre der Nutzen eines dauerhaften Konsumgutes nicht allein in dessen Beschaffungsperiode, sondern auch in den darauf folgenden Perioden zu berücksichtigen. In der Nutzenfunktion müssten also für jede einzelne Periode neben den in dieser Periode beschafften und konsumierten Verbrauchsgütern die Nutzenabgaben der Gebrauchsgüter als Bestimmungsgrößen erscheinen. Zu erwähnen ist dabei, dass die Nutzenabgaben eines dauerhaften Konsumgutes über die Zeit vom Haushalt regelmäßig nicht als gleichbleibend, sondern, wegen Verschleißes oder Wandels der Mode, als abnehmend (im Sonderfall von Antiquitäten auch als zunehmend) betrachtet werden.

2. Das intertemporale Angebotsgleichgewicht

In Abschn. C.1 hatten wir Höhe und Zusammensetzung des Arbeitsangebots untersucht, ohne zu berücksichtigen, dass der Haushalt sein Arbeitsangebot und damit sein Einkommen über eine Zeitspanne von mehreren Perioden hinweg variabel gestalten kann. Wichtig ist hier vor allem die Möglichkeit, in der Gegenwart vergleichsweise wenig Arbeit anzubieten und somit ein geringes Einkommen zu erzielen, um durch *Ausbildung* die Arbeitsqualität zu erhöhen und damit das Arbeitseinkommen in der Zukunft zu verbessern. Zur Vereinfachung und geometrischen Darstellbarkeit betrachten wir nur Arbeitsangebot und -einkommen in den Perioden t und $t+1$. Auch (positives oder negatives) Sparen und Kapitalangebot bzw. Kapitalnachfrage bleiben zunächst unberücksichtigt.

Die Arbeitszeit eines Haushalts sei für jede der betrachteten beiden Perioden eine konstante Größe, ebenso der für die gegebene Arbeitsqualität gezahlte Lohnsatz. Der Punkt R in Abb. 4 bezeichne die Einkommen, die der Haushalt ohne Ausbildung in den beiden Perioden erzielt. Die Einkommen sind gleich dem Produkt aus Arbeitszeit und Lohnsatz; sind beide Größen in beiden Perioden gleich, so ist der Abszissen- gleich dem Ordinatenwert von R. Der Haushalt habe nun die Möglichkeit, einen Teil seiner Arbeitszeit in Periode t zur Ausbildung zu nutzen. Je größer dieser Teil, desto höher ist die von dem Haushalt in Periode $t+1$ angebotene Arbeitsqualität, desto höher ist auch der Lohnsatz und damit das mit der konstanten Arbeitszeit in Periode $t+1$ erzielbare Einkommen. Für die Ausbildung sollen allerdings abnehmende Ertragszuwächse gelten, so dass die zusätzliche Arbeitsqualität, der zusätzliche Lohnsatz und mithin das mit der konstanten Arbeitszeit in Periode $t+1$ erreichbare zusätzliche Einkommen mit jeder in Periode t zusätzlich für Ausbildung eingesetzten Arbeitsstunde abnehmen. In Abb. 4.a sind OE und OB die in den beiden Perioden realisierbaren Einkommen, wenn der Haushalt in Periode t auf das Einkommen EF verzichtet und die dadurch freiwerdende Arbeitszeit für Ausbildung verwendet. Die Kurve RS beschreibt die Gesamtheit der möglichen Einkommenskombinationen; sie wird als *Einkommenstransformationskurve* bezeichnet.

Eine bestimmte Summe an Einkommen aus beiden Perioden, e_t+e_{t+1}, wird in Abb. 4.a durch eine Gerade mit der Steigung minus eins dargestellt. Geht es dem Haushalt nur um die maximale Einkommenssumme, so ist diese Gerade soweit nach rechts oben zu verschieben, dass sie die Einkommenstransformationskurve berührt (Gerade gg). Im Tangentialpunkt P hat die Kurve RS mithin die Steigung minus eins. DF ist das Einkommen, auf das der Haushalt in Periode t zugunsten der Ausbildung verzichtet; AC ist das Einkommen, das er aufgrund höherer Arbeitsqualität in Periode $t+1$ zusätzlich erzielt. In P ist der Grenzertrag zusätzlicher Ausbildung, gemessen in zusätzlichem Gesamteinkommen, auf null gesunken.

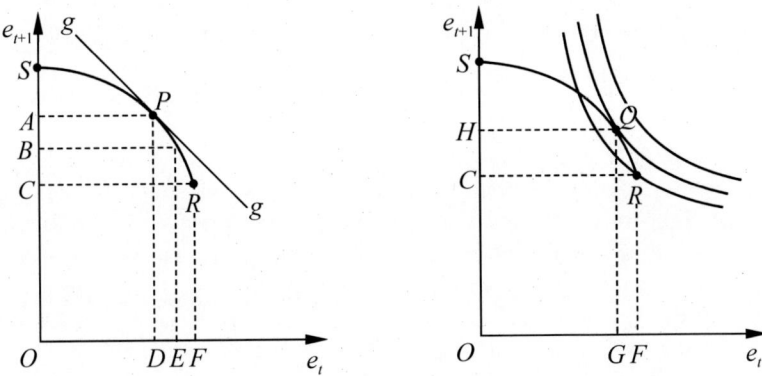

Abb. 4.a/b: Optimales Arbeitsangebot bei Einkommens- (P) und Nutzenmaximierung (Q)

Der Haushalt wird sich jedoch in der Regel nicht für Punkt P entscheiden. Es liegt nahe, von einer *intertemporalen Nutzenfunktion*

$$u_t = f(e_t, e_{t+1}) \tag{12}$$

auszugehen, nach welcher der Nutzen aus gegenwärtiger Sicht vom gegenwärtigen und vom zukünftigen Einkommen abhängt, so dass sie eine Zeitpräferenz zum Ausdruck bringt. (Wir unterstellen dabei vorerst, dass es kein positives oder negatives Sparen gibt, so dass der Konsum der Periode τ, $\tau = t, t+1$ mit dem Einkommen der Periode τ übereinstimmt.) Für diese Nutzenfunktion sollen wieder die üblichen Annahmen, darunter die einer abnehmenden Grenzrate der Substitution, gelten. Diese Grenzrate der zeitlichen Substitution des Haushalts ist gleich dem umgekehrten Verhältnis der Grenznutzen des Einkommens in den beiden Perioden.

Ohne Ausbildung erreicht der Haushalt einen Nutzen, der durch die Indifferenzkurve durch R angezeigt wird (vgl. Abb. 4.b). Die Ausbildung bietet dem Haushalt nun die Chance, den Einkommensstrom gemäß seinen zeitlichen Präferenzen zu formen. Mit Ausbildung bezeichnet der Tangentialpunkt Q der Einkommenstransformationskurve RS und einer Indifferenzkurve das Nutzenmaximum; dessen Koordinaten stellen die optimalen Einkommen OG in Periode t und OH in Periode $t+1$ dar. Mit dem Einkommensverzicht GF in Periode t ist auch die optimale Ausbildungszeit, damit auch die optimal zu erwerbende Arbeitsqualität bestimmt. Im Punkt Q ist die Steigung der Einkommenstransformationskurve gleich der Steigung der Indifferenzkurve. Folglich wird die Ausbildungszeit so gewählt, dass der *Grenzertrag zusätzlicher Ausbildung,* gemessen in zusätzlichem Einkommen in Periode $t+1$, *gleich der Zeitpräferenzrate des Haushalts* ist. Je stärker der Haushalt Gegenwarts- gegenüber Zukunftseinkommen bevorzugt, desto steiler verlaufen seine Indifferenzkurven im relevanten Bereich, desto größer ist seine Zeitpräferenzrate im Tangentialpunkt und desto geringer seine Bereitschaft zur Ausbildung. Bei sehr großer Präferenz für Gegenwartseinkommen fällt der Tangentialpunkt mit R zusammen, d. h. der Haushalt verzichtet auf Ausbildung.

Wir berücksichtigen jetzt die Möglichkeit des Sparens/Entsparens, so dass Konsum und Einkommen einer Periode nicht mehr miteinander übereinzustimmen brauchen. In (12) sind dann die Konsumsummen c_t, c_{t+1} anstelle der Einkommen in die Nutzenfunktion einzusetzen. Zunächst wird angenommen, dass ein Angebot positiver Ersparnis als Kapital keine Zinseinnahmen und eine Nachfrage nach Kapital bei negativer Ersparnis keine Zinskosten verursacht. Die für ein Nutzenmaximum erforderliche Gleichheit der Steigung von Indifferenzkurve und Einkommenstransformationskurve muss nun nicht mehr in *einem* Punkt wie Q in Abb. 4.b realisiert sein. Vielmehr genügt es, wenn diese Gleichheit in zwei verschiedenen Punkten entlang einer Geraden (*gg*) mit der Steigung minus eins erreicht wird wie in P und T in Abb. 5.a. Gemäß P wählt der Haushalt eine Ausbildungszeit, die der oben beschriebenen Maximierung der Einkommenssumme $e_t + e_{t+1}$ entspricht; sie impliziert einen Grenzertrag zusätzlicher Ausbildung, gemessen in zusätzlichem Gesamteinkommen, von null. Aufgrund einer negativen Ersparnis IT in Periode t, die als Kapital (hier: zinsloses Darlehen) nachgefragt wird, und Rückzahlung in gleicher Höhe IP in Periode $t+1$, ist es dem Haushalt möglich, den Punkt T zu erreichen, der rechts von seiner Einkommenstransformationskurve liegt und höheren Nutzen als Q in Abb. 4.b repräsentiert.

Wir heben jetzt die Annahme zinslosen Sparens und Kreditnehmens auf und unterstellen einen positiven Zinssatz i. Da sich durch Sparen in Periode t der $(1+i)$-fache Betrag in Periode $t+1$ erzielen lässt (bzw. ein in t aufgenommener Kredit in $t+1$ mit dem $(1+i)$-fachen Betrag zurückzuzahlen ist), ist jetzt statt der

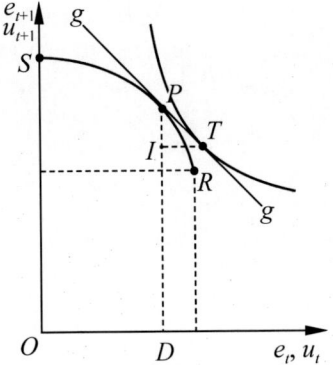 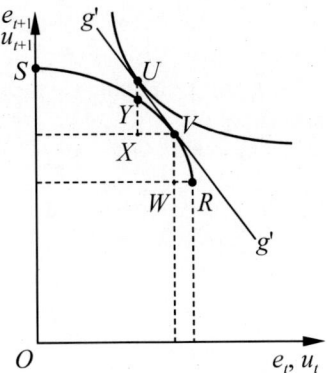

Abb. 5.a/b: Optimales Arbeitsangebot und Nutzenmaximierung bei Möglichkeit von (Ent-) Sparen, ohne Zins (Punkte P und T) / mit Zins (Punkte Y und U)

Geraden gg mit der Steigung minus eins (Abb. 5.a) eine Gerade $g'g'$ mit der absoluten Steigung $1+i$ an die Kurve RS als Tangente anzulegen (vgl. Abb. 5.b) und auf dieser jener Punkt aufzusuchen, in dem die Gerade eine Indifferenzkurve berührt (Punkt U). Der Haushalt wählt in Periode t die Ausbildungszeit also stets so, dass der Grenzertrag zusätzlicher Ausbildung gleich dem Zinssatz i ist. Der Punkt V in Abb. 5.b liegt stets rechts unterhalb des entsprechenden Punktes P in Abb. 5.a; das bedeutet, dass ein positiver Zins Ausbildung weniger lohnend macht. Man erkennt leicht, dass je höher der Zinssatz ist, desto weniger sich Ausbildung lohnt (weil die Gerade $g'g'$ dann steiler verläuft). Nicht zwingend ist dagegen die Lage des sich im Beispiel der Abb. 5.b ergebenen Punktes U *links* von V, die bedeutet, dass der Haushalt in t auf den Teil WR des möglichen Einkommens zugunsten von Ausbildung verzichtet, wodurch sein Einkommen in $t+1$ um WV steigt, und *darüber hinaus* den Teil XV seines Einkommens verzinslich spart, wodurch sein in $t+1$ möglicher Konsum um XU steigt. Ersparnis beim Zinssatz i ist für den Haushalt günstiger als zusätzliche Ausbildung, denn mit letzterer ließe sich bei gleichem Konsumverzicht XV in t nur ein zusätzliches Einkommen in $t+1$ von XY erzielen.

Tangierte die an SR gelegte Gerade mit der absoluten Steigung $1+i$ eine Indifferenzkurve nicht links oberhalb, sondern rechts unterhalb von V, dann lohnte es sich für den Haushalt, in t negativ zu sparen, d. h. Kapital zum Zinssatz i aufzunehmen, um Zeit für Ausbildung zu gewinnen. Durch zusätzliche Ausbildung ließe sich dann nämlich ein höheres zusätzliches Einkommen in $t+1$ erzielen als durch zum Zinssatz i angelegte Ersparnisse.

Abschließend bleibt anzumerken, dass die Erörterung des Problems der Ausbildung oder der *Bildung von Humankapital* oder der *Bildungsinvestitionen* hier unter zwei einschränkenden Voraussetzungen erfolgte. Zum einen wurde nur die Wirkung auf den zukünftigen Einkommenserwerb berücksichtigt, nicht eine unmittelbare Förderung des Nutzens durch Ausbildung, etwa aufgrund besseren

Verständnisses der Natur oder der Kultur. Zum anderen wurde stets vorausgesetzt, dass zunehmende Ausbildungszeit, wenn auch bei abnehmenden Ertragszuwächsen, mit höherer Entlohnung verbunden ist. In Wirklichkeit bestimmen das gesamte Angebot aller Haushalte an höher qualifizierter Arbeit und die gesamte Nachfrage nach solcher Arbeit deren Preis. Sowohl hohes Gesamtangebot als auch geringe Gesamtnachfrage können bewirken, dass *SR* flacher verläuft als oben unterstellt.

Kapitel II.

Theorie des Unternehmens

A. Einführung

Die privaten Unternehmen sind jene Wirtschaftseinheiten, die Faktorleistungen und Vor- oder Zwischenprodukte nachfragen, um daraus andere Güter zu produzieren, die sie auf dem Gütermarkt anbieten. Unter Produktion ist nicht allein die industrielle oder die handwerkliche Produktion zu verstehen, sondern ganz allgemein die Erzeugung wirtschaftlicher Güter, zu denen auch Dienstleistungen zählen. Als Unternehmen gelten also auch das Transport-, das Lebensmitteleinzelhandels- und das Friseurgeschäft, ebenso die Rechtsanwalts- und die Arztpraxis. Die Unternehmen haben im volkswirtschaftlichen Kreislauf eine doppelte Funktion in Bezug auf die Versorgung der Haushalte mit Konsumgütern zur Bedürfnisbefriedigung:
1. In den Unternehmen werden Güter produziert, die den Haushalten entweder direkt als Konsumgüter dienen oder in anderen Unternehmen als Zwischenprodukte eingesetzt werden, deren Erzeugnisse wiederum als Konsumgüter oder Zwischenprodukte Verwendung finden. Jedes Unternehmen ist also direkt oder indirekt an der Konsumgüterversorgung beteiligt.
2. In den Unternehmen werden Faktorleistungen eingesetzt, die die Unternehmen von den Haushalten nachfragen: Arbeitsleistungen, Sachkapitalleistungen, Bodenleistungen. Dafür zahlen die Unternehmen den Haushalten Arbeits- und Besitzeinkommen. Ferner entsteht in den Unternehmen das Gewinneinkommen, das den Eigentümerhaushalten zufließt. Alle diese Einkommen versetzen die Haushalte in die Lage, Konsumgüter zu kaufen.

Die Funktion des Unternehmens besteht also in der Güterproduktion einerseits, in der Schaffung von Haushaltseinkommen (Wertschöpfung) andererseits. Die Entscheidung darüber, was ein Unternehmen produziert, welche Faktorleistungen und Zwischenprodukte es in welcher Kombination zur Produktion einsetzt, hat in einer privatwirtschaftlich orientierten Wirtschaftsordnung der Unternehmer oder der den Unternehmer vertretende Manager.

Während für das Bestehen von Haushalten primär nichtwirtschaftliche Gründe anzuführen sind, lässt sich das *Entstehen von Unternehmen* ökonomisch mit folgenden Gründen erklären:

1. *Entstehung von Ein-Personen-Unternehmen*:
Selbst wenn die Produktion von Gütern von einer Person ausgeführt werden könnte, lohnt es sich nicht, dass jeder Haushalt die von ihm zum Verbrauch gewünschten Mengen selbst herstellt. Da jede Arbeitskraft regelmäßig angeborene oder durch Ausbildung erworbene komparative (vergleichsweise) Vorteile in der Produktion bestimmter Güter hat, ist es für sie lohnend, solche Güter über den Eigenbedarf hinaus für den Austausch mit anderen Wirtschaftseinheiten, d. h. als Unternehmen für den Markt, zu produzieren. In diesem Austausch erwirbt sie jene Güter, für deren Produktion sie selbst komparative Nachteile hätte. Bei der so beschriebenen *Arbeitsteilung in Bezug auf verschiedene Güter* kommt es auf *komparative Vorteile* an.

Beispiel: Eine Person *A*, die sowohl besser backen als auch besser Schuhe reparieren kann als eine Person *B*, hat zwar einen absoluten Vorteil in beiden Tätigkeiten, einen komparativen jedoch nur in einer Tätigkeit. Wir nehmen an, dass *A* 1 Stunde benötigt, um 10 Brote zu backen und 2 Stunden für die Reparatur von 10 Schuhen. Wenn sie 7 Stunden backt und 3 Stunden Schuhe repariert, schafft sie 70 Brote und 15 Schuhe. Andererseits benötigt *B* 2 Stunden Arbeit für 10 Brote und 2½ Stunden für die Reparatur von 10 Schuhen. Wenn *B* jeweils 5 Stunden backt und repariert, schafft sie 25 Brote und 20 Schuhe.

Eigenversorgung:	*A*		*B*	
Arbeitszeit	7 h	3 h	5 h	5 h
Produktion = Konsum	70 Brote	15 Schuhe	25 Brote	20 Schuhe

Obwohl *B* in beiden Produktionszweigen *absolut schlechter* ist als *A*, lohnt es für *A*, sich auf das Backen zu spezialisieren und ein Unternehmen als Bäcker zu betreiben: Sie kann in 10 Stunden 100 Brote produzieren: Wenn sie davon 25 Brote an *B* gibt, hat diese Person 5 Stunden bisherige Backzeit gewonnen; eingesetzt für die Schuhreparatur schafft *B* die Reparatur von 20 Schuhen zusätzlich.

Spezialisierung:	*A*		*B*	
Arbeitszeit	10 h	–	–	10 h
Produktion	100 Brote	–	–	40 Schuhe

Gegenüber der Selbstversorgungssituation können sich also beide durch Spezialisierung verbessern: *A* hat 5 Brote mehr, *B* hat 5 Schuhe mehr, als jeweils insgesamt vorher produziert wurden. Obwohl *B* lediglich über einen *komparativen Vorteil* in der Schuhreparatur verfügt, lohnt sich daher für B eine Spezialisierung auf die Schuhreparatur, d. h. das Betreiben eines Unternehmens als Schuster. Wie genau der entstehende Vorteil (d. h. die Mehrproduktion) zwischen *A* und *B* aufgeteilt wird, hängt u. a. auch von den Präferenzen für die Güter und den Wettbewerbsverhältnissen auf den entstehenden Märkten ab. In dem folgenden Tableau ist eine Konstellation eingetragen, in der beide nach der Spezialisierung von jedem Gut mehr konsumieren können als vorher.

	A		*B*	
Tausch	− 27 Brote	+ 18 Schuhe	+ 27 Brote	− 18 Schuhe
Konsum	73 Brote	18 Schuhe	27 Brote	22 Schuhe

Natürlich entstehen aus der Spezialisierung auch Kosten: Suche von Tauschpartnern bzw. An- und Verkauf von Güter und Faktorleistungen müssen gegenüber dem Zustand der Eigenversorgung abgewickelt werden. Diese zusätzlichen Transaktionskosten der Arbeitsteilung müssen mehr als aufgewogen werden durch die Vorteile in Form von Mehrproduktion.

2. *Entstehung von Mehr-Personen-Unternehmen*:
Die Entstehung von Mehr-Personen-Unternehmen kann zum einen in *technischen Vorteilen der Arbeitsteilung* in Bezug auf ein Gut *zwischen den Mitgliedern eines Teams* begründet sein. Das Team kann dabei nur als untrennbare Einheit produzieren; das Fehlen eines Mitglieds würde die Produktion verhindern. Die Arbeitsteilung innerhalb des Teams steigert die Produktionsmöglichkeiten über die Summe dessen, was in Ein-Personen-Unternehmen ohne diese Art von Arbeitsteilung produziert werden könnte (vgl. das in Kap. 0.C.1 erwähnte Stecknadel-Beispiel von ADAM SMITH). Ein Mehr-Personen-Unternehmen kann zum anderen auf *ökonomischen Vorteilen der organisatorischen Zusammenfassung von grundsätzlich trennbaren Tätigkeiten* beruhen. Ein solches Unternehmen lässt sich intern in Teil-Unternehmen zerlegt denken, zwischen denen Märkte bestehen, auf denen die Leistungen der einzelnen Tätigkeiten angeboten, nachgefragt und zu Preisen umgesetzt (transaktioniert) werden. Die „Benutzung" dieser Märkte würde marktliche Transaktionskosten, z. B. für die Information über die angebotenen und nachgefragten Leistungen, verursachen. Die organisatorische Zusammenfassung der Teil-Unternehmen verlegt solche Transaktionen in das Unternehmen und verursacht dann unternehmensinterne Transaktionskosten. Die Eingliederung einer weiteren Tätigkeit lohnt sich, so lange die mit der Nutzung des entsprechenden Marktes verbundenen Transaktionskosten die nach der Eingliederung entstehenden internen Transaktionskosten übersteigen. Der Transaktionskostenansatz zur Erklärung,

warum Unternehmen entstehen, geht auf RONALD COASE (1937) zurück; er wurde inzwischen zur Transaktionskostentheorie ausgebaut und bildet den wichtigsten Zweig der „Neuen Institutionenökonomik", auf die wir in Kap. VI.E eingehen werden. Selbstverständlich können technische und organisatorische Vorteile zusammen wirksam sein.

In dem unter 1. erläuterten Fall geht es um Ein-Personen-Unternehmen, die durch Identität von Eigentümer und Manager gekennzeichnet sind. Alle Faktorbestände, deren Leistungen in der Produktion eingesetzt werden, sind Eigentum des Unternehmers, der auch das Management betreibt und (einzige) Arbeitskraft ist. In den unter 2. angesprochenen Fällen des Mehr-Personen-Unternehmens ist prinzipiell ebenfalls eine personelle Identität von Eigentümern, Managern und Arbeitskräften denkbar. Zwischen allen an dem Unternehmen Beteiligten müsste dann allerdings ein detaillierter *multilateraler Vertrag* bestehen, der genau regelt, welche Faktorleistungen der einzelne Teilnehmer zu welcher Zeit einbringt, welche Entscheidungsbefugnis ihm zusteht, welcher Gewinn- oder Verlustanteil auf ihn als Miteigentümer entfällt, welche Vergütung er als Mitmanager und welchen Lohn er als Mitarbeiter erhält. Da die Kosten für Verhandlungen und Einigung aller Koalitionspartner sowie für die Ausführung des Vertrages außerordentlich (in vielen Fällen: praktisch unendlich) hoch sind, ist es sehr selten, dass ein größeres Mehr-Personen-Unternehmen entsteht, in der die Beteiligten zugleich Eigentümer, Manager und Arbeitskräfte sind. Die Vertragskosten sind drastisch geringer und das Entstehen eines solchen Unternehmens ist regelmäßig nur möglich, wenn an die Stelle des multilateralen Vertrages zwischen allen Beteiligten *bilaterale Verträge* jeweils zwischen Unternehmen und einem Beteiligten, und zwar entweder als Eigentümer oder als Manager oder als Arbeitskraft, treten. Bilaterale Verträge haben den weiteren ökonomischen Vorteil, dass viele Eigentümer, besonders geeignete Manager und Arbeitskräfte für das Unternehmen gewonnen werden können. Neben der Aufhebung der personellen Identität von Eigentümern, Management und Arbeitskräften schaffen bilaterale Verträge ferner die Möglichkeit, bei einem erweiterten Kreis von Beteiligten Ressourcen für das Unternehmen zu mobilisieren.

Als Beispiel kann man eine gemeinsame Praxis von zwei Zahnärzten nehmen, für die ein multilateraler Vertrag noch funktionieren mag. Für eine Autofabrik mit über 10.000 Beschäftigten müsste hingegen die personelle Identität von Eigentümern, Managern und Beschäftigten versagen, so dass nun bilaterale Verträge ökonomisch vernünftig sind.

Bilaterale Verträge setzen voraus, dass das Unternehmen als kontraktfähige organisatorische Einheit entstanden ist und, auf der Grundlage einer gesetzlichen Regelungen entsprechenden *Unternehmensverfassung*, bestimmten Unternehmensorganen die Vertragsverhandlungen und Abschlüsse mit den einzelnen Beteiligten übertragen sind. Das Erkennen der Möglichkeit einer unter bestimmten Zielsetzungen vorteilhaften Produktion, sowie auch der Anstoß für das Entstehen der organisatorischen Einheit eines Unternehmens, ist dem Wirken von *Unternehmern* zuzuschreiben (vgl. SCHUMPETERS *dynamischen Unternehmer*, der neue

Kombinationen von Produktionsfaktoren durchsetzt, Kap. IV.F.2). Ein Unternehmer wird regelmäßig im Management der Unternehmen tätig werden; er muss nicht gleichzeitig (Mit-)Eigentümer sein.

Für Verträge zwischen Unternehmen und Eigentümern ist die Eigentümerversammlung zuständig. Bei Aktiengesellschaften heißt die Eigentümerversammlung Hauptversammlung; sie beschließt z.B. Kapitalerhöhungen und wählt einen Aufsichtsrat (dieser ist in Deutschland seit Einführung der Mitbestimmung paritätisch mit Vertretern der Arbeitnehmer besetzt). Der Aufsichtsrat hat die wichtige Funktion, den Vorstand zu bestellen und damit das Management zu bestimmen. Die Hauptversammlung hat zwar das Recht, dem Vorstand Entlastung zu erteilen oder zu verweigern, nur über die Wahl der Aufsichtsrates hat die Hauptversammlung Einfluss auf die Besetzung des Vorstands. Für Abschluss und Ausführung von Verträgen mit Arbeitskräften ist das Management (bei Aktiengesellschaften: der Vorstand, vertreten durch die Personalabteilung) zuständig.

Als *Zielsetzung* eines Unternehmens wird in der traditionellen mikroökonomischen Theorie die *Maximierung des Periodengewinns* angesehen. Der *Gewinn* einer Periode ist als Differenz zwischen Erlös und Kosten definiert. Der *Erlös* entsteht aus dem Verkauf der produzierten und angebotenen Güter. Die *Kosten* entstehen erstens für Güter und Dienstleistungen, die in der Periode, in der sie nachgefragt werden, vollständig in die Produktion eingehen, zweitens für die Nutzung von Gütern, die möglicherweise schon in früheren Perioden beschafft wurden und dem Unternehmen als Produktionsapparat oder Fixkapital dienen. Bestandteil der Kosten sind auch die nicht Gewinn darstellenden Vergütungen an das Management (weitgehend identisch mit dem „Unternehmerlohn") und die Lohnzahlungen an die Arbeitskräfte. Für diese an dem Unternehmen Beteiligten ist das in den entsprechenden Verträgen festgelegte, mithin *kontraktbestimmte Einkommen* zu zahlen. Der Gewinn des Unternehmens, bestehend aus dem Einkommen der Eigentümer der in dem Unternehmen eingesetzten Bestände an Sachkapital und Boden, ist hingegen residual bestimmt; es ergibt sich als „Rest" nach Abzug der Kosten vom Erlös. Bei Gewinnmaximierung soll das Management so disponieren, dass dieses *Residualeinkommen* ein Maximum wird.

Ein Problem bei der Hypothese der Maximierung des Periodengewinns liegt in der Festlegung der „angemessenen" Periodenlänge. Geht man beispielsweise von einem Quartal aus, so wirken Werbemaßnahmen oder die Entwicklung neuer Produkte zwar in diesem Quartal als kostenerhöhend, tragen aber kurzfristig nichts zum Erlös bei; sie wären also bei der Zielsetzung kurzfristiger Gewinnmaximierung zu unterlassen. Mittelfristig läuft dann aber das Unternehmen Gefahr, aus dem Markt verdrängt zu werden. Deshalb erscheint es plausibel, dass das Unternehmen nicht den Gewinn einer (kurzen) Periode, sondern den Gewinn über längere Fristen hinweg maximieren will, wobei aus Gründen der Liquiditätssicherung oder der Rücksichtnahme auf kurzfristige Aktionärsinteressen ein bestimmter Mindestgewinn in den jeweils kürzeren Perioden angestrebt wird. Für Aktionäre als Anteileigner ist auch der im Aktienkurs sich ausdrückende „shareholder value" maßgeblich. Ferner ist fraglich, ob bei personeller Trennung von Eigentum und Management die Manager stets im Eigentümerinteresse der Gewinnmaximierung (bzw. des „shareholder value") handeln; das Management könnte andere, möglicherweise eigennützige Zielsetzungen verfolgen und dabei beispielsweise seine Wissensvorteile gegenüber den Eigentümern ausnutzen.

Wir behandeln hier zunächst den traditionellen Ansatz der Theorie des gewinnmaximierenden Unternehmens, der in den folgenden Kapiteln die Grundlage der Markt- und Preistheorie darstellt. Erst in Kap. VI.D gehen wir auf Ansätze zur Theorie des Unternehmens ein, in denen auch die Hypothese der Gewinnmaximierung näher untersucht bzw. durch andere Hypothesen ersetzt wird. Unter folgenden weiteren *vereinfachenden Annahmen* führen wir die Untersuchung durch:

- Das Unternehmen sei eine homogene Entscheidungseinheit, es gebe keine Probleme bezüglich der Koordination der Entscheidungen von Managern, die für verschiedene Unternehmensbereiche (z. B. Produktion, Absatz, Finanzierung) zuständig sind.
- Das Unternehmen stelle nur ein Gut her (die Probleme des Mehrproduktunternehmens behandeln wir unter „Ergänzungen", Abschnitt J.2).
- Es sei nicht erforderlich, zwischen produzierten und abgesetzten Gütermengen einerseits sowie beschafften und in der Produktion eingesetzten Gütermengen andererseits zu unterscheiden. Damit bleiben alle Probleme der Lagerhaltung von produzierten, aber noch nicht verkauften, und gekauften, aber noch nicht verwendeten Gütern unberücksichtigt.
- Das Unternehmen sei durch externe Effekte weder benachteiligt noch bevorteilt (externe Effekte behandeln wir unter „Ergänzungen", Abschnitt J.1), d. h. es muss für alle genutzten Leistungen (Arbeit, Energie, Rohstoffe, Umweltnutzungen, ...) die jeweiligen Marktpreise bezahlen bzw. äquivalente Entgelte entrichten.

Wir diskutieren in Abschnitt B die Produktionsfunktion, aus der wir dann in Abschnitt C bei gegebenen Preisen der eingesetzten Faktorleistungen und Vorprodukte die Kostenfunktion ableiten. In Abschnitt D wird auch der Preis des Produktes als gegeben angenommen und unter dieser Annahme der optimale Produktionsplan bestimmt. Angebot und Nachfrage des Unternehmens bei alternativen Faktornutzungs- und Produktpreisen werden in Abschnitt E analysiert. Abschnitt F diskutiert den Inhalt der Abschnitte B bis E für einen wichtigen Spezialfall, die linear-homogene Produktionsfunktion. In Abschnitt G werden die möglichen Veränderungen des Produktionsapparates des Unternehmens berücksichtigt und daraus die langfristige Kosten- und die langfristige Angebotskurve hergeleitet. Mit dem Aufbau des Produktionsapparates durch Investition befassen wir uns in Abschnitt H. In Abschnitt I geht es um die Aggregation von Angebots- und Nachfragekurven einzelner Unternehmen. Am Schluss dieses Kapitels sollen in Abschnitt J schließlich noch Probleme externer Effekte und des Mehrproduktunternehmens aufgezeigt werden.

B. Die Produktionsfunktion

In dem Unternehmen werden aus Gütern, die in der Form von Faktorleistungen und Vorprodukten in der Produktion eingesetzt werden, andere Güter produziert. Es erfolgt also eine *Transformation von Gütern in andere Güter*. Wir bezeichnen in Zukunft *alle eingesetzten Güter als Faktoren*, gleichgültig, ob es sich um die verschiedenen Varianten von Leistungen der Produktionsfaktoren Arbeit, Sachkapital und Boden handelt, deren Bestände im wirtschaftlichen Eigentum der Haushalte stehen, oder um Güter, die von anderen Unternehmen bezogen werden, also Vor- oder Zwischenprodukte sind. Die Unterscheidung von Arbeits-, Kapital- und Bodenleistungen einerseits und Zwischenprodukten andererseits ist nämlich aus der Sicht des Unternehmens ohne Bedeutung. Die Zahl der eingesetzten Faktorleistungseinheiten (wie Arbeitsstunden, Maschinenstunden) und Zwischenprodukteinheiten (wie kg Material, Stück Schrauben) bezeichnen wir als Faktoreinsatzmenge. Die Zahl der erzeugten Gütereinheiten bezeichnen wir als Ausbringungs- oder Produktionsmenge.

1. Fixe und variable Faktoren

Ein *fixer Faktor* ist dadurch definiert, dass seine Einsatzmenge nicht von der Produktionsmenge abhängt, sondern fest vorgegeben ist. Die Einsatzmenge eines *variablen Faktors* verändert sich dagegen mit der Produktionsmenge. Was ein fixer und was ein variabler Faktor ist, hängt von der Länge des Zeitraums ab, auf den sich die Stromgrößen „Produktionsmenge" und „Faktoreinsatzmengen" beziehen. Die Einsatzmenge eines fixen Faktors kann innerhalb der zugrunde gelegten Periode der Ausbringungsmenge nicht angepasst werden; die Entscheidung über diesen Faktor erstreckt sich über mehr als eine Periode. Beispiele für Fixfaktoren sind Gebäude und langlebige Maschinen. Die Einsatzmenge eines variablen Faktors geht innerhalb der betrachteten Periode völlig in die Produktion ein und lässt sich daher der Produktionsmenge anpassen. Beispiele dafür sind Materialmengen und kurzfristig einstell- und kündbare Arbeitskräfte.

Mit zunehmender Länge der betrachteten Periode werden immer mehr von den fixen zu variablen Faktoren. Bei einjähriger Periodenlänge sind die meisten Maschinen fixe, bei zwanzigjähriger dagegen variable Faktoren. Sehr langfristig sind grundsätzlich alle Faktoren variabel. Geht etwa die Produktion mangels Absatzes laufend zurück, so fallen bei Betrachtung kurzer Perioden noch dauernd die Kosten fixer Faktoren an, weil der Maschinenbestand und die Gebäude kurzfristig nicht der sinkenden Produktion angepasst werden können. Bei Betrachtung langer Perioden können die Kosten für Maschinen dagegen abgebaut werden, indem man es unterlässt, den Maschinenpark zu erneuern.

Die Unterscheidung von fixen und variablen Faktoren in der angedeuteten Weise liefert auch das Kriterium dafür, was eine *Investition* und was *laufender Faktoreinsatz* ist. Investition ist die Beschaffung von fixen Faktoren, d. h. von Gütern, die nicht innerhalb einer Periode in den Produktionsprozess eingehen. Laufender Faktoreinsatz ist gleichzusetzen mit dem Einsatz variabler Faktoren. Auch diese Unterscheidung hängt somit von der zugrunde gelegten Periodenlänge ab.

Diese wenigen Überlegungen deuten bereits an, dass dem Planungsproblem des Unternehmens eigentlich nur eine komplexe Maximierungsüberlegung entlang der Zeitachse gerecht werden kann, die mit Methoden der dynamischen Optimierung zu behandeln wäre. Wir wählen statt dessen, wie in der Literatur üblich, eine statische Analyse einer Periode, die in den Abschnitten G und H durch langfristige Kostenkurven und Elementarüberlegungen zur Investition ergänzt wird. Die statische Analyse erlaubt es, ohne Verlust an Allgemeingültigkeit, die fundamentalen Konzepte hinreichend einfach abzuleiten.

2. Produktionsfunktion und Isoquanten

Um die Analyse noch weiter zu vereinfachen wird angenommen, dass das Unternehmen ein Gut in der Menge y mit nur zwei variablen Faktoren, deren Mengen r_1 und r_2 sind, erzeugen kann. Nur an einigen Stellen werden wir die Aussagen auf den Fall beliebig vieler variabler Faktoren verallgemeinern. Zwischen Faktoreinsatz und der damit maximal möglichen Ausbringung bestehe folgende funktionale Beziehung:

$$y = g(r_1, r_2). \tag{1}$$

Die funktionale Beziehung zwischen Faktoreinsatz und Ausbringung wird als *Produktionsfunktion* bezeichnet. Diese Produktionsfunktion gelte für gegebenen, innerhalb der zugrunde gelegten Periode nicht variierbaren Einsatz fixer Faktoren. Es wird also ein bestimmter Produktionsapparat, bestehend aus Gebäuden, Maschinen usw. unterstellt, der innerhalb der betrachteten Periode nicht verändert werden kann. Die Größe des Produktionsapparates kommt in dem Funktionalzusammenhang g zum Ausdruck. Wäre der Produktionsapparat kleiner oder größer, so wäre auch der Zusammenhang ein anderer. In der Regel wird ein höherer Fixkosteneinsatz, d. h. ein gegenüber einer Ausgangssituation größerer Produktionsapparat, dazu führen, dass zumindest im Bereich der relevanten Normalkapazitäten eine Menge y mit geringerem Faktoreinsatz r_1, r_2 zu produzieren ist. Nur innerhalb eines *gegebenen Produktionsapparates* gilt also der mit der Produktionsfunktion implizierte eindeutige Zusammenhang zwischen r_1, r_2 und y.

Diese *Produktionsfunktion* ordnet nicht-negativen Faktoreinsätzen ($r_1, r_2 \geq 0$) im Rahmen eines gegebenen Produktionsapparates eindeutig eine nicht-negative Produktionsmenge y zu, die mit diesem Faktoreinsatz (r_1, r_2) maximal produzierbar ist. Die Produktionsfunktion impliziert damit einmal einen gegebenen, innerhalb der betrachteten Periode unveränderlichen Stand des technischen Wissens, zum anderen technische Effizienz in dem Sinne, dass die mit der gegebenen Technik vorhandene Produktionsmöglichkeit bestmöglich ausgenützt wird. Ein Unterscheidungsmerkmal ergibt sich daraus, wie viele (effiziente) Produktionsverfahren verfügbar sind und danach, mit welchen Faktorkombinationen die Ausbringungsmenge erreicht werden kann. Gibt es nur eine einzige Faktoreinsatzmengenkombination mit der eine Ausbringungsmenge erreicht werden kann, so basiert dieses Produktionsverfahren auf einer limitationalen Produktionsfunktion.

Ein zweites Unterscheidungsmerkmal ist, ob bei einer Verdopplung, Verdreifachung etc. aller Input-Faktoren eine gewisse regelmäßige Zuordnung der Produktionssteigerungen erfolgt. Wenn sich dann nämlich die Produktion ebenfalls verdoppelt bzw. verdreifacht, nennt man diese Produktionsfunktion linear-homogen. Ihr Homogenitätsgraden beträgt $m = 1$. Andere Produktionsfunktionen sind solche mit anderen Homogenitätsgrad oder nicht-homogene Funktionen. Die folgende Tabelle liefert einen Überblick unter Verwendung beider Unterscheidungsmerkmale. Die in der Tabelle fett umrandeten Bereiche werden im Folgenden speziell betrachtet.

	Allgemeine Produktionsfunktion		
	Nicht-homogene Produktionsfunktion	Homogene Produktionsfunktion mit Homogenitätsgrad m	
		Homogenitätsgrad m beliebig	Linear-homogen (Homogenitätsgrad $m = 1$)
Ein effizientes Verfahren	Allgemeine limitationale Produktionsfunktion		(limitationale) LEONTIEF-Funktion
Viele effiziente Verfahren	Allgemeine substitutionale Produktionsfunktion	Produktionsfunktion mit steigenden oder fallenden Skalenerträgen	Linear-homogene substitutionale Produktionsfunktion

Wollen wir die Produktionsfunktion geometrisch darstellen, so haben wir für den Fall zweier variabler Faktoren wie bei der Nutzenfunktion drei Achsen zu berücksichtigen: r_1 und r_2 tragen wir auf den Achsen der Grundfläche ab, y nach oben. Die Produktionsfunktion ist geometrisch wieder ein Funktionsgebirge, das jetzt *Ertragsgebirge* genannt wird, wobei die Höhe des Gebirges die produzierte Menge angibt. Diese Menge ist, anders als der ordinale Nutzen, eine kardinal messbare Größe: Die Produktion ist in physischen Werten (Stück, kg, ...) ausgedrückt. Alle (r_1, r_2)-Kombinationen, d. h. verschiedene Techniken, die die gleiche Produktionshöhe y ermöglichen, nennt man eine *Isoquante* zur Produktion y. Man findet sie als Projektion eines horizontalen Höhenschnitts durch das Ertragsgebirge auf die (r_1, r_2)-Ebene: Isoquanten entsprechen quasi den Linien gleicher Höhe in einem Atlas oder einer Wanderkarte.

Die LEONTIEF-Produktionsfunktion (limitationale Produktionsfunktion):
Der einfachste Fall wird durch die sogenannte limitationale Produktionsfunktion gegeben: Es gibt nur ein einziges Produktionsverfahren, d. h. genau eine (r_1, r_2) - Kombination, mit der *y,* effizient ohne unnötiges Liegenlassen eines Faktors, produziert wird. Das Verhältnis der (effizienten) Faktoreinsatzmengen muss für zunehmende Produktionsmengen nicht unbedingt dasselbe bleiben, doch wird dies fast immer unterstellt. Auch das Verhältnis aus Produktionsmenge und einer Faktoreinsatzmenge muss mit zunehmender Produktionsmenge nicht unbedingt konstant sein, doch wird auch dies meist angenommen. Wir haben es dann mit einer *linear-limitationalen Produktionsfunktion* zu tun. Für eine solche Funktion gilt also in unserem Standardfall mit zwei Produktionsfaktoren:

$$r_1 = a_1 y$$
$$r_2 = a_2 y \qquad (2)$$
$$a_1, a_2 > 0$$

sowie

$$r_1 = \frac{a_1}{a_2} \cdot r_2, \qquad (3)$$

wobei a_1 und a_2 konstante *Produktions-* oder *Inputkoeffizienten* sind. Da solche Funktionen auch in der von LEONTIEF entwickelten Input-Output-Analyse verwendet werden, nennt man sie auch *LEONTIEF-Produktionsfunktionen.* In der obigen Schreibweise ist sie nur für (r_1, r_2)-Kombinationen entsprechend Gleichung (3) definiert.

Zeichnen wir das diesen Funktionen zugeordnete Ertragsgebirge, d. h. die dreidimensionale Darstellung der Produktionsfunktion (1), so stellen wir fest, dass von diesem nur ein einziger, und zwar linear verlaufender, gleichmäßig an Höhe gewinnender Pfad definiert ist. In Abb. 1 entspricht den Mengen $\bar{r}_1, \bar{r}_2$, die in dem durch (3) vorgeschriebenen Verhältnis stehen, die Menge $\bar{y}$ und damit der Punkt *P.* Legen wir einen Strahl durch den Ursprung *O* und *P,* so bezeichnen die Punkte auf diesem Strahl alle Kombinationen der Variablen r_1, r_2 und *y,* für welche die Produktionsfunktion definiert ist.

Lassen wir zu, dass nicht nur Faktorkombinationen auf dem Strahl, sondern beliebige Kombinationen eingesetzt werden, dann fragen wir nach der maximal realisierbaren Produktion *y* bei Einsatz beliebiger (r_1, r_2). Dann können wir die linear-limitationale Produktionsfunktion auch in der Form

$$y = \min\left(\frac{r_1}{a_1}, \frac{r_2}{a_2}\right) \qquad (4)$$

schreiben, die aussagt, dass die produzierte Menge gleich der kleinsten der Verhältniszahlen in der Klammer ist und der Produktionsfaktor, für den diese Zahl gilt, die Rolle des Engpassfaktors spielt, während der andere Faktor im Überfluss

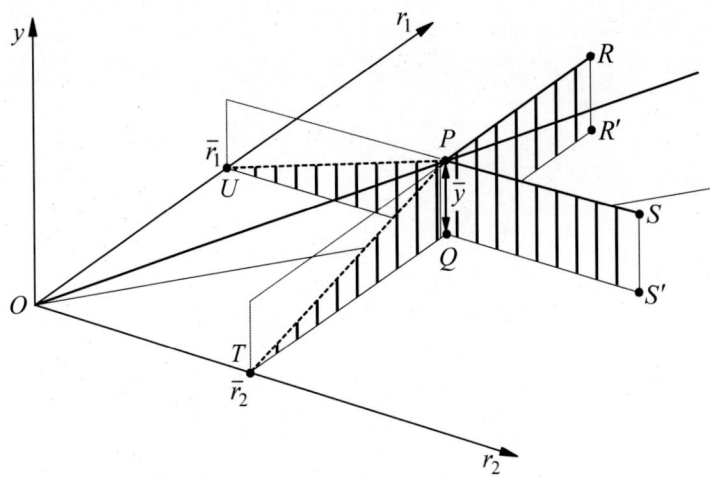

Abb. 1: Ertragsgebirge einer linear-limitationalen Produktionsfunktion

eingesetzt wird. Nur wenn beide Verhältniszahlen gleich sind (d. h. es wird kein Produktionsfaktor ungenutzt liegen gelassen) also effizient produziert, entspricht (4) genau (2) und befinden wir uns im Ertragsgebirge bzw. in der Faktor-Grundebene auf dem Strahl von O durch P.

Ist in Abb. 1 beispielsweise R' die eingesetzte Faktorkombination, dann ist Faktor 2 der Engpass und Faktor 1 mit der Menge QR' im Überfluss eingesetzt. Bei der Faktorkombination S' ist Faktor 1 der Engpass, während die Menge QS' des Faktors 2 überflüssig ist. In beiden Fällen ist allein der Punkt Q für die Produktionsmenge entscheidend. Im Ertragsgebirge zu (4) zweigen von dem Pfad OP Seitenpfade ab, die parallel zu den Achsen immer in gleicher Höhe verlaufen. Schneiden wir dieses Gebirge parallel zur Grundfläche in der Höhe des Punktes P, so entsteht als *Isoquante*, d. h. als Menge aller (r_1, r_2)-Kombinationen mit gleicher Produktion y, der Linienzug RPS bzw. $R'QS'$.

Alle Punkte zwischen R' und Q sowie S' und Q sind jedoch Faktorkombinationen, die es sich in realen Produktionsentscheidungen nicht zu wählen lohnt, solange die eingesetzten Faktoren knapp und damit teuer sind: Die Menge des im Überfluss eingesetzten Faktors kann ja reduziert werden, ohne dass sich die produzierte Menge verringert. Im Bereich PR ist der Ertragszuwachs des Faktors 1, im Bereich PS der des Faktors 2 gleich null. Die Schreibweise in der Form (4) bietet eine formal korrekte Verbindung zu den im Folgenden behandelten allgemeinen substitutionalen Produktionsfunktionen.

Die substitutionale Produktionsfunktion als Abbild vieler Produktionsverfahren: Die folgende Überlegung ist zwar nicht mathematisch exakt, macht aber den

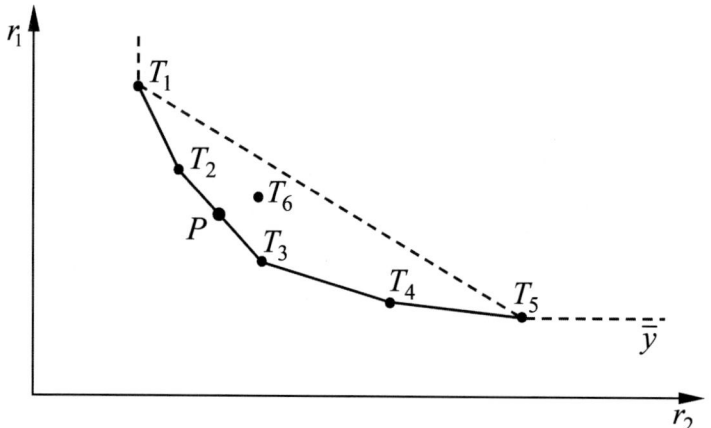

Abb. 2: Isoquante für Linearkombinationen von fünf einzelnen Produktionsverfahren

Übergang auf (unten zu klärende) substitutionale Produktionsfunktionen plausibel: Wenn es anstelle eines einzigen Verfahrens nunmehr N (bspw. $N=5$ wie in Abb. 2) Produktionsverfahren zur Herstellung einer gegebenen Produktionsmenge y gibt und wenn zusätzlich Linearkombinationen dieser N Verfahren zulässig sind, dann hat die zugehörige Isoquante für alle effizienten Faktoreinsätze N Knicke.

Wenn wir *Teilbarkeit der Produktionsfaktoren* unterstellen und auch beliebige Linearkombinationen von $(T_1, T_2, ... T_5)$ realisiert werden können, ist der eingezeichnete Zug $T_1 - T_2 - ... - T_5$ die graphische Darstellung der insgesamt bestmöglichen Techniken zur Produktion von $\bar{y}$. Weil etwa T_2, T_3 und T_4 weniger Faktoren benötigen als alle jeweils „rechts oberhalb" liegenden Punkte, ist die Linearkombination $T_1 + T_5$ in der Abb. 2 nicht sinnvoll für die Produktion von $\bar{y}$.

Hinweis: Eventuell gibt es noch weitere Verfahren $T_6, T_7, ...$, mit denen die Ausbringungsmenge $\bar{y}$ zu erreichen ist, die aber als ineffizient ausgesondert werden können: Beispielsweise kann Verfahren T_6 dadurch vermieden werden, dass $1/2 \cdot (T_2 + T_3)$, also die Mengen des Punktes P eingesetzt werden, um $\bar{y}$ herzustellen. Punkt P benötigt bei gleicher Produktionsmenge von beiden Faktoren weniger, ist also technisch offensichtlich besser als T_6.

Mit der Realisierbarkeit der Linearkombinationen unterstellen wir sogenannte linear-homogene Produktionsfunktionen, ein Konzept, das später erläutert wird.

Wenn man anstelle einer kleinen endlichen Anzahl von Techniken eine „sehr große" Zahl annimmt, lassen sich die Produktionsbedingungen durch streng konvexe und differenzierbare Isoquanten approximieren. Für die Produktionsfunktion nimmt man dann aus formalen Gründen gern zusätzlich an: Sie habe stetige 1. und 2. Ableitungen. Insbesondere muss sie dann auch selbst stetig sein. Diese Eigenschaften hatten wir bereits im Zusammenhang mit der Nutzenfunktion (I.B.5) erläutert.

3. Ertragskurven und Isoquanten für substitutionale Produktionsfunktionen

Wir betrachten eine Produktionsfunktion, deren geometrische Darstellung der Abb. 3.a entspricht. Das Ertragsgebirge können wir, ähnlich wie in Kap. I.B.2 das Nutzengebirge, in verschiedener Weise schneiden, z. B. folgendermaßen:
1. Schnitt senkrecht zur Grundfläche, parallel zur r_1-Achse. Die Schnittkurve, die wir so erhalten, beschreibt den Zusammenhang zwischen r_1 und y für einen gegebenen Wert des Faktors 2: Sie ist eine Ertragskurve für Faktor 1.
2. Schnitt senkrecht zur Grundfläche, parallel zur r_2-Achse. Wir erhalten so den Zusammenhang zwischen r_2 und y für gegebenen Einsatz des Faktors 1: Es handelt sich um eine Ertragskurve für Faktor 2.
3. Schnitt parallel zur Grundfläche. Wir erhalten damit den Zusammenhang zwischen r_1 und r_2 für eine gegebene Produktionsmenge y, den man Isoquante nennt.

Zu 1.: Die Ertragskurve für Faktor 1 für die gegebene Einsatzmenge $\bar{r}_2$ des Faktors 2 wird durch die untere der beiden Kurven in Abb. 3.b dargestellt und ist analytisch gegeben durch

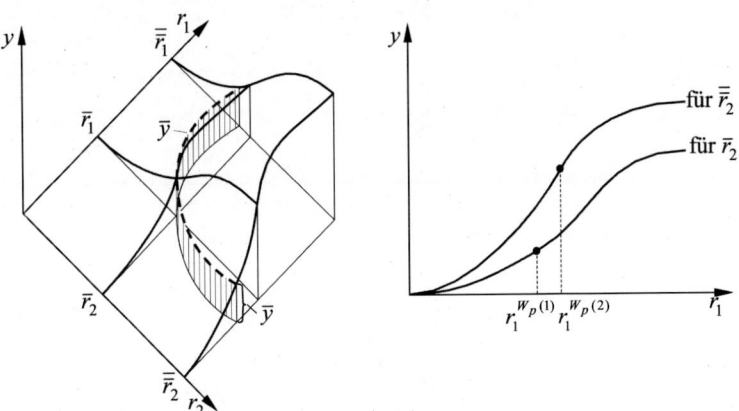

Abb. 3.a/b: **Ertragsgebirge** $y(r_1, r_2)$ **und Ertragskurve für Faktor 1**

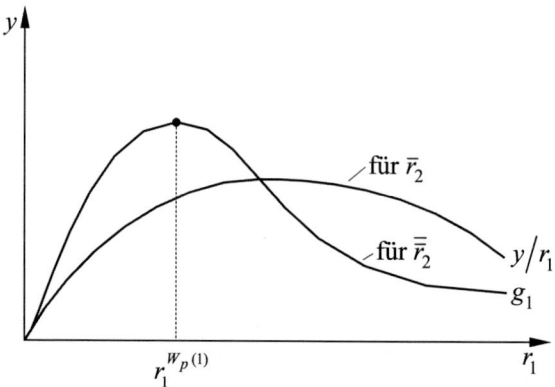

Abb. 4: Durchschnitts- und Grenzertragskurve für Faktor 1

$$y = g(r_1, \bar{r}_2) = h(r_1).\tag{5}$$

Bei Konstanz von $\bar{r}_2$ ist die Ertragskurve nur noch von r_1 abhängig, was dann auch als $h(r_1)$ geschrieben werden kann. In unserem Beispiel hat die Kurve folgende Eigenschaften:

(a) Sie steigt überall positiv an, d. h. der *Ertragszuwachs* (oder, was dasselbe bezeichnet: der *Grenzertrag* oder die *Grenzproduktivität*) des Faktors 1 ist positiv. Man sagt auch: es herrscht *unbegrenzte Faktorergiebigkeit*. Analytisch heißt das, dass die erste partielle Ableitung der Produktionsfunktion nach r_1 positiv ist:

$$\frac{\partial y}{\partial r_1} = g_1(r_1, \bar{r}_2) = h'(r_1) > 0 \tag{6}$$

Mit der Schreibweise $g_i(r_1, r_2)$ bezeichnen wir im Folgenden die Ableitung der Funktion (5) nach der Variablen i, wobei die übrige Variable konstant gehalten wird.

(b) Mit einer Vergrößerung des Faktoreinsatzes r_1 nehmen die Ertragszuwächse zunächst zu, erreichen ein Maximum bei der Wendepunktmenge $r_1^{Wp(1)}$ und nehmen danach wieder ab. Für die zweite direkte partielle Ableitung nach r_1 gilt also:

$$\frac{\partial^2 y}{\partial r_1^2} = g_{11} \begin{cases} > 0 & \text{für } r_1 < r_1^{Wp(1)} \\ < 0 & \text{für } r_1 > r_1^{Wp(1)} \end{cases}. \tag{7}$$

Die Schreibweise g_{ij} bezeichnet die partielle Ableitung der Funktion g_i nach der Variablen j. Dieser Verlauf definiert das (*allgemeine*) *Ertragsgesetz*, das eine Aussage über die Veränderung der Ertragszuwächse eines Faktors zum Inhalt hat, wenn der Einsatz des anderen Faktors (allgemeiner: aller anderen Faktoren) konstant gehalten wird.

Aus den unter (a) und (b) genannten Eigenschaften der Ertragskurve folge der in Abb. 4 dargestellte Verlauf der *Ertragszuwachs-(Grenzertrags-, Grenzproduktivitäts-)* und der *Durchschnittsertrags-(Produktivitäts-)Kurve* für den Faktor 1, jeweils wieder für gegebenen Faktoreinsatz $\bar{r}_2$. Der Ertragszuwachs g_1 steigt bis zum Wendepunkt, fällt dann wieder, bleibt jedoch positiv. Der Durchschnittsertrag y/r_1 steigt an, bis er gleich dem Grenzertrag wird, und fällt von dort ab wieder, bleibt aber ebenfalls positiv.

(c) Vergrößert sich die Einsatzmenge des Faktors 2 von $\bar{r}_2$ auf $\bar{\bar{r}}_2$, dann verschiebt sich die Ertragskurve für Faktor 1 nach oben, ohne dass sich in unserem Beispiel der Typ der Kurve ändert. Entsprechend verschieben sich auch Ertragszuwachs- und Durchschnittsertragskurve. Die Ertragskurve für $\bar{\bar{r}}_2$ hat für jede Menge r_1 eine größere Steigung als für $\bar{r}_2$. Mit vergrößertem Einsatz des Faktors 2 nimmt also der Ertragszuwachs des Faktors 1 zu. Analytisch bedeutet das, dass die zweite indirekte partielle Ableitung oder Kreuzableitung nach r_2 positiv ist:

$$\frac{\partial^2 y}{\partial r_1 \partial r_2} = g_{12} > 0 . \tag{8}$$

Wenn für die 1. und 2. Ableitungen der Produktionsfunktion Stetigkeit angenommen wird, gilt ein Satz der Mathematik: $g_{12} = g_{21}$.

Zu 2.: Die Ertrags- oder Produktivitätskurve für Faktor 2 bei gegebener Einsatzmenge $\bar{r}_1$ des Faktors 1 lautet analytisch:

$$y = g(\bar{r}_1, r_2) = k(r_2) . \tag{9}$$

Wie aus Abb. 3.a erkennbar, hat diese Kurve, ebenso wie die für gegebene Einsatzmenge $\bar{r}_1$ des Faktors 1, in unserem Beispiel die gleichen Eigenschaften wie die unter 1. behandelte, so dass auch Ertragszuwachs- und Durchschnittsertragskurve vom gleichen Typ sind.

Zu 3.: Die Isoquante für die Menge $\bar{y}$, die entsteht, indem man das Ertragsgebirge in der Höhe $\bar{y}$ parallel zur Grundfläche schneidet und die Schnittkurve in die Grundebene projiziert, wird analytisch gegeben durch

$$\bar{y} = g(r_1, r_2) \tag{10}$$

oder, bei Auflösen nach r_1, durch

$$r_1 = \tilde{g}(r_2, \bar{y}) = \tilde{\tilde{g}}(r_2) \tag{11}$$

Offensichtlich beschreibt jeder Punkt auf einer Isoquante ein *mögliches Produktionsverfahren*, d. h. ein Faktorbündel (r_1, r_2), mit dem die Produktionsmenge $\bar{y}$ hergestellt werden kann. Falls es nur eine einzige derartige Technik gibt, hat man den oben bereits erörterten Fall der sogenannten limitationalen Produktionsfunktion.

Im Beispiel der Abb. 3.a hat die Isoquante negative Steigung und verläuft konvex zum Ursprung, d. h. es gilt:

$$\frac{dr_1}{dr_2} < 0 \quad \text{und} \quad \frac{d^2 r_1}{dr_2^2} > 0. \tag{12}$$

Die folgenden Überlegungen zum Isoquantenverlauf sind unabhängig von unserem geometrischen Beispiel: Im sogenannten totalen Differential der Produktionsfunktion

$$dy = \frac{\partial y}{\partial r_1} \cdot dr_1 + \frac{\partial y}{\partial r_2} \cdot dr_2 = g_1 \cdot dr_1 + g_2 \cdot dr_2 \tag{13}$$

sind dr_1 und dr_2 willkürlich angenommene, „sehr kleine" Änderungen der Faktoreinsatzmengen; dy ist die daraus resultierende Produktionsmengenänderung. Entlang einer Isoquante ist ex definitione y = const., somit $dy = 0$:

$$g_1 dr_1 + g_2 dr_2 = 0 \tag{14}$$

oder

$$-\frac{g_2}{g_1} = \frac{dr_1}{dr_2}. \tag{15}$$

Wie man aus (15) unmittelbar abliest, sind positive Grenzproduktivität oder unbegrenzte Faktorergiebigkeit beider Faktoren: $g_1 > 0$ und $g_2 > 0$ hinreichend für eine *negative Steigung der Isoquante*. Die beliebige Erhöhung der Menge eines Faktors

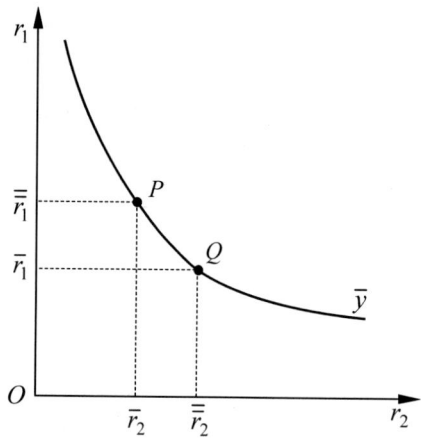

Abb. 5: Isoquante einer substitutionalen Produktionsfunktion

wird bei Bewegung auf einer Isoquanten durch eine bestimmte Verminderung der Menge des anderen Faktors ausgeglichen. Ist r_2 die unabhängige Variable und untersuchen wir infinitesimale Größenänderungen, so gilt:

$$\left|\frac{dr_1}{dr_2}\right| = \frac{g_2}{g_1}, \tag{16}$$

d. h. die absolute Isoquantensteigung oder die *Grenzrate der Substitution* des Faktors 1 durch den Faktor 2 ist gleich dem umgekehrten Verhältnis der Grenzproduktivitäten.

Wir fragen nun, unter welchen Voraussetzungen die Isoquanten *konvex* zum Ursprung sind, d. h. eine abnehmende Grenzrate der Substitution eines Faktors durch den anderen vorliegt. In diesem Fall muss sich in Abb. 5 beim Übergang von P nach Q auf der Isoquante für $\bar{y}$ der Wert des Bruchs in (16) verringern.

Für die folgende Diskussion unterstellen wir, dass der Ertragszuwachs, also die Grenzproduktivität eines Faktors bei Mehreinsatz des anderen Faktors nicht abnimmt, d. h. $g_{12} = g_{21} \geq 0$.

Die Argumentation ist analog zu der für konvexe Indifferenzkurven in Kap. I.B.2: Analytisch lautet die Bedingung für eine abnehmende Grenzrate der Substitution:

$$2g_{21}g_1g_2 > (g_1)^2 \cdot g_{22} + (g_2)^2 \cdot g_{11} \tag{17}$$

Sind die Grenzerträge positiv und die Kreuzableitungen nicht negativ, so ist es für einen konvexen Isoquantenverlauf hinreichend, wenn die Ertragszuwächse für beide Faktoren abnehmen: $g_{11} < 0$, $g_{22} < 0$. Dann sind die beiden Summanden auf der rechten Seite von (17) negativ, die linke Seite ist positiv, so dass die Unglei-

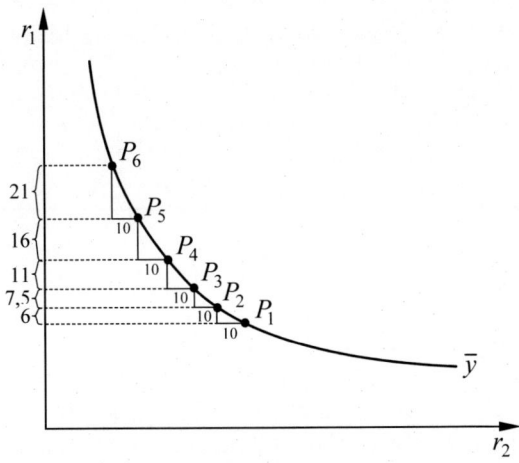

Abb. 6: Abnehmende Grenzrate der Substitution eines Faktors durch den anderen (betragsmäßig)

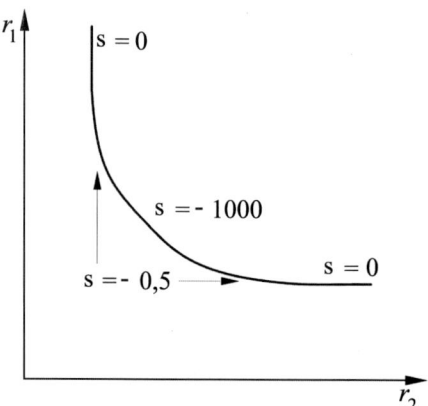

Abb. 7: Verschiedene Substitutionselastizitäten

chung erfüllt ist. Abnehmende Ertragszuwächse für alle Faktoren sind jedoch *keine notwendige Bedingung für abnehmende Grenzrate der Substitution.* Es gibt also Fälle, in denen, z. B. für einen Faktor *i*, der Grenzertrag (die Grenzproduktivität) nicht abnimmt (z. B. bei g_{ii} = konstant) und dennoch die Isoquanten konvex sind. Die abnehmende Grenzrate der Substitution eines Faktors durch einen anderen lässt sich anhand der Abb. 6 zeigen.

Geht man von P_1 aus jeweils um 10 Einheiten des Faktors r_2 zurück, dann benötigt man zunächst nur 6 Einheiten mehr von Faktor r_1, um weiterhin die Menge $\bar{y}$ zu produzieren. Reduziert man nun weitere 10 Einheiten von r_2, so sind jetzt 7,5 zusätzliche Einheiten von r_2 einzusetzen. Weitere Reduktion von r_2 erhöht die benötigte Faktormenge um 11 Einheiten, dann um 16 Einheiten und schließlich bis zum Punkt P_6 um weitere 21 Einheiten von Faktor r_1. Genauso gut können wir von Punkt P_6 ausgehen; es zeigt sich, dass für jeweils 10 Einheiten zusätzlich von Faktor r_2 immer weniger von Faktor r_1 eingesetzt werden muss.

Offensichtlich ist die Krümmung der Isoquanten für die Leichtigkeit der Substitution maßgeblich. Als Extremfall lässt sich die linear-limitationale LEONTIEF-Produktionsfunktion anführen, deren Isoquanten rechteckig verlaufen (vgl. *R'QS'* in Abb. 1) und deren Isoquantenkrümmung im einzigen effizienten Produktionspunkt (*Q*) unendlich groß ist. Im Allgemeinen ist die Krümmung einer Isoquanten von Punkt zu Punkt verschieden. Die Substitutionselastizität σ ist dann null, wenn die Isoquante parallel zu den Achsen verläuft und wird mit zunehmender Krümmung betragsmäßig größer, wie in Abb. 7 dargestellt.

Wenn σ überall den gleichen konstanten Wert annimmt, nennt man die dadurch eingegrenzte Produktionsfunktionen-Klasse „CES" (= **c**onstant **e**lasticity of **s**ubstitution). Sonderfälle von CES-Funktionen sind die in Abb. 8.a/b/c wiedergegebenen Fälle von perfekter Substitution ($\sigma \to -\infty$), der COBB-DOUGLAS-Produktionsfunktion ($\sigma \to -1$) und der LEONTIEF-Produktionsfunktion ($\sigma \to 0$):

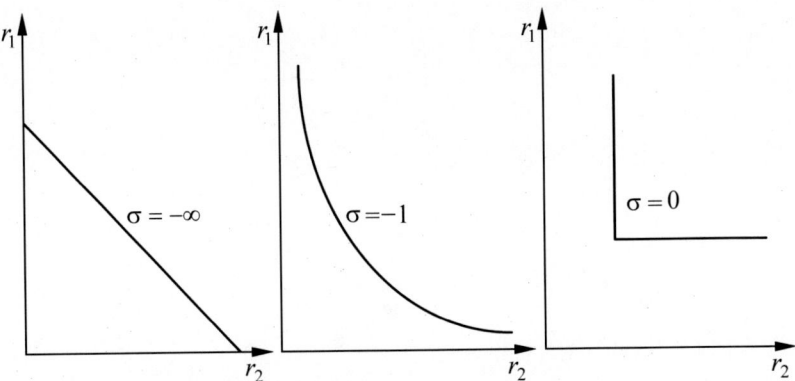

Abb. 8.a/b/c: **Sonderfälle der CES-Funktion**

Die COBB-DOUGLAS-Funktion ist eine spezielle CES-Funktion mit $\sigma = -1$. Es gilt aber auch: Jede substitutionale CES-Funktion mit $\sigma = -1$ ist eine COBB-DOUGLAS-Funktion.

Definition: Die *Substitutionselastizität* σ wird gemessen durch das Verhältnis der relativen Änderung des Faktoreinsatzverhältnisses r_1/r_2 zur relativen Veränderung der Grenzrate der Substitution dr_1/dr_2.

$$\sigma = -\frac{d\left(\dfrac{r_1}{r_2}\right)\cdot \dfrac{dr_1}{dr_2}}{d\left(\dfrac{dr_1}{dr_2}\right)\cdot \dfrac{r_1}{r_2}} = -\frac{\text{Änderung von } \left(\dfrac{r_1}{r_2}\right) \text{ in \%}}{\text{Änderung von } \left(\dfrac{dr_1}{dr_2}\right) \text{ in \%}}.$$

Anhand des Isoquantendiagramms lässt sich auch der Verlauf der Ertrags- und Ertragszuwachskurven diskutieren. In Abb. 9 sind die Isoquanten für konstante Produktionsmengendifferenzen, nämlich für die Mengen 1, 2, 3 usw., eingezeichnet. Interessiert uns der Kurvenverlauf für Faktor 1 bei gegebenem Faktoreinsatz $\bar{r}_2$, so tragen wir bei $\bar{r}_2$ eine Parallele zur r_1-Achse ein und stellen fest, in welchen Abständen die Isoquanten für konstante Mengendifferenzen diese Gerade schneiden. Nehmen die Abstände ab, dann befinden wir uns im Bereich zunehmender Steigung der Ertrags- und positiver Steigung der Ertragszuwachskurve. Nehmen die Abstände zu, dann nimmt die Steigung der Ertragskurve ab und die der Ertragszuwachskurve wird negativ. In Abb. 9 ist also das Ertragsgesetz unterstellt.

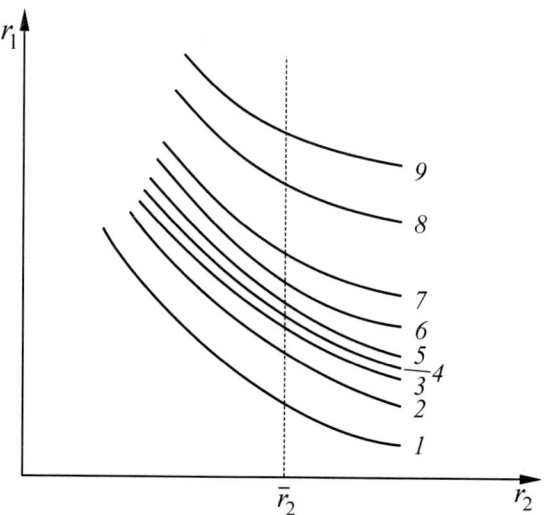

Abb. 9: **Lage der Isoquanten bei Gültigkeit des Ertragsgesetzes**

4. Skalenelastizität und homogene Produktionsfunktionen

Fragt man jetzt danach, wie verschiedene Isoquanten (z. B. für $\bar{y} = 100$ und $\bar{\bar{y}} = 200$) zueinander in der (r_1, r_2)-Ebene liegen, kann man nur für eine spezielle Klasse von Produktionsfunktionen noch „schöne" Aussagen ableiten. Wir verwenden dazu die Begriffe der Skalenerträge und der Skalenelastizität im Zusammenhang mit homogenen Produktionsfunktionen.

Ausgangspunkt sei eine beliebige Faktorkombination (r_1, r_2) in Punkt A der Abb. 10. Erhöht man unter Beibehaltung des Faktoreinsatzverhältnisses $(r_1/r_2)_A = \tan \alpha$ *beide Faktoreinsatzmengen* proportional um den gleichen Prozentsatz (d. h. man vergrößert die *Skala der Produktion*), dann gilt wegen des Strahlensatzes:

$$\frac{\Delta r_1}{r_1} = \frac{\Delta r_2}{r_2} = \frac{C_0 C_1}{O C_0} = \frac{D_0 D_1}{O D_0} = \frac{AB}{OA}.$$

Die interessante Frage lautet jetzt: Wenn man die Länge $OA = \lambda$ nennt (= beliebige absolute Skala mit $r_1/r_2 = \tan \alpha$) und jetzt das Prozessniveau um $\Delta \lambda / \lambda$ steigert, um wieviel % steigt dann die Produktion y? Für einen beliebigen Ausgangspunkt A gilt immer: Prozessniveau λ steigt um 1% $\Rightarrow$ y steigt um ε %.

Für „kleine" %-Änderungen kann man im Grenzübergang schreiben

$$\frac{d\lambda}{\lambda} = \frac{dr_1}{r_1} = \frac{dr_2}{r_2}.$$

Die Skalenelastizität misst die prozentuale Zunahme der Ausbringungsmenge, infolge einer prozentualen Änderung des Produktionsniveaus:

$$\frac{dy}{y} \bigg/ \frac{d\lambda}{\lambda}.$$

Dann definiert $\varepsilon = \frac{dy}{d\lambda} \cdot \frac{\lambda}{y}$ die *Skalenelastizität* der Produktion im Punkt A.

Hinweis: Für allgemeine Produktionsfunktionen ist ε in jedem Punkt A, B, P, Q etc. verschieden, also eine lokale Eigenschaft der Funktion.

Die im Folgenden behandelten *homogenen Produktionsfunktionen* zeichnen sich dadurch aus, dass ε überall den gleichen konstanten Wert annimmt, wie noch gezeigt wird.

Wenden wir die in Kap. 1.B.4.a gegebene Definition für homogene Funktionen an, so ist die Produktionsfunktion (1) homogen vom Grade m, wenn für alle $(r_1, r_2) \geq 0$ gilt:

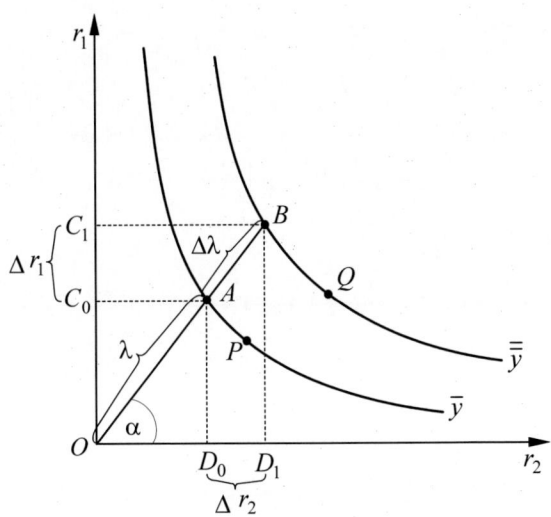

Abb. 10: Homogenitätsgrad und Produktionsfunktion

$$g(kr_1, kr_2) = k^m \cdot g(r_1, r_2) \quad \text{mit} \quad k > 0. \tag{18}$$

Wir betrachten hier also die Veränderung der Produktionsmenge, die sich ergibt, wenn wir *alle Faktoreinsatzmengen* mit dem gleichen positiven Faktor *k* multiplizieren, d. h. in gleicher Proportion verändern: Es wird also bei gegebenem r_1/r_2 die Skala der Inputfaktoren variiert.

Im Fall $m = 1$ ist die Produktionsfunktion *homogen vom Grade 1* oder *linear-homogen*. Funktionen mit dieser Eigenschaft spielen auch als makroökonomische Produktionsfunktion unter anderem in der Wachstumstheorie eine wichtige Rolle. Bei Linear-Homogenität spricht man auch von *konstanten Skalenerträgen*. Eine beliebige proportionale Veränderung aller Faktormengen bedeutet hier eine gleiche proportionale Veränderung der produzierten Menge. Gehen wir von einer beliebigen Faktorkombination aus, so ist also bei Multiplikation der Faktormengen z. B. mit 2/3; 1; 5 oder 10 auch die bisherige Produktionsmenge mit dieser Zahl zu multiplizieren. Auf dem Ertragsgebirge einer linear-homogenen Produktionsfunktion müssen Pfade vom Ursprung aus, denen ein beliebiges konstantes Faktormengenverhältnis, also ein beliebiger Ursprungsstrahl in der Grundebene entspricht, mit konstantem Anstieg verlaufen.

Nehmen wir in Abb. 11 beispielsweise an, die Faktoren ($r_1 = 3, r_2 = 2$) erzeugen eine Menge $y = 1$, dann muss die Kombination ($r_1 = 6, r_2 = 4$) die Menge $y = 2$,

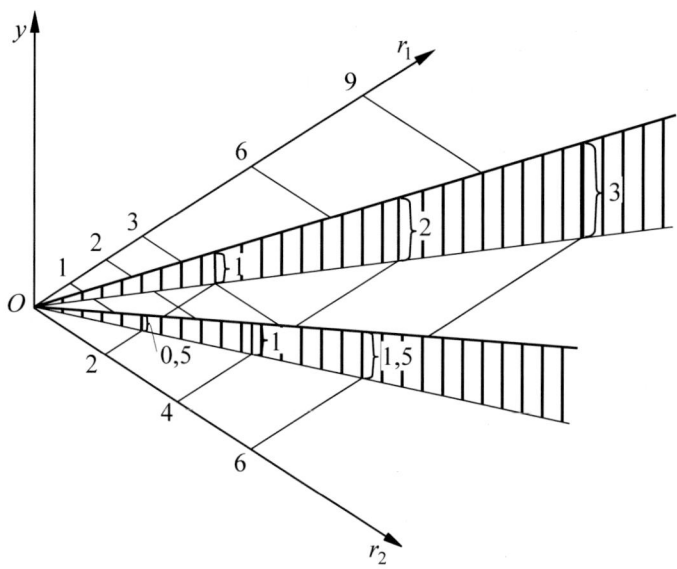

Abb. 11: Ertragsgebirge einer linear-homogenen Produktionsfunktion

die Kombination ($r_1 = 9, r_2 = 6$) die Menge $y = 3$ produzieren. Erhalten wir aus der Kombination ($r_1 = 9, r_2 = 6$) die Menge $y = 1/2$, dann liefert die Kombination ($r_1 = 2, r_2 = 4$) die Menge $y = 1$, die Kombination ($r_1 = 3, r_2 = 6$) die Menge $y = 3/2$. Die Verbindung der entsprechenden Punkte im dreidimensionalen Raum ergibt jeweils einen solchen Pfad.

Fassen wir den Ursprungsstrahl in der Grundebene als Projektion des Pfades auf, dann haben auf diesem Strahl Punkte für gleiche Produktionsmengendifferenzen, etwa jeweils die Differenz 1, stets den gleichen Abstand. Auf einem Ursprungsstrahl ist eine konstante Skala der Produktionsmengen gegeben.

Auf jedem Strahl wird eine Produktionsmengeneinheit zwar durch eine in der Regel andere, aber jeweils konstante Strecke dargestellt (vgl. Abb. 12). Sind uns viele solcher Strahle zeichnerisch gegeben, so können wir die Isoquanten ermitteln, indem wir Punkte, die gleiche Produktionsmengen repräsentieren, zu einer Kurve verbinden. Oder: Haben wir die Isoquante für $y = 1$ gezeichnet, dann können wir beliebig viele Strahle aus dem Ursprung einzeichnen und erhalten durch den Schnittpunkt eines Strahls mit der Isoquante sofort das Skalenmaß für eine Produktionsmengeneinheit auf diesem Strahl.

Ist $m > 1$, d. h. der *Homogenitätsgrad größer als eins*, spricht man auch von *zunehmenden Skalenerträgen*. Unabhängig von der Ausgangskombination bewirkt hier eine Vervielfachung aller Faktormengen mit $k > 1$ eine Vervielfachung der produzierten Menge mit $k^m > k$. Die Veränderung der Produktionsmenge ist also überproportional zur Veränderung der Faktormengen. Auf dem Ertragsgebirge einer solchen Produktionsfunktion müssen Pfade, denen ein Ursprungsstrahl in der

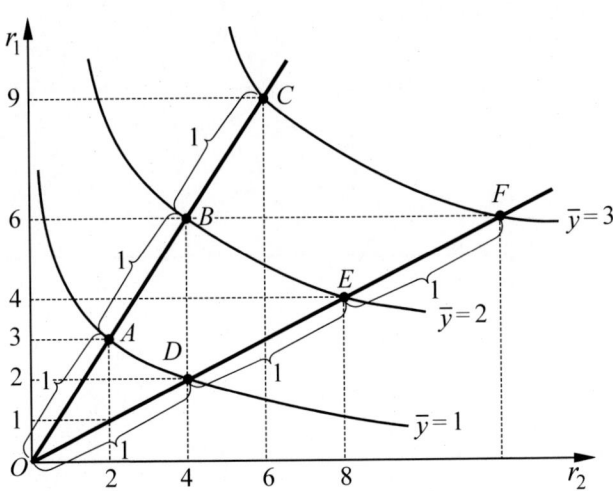

Abb. 12: **Produktionsfunktion mit Homogenitätsgrad $m = 1$**

Grundebene entspricht, zunehmende Steigung haben. Auf dem Ursprungsstrahl, aufgefasst als Projektion des Pfades, schrumpft jetzt die Skala der Produktionsmengen mit wachsender Entfernung vom Ursprung immer weiter zusammen: Eine Produktionsmengenzunahme um eine Einheit erfordert ständig abnehmende Erhöhung des Faktoreinsatzes in der bisherigen Proportion. Entlang eines derartigen Strahls nimmt der Abstand von Isoquanten für gleiche Produktionsmengendifferenzen, z. B. jeweils die Differenz 1, immer weiter ab (vgl. Abb. 13).

Ist $m < 1$, d. h. der *Homogenitätsgrad kleiner als 1*, liegen *abnehmende Skalenerträge* vor. Eine Multiplikation aller Faktormengen $k > 0$ bewirkt hier eine Vervielfachung der Produktionsmenge mit $k^m < k$; die Produktionsmenge variiert wegen $m < 1$ also unterproportional. Ein beliebiger Pfad vom Ursprung des Ertragsgebirges aus, dem ein Strahl in der Grundebene entspricht, hat abnehmenden Anstieg. Auf einem solchen Ursprungsstrahl zieht sich der Skala der Produktionsmengen mit wachsender Entfernung vom Ursprung immer weiter auseinander. Eine Produktionsmengenzunahme um eine Einheit erfordert dauernd zunehmende Erhöhung des Faktoreinsatzes in der alten Proportion. Der Abstand von Isoquanten für gleiche Produktionsmengendifferenzen nimmt entlang des Strahls ständig zu (vgl. Abb. 14).

Als Rechenregeln für homogene Funktionen sind nützlich:
Ist die Funktion $f(r_1, r_2)$ homogen vom Grade k und ist $g(r_1, r_2)$ homogen vom Grade m, so sind die Funktionen:

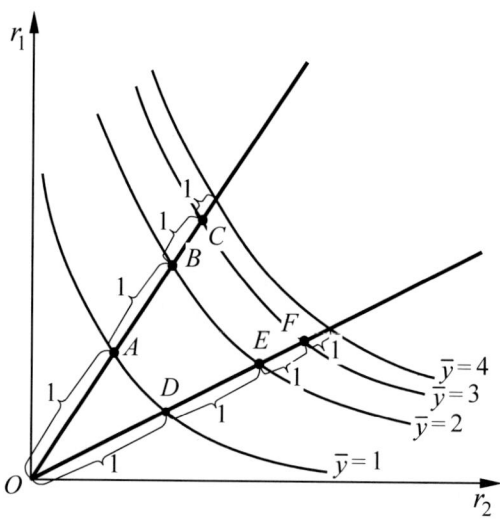

Abb. 13: **Produktionsfunktion mit Homogenitätsgrad $m > 1$**

$ha(r_1, r_2) = f/g$ homogen vom Grade $k - m$ (für $g \neq 0$),

$hb(r_1, r_2) = fg$ homogen vom Grade $k + m$,

$hc(r_1, r_2) = f(r_1, r_2)^a$ homogen vom Grade ak (für $a > 0$).

Beweisskizze:
Homogenitätseigenschaft in Zähler und Nenner bzw. für die Faktoren ausnutzen, wobei die Exponenten von λ jeweils subtrahiert (f/g) bzw. addiert (fg) werden.

Eine in der ökonomischen Theorie häufig verwendete Produktionsfunktion ist

$$y = a r_1^\alpha r_2^\beta \quad \text{mit} \quad \alpha, \beta > 0; a > 0. \tag{19}$$

Für diese Funktion ist unter Verwendung obiger Rechenregeln leicht zu zeigen, dass sie homogen vom Grade $\alpha + \beta$ ist:
  Halten wir nämlich ein beliebiges $\bar{r}_1, \bar{r}_2$ fest $\Rightarrow y_0 = a\bar{r}_1^\alpha \bar{r}_2^\beta$.
  Variieren wir nun die Skala λ: $a \cdot (\lambda \bar{r}_1)^\alpha \cdot (\lambda \bar{r}_2)^\beta = \lambda^{\alpha+\beta} a \bar{r}_1^\alpha \bar{r}_2^\beta = \lambda^{\alpha+\beta} y_0$.

Die oben präsentierte allgemeine Produktionsfunktion heißt COBB-DOUGLAS-Funktion. Sie wird häufig als linear-homogene Funktion mit $m = \alpha + \beta = 1$ oder $\alpha = 1 - \beta$ formuliert. In dieser Form ist sie schon bei WICKSELL (1913, S. 188) zu

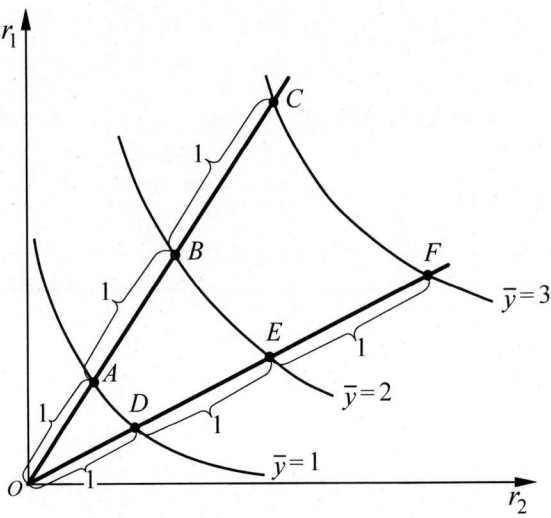

Abb. 14: Produktionsfunktion mit Homogenitätsgrad $m < 1$

finden und wurde von COBB und DOUGLAS (1928) als gesamtwirtschaftliche Produktionsfunktion in umfangreichen empirischen Studien verwendet.

Die Verbindung zwischen Skalenelastizität ε_s und Homogenitätsgrad m liefert der folgende, nicht zu beweisende, Satz:

Satz: Die Produktionsfunktion ist homogen vom Grade $m \Leftrightarrow$
Die Skalenelastizität ε_s ist für alle r_1, r_2 konstant, und es gilt $\varepsilon_s = m$.

Im Folgenden geben wir eine Übersicht über weitere wichtige *Eigenschaften homogener Produktionsfunktionen*:
1. Mit einer einzigen Isoquante ist die Schar aller Isoquanten bestimmt, d. h. geht man von einer Isoquante für y_0 aus, so lassen sich die Isoquanten für eine größere oder kleinere Produktionsmenge aus y_0 erzeugen: Die Maßstabsvergrößerung ist über den Homogenitätsgrad m gegeben.
2. Die Summe der partiellen Produktionselastizitäten,

$$\alpha_i = \frac{\partial g}{\partial r_i} \cdot \frac{r_i}{y}$$

d. h. die prozentuale Steigerung von y bezogen auf die prozentuale Steigerung von r_i bei Konstanz von $r_j (j \neq i)$, ist gleich der Skalenelastizität = Homogenitätsgrad: $\alpha + \beta = m$.

Beweis:
Man bilde das totale Differential

$$dy = \frac{\partial g}{\partial r_1} \cdot dr_1 + \frac{\partial g}{\partial r_2} \cdot dr_2 \qquad |:y$$

$$\frac{dy}{y} = \frac{\partial g}{\partial r_1} \cdot \frac{dr_1}{r_1} \cdot \frac{r_1}{y} + \frac{\partial g}{\partial r_2} \cdot \frac{dr_2}{r_2} \cdot \frac{r_2}{y}.$$

Wir benutzen die bereits eingeführte Formel bei Skalenvariation

$$\frac{d\lambda}{\lambda} = \frac{dr_1}{r_1} = \frac{dr_2}{r_2},$$

was nach Einsetzen ergibt:

$$\varepsilon_s = \alpha + \beta.$$

3. EULERsche Formel:

$$my = \frac{\partial g}{\partial r_1} \cdot r_1 + \frac{\partial g}{\partial r_2} \cdot r_2.$$

Beispiel: COBB-DOUGLAS-Produktionsfunktion $y = r_1^\alpha r_2^\beta$. Homogenitätsgrad $m = \alpha + \beta$.

$$\frac{\partial g}{\partial r_1} = \alpha r_1^{\alpha-1} r_2^\beta = \alpha \cdot \frac{y}{r_1}; \quad \frac{\partial g}{\partial r_2} = \beta \cdot \frac{y}{r_2};$$

$$my = (\alpha + \beta) \cdot y = \alpha \cdot \frac{y}{r_1} \cdot r_1 + \beta \cdot \frac{y}{r_2} \cdot r_2.$$

4. Ist die Produktionsfunktion homogen vom Grade m, so sind die Grenzproduktivitäten als Funktion von r_1, r_2 homogen vom Grade $m - 1$.

Beispiel: COBB-DOUGLAS-Produktionsfunktion $y = r_1^\alpha r_2^\beta$.
Der Homogenitätsgrad $\alpha + \beta$ ist bereits bekannt.

$$\frac{\partial g}{\partial r_1} = \alpha r_1^{\alpha-1} r_2^\beta \text{ an beliebiger Stelle } \bar{r}_1, \bar{r}_2:$$

$$\lambda^{\alpha+\beta-1} \cdot \frac{\partial g}{\partial r_1}(\bar{r}_1, \bar{r}_2) = \alpha \cdot (\lambda \bar{r}_1)^{\alpha-1}(\lambda \bar{r}_2)^\beta = \lambda^{\alpha-1+\beta} \alpha \bar{r}_1^{\alpha-1} \bar{r}_2^\beta.$$

Daraus folgt sofort wegen

$$\frac{d r_1}{d r_2} = -\frac{\frac{\partial g}{\partial r_2}}{\frac{\partial g}{\partial r_1}} = \frac{\text{homogen vom Grade } m-1}{\text{homogen vom Grade } m-1} = \text{homogen vom Grade } 0$$

die folgende Eigenschaft:

5. Auf einem beliebigen Strahl aus dem Ursprung haben die Isoquanten in den Schnittpunkten mit diesem Strahl alle die gleiche Steigung. Diese Eigenschaft ist in Abb. 15 verdeutlicht.

Die letzte Eigenschaft lohnt näherer Betrachtung: Innerhalb jedes der drei Isoquanten-Diagramme (Abb. 12, 13, 14) für konstante, zunehmende und abnehmende Skalenerträge sind also die Steigungen der Isoquanten jeweils in den Punkten *A, B, C* und *D, E, F* gleich (natürlich für jedes Diagramm eventuell unterschiedlich groß). Das Verhältnis r_2 / r_1 nennt man auch die *Faktorintensität*. Die 5. Eigenschaft sagt daher auch aus, dass das *Verhältnis der Grenzproduktivitäten nur von der Faktorintensität abhängt*.

Für *linear-homogene Produktionsfunktionen* ($m = 1$) können wir noch zwei spezielle Schlussfolgerungen ziehen:
- Wegen der 4. Eigenschaft gilt: Die Grenzproduktivitätsfunktion ist homogen vom Grade 0, d. h. eine Multiplikation von (r_1, r_2) mit λ führt, da $\lambda^0 = 1$, zu keiner Veränderung der Grenzproduktivität. Mit anderen Worten: *Jede einzelne Grenzproduktivität entlang eines Strahls aus dem Ursprung bzw. für eine gegebene Faktorintensität ist konstant.*
- Es gilt die spezielle EULER-Formel für linear-homogene Funktionen:

$$r_1 g_1 + r_2 g_2 = y \,. \tag{20}$$

Eine ökonomische Anwendung von (20) hat als sogenanntes EULER-*Theorem* für die Wirtschaftstheorie große Bedeutung, und zwar aus folgendem Grund: Wir werden später sehen, dass bei gegebenem Produktpreis p und gegebenen Faktorpreisen q_1 und q_2 das Unternehmen so viel von einem Faktor nachfragt, dass gilt

$$g_1 p = q_1 \quad \text{und} \quad g_2 p = q_2 \,.$$

Auf der linken Seite steht – grob gesprochen – die zusätzliche Produktionsmenge aufgrund der letzten eingesetzten Faktoreinheit, multipliziert mit dem Produktpreis, also der Wert des Faktorgrenzprodukts. Dieser muss gleich dem Faktorpreis sein, so dass man sagen kann, die Produktionsfaktoren werden mit dem Wert ihres Grenzprodukts entlohnt. Multiplizieren wir in der EULER-Gleichung beide Seiten mit p, dann folgt

$$r_1 q_1 + r_2 q_2 = y p \,, \tag{21}$$

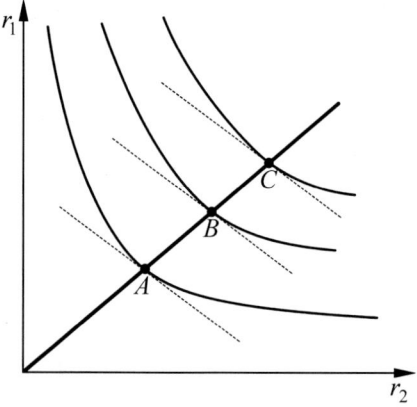

Abb. 15: Isoquantensteigungen für homogene Produktionsfunktionen

d. h. die Summe der Kosten für die variablen Faktoren (von Kosten für fixe Faktoren sehen wir hier ab) zehrt den gesamten Erlös auf, es bleibt kein Gewinn. Aus diesem Grund heißt das EULER-Theorem im Zusammenhang mit einer linear-homogenen Produktionsfunktion auch das *„Adding-Up-Theorem"*. Bei jenen Preisen, wie sie im Modell der vollständigen Konkurrenz herrschen, fließt für linear-homogene Produktionsfunktionen der Wert des Produktes vollständig an die beteiligten Faktoren, und es gibt keine Gewinne oder andere Einkommen, die nicht auf produktive Beiträge der Faktoren zurückzuführen wären.

Es wird sich später zeigen, dass im Falle einer beliebigen homogenen Produktionsfunktion und vorgegebenen Faktorpreisen das Unternehmen eine Produktionsausdehnung am besten in der Weise vornimmt, dass es den Einsatz aller Faktoren proportional erhöht, d. h. eine konstante Faktorintensität beibehält, oder geometrisch: im Isoquantendiagramm entlang eines Strahls aus dem Ursprung operiert. Werden die Faktoren immer im gleichen Verhältnis eingesetzt, kann man sie auch als einen einzigen fiktiven Faktor betrachten, dessen willkürlich gewählte Einheit ein konstant zusammengesetztes Bündel aus den beiden Faktoren ist. Die Zusammenfassung der Faktoren 1 und 2 zu einem Faktor 1 | 2 hat den Vorteil, dass wir dann mit einer *Ein-Faktor-Theorie* arbeiten können, in der sich die geometrische Darstellung der Produktionsfunktion auf eine Ertragskurve reduziert, zu der wir selbstverständlich auch Ertragszuwachs- und Durchschnittsertragskurve bilden können. Im Fall einer linear-homogenen Produktionsfunktion, d. h. konstanten Skalenerträgen, ist die Ertragskurve eine Gerade durch den Ursprung. Ist $m > 1$, gelten also zunehmende Skalenerträge, dann nimmt die Steigung der Ertragskurve zu. Wenn $m < 1$, sowie abnehmende Skalenerträge zutreffen, nimmt die Steigung der Ertragskurve ab. Ertragskurven für diese drei Fälle sind in Abb. 16 dargestellt. Es sei nochmals betont, dass diese Betrachtung nur durchführbar ist, wenn die einzelnen Faktoren stets im gleichen Verhältnis kombiniert werden. Man spricht dann auch von der *Ertragskurve bei totaler Faktorvariation*. Im Gegensatz dazu spricht man in den früher diskutierten Fällen, in denen der Einsatz nur eines Faktors verändert und der der übrigen konstant gehalten wird, von *Ertragskurven bei partieller Faktorvariation*.

Der funktionale Verlauf der Ertragskurve bei totaler Faktorvariation lässt sich direkt aus der Definition der Homogenität ersehen:

$$y = g(r_1, r_2) = k^m \bar{y} = g(k\bar{r}_1, k\bar{r}_2) = y(k) \quad \text{mit} \quad \bar{y} = g(\bar{r}_1, \bar{r}_2). \tag{22}$$

$y(k) = k^m \bar{y}$ nennt man auch *Niveauproduktionsfunktion*. Da die Faktorkombination $\bar{r}_1, \bar{r}_2$ (und damit $\bar{y}$) beliebig gewählt werden kann, ist diese Funktion nur bis auf eine positive multiplikative Transformation determiniert, die jedoch die (Skalen-)Elastizität von $y(k)$ unberührt lässt. In Abb. 16 sind die Ertragskurven bei totaler Faktorvariation für drei unterschiedliche Homogenitätsgrade dargestellt.

Es ist unmittelbar einzusehen, dass es sich bei den *linear-limitationalen Produktionsfunktionen* der Gleichungen (2) bzw. (4) um eine *linear-homogene Produktionsfunktion* handelt, deren Faktorintensität (im Fall der Gleichung (4): Faktorintensität für effiziente Kombinationen) durch das Verhältnis der Inputkoeffi-

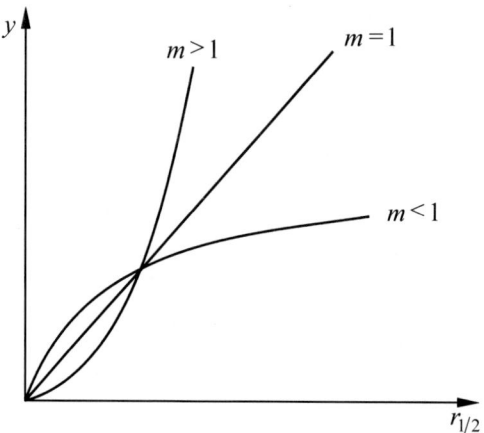

Abb. 16: Ertragskurven bei totaler Faktorvariation für drei Homogenitätsgrade

zienten a_1/a_2 als konstante Größe vorgegeben ist. Bei solchen Funktionen ist es allerdings nicht möglich, die Steigung von Isoquanten mit Hilfe von Grenzproduktivitäten der Faktoren auszudrücken.

C. Die Kostenfunktion (bei gegebenen Faktorpreisen)

1. Kosten und Isokostengleichung

Das Unternehmen produziert durch Einsatz variabler und fixer Produktionsfaktoren. Die Kosten, die es für variable Faktoren aufwenden muss, sind gleich der Summe aus den eingesetzten variablen Faktormengen multipliziert mit den entsprechenden Faktorpreisen. Diese *variablen Kosten* hängen also vom Faktoreinsatz, d. h. von der Faktorkombination (r_1, r_2) ab, ferner von den Preisen q_1 und q_2 der jeweiligen Faktoren. Die *Fixkosten F* für die fixen Faktoren fallen unabhängig von der Höhe der Ausbringungsmenge an. Die Gesamtkosten sind also, wenn wir wieder zwei variable Faktoren unterstellen, definiert als

$$K = r_1 q_1 + r_2 q_2 + F \ . \tag{1}$$

Wir nehmen im Folgenden an, dass ein Faktor nur zu einem einheitlichen Preis beschafft werden kann. Dieser ist für das Unternehmen eine gegebene Größe, gleichgültig, wieviel das Unternehmen von dem betreffenden Faktor nachfragt. Der Unternehmer rechnet also nicht damit, dass er beim Kauf einer größeren Menge einen Preisvorteil erzielt oder einen höheren Preis hinnehmen muss – etwa deshalb, weil der Anteil des Unternehmens an der Faktornachfrage im Verhältnis zur gesamten Faktornachfrage ganz gering ist. Die Faktorpreise sind somit ein Datum, ihre Bestimmungsgründe werden im Rahmen dieser Partialanalyse, die die Theorie des Unternehmens darstellt, nicht weiter untersucht. Das nachfragende Unternehmen richtet sich mit seinen Faktormengen an diesen Preisen aus, es handelt als *Mengenanpasser*. Die Annahme der Mengenanpassung bei der Faktorbeschaffung heben wir in Kap. IV.B.3, C.3 und D.5 auf, wo statt dessen ein mit der nachgefragten Faktormenge steigender Faktorpreis unterstellt wird.

Gehen wir von einer bestimmten Kostensumme $K = \overline{K}$ aus, so kann das Unternehmen nach Abdeckung der gegebenen Fixkosten F bei den gegebenen Preisen damit verschiedene Faktormengenkombinationen (r_1, r_2) verwirklichen. Diese können wir im (r_1, r_2)-Diagramm darstellen. Wir lösen die Kostengleichung (1) nach r_1 auf,

$$r_1 = -\frac{q_2}{q_1} r_2 + \frac{\overline{K} - F}{q_1} \qquad (2)$$

und erhalten so eine Gerade mit der Steigung $-q_2/q_1$, dem Ordinatenabschnitt $(\overline{K} - F)/q_1$ und dem Abszissenabschnitt $(\overline{K} - F)/q_2$ (vgl. Abb. 1). Gleichung (2) nennt man *Isokostengleichung*, ihr geometrisches Bild *Isokostengerade*. Die Punkte auf der Isokostengeraden bezeichnen alternative Faktorkombinationen (r_1, r_2), denen bei den gegebenen Preisen, unter Hinzurechnung der Fixkosten, die Gesamtkosten $\overline{K}$ entsprechen. Mit der gegebenen Kostensumme $\overline{K}$ sind selbstverständlich auch alle Kombinationen unterhalb der Geraden realisierbar; *OAB* ist der Bereich möglicher Faktorkombinationen. Für alternative größere Kostensummen verschiebt sich die Isokostengerade parallel nach rechts, für alternative kleinere Kostensummen parallel nach links. Die Isokostengerade entspricht formal der

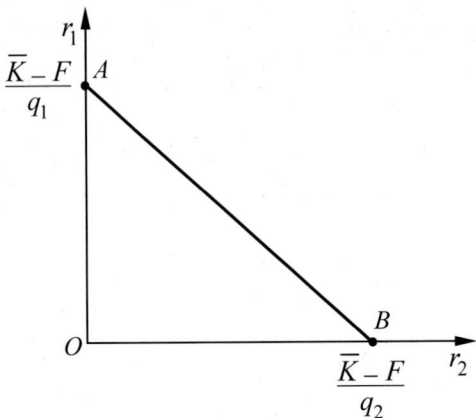

Abb. 1: Isokostengerade

Bilanzgeraden in der Theorie des Haushalts.

2. Die Minimalkostenkombination: Geometrische Bestimmung

Beim Haushalt ging es darum, mit gegebener Konsumsumme die Mengenkombination zu wählen, die höchstmöglichen Nutzen stiftet. Analog könnte man bei dem Unternehmen die Kostensumme K als gegeben voraussetzen und nach der Faktormengenkombination fragen, die die höchstmögliche Produktionsmenge gewährleistet. In der Theorie des Unternehmens ist uns die Kostensumme jedoch nicht gegeben, und es geht nicht primär darum, die einer Kostensumme zugeordnete maximale Produktionsmenge zu ermitteln. Wir interessieren uns für die minimalen Kosten, die einer zunächst als gegeben betrachteten Produktionsmenge zugeordnet sind. Bei dieser Fragestellung zeichnen wir eine Schar von Isokostengeraden, denen unterschiedliche Kostensummen entsprechen, und die Isoquante für die gegebene Produktionsmenge (vgl. Abb. 2). Auf der Isoquante wandern wir nun, z. B. von links oben nach rechts unten, so lange bis wir die Isokostengerade für die geringstmögliche Kostensumme erreichen. Das trifft in dem Punkt zu, wo die Isoquante eine Isokostengerade berührt. Wenn y^1 die gegebene Produktionsmenge ist, dann sind K^1 aus $(K^1 - F)/q_1$ oder $(K^1 - F)/q_2$ die minimalen Kosten, die mit der *Minimalkostenkombination* der Faktoren (r_1^1, r_2^1) verwirklicht werden. Im Tangentialpunkt sind Steigung der Isoquante und Steigung der Isokostengerade einander gleich, so dass gilt:

$$\frac{dr_1}{dr_2} = -\frac{q_2}{q_1} \quad \text{oder} \quad \left|\frac{dr_1}{dr_2}\right| = \frac{q_2}{q_1}. \tag{3}$$

Unter Berücksichtigung von (B.16) ergibt sich daraus für die Minimalkostenkombination einer gegebenen Produktionsmenge durch einfache Umformung folgende Beziehungen:

$$\frac{g_2}{g_1} = \frac{q_2}{q_1}, \tag{4a}$$

$$\frac{g_1}{q_1} = \frac{g_2}{q_2}, \tag{4b}$$

$$\frac{1}{g_1} \cdot q_1 = \frac{1}{g_2} \cdot q_2 \quad \text{oder} \quad \frac{\partial r_1}{\partial y} \cdot q_1 = \frac{\partial r_2}{\partial y} \cdot q_2. \tag{4c}$$

Diese *Eigenschaften der Minimalkostenkombination* lassen sich auf den Fall beliebig vieler Faktoren verallgemeinern, indem wir die Faktoren 1 und 2 als belie-

bige Faktoren *i* und *j* aus einer größeren Zahl von *n* Faktoren auffassen und in (4) den Index *i* an die Stelle von 1, den Index *j* an die Stelle von 2 setzen.
Die Eigenschaften (4a) bis (4c) sind wie folgt zu interpretieren:

Zu (4a): Die *Grenzproduktivitäten* der Faktoren *verhalten sich* zueinander *wie die Faktorpreise*.

Zu (4b): Die Quotienten aus Grenzproduktivität und Faktorpreis sind für alle Faktoren gleich. Im Kostenminimum ist, grob gesprochen, die Grenzproduktivität der zusätzliche Ertrag der letzten zusätzlichen Faktoreinheit, der Faktorpreis der zusätzliche Geldbetrag, der dafür aufzuwenden ist. Handelt es sich z. B. bei Faktor 1 um Arbeit, so gilt

$$\frac{g_1}{q_1} = \frac{\dfrac{\text{Grenzertrag der Arbeit}}{\Delta \text{ Arbeitsstunde}}}{\dfrac{\Delta \euro}{\Delta \text{ Arbeitsstunde}}} = \frac{\text{Grenzertrag der Arbeit}}{\Delta \euro} \tag{5}$$

(5) nennt man auch den *Grenzertrag des Geldes*, wenn dieser im Faktor Arbeit angelegt wird. Bedingung (4b) sagt daher aus, dass die Minimalkostenkombination erreicht ist, wenn der letzte für einen Faktor ausgegebene Euro den gleichen Produktionsmengenzuwachs bewirkt wie der letzte für jeden anderen Faktor ausgegebene Euro. Solange diese Gleichheit der Grenzerträge des Geldes nicht realisiert ist, lohnt es sich noch, Substitutionen vorzunehmen. Diesem Satz vom *Ausgleich der Grenzerträge des Geldes* entspricht in der Haushaltstheorie der Satz vom Ausgleich der *Grenznutzen des Geldes*.

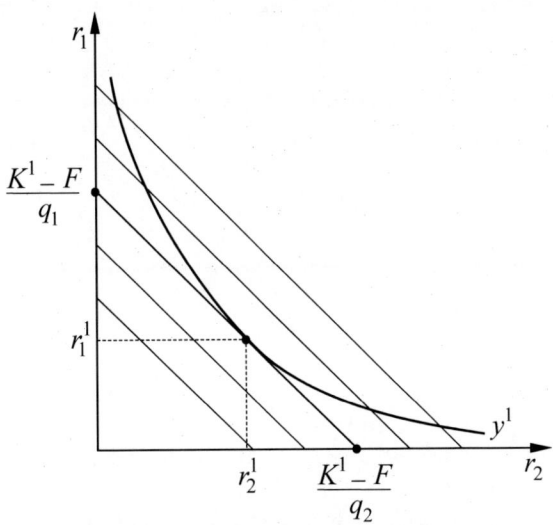

Abb. 2: Geometrische Bestimmung der Minimalkostenkombination

Zu (4c): Der Kehrwert der Grenzproduktivität kann als die zusätzliche Faktormenge interpretiert werden, die für die letzte kleine zusätzliche Produktionsmenge einzusetzen ist. Multipliziert man diese zusätzliche Faktormenge mit dem Faktorpreis, so erhält man die *Faktorgrenzkosten* für die letzte kleine zusätzliche Produktionsmengeneinheit, die im Kostenminimum für alle Faktoren gleich sind. Der Satz vom Ausgleich der Grenzerträge des Geldes lässt sich also auch als Satz vom *Ausgleich der Faktorgrenzkosten* formulieren.

3. Die Minimalkostenkombination: Analytische Bestimmung

Ähnlich wie in der Haushaltstheorie handelt es sich auch hier um die Extremwertbestimmung einer Funktion unter einer Nebenbedingung. Während in der Haushaltstheorie die Nutzenfunktion unter der Nebenbedingung, dass die Budgetgleichung erfüllt ist, zu maximieren war, ist hier die Kostengleichung unter der Nebenbedingung, dass die Produktionsfunktion für eine gegebene Produktionsmenge $\bar{y}$ erfüllt ist, zu minimieren:

$$K = q_1 r_1 + q_2 r_2 + F \to Min. \tag{6}$$

u. d. R.

$$\bar{y} = g(r_1, r_2).$$

Wir bilden die LAGRANGE-Funktion

$$L = q_1 r_1 + q_2 r_2 + F + \lambda \cdot (\bar{y} - g(r_1, r_2)) \tag{7}$$

und setzen deren partielle erste Ableitungen nach den Variablen r_1, r_2 und λ gleich null:

$$\frac{\partial L}{\partial r_1} = q_1 - \lambda g_1 = 0,$$

$$\frac{\partial L}{\partial r_2} = q_2 - \lambda g_2 = 0, \tag{8}$$

$$\frac{\partial L}{\partial \lambda} = \bar{y} - g(r_1, r_2) = 0.$$

In diesen *Bedingungen 1. Ordnung* sind g_1 und g_2 jeweils Funktionen von r_1 und r_2. Es handelt sich daher um drei Gleichungen mit den drei Unbekannten r_1, r_2 und λ, nach denen wir das Gleichungssystem lösen können. Indem wir die ersten beiden Gleichungen durcheinander dividieren, erhalten wir wieder die unter (4a) bis (4c) angeführten Eigenschaften der Minimalkostenkombination. Als *Bedingungen 2. Ordnung* hätten wir wieder bestimmte Determinanten auf ihr Vorzeichen zu überprüfen, worauf wir hier verzichten können. Denn ist die Isoquante zum Ursprung konvex, so kann es sich in ihrem Tangentialpunkt mit einer Isokostengeraden nur um ein Kostenminimum handeln, so dass sich die Überprüfung erübrigt.

Benutzen wir als Beispiel die linear-homogene COBB-DOUGLAS-Funktion $y = ar_1^\beta r_2^{1-\beta}$, dann erhalten wir aus der LAGRANGE-Funktion

$$L = q_1 r_1 + q_2 r_2 + F + \lambda \cdot (\bar{y} - ar_1^\beta r_2^{1-\beta}) \tag{9}$$

die folgenden Bedingungen 1. Ordnung:

$$\frac{\partial L}{\partial r_1} = q_1 - \lambda \cdot \frac{\beta}{r_1} \cdot \bar{y} = 0, \tag{10a}$$

$$\frac{\partial L}{\partial r_2} = q_2 - \lambda \cdot \frac{1-\beta}{r_2} \cdot \bar{y} = 0, \tag{10b}$$

$$\frac{\partial L}{\partial \lambda} = \bar{y} - ar_1^\beta r_2^{1-\beta} = 0, \tag{10c}$$

daraus ergibt sich:

$$\frac{q_2}{q_1} = \frac{1-\beta}{\beta} \cdot \frac{r_1}{r_2}, \tag{11}$$

oder

$$r_1 = \frac{\beta}{1-\beta} \cdot \frac{q_2}{q_1} \cdot r_2 = cr_2 \quad \text{mit} \quad c = \frac{\beta}{1-\beta} \cdot \frac{q_2}{q_1} = const. \tag{12}$$

Aus dieser Beziehung und der Bedingung (10c) lässt sich für gegebene Menge $\bar{y}$ die kostenminimierende Faktorkombination (r_1^*, r_2^*) bestimmen:

$$r_1^* = \frac{c^{1-\beta}}{a} \cdot \bar{y}, \quad r_2^* = \frac{c^{-\beta}}{a} \cdot \bar{y}. \tag{13}$$

4. Der Expansionspfad (Faktoranpassungskurve)

Wir erweitern nun unser bisheriges Problem in der Weise, dass wir nicht mehr nach der kostenminimierenden Faktorkombination für eine einzige gegebene Produktionsmenge, sondern nach der Gesamtheit aller kostenminimierenden Faktorkombinationen für wachsende, jeweils verschiedene vorgegebene Produktionsmengen fragen. Gegeben sind also Isoquanten für wachsende Produktionsmengen, gesucht sind die zugeordneten kostenminimierenden Faktoreinsatzmengen.

Zu diesem Zweck wandern wir in Abb. 3 an jeder der Isoquanten entlang und bestimmen ihren Tangentialpunkt mit einer Isokostengeraden. Diese Gerade bezeichnet die jeweiligen minimalen Kosten einer Produktionsmenge, der Tangentialpunkt die kostenminimierende Faktorkombination.

Verbinden wir die Tangentialpunkte zu einer Kurve, so erhalten wir den *Expansionspfad* oder die *Faktoranpassungskurve*. Jeder Punkt auf dieser Kurve bezeichnet eine Minimalkostenkombination; für jeden Punkt gelten dementsprechend die Eigenschaften (4a) bis (4c). Analytisch erhalten wir den Expansionspfad aus den *Bedingungen 1. Ordnung* für ein Kostenminimum, indem wir aus diesen zu Zuordnung zwischen r_1 und r_2 für alternative Produktionsmengen y bestimmen. In unserem Beispiel mit der COBB-DOUGLAS-Funktion haben wir sie bereits als Beziehung (12) abgeleitet. In diesem Fall ist der Expansionspfad also ein Strahl aus dem Ursprung, wie in der Abb. 4.a deutlich wird. Dies folgt übrigens bereits daraus, dass die Isokostengeraden gleiche Steigung haben und die Isoquanten der linear-homogenen COBB-DOUGLAS-Funktion in ihren Schnittpunkten mit einem Strahl aus dem Ursprung gleiche Steigung aufweisen.

5. Ableitung der Kostenfunktion

Jeder Isoquante und der zugehörigen Isokostengeraden ist einerseits eine bestimmte Produktionsmenge, andererseits eine bestimmte minimale Kostensumme zugeordnet. Somit gibt es einen eindeutigen Zusammenhang zwischen Produktionsmenge und jeweiligen minimalen Kosten, die *Kostenfunktion*.

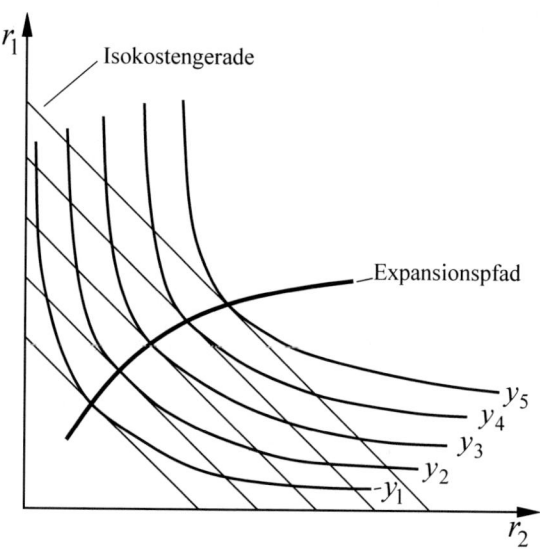

Abb. 3: Herleitung des Expansionspfads

Wir diskutieren zunächst die Kostenfunktion bei *linear-homogener Produktionsfunktion*. In diesem Fall ist der Expansionspfad ein Strahl aus dem Ursprung, auf dem eine konstante Skala der Produktionsmengen gegeben ist. Es wird also jede Menge mit der gleichen Faktorintensität produziert. In Abb. 4.a nehmen wir an, dass die Strecken d jeweils einer Produktionsmengeneinheit entsprechen. Da die Isokostengeraden parallel verlaufen, erhalten wir nach dem Strahlensatz auf der Ordinate ebenfalls eine konstante Skala mit den Strecken e.

Eine solche Strecke entspricht der Differenz der Ordinatenabschnitte zweier Isokostengeraden, und aus dieser Differenz ergeben sich die zusätzlichen Minimalkosten für eine Produktionsmengeneinheit. Betrachten wir etwa die Isoquanten für $y = 3$ und $y = 4$, dann bestimmen die Minimalkosten K_3 und K_4 für diese Mengen die Ordinatenabschnitte der entsprechenden Isokostengeraden, und ihre Differenz

$$e = \frac{K_4 - F}{q_1} - \frac{K_3 - F}{q_1} = \frac{1}{q_1} \cdot (K_4 - K_3) \tag{14}$$

ist ein konstantes Vielfaches der Differenz der Minimalkosten. Wegen der Konstanz von e und q_1 entsteht für jede zusätzliche Produktionsmengeneinheit der gleiche Minimalkostenzuwachs. Diese Überlegung wenden wir nun in Abb. 4.b an, wo wir das geometrische Bild der Kostenfunktion, die *Kostenkurve*, zeichnen: Für $y = 0$ entstehen die Fixkosten F. Für jede zusätzliche Einheit entsteht ein konstanter Minimalkostenzuwachs. Die Kostenkurve hat also einen Ordinatenabschnitt F und verläuft linear mit positiver Steigung.

Analytisch erhalten wir die Kostenfunktion wieder aus den *Bedingungen 1. Ordnung* für das Kostenminimum. Im Fall der linear-homogenen COBB-DOUGLAS-Funktion setzen wir in die Definitionsgleichung (1) die in (13) abgeleiteten kostenminimierenden Faktormengen r_1^*, r_2^* ein, wobei jetzt statt gegebenem $\bar{y}$ ein variables y betrachtet wird:

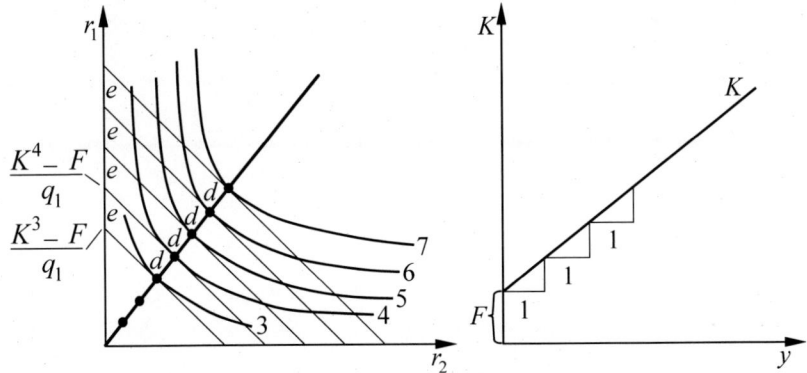

Abb. 4.a/b: Kostenfunktion bei linear homogener Produktionsfunktion

$$K(y) = k(y) + F = \frac{c^{1-\beta}}{a} \cdot yq_1 + \frac{c^{-\beta}}{a} \cdot yq_2 + F$$
$$= \underbrace{\frac{1}{a}(c^{1-\beta}q_1 + c^{-\beta}q_2)}_{\text{konstant}} \cdot y + F, \tag{15}$$

Die Kosten $K(y)$ bestehen also aus den *variablen Kosten* $k(y)$, die hier proportional zur Produktmenge y sind, und den *Fixkosten* F.

Ein linearer Kostenverlauf ergibt sich selbstverständlich auch im Spezialfall der linear-limitationalen Produktionsfunktion. Der Strahl aus dem Ursprung mit konstanter Produktionsmengenskala, der die Produktionsfunktion (4) darstellt, ist dann zugleich auch Expansionspfad.

Unterstellen wir nun statt einer linear-homogenen eine lediglich homogene Produktionsfunktion, so muss der Expansionspfad weiterhin eine Gerade aus dem Ursprung sein, denn auch bei solchen Funktionen müssen die Isoquanten jene Steigung, die dem gegebenen umgekehrten Faktorpreisverhältnis entspricht, in Punkten erreichen, die auf einer Geraden durch den Ursprung liegen (vgl. Abb. B.12, B.13, B.14)). Auch hier wird also mit konstanter Faktorintensität produziert. Bei *zunehmenden Skalenerträgen* rücken entlang der Geraden die Isoquanten für Produktionsmengendifferenzen von 1 immer weiter zusammen (vgl. Abb. B.13), und dasselbe gilt für die entsprechenden Isokostengeraden und ihre Ordinatenabschnitte. Daraus folgt, dass die Minimalkostenzuwächse mit zunehmender Produktionsmenge abnehmen, die Kostenkurve den in Abb. 5.a dargestellten Verlauf hat. Bei *abnehmenden Skalenerträgen* rücken die Isoquanten für Produktionsmengendifferenzen von 1 entlang dem Expansionspfad mit wachsendem Abstand vom Ursprung immer weiter auseinander, die entsprechenden Isokostengeraden und ihre Ordinatenabschnitte ebenfalls. Daraus ergeben sich zunehmende

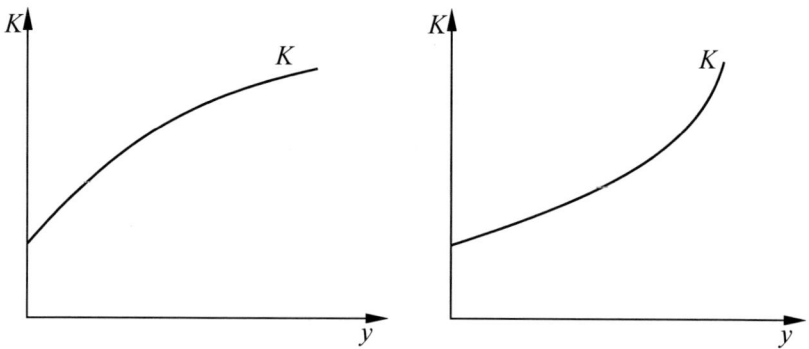

Abb. 5.a/b: Abnehmende und zunehmende Minimalkostenzuwächse

Minimalkostenzuwächse und eine Kostenkurve entsprechend der Abb. 5.b.

Wir geben nun die Annahme einer homogenen Produktionsfunktion auf und unterstellen die in den Abb. 6.a und 6.b charakterisierte Situation. Die Isokostengeraden, die wir als Tangenten an die eingezeichneten Isoquanten für die Produktionsmengen 1, 2 ..., 8 zu legen haben, rücken mit zunehmender Entfernung vom Ursprung zunächst immer näher zusammen, später immer weiter auseinander. Die Kostenkurve beginnt wieder beim Ordinatenabschnitt F der Fixkosten. Für jeweils eine zusätzliche Produktionsmengeneinheit wird der Zuwachs des Ordinatenabschnitts der entsprechenden Isokostengeraden zunächst geringer, d. h. der Minimalkostenzuwachs nimmt ab. Er wird am geringsten dort, wo die eingezeichneten Isokostengeraden am nächsten beieinander liegen. Von da ab nehmen die Zuwächse der Ordinatenabschnitte wieder zu, d. h. der Minimalkostenzuwachs jeder zusätzlichen Mengeneinheit wird größer. Die Kostenkurve verläuft also mit zunächst abnehmender, dann zunehmender Steigung. Dieser Verlauf wird *typischer Kostenverlauf* genannt. Man hat dabei die Vorstellung, dass entlang des Expansionspfades der Einsatz der variablen Faktoren zunächst in eine günstige Relation mit den fixen Faktoren hineinwächst und dabei der Kostenzuwachs abnimmt, während später die Relation zwischen variablen und fixen Faktoren zunehmend ungünstiger wird und sich dabei der Kostenzuwachs fortgesetzt vergrößert.

Analytisch erhalten wir die Kurve des typischen Kostenverlaufs wieder aus den *Bedingungen 1. Ordnung* für das Kostenminimum. Die Produktionsfunktion muss dabei so geartet sein, dass sich als Kostenfunktion beispielsweise eine kubische Gleichung ergibt, etwa

$$K(y) = k(y) + F = ay^3 + by^2 + cy + F, \qquad (16)$$

für deren Koeffizienten u. a. gilt: $a, c > 0, b < 0$.

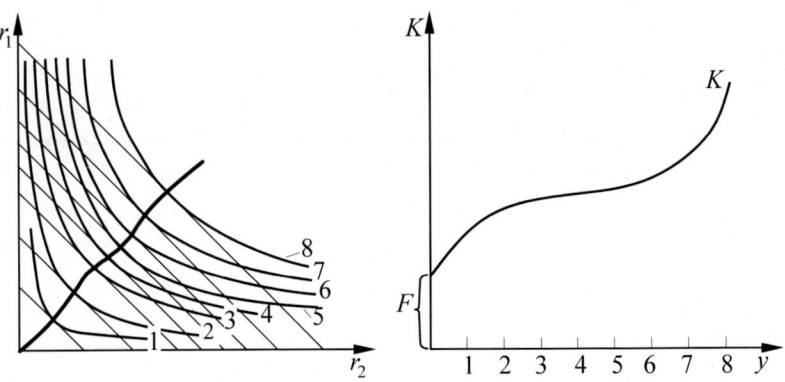

Abb. 6.a/b: Typischer Kostenverlauf

Der typische Kostenverlauf wird manchmal auch als der ertragsgesetzliche bezeichnet. Das Ertragsgesetz beschreibt – wie in Abschnitt B.3 dieses Kapitels dargestellt – den Verlauf der Ertragskurve eines Faktors, wenn der Einsatz des anderen Faktors (oder allgemeiner: aller anderen Faktoren) konstant gehalten wird. Da bei der Ermittlung der Kostenkurve alle Faktoren gemäß dem Expansionspfad zu variieren sind, ist die Bezeichnung „ertragsgesetzlicher Kostenverlauf" bei mehreren variablen Faktoren irreführend.

Der typische Kostenverlauf lässt sich mit dem Ertragsgesetz allerdings dann begründen, wenn nur *ein variabler Faktor* vorhanden ist. In diesem Fall gibt es keine Isoquanten, und es entfällt die Wahl der optimalen Faktorkombination entlang eines Expansionspfades. Die Produktionsfunktion

$$y = g(r_1) \qquad (17)$$

wird durch eine einzige Ertragskurve dargestellt, und aus dieser folgt unmittelbar die Kostenkurve: Algebraisch lösen wir die Produktionsfunktion nach r_1 auf,

$$r_1 = h(y), \qquad (18)$$

multiplizieren mit dem konstanten Faktorpreis q_1 und addieren die Fixkosten F:

$$K = q_1 r_1 + F = q_1 h(y) + F. \qquad (19)$$

Geometrisch bedeutet die Auflösung nach r_1, dass wir im Ertragskurvendiagramm Ordinate und Abszisse vertauschen. Dies kann man gedanklich so ausführen, dass man die 45°-Linie zeichnet und entlang dieser Linie als Achse das Diagramm um 180° wendet. Die Ertragskurve wird dabei an der 45°-Linie „gespiegelt" (vgl. Abb. 7.a und 7.b). Multipliziert man die Ordinatenwerte der so erhaltenen Kurve mit q_1 und addiert in vertikaler Richtung die Fixkosten F, so erhält man die Kostenkurve. Bei Geltung des Ertragsgesetzes folgt auf diese Weise unmittelbar der typische Kostenverlauf. In Abb. 7.b wird angenommen, dass $q_1 > 1$, so dass $r_1 q_1 > 1$. Die Addition der Fixkosten, die eine Parallelverschiebung nach oben bewirkt, wird hier noch nicht berücksichtigt.

In einem einzigen Spezialfall kann man auch bei mehr als einem Faktor ähnlich wie hier verfahren und mit einigem Recht von ertragsgesetzlichem Kostenverlauf sprechen: Wenn es sich um eine Produktionsfunktion handelt, für die der Expansionspfad ein Strahl aus dem Ursprung ist, auf dem die Skala der Produktionsmengen in einem ersten Bereich zusammenschrumpft und in einem zweiten Bereich sich wieder ausdehnt. Wir können uns vorstellen, dass diese Produktionsfunktion aus zwei homogenen Funktionen mit einheitlichem Expansionspfad besteht, von denen die eine für den ersten Bereich gilt und einen Homogenitätsgrad $m > 1$ hat und die andere für den zweiten Bereich zutrifft und einen Homogenitätsgrad $m < 1$ aufweist. Der typische Kostenverlauf folgt unmittelbar aus der Eigenschaft des Expansionspfades, ein Strahl aus dem Ursprung mit zunächst schrumpfender, später wieder expandierender Produktionsmengenskala zu sein. Da die Faktorintensität konstant ist, können wir die beiden Produktionsfaktoren auch wie in

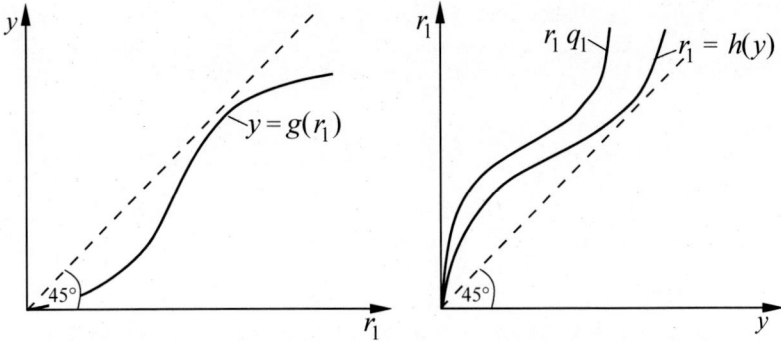

Abb. 7.a/b: **Typischer Kostenverlauf bei einem variablen Faktor**

Abb. B.16 als einen einzigen fiktiven Faktor betrachten, dem hier eine Ertragskurve nach dem Ertragsgesetz und damit ein typischer Kostenverlauf entspricht. Auch hier ist also eine Ein-Faktor-Theorie der Grund dafür, dass man vom Ertragskurvenverlauf auf den Kostenverlauf schließen kann.

Gibt es mehr als einen Faktor, so ist ein Verlauf der Ertragskurven der einzelnen Faktoren nach dem Ertragsgesetz für den typischen Kostenverlauf weder notwendig noch hinreichend. Es gibt Produktionsfunktionen, für welche die Ertragskurven nicht nach dem Ertragsgesetz verlaufen und die trotzdem einen typischen Kostenverlauf ergeben. Es gibt andererseits Produktionsfunktionen, in denen das Ertragsgesetz für jeden einzelnen Faktor gilt und die trotzdem keinen typischen Kostenverlauf beinhalten. Man muss sich also davor hüten, die Kostenfunktion, die Variation aller variablen Faktoren impliziert, in unmittelbaren Zusammenhang mit den Ertragskurven bei Variation nur eines Faktors zu bringen.

6. Durchschnittskosten und Grenzkosten

Aus der Kostenfunktion erhalten wir verschiedene spezielle Kostenfunktionen. Als Beispiel verwenden wir im Folgenden die unter (16) gegebene Kostenfunktion für einen typischen Kostenverlauf. Die Besonderheiten von Kostenkurven mit überall abnehmender oder überall zunehmender Steigung ergeben sich unmittelbar aus dem Verlauf der entsprechenden Bereiche der typischen Kostenkurve. Auf den Sonderfall einer linearen Kostenkurve gehen wir erst im Abschnitt F dieses Kapitels ein.

1. *Funktion der durchschnittlichen Fixkosten DF*:

$$DF = \frac{F}{y}. \tag{20}$$

Die *DF* sind geometrisch der Tangens des Winkels α, der mit zunehmendem *y* abnimmt (vgl. Abb. 8.a). Dementsprechend handelt es sich um den Ast einer Hyperbel, der sich mit wachsendem *y* der Abszisse nähert (vgl. Abb. 8.b).

2. *Funktion der durchschnittlichen variablen Kosten DVK*:

$$DVK = \frac{k(y)}{y} = ay^2 + by + c \,. \tag{21}$$

Geometrisch geht es hier um den Tangens des Winkels β, der mit wachsendem *y* zunächst abnimmt, bei $y^{(1)}$ sein Minimum erreicht, von dort an wieder zunimmt (vgl. Abb. 8.a und 8.b).

3. *Funktion der durchschnittlichen totalen Kosten DTK*:

$$DTK = \frac{K(y)}{y} = ay^2 + by + c + \frac{F}{y} \,. \tag{22}$$

Geometrisch diskutieren wir hier den Tangens des Winkels γ, der mit wachsendem *y* bei $y^{(2)}$ sein Minimum erreicht (vgl. Abb. 8.a), oder die vertikale Addition der unter 1. und 2. genannten Funktionen (vgl. Abb. 8.b). Die *DTK* erreichen ihr Minimum bei einer höheren Menge als die *DVK*, weil die *DF* unmittelbar nach $y^{(1)}$ stärker abnehmen als die *DVK* zunehmen. Das Minimum der *DTK* liegt höher als das der *DVK*.

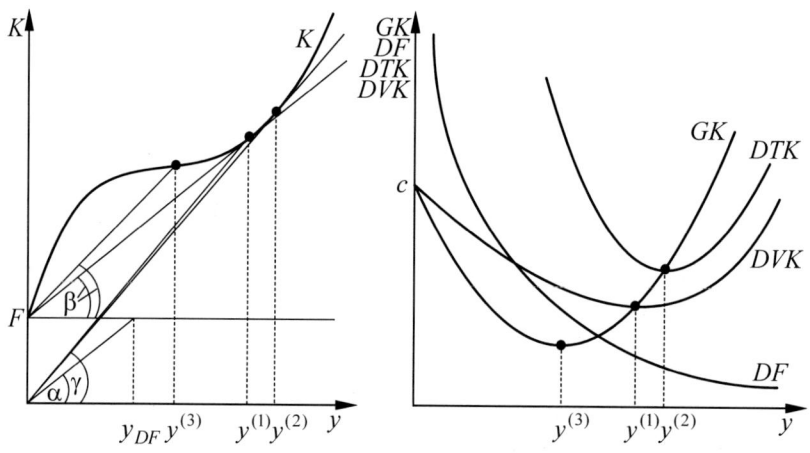

Abb. 8.a/b: Ableitung der *GK*-, *DTK*-, *DVK*- und *DF*-Kurven

4. *Funktion der Grenzkosten GK*:

$$GK = \frac{dK}{dy} = K'(y) = k'(y) = 3ay^2 + 2by + c .$$ (23)

Geometrisch sind die *Grenzkosten GK* gleich der Steigung der Kostenkurve, die bis zur Wendepunktmenge $y^{(3)}$ abnimmt, von dort ab wieder zunimmt (vgl. Abb. 8.a). Bei $y^{(1)}$ sind $GK = DVK$, bei $y^{(2)}$ sind $GK = DTK$, weil dort der Tangens der Winkel β bzw. γ mit der Steigung der Gesamtkostenkurve übereinstimmt. Die *GK*-Kurve schneidet also die *DVK*- und die *DTK*-Kurve in deren Minima (vgl. Abb. 8.b). Die *DF* haben auf den Verlauf der *GK* keinen Einfluss.

$y^{(1)}$ wird auch als das *Betriebsminimum* oder Produktionsschwelle, $y^{(2)}$ als *Betriebsoptimum* oder Gewinnschwelle bezeichnet. Die Begründung dafür wird später deutlich.

7. Dualität von Produktions- und Kostenfunktion

Wir hatten in Kap. I.B.6 die Dualität zwischen Nutzenmaximierung und Ausgabenminimierung eines Haushalts beschrieben und zur Diskussion der Nachfrage ausgewertet. Eine ähnliche Dualität besteht zwischen Produktion und Kosten eines Unternehmens. Es gilt nämlich der

> **Satz:** a) Zu einer gegebenen Produktionsfunktion gehört (bei Wahl der jeweiligen Minimalkostenkombination bei Faktorpreisen (q_1, q_2)) eine eindeutige Kostenfunktion $K(q_1, q_2, y)$.
> b) Zu einer Kostenfunktion $K(q_1, q_2, y)$, die aus jeweils den Minimalkostenkombinationen abgeleitet wurde, gehört eindeutig eine Produktionsfunktion.

Aufgrund dualer Eigenschaften ist es möglich, nicht nur, wie bisher dargelegt, von der Produktions- auf die Kostenfunktion zu schließen, sondern auch aus der Kostenfunktion die Existenz einer eindeutigen Produktionsfunktion zu folgern.

Die kostenminimierenden Faktoreinsatzmengen r_1^*, r_2^* hängen gemäß dem LAGRANGE-Ansatz (7) der Minimalkostenkombination bei gegebener Produktionsfunktion vom Verhältnis der Faktorpreise q_2/q_1 und der zu produzierenden Mengen $\tilde{y}$ ab; dies geht auch aus dem Beispiel mit der linear-homogenen COBB-DOUGLAS-Funktion (9) bis (13) hervor. Man spricht auch von der *konditionalen Faktornachfrage* (VARIAN 1994, S. 20) oder, in Analogie zur HICKSschen Nachfrage des Haushalts, von *kompensierter Faktornachfrage* (SCHITTKO 1981, S. 400): $r_i^* = r_i(q_j/q_i, \tilde{y})$, $i,j = 1,2$. Davon unterscheiden sich die später einzuführenden allgemeinen und speziellen Faktornachfragefunktionen, welche die Faktornachfrage als Ergebnis der Gewinnmaximierung eines Unternehmens in

Abhängigkeit von den Faktorpreisen q_1, q_2 und dem Absatzpreis des Produktes, p, betreffen. Die Kostenfunktion können wir für variables y folglich als

$$K = q_1 r_1\left(\frac{q_1}{q_2}, y\right) + q_2 r_2\left(\frac{q_2}{q_1}, y\right) + F = K(q_1, q_2, y) \tag{24}$$

anschreiben; sie ordnet jeder Konstellation von Faktorpreisen und Produktionsmenge y minimale Kosten zu. Diese Kostenfunktion entspricht (15) und (16); dort wurde K allerdings nur in Abhängigkeit von y geschrieben, hier werden auch Veränderungen der jeweils gegebenen Faktorpreise q_i berücksichtigt. Unter den früher erläuterten Annahmen steigen die Kosten strikt monoton zum einen mit wachsender Produktionsmenge y also mit weiter vom Ursprung entfernt verlaufenden Isoquanten, zum anderen mit steigendem Faktorpreis q_i oder q_2 also mit sich um einen Ordinatenabschnitt „nach außen" drehender Isokostengerade.

Ist K^*, r_1^* und r_2^* umgekehrt die Lösung des Minimierungsproblems für $\bar{y}$, so lässt sich ein zu diesem Problem duales Maximierungsproblem mit Nebenbedingung formulieren: Das Unternehmen soll bei den gegebenen Faktorpreisen q_1, q_2 die Faktoreinsatzmengen $\tilde{r}_1, \tilde{r}_2$ wählen, die den Kosten K die höchstmögliche Produktionsmenge y zuordnen:

$$y = g(\tilde{r}_1, \tilde{r}_2) \to \textit{Max}! \quad \text{mit} \quad K = q_1 \tilde{r}_1 + q_2 \tilde{r}_2 + F. \tag{25}$$

Geometrisch sind das Kostenminimierungs- und duale Produktionsmengenmaximierungsproblem in den Abb. 9.a und 9.b gegenübergestellt. Im linken Diagramm ist die Isoquante für $\bar{y}$ gegeben, auf ihr wird aus allen erreichbaren Isokostengeraden jene gesucht, die die geringstmöglichen Kosten K^* darstellt. Im rechten Diagramm ist die Isokostengerade für K gegeben; es wird aus allen Isoquanten diejenige gesucht, die der maximalen Produktionsmenge y entspricht.

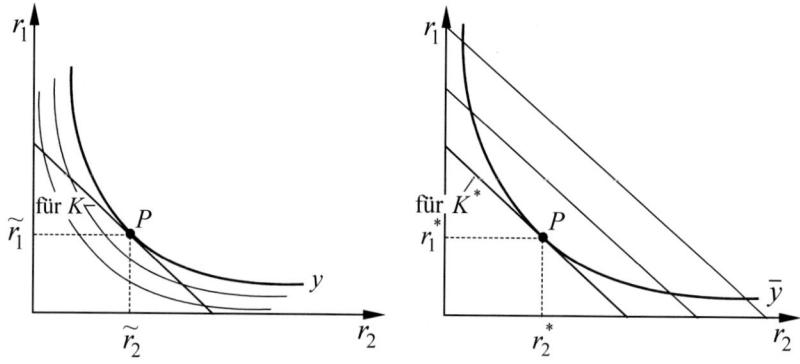

Abb. 9.a/b: Kostenminimierung und duale Produktionsmengenmaximierung

Da die Isokostengeraden in den beiden Diagrammen jeweils die gleiche Steigung $-q_2/q_1$ haben, sind für $\bar{y} = y$ bzw. $K^* = K$ die Lösungen des Minimierungs- und des Maximierungsproblems identisch, d. h. die Punkte P haben die gleichen Koordinaten $r_1^* = \tilde{r}_1^*, r_2^* = \tilde{r}_2^*$.

Ähnlich wie wir in (24) die minimalen Kosten als Funktion der Faktorpreise und der Produktionsmenge darstellten, können wir nun die maximale Produktionsmenge in Abhängigkeit von jeweils gegebenen Faktorpreisen und gegebenen minimalen Kosten K anschreiben:

$$y = y(q_1, q_2, K). \tag{26}$$

Die Kostenfunktion (24) lässt sich, da sie strikt monoton in y ist, nach y als Funktion von q_1, q_2 und K lösen: $y = K^{-1}(q_1, q_2, K)$. Da die Lösungen des Produktionsmengenmaximierungsproblems und des Kostenminimierungsproblems für $\bar{y} = y$ bzw. $K^* = K$ identisch sind, folgt, dass wir schreiben können

$$y = y(q_1, q_2, K) = K^{-1}(q_1, q_2, K). \tag{27}$$

In der Produktions- und Kostentheorie interessieren weniger die zuvor in der Haushaltstheorie mit der SLUTSKY-Gleichung diskutierten Wirkungen einer Preiserhöhung auf die Nachfrage, denn die Faktornachfrage werden wir später in Abhängigkeit auch vom Absatzpreis des Unternehmens untersuchen. Wichtig ist hier, dass von einer empirisch beobachteten oder einfach unterstellten Kostenfunktion auf die Produktionsfunktion geschlossen werden kann. Differenziert man die Kostenfunktion (24) nach dem Faktorpreis q_i, so erhält man nach SHEPHARDs *Lemma*:

$$\frac{\partial K(q_1, q_2, y)}{\partial q_i} = r_i^*\left(\frac{q_2}{q_1}, y\right), \quad i = 1, 2. \tag{28}$$

Diese beiden Gleichungen können in vielen Fällen nach den Variablen q_2/q_1 und y aufgelöst werden. Die Auflösung nach y liefert dabei die Produktionsfunktion.

Als *Beispiel* betrachten wir die in den Abschnitten 3 und 5 aus der linear-homogenen COBB-DOUGLAS-Produktionsfunktion hergeleitete Kostenfunktion (15):

$$K = \frac{1}{a}(c^{1-\beta}q_1 + c^{-\beta}q_2) \cdot y + F$$

$$= \frac{1}{a} \cdot \left[\left(\frac{\beta}{1-\beta} \cdot \frac{q_2}{q_1}\right)^{1-\beta} \cdot q_1 + \left(\frac{\beta}{1-\beta} \cdot \frac{q_2}{q_1}\right)^{-\beta} \cdot q_2\right] \cdot y + F$$

$$= \frac{1}{a} \cdot q_1^\beta q_2^{1-\beta} \cdot \left[\left(\frac{\beta}{1-\beta}\right)^{1-\beta} + \left(\frac{\beta}{1-\beta}\right)^{-\beta}\right] \cdot y + F, \tag{29}$$

deren partielle Ableitungen nach den Faktorpreisen gemäß SHEPHARDs *Lemma* gleich den kostenminimierenden Faktormengen sind:

$$\frac{\partial K}{\partial q_1} = \frac{\beta k}{a} \cdot \left(\frac{q_2}{q_1}\right)^{1-\beta} \cdot y = r_1^*,$$

$$\frac{\partial K}{\partial q_2} = \frac{(1-\beta)\cdot k}{a} \cdot \left(\frac{q_2}{q_1}\right)^{-\beta} \cdot y = r_2^*, \qquad (30)$$

$$\text{mit} \quad k = \left(\frac{\beta}{1-\beta}\right)^{1-\beta} + \left(\frac{1-\beta}{\beta}\right)^{\beta}.$$

Auflösen einer dieser Gleichungen nach q_2/q_1 und Einsetzen in die andere Gleichung ergibt die COBB-DOUGLAS-Produktionsfunktion $y = a r_1^\beta r_2^{1-\beta}$, von der wir ausgegangen waren. Mit anderen Worten: Jede Kostenfunktion der Form (29), die sich abgekürzt schreiben lässt als

$$K(y) = \text{Konstante} \cdot q_1^\beta q_2^{1-\beta} y + F,$$

basiert auf einer linear-homogenen COBB-DOUGLAS-Produktionsfunktion.

Die allgemeine Bedeutung der Dualität in der Produktions- und Kostentheorie besteht darin, dass sich *Eigenschaften der Produktionsfunktion auf die Kostenfunktion übertragen und umgekehrt*. So lassen sich anhand einer empirisch ermittelten Kostenfunktion die Eigenschaften der Produktionsfunktion erschließen.

D. Der optimale Produktionsplan (bei gegebenen Preisen für Produkt und Faktoren)

1. Bestimmung des allgemeinen Gewinnmaximums

Unsere Überlegungen beruhen bislang nur auf der allgemeinen Annahme, dass die jeweilige Produktion mit minimalen Kosten durchgeführt werden soll. Erst bei der Bestimmung der Produktionsmenge (die wir immer mit der Absatzmenge gleichsetzen) benötigen wir die darüber hinausgehende Annahme der Gewinnmaximierung. Der Gewinn G ist allgemein die jeweilige Differenz zwischen dem Erlös $E = yp(y)$ und den Kosten K:

$$G = E - K = yp(y) - K(y). \qquad (1)$$

Da Erlös und Kosten von der Variablen y abhängig sind, gilt dies auch für den Gewinn:

$$G(y) = E(y) - K(y). \tag{2}$$

Die gewinnmaximierende Produktions- bzw. Absatzmenge ist erreicht, wenn die letzte verkaufte Mengeneinheit keinen Gewinn mehr erbringt, der *Grenzgewinn* $G'(y)$ also gleich null ist. Die *Bedingung 1. Ordnung* für ein Gewinnmaximum lautet

$$G'(y) = E'(y) - K'(y) = 0 \tag{3a}$$

$$\Leftrightarrow \frac{dp}{dy} \cdot y + p(y) - K'(y) = 0$$

$$\Leftrightarrow p(y) \cdot \left(1 + \frac{1}{\eta_{yp}^e}\right) = K'(y). \tag{3b}$$

Dabei bezeichnet η_{yp}^e die im Kap. I. abgeleitete Preiselastizität der Nachfrage, die das betrachtete Unternehmen für seine Absatzpolitik erwartet. Die Bedingung (3) lautet auch

$$E'(y) = K'(y), \tag{4}$$

d. h. dass im Gewinnmaximum der *Grenzerlös GE* oder $E'(y)$ gleich den *Grenzkosten GK* oder $K'(y)$ sein muss. Je nachdem, welche Preiselastizität der Nachfrage das einzelne Unternehmen für sich unterstellen muss, ergeben sich verschiedene Spezialfälle dieser allgemeinen Regel.

Wir fassen in diesem Abschnitt zunächst p als eine gegebene, konstante Größe auf, d. h. wir unterstellen, dass der Produzent mit seinem Angebot keinen Einfluss auf den Preis p hat. Unabhängig davon, für welchen Produktionsplan er sich entscheidet, ist der Preis p immer der gleiche; er ist für das betrachtete Unternehmen ein Datum. Dann ist $\eta_{yp}^e = -\infty$: Erhöht das Unternehmen seinen Preis um nur 1 % gegenüber dem Marktpreis, verliert es sofort alle Nachfrager. Diese Konstellation trifft zu, wenn sich am Absatzmarkt ein einheitlicher Preis bildet und der Anteil des Anbieters am Gesamtangebot des betreffenden Gutes sehr gering ist; denn dann muss sich der Anbieter als Mengenanpasser verhalten. Da auch q_1 und q_2 als gegeben und konstant betrachtet werden, diskutieren wir im Folgenden den Fall, dass das Unternehmen auf den *Beschaffungsmärkten und* auf dem *Absatzmarkt als Mengenanpasser* handelt. Im hier untersuchten Fall, in dem der Grenzerlös gleich dem konstanten Preis p ist, vereinfacht sich zu (3b):

$$p = K'(y). \tag{5}$$

Die Produktion ist demnach so weit auszudehnen, bis die *Grenzkosten gleich dem Produktpreis* sind.

Um sicherzustellen, dass es sich nicht um ein Gewinnminimum handelt, haben wir die *Bedingung 2. Ordnung* zu prüfen. Ein Gewinnmaximum erfordert, dass der Grenzgewinn abnimmt, dass also

$$G''(y) = E''(y) - K''(y) < 0 \tag{6}$$

oder

$$E''(y) < K''(y) \tag{7}$$

ist. Die Steigung der *GE*-Kurve muss also geringer sein als die der *GK*-Kurve. Bei konstantem Preis p ist die Steigung der *GE*-Kurve gleich null, so dass sich (7) zu der Feststellung vereinfacht, dass die Steigung der *GK*-Kurve positiv sein muss:

$$0 < K''(y). \tag{8}$$

Nur der *ansteigende Ast der GK-Kurve*, wie in Abb. 8 dargestellt, kommt also für ein Gewinnmaximum in Frage.

Als weitere Bedingung ist nun zu prüfen, ob mit der Ausbringungsmenge y^* gemäß (5) und (8) überhaupt ein positiver Gewinn erwirtschaftet wird. Falls nämlich Betriebsschließung eine realistische Option für das Unternehmen ist, wird es nur bei $G(y^*) \geq 0$ im Markt bleiben. Je nach Stillegungs- und Wiederinbetriebnahmekosten kann es als kritische Untergrenze zwei verschiedene Varianten betrachten: Rechnet es mittelfristig wieder mit einem Anstieg des Preises p, so kann es vorübergehend mit einer Deckung der variablen Kosten zufrieden sein, um im

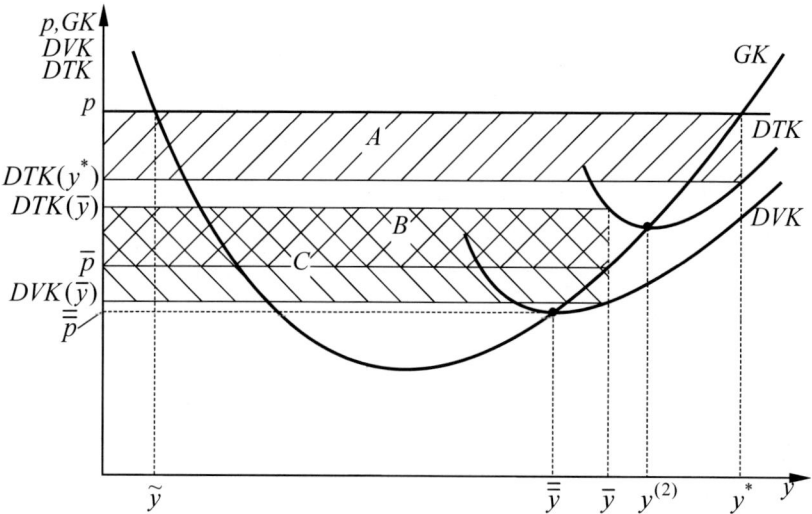

Abb. 1: Zur Ableitung der Angebotskurve eines Mengenanpassers

Markt zu bleiben. Rechnet es hingegen mit einem anhaltend ungünstig niedrigen Preis, so muss die Deckung der gesamten Kosten sichergestellt sein, um im Markt zu bleiben.

In Abb. 1 ist der gegebene Preis p als Parallele zur Abszisse eingezeichnet, deren Schnittpunkt mit dem aufsteigenden Ast der *GK*-Kurve die gewinnmaximierende Menge y^* definiert. Die *Bedingung 1. Ordnung* ist auch bei $\tilde{y}$ erfüllt, nicht jedoch die *Bedingung 2. Ordnung*; dort handelt es sich um ein Gewinnminimum bzw. Verlustmaximum. Das Unternehmen produziert beim Preis p jenseits des Minimums der *DTK*, also jenseits des Betriebsoptimums. Der Preis ist der Erlös pro Stück oder der Durchschnittserlös. Daher ist die Differenz zwischen p und *DTK* gleich dem *Stückgewinn* oder Durchschnittsgewinn, der in Abb. 1 durch den vertikalen Abstand zwischen der Preis-Parallelen und der *DTK*-Kurve beschrieben wird. Der Gesamtgewinn bei der Menge y^* wird durch die schraffierte Fläche *A* dargestellt.

Wir fragen nun, wie optimale Produktions- bzw. Angebotsmenge und maximaler Gewinn reagieren, wenn der gegebene Preis p sinkt. Das Gewinnmaximierungsprinzip erfordert es, die Angebotsmenge einzuschränken. Dadurch verringert sich die Differenz zwischen p und *DTK*, d. h. der Stückgewinn, und, da die Absatzmenge zurückgeht, auch der Gesamtgewinn. Ist p schließlich auf die Höhe des *DTK*-Minimums gesunken, so wird die Menge des Betriebsoptimums $y^{(2)}$ angeboten. Da sich *GK*- und *DTK*-Kurve im Minimum der *DTK*-Kurve schneiden, ist in dieser Situation der maximale Gewinn auf null gefallen. Dies bedeutet nicht, dass das Unternehmen nicht mehr lebensfähig ist; denn in den Kosten wird auch die Verzinsung des eingesetzten Kapitals und ein Unternehmerlohn berücksichtigt. In der Literatur spricht man in bezug auf die Summe aus Kapitalverzinsung und Unternehmerlohn auch von *„normal profit"*, der in den Kosten mitberücksichtigt werde.

Kurzfristig wird das Unternehmen sogar bei noch weiter sinkendem Preis produzieren und anbieten. Nehmen wir an, der Preis betrage $\bar{p}$. Bietet das Unternehmen die Menge $\bar{y}$ an, dann erleidet es einen Verlust in Höhe des Inhalts der schraffierten Fläche *B*. Würde es die Produktion jedoch einstellen, dann wäre sein Verlust noch höher, denn kurzfristig fallen unabhängig von der Produktion, also auch bei einer Produktionsmenge von null, die Fixkosten F an. Bezogen auf die Menge $\bar{y}$ sind die *DF* gleich dem senkrechten Abstand von *DTK*- und *DVK*-Kurve an dieser Stelle, so dass sich die gesamten Fixkosten durch die schraffierte Fläche *C* beschreiben lassen. *B* beschreibt also den Verlust, wenn produziert wird, *C* den Verlust, wenn nicht produziert wird. Beträgt der Preis $\bar{p}$ und die Menge $\bar{y}$, dann ist neben den variablen Kosten ein Teil der Fixkosten noch gedeckt. Dies trifft zu, solange der gegebene Preis p noch höher ist als die *DVK*. Bei $\bar{\bar{p}}$ müsste die Menge $\bar{\bar{y}}$ angeboten werden, doch sind bei dieser Menge die Fixkosten auch nicht teilweise gedeckt, so dass sich unter diesem Mindestpreis, der kurzfristigen *Preisuntergrenze*, die Produktion nicht mehr lohnt.

Mit dieser Betrachtung haben wir auch unmittelbar die (kurzfristige) *Angebotskurve des Unternehmens* bei Mengenanpasserverhalten beschrieben: Die Abhängigkeit zwischen p und optimaler Menge y^* wird gegeben durch den ansteigenden Ast der *GK*-Kurve, jedoch beginnend erst im Minimum der *DVK*-Kurve.

Zwischen dem Minimum der *DVK*-Kurve und dem Minimum der *GK*-Kurve ist zwar die formale *Bedingung 1. Ordnung GK = p* ebenfalls erfüllt, doch zeigt die ökonomische Überlegung, dass hier Verluste entstehen, welche die Fixkosten übersteigen, dass nicht einmal die variablen Kosten gedeckt sind.

Während wir bisher das Gewinnmaximum mit Hilfe von Grenzkosten und Grenzerlös (Preis) bestimmten, wollen wir nun dasselbe mit der Kosten- und der Erlöskurve erreichen (vgl. Abb. 2). Der Erlös $E(y) = yp$ ist als Gerade durch den Ursprung mit der Steigung p darzustellen. Zeichnen wir auch die Kostenkurve ein, so erhalten wir den maximalen Gewinn bei der Menge y^*, bei welcher die Erlöskurve oberhalb der Kostenkurve verläuft und der senkrechte Abstand beider Kurven am größten ist. Dort haben Erlös- und Kostenkurve die gleiche Steigung. Legen wir bei y^* eine Tangente an die Kostenkurve, so bildet diese eine Parallele zur Erlöskurve. Darin kommt die Bedingung 1. Ordnung (4) bzw. (5) zum Ausdruck. Auch die Bedingung 2. Ordnung (8) ist erfüllt: Die Steigung der Kostenkurve nimmt zu, d. h. die Grenzkosten verändern sich positiv. Die Bedingung 1. Ordnung ist auch erfüllt bei $\tilde{y}$, doch liegt hier ein Gewinnminimum bzw. Verlustmaximum vor. Die Grenzkosten verändern sich hier nicht positiv, wie es die Bedingung 2. Ordnung fordert; die Steigung der Kostenkurve nimmt ab. Wir können das Diagramm durch die Kurve des Gewinns $G(y)$ ergänzen. Diese schneidet die Abszisse dort, wo sich Erlös- und Kostenkurve schneiden, erreicht ein Minimum bei $\tilde{y}$ und ein Maximum bei y^*.

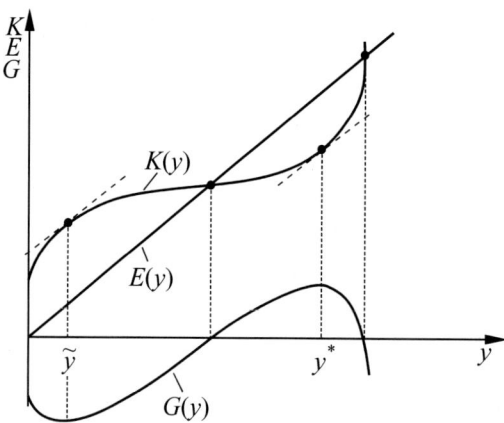

Abb. 2: Bestimmung des Gewinnmaximums mittels Kosten- und Erlöskurve

2. Eigenschaften des optimalen Produktionsplans

Als Eigenschaften des optimalen Produktionsplans haben wir bisher die fundamentalen Beziehungen (5) und (8) kennengelernt. Weitere Eigenschaften erhalten wir, wenn wir die Gewinnfunktion schreiben als

$$G(r_1, r_2) = pg(r_1, r_2) - q_1 r_1 - q_2 r_2 - F = py - q_1 r_1 - q_2 r_2 - F, \tag{9}$$

d. h. die Überlegungen durch unmittelbare Einbeziehung der Produktionsfunktion (B.1) auf die optimalen Faktoreinsatzmengen ausrichten. Die *Bedingungen 1. Ordnung* erhalten wir, indem wir die partiellen Ableitungen nach den Faktoreinsatzmengen gleich null setzen:

$$\frac{\partial G}{\partial r_1} = pg_1 - q_1 = 0,$$
$$\frac{\partial G}{\partial r_2} = pg_2 - q_2 = 0. \tag{10}$$

Auf die *Bedingungen 2. Ordnung* gehen wir hier nicht ein. Durch Umformung von (10) erhalten wir folgende Beziehungen:

$$pg_1 = q_1; \quad pg_2 = q_2; \tag{11a}$$

$$g_1 = \frac{q_1}{p}; \quad g_2 = \frac{q_2}{p}. \tag{11b}$$

Diese Eigenschaften des Gewinnmaximums lassen sich wie folgt interpretieren:

Zu (11a): g_1 ist die zusätzliche Menge y, die mit zusätzlichem Einsatz des Faktors $i = 1,2$ erzielt wird, pg_1 ist der Wert dieser Menge, den man auch als *Wert des Grenzprodukts* oder als Geldwert des Grenzertrags des Faktors i bezeichnet. Im Gewinnmaximum muss also der *Wert des Grenzprodukts* eines jeden Faktors *gleich* dem *Faktorpreis* sein.

Zu (11b): q_i / p kann man als Realentlohnung des Faktors i auffassen, wobei die nominale Entlohnung q_i auf den Preis des in diesem Unternehmen hergestellten Produkts bezogen wird. Da bei gegebenen Preisen q_i und p für das einzelne Unternehmen auch die Realentlohnung gegeben ist, können wir feststellen: Der optimale Produktionsplan ist dann erreicht, wenn die Faktoren in solcher Menge eingesetzt werden, dass sich ihre Grenzproduktivitäten der Realentlohnung angeglichen haben, wenn also die *Faktoren nach ihren Grenzproduktivitäten real entlohnt* werden. Im Gewinnmaximum eines Unternehmens, das den Produktpreis auf dem Absatzmarkt und die Faktorpreise auf dem Beschaffungsmarkt als gegeben hinnimmt, gilt also für die Entlohnung der in dem Unternehmen beschäftigten Faktoren die *Grenzproduktivitätstheorie*.

Die Bedingungen (11a) oder (11b) können wir durcheinander dividieren, wobei sich der Güterpreis p wegkürzt, so dass wir wieder die Bedingungen (C.4) erhalten, die für jede Minimalkostenkombination gelten, sowie auch für die der gewinnmaximierenden Menge y^*. Lösen wir die Bedingungen (11) für das Gewinnmaximum nach p auf und setzen nach (5) $p = GK$, dann ergibt sich

$$\frac{1}{g_1} \cdot q_1 = \frac{1}{g_2} \cdot q_2 = p = K'(y). \tag{12}$$

Wir erhalten damit die Aussage, dass sich im Gewinnmaximum die *Faktorgrenzkosten* wie in jeder Minimalkostenkombination angleichen, dass sie darüber hinaus auch *gleich* dem *Produktpreis*, sowie auch *gleich* den *GK* sind. Kleine Abweichungen vom optimalen Produktionsplan entweder durch Vergrößerung jeweils einer Faktoreinsatzmenge oder Vergrößerung beider Faktoreinsatzmengen im Verhältnis der Minimalkostenkombination lassen zusätzliche Kosten entstehen, die größer als der zusätzliche Erlös sind. Verminderung entweder einer der Faktoreinsatzmengen oder beider Faktoreinsatzmengen im Verhältnis der Minimalkostenkombination führen zu einer Kostensenkung, die geringer als die Erlösminderung ist. Jeder derartige Abweichung bedeutet eine Verminderung des Gewinns.

Wir haben laut (9) die Produktionsfunktion unmittelbar in die Gewinngleichung eingesetzt und dann partiell nach den Faktoreinsatzmengen differenziert. Wir können selbstverständlich auch wieder das LAGRANGE-Verfahren anwenden, d. h. die Produktionsfunktion als Nebenbedingung auffassen, unter der die Gewinnfunktion zu maximieren ist. Das Ausgangsproblem, die LAGRANGE-Funktion und die *Bedingungen 1. Ordnung* lauten dann wie folgt:

$$G(r_1, r_2) = py - q_1 r_1 - q_2 r_2 - F \to Max. \quad \text{u. d. R.} \quad y = g(r_1, r_2); \tag{13}$$

$$L = py - q_1 r_1 - q_2 r_2 - F + \lambda \cdot (y - g(r_1, r_2)); \tag{14}$$

$$\begin{aligned}\frac{\partial L}{\partial r_1} &= -q_1 - \lambda g_1 = 0; \\ \frac{\partial L}{\partial r_2} &= -q_2 - \lambda g_2 = 0;\end{aligned} \tag{15}$$

$$\begin{aligned}\frac{\partial L}{\partial y} &= p + \lambda = 0; \\ \frac{\partial L}{\partial \lambda} &= y - g(r_1, r_2) = 0.\end{aligned} \tag{15}$$

Aus den ersten drei *Bedingungen 1. Ordnung* ergeben sich wieder die Beziehungen (11). Die optimalen Faktoreinsatzmengen und die optimale Produktionsmenge lassen sich durch Lösung des Systems der *Bedingungen 1. Ordnung* ermitteln.

Die abgeleiteten Eigenschaften des optimalen Produktionsplans sind auf den Fall einer beliebigen Zahl n von variablen Produktionsfaktoren übertragbar. Es gilt dann:

$$pg_1 = q_i; \qquad g_i = \frac{q_i}{p}; \qquad \frac{g_i}{g_j} = \frac{q_i}{q_j}; \qquad (16)$$

$$\frac{g_1}{q_1} = \frac{g_2}{q_2} = \ldots = \frac{g_n}{q_n}; \quad \frac{1}{g_1} \cdot q_1 = \frac{1}{g_2} \cdot q_2 = \ldots = \frac{1}{g_n} \cdot q_n = p = K'(y),$$

$$i, j = 1, 2, \ldots, n\,.$$

E. Allgemeine und spezielle Angebots- und Nachfragefunktionen

1. Allgemeine Angebots- und Nachfragefunktion

Es ist leicht einzusehen, dass der optimale Produktionsplan bei gegebener Produktionsfunktion mit zwei Produktionsfaktoren von drei exogenen Größen abhängt: dem Preis p des Produktes und den Preisen q_1 und q_2 der Produktionsfaktoren. Diese Größen gingen z. B. in die Gewinnfunktion (D.13) ein. Jede Veränderung einer der Größen führt zu einem anderen optimalen Plan. Wir können also eine *allgemeine Angebotsfunktion* für das Produkt,

$$y = y(p, q_1, q_2)\,, \qquad (1)$$

und je eine *allgemeine Nachfragefunktion* für die Produktionsfaktoren,

$$r_1 = r_1(p, q_1, q_2)$$
$$r_2 = r_2(p, q_1, q_2) \qquad (2)$$

aufstellen. Bei den angebotenen und nachgefragten Mengen handelt es sich jeweils um Optimalmengen; die Kennzeichnung solcher Mengen durch das Symbol * lassen wir in Angebots- und Nachfragefunktionen weg.

2. Spezielle Angebotsfunktionen

Aus den allgemeinen Funktionen erhalten wir spezielle Angebots- bzw. Nachfragefunktionen, indem wir jeweils zwei der drei unabhängigen Variablen als gegeben betrachten und untersuchen, wie sich die Angebots- bzw. Nachfragemenge in Abhängigkeit von der dritten unabhängigen Variablen verändert. Die Beziehung

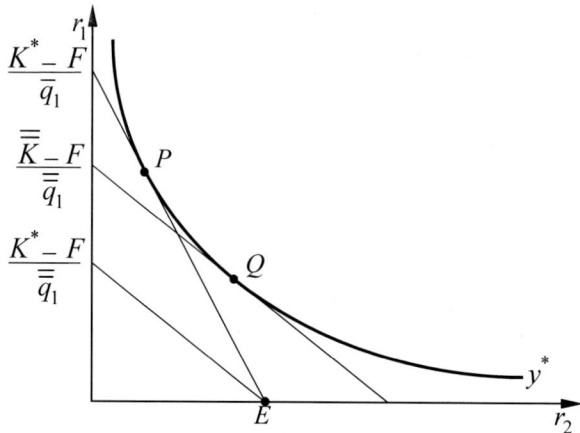

Abb. 1: **Substitutions- und Kosteneffekt gestiegener Faktorpreise (q_1)**

$$y = y(p, \overline{q}_1, \overline{q}_2) \tag{3}$$

kennen wir bereits; es handelt sich um den aufsteigenden Ast der *GK*-Kurve, beginnend im Minimum der *DVK*. Dabei messen wir, wie bei Angebotskurven üblich, die unabhängige Variable an der Ordinate, die abhängige an der Abszisse. Spricht man nur von der Angebotskurve, dann handelt es sich immer um diese Beziehung, also um die Abhängigkeit der Angebotsmenge vom eigenen Preis. Wir diskutieren nun die Beziehung

$$y = y(\overline{p}, q_1, \overline{q}_2), \tag{4}$$

also die Änderung der Angebotsmenge bei Preisänderungen für Faktor 1 (analoge Überlegungen gelten bei Preisänderungen für Faktor 2) anhand der Abb. 1. Das Unternehmen produziere beim Faktorpreis $\overline{q}_1$ die gewinnmaximierende Menge y^* mit den Kosten K^*. Der Ordinatenabschnitt der die Isoquante y^* im Punkt P berührenden Isokostengeraden ist also $(K^* - F)/\overline{q}_1$. Bei einem auf $\overline{\overline{q}}_1$ gestiegenen Faktorpreis hat sich diese Isokostengerade nach links um den Punkt E gedreht. Mit den bisherigen Kosten K^* ist nur noch eine geringere Menge erzeugbar; die alte Menge y^* wird jetzt mit der Kombination Q zu gestiegenen Kosten $\overline{\overline{K}}$ hergestellt. Die gleichen Überlegungen gelten für andere Mengen y. Die neue Kostenkurve verläuft überall oberhalb der alten.

Bezüglich der Grenzkostenänderung bei einer Erhöhungs von q_1 haben wir zwei Fälle zu unterscheiden:

1. Die Steigung der neuen Kostenkurve ist bei jeder Menge y größer als die der alten (vgl. Abb. 2.a). Dann verläuft die neue *GK*-Kurve überall oberhalb der alten (vgl. Abb. 2.b). Bei gegebenem Preis $\overline{p}$ geht die gewinnmaximierende An-

E. Allgemeine und spezielle Angebots- und Nachfragefunktionen 181

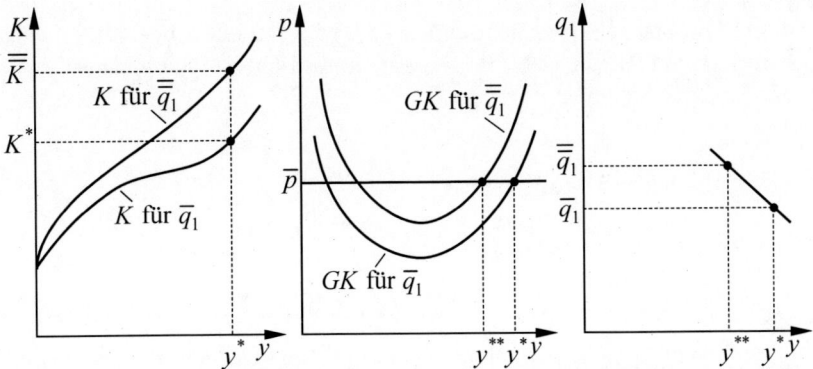

Abb. 2.a/b/c: Kosten- und Grenzkostenkurve bei verändertem Faktorpreis (q_1): Fall 1

gebotsmenge von y^* auf y^{**} zurück. Bei höherem Faktorpreis $\overline{\overline{q}}_1$ wird also weniger angeboten als bei niedrigerem. Somit hat die hier untersuchte spezielle Angebotskurve negative Steigung (vgl. Abb. 2.c).

2. Die Steigung der neuen Kostenkurve ist im Teilbereich $y^{(1)}$ bis $y^{(2)}$ geringer als die der alten (vgl. Abb. 3.a). (Da die neue Kostenkurve oberhalb der alten verläuft, ist es nicht möglich, dass die neue Kostenkurve überall geringere Steigung als die alte hat.) Die neue *GK*-Kurve schneidet dann die alte zweimal. Sofern nun der Preis $\overline{p}$ niedriger liegt als der Schnittpunkt der beiden aufsteigenden Äste und ein Angebot überhaupt lohnt, nimmt die gewinnmaximierende Angebotsmenge zu (vgl. Abb. 3.b). Bei höherem Faktorpreis $\overline{\overline{q}}_1$ wird hier also

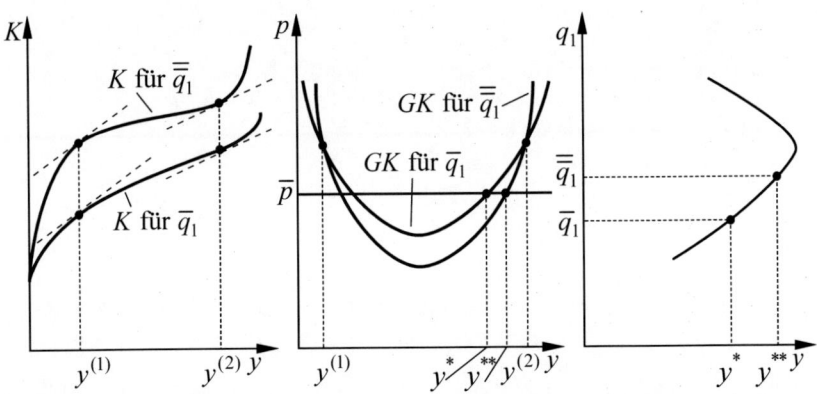

Abb. 3.a/b/c: Kosten- und Grenzkostenkurve bei verändertem Faktorpreis (q_1): Fall 2

mehr angeboten als bisher; die untersuchte spezielle Angebotskurve hat im Preisbereich $\overline{q}_1, \overline{\overline{q}}_1$ folglich positive Steigung (vgl. Abb. 3.c). Je stärker q_1 steigt, desto unwahrscheinlicher wird dieser Fall. Die spezielle Angebotskurve hat daher im oberen Bereich, der im Diagramm gestrichelt eingezeichnet ist, sicherlich negative Steigung.

3. Spezielle Nachfragefunktion

Bei der Diskussion der Beziehung

$$r_1 = r_1(\overline{p}, q_1, \overline{q}_2), \tag{5}$$

die den Zusammenhang zwischen Einsatz und Preis des Faktors 1 beschreibt (analog könnten wir den Zusammenhang zwischen Einsatz und Preis des Faktors 2 untersuchen), beschränken wir uns auf das in Abb. 2 dargestellte Beispiel, in dem bei einer Erhöhung des Faktorpreises von $\overline{q}_1$ auf $\overline{\overline{q}}_2$ die gewinnmaximierende Angebotsmenge von y^* auf y^{**} abnimmt. In Abb. 4.a ist die Isokostengerade für $\overline{q}_1$, welche die Isoquante für y^* im Punkt P berührt, steiler als die Isokostengerade für $\overline{\overline{q}}_2$, die die Isoquante für y^{**} im Punkt Q tangiert. In der Regel liegt Q rechts unterhalb von P, d. h. die Preiserhöhung für Faktor 1 bewirkt einen Rückgang der Nachfrage nach diesem Faktor. Die Nachfragekurve verläuft dann typisch mit negativer Steigung, wie in Abb. 4.b dargestellt. Nur in extremen Ausnahmefällen ist ein atypischer Verlauf möglich.

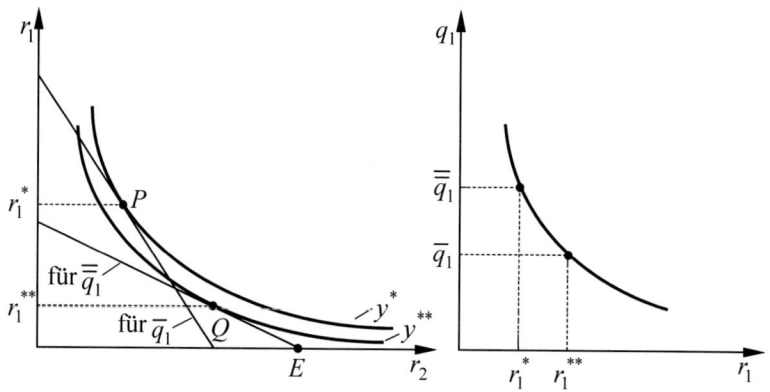

Abb. 4.a/b: Faktornachfrage $r_1(q_1)$

E. Allgemeine und spezielle Angebots- und Nachfragefunktionen

Spezielle Angebots- und Nachfragefunktionen helfen, die Reaktion von Unternehmen auf Änderungen der Produktionsfunktion, des Produktpreises oder eines Faktorpreises zu verstehen. Wir beschränken uns hier auf Faktorpreisänderungen und fragen, wie diese auf den Faktoreinsatz, die Kosten, die Grenzkosten sowie auf die gewinnmaximierende Produktionsmenge und den Gewinn wirken. Selbst unter den hier noch besonders stark vereinfachenden Annahmen, dass das Unternehmen die Produktionsfunktion, den Produktpreis und die Faktorpreise nicht beeinflussen kann, sondern diese als Daten hinnehmen muss, können Reaktionen deutlich werden, die in der komplizierteren Wirklichkeit offenbar ähnlich auftreten, teils unerwartet sind und in der wirtschaftspolitischen Diskussion manchmal als skandalös empfunden werden. Dies betrifft besonders die Beschäftigung von Arbeit.

Seien r_1 die eingesetzte Menge an Arbeit (stellvertretend für die Zahl der Arbeitsplätze oder der Beschäftigten) und q_1 der Preis der Arbeit oder der Lohnsatz. Wenn der Lohnsatz von $\bar{q}_1$ auf $\bar{\bar{q}}_2$ steigt, wird nach Abb. 1 Arbeit durch den anderen variablen Faktor substituiert; die Kosten der bisher produzierten Menge steigen von K^* auf $\bar{\bar{K}}$ an.

Beispiel 1: Die erste Möglichkeit zeigt eine Zusammenschau der Abb. 1, 2 und 4: Mit der Lohn- und Kosten- und Grenzkostensteigerung gemäß Abb. 1 und Abb. 2 wird bei dem gegebenen Produktpreis $\bar{p}$ die gewinnmaximierende Produktion von y^* auf y^{**} gesenkt. Die Substitution von Arbeit durch den anderen Faktor reicht nicht aus, die Verteuerung der Arbeit auszugleichen. Die Kosten K sind bei y^{**} zwar geringer, doch ist der Gewinn geschrumpft. Die Lohnsatzsteigerung geht zu Lasten der Beschäftigung, der Produktion und des Gewinns.

Beispiel 2: Eine weitere Möglichkeit deutet die Zusammenschau der Abb. 1 und 3 an: Wieder wird, gemäß Abb. 1, bei dem von $\bar{q}_1$ auf $\bar{\bar{q}}_2$ gestiegenen Lohnsatz Arbeit durch den anderen variablen Faktor substituiert. Zwar haben sich mit der Lohnsatzsteigerung auch hier die Kosten erhöht (Abb. 3a); die Grenzkosten sind jedoch im Bereich $y^{(1)}$ bis $y^{(2)}$ gesunken (Abb. 3b), so dass es sich in diesem Bereich lohnt, die Produktion auszudehnen, hier von y^* auf y^{**}. Die Substitution von Arbeit infolge der Lohnsatzsteigerung kann hier durch den Mehreinsatz von Arbeit infolge zusätzlicher Produktion überkompensiert werden. Der höhere Lohnsatz führt in diesem Beispiel zu höherer Produktion, zu geringerem Gewinn und zu höherer Beschäftigung. – Würden wir statt einer Lohnsatzsteigerung eine Lohnsatzsenkung annehmen, so könnte die Reaktion des Unternehmens genau umgekehrt ausfallen: Produktion und Beschäftigung würden sinken, der Gewinn würde steigen.

Besonders einfach ist die Beziehung

$$r_1 = r_1(\bar{p}, q_1), \tag{6}$$

d. h. die Nachfragekurve im Fall nur eines variablen Faktors, zu diskutieren. Hier gibt es nur eine Ertragskurve, und die Beziehung (D.11a) schreibt vor, die Nach-

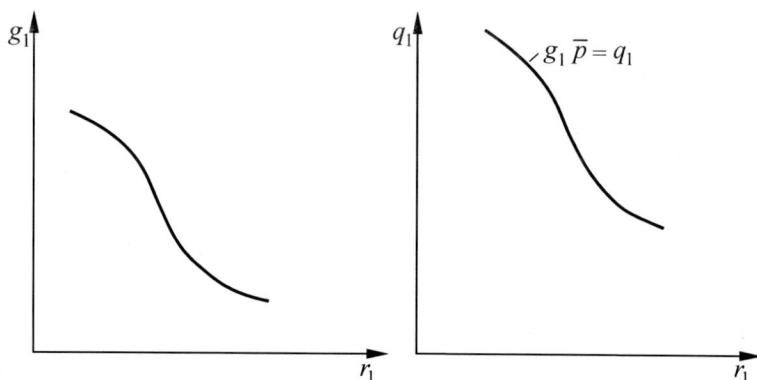

Abb. 5.a/b: **Grenzproduktivität und Wertgrenzprodukt**

frage so weit auszudehnen, dass der Wert des Grenzprodukts gleich dem Faktorpreis ist. Mit der Ertragszuwachs- (Grenzproduktivitäts-)kurve kennen wir auch die Nachfragekurve. In Abb. 5.a unterstellen wir abnehmende Grenzproduktivität. Multiplizieren wir die Ordinatenwerte mit $\bar{p}$, so erhalten wir $g_1 \bar{p} = q_1$ in Abhängigkeit von r_1, den gesuchten Zusammenhang zwischen q_1 und r_1 (vgl. Abb. 5.b). Hat die Ertragskurve einen Bereich zunehmender Ertragszuwächse, steigt also die Ertragszuwachskurve zunächst positiv an, so kann dieser Bereich niemals für die gewinnmaximierende Faktoreinsatzmenge in Frage kommen.

Die Faktorgrenzkosten $(1/g_1) \cdot q_1$, die hier gleich den Grenzkosten GK sind, nehmen dann nämlich mit steigendem Faktoreinsatz ab, während der zusätzliche

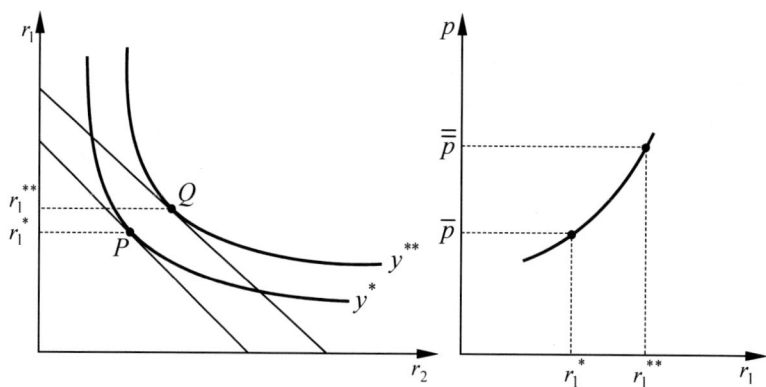

Abb. 6.a/b: **Faktornachfrage $r_1(p)$**

Erlös einer Produktionsmengeneinheit immer gleich $\bar{p}$ ist. Folglich ließe sich im Bereich steigender Grenzproduktivität durch Mehreinsatz des Faktors ein zusätzlicher Gewinn erzielen. Daher ist nur der fallende Ast der Ertragszuwachskurve für die Nachfragekurve relevant.

Wir erläutern nun die Beziehung

$$r_1 = r_1(p, \bar{q}_1, \bar{q}_2), \tag{7}$$

also die Änderung der Menge des Faktors 1 bei Änderung des Produktpreises p. Entsprechendes gilt für Änderungen von r_2 bei Änderungen von p. Mit einer Erhöhung dieses Preises, z. B. von $\bar{p}$ auf $\bar{\bar{p}}$, nehme die angebotene Menge y^* auf y^{**} zu.

Sofern der Expansionspfad positive Steigung hat (dies trifft z. B. bei homogener Produktionsfunktion stets zu), erfordert die vergrößerte Produktionsmenge einen vermehrten Faktoreinsatz, und die spezielle Nachfragekurve hat positive Steigung – ein Fall, der hier keineswegs als atypisch zu bezeichnen ist (vgl. Abb. 6.a und 6.b). Möglich ist aber auch, dass die vergrößerte Menge y^{**} mit vermindertem Einsatz des Faktors 1 hergestellt wird und die hier untersuchte Nachfragekurve negative Steigung hat.

Wir haben schließlich noch die Beziehung

$$r_1 = r_1(\bar{p}, \bar{q}_1, q_2), \tag{8}$$

also die Änderung des Faktoreinsatzes r_1 aufgrund einer Preisänderung für Faktor 2, zu untersuchen (Entsprechendes trifft wieder für Änderung von r_2 bei Änderung von q_1 zu) und beschränken uns hier wieder auf den der Abb. 2 analogen Fall, in dem bei einem von $\bar{q}_2$ auf $\bar{\bar{q}}_2$ steigenden Faktorpreis die gewinnmaximierende

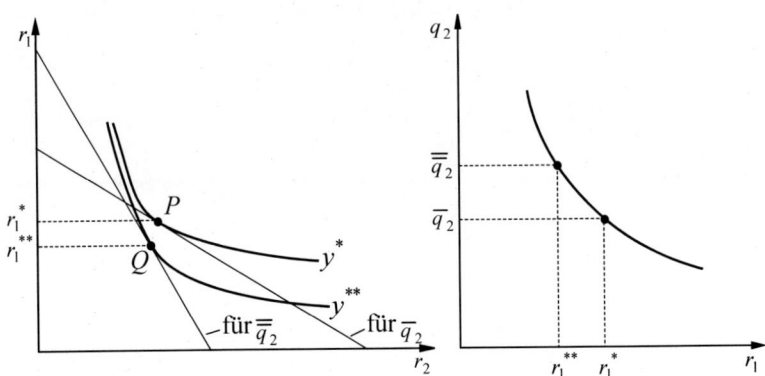

Abb. 7.a/b: Faktornachfrage $r_1(q_2)$

Angebotsmenge von y^* auf y^{**} sinkt. In Abb. 7.a verläuft die Isokostengerade für $\overline{q}_2$, die die Isoquante für y^* in P tangiert, flacher als die für q_2, welche die Isoquante für y^{**} in Q berührt. Hat Q wie in Abb. 7.a einen geringeren Ordinatenwert als P, dann bedeutet dies negative Steigung der untersuchten speziellen Nachfragekurve (vgl. Abb. 7.b). Auch hier ist jedoch eine spezielle Nachfragekurve mit positiver Steigung nicht ausgeschlossen.

F. Kostenkurven, optimaler Produktionsplan, Angebot und Nachfrage bei linear-homogener Produktionsfunktion

Wir hatten in Abschnitt II.C.5 gezeigt, dass der Expansionspfad bei linear-homogener Produktionsfunktion eine Gerade durch den Ursprung mit konstanter Produktionsmengenskala ist und folglich auch die Kostenfunktion linear verläuft (vgl. Abb. 1.a):

$$K = ay + F \quad \text{mit} \quad a > 0. \tag{1}$$

Daraus ergibt sich folgender, in Abb. 1.b dargestellter Verlauf der Durchschnitts- und Grenzkosten:

1. Die *durchschnittlichen Fixkosten DF* verlaufen wie in Abb. C.8.b:

$$DF = \frac{F}{y}. \tag{2}$$

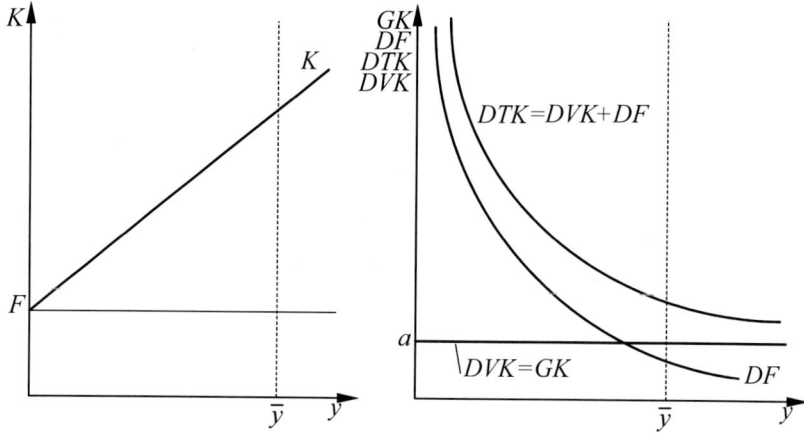

Abb. 1.a/b: Kosten-, Durchschnittskosten und Grenzkosten bei linearer Kostenfunktion

2. Die durchschnittlichen variablen Kosten DVK sind konstant:

$$DVK = \frac{ay}{y} = a. \tag{3}$$

3. Die *durchschnittlichen totalen Kosten DTK* sind geometrisch wieder die vertikale Addition von DVK und DF:

$$DTK = \frac{K}{y} = \frac{ay+F}{y} = a + \frac{F}{y}. \tag{4}$$

4. Die *Grenzkosten GK* sind gleich den *DVK*:

$$GK = K'(y) = a. \tag{5}$$

Wir versuchen, die gewinnmaximierende Produktionsmenge durch Ermittlung der *Bedingungen 1. und 2. Ordnung* zu bestimmen:

$$G(y) = E(y) - K(y) = \overline{p}y - ay - F, \tag{6}$$

$$G'(y) \stackrel{!}{=} 0 \quad \text{hier:} \quad \overline{p} - a = 0, \tag{7}$$

$$G''(y) \stackrel{!}{<} 0 \quad \text{hier:} \quad G'' = 0. \tag{8}$$

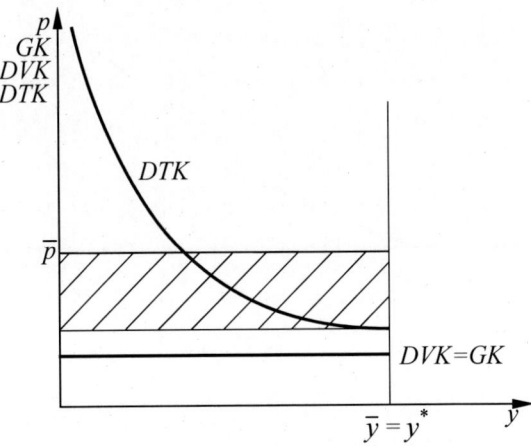

Abb. 2: Angebot an der Kapazitätsgrenze

Die *Bedingung 1. Ordnung* wäre nur bei dem Preis $\bar{p} = a$ erfüllt, dann aber bei jeder beliebigen Menge y. Die *Bedingung 2. Ordnung*, also $G''(y) < 0$, ist überhaupt nicht erfüllbar. Die gewinnmaximierende Absatzmenge ist in diesem Fall also unbestimmt.

Um dieses Dilemma zu lösen, unterstellen wir hier, dass das Unternehmen nicht jede beliebige Menge produzieren kann, dass es eine Höchstmenge, die Kapazitätsgrenze $\bar{y}$, gibt. Liegt der gegebene Preis $\bar{p}$ über den *GK*, so ist offenbar die Kapazitätsmenge die optimale Ausbringungsmenge: $\bar{y} = y^*$. Denn dort erreicht der Stückgewinn, die Differenz zwischen $\bar{p}$ und *DTK*, sowie auch der Gesamtgewinn, den höchsten Wert. In Abb. 2 wird der Gesamtgewinn durch die schraffierte Fläche dargestellt. Ist der Preise ebenso hoch wie die *DTK* bei der Kapazitätsmenge $\bar{y}$, so sind Stück- und Gesamtgewinn gleich null. Auch wenn der Preis bei der Menge $\bar{y}$ zwischen den *DTK* und den *GK* liegt, lohnt es sich kurzfristig, trotz Verlust weiter zu produzieren, denn über die variablen Kosten hinaus ist dann wenigstens ein Teil der Fixkosten gedeckt. Erst wenn der Preis auf die *DVK* oder darunter abgesunken ist, lohnt sich auch kurzfristig die Produktion nicht mehr. Auch aus dem Diagramm für Erlös und gesamte Kosten ist erkennbar, dass – sofern die Erlöskurve steiler als die Kostenkurve verläuft – der Gewinn bei der Kapazitätsmenge $\bar{y}$ am größten ist (vgl. Abb. 3).

Wir fragen nun, ob es möglich ist, *Eigenschaften des optimalen Produktionsplans* bei linear-homogener Produktionsfunktion durch bestimmte Bedingungen für das Gewinnmaximum zu charakterisieren. Der optimale Produktionsplan lässt sich, wie gezeigt, nicht durch die *Bedingung 1. Ordnung* „$GK = p$" und die entsprechende *Bedingung 2. Ordnung* kennzeichnen. Ebensowenig eignen sich dazu die Bedingungen (D.11a) und (11b), nach denen der Wert des Grenzprodukts

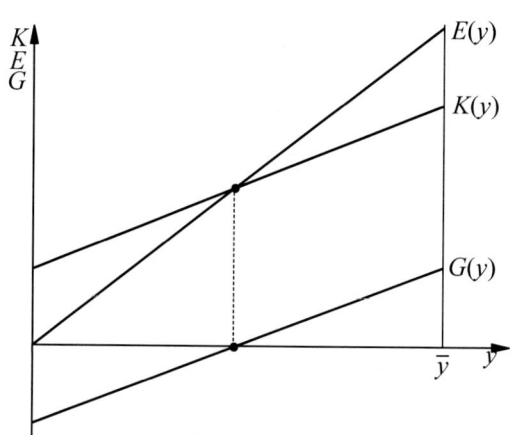

Abb. 3: **Erlös-, Kosten- und Gewinnfunktion bei linearer Kostenfunktion**

F. Fall der linear-homogenen Produktionsfunktion

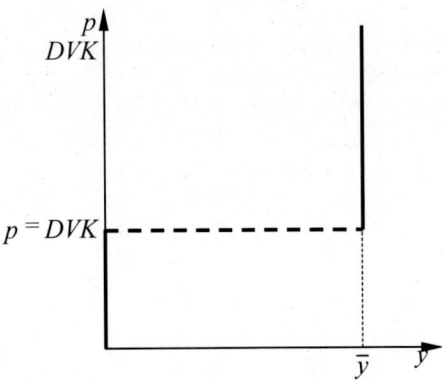

Abb. 4: Güterangebotsfunktion bei linearer Kostenfunktion

eines Faktors gleich dem Faktorpreis bzw. die Grenzproduktivität gleich der Realentlohnung eines Faktors ist: Bei substitutionaler linear-homogener Produktionsfunktion ist im Isoquantendiagramm entlang eines Strahls aus dem Ursprung, sowie auch entlang des Expansionspfades, die Grenzproduktivität jedes Faktors eine konstante Größe. Bei gegebenen, konstanten Faktorpreisen sind die Bedingungen (D.11a) und (11b) nur bei einem ganz bestimmten Preis $\bar{p} = q_1 / g_1 = q_2 / g_2$ erfüllt, und zwar nicht nur bei der Kapazitätsmenge $\bar{y}$, sondern auch bei jeder anderen Produktionsmenge und den zugeordneten Faktoreinsatzmengen. Jeder andere Preis p, der eine Produktion an der Kapazitätsgrenze lohnend macht, weicht notwendigerweise von dem konstanten Wert $q_1 / g_1 = q_2 / g_2$ ab, so dass die Bedingungen (D.11a) und (11b) nicht erfüllt sind. Es gelten nur die Bedingungen der Minimalkostenkombination. Bei linear-limitationaler Produktionsfunktion lassen sich die Bedingungen nicht einmal formulieren, weil wir dann nicht mit Grenzproduktivitäten argumentieren können.

Über die *Angebots- und Nachfragekurven* bei linear-homogener Produktionsfunktion können wir folgende Aussagen machen: Die Angebotskurve (E.3) beginnt bei der kurzfristigen Preisuntergrenze $p = GK = DVK$ und verläuft von dort an senkrecht bei der Menge $\bar{y}$. Das Angebot ist also vollkommen unelastisch.

Mit der Erhöhung eines Faktorpreises verschiebt sich die Kostenkurve nach oben, was bei linearer Kostenkurve einen steileren Verlauf bedeutet. Die Abszissen-Parallele $GK = DVK$ in Abb. 2 verschiebt sich ebenfalls nach oben, die Angebotskurve beginnt bei einem höheren Preis und verläuft von dort aus wieder senkrecht, wie in Abb. 4 gezeichnet.

Die Nachfragekurve (E.5) endet bei einem Höchstpreis, bei dem die GK die Höhe des Produktpreises erreichen. Bei sinkendem Faktorpreis q_1 bewegen wir uns stets auf der Isoquante für die Kapazitätsmenge $\bar{y}$, d. h. wir substituieren fortgesetzt Mengen des Faktors 2 gegen solche des Faktors 1. Die Nachfragekurve verläuft also fallend (vgl. Abb. 5.a).

Die Nachfragekurve (E.7) beginnt beim Mindestpreis $p = DVK$ und verläuft von dort an senkrecht, weil stets die Kapazitätsmenge mit der gleichen Faktorkombination hergestellt wird (vgl. Abb. 5.b).

Die Nachfragekurve (E.8) endet ebenfalls bei einem Höchstpreis, bei dem die *GK* die Höhe des Produktpreises erreichen. Mit sinkendem Faktorpreis bewegen wir uns wieder auf der Isoquante für die Kapazitätsmenge $\bar{y}$; wir ersetzen fortlaufend Mengen des Faktors 1 gegen solche des Faktors 2. Diese Nachfragekurve hat somit eine positive Steigung (vgl. Abb. 5.c).

Bei *linear-limitationaler Produktionsfunktion* sind die Aussagen über die Nachfragekurven folgendermaßen zu revidieren: Sofern überhaupt die Produktion lohnt, wird die Kapazitätsmenge angeboten, und es sind unabhängig von den Faktorpreisen und dem Produktpreis immer die gleichen Faktormengen einzusetzen. Alle Nachfragekurven verlaufen senkrecht; die Nachfrage ist in bezug auf den jeweiligen Preis vollkommen unelastisch. Die Kurven für den Faktor 1 in den den Abb. 5.a und 5.c entsprechenden Fällen enden bei einem Höchstpreis, der gerade noch die *DVK* zu decken erlaubt. Bei linear-limitationaler Produktionsfunktion sind alle hier betrachteten speziellen Angebots- und Nachfragekurven durch senkrechten Verlauf gekennzeichnet.

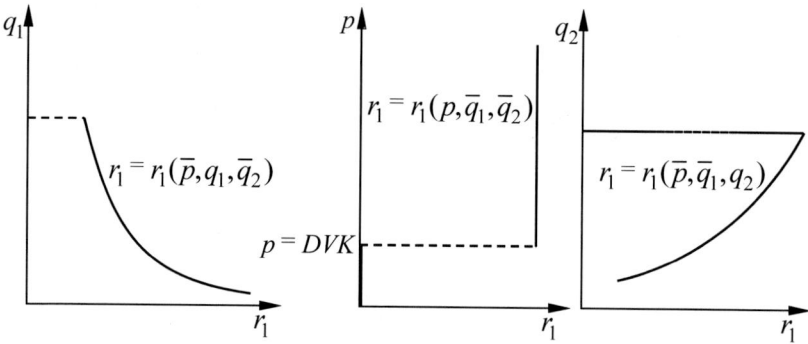

Abb. 5.a/b/c: Faktornachfrage bei linearer Kostenfunktion

G. Langfristige Kosten- und langfristige Angebotskurve

1. Die langfristige Kostenkurve

Die Produktionsfunktion $y = g(r_1, r_2)$, mit der wir bisher argumentierten, beschreibt die Produktionsmöglichkeiten im Rahmen eines gegebenen Produktionsapparates oder – wie man auch sagt – *bei gegebener Betriebsgröße*. Produktionsapparat bzw. Betriebsgröße können innerhalb der betrachteten Periode nicht verändert werden. Unabhängig von der Nutzung des Produktionsapparates werden fixe Kosten angesetzt.

In diesem Abschnitt gehen wir davon aus, dass die Betriebsgröße noch nicht feststeht, sondern gewählt werden kann. Unser Ziel besteht in der *Bestimmung der optimalen Betriebsgröße*. Da der Produktionsapparat bzw. die Betriebsgröße nicht innerhalb einer Periode verändert werden können, erstreckt sich die Betrachtung über mehrere Perioden. Die Wahlmöglichkeit der Betriebsgröße ist das Kriterium des Begriffes „*langfristig*", den wir in diesem Abschnitt zugrunde legen. Bei einer „langen Frist" handelt es sich somit um eine „operational time unit" (VINER, 1932), nicht unbedingt um eine lange Kalenderzeit. Es kommt nur darauf an, in welcher Zeit die Betriebsgröße angepasst werden kann.

Je umfangreicher der Produktionsapparat, desto höher sind die Fixkosten. F ist also eine steigende Funktion der Betriebsgröße. Ändert sich die Betriebsgröße, dann ändert sich auch die Produktionsfunktion, d. h. die Art des funktionalen Zusammenhangs zwischen dem Einsatz variabler Faktoren und der Produktionsmenge. Wenn die Betriebsgröße sukzessive zunimmt, haben wir eine *Abfolge verschiedener Produktionsfunktionen* vor uns. In der Regel werden kleinere Mengen y günstiger mit geringer Betriebsgröße, größere Mengen günstiger mit großer Betriebsgröße produziert.

Wir können also feststellen: Für steigenden Fixfaktoreinsatz, d. h. zunehmende Betriebsgröße bzw. zunehmende Fixkosten gilt jeweils eine andere Produktionsfunktion, folglich auch jeweils ein anderes System von Isoquanten und Minimalkostenkombinationen, folglich auch ein anderer Expansionspfad, folglich auch eine andere Kostenfunktion. Drei typische Kostenfunktionen $K^{(1)}, K^{(2)}, K^{(3)}$ mit steigenden Fixkosten $F^{(1)}, F^{(2)}, F^{(3)}$, die wir im Folgenden zugrunde legen, sind in Abb. 1 dargestellt. Die Funktion $K^{(1)}$ gilt bei relativ kleiner Betriebsgröße $F^{(1)}$; sie ist für kleine Mengen y günstiger, für große Mengen y ungünstiger als $K^{(2)}$ und $K^{(3)}$. Die Funktion $K^{(3)}$ gilt bei relativ großer Betriebsgröße $F^{(3)}$ und ist für große Mengen y günstiger. Ist die Betriebsgröße und damit die Kostenfunktion noch nicht festgelegt, sondern variabel, dann kann man diese so wählen, dass *für jede gegebene Menge y die Kosten K minimal* sind. In Abb. 1 würde also die Wahl für $y^{(1)}$ auf $K^{(1)}$ mit $F^{(1)}$, für $y^{(2)}$ auf $K^{(2)}$ mit $F^{(2)}$, für $y^{(3)}$ auf $K^{(3)}$ mit $F^{(3)}$ fallen. Gehen wir nun davon aus, dass die Betriebsgröße eine kontinuierliche Variable ist, so erhält man eine kontinuierliche Abfolge von Produktions- und Kostenfunktionen. Da uns jeweils die minimalen Kosten für eine gegebene Menge y interessieren, konstruieren wir zu allen diesen Kostenfunktionen die *Umhüllende (Enve-*

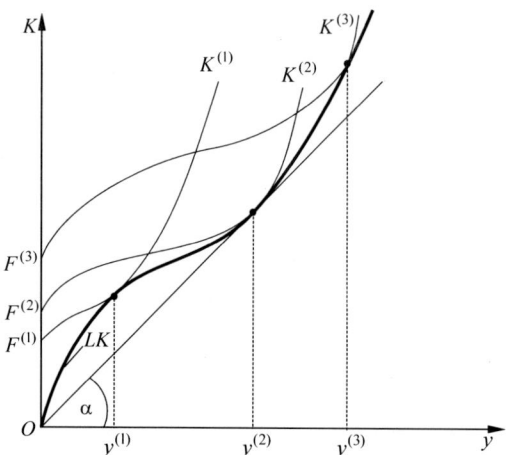

Abb. 1: Kurz- und langfristige Kostenfunktionen

loppe), die in Abb. 1 durch die fett gezeichnete Kurve angedeutet wird. Für eine Betriebsgröße von null gibt es keine Fixkosten; die Umhüllende beginnt folglich im Ursprung. Jeder Punkt auf der Umhüllenden ist Tangentialpunkt mit einer Kostenkurve für gegebene Betriebsgröße. Für beliebige gegebene Menge y erhält man die zugeordnete Kostenkurve und die zugeordnete Betriebsgröße F, indem man im Diagramm bei dieser Menge die Senkrechte auf der Abszisse errichtet, deren Schnittpunkt mit der Umhüllenden zugleich Tangentialpunkt der gesuchten Kostenkurve ist. Entsprechend der obigen Definition des Begriffes „langfristig" bezeichnet man die Umhüllende als *langfristige Kostenkurve*, denn sie lässt die Wahl der Betriebsgröße noch zu. Ist die Betriebsgröße erst einmal gewählt, dann gilt wieder die entsprechende kurzfristige Kostenkurve mit nicht beeinflussbaren Fixkosten.

2. Langfristige Durchschnitts- und Grenzkostenkurve

Wir brauchen nicht zu unterscheiden zwischen langfristigen durchschnittlichen totalen Kosten und langfristigen durchschnittlichen variablen Kosten, weil langfristig alle Kosten variabel sind. Die *langfristigen Durchschnittskosten LDK* sind definiert als Tangens des Winkels α, den der Fahrstrahl an alle Punkte auf der langfristigen Kostenkurve *LK* mit der Abszisse bildet (vgl. Abb. 1). Hat die Umhüllende wieder die typische Gestalt einer Kostenkurve, dann verläuft die *LDK*-Kurve wieder U-förmig (vgl. Abb. 2). Sie hat ihr Minimum bei der Menge $y^{(2)}$, bei der der Winkel α ein Minimum erreicht, d. h. dort, wo der Fahrstrahl vom Ursprung die *LK*-Kurve tangiert. Im geometrischen Beispiel fallen der Tangentialpunkt von Fahrstrahl und *LK*-Kurve und der Tangentialpunkt von *LK*-Kurve und $K^{(2)}$-Kurve zusammen.

Bei der Menge $y^{(1)}$ tangiert in Abb. 1 die $K^{(1)}$-Kurve die *LK*-Kurve, so dass bei dieser Menge die $DTK^{(1)}$ mit den *LDK* übereinstimmen (vgl. Abb. 2). Für alle anderen Mengen verläuft $K^{(1)}$ oberhalb der *LK*-Kurve, die $DTK^{(1)}$- sowie oberhalb der *LDK*-Kurve. Der Punkt *C* in Abb. 2 muss also Tangentialpunkt der $DTK^{(1)}$- und der *LDK*-Kurve sein. Es ist zu beachten, dass *C* nicht das Minimum der $DTK^{(1)}$-Kurve bezeichnet, da dieses weiter rechts liegt.

Ähnliches gilt für andere kurzfristige *DTK*-Kurven; sie alle berühren die *LDK*-Kurve in einem Punkt. Die *LDK*-Kurve kann daher auch als *Umhüllende zu allen DTK-Kurven* konstruiert werden. Nur im *LDK*-Minimum erreicht auch eine *DTK*-Kurve ihr Minimum, und zwar hier die $DTK^{(2)}$-Kurve, weil bei $y^{(2)}$ der Winkel α in Abb. 1 minimal wird.

Die *langfristige Grenzkostenkurve LDK* ist gleich der Steigung der *LK*-Kurve. In Abb. 1 nimmt die Steigung mit wachsendem *y* zunächst ab, später wieder zu. Die *LGK*-Kurve in Abb. 2 muss daher U-förmig verlaufen und ihr Minimum beim Wendepunkt der *LK*-Kurve erreichen. Die *LGK*-Kurve geht durch das Minimum der *LDK*-Kurve hindurch, weil bei dieser Menge die Steigung der *LK*-Kurve gleich der Steigung des tangierenden Fahrstrahl vom Ursprung an die *LK*-Kurve ist (vgl. Abb. 1).

Wir können die *LGK*-Kurve auch aus den U-förmigen kurzfristigen *GK*-Kurven

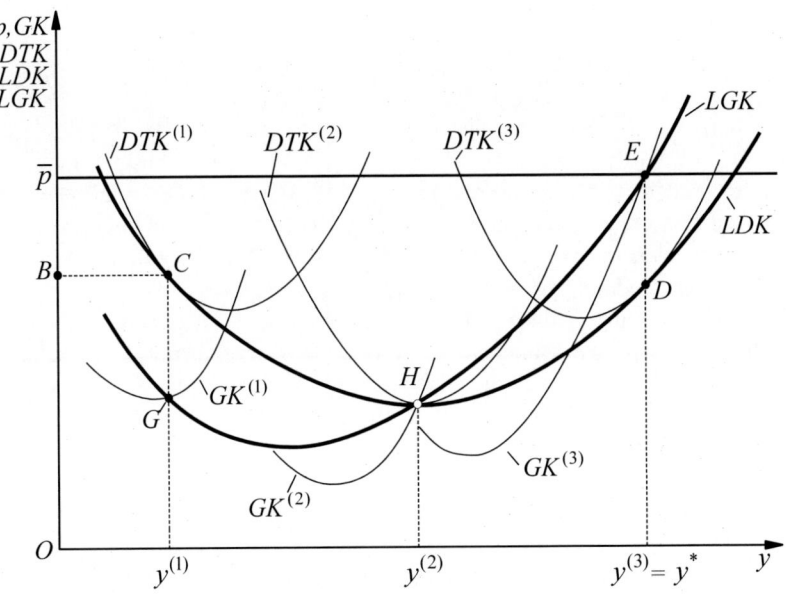

Abb. 2: Kurz- und langfristige Durchschnittskosten und Grenzkosten

herleiten, die mit positiver Steigung durch die Minima der kurzfristigen *DTK*-Kurven verlaufen (vgl. Abb. 2). Bei den Mengen $y^{(1)}$, $y^{(2)}$ und $y^{(3)}$ stimmt in Abb. 1 jeweils die Steigung der kurzfristigen Kostenkurve mit derjenigen der langfristigen Kostenkurve überein, so dass sich in Abb. 2 bei diesen Mengen jeweils die entsprechende kurzfristige mit der langfristigen Grenzkostenkurve schneidet. Wir erhalten die *LGK*-Kurve also, indem wir die Schnittpunkte der bei $y^{(1)}$, $y^{(2)}$ und $y^{(3)}$ errichteten Senkrechten mit den kurzfristigen Grenzkostenkurven $GK^{(1)}$, $GK^{(2)}$ und $GK^{(3)}$ verbinden.

3. Langfristig optimaler Produktionsplan und langfristige Angebotskurve

Ist $\bar{p}$ der langfristig konstante, gegebene Preis, dann kann man das *langfristige Gewinnmaximum* ermitteln, indem man aus der Gewinnfunktion

$$G = y\bar{p} - LK(y) \tag{1}$$

die Bedingung 1. Ordnung

$$\bar{p} = LK'(y) = LGK(y) \tag{2}$$

und die Bedingung 2. Ordnung

$$0 < LK''(y) \tag{3}$$

bildet. Analog zur kurzfristigen Betrachtung gilt für das langfristige Gewinnmaximum also, dass $\bar{p}$ gleich den langfristigen Grenzkosten *LGK* und die Steigung der *LGK*-Kurve positiv sein muss. In Abb. 2 ist die langfristige gewinnmaximierende Menge $y^{(3)} = y^*$. Diese ist mit der kurzfristigen Kostenfunktion $DTK^{(3)}$ bzw. $K^{(3)}$ zu produzieren, d. h. die Fixkosten bzw. die Betriebsgröße sind gleich $F^{(3)}$ zu wählen. Nur die Kostenfunktion $K^{(3)}$ sichert für y^* minimale Kosten. Wenn die Betriebsgröße und die kurzfristige Kostenfunktion einmal gewählt sind, können wir auch mit der kurzfristigen Grenzkostenkurve argumentieren. Bei y^* muss auch die Bedingung $GK^{(3)} = \bar{p}$ erfüllt sein.

Nach den Bedingungen 1. und 2. Ordnung für das langfristige Gewinnmaximum können wir den aufsteigenden Ast der *LGK*-Kurve als *langfristige Angebotskurve* des Unternehmens betrachten. Diese verläuft flacher als die kurzfristigen Angebotskurven und beginnt im *LDK*-Minimum, wo der Gewinn gleich null ist. Erreicht der Preis das *LDK*-Minimum nicht, dann sind die Betriebsgröße und die Produktionsmenge null zu wählen. Ein Fixkostenverlust wie bei kurzfristiger Betrachtung tritt hier nicht auf.

Ändert sich der Preis, nachdem die Betriebsgröße und damit die kurzfristige Kostenfunktion gewählt wurde, dann kann sich der Betrieb nur allmählich durch Variation der Betriebsgröße (Investitionen oder Desinvestitionen) dem neuen langfristigen Gewinnmaximum annähern.

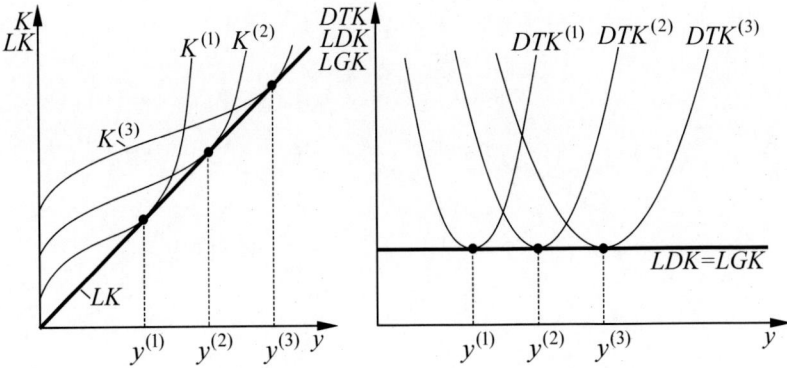

Abb. 3.a/b: **Langfristig lineare Kostenfunktion bei kurzfristigem Normalverlauf**

4. Alternative Verläufe der langfristigen Kosten- und Angebotskurven

Wir unterstellten bisher, dass jede der kurzfristigen Kostenkurven und auch die Umhüllende zu diesen Kurven die typische Gestalt hat. Unter diesen Voraussetzungen haben die *DTK*-Kurven und die *LDK*-Kurve die U-Form.

Folgende andere Fälle sind z. B. denkbar:

1. Die kurzfristigen Kostenkurven haben überall zunehmende Steigung, die Umhüllende dazu, d. h. die langfristige Kostenkurve, ist jedoch eine Gerade durch den Ursprung (vgl. Abb. 3.a). Diesen Fall kann man auch so interpretieren, dass die Produktionsfunktion *linear-homogen in allen Faktoreinsatzmengen*, einschließlich der Einsatzmengen aller kurzfristig fixen Faktoren ist. Dann ist die Umhüllende zu den U-förmigen *DTK*-Kurven eine Parallele zur Abszisse, und

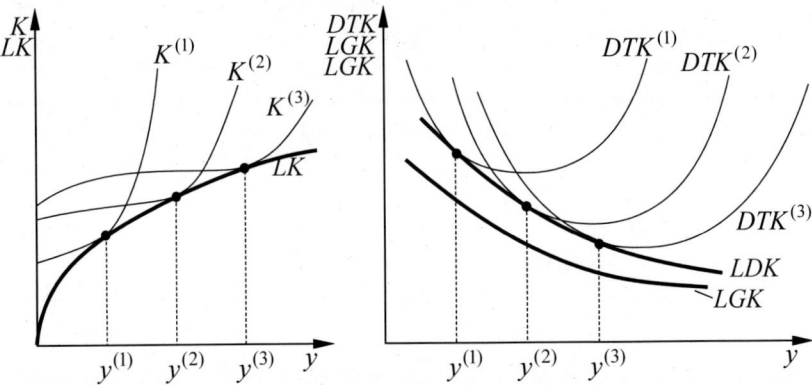

Abb. 4.a/b: **Langfristig konkave Kostenfunktion bei kurzfristigem Normalverlauf**

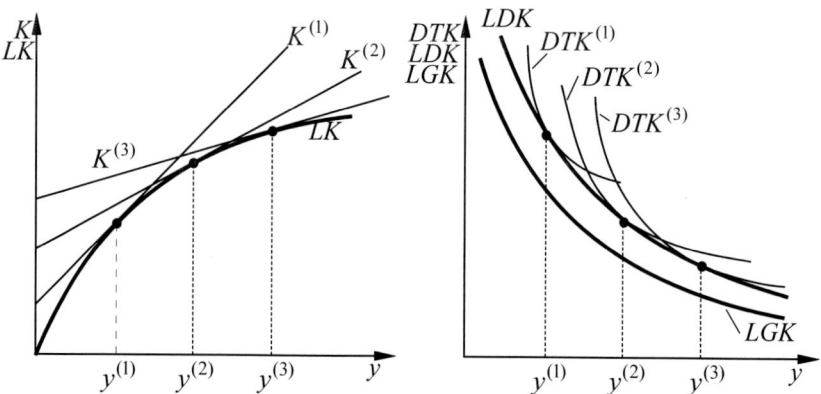

Abb. 5.a/b: Langfristig konkave Kostenfunktion bei kurzfristig linearem Verlauf

diese ist zugleich *LDK-* und *LGK*-Kurve (vgl. Abb. 3.b). Liegt der Preis $\bar{p}$ über den *LGK*, so gibt es für die langfristig optimale Angebotsmenge und damit für die optimale Betriebsgröße keine Obergrenze; es lohnt sich, Produktion und Betriebsgröße ständig auszudehnen. Ist der Preis gleich den *LDK*, dann erzielt das Unternehmen bei jeder Menge und jeder Betriebsgröße einen Gewinn von null, wobei in den Kosten jedoch wieder Unternehmerlohn und Eigenkapitalverzinsung bzw. der „*normal profit*" enthalten ist, so dass optimaler Produktionsplan und optimale Betriebsgröße *indeterminiert* sind.

2. Die kurzfristigen Kostenkurven verlaufen typisch, die langfristige Kostenkurve hat überall abnehmende Steigung (vgl. Abb. 4.a). Dann sind die *DTK*-Kurven wieder U-förmig, während die *LDK*-Kurve und ebenso die *LGK*-Kurve überall negative Steigung hat (vgl. Abb. 4.b). Auch hier würde es sich lohnen, Produktion und Betriebsgröße ständig auszudehnen. Selbst bei fortgesetztem Sinken des als gegeben betrachteten Produktpreises könnte das Unternehmen durch Produktions- und Betriebsgrößenausdehnung wieder einen Gewinn zu erzielen versuchen. Unbegrenzte Produktionsausdehnung und Hinnehmen des Preises als Datum stehen aber, wie in Kap. III.A. deutlich werden wird, ökonomisch im Widerspruch zueinander.

Die kurzfristigen Kostenkurven verlaufen linear. Die Produktionsfunktionen für die einzelnen Betriebsgrößen sind linear-homogen in den Einsatzmengen der kurzfristig variablen Faktoren. Die langfristige Kostenkurve, die sich hier ergibt, hat abnehmende Steigung (vgl. Abb. 5.a). Die *DTK*-Kurven haben keinen ansteigenden Kurvenast, sondern überall negative Steigung (vgl. Abb. 5.b). Dasselbe gilt für die *LDK-* und die *LGK*-Kurve, so dass dieser Fall dem 1. Fall entspricht.

5. Der Produktionsapparat als variabler Faktor

In den Vorabschnitten wurde die langfristige Kostenkurve aus einer Abfolge von Produktionsfunktionen für zunehmende Betriebsgröße bzw. wachsenden Produktionsapparat und den diesen zugeordneten kurzfristigen Kostenfunktionen abgeleitet. Der Aufbau des Produktionsapparates geschieht durch Anschaffung von bzw. Investitionen in Sachkapital, d. h. durch Erstellung von Gebäuden, Kauf von Maschinen und Ausrüstungen, die nicht innerhalb einer Periode in die Produktion eingehen, deren Leistungsabgabe an die Produktion sich über mehrere Perioden erstreckt.

In der langfristigen Betrachtung wird neben den kurzfristig variablen Faktoren auch der Produktionsapparat als variabel angesehen, und es geht um die *optimale Kombination aller Faktoren*, einschließlich des Sachkapitals. In der Regel besteht langfristig auch zwischen Sachkapital und anderen Faktoren, beispielsweise Arbeit und Rohstoffen, eine Substitutionsbeziehung, so dass die optimale, d. h. kostenminimierende Kombination der Faktoren von den Faktorpreisrelationen abhängt. Ist der Preis für die Nutzung von Sachkapital relativ zu den Preisen für Arbeit und Rohstoffe hoch, lohnt es sich, arbeits- bzw. rohstoffintensiv zu produzieren, d. h. relativ wenig Sachkapital durch Investition zu bilden (Beispiel: Entwicklungsländer). Steigt der Preis für Rohstoffe (z. B. für Energie) und/oder der Preis für Arbeit im Vergleich zu dem für die Sachkapitalnutzung, werden diese Faktoren langfristig durch Sachkapital substituiert, es wird sachkapitalintensiver produziert, d. h. mehr Sachkapital durch Investition gebildet (Beispiel: Rationalisierungsinvestitionen bei Energiepreiserhöhung oder Lohnsatzsteigerung). Der mit der Ausdehnung der Produktionsmenge erfolgende Aufbau des Produktionsapparates hängt somit auch von der Höhe des Faktorpreises für Sachkapitalnutzung relativ zu den Preisen der übrigen Faktoren ab. Ebenso wie die kurzfristigen Kostenkurven für gegebene Faktorpreise abgeleitet wurden, sind für die langfristige Kostenkurve gegebene Faktorpreise (einschließlich des Preises für Sachkapitalnutzung) unterstellt. Die langfristige Kostenkurve lässt sich auch aus einer substitutionalen langfristigen Produktionsfunktion, in der alle Faktoren variabel sind, hergeleitet vorstellen.

H. Aufbau des Produktionsapparates durch Investition

Wie in Abschnitt G.5 erläutert, können Investitionen zum Aufbau des Produktionsapparates eines Unternehmens als Problem der langfristig optimalen Kombination von Produktionsfaktoren zur Erzeugung einer den Gewinn maximierenden Produktionsmenge gesehen werden. Ist die Frage zu beantworten, ob eine bestimmte Investition, beispielsweise der Kauf einer bestimmten Maschine, lohnend ist, so genügt es allerdings nicht, eine auf eine bestimmte Periode bezogene Rechnung durchzuführen, in der der Grenzerlös des mit der Maschine erzeugten Produktes mit den Grenzkosten aus der Nutzung der Maschine verglichen wird, und die Investition als gewinnsteigernd einzustufen, wenn der Grenzerlös die Grenzkosten übersteigt. Es ist notwendig, neben den Anschaffungskosten die während der gesamten Lebensdauer anfallenden Erlöse und Kosten zu betrachten, so dass nicht nur die gegenwärtigen, sondern auch die zukünftigen Faktoreinsatz- und Produktmengen sowie deren Preise eine Rolle spielen. Wir erläutern im Folgenden nur einige Ansätze zur einzelwirtschaftlichen Investitionsrechnung, die als Grundlage der Erörterung volkswirtschaftlicher Zusammenhänge ausreichen. Auf die umfangreiche weiterführende betriebswirtschaftliche Literatur gehen wir nicht ein.

Die einer Investition über die Zeit hinweg zuzuordnenden Erlöse lassen sich durch eine *Reihe der erwarteten Einnahmen*, die ihr zuzurechnenden Kosten durch eine *Reihe der erwarteten Ausgaben* beschreiben. Die erwarteten Einnahmen ergeben sich beispielsweise aus der Multiplikation der erwarteten Absatzmengen mit den erwarteten Preisen; hinzu kommt eventuell ein erwarteter Verkaufserlös oder Schrottwert des ausrangierten Investitionsobjektes. Die erwarteten Ausgaben bestehen aus den erwarteten Anschaffungsausgaben sowie den mit der Investition zusammenhängenden Betriebsausgaben. Indem die in den einzelnen Perioden anfallenden erwarteten Einnahmen und Ausgaben mit einem *Kalkulationszinssatz* k auf den Kalkulationszeitpunkt (Zeitpunkt unmittelbar vor der Investition) abdiskontiert werden, lässt sich der *Kapitalwert* der Investition zu diesem Zeitpunkt berechnen. Sind b_t die Einnahmen in Periode $t = 1, 2, ..., n$ und a_0 die Anschaffungsausgaben und sind ferner a_t die der Investition zuzurechnenden Ausgaben in Periode t und bezeichnet n die Lebensdauer der Investition, dann beträgt der mit dem Kalkulationszinssatz k ermittelte Kapitalwert:

$$C_0 = -a_0 + \frac{b_1 - a_1}{1+k} + \frac{b_2 - a_2}{(1+k)^2} + ... + \frac{b_n - a_n}{(1+k)^n}. \tag{1}$$

Ohne unmittelbar auf das Kriterium der Gewinnmaximierung abzustellen, soll eine Investition als vorteilhaft bezeichnet werden, wenn der Kapitalwert C_0 nicht negativ ist. Bei $C_0 = 0$ repräsentieren die erwarteten Einnahmen insgesamt eine Wiedergewinnung der Ausgaben einschließlich einer als hinreichend angesehenen Verzinsung zum Kalkulationszinssatz; bei $C_0 > 0$ liegt die Verzinsung über dem Kalkulationszinssatz.

Der Kalkulationszinssatz k bringt die subjektiven Anforderungen des Unternehmers oder Managers an die Verzinsung der periodenweisen Einnahmenüberschüsse $b_t - a_t$ zum Ausdruck. Über die Höhe der Einnahmen und Ausgaben besteht unvollständige Information. Auf Investitionsentscheidungen wären daher prinzipiell die in Kap. I.B.7.h erläuterten Entscheidungskriterien anwendbar. Während dort verschiedene Entscheidungsmöglichkeiten mit alternativen Ergebnissen betrachtet werden und die Entscheidung je nach Risikoneigung oder Pessimismusgrad des Entscheidenden fällt, geht es bei einem Investitionsprojekt um zwei Entscheidungsmöglichkeiten, nämlich Investieren oder Nichtinvestieren, mit jeweils einem Ergebnis, nämlich dem Kapitalwert C_0 oder Null. Eine Risikobereitschaft oder ein Pessimismusgrad können sich hier jedoch im Kalkulationszinssatz der Investitionsrechnung niederschlagen: Je höher die subjektive Einschätzung des

Risikos oder der individuelle Pessimismus hinsichtlich der Realisierung der in der Rechnung angesetzten periodenweisen Einnahmenüberschüsse, desto höher der Kalkulationszinssatz.

Der Kalkulationszinssatz k sollte nicht mit dem Marktzinssatz i verwechselt werden, der für Kredite zu zahlen ist, mit denen möglicherweise die Investition finanziert wird. Der subjektive Zinssatz k dürfte regelmäßig über dem objektiven Zinssatz i liegen, insbesondere dann, wenn die Investition vollständig kreditfinanziert ist und entsprechende Zinsausgaben in der Ausgabenreihe berücksichtigt sind.

Die Vorteilhaftigkeit der Investition kann auch durch Ermittlung ihres *internen Zinssatzes z* und dessen Vergleich mit dem Kalkulationszinssatz k überprüft werden. Der interne Zinssatz z (von KEYNES „Grenzleistungsfähigkeit des Kapitals" genannt) ist jener Zinssatz, mit dem sich ein Kapitalwert von null ergibt:

$$0 = -a_0 + \frac{b_1 - a_1}{1+z} + \frac{b_2 - a_2}{(1+z)^2} + \ldots + \frac{b_n - a_n}{(1+z)^n}. \qquad (2)$$

In der Formulierung (1) ist C_0, in (2) hingegen z die zu berechnende Größe. Ist der interne Zinssatz z größer als der Kalkulationszinssatz k, dann erweist sich die tatsächliche Verzinsung der periodenweisen Einnahmenüberschüsse als höher als die geforderte. In diesem Fall und bei Gleichheit der Zinssätze ist die Investition vorteilhaft. Beide, Kalkulationszinssatz- und Interne-Zinssatz-Methode, sind äquivalent, denn einem Kapitalwert C_0, der positiv (oder null) ist, entspricht ein interner Zinssatz, der größer als der (gleich dem) Kalkulationszinssatz ist.

> **Hinweis**: Die Bestimmung des internen Zinsfußes nach Gleichung (2) ist äquivalent mit der Bestimmung der reellen und positiven Nullstellen eines Polynoms n-ter Ordnung. Bei $n \geq 2$ kann dabei z eventuell nicht eindeutig bestimmt sein und ist mathematisch aufwendig zu ermitteln.

In (1) werden alle erwarteten Einnahmen und Ausgaben als gegeben betrachtet und der zugeordnete Kapitalwert bestimmt. Erwartet das Unternehmen, dass ihm auf Beschaffungs- und Absatzmärkten die Preise vorgegeben sind (gegebene Faktor- und Produktpreise werden in diesem Kapitel ja generell unterstellt), so besteht über die Preise kein Spielraum, die Reihe der Einnahmen oder Ausgaben zu gestalten. Allerdings könnte über die Wahl einer geeigneten Zeitstruktur der einzusetzenden und zu erzeugenden Mengen eine Erhöhung des Kapitalwertes einer Investition möglich sein. Ist die erwartete Preisentwicklung beispielsweise so, dass in späteren Perioden der Produktpreis weniger steigt als die Faktorpreise, dann kann durch zeitliche Vorverlegung der Produktion und vorübergehende Lagerhaltung der Kapitalwert gesteigert werden. Durch *zeitliche Gestaltung der Einnahmen und Ausgaben* wird es möglich, den Kapitalwert einer Investition zu maximieren. Die *Maximierung des Kapitalwertes* kann in Analogie zur einperiodigen Gewinnmaximierung gesehen werden (vgl. dazu (D.2) und (D.5)). Ebenso wie der Gewinn als Differenz zwischen Erlös und Kosten definiert ist, kann der *Kapitalwert* als *Differenz* zwischen der *Summe der diskontierten erwarteten Einnahmen* und der *Summe der diskontierten erwarteten Ausgaben* einschließlich Anschaffungsausgaben definiert werden. Der Gewinn ist (unter Vernachlässigung der *Bedingung 2. Ordnung*) maximal, wenn der Grenzerlös gleich den Grenzkosten ist; der Kapitalwert ist maximal, wenn für jeden Aktionsparameter die Summe der diskontierten Grenzeinnahmen der Summe der diskontierten Grenzausgaben gleich ist. Als Aktionsparameter kommen hierbei die Produktions- und Absatzmengen einer jeden Periode in Betracht.

Bisher wurde die Vorteilhaftigkeit einer einzigen Investitionsmöglichkeit erörtert. Wenn im Folgenden der Fall *mehrerer Investitionsalternativen* erläutert wird, ist für jede Alternative stets deren maximaler Kapitalwert gemeint. Stehen mehrere Alternativen, beispielsweise der Kauf verschiedener Maschinen, zur Auswahl, so liegt die Vermutung nahe, dass diejenige mit dem *höchsten Kapitalwert* die vorteilhafteste ist. Die Einordnung der Investitionsalternativen in eine Rangfolge gemäß ihren Kapitalwerten ist streng genommen jedoch nur möglich, wenn benötigte Finanzierungsmittel jederzeit zum Kalkulationszinssatz beschafft oder freie Finanzierungsmittel stets zum Kalkulationszinssatz angelegt werden können. Aufgrund dieser Annahme werden Investitionsprojekte, die sich in der Finanzierungsstruktur unterscheiden, erst vergleichbar gemacht, ohne dass sich ihre Kapitalwerte ändern. Das lässt sich wie folgt verdeutlichen: Unterscheiden sich zwei Maschinen 1 und 2 durch ihre Anschaffungsausgaben und stehen Finanzierungsmittel im Umfang der teureren Maschine 2 zur Verfügung, so kann bei Kauf der billigeren Maschine 1 der Differenzbetrag D zum Kalkulationszinssatz über die Lebensdauer der Maschine m sozusagen als finanzielle Zusatzinvestition angelegt werden. Vom Kapitalwert C_1 der Maschine 1 sind dann die Anschaffungsausgaben D abzuziehen, die in Periode m, mit dem Satz k verzinst, wieder anfallen, jedoch auf den Kalkulationszeitpunkt abgezinst werden müssen:

$$C_1 - D + \frac{D \cdot (1+k)^m}{(1+k)^m} = C_1 \, . \qquad (3)$$

Ähnlich ändert sich der Kapitalwert der Maschine 2 nicht, wenn Finanzierungsmittel nur im Umfang der billigeren Maschine 1 verfügbar sind und D zum Kalkulationszinssatz beschafft werden muss. Auch wenn Finanzierungsmittel während der Lebensdauer einer Maschine zum Kalkulationszinssatz ausgeliehen oder aufgenommen werden, hat das auf den Kapitalwert keinen Einfluss. Dann kann als die vorteilhafteste Investitionsalternative diejenige mit dem höchsten Kapitalwert bezeichnet werden. Anders formuliert: Wenn von mehreren Investitionsalternativen die mit dem höchsten Kapitalwert gewählt wird, ist vorausgesetzt, dass das Unternehmen als Anbieter oder Nachfrager freien Zugang zum Markt für Finanzierungsmittel als Mengenanpasser an einen Zinssatz k hat. Da regelmäßig der tatsächliche Zinssatz i unter dem Kalkulationszinssatz k liegt, ist das Kriterium des höchsten Kapitalwertes nicht ohne Vorbehalte anwendbar.

I. Aggregation von Angebots- und Nachfragekurven der Unternehmen

Die Angebotskurve des Unternehmens ist *ceteris paribus*, d. h. bei gegebener Produktionsfunktion und gegebenen Faktorpreisen, der aufsteigende Ast der Grenzkostenkurve, und zwar bei kurzfristiger Analyse beginnend im Minimum der *DVK*, bei langfristiger Analyse beginnend im Minimum der *LDK*. Die *Aggregation* solcher einzelwirtschaftlichen *Angebotskurven*, die durch horizontale Addition geschieht, ergibt eine typisch verlaufende, d. h. positiv ansteigende Gesamtangebotskurve. Die gesamtwirtschaftliche Angebotskurve verläuft flacher als jede einzelwirtschaftliche. Da die einzelwirtschaftlichen langfristigen *GK*-Kurven flacher verlaufen als die kurzfristigen, ist auch die gesamtwirtschaftliche langfristige Angebotskurve flacher als die kurzfristige. Die gesamtwirtschaftliche Angebotskurve kann Sprungstellen haben, die jedoch in der Regel um so weniger ausgeprägt sind, je mehr einzelwirtschaftliche Angebotskurven addiert werden. Produzieren alle einzelnen Anbieter in kurzfristiger Betrachtung aufgrund linearhomogener Produktionsfunktionen und konstanter Grenzkosten an der Kapazitätsgrenze und gelten für sie senkrecht verlaufende Angebotskurven, so muss auch die gesamtwirtschaftliche Angebotskurve senkrecht verlaufen. Das trifft allerdings nicht für den unteren Bereich der gesamtwirtschaftlichen Angebotskurve zu, sofern die Angebote der einzelnen Anbieter aufgrund verschieden hoher Grenzkosten bei verschieden hohen Mindestpreise beginnen. In diesem Bereich ergibt sich eine Folge von vertikalen Kurvenstücken, die jeweils gegeneinander nach rechts und nach oben verschoben sind. Nehmen bei langfristiger Betrachtung die *LDK* aller Anbieter mit steigender Menge immer weiter ab, so besteht für den einzelnen Anbieter der Anreiz, seine Produktion ständig auszudehnen. Es gibt dann langfristig weder einzelwirtschaftlich noch gesamtwirtschaftlich einen determinierten Zusammenhang zwischen alternativen Preisen und Angebotsmengen.

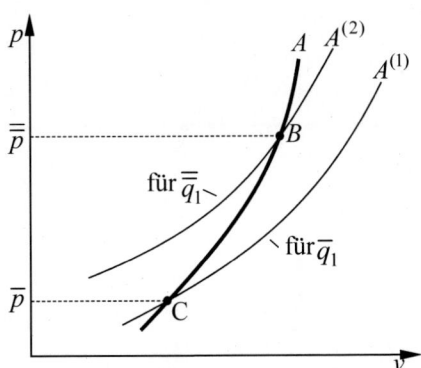

Abb. 1: Branchenangebotsfunktion (bei variablem Faktorpreis)

Bieten viele Unternehmen eine mit steigendem Preis zunehmende Menge eines Produktes an, das von allen mit den gleichen Faktoren hergestellt wird, dann kann es sein, dass die *ceteris paribus-Annahme* hinsichtlich unveränderlicher Faktorpreise *nicht mehr gerechtfertigt* ist. Je höher der Preis des Produktes, desto größer ist in der Regel die Nachfrage aller Unternehmen z. B. nach Faktor 1, desto höher ist in der Regel auch dessen Faktorpreis. Für ein repräsentatives Unternehmen gilt z. B. beim Faktorpreis $\bar{q}_1$ eine Angebotskurve $A^{(1)}$, die beim Preis $\bar{p}$ eine dem Punkt C entsprechende Angebotsmenge impliziert. Erhöht sich nun der Produktpreis auf $\bar{\bar{p}}$ und bewirkt dieser höhere Preis einen auf $\bar{\bar{q}}_1$ steigenden Faktorpreis, für den die Angebotskurve $A^{(2)}$ zutrifft, dann bietet das Unternehmen eine dem Punkt B entsprechende Menge an. Lassen sich auf diese Weise weitere Punkte wie C und B ermitteln, dann erhalten wir als Verbindungslinie dieser Punkte eine *Angebotskurve A*, die *für variablen Faktorpreis* q_1 konstruiert ist (vgl. Abb. 1). Die gesamtwirtschaftliche Angebotskurve für variablen Faktorpreis erhält man durch Horizontaladdition der einzelwirtschaftlichen Kurven. Sowohl die einzelwirtschaftlichen Kurven als auch die gesamtwirtschaftliche Kurve verlaufen steiler als jene bei konstantem Faktorpreis.

Eine Nachfragekurve des Unternehmens für einen Produktionsfaktor gilt ebenfalls *ceteris paribus*, d. h. bei gegebener Produktionsfunktion, gegebenem Produktpreis und gegebenen Preisen der anderen Faktoren. Die *Aggregation* von *Nachfragekurven* einzelner Unternehmen geht auf gleiche Weise vonstatten wie die von Nachfragekurven einzelner Haushalte (vgl. dazu Kap. I.B.7.d). Fragen viele Unternehmen eine mit sinkendem Faktorpreis steigende Menge nach, dann besteht auch hier die Möglichkeit, dass die *ceteris paribus-Annahme* ihre *Rechtfertigung verliert*, und zwar hinsichtlich des konstanten Produktpreises. Je niedriger der Faktorpreis, desto größer ist in der Regel die Angebotsmenge aller Unternehmen, desto niedriger in der Regel auch der Produktpreis. Für ein repräsentatives Unternehmen gilt etwa beim Produktpreis $\bar{p}$ die Nachfragekurve $N^{(1)}$ für den

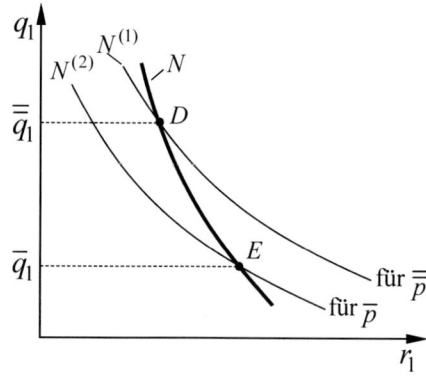

Abb. 2: Branchenfaktornachfragefunktion (bei variablem Produktpreis)

Faktor 1, die beim Faktorpreis $\bar{\bar{q}}_1$ die dem Punkt D entsprechende Nachfrage bedeutet. Sinkt nun der Faktorpreis auf q_1 und hat dieser niedrigere Preis einen auf $\bar{p}$ fallenden Produktpreis zur Folge, für den die Nachfragekurve $N^{(2)}$ zutrifft, dann fragt das Unternehmen die dem Punkt E zugeordnete Menge nach. Haben wir weitere Punkte wie D und E ermittelt, dann ist die Verbindungslinie dieser Punkte eine Nachfragekurve N, die für variablen Produktpreis p konstruiert ist (vgl. Abb. 2).

Die gesamtwirtschaftliche Nachfragekurve für variablen Produktpreis folgt wieder aus der Horizontaladdition der einzelwirtschaftlichen Kurven. Ebenso wie die einzelwirtschaftlichen Kurven verläuft die gesamtwirtschaftliche Nachfragekurve steiler als jene bei konstantem Produktpreis.

J. Ergänzungen

1. Externe Produktionseffekte

Wir gingen bisher davon aus, dass jedes Unternehmen eine unabhängige Wirtschaftseinheit in dem Sinne ist, dass seine Produktion nur von den von ihm eingesetzten Faktormengen, nicht von den Produktions- oder Faktoreinsatzmengen anderer Unternehmen abhängt. Ähnlich wie beim Haushalt externe Konsumeffekte auftreten können, kann es bei dem Unternehmen externe Produktionseffekte geben. Beispielsweise könnte ein direkter Zusammenhang zwischen den Produktionsfunktionen zweier Unternehmen bestehen, so dass die Produktionsbedingungen des einen Unternehmens durch die Produktion des anderen entweder positiv oder negativ beeinflusst werden. Externe Produktionseffekte lassen sich grundsätzlich wie folgt kennzeichnen: Entweder bestehen sie in einem durch die Existenz anderer Wirtschaftseinheiten entstandenen Vorteil, für den das Unternehmen finanziell nicht aufzukommen hat – dann spricht man von einem *positiven externen Effekt* oder von *externer Ersparnis* (*external economies*); oder sie bestehen in einem durch die Existenz anderer Wirtschaftseinheiten entstandenen Nachteil, dessen Ausgleich finanzielle Aufwendungen erfordert – dann spricht man von einem *negativen externen Effekt* oder von *externen Kosten* (*external diseconomies*).

Da wir in Kap. III.B.6 und in Kap. VI.F. auf externe Effekte zurückkommen werden, betrachten wir im Folgenden nur externe Produktionseffekte zwischen Anbietern auf dem Markt für ein Gut, wobei auf dem Absatzmarkt und den Beschaffungsmärkten wieder Mengenanpasserverhalten unterstellt wird. Ein positiver externer Effekt könnte für einen Anbieter z. B. dadurch bedingt sein, dass mit zunehmender Produktion der Mitanbieter günstigere Produktionsverfahren erschlossen werden. Ein negativer externer Effekt könnte darin bestehen, dass mit zunehmender Produktion der Mitanbieter spezialisierte Arbeitskräfte abwandern. Wir wollen zeigen, welchen Einfluss solche Effekte auf die einzel- und gesamtwirtschaftlichen Angebotskurven haben. Zur Vereinfachung unterstellen wir, dass es nur zwei Anbieter gibt. Die externen Effekte kommen darin zum Ausdruck, dass die Kosten des Anbieters 1, K_1, nicht nur von seiner eigenen Produktionsmenge y_1, sondern auch von der des anderen, y_2, abhängen; Analoges gilt für Anbieter 2:

$$
\begin{aligned}
K_1 &= K_1(y_1, y_2), \\
K_2 &= K_2(y_1, y_2).
\end{aligned}
\tag{1}
$$

Aus den Gewinnfunktionen der beiden Anbieter,

$$
\begin{aligned}
G_1 &= y_1 p - K_1(y_1, y_2), \\
G_2 &= y_2 p - K_2(y_1, y_2)
\end{aligned}
\tag{2}
$$

erhalten wir die *Bedingungen 1. Ordnung* für das Gewinnmaximum:

$$\frac{\partial G_1}{\partial y_1} = p - \frac{\partial K_1(y_1, y_2)}{\partial y_1} = p - GK_1(y_1, y_2) = 0,$$

$$\frac{\partial G_2}{\partial y_2} = p - \frac{\partial K_2(y_1, y_2)}{\partial y_2} = p - GK_2(y_1, y_2) = 0.$$

(3)

Die *Bedingungen 2. Ordnung* sehen wir als erfüllt an. Es zeigt sich, dass wir die *GK*-Kurve eines Anbieters nur für jeweils gegebene Produktionsmenge des anderen Anbieters zeichnen können. Für alternative Mengen des Mitanbieters ergeben sich alternative *GK*-Kurven, die wir mit den Angebotsmengen des Mitanbieters als Index kennzeichnen (vgl. Abb. 1).

Externe Ersparnisse und *Kosten* eines Anbieters seien nun durch die *Verschiebung* seiner *GK-Kurve* aufgrund der Produktionsmengenänderung des Mitanbieters *definiert*. In Abb. 1 betrachten wir Anbieter 1: Ist $\bar{\bar{y}}_2 > \bar{y}_2$ und verschiebt sich mit einer Produktionssteigerung des Mitanbieters von $\bar{y}_2$ auf $\bar{\bar{y}}_2$ die GK_1-Kurve nach unten, so dass z. B. die Menge $\tilde{y}_1$ mit niedrigeren Grenzkosten hergestellt werden kann, dann handelt es sich um eine externe Ersparnis. Bei gegebenem Preis $\tilde{p}$ steigt die gewinnmaximierende Angebotsmenge des Anbieters 1 mit zunehmender Menge y_2. Ist dagegen $\bar{\bar{y}}_2 > \bar{y}_2$ und verschiebt sich mit einer Produktionssteigerung des Mitanbieters von $\bar{\bar{y}}_2$ auf $\bar{y}_2$ die GK_1-Kurve nach oben, so dass z. B. die Menge $\tilde{y}_1$ mit höheren Grenzkosten erzeugt werden muss, dann liegen externe Kosten vor. Bei gegebenem Preis $\tilde{p}$ geht die gewinnmaximierende Angebotsmenge des Anbieters 1 mit zunehmender Menge y_2 zurück.

Wir betrachten nun beide Anbieter simultan und erklären unser Vorgehen am folgenden *Beispiel* 1. Bei gegebenem Preis $\bar{p}$ besteht das System der *Bedingungen 1. Ordnung* für die beiden Anbieter aus zwei Gleichungen mit den zwei Unbekannten y_1 und y_2:

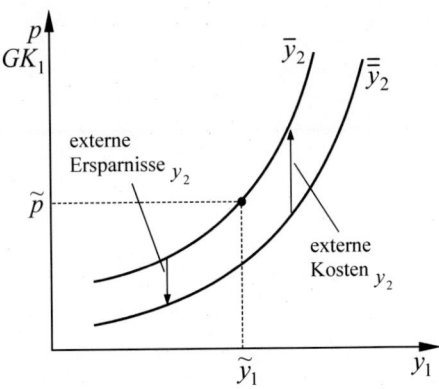

Abb. 1: Externe Effekte auf Anbieter 1

$$\bar{p} = GK_1(y_1, y_2),$$
$$\bar{p} = GK_2(y_1, y_2). \tag{4}$$

Lösen wir das System (wir setzen im Folgenden immer eindeutige Lösbarkeit voraus), so sind uns die beiden gewinnmaximierenden Preis-Mengenkombinationen $(\bar{p}, \bar{y}_1)$ und $(\bar{p}, \bar{y}_2)$ bekannt, die wir als Punkte A und B in die Abb. 2.a und 2.b eintragen. Durch A muss offenbar die GK_1-Kurve mit dem Index $\bar{y}_2$, durch B die GK_2-Kurve mit dem Index $\bar{y}_1$ hindurchgehen. Dieses Paar von GK-Kurven sei *konsistent* genannt.

Für einen anderen gegebenen Preis $\bar{\bar{p}}$ lösen wir

$$\bar{\bar{p}} = GK_1(y_1, y_2),$$
$$\bar{\bar{p}} = GK_2(y_1, y_2) \tag{5}$$

und erhalten die gewinnmaximierenden Preis-Mengenkombinationen $(\bar{\bar{p}}, \bar{\bar{y}}_1)$ und $(\bar{\bar{p}}, \bar{\bar{y}}_2)$, die wir als Punkte C und D in die Diagramme einzeichnen. Durch C verläuft die GK_1-Kurve mit dem Index $\bar{\bar{y}}_2$, durch D die GK_2-Kurve mit dem Index $\bar{\bar{y}}_1$. Diese GK-Kurven sind konsistent. Für jeden willkürlich gewählten Preis p gibt es also ein Paar konsistenter GK-Kurven, die durch die Punkte hindurchgehen, welche die gewinnmaximierenden Preis-Mengenkombinationen darstellen. In der geometrischen Darstellung gilt:

(a) Da $\bar{\bar{y}}_2 > \bar{y}_2$, nehmen mit steigendem y_2 die GK_1 zu; beim Anbieter 1 liegen also externe Kosten vor.
(b) Da $\bar{\bar{y}}_1 > \bar{y}_1$, nehmen mit steigendem y_1 die GK_2 zu; beim Anbieter 2 liegen also externe Kosten vor.
(c) Da $\bar{\bar{p}} > \bar{p}$ und $\bar{\bar{y}}_1 + \bar{\bar{y}}_2 > \bar{y}_1 + \bar{y}_2$, nimmt mit steigendem Preis das Gesamtangebot zu; die Gesamtangebotskurve verläuft in dem betrachteten Preisbereich typisch (vgl. Abb. 2.c).

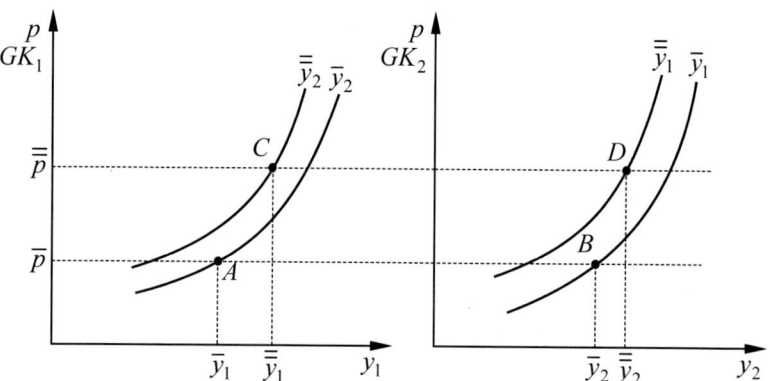

Abb. 2.a/b/c: Güterangebotsfunktion bei externen Effekten (Fall 1)

Wir betrachten nun ein *Beispiel* 2. Die externen Effekte sind jetzt so geartet, dass die Punkte *A*, *B*, *C*, *D* und die beiden Paare konsistenter *GK*-Kurven die in den Abb. 3.a und 3.b dargestellte Lage haben. Das Ergebnis ist hier wie folgt:

(a) Da $\bar{\bar{y}}_2 > \bar{y}_2$, nehmen mit steigendem y_2 die GK_1 zu; beim Anbieter 1 entstehen externe Kosten.
(b) Da $\bar{\bar{y}}_1 > \bar{y}_1$, nehmen mit steigendem y_1 die GK_2 zu; auch beim Anbieter 2 entstehen externe Kosten.
(c) Da $\bar{\bar{p}} > \bar{p}$ und $\bar{\bar{y}}_1 + \bar{\bar{y}}_2 < \bar{y}_1 + \bar{y}_2$, nimmt mit steigendem Preis das Gesamtangebot ab; d. h. die Gesamtangebotskurve verläuft im untersuchten Preisbereich atypisch.

Wir erläutern noch ein *Beispiel* 3, in dem die Punkte *A*, *B*, *C*, *D* und die beiden Paare konsistenter *GK*-Kurven wie in den Abb. 4.a und 4.b angegeben liegen. Hier lautet das Ergebnis:

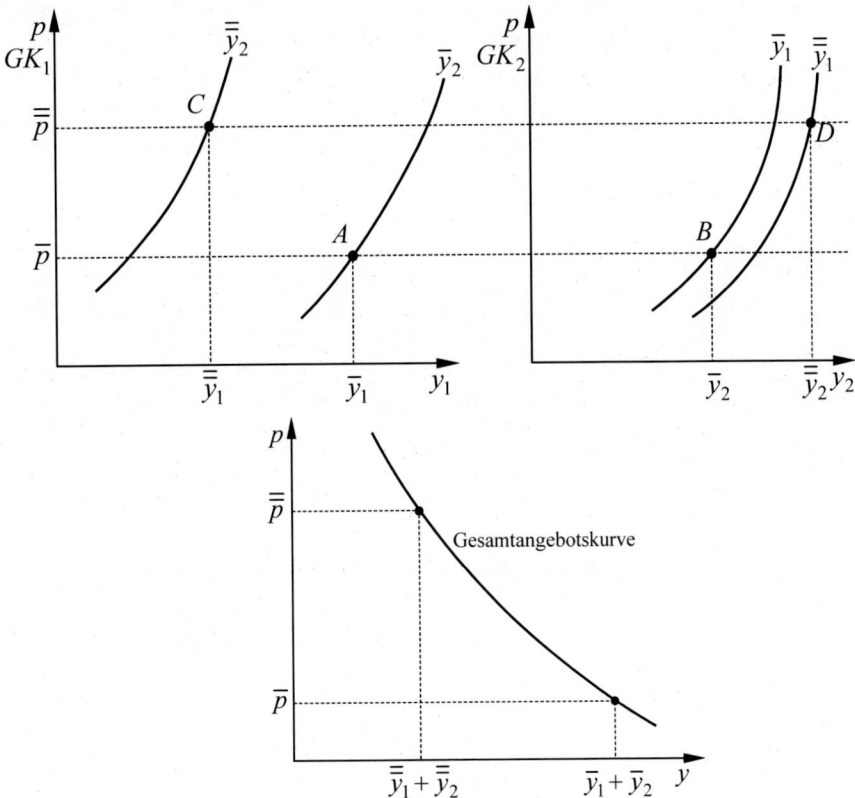

Abb. 3.a/b/c: Güterangebotsfunktion bei externen Effekten (Fall 2)

(a) Da $\bar{\bar{y}}_2 > \bar{y}_2$, nehmen mit steigendem y_2 die GK_1 ab; beim Anbieter 1 ergeben sich externe Ersparnisse.
(b) Da $\bar{\bar{y}}_1 > \bar{y}_1$, nehmen mit steigendem y_1 die GK_2 ab; auch beim Anbieter 2 ergeben sich externe Ersparnisse.
(c) Da $\bar{\bar{p}} > \bar{p}$ und $\bar{\bar{y}}_1 + \bar{\bar{y}}_2 > \bar{y}_1 + \bar{y}_2$, verläuft die Gesamtangebotskurve wie im Beispiel 1 typisch.

Weitere Beispiele lassen sich leicht konstruieren, u. a. auch solche, in denen dem einen Anbieter externe Kosten, dem anderen externe Ersparnisse entstehen. Wichtig ist folgendes Ergebnis: Obgleich die Grenzkosten- bzw. die Angebotskurve jeder einzelnen Unternehmens, die für gegebenes Angebot des Mitanbieters bzw. der Mitanbieter definiert ist, typisch verläuft, kann die Gesamtangebotskurve atypisch verlaufen. Es ist allerdings zu bemerken, dass die Angebotskurve der hier erläuterten Art wesentlich kompliziertere Anpassungsvorgänge implizieren als die früher behandelten Angebotskurven ohne externe Effekte: Ein Anbieter muss nicht nur die Abhängigkeit seiner Kosten von seiner eigenen Produktionsmenge, sondern auch von den Produktionskosten des Mitanbieters bzw. aller Mitanbieter kennen. Er kann sich nicht einfach an einen gegebenen Preis anpassen, sondern hat zu berücksichtigen, dass Änderungen seiner Angebotsmenge auch Änderungen des Angebots des Mitanbieters bzw. der Mitanbieter bewirken. Diese Probleme sollen hier nicht weiter untersucht werden.

2. Das Mehrproduktunternehmen

In aller Regel stellt ein Unternehmen mehr als ein Gut her. Die Probleme eines

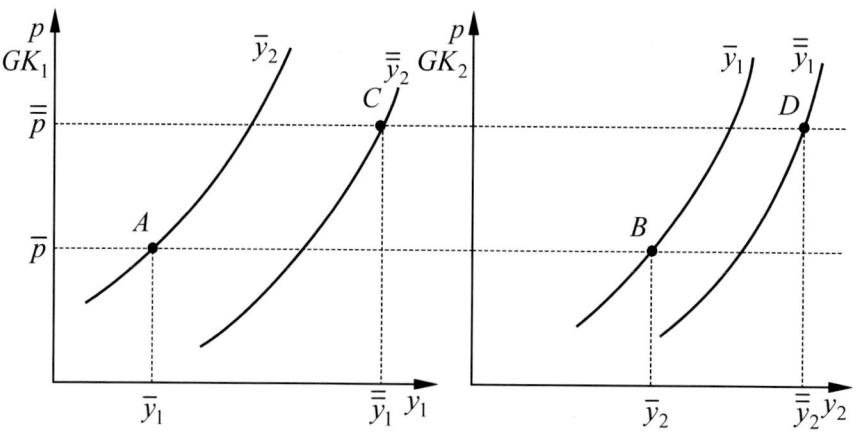

Abb. 4.a/b: Güterangebotsfunktion bei externen Effekten (Fall 3)

Mehrproduktunternehmens behandeln wir in diesem Abschnitt wieder unter der Annahme, dass die Faktor- und die Produktpreise für das Unternehmen von ihm nicht beeinflussbare Daten sind, an die es sich auf seinen Beschaffungs- und seinen Absatzmärkten mit den Mengen anzupassen hat.

Bei der *unverbundenen Produktion* (oder: *Parallelproduktion*) wird jedes der Produkte in einem gesonderten Produktionsprozess hergestellt. Nur Teile der Fixkosten (z. B. für Verwaltung) können für alle Produkte gemeinsam auftreten, deren Zuordnung zu den Produkten, zumindest in gewissen Grenzen, willkürlich ist. Da die Grenzkosten von den Fixkosten unabhängig sind, lässt sich für jedes Produkt die gewinnmaximierende Menge gemäß den Bedingungen (D.5) und (D.8) bestimmen. Das Gewinnmaximum des Unternehmens ist also dadurch gekennzeichnet, dass die Produktion jedes Gutes so weit ausgedehnt wird, bis die Grenzkosten für das Produkt auf dessen Preis angestiegen sind. Probleme bestehen nur hinsichtlich der Preisuntergrenzen für die einzelnen Produkte, denn diese hängen auch von den Fixkosten und von deren Zuordnung zu den Produkten ab.

Bei *verbundener Produktion* sind Alternativ- und Kuppelproduktion zu unterscheiden. *Alternativproduktion* kann erstens in der Form vorliegen, dass ein vorhandener Produktionsapparat nur strikt alternativ für das eine Produkt oder das andere nutzbar ist. Das Unternehmen entscheidet sich dann für die Produktion jenes Gutes, dessen nach (D.5) und (D.8) bestimmte gewinnmaximierende Menge den höchsten Gewinn erbringt. Alternativproduktion kann zweitens in der Form möglich sein, dass der Produktionsapparat zur Herstellung verschiedener Kombinationen mehrerer Produkte geeignet ist. Im Beispiel zweier Produkte 1 und 2 lassen sich diese Kombinationen durch Punkte in einem (y_1, y_2)-Diagramm darstellen, deren Verbindung zu einer Kurve die *Produktionsmöglichkeiten- oder Transformationskurve* des Unternehmens ist.

Gemäß dieser Kurve kann man bei dem gegebenen Produktionsapparat jeweils eine Menge des einen Gutes, auf die man verzichtet, in eine bestimmte, zusätzlich produzierbare Menge des anderen Gutes transformieren. Die Kurve muss negative Steigung haben. Ähnlich wie die Grenzrate der Substitution in der Theorie des Haushalts die absolute Steigung einer Indifferenzkurve (vgl. Kap. I.B.2) und in der Theorie des Unternehmens die absolute Steigung einer Isoquante (vgl. Kap. II.B.3) darstellt, kennzeichnet die *Grenzrate der Transformation* die absolute Steigung der Transformationskurve. Linearer Verlauf bedeutet konstante, konvexer Verlauf abnehmende und konkaver Verlauf zunehmende Grenzrate der Transformation. Ob die Kurve linear, konkav oder konvex zum Ursprung (vgl. Abb. 5.a bis 5.c) ist, oder in Teilbereichen diese Krümmung ausweist, hängt von den Eigenschaften der Produktionsfunktionen ab, die beim gegebenen Produktionsapparat für die einzelnen Produkte gelten. Da sich das Problem alternativer Produktionsmöglichkeiten auch für die gesamte Volkswirtschaft stellt und in Kap. III.B.4.b genauer behandelt wird, gehen wir auf die zugrundeliegenden Produktionsfunktionen und die diesen zugeordnete Gestalt der Produktionsmöglichkeitenkurve hier nicht weiter ein.

Dem gegebenen Produktionsapparat des Mehrproduktunternehmens sind bestimmte Fixkosten zugeordnet. Die Aufteilung des Produktionsapparates auf die Produktion der Güter 1 und 2 maximiert den Gewinn des Unternehmens dann, wenn der Grenzgewinn bei Mehrproduktion des einen Gutes 1 gleich dem (negativen) Grenzgewinn bei der damit verbundenen Minderproduktion des Gutes 2 ist; denn solange der Grenzgewinn für Gut 1 noch größer als der (negative) Grenzgewinn für Gut 2 ist, führt Produktionsausdehnung bei Gut 1 und eine der Transformationskurve entsprechende Produktionseinschränkung bei Gut 2 noch zu einer Gewinnsteigerung. Gäbe es neben den Fixkosten keine variablen Kosten, so wäre der Gewinn definiert als Erlös abzüglich Fixkosten und Gewinnmaximierung gleichbedeutend mit *Erlösmaximierung*. Die Erlösfunktion des Mehrproduktunternehmens

$$E = p_1 y_1 + p_2 y_2, \qquad (6)$$

lässt sich, für einen bestimmten Erlös $\overline{E}$, wie die Auflösung dieser Gleichung nach y_1 zeigt,

$$y_1 = -\frac{p_2}{p_1} \cdot y_2 + \frac{\overline{E}}{p_1}, \qquad (7)$$

im (y_1, y_2)-Diagramm als Gerade darstellen, deren absolute Steigung das Preisverhältnis p_2 / p_1 ist. Für alternative Erlössummen ergeben sich alternative parallele Erlösgeraden; je höher der Erlös, desto größer deren Abstand vom Ursprung (vgl. die drei Erlösgeraden in Abb. 5.a bis 5.c). Das Erlösmaximum ist bei jener Kombination y_1, y_2 erreicht, bei der eine Erlösgerade die Transformationskurve

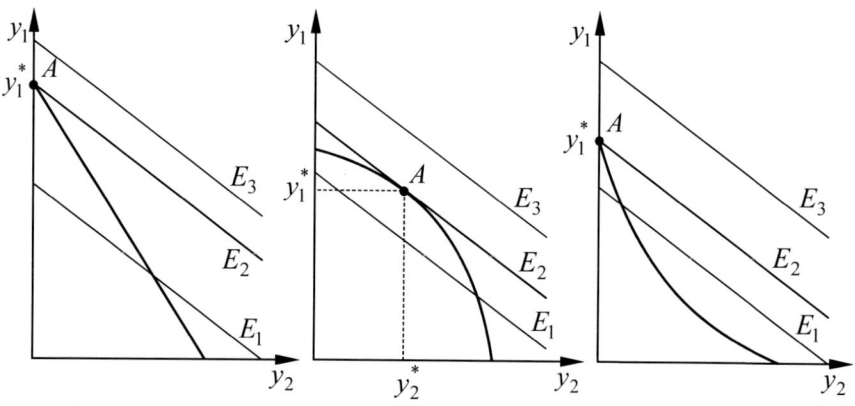

Abb. 5.a/b/c: Alternativ- oder Verbundproduktion bei verschiedenen Transformationskurven

von oben tangiert. Der Tangentialpunkt A liegt in den Abb. 5.a und 5.c auf der Ordinate, so dass es sich lohnt, nur Gut 1 in der Menge y_1^* herzustellen. Eine solche vollständige Spezialisierung auf eines der beiden Güter ist für lineare und konvexe Transformationskurven die Regel. In Abb. 5.b impliziert die Lage des Tangentialpunktes A, dass das Erlösmaximum erreicht wird, wenn beide Güter produziert werden, und zwar in den Mengen y_1^*, y_2^*. Hier ist die Grenzrate der Transformation gleich dem Preisverhältnis p_2 / p_1. Dieser Fall ist bei konkaver Transformationskurve die Regel. Spezialisierung auf nur ein Gut und Nichtübereinstimmung von Grenzrate der Transformation und Preisverhältnis sind jedoch auch hier möglich.

Bei linear-limitationalen Produktionsfunktionen für die beiden Güter ($j = 1, 2$) gelten gemäß (B.2) für jedes Gut jeweils konstante Produktions- oder Inputkoeffizienten. Gibt es beispielsweise drei Faktoren ($i = 1, 2, 3$), die jeweils mit den Kapazitätsmengen b_1, b_2, b_3 den gegebenen Produktionsapparat des Unternehmens bilden, so sind die Inputkoeffizienten a_{ij} zu unterscheiden, und es gilt, folgende Restriktionen für den Faktoreinsatz zu beachten:

$$a_{11} y_1 + a_{12} y_2 \leq b_1, \tag{8a}$$

$$a_{21} y_1 + a_{22} y_2 \leq b_2, \tag{8b}$$

$$a_{31} y_1 + a_{32} y_2 \leq b_3. \tag{8c}$$

Im (y_1, y_2)-Diagramm lassen sich diese Restriktionen unter Vernachlässigung des <-Zeichens durch Geraden mit negativer Steigung, in denen sich das Verhältnis der Inputkoeffizienten ausdrückt, darstellen. Alle Restriktionen sind erfüllt für Kombinationen y_1, y_2, die durch Punkte unterhalb oder auf dem Linienzug $ABCD$ repräsentiert werden. Da von Punkten unterhalb von $ABCD$ aus die Produktion mindestens eines Gutes vergrößert werden kann, ohne dass die des anderen eingeschränkt wird, kommen für erlösmaximierende Produktion nur Punkte auf diesem Linienzug in Frage. $ABCD$ kann daher als Transformationskurve gedeutet werden. Eindeutiger Berührungspunkt mit einer Erlösgeraden kann nur einer der Eckpunkte A, B, C oder D sein. (In dem Sonderfall, dass die Steigung der Erlösgeraden mit der Steigung einer der Geraden (8a), (8b), (8c) übereinstimmt, ergibt sich kein eindeutiger Tangentialpunkt und keine eindeutige Lösung.) Erlösmaximierung erfordert bei einem Berührungspunkt A oder D vollständige Spezialisierung auf eines der beiden Güter, bei einem Tangentialpunkt B oder C die Produktion beider Güter. In Abb. 6 sind y_1^* und y_2^* die erlösmaximierenden Mengen. Im Berührungspunkt B sind die Restriktionen (8a) und (8c) mit dem =-Zeichen erfüllt, so dass die Kapazitätsmengen b_1 und b_3 der Faktoren 1 und 3 eingesetzt werden; hingegen gilt in Restriktion (8b) das <-Zeichen, was bedeutet, dass die Kapazitätsmenge b_2 nicht voll in Anspruch genommen wird.

Im Beispiel der linear-limitationalen Produktionsfunktionen geht es um Maximierung der linearen Funktion (6) unter den linearen Restriktionen oder Nebenbedingungen (8). In den Nebenbedingungen muss das Ungleichheitszeichen zugelassen sein, denn es gibt, wie das Beispiel der Abb. 6 zeigt, in der Regel keinen Punkt, in dem sich sämtliche der Geraden (8a), (8b), (8c) schneiden, in dem also in allen Restriktionen das Gleichheitszeichen zutrifft. Es handelt sich um ein Problem der *linearen Programmierung*. Das Aufsuchen der optimalen (hier: erlösmaximierenden) Lösung, das im einfachen Beispiel der Abb. 6 durch geometrische Überlegung möglich war, erfolgt analytisch mit Hilfe der hier nicht weiter zu erläuternden *Simplex-Methode* oder eines damit verwandten Verfahrens.

Zu erläutern bleibt noch der Fall der *Kuppelproduktion*. Im Gegensatz zur Alternativproduktion, bei der Mehrproduktion des einen Gutes eine Minderproduktion eines anderen bedeutet, fallen hier, technisch bedingt, mehrere Produkte gemeinsam an und bedeutet Mehrproduktion des einen Gutes Mehrproduktion auch der (des) anderen. Im Beispiel zweier Kuppelprodukte, die in festem Mengenverhältnis produzierbar sind, kann Gut 1 als Haupt-, Gut 2 als Nebenprodukt bezeichnet werden. Die Gewinnrechnung lässt sich nun auf das Hauptprodukt ausrichten, indem die für beide Güter anfallenden Kosten auf das Hauptprodukt 1 bezogen, von den Kosten jedoch die Erlöse für das Nebenprodukt 2 abgezogen werden. Fällt je Mengeneinheit des Hauptproduktes eine halbe Mengeneinheit des Nebenproduktes an und beträgt der als Datum vorgegebene Preis des Nebenproduktes p_2, wird der Erlös für das Nebenprodukt im Kostendiagramm für Gut 1 durch eine Ursprungsgerade $E2$ mit der Steigung $p_2/2$ dargestellt, die von der Kosten-

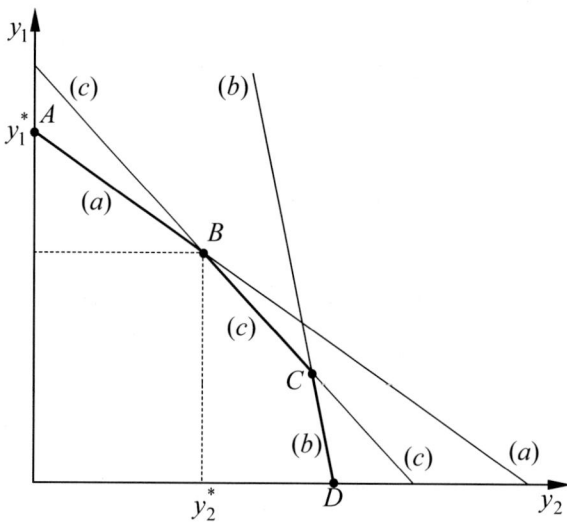

Abb. 6: **Transformationskurve bei jeweils linear-limitationalen Produktionsfunktionen**

kurve K in vertikaler Richtung abzuziehen ist (vgl. Abb. 7). So ergibt sich die Kostenkurve K_{E2}, zu der die DTK- und die GK-Kurve herleitbar ist. Die gewinnmaximierende Menge y_1^* ist dann nach dem in Kap. II.D.1 erläuterten Verfahren bestimmbar; mit ihr ist selbstverständlich auch die Menge y_2^* gegeben, die im Beispiel gleich $y_1^*/2$ ist. Eine Erhöhung von p_2 bedeutet eine steiler verlaufende Ursprungsgerade $E2$, eine Kostenkurve K_{E2} mit an jeder Stelle geringerer Steigung, somit eine tiefer verlaufende GK-Kurve, so dass sich bei unverändertem Preis p_1 gemäß der „GK = Preis"-Regel die Menge y_1^* und y_2^* erhöhen.

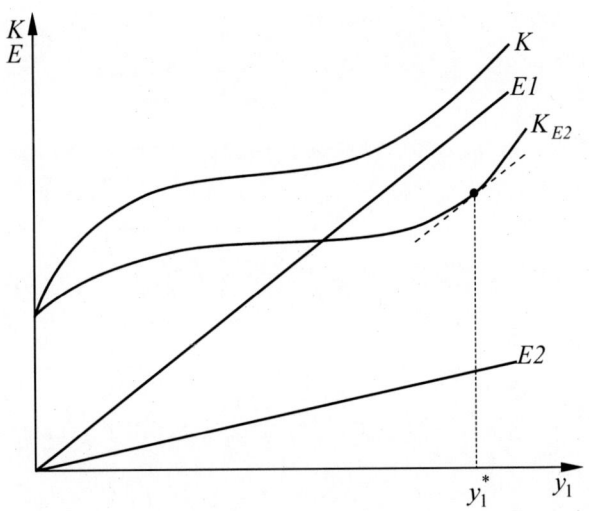

Abb. 7: Gewinnmaximale Menge y_1^* bei Gutschrift für Kuppelprodukt y_2

Kapitel III.

Vollständige Konkurrenz auf einem Markt oder auf allen Märkten

A. Vollständige Konkurrenz auf dem Markt für ein Gut: Das partielle Konkurrenzgleichgewicht

1. Marktbeschreibung

Ein Markt, auf dem *vollständige Konkurrenz* herrscht, ist durch drei Merkmale gekennzeichnet:

(1) Atomistische Angebots- bzw. Nachfragestruktur. Es gibt sehr viele Anbieter und Nachfrager, deren Angebots- bzw. Nachfragemengen sämtlich nur einen verschwindend kleinen Anteil am Gesamtangebot bzw. der Gesamtnachfrage ausmachen.

Wir unterstellen in den ersten Abschnitten dieses Kapitels eine sehr große, feste Zahl von Marktteilnehmern, jeweils von einer gegebenen, festen Größe. Erst später, im Abschn. 5, berücksichtigen wir im Rahmen einer langfristigen Betrachtung auf der Angebotsseite die Möglichkeit, die Betriebsgrößen zu variieren, und den Zugang neuer sowie den Abgang bisheriger Anbieter.

(2) Homogene Güter. Damit ist gemeint, dass es *keine Präferenzen* gibt in folgendem Sinne: Die Anbieter bevorzugen keinen der Nachfrager in der Weise, dass sie ihm das Gut billiger zu verkaufen bereit sind. Die Nachfrager bevorzugen keinen der Anbieter; die von den verschiedenen Anbietern auf den Markt gebrachten Güter sind im Urteil der Nachfrager völlig gleich. Es handelt sich also um ein *homogenes* Güterangebot.

Die Annahme des homogenen Güterangebots ist sehr restriktiv. In der Wirklichkeit wird es fast immer Präferenzen von Nachfragern gegenüber Anbietern geben. Dies wird deutlich, wenn wir die verschiedenen Arten von Präferenzen, die gewöhnlich unterschieden werden, kurz erläutern:

(a) *Räumliche Präferenzen*: Es wird als vorteilhaft empfunden, ein Gut in der Nachbarschaft statt in größerer Entfernung zu kaufen, und zwar einmal wegen der Einsparung von Transportkosten, zum anderen aus Bequemlichkeit. Von räumlichen Präferenzen kann man nur abstrahieren, wenn man vereinfachend die Fiktion eines *Punktmarktes* („Marktplatz") einführt, von der räumlichen Ausdehnung der Wirtschaft also absieht.

(b) *Persönliche Präferenzen*: Es bestehen persönliche Bindungen zwischen Anbietern und Nachfragern, etwa aufgrund alter Geschäftsbeziehungen, dem guten Ruf einer Firma oder der Freundlichkeit des Personals.

(c) *Sachliche Präferenzen:* Diese erstrecken sich auf das Gut selbst. Auch der Sache nach gleiche Güter können im Urteil der Nachfrager differieren, etwa aufgrund verschiedener Aufmachung und Verpackung oder eines durch Werbung suggerierten Unterschieds.

Es ist oft das Ziel der Anbieter, Präferenzen der Nachfrager für ihre Produkte systematisch durch den Einsatz des *absatzpolitischen Instrumentariums* (vgl. NIESCHLAG/DICHTL/HÖRSCHGEN 1997), z. B. durch besondere Produktgestaltung, Werbung oder Wahl einer günstigen Absatzmethode, aufzubauen. Mit dem in diesem Kapitel unterstellten Fehlen von Präferenzen werden alle Maßnahmen, die zum Entstehen solcher Bevorzugungen führen könnten, ausgeschlossen.

(3) Vollständige Markttransparenz. Schon (2) impliziert, dass die Nachfrager das Güterangebot kennen. Vollständige Markttransparenz bedeutet, dass Anbieter und Nachfrager über die zustande gekommenen Preise unterrichtet sind.

Wir können auch sagen: es besteht *vollständige Preisinformation*.

Die Annahme der Markttransparenz besagt nicht, dass der einzelne Marktteilnehmer die Angebots- und Nachfragefunktionen der übrigen Marktteilnehmer oder die gesamtwirtschaftliche Angebots- und Nachfragefunktion kennen muss. Das Modell der vollständigen Konkurrenz zeichnet sich gerade dadurch aus, dass der Preis als Koordinationsinstrument der Wirtschaftspläne der Marktteilnehmer ausreicht und keine weitergehende Kenntnis der Umwelt gefordert wird.

Bei rationalem Verhalten der Marktteilnehmer bewirken die Eigenschaften (2) und (3) zusammen, dass es auf dem betrachteten Markt nur einen Preis geben kann; es herrscht das *Prinzip der Preisunterschiedslosigkeit* (*law of indifference*, JEVONS, 1871). Denn gäbe es verschiedene Preise für ein Gut, das im Urteil der Nachfrager völlig gleich ist, und wären die Nachfrager darüber informiert (Annahme (3)), dann würde das Gut nur zum niedrigsten Preis (folgt aus (2) zusammen mit der unterstellten Rationalität) gekauft werden.

Aus den Eigenschaften (1) bis (3) folgt schließlich, dass der einzelne Anbieter und Nachfrager nur als *Mengenanpasser* handeln kann, dass nur die Menge sein Aktionsparameter ist: Der einheitliche Preis, der nach (2) und (3) zustande kommen muss, kann vom einzelnen Anbieter oder Nachfrager durch Variation seiner Angebots- bzw. Nachfragemenge nicht merklich beeinflusst werden, weil nach (1) sein Anteil am Gesamtangebot bzw. der Gesamtnachfrage verschwindend klein ist. Es bleibt ihm daher keine andere Wahl, als den Preis als gegeben, als Datum hinzunehmen. Er kann nur die angebotene bzw. nachgefragte Menge selbst bestimmen und wird dies so tun, dass er seinen Gewinn bzw. seinen Nutzen maximiert.

Es zeigt sich hiermit, dass die Mengenanpassung, die wir in den Theorien des Haushalts und des Unternehmens stets unterstellten, im Modell der vollständigen Konkurrenz die einzige denkbare Verhaltensweise ist. Wir können nachträglich das in den Kapiteln I und II angenommene Verhalten dahingehend interpretieren, dass die dort betrachteten Wirtschaftseinheiten an Märkten mit vollständiger Konkurrenz nachfragen bzw. anbieten. In den folgenden Abschnitten ist nun zu erklären, welcher Preis, der von den einzelnen Marktteilnehmern dann als Datum akzeptiert werden muss, auf einem Markt mit vollständiger Konkurrenz zustande kommt. In *Abschn.* 2 erläutern wir die gesamtwirtschaftliche Angebots- und Nachfragekurve aus der Sicht des einzelnen Marktteilnehmers, bestimmen Gleichgewichtspreis und -menge und interpretieren mögliche Spielregeln zum Ablauf eines solchen Marktes. *Abschn.* 3 befasst sich mit Veränderungen des partiellen Konkurrenzgleichgewichts durch Verschiebung von Nachfrage- oder Angebotskurve, etwa durch staatliche Eingriffe wie Besteuerung oder Festsetzung eines Höchst- oder Mindestpreises. *Abschn.* 4 behandelt die Bedeutung zeitlicher Aspekte für das Konkurrenzgleichgewicht, die sich aufgrund verzögerter Angebotsanpassungen in Schwankungen von Gleichgewichtspreis und -menge oder aufgrund der Spekulation in der Vermeidung solcher Schwankungen äußern können. In *Abschn.* 5 wird schließlich das langfristige partielle Konkurrenzgleichgewicht bei freiem Marktzugang erläutert.

2. Bestimmung von Gleichgewichtspreis und Gleichgewichtsmenge aus gesamtwirtschaftlicher Nachfrage- und Angebotskurve

a. Die gesamtwirtschaftliche Nachfrage- bzw. Angebotskurve aus der Sicht des einzelnen Marktteilnehmers als Mengenanpasser

Wir hatten früher gezeigt, wie man aus einzelwirtschaftlichen Nachfrage- bzw. Angebotsfunktionen die gesamtwirtschaftliche Nachfrage- bzw. Angebotsfunktion erhält (vgl. I.B.7.d). Geometrisch addiert man die einzelwirtschaftlichen Kurven horizontal, analytisch löst man die einzelwirtschaftlichen Nachfrage- bzw. Angebotsfunktionen nach den Mengen auf und addiert diese dann. Gleichgültig, ob die gesamtwirtschaftliche Kurve die typische negative bzw. positive Steigung hat oder ob ein atypischer Kurvenverlauf vorliegt – stets ist jedem alternativen Preis eine andere Nachfrage- bzw. Angebotsmenge zugeordnet (vom Ausnahmefall des horizontalen Verlaufs sehen wir hier ab). Man könnte zunächst glauben, dass diese Aussage im Widerspruch zu der Feststellung steht, dass der einzelne als Mengenanpasser handelnde Nachfrager bzw. Anbieter zum gegebenen Preis jede Menge einkaufen bzw. absetzen kann, jeder Menge also immer der gleiche Preis zugeordnet ist. Die Auflösung des Widerspruchs ergibt sich daraus, dass der Anteil des einzelnen Nachfragers bzw. Anbieters an der Gesamtnachfrage bzw. am Gesamtangebot verschwindend klein ist:

Wir argumentieren zunächst für einen Nachfrager nach einem Gut x: Ist aus irgendwelchen Gründen am Markt der Preis $\bar{p}$ für Gut x zustande gekommen, so bewirkt eine Änderung der Nachfrage eines einzelnen Nachfragers nur eine infinitesimal kleine Verschiebung der Kurve der Gesamtnachfrage und damit des Schnittpunktes mit der Kurve des Gesamtangebots, so dass weiterhin der Preis $\bar{p}$ herrscht. Jede Nachfrage eines einzelnen Haushalts oder eines einzelnen Unternehmens kann zum Preis $\bar{p}$ gedeckt werden, weil diese Nachfrage jeweils nur einen winzigen Anteil an der Gesamtnachfrage ausmacht. Daher *erscheint dem einzelnen Nachfrager die gesamtwirtschaftliche Angebotskurve als Parallele zur Abszisse* im Abstand $\bar{p}$, d. h. als völlig elastisch. An den Preis $\bar{p}$ passt sich der Nachfrager mit der Nachfragemenge so an, dass er seinen Nutzen bzw. seinen Gewinn maximiert.

Ein analoges Argument gilt für jeden Anbieter: Hat sich der Marktpreis $\bar{p}$ ergeben, dann bewirkt eine Änderung seines Angebots nur eine infinitesimal kleine Verschiebung der Kurve des Gesamtangebots und damit des Schnittpunktes mit der gesamtwirtschaftlichen Nachfragekurve, so dass immer noch der Preis $\bar{p}$ gilt. Jedes von einem einzelnen Haushalt oder einem einzelnen Produzenten im Rahmen seiner gegebenen Kapazität realisierbare Angebot kann er zum Preis $\bar{p}$ unterbringen, weil sein Angebot nur einen verschwindend kleinen Anteil am Gesamtangebot bildet. Daher *erscheint ihm die gesamtwirtschaftliche Nachfragekurve, der er als einzelwirtschaftlicher Anbieter gegenübersteht, als Parallele zur Abszisse* im Abstand $\bar{p}$, d. h. als völlig elastisch. An den Preis $\bar{p}$ passt er sich mit seiner Angebotsmenge so an, dass er seinen Nutzen bzw. Gewinn maximiert.

b. Bestimmung von Gleichgewichtspreis und Gleichgewichtsmenge

Mit Hilfe einer jeweils typisch verlaufenden gesamtwirtschaftlichen Nachfrage- und Angebotskurve für ein Gut wollen wir nun das Marktgleichgewicht bei vollständiger Konkurrenz bestimmen. Marktgleichgewicht herrscht, wenn die geplanten Handlungen der Wirtschaftseinheiten konsistent sind, wenn also die Nachfrager ebenso viele Mengeneinheiten nachfragen wie die Anbieter anbieten. Die Forderung nach Gleichheit von nachgefragter und angebotener Menge nennt man auch *Gleichgewichtsbedingung*.

Die gesamtwirtschaftliche Angebots- und die gesamtwirtschaftliche Nachfragefunktion schreiben wir als Summe der einzelwirtschaftlichen Funktionen:

$$x = \sum_{i=1}^{n} x^i(p) = x(p), \qquad (1)$$

$$y = \sum_{j=1}^{m} y^j(p) = y(p). \qquad (2)$$

Da wir den Markt für ein Gut untersuchen, erübrigt sich in diesen Beziehungen ein Güterindex an den Symbolen. Wir summieren über die nachgefragten Mengen

x^i der Wirtschaftseinheiten $i = 1, 2, \ldots, n$ und über die angebotenen Mengen y^j der Wirtschaftseinheiten $j = 1, 2, \ldots, m$. In die Nachfragefunktionen hatten wir früher stets die Preise anderer Güter (bei Haushalten auch die Konsumsumme), als Konstanten mit einem Querstrich gekennzeichnet, aufgenommen. Wenn wir uns diese im jetzigen Zusammenhang zu umständliche Schreibweise ersparen, ist doch daran zu erinnern, dass weiterhin die durch die frühere Schreibweise angedeutete *ceteris-paribus-Annahme* gilt.

Die Gleichungen (1) und (2) haben wir nun durch die Gleichgewichtsbedingung

$$x(p) = y(p) \qquad (3)$$

zu ergänzen. Wir erhalten damit ein Modell, bestehend aus drei Gleichungen und den drei Unbekannten x, y und p. Die Lösung des Modells beschreibt das gesuchte Marktgleichgewicht, d. h. die Gleichgewichtsmenge und den Gleichgewichtspreis ($x^* = y^*, p^*$). Wenn wir typisch verlaufende Angebots- bzw. Nachfragekurven (mit einem Schnittpunkt bei nichtnegativer Menge und nichtnegativem Preis) unterstellen, ist das Modell lösbar. (Auf mögliche Komplikationen werden wir im folgenden Abschnitt eingehen.)

Die Lösung des Modells wird in der geometrischen Darstellung sichtbar (vgl. Abb.1). Die Funktionen (1) und (2) beschreiben die gesamtwirtschaftliche Nachfragekurve und die gesamtwirtschaftliche Angebotskurve. Die Gleichgewichtsbedingung (3) legt fest, dass die Lösung durch die Menge charakterisiert wird, bei der sich die Kurven schneiden. Bei $x^* = y^*$ sind die Nachfrager bereit, genau diejenige Menge zu einem Preis p^* abzunehmen, die die Anbieter bei diesem Preis abzugeben wünschen. Im Gleichgewicht sieht jeder der einzelnen Anbieter und Nachfrager den Preis p^* als gegeben an und passt sich mit seiner angebotenen bzw. nachgefragten Menge so an, dass sein Gewinn bzw. sein Nutzen maximiert wird. Die Summe dieser einzelwirtschaftlichen Nachfrage- bzw. Angebotsmengen ergibt dann genau die Menge $x^* = y^*$.

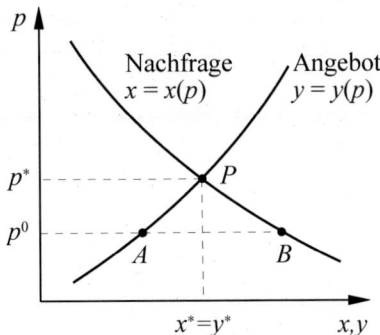

Abb. 1: Marktgleichgewicht

c. Spielregeln zum Ablauf eines Marktes mit vollständiger Konkurrenz

Wie hat man sich das Zustandekommen eines Gleichgewichts auf einem Markt mit vielen Marktteilnehmern auf beiden Seiten vorzustellen? Keine zentrale Instanz sorgt für den Ausgleich von Nachfrage und Angebot. Keiner der zahlreichen Marktteilnehmer auf beiden Marktseiten kennt die einzelwirtschaftlichen oder gesamtwirtschaftlichen Angebots- bzw. Nachfragefunktionen. Sind überhaupt Spielregeln vorstellbar, unter denen das abstrakte Modell der vollständigen Konkurrenz in der Wirklichkeit funktionieren und „von selbst" zu einem Gleichgewicht führen könnte?

LÉON WALRAS (1874), der der Theorie der vollständigen Konkurrenz ihre mathematische Begründung gab, nannte den Anpassungsvorgang *tâtonnement*, worunter er ein allmähliches Herantasten des Marktes an Gleichgewichtspreis und Gleichgewichtsmenge verstand. Er entwickelte die modellhafte Vorstellung, dass von einem *Auktionator* ein zufällig gewählter Preis ausgerufen wird, zu dem dann die Wirtschaftseinheiten ihre einzelwirtschaftlichen Nachfrage- und Angebotsmengen ermitteln und dem Auktionator bekanntgeben. Übertrifft das daraus resultierende Gesamtangebot die Gesamtnachfrage, so senkt der Auktionator den Preis, im umgekehrten Fall erhöht er ihn. Der Vorgang des Preisausrufens sowie der Mengenermittlung und -bekanntgabe wiederholt sich, wobei angenommen wird, dass sich Angebots- bzw. Nachfrageüberschüsse allmählich abbauen, bis schließlich der Gleichgewichtspreis gefunden ist, zu dem Gesamtangebot und Gesamtnachfrage übereinstimmen. Erst nachdem vom Auktionator eine Überschussnachfrage von null bekannt gegeben worden ist, findet der Tausch des Gutes auf dem Markt statt, so dass während des Herantastens ein *Handel zu falschen Preisen* ausgeschlossen ist.

FRANCIS EDGEWORTH (1881) beschrieb den Vorgang des Herantastens an das Marktgleichgewicht unter dem Stichwort *recontracting*: Die Anbieter seien Produzenten, die auf den Markt kommen, ehe sie produzieren. Die einzelnen Anbieter und Nachfrager versuchen, jeweils für sie günstige Verträge abzuschließen, behalten sich jedoch das Recht vor, vom Vertrag zurückzutreten, falls sie noch günstiger verkaufen bzw. kaufen können. Zuerst biete ein Nachfrager einen Preis p^0 und schließe zu diesem Preis vorläufig einen Vertrag ab. Da vollständige Preisinformation herrscht, erfahren alle Marktteilnehmer von diesem Preis – etwa durch einen unparteiischen Auktionator. Weil es keine Präferenzen gibt, werden weitere Verträge nur zum Preis p^0 geschlossen. Wenn p^0 unter dem Gleichgewichtspreis p^* liegt, wird es Nachfrager geben, die zu diesem Preis nicht zum Zuge kommen. Die Gesamtnachfrage übersteigt das Gesamtangebot um AB (vgl. Abb. 1). Nun wird angenommen, dass die nicht zum Zuge gekommenen Nachfrager einen etwas höheren Preis als p^0 bieten, um Anbieter zum Rücktritt von den bisherigen Verträgen zu veranlassen. Sobald ein Vertrag mit höherem Preis zustande kommt, werden alle Anbieter die abgeschlossenen Verträge brechen und zum höheren, einheitlichen Preis abschließen. Zu diesem Preis ist die Nachfrage geringer und das Angebot größer als bisher. Liegt dennoch weiterhin ein Überschuss der Nachfrage über das Angebot vor, so bieten die nicht zum Zuge gekommenen Nachfrager wieder einen höheren Preis, so dass die Verträge abermals revidiert werden. Erst wenn p^* erreicht ist, haben weder Anbieter noch Nachfrager Anlass, neue Verträge zu schließen. Jetzt erst erfolgen Produktion und Erfüllung der Verträge. – Ist der Anfangspreis höher als p^*, dann übersteigt das gesamtwirtschaftliche Angebot die gesamtwirtschaftliche Nachfrage, und es gibt Anbieter, die nicht zum Zuge kommen. Diese werden, so wird angenommen, zu einem etwas niedrigeren Preis als dem Anfangspreis offerieren, um die Nachfrager zum Rücktritt von den bisherigen Verträgen zu veranlassen. Die neuen Verträge kommen einheitlich zu dem niedrigeren Preis zustande. Ist das gesamtwirtschaftliche Angebot auch jetzt noch größer als die gesamtwirtschaftliche Nachfrage, so setzt sich der Vorgang fort, bis der Gleichgewichtspreis p^* erreicht ist und die Verträge erfüllt werden.

Diese Interpretationen zeigen zugleich die besonderen Bedingungen, unter denen sich ein Markt mit vollständiger Konkurrenz „in Reinkultur" abspielen muss. Obgleich solche Bedingungen allenfalls an Börsen anzutreffen oder herzustellen sind, hat das Modell der vollständigen Konkurrenz große Bedeutung, nicht nur als theoretische Begründung der Marktwirtschaft. Man kann vollständige Konkurrenz erstens, wie in Kap. 0.F.1 erläutert, als *idealtypische Marktform* interpretieren und darauf vertrauen, dass bei geeigneter wirtschaftspolitischer Gestaltung der Wettbewerbsordnung sich vollständige Konkurrenz zwar nicht in ihrer reinen Form, aber doch in der Tendenz auf vielen Märkten durchsetzt. Im Sinne dieser Interpretation (als positive Theorie) sind Bestrebungen etwa der *Neuen Mikroökonomik* (vgl. Kap. VI.C) zu sehen, Abweichungen zwischen Realität und dem hier dargestellten (Grund-)Modell durch gewisse Modifikationen des Modells zu verringern. Vollständige Konkurrenz lässt sich zweitens wegen ihrer in Abschn. B zu erläuternden Optimalitätseigenschaften unabhängig vom Grad ihrer Realisierbarkeit als *Norm* oder *Vergleichsgrundlage* auffassen, um Marktgleichgewichte bei anderen Marktformen einer Beurteilung zu unterziehen.

d. Existenz, Eindeutigkeit und Stabilität des partiellen Konkurrenzgleichgewichts

Ein (statisches) ökonomisches Modell lässt sich allgemein als ein System von Gleichungen auffassen, in dem ökonomische Größen – die Unbekannten oder Variablen des Systems – durch mathematische Funktionen in Beziehung zueinander gesetzt werden. Die Funktionen bringen z. B. die geplanten Handlungen der Wirtschaftseinheiten zum Ausdruck. Die Lösung des Modells ist gleichbedeutend mit der Lösung des durch die Funktionen gegebenen Gleichungssystems. In der Lösung werden die Unbekannten durch bekannte Größen (Koeffizienten, Konstanten) ausgedrückt. Die Lösung beschreibt, zumindest in der statischen Theorie, einen *Zustand wirtschaftlichen Gleichgewichts*: Die Lösungswerte der Variablen erfüllen die Gleichungen des Modells und beschreiben somit einen Zustand, in dem die geplanten Handlungen der Wirtschaftseinheiten konsistent sind. Nicht

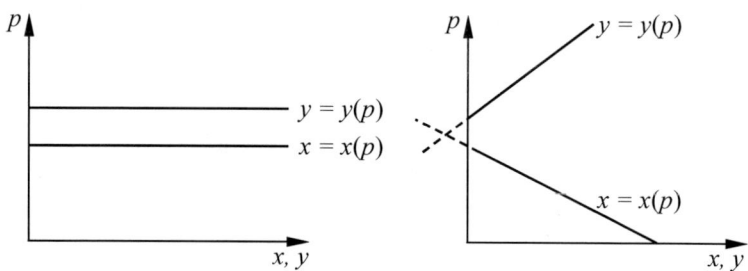

Abb. 2.a/b: Nichtexistenz eines Marktgleichgewichts

immer ist die Ermittlung der Lösung eines Modells allerdings so problemlos wie im Vorabschnitt im Beispiel des aus drei Gleichungen und drei Unbekannten bestehenden Marktmodells. Fraglich ist i. Allg., ob überhaupt eine Lösung existiert und ob diese Lösung eindeutig ist.

Für viele, wenn auch nicht für alle Fälle ist eine Voraussetzung für die *Existenz* einer Lösung, dass die Zahl der (unabhängigen) Gleichungen gleich der Zahl der Unbekannten ist. Übertrifft die Zahl der Gleichungen die der Unbekannten, so ist das Modell meist überdeterminiert. Zur Beseitigung dieses Zustands hätte man eine entsprechende Zahl bisher als konstant betrachteter Größen als variabel anzusetzen. Ist umgekehrt die Zahl der Gleichungen kleiner als die der Unbekannten, so ist das Modell unterdeterminiert, und man hätte eine entsprechende Zahl der bisher als variabel angesetzten als konstante Größen zu behandeln. Im hier zu untersuchenden Fall besteht das Modell aus den drei Gleichungen (1), (2) und (3) mit den drei Unbekannten x, y und p, so dass die eben angedeuteten Probleme nicht existieren.

Die Gleichheit der Anzahl der Gleichungen mit der der Unbekannten ist aber nicht hinreichend für die Existenz einer Lösung. Es könnte sein, dass es trotzdem entweder gar keine oder keine ökonomisch sinnvolle Lösung gibt. Im Beispiel unseres Marktmodells könnten Angebots- und Nachfragekurve parallel zur Abszisse verlaufen, so dass sich die Kurven nicht schneiden (vgl. Abb. 2.a), oder Angebots- und Nachfragekurve könnten den typischen Verlauf, einen Schnittpunkt aber nur bei einer negativen Menge haben (vgl. Abb. 2.b).

Existenz einer Lösung bedeutet noch nicht *Eindeutigkeit*. Es könnte mehrere Lösungen geben. In unserem Marktmodell wäre z. B. ein atypischer Verlauf der Angebotskurve denkbar, so dass sich mehrere Schnittpunkte mit der typisch verlaufenden Nachfragekurve ergeben (vgl. Abb. 3).

Eine Lösung kann schließlich *stabil* oder *instabil* sein. Ein durch eine Lösung beschriebenes wirtschaftliches Gleichgewicht ist dann stabil, wenn sich aus einem Zustand des Ungleichgewichts, d. h. der Nichtkonsistenz der von den Wirtschaftseinheiten geplanten Handlungen, durch die Handlungen der Wirtschaftseinheiten selbst ein Gleichgewicht einstellt. Stabilität herrscht also, wenn sich von einer beliebigen Ausgangslage aus oder nach einer Störung des bisherigen Gleichgewichts „von selbst" ein Gleichgewicht einspielt. Instabilität besteht dementspre-

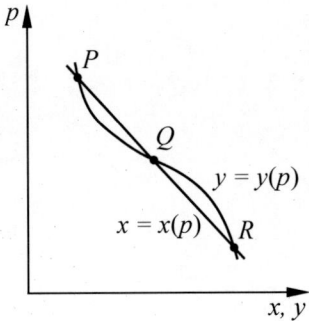

Abb. 3: Kein eindeutiges Marktgleichgewicht (atypische Angebotskurve $y=y(p)$)

chend, wenn ein Gleichgewicht nicht bzw. nach einer Störung nicht wieder erreicht wird. Die Untersuchung der Stabilität setzt eine Verhaltensannahme darüber voraus, wie die Wirtschaftseinheiten handeln, solange das Gleichgewicht nicht realisiert ist. Eine solche Verhaltensannahme lässt sich nur in einem dynamischen, Anpassungsprozesse beschreibenden Kontext formulieren; anders gesagt: die Frage nach der Stabilität eines Gleichgewichts ist nur innerhalb einer *dynamischen Analyse* zu beantworten.

Im Folgenden suchen wir ohne explizite Formulierung eines dynamischen Modells ein Kriterium dafür, dass die Lösung unseres Marktmodells stabil ist. (Ein Beispiel einer expliziten Stabilitätsanalyse diskutieren wir in Abschn. 4.a.) Beim *walrasianischen tâtonnement* wird unterstellt, dass bei einem (positiven) Nachfrageüberschuss $D=x-y>0$ der Auktionator den Preis heraufsetzt und bei einem Angebotsüberschuss (negativen Nachfrageüberschuss) $D=x-y<0$ den Preis senkt. (Analoge Preisveränderungen sind beim *recontracting* zu unterstellen.)

$$D(p) = x(p) - y(p) > 0: \quad p \uparrow$$
$$D(p) = x(p) - y(p) < 0: \quad p \downarrow \quad (4)$$

Dies ist eine im ursprünglichen Modell nicht enthaltene Annahme über das Verhalten der Marktteilnehmer in Situationen, in denen das Gleichgewicht noch nicht erreicht ist. Sie erlaubt es, eine *Stabilitätsbedingung* zu formulieren: Stabilität ist gegeben, wenn

$$D'(p) = x'(p) - y'(p) < 0, \quad (5)$$

d. h. wenn eine Preiserhöhung einen (positiven oder negativen) Nachfrageüberschuss vermindert. Instabilität liegt hingegen vor, wenn in (5) statt des <-Zeichens das =-Zeichen oder das >-Zeichen gilt, wenn also bei einer Preiserhöhung der Nachfrageüberschuss nicht abnimmt. Geometrisch gedeutet: Stabilität liegt genau dann vor, wenn bei einer Bewegung in Abb. 4 von unten nach oben die Nachfrage- und die Angebotskurve sich im Bereich unterhalb des Gleichgewichtspreises p^* einander nähern (denn dann wird bei steigendem Preis ein positiver Nachfrage-

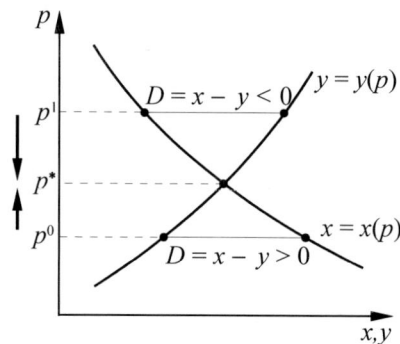

Abb. 4: Nachfrageüberschuss bei Nicht-Gleichgewichtspreisen

überschuss vermindert) und im Bereich oberhalb des Gleichgewichtspreises p^* voneinander entfernen (denn dann wird bei steigendem Preis ein negativer Nachfrageüberschuss noch negativer). Stabilität liegt demnach immer vor, wenn Nachfrage- und Angebotskurven in der Umgebung ihres Schnittpunktes typisch verlaufen.

Instabilität ist demgegenüber möglich, wenn eine der beiden Kurven atypischen Verlauf hat. Ist die Angebotskurve die atypische, so herrscht Stabilität nur, wenn sie steiler als die Nachfragekurve ist (Abb. 5.a). Ist die Nachfragekurve die atypische, liegt ein stabiles Gleichgewicht nur vor, wenn sie steiler als die Angebotskurve ist (Abb. 5.b). Immer wenn die atypisch verlaufende Kurve weniger steil als die typisch verlaufende ist, handelt es sich beim Schnittpunkt der beiden um ein instabiles Gleichgewicht. Schneiden sich die Kurven mehrmals, so repräsentiert demnach ein Teil der Schnittpunkte stabile, ein Teil instabile Gleichgewichte. In Abb. 3 bezeichnen P und R jeweils stabile Gleichgewichte und Q ein instabiles Gleichgewicht.

Wir unterstellten bisher, dass ein bei einem bestimmten Preis bestehender Nachfrageüberschuss zu einer Preiserhöhung, ein Angebotsüberschuss zu einer

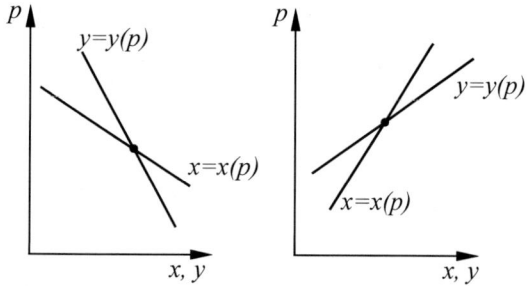

Abb. 5.a/b: Stabile Marktgleichgewichte (a) mit atypischer Angebotsfunktion $y=y(p)$ und (b) mit atypischer Nachfragefunktion $x=x(p)$

Preissenkung führt. Da diese Annahme über das Verhalten der Wirtschaftseinheiten bei noch nicht erreichtem Gleichgewicht auf WALRAS zurückgeht, spricht man im Zusammenhang mit (5) auch von *WALRAS-Stabilität*. Man kann umgekehrt davon ausgehen, dass ein bei einer bestimmten Menge bestehender Überschuss des von den Nachfragern gebotenen über den von den Anbietern geforderten Preis zu einer Erhöhung der Angebotsmenge, und ein Überschuss des geforderten über den gebotenen Preis zu einer Reduzierung der Angebotsmenge führt. Entscheidend ist dann nicht mehr die Veränderung des horizontalen Abstands der Nachfrage- und Angebotskurve mit steigendem Preis, sondern die Veränderung des vertikalen Abstands der beiden Kurven mit steigender Menge. Diese Verhaltensannahme wurde von MARSHALL (1890, 5. Buch, 3. Kap.) zugrunde gelegt, und man spricht bei ihrer Verwendung von *MARSHALL-Stabilität*. Nicht jedes WALRAS-stabile Gleichgewicht ist MARSHALL-stabil und umgekehrt.

e. Die Begriffe Käufer- und Verkäuferrente

Im Folgenden argumentieren wir anhand der in Abb. 6 dargestellten Nachfrage. Jeder einzelne Nachfrager 1, ..., n möge entweder null Einheiten oder genau eine Einheit eines Gutes x nachfragen und sei bereit, einen ganz bestimmten Höchstpreis p^1, ..., p^n dafür zu zahlen; die Nachfragekurve $x^i = x^i(p)$ jedes Nachfragers i verläuft also senkrecht – bei $x^i = 0$ für $p > p^i$ und bei $x^i = 1$ für $p \leq p^i$. Die Nachfrage ist damit (für jeden Preis $p \neq p^i$) vollständig preisunelastisch. Aggregiert man die individuellen Nachfragekurven (durch horizontale Addition) zu einer Gesamtnachfragekurve, so erhält man die in Abb. 6 rechts dargestellte Treppenkurve, die wir im Folgenden (vgl. Abb. 7) auch vereinfachend als lineare Nachfragekurve $p = p^N(x)$ ansehen werden. Diese Kurve beschreibt die *marginale Zahlungsbereitschaft*, d. h. sie gibt die Zahlungsbereitschaft für eine weitere Einheit des Gutes an (nämlich p), wenn schon x Einheiten nachgefragt werden. Die Summe dieser marginalen Zahlungsbereitschaftsbeträge ergibt die *gesamte Zahlungsbereitschaft Z* für eine bestimmte Menge x^* als Fläche unter der Nachfragekurve bis x^*:

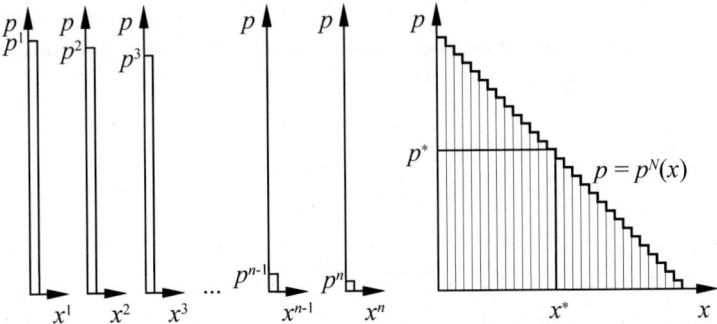

Abb. 6: Einzel- und gesamtwirtschaftliche Nachfragefunktion (Spezialfall)

$$Z = \int_{x=0}^{x=x^*} p^N(x) \, dx. \tag{6}$$

Zahlungsbereitschaft ist hierbei verstanden als derjenige Betrag, den die Nachfrager für eine bestimmte Menge des Gutes x maximal zu zahlen bereit sind. Die Zahlungsbereitschaft stellt somit ein monetäres (in Geldeinheiten ausgedrücktes) Maß für den Nutzen der Nachfrager dar.

Können nun alle Nachfrager das Gut x zum einheitlichen Preis p^* erwerben (vgl. Abb. 6), so wird insgesamt die Menge x^* nachgefragt, und die Nachfrager bezahlen dafür insgesamt den Betrag p^*x^*. Die Differenz zwischen Zahlungsbereitschaft und zu zahlendem Betrag wird Käuferrente (oder Konsumentenrente) KR genannt:

$$KR = Z - p^*x^* = \int_{x=0}^{x=x^*} (p^N(x) - p^*) \, dx. \tag{7}$$

Sie entspricht geometrisch der Fläche des Dreiecks *ABP* in Abb. 7, zwischen der Nachfragekurve und der Abszissenparallele in Höhe von p^*.

> ***Struktur der Nachfrage und Käuferrente:*** Setzt sich die Gesamtnachfrage nicht wie in Abb. 6 beschrieben aus lauter preisunelastischen Einzelnachfragen zusammen, dann lässt sich die Nachfragefunktion nicht einfach als marginale Zahlungsbereitschaft (und die Fläche unter der Kurve nicht einfach als gesamte Zahlungsbereitschaft) interpretieren. Die Nachfragefunktion sagt nämlich i. Allg. nur aus, dass zum Preis $\bar{p}$ die Menge $\bar{x}$ nachgefragt wird, wenn alle $\bar{x}$ Einheiten zum Preis $\bar{p}$ erworben werden. Wenn hingegen für die ersten $\bar{\bar{x}}$ Einheiten (entsprechend einer ggfs. höheren Zahlungsbereitschaft für eine erste, zweite, ... Einheit) höhere Preise entrichtet wurden, so werden i. Allg. zum Preis $\bar{p}$ keineswegs $\bar{x} - \bar{\bar{x}}$ Einheiten zusätzlich erworben.
>
> Dennoch wird in der Literatur häufig mit der Fläche unter der Nachfragekurve als Zahlungsbereitschaft argumentiert, da die dadurch gegebene Ungenauigkeit i. Allg. gering ist. Auch wir werden im Folgenden die in (7) gegebene Definition der Konsumentenrente verwenden, auch wenn die Gesamtnachfrage nicht der Situation der Abb. 6 entspricht.

Die Angebotskurve $p = p^A(y)$ eines Unternehmens entspricht seiner Grenzkostenkurve. Sie lässt sich in folgender Weise als Kurve zur Beschreibung der *marginalen Mindesterlösforderung* interpretieren: Das Unternehmen wird für die erste angebotene Einheit mindestens den Preis (Erlös) p^0 fordern (damit die Grenzkosten der ersten Einheit durch deren Verkaufserlös gedeckt sind, vgl. Abb. 7), für die zweite und weitere Einheiten gibt die Angebotskurve entsprechend die jeweilige marginale Mindesterlösforderung an. Die Summe dieser Beträge bis zu einer Menge y^* stellt die gesamte Mindesterlösforderung M für diese Menge dar und lässt sich als Fläche unter der Angebotskurve bis y^* beschreiben:

$$M = \int_{y=0}^{y=y^*} p^A(y) \, dy. \tag{8}$$

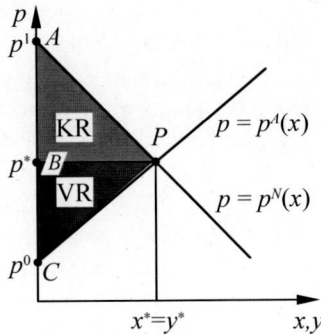

Abb. 7: **Käufer- und Verkäuferrente im Marktgleichgewicht**

(Diese Fläche entspricht den variablen Kosten der Menge y^*.) Die durch horizontale Addition der einzelwirtschaftlichen Angebotskurven gewonnene gesamtwirtschaftliche Angebotskurve kann in gleicher Weise als Kurve interpretiert werden, die die marginale Mindesterlösforderung der Anbieter beschreibt. Im Folgenden werden wir die Kurve $p=p^A(y)$ in Abb. 7 als gesamtwirtschaftliche Angebotskurve interpretieren. Verkaufen nun die Anbieter insgesamt die Menge y^* zum Preis p^*, so ist ihr Erlös p^*y^* größer als ihre Mindesterlösforderung; die Differenz wird *Verkäuferrente* (oder *Produzentenrente*) *VR* genannt:

$$VR = p^*y^* - M = \int_{y=0}^{y=y^*} (p* - p^A(y)) \, dy. \qquad (9)$$

Sie entspricht geometrisch der Fläche des Dreiecks *BCP*, das von der Angebotskurve und der Abszissenparallele in Höhe von p^* gebildet wird. Die Verkäuferrente ist die Differenz zwischen Erlösen und variablen Kosten. Für den Fall von Fixkosten in Höhe von null stimmt sie mit den Gewinnen überein, andernfalls ist sie um die Fixkosten größer als die Gewinne.

> *Zum Begriff „Rente"*: Der hier verwendete Rentenbegriff hat nichts mit Rente im Sinne der Rentenversicherung zu tun; er geht vielmehr zurück auf den alten Begriff der Bodenrente (Preis für die Nutzung des Bodens), die für unterschiedliche Böden (Lage, Qualität) unterschiedlich ist: Aufgrund der Unterschiedlichkeit der Zahlungsbereitschaft (Mindesterlösforderung) für die einzelnen nachgefragten (angebotenen) Einheiten des Gutes erlangen bei einem einheitlichen Marktpreis p^* Nachfrager (Anbieter) mit einer Zahlungsbereitschaft größer als (Mindesterlösforderung kleiner als) dieser Marktpreis einen besonderen Vorteil, nämlich die Käuferrente (Verkäuferrente).
>
> Übrigens kommt in diesen Renten die Vorteilhaftigkeit des Tausches (Kauf/Verkauf) zum Ausdruck: Jemand, der einen (Ver-) Kauf ohne (Ver-) Käuferrente tätigt, also einen Preis gemäß seiner Zahlungsbereitschaft zahlt (Mindesterlösforderung erhält), zieht aus diesem Tausch keinen Nutzen.

Die Höhe der sich im Marktgleichgewicht ergebenden Käufer- und der Verkäuferrente hängt vom Verlauf der Nachfrage- und der Angebotskurve ab. Die folgenden Aussagen sind leicht überprüfbar: Je flacher die Nachfragekurve, desto kleiner ist die Käuferrente. Bei vollständig elastischer Nachfrage, also horizontaler Nachfragekurve, ist die Käuferrente null; bei vollständig unelastischer Nachfrage, also vertikaler Nachfragekurve, ist sie unendlich. – Je flacher die Angebotskurve, desto kleiner ist die Verkäuferrente. Bei vollständig elastischem Angebot, also horizontaler Angebotskurve, ist die Verkäuferrente null; bei vollständig unelastischem Angebot, also vertikaler Angebotskurve, ist sie gleich dem tatsächlichen Erlös.

In Kap. IV.B.2.d wird gezeigt, dass Preisdifferenzierung als Aneignung von Käuferrente durch einen preisdifferenzierenden Anbieter bei unvollständiger Konkurrenz angesehen werden kann. In Kap. V.C.3 wenden wir die Begriffe der Käufer- und der Verkäuferrente auf Faktormärkte an und führen den Begriff der Quasi-Rente ein; dieser Begriff spielt dann in Kap. VI.E über die Neue Institutionenökonomik eine wichtige Rolle.

3. Veränderungen des partiellen Konkurrenzgleichgewichts

a. Verschiebung von Nachfrage- oder Angebotskurve

Wir können unmittelbar angeben, wie sich das Konkurrenzgleichgewicht ändert, wenn sich entweder die typisch verlaufende Nachfrage- oder die typisch verlaufende Angebotskurve verschiebt: Verschiebt sich die Nachfragekurve N nach links (oder rechts; N' bzw. N''), etwa weil einer der mit der *ceteris-paribus*-Annahme als gegeben angesehenen Preise anderer Güter variiert, dann sinken (bzw. steigen) Gleichgewichtspreis und -menge (vgl. Abb. 8.a); dies folgt aus der positiven Steigung der Angebotskurve. Eine Linksverschiebung der Nachfragekurve könnte z. B. dadurch bedingt sein, dass der Preis eines als Substitut in Frage

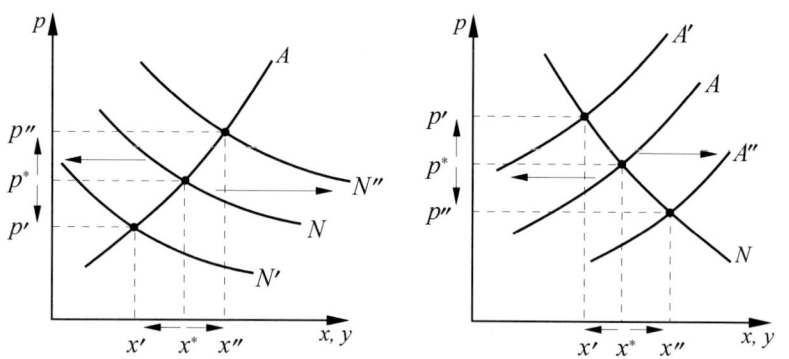

Abb. 8.a/b: Komparativ statische Analyse des Marktgleichgewichts

kommenden Gutes gesunken ist, so dass sich Nachfrage von dem betrachteten Markt ab- und dem Markt des Substituts zuwendet. Eine Rechtsverschiebung der Nachfragekurve könnte analog eine auf Preiserhöhung für das Substitut zurückzuführen sein. – Verschiebt sich die Angebotskurve A nach links (oder rechts; A' bzw. A''), dann steigt (bzw. sinkt) der Gleichgewichtspreis und sinkt (bzw. steigt) die Gleichgewichtsmenge (vgl. Abb. 8.b); dies folgt aus der negativen Steigung der Nachfragekurve. Eine Linksverschiebung der Angebotskurve kann beispielsweise durch eine Faktorpreiserhöhung verursacht sein, eine Rechtsverschiebung analog durch eine Faktorpreissenkung. Die in Abb. 8.a/b dargestellte Art der Analyse (Vergleich zweier Gleichgewichte) nennt man auch *komparativ statische* Analyse.

b. Besteuerung von Nachfrage oder Angebot

Der Staat kann von den Anbietern entweder eine Kosten- oder eine Umsatzsteuer erheben, und zwar jeweils bemessen in einem konstanten Geldbetrag je Mengeneinheit oder in einem in Prozent der Kosten bzw. des Umsatzes (Preises) ausgedrückten Geldbetrag je Mengeneinheit. Eine *Kostensteuer* vergrößert die Ordinatenwerte der Durchschnittskostenkurve jedes Anbieters um einen konstanten Betrag bzw. Prozentsatz. Auch die Grenzkostenkurven, die Preisuntergrenzen und die Angebotskurven der Anbieter verschieben sich nach oben. Dasselbe gilt für die gesamtwirtschaftliche Angebotskurve. Bei typisch verlaufender Nachfragekurve steigt somit der Gleichgewichtspreis und sinkt die Gleichgewichtsmenge.

Bei einer *Umsatzsteuer* kann die Betrachtung unmittelbar bei der gesamtwirtschaftlichen Angebots- oder Nachfragekurve ansetzen. In Abb. 9 ist P das Marktgleichgewicht vor Umsatzsteuererhebung. Wird die Steuer bei den Anbietern erhoben, so sind die Ordinatenwerte der gesamtwirtschaftlichen Angebotskurve um den Steuerbetrag oder den Prozentsatz der Steuer zu vergrößern. In Abb. 9 ist A' die um einen *konstanten Steuerbetrag s* je Mengeneinheit parallel nach oben verschobene Angebotskurve. Die Einführung der Steuer senkt die Gleichge-

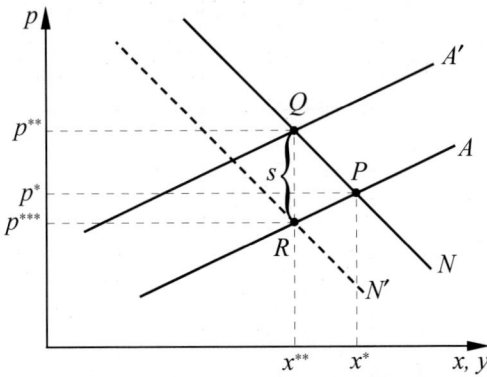

Abb. 9: Wirkung einer Umsatzsteuer auf das Marktgleichgewicht

wichtsmenge von x^* auf x^{**} und steigert den Gleichgewichtspreis von p^* auf p^{**} (neues Gleichgewicht Q). Der Gleichgewichtspreis enthält den Steuerbetrag s; der Gleichgewichtspreis p^{**} abzüglich s ist geringer als p^*. Man beachte insbesondere, dass der Marktpreis durch die Erhebung der Steuer s je Mengeneinheit um weniger als s steigt. – Wird die Steuer bei den Nachfragern erhoben, sind die Ordinatenwerte der gesamtwirtschaftlichen Nachfragekurve entsprechend zu vermindern; im Beispiel der Abb. 9 ist die Nachfragegerade um s parallel nach unten auf N' zu verschieben. Mit Steuer ist die Gleichgewichtsmenge wieder x^{**}; der am Markt sich bildende Preis ist jetzt p^{***}, er enthält die Steuer nicht; diese ist von den Nachfragern gesondert an den Staat zu entrichten.

c. Staatlich festgesetzter Höchst- oder Mindestpreis

Wird vom Staat ein *Höchstpreis* festgesetzt, der geringer als der Gleichgewichtspreis p^* ist (in Abb. 10.a durch die Abszissenparallele bei p^H dargestellt) so sind die Anbieter nur zu einem Angebot $\bar{y}$ bereit, während die Nachfrager $\bar{x}$ nachfragen. Da die Nachfragemenge $\bar{x} - \bar{y}$ unbefriedigt bleibt, bezeichnet man hier die Angebotsseite als *kurze Marktseite*; es wird die im Vergleich zur Gleichgewichtsmenge $x^* = y^*$ kleinere Menge $\bar{y}$ umgesetzt. Die unbefriedigte Nachfrage schafft die Tendenz zur Herausbildung eines *schwarzen Marktes*, auf dem der Preis höher als p^H und vermutlich sogar höher als p^* liegt.

Wird vom Staat ein *Mindestpreis* über dem Gleichgewichtspreis p^* verordnet, in Abb. 10.b durch die Abszissenparallele bei p^M repräsentiert, dann sind die Anbieter zu einem Angebot $\bar{y}$ bereit, während die Nachfrager die Menge $\bar{x}$ wünschen. Die Menge $\bar{\bar{y}} - \bar{\bar{x}}$ findet keinen Absatz, hier ist die Nachfrage die *kurze Marktseite*; es wird die im Vergleich zu $x^* = y^*$ kleinere Menge $\bar{\bar{x}}$ umgesetzt. Das nicht abgesetzte Angebot könnte auch hier die Tendenz zur Herausbildung eines schwarzen Marktes, auf dem der Preis geringer als p^M ist, schaffen. Allerdings gibt es in der Praxis der Mindestpreisfestsetzung viele Fälle, in denen der *Staat als*

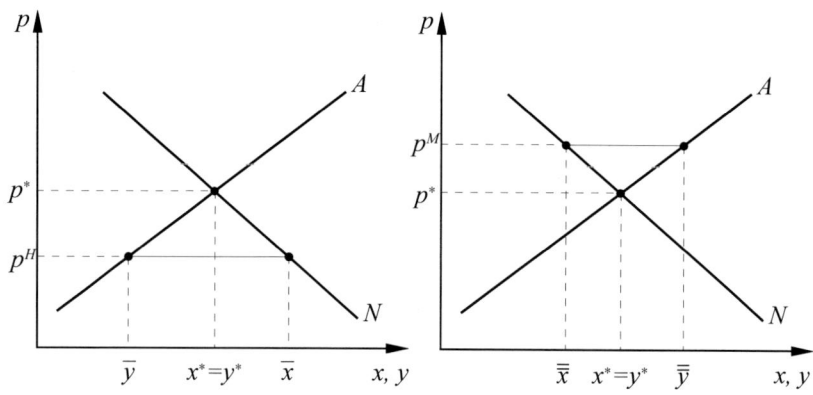

Abb. 10.a/b: Wirkung von Höchstpreisen (p^H) und Mindestpreisen (p^M)

Nachfrager die *Übernahme* der nicht abgesetzten Menge zum Preis p^M garantiert. Er regt auf diese Weise eine die Gleichgewichtsmenge übersteigende Produktion an, reduziert die am Markt umgesetzte Menge unter die Gleichgewichtsmenge und kauft zu dem den Gleichgewichtspreis übersteigenden Mindestpreis Periode für Periode Güter auf, die er in der Regel unter Aufwendung von Lagerkosten ansammelt. Typisches Beispiel ist die *Überschussproduktion* von landwirtschaftlichen Gütern (z. B. Butter, Milch, Rindfleisch) aufgrund von Mindestpreisen, die im Rahmen der *Agrarmarktordnungen der Europäischen Union* zustande kamen.

4. Zeitaspekte des Konkurrenzgleichgewichts

a. Verzögerte Angebotsanpassung: Das Spinngewebe-Modell

In diesem Abschnitt verzichten wir explizit auf die in Abschn. 2.c erläuterte Vorstellung, dass die Anbieter Verträge schließen, ehe sie produzieren. Wir nehmen vielmehr an, dass die Anbieter mit einer bestimmten, festen Angebotsmenge an den Markt kommen und darauf angewiesen sind, diese Menge, die sich aus der Addition der einzelwirtschaftlichen Angebotsmengen ergibt, auch abzusetzen – etwa deshalb, weil es sich um ein verderbliches Gut handelt. Der Preis bildet sich dann so, dass die Nachfrager dieses Angebot gerade abzunehmen wünschen, also gemäß der Nachfragekurve. Aus diesem sich ergebenden Preis ziehen die Anbieter Konsequenzen. Ist dieser Preis höher als der von ihnen erwartete, so dehnen sie in der nächsten Periode ihr Angebot aus, weil sie annehmen, dass der Preis so hoch bleiben wird. Ist der tatsächliche Preis niedriger als der erwartete, schränken die Anbieter in der nächsten Periode ihr Angebot ein in der Annahme, dass der Preis so niedrig bleiben wird. Das Gesamtangebot y_t in einer Periode t, ist also stets am Preis p_{t-1} der Vorperiode ausgerichtet, das *Angebot* passt sich *mit einperiodiger Verzögerung an den Preis an*. Da die Angebotsfunktion jetzt ökonomische Größen enthält, die zwei verschiedenen Zeitperioden zugeordnet sind, diskutieren wir in diesem Abschnitt ein Problem der *dynamischen Theorie*.

Wir erläutern das Problem anhand folgenden Modells mit linearer gesamtwirtschaftlicher Angebots- bzw. Nachfragefunktion:

$$y_t = cp_{t-1} + d \quad \text{mit} \quad c > 0, \tag{10}$$

$$x_t = ap_t + b \quad \text{mit} \quad a < 0, b > 0, \tag{11}$$

$$x_t = y_t. \tag{12}$$

Die einzige Besonderheit gegenüber den früheren Überlegungen ist die zeitliche Verzögerung (der *lag* (10)). Die Nachfragekurve und die Kurve für das einperiodig verzögerte Angebot haben den typischen Verlauf. Setzen wir (10) und (11) in (12) ein und lösen nach p_t auf, so erhalten wir

$$p_t = \frac{c}{a} p_{t-1} + \frac{d-b}{a}. \tag{13}$$

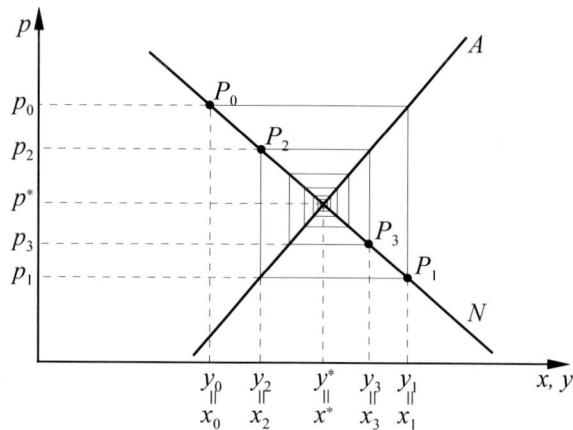

Abb. 11: Spinngewebe-Modell, stabil

(Ebenso könnten wir nach x_t oder y_t auflösen; die folgenden Überlegungen und Rechnungen wären dann analog anzustellen.) (13) ist eine *lineare Differenzengleichung 1. Ordnung*, d. h. eine lineare Gleichung, in der die betreffende Variable mit Zeitindizes zweier aufeinander folgender Zeitperioden erscheint. Ehe wir die Differenzengleichung analytisch lösen, geben wir zwei geometrische Interpretationen des Problems anhand Abb. 11 und Abb. 12. Wir zeichnen Nachfrage- und Angebotskurve in ein Diagramm ein, letztere ohne Rücksicht auf die zeitliche Verzögerung.

Fall (1): In Abb. 11 kommen in Periode $t = 0$ die Anbieter mit der Menge y_0 auf den Markt. Da sie darauf angewiesen sind, diese Menge abzusetzen, ist ihr Angebot innerhalb dieser Periode völlig unelastisch, und sie akzeptieren den Preis p_0, den die Nachfrager dafür bieten (Punkt P_0). Die Anbieter gehen davon aus, dass p_0 auch in der nächsten Periode gelten wird, und bringen in Periode $t = 1$ entsprechend ihrer Angebotskurve die Menge y_1 auf den Markt. Die Nachfrager nehmen diese Menge aber nur zum Preis p_1 ab (Punkt P_1). Aufgrund dieses geringen Preises reduzieren die Anbieter in Periode $t = 2$ entsprechend ihrer Angebotskurve die Menge auf y_2. Diese Menge nehmen die Nachfrager zum Preis p_2 ab (Punkt P_2). Verfolgen wir dieses Wechselspiel von positiven und negativen Überraschungen der Anbieter noch einige Perioden weiter, so führt uns die Entwicklung in die Nähe des Schnittpunktes der beiden Kurven, und das zeichnerische Gebilde, das wir erhalten, ähnelt einem *Spinngewebe* (*cobweb*). Die Entwicklung konvergiert also gegen die Preis-Mengen-Kombination p^*, $x^* = y^*$. Ist diese Situation erreicht, dann erleben die Anbieter keine Überraschungen mehr; der Preis der letzten Periode gilt auch in der folgenden.

Fall (2): Wir ändern das Diagramm nun in der Weise ab, dass wir die Nachfragekurve etwas steiler zeichnen, und beginnen in Abb. 12 mit einer Menge y_0 nahe dem Schnittpunkt (Punkt P_0). Die Entwicklung führt nun nicht weiter in die Nähe

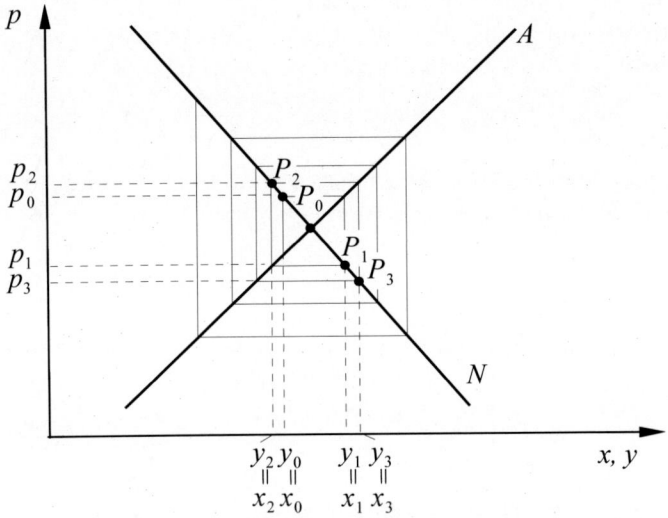

Abb. 12: Spinngewebe-Modell, instabil

des Schnittpunktes, sondern immer weiter von diesem weg. Es würde nicht lange dauern, bis sich ökonomisch sinnlose Preis-Mengen-Kombinationen außerhalb des I. Quadranten einstellen, die die Gültigkeit des Modells aufheben.

Zeichnen wir Preise und Mengen in den einzelnen Perioden in Diagramme mit der Abszisse als Zeitachse ein und verbinden die einzelnen Punkte zu einem Linienzug, so ergeben sich in den beiden Fällen die in Abb. 13 dargestellten Abläufe. Im Fall (1) klingen die Oszillationen ab; der Verlauf konvergiert zum Gleichgewicht; im Sinne des Stabilitätsbegriffs der dynamischen Theorie ist das Modell *stabil*. Im Fall (2) werden die Oszillationen immer heftiger; der Verlauf divergiert vom Gleichgewicht; das Modell ist *instabil*.

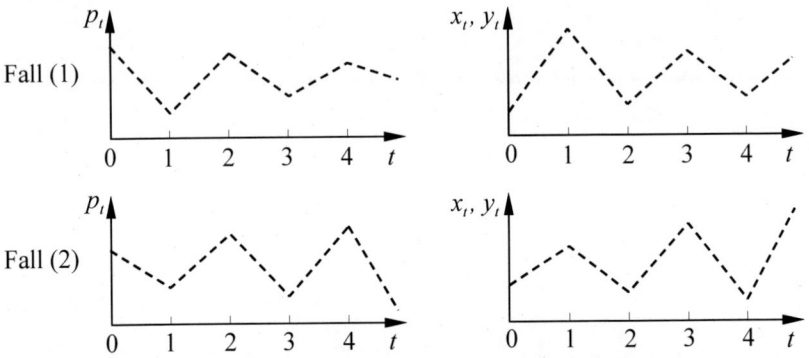

Abb. 13: Zeitliche Entwicklung von Preis und Menge im Spinngewebe-Modell

Die Variablenwerte in den einzelnen Perioden ergeben sich analytisch aus der Lösung der Differenzengleichung (13), die wir zum Zwecke der Analyse schreiben als

$$p_t = \alpha p_{t-1} + \beta \quad \text{mit} \quad \alpha = \frac{c}{a}, \quad \beta = \frac{d-b}{a}. \tag{14}$$

Die Lösung dieser Differenzengleichung erhält man, indem man, ausgehend von (einem beliebigen Wert für) p_0, sukzessive die weiteren Werte $p_1, p_2, p_3, ..., p_t$ gemäß (14) berechnet:

$$p_1 = \alpha p_0 + \beta,$$

$$p_2 = \alpha p_1 + \beta = \alpha(\alpha p_0 + \beta) + \beta = \alpha^2 p_0 + \alpha\beta + \beta,$$

$$p_3 = \alpha p_2 + \beta = \alpha^3 p_0 + \alpha^2 \beta + \alpha\beta + \beta,$$

$$\vdots$$

$$p_t = \alpha^t p_0 + [\alpha^{t-1} + \alpha^{t-2} + ... + \alpha + 1]\beta = \alpha^t p_0 + \frac{1-\alpha^t}{1-\alpha}\beta. \tag{15}$$

Aus dieser Formel können wir erkennen, woran es liegt, dass Oszillationen auftreten und die Entwicklung im Fall (1) zum Gleichgewicht konvergiert, im Fall (2) vom Gleichgewicht divergiert: Bei der unterstellten, typisch verlaufenden Nachfrage- und Angebotskurve ist $a<0$, $c>0$, mithin $\alpha=(c/a)<0$. Der Ausdruck $\alpha^t=(c/a)^t$ wechselt daher von Periode zu Periode das Vorzeichen; dadurch sind die Oszillationen bedingt. Der Ausdruck $(c/a)^t$ wird mit wachsendem t kleiner, die Entwicklung konvergiert also, wenn $|c/a|<1$; der Ausdruck wird mit wachsendem t größer, die Entwicklung divergiert also, wenn $|c/a|>1$. Nun bedeutet $|c/a|<1$ aber nichts anderes als $c<|a|$ oder $1/c>|1/a|$. *Konvergenz* oder *Stabilität* liegt also vor, wenn die *Angebotskurve steiler* verläuft als die *Nachfragekurve*, *Divergenz* oder *Instabilität*, wenn die *Nachfragekurve steiler* als die *Angebotskurve* ist. Man beachte, dass „steil" sich auf die graphische Darstellung des Preises (Ordinate) in Abhängigkeit von der Menge (Abszisse) bezieht. Die Gleichungen (10) und (11) sind also nach p_{t-1} bzw. p_t aufzulösen, wobei sich die (absoluten) Steigungen $1/c$ und $|1/a|$ ergeben. Sind die absoluten Steigungen der beiden Kurven einander genau gleich, dann liegt weder Konvergenz noch Divergenz vor; es ergeben sich vielmehr Oszillationen mit konstanter Amplitude.

Der Gleichgewichtspreis p^* lässt sich aus (14) berechnen, indem $p_t = p_{t-1} = p^*$ gesetzt wird:

$$p^* = \alpha p^* + \beta, \quad \text{also} \quad p^* = \frac{\beta}{1-\alpha} = \frac{d-b}{a-c}. \tag{16}$$

Gemäß (11) erhält man daraus

$$y^* = x^* = ap^* + b = \frac{ad-bc}{a-c}. \tag{17}$$

Das bisherige Modell wollen wir nun wie folgt durch die Berücksichtigung von *Lagerhaltung* modifizieren: Nach wie vor richtet sich die *Produktion* nach dem Preis der Vorperiode. Die Unternehmen können ihr *Angebot* jedoch noch innerhalb einer Periode in gewissem Umfang variieren, indem sie es gegenüber der Produktion aus Lagerbeständen vergrößern oder indem sie einen Teil der Produktion auf Lager nehmen. Je stärker der tatsächliche den erwarteten Preis (also den Preis der Vorperiode) übertrifft, desto mehr schießen die Unternehmer aus dem Lager zu. Je stärker der tatsächliche hinter dem erwarteten Preis zurückbleibt, desto mehr nehmen die Unternehmer auf Lager. – Haben die Unternehmen in Periode 0 die Menge $\bar{y}$ produziert (vgl. Abb. 14) und kommen mit dieser Menge auf den Markt, dann merken sie, dass die Nachfrager dafür einen hohen Preis bieten, und sie vergrößern das Angebot aus dem Lager. Das Angebot ist innerhalb der Periode also nicht völlig unelastisch, sondern vergrößert sich gemäß der Angebotskurve A_0, so dass sich die Menge y_0 und der Preis p_0 ergeben (Punkt P_0). Nach diesem Preis richten die Anbieter in Periode $t=1$ ihr Angebot aus, d. h. sie bieten gemäß ihrer Angebotskurve A an. Da die Nachfrager für die große Menge nur einen niedrigen Preis zu zahlen bereit sind, nehmen die Anbieter einen Teil ihrer geplanten Menge auf Lager; sie schränken das Angebot gemäß der Angebotskurve A_1 ein, so dass die Menge y_1 und der Preis p_1 zustande kommen (Punkt P_1).

Der Prozess läuft nun wieder ähnlich ab wie im früheren Beispiel. Das Spinngewebe ist nach rechts geneigt, und zwar um so mehr, je stärker man das Angebot durch Lagervariation innerhalb der betreffenden Periode verändern kann, je weniger steil (je elastischer) also die Angebotskurven A_0, A_1, ... verlaufen. Man erkennt, dass die Veränderungen der Angebotsmengen durch Lagerbestandsentnahmen bzw. -zuführungen stabilisierend auf den Spinngewebe-Prozess wirken. (Angebots- und Nachfragefunktion in Abb. 14 stimmen mit denen in Abb. 12

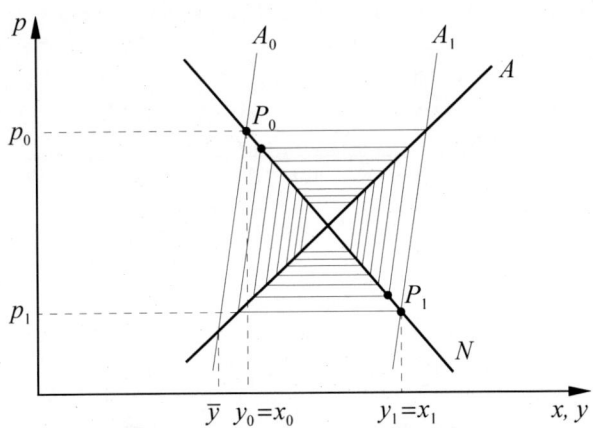

Abb. 14: Spinngewebe-Modell mit Lagerhaltung, stabil

(instabiles Modell) überein; in Abb. 14 liegt jedoch Stabilität vor.) Selbstverständlich ist aber auch mit Lagerhaltung ein divergierender Prozess möglich.

Im Spinngewebe-Modell ist angenommen, dass sich die Unternehmen bzgl. ihrer Produktion stets nach dem Preis der Vorperiode richten, obgleich sie die Erfahrung machen müssen, dass dieses Verhalten immer wieder zu (positiven oder negativen) Überraschungen führt. Es wird also angenommen, dass die Unternehmen aus der tatsächlichen Entwicklung nicht lernen.

Das Spinngewebe-Modell hat eine gewisse Bedeutung zur Erklärung empirischer Erscheinungen, da auf einzelnen Märkten eine diesem Modell entsprechende zeitliche Entwicklung von Preisen und Mengen beobachtet wurde. Bekannt ist der von HANAU für die Zeit vor 1914 beobachtete *Schweinezyklus*, der darauf zurückzuführen ist, dass das Angebot von Mastschweinen mit einer zeitlichen Verzögerung von 14 bis 15 Monaten auf Änderungen des Verhältnisses zwischen Schweinefleisch- und Mastfutterpreis reagierte.

b. Kassamärkte, Terminmärkte und Spekulation

In den Vorabschnitten wurde unterstellt, dass alle Verträge, die zum Gleichgewichtspreis über die Mengen zustande kommen, sofort (d. h. in der betrachteten Periode t_0) erfüllt werden. Es wurde also angenommen, dass alle zum Zuge gekommenen Anbieter (Verkäufer) sofort zu liefern, alle zum Zuge gekommenen Nachfrager (Käufer) sofort zu zahlen haben. Derartige Geschäfte werden *Kassageschäfte*, die entsprechenden Märkte *Kassamärkte*, die Gleichgewichtspreise *Kassapreise* genannt. In diesem Abschnitt wird zusätzlich zugelassen, dass in der Gegenwart (t_0) auch Angebot an bzw. Nachfrage nach Mengen besteht, die erst später „per Termin" (in einer späteren Periode t_1) geliefert und bezahlt werden. Derartige Geschäfte heißen *Termingeschäfte*; die entsprechenden Märkte, auf denen (in einer Periode t_0) ein Terminangebot und eine Terminnachfrage über einen Gleichgewichtspreis, den *Terminpreis*, zum Ausgleich gebracht werden, heißen *Terminmärkte* oder *Zukunftsmärkte*. Für ein Gut kann es in einer Periode t_0 mehrere Terminmärkte, unterschieden nach der Periode (t_1) der Ausführung des Geschäfts, geben. Organisierte Terminmärkte existieren für standardisierte lagerfähige Güter, typischerweise solche, für welche Warenbörsen bestehen (z. B. landwirtschaftliche Produkte wie Weizen, Baumwolle, Zucker; Rohstoffe wie Kupfer, Blei und Zink). Eine große Rolle spielen auch Devisenterminmärkte (an Devisenmärkten sind ausländische Zahlungsmittel das Gut, das – gegen inländische Zahlungsmittel – angeboten bzw. nachgefragt wird). Ferner gibt es Terminmärkte für Wertpapiere.

Wir bezeichnen mit KP_0 und KP_1 die Kassapreise der Perioden t_0 bzw. t_1 und mit $TP_{0,1}$ den Terminpreis für Periode t_1 (in der Periode t_0). Die Preise KP_0 und $TP_{0,1}$ ergeben sich aufgrund von Angebot und Nachfrage in Periode t_0; der Preis KP_1 ist hingegen in Periode t_0 nicht bekannt, es gibt lediglich *Erwartungen* KP_1^e der einzelnen Marktteilnehmer darüber, welcher Kassapreis sich in t_1 am Kassamarkt der Periode t_1 bilden wird. Hat ein Wirtschaftssubjekt in Periode t_0 Erwar-

A. Das partielle Konkurrenzgleichgewicht

	Erwartung	In Periode 0 durchgeführte Aktion	Für Periode 1 geplante Aktion
(a)	$KP_1^e > KP_0$	Kauf zum Preis KP_0	Verkauf zum Preis KP_1^e
(b)	$KP_1^e < KP_0$	Verkauf zum Preis KP_0	Kauf zum Preis KP_1^e
(c)	$KP_1^e > TP_{0,1}$	Abschluss eines Terminkontrakts (Kauf per Termin)	• Abwicklung des Terminkontrakts (Entgegennahme der vereinbarten Menge gegen Zahlung des vereinbarten Preises $TP_{0,1}$) • Verkauf zum Preis KP_1^e
(d)	$KP_1^e < TP_{0,1}$	Abschluss eines Terminkontrakts (Verkauf per Termin)	• Kauf zum Preis KP_1^e • Abwicklung des Terminkontrakts (Lieferung der vereinbarten Menge zum vereinbarten Preis $TP_{0,1}$)

Tabelle 1: Kassaspekulation (a)/(b) und Terminspekulation (c)/(d)

tungen KP_1^e über den zukünftigen Preis des Gutes in t_1, die von KP_0 oder $TP_{0,1}$ abweichen, dann kann für ihn die in Tabelle 1 dargestellte *Kassa-* oder *Terminspekulation* lohnend sein.

Falls die jeweiligen Preiserwartungen KP_1^e in Erfüllung gehen, entsteht durch das Spekulationsgeschäft ein der jeweiligen Preisdifferenz entsprechender Gewinn (wobei wir von Zinseffekten hier absehen wollen). Die – einen Gewinn rechtfertigende – Leistung des Wirtschaftssubjekts liegt hier nicht in der Produktion von Gütern, sondern in der *Übernahme von Risiko*; denn falls die Erwartung einer gewinnbringenden Differenz zwischen An- und Verkaufspreis nicht in Erfüllung geht, entstehen Verluste.

Eine *Kassaspekulation* setzt im Fall (a) finanzielle Mittel zum Kauf in t_0 voraus (oder eine entsprechende Kreditaufnahme) und anschließende Lagerung des Gutes bis zum Verkauf in t_1; in Fall (b) setzt sie den Besitz des betreffenden Gutes in t_0 voraus. Eine *Terminspekulation* kommt im Prinzip ohne eigene Mittel des Spekulanten in Periode t_0 aus, da das Geschäft erst in Periode t_1 zu erfüllen ist. In der Realität verlangen die das betreffende Termingeschäft abwickelnden Banken aber beim Abschluss eines Terminkontrakts ((c) und (d)) die Hinterlegung bestimmter Geldbeträge („Einschusspflicht", „Nachschusspflicht"), um die Abwicklung des Geschäfts durch den Spekulanten auch im Falle, dass seine Erwartungen nicht in Erfüllung gehen, sicher zu stellen.

Die Vorgänge seien an folgendem Beispiel erläutert: Auf dem Markt für eine bestimmte Weizensorte wäre ohne Bereitschaft zur Lagerhaltung nach der Ernte (Periode t_0) das Angebot im Vergleich zur Nachfrage groß, der Preis wäre niedrig; vor der neuen Ernte (Periode t_1) wäre das Angebot hingegen gering, der Preis wäre hoch. Die Erwartung einer solchen Preisdifferenz ruft Spekulanten auf den Plan. Die *Kassaspekulation* tritt nach der Ernte mit Nachfrage, vor der neuen Ernte mit Angebot auf den Markt, vgl. (a) in Tabelle 1. Sie übernimmt damit einen Teil der Lagerhaltung und trägt zur zeitlich ausgeglicheneren Versorgung des Marktes mit Weizen bei; die Tendenz zur jahreszeitlichen Preisschwankung wird abgeschwächt. Im Rahmen der *Terminspekulation* erfolgt nach der Ernte (in t_0) Kauf per Termin t_1, vgl. (c) in Tabelle 1. Die Kontrakte werden von den Spekulanten in der Erwartung geschlossen, dass der in t_1 von ihnen zu beziehende Weizen dann zu einem höheren Preis verkauft werden kann. Die Terminspekulation übernimmt keine Lagerhaltung, überlässt diese vielmehr nichtspekulativen Lagerhaltern (den *Hedgern*), denen durch Terminverkauf zum Terminpreis das Risiko eines unsicheren Preises vor der neuen Ernte abgenommen wird. Auch die Terminspekulation sorgt für zeitlich ausgeglichenere Versorgung und Abschwächung der jahreszeitlichen Preisausschläge. Sowohl Kassa- als auch Terminspekulation enthalten das Risiko, dass die Gewinnspekulation nicht aufgeht, sondern Verluste entstehen, etwa deshalb, weil eine erwartete nichtspekulative Weizennachfrage des Auslands ausbleibt und wegen überreichlichen Angebots der tatsächliche Kassapreis vor der neuen Ernte unter dem erwarteten liegt.

Die in dem Beispiel angedeutete *stabilisierende Wirkung der Spekulation* auf die zeitliche Mengen- und Preisentwicklung ist insbesondere auf Warenmärkten in den meisten Fällen gegeben. Vor allem auf Devisen- und Wertpapiermärkten lassen sich hingegen Beispiele für *destabilisierende Wirkungen der Spekulation* finden. Diese können darauf beruhen, dass bestimmte übersteigerte Preiserwartungen durch Gerüchte erzeugt werden, die für einen Großteil der Spekulanten die Konstellation (a) bzw. (c) (vgl. Tabelle 1) entstehen lassen, während andere, die Urheber der Gerüchte oder „insider", unter die Konstellation (b) bzw. (d) einzuordnen sind und dementsprechend „gegen den Markt" spekulieren. Die Nichterfüllung der Preiserwartung für den Großteil der Spekulanten bedeutet dann Erfüllung für die übrigen. Insgesamt kann in einer Marktwirtschaft die Spekulation wichtige Aufgaben erfüllen, doch ist die Gefahr des Missbrauchs nicht von der Hand zu weisen.

5. Langfristiges partielles Konkurrenzgleichgewicht bei freiem Marktzugang

Die gesamtwirtschaftlichen Angebotskurven, mit denen wir bisher in diesem Kapitel argumentierten, waren insofern *kurzfristiger* Natur, als sie aus den einzelwirtschaftlichen Angebotskurven bei gegebener Betriebsgröße (gegebenem Produktionsapparat) abgeleitet waren. Demgegenüber wollen wir nun die Möglichkeit von *Betriebsgrößenänderungen* in Betracht ziehen, d. h. von den langfristigen individuellen Angebotskurven ausgehen und daraus die gesamtwirtschaftliche Angebotskurve herleiten. In einer solchen *langfristigen* Analyse haben wir Anbieter zu berücksichtigen, die ihre Betriebsgröße von bisher null auf positive Werte erhöhen, d. h. neu in den Markt eintreten. Wir haben ebenso zuzulassen, dass Anbieter, die bisher am Markt waren, ihre Betriebsgröße auf null reduzieren, d. h. aus dem Markt ausscheiden. Einen Markt mit diesen Möglichkeiten bezeichnet man auch *als Markt mit freiem Zugang* (dieser impliziert selbstverständlich auch freien Abgang), *als offenen Markt* oder auch als *Markt mit freier Konkurrenz*. Auch im Folgenden soll es sich um einen Markt mit sehr vielen kleinen Anbietern handeln, deren jeweiliger Anteil am Gesamtangebot verschwindend klein ist. Anders als bisher ist die Zahl der Anbieter jetzt aber nicht mehr unveränderlich.

In Kap. II.G haben wir die langfristige Angebotskurve eines Unternehmens abgeleitet, die sich daraus ergibt, dass bei Preisänderungen das Unternehmen nicht nur bei gegebener Betriebsgröße die Produktions- und Angebotsmenge anpasst, sondern auch Anpassungen der Betriebsgröße vornimmt. Im Folgenden argumentieren wir stets mit diesen langfristigen Angebotskurven, d. h. wir unterstellen, dass die Unternehmen jeweils ihre Betriebsgröße schon an den für sie gegebenen Marktpreis angepasst haben.

Die gesamtwirtschaftliche Nachfragekurve betrachten wir, da es vorwiegend um Probleme des Angebots geht, im Folgenden zunächst als gegeben und konstant. Wir untersuchen die Entwicklung zum langfristigen partiellen Konkurrenzgleichgewicht. Dabei bezieht sich „langfristig" jetzt insbesondere auf die Variabilität der Anzahl von Anbietern, also auf Marktzu- und -abgänge. Die Ausgangssituation (Abb. 15) sei durch das Marktgleichgewicht P mit dem Gleichgewichtspreis p^* gegeben; P ergibt sich als Schnittpunkt der Nachfragekurve N mit der Angebotskurve A, wobei A sich durch horizontale Addition der Angebotskurven aller *in der Ausgangssituation am Markt befindlichen* Anbieter ergibt.

Der Preis p^* ist für alle Anbieter gleich, doch könnte sich aufgrund unterschiedlicher Kosten für die einzelnen Anbieter ein verschieden hoher Gewinn ergeben. In der Abb. 16.a/b beschreiben wir zwei mögliche Anbieter-Situationen. Der in Abb. 16.a dargestellte Anbieter i produziert mit x_i^* eine größere Menge als es dem Betriebsoptimum (Durchschnittskostenminimum) entspricht und erzielt den Stückgewinn AB. Grundsätzlich ist es (in der kurzen Frist) möglich, dass alle Anbieter in dieser Situation sind, d. h. mit Gewinn produzieren.

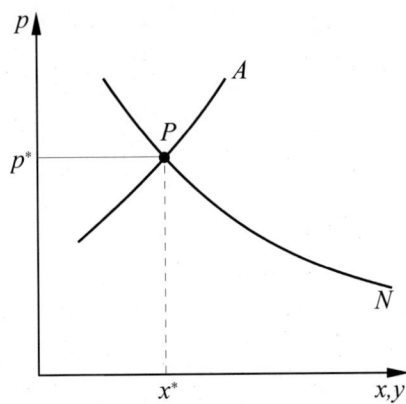

Abb. 15: Marktgleichgewicht der Ausgangssituation

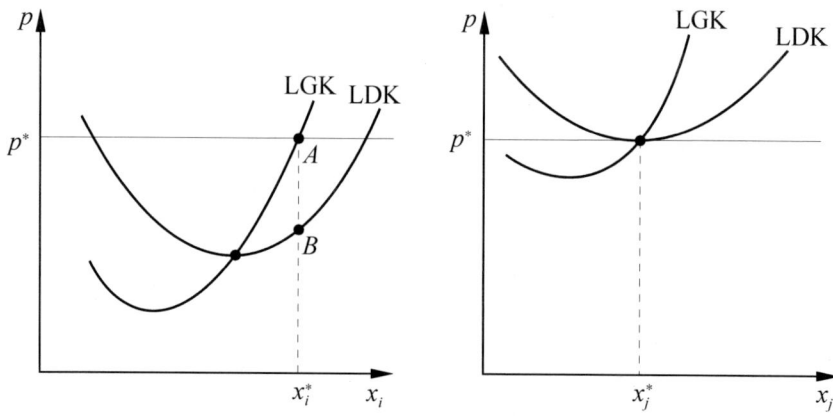

Abb.16.a/b: **Intramarginaler und marginaler Anbieter**

Der in Abb. 16.b beschriebene Anbieter j produziert unter ungünstigeren Bedingungen, d. h. bei einer höher verlaufenden LDK-Kurve. Der Preis p^* gestattet ihm gerade noch die Fortführung der Produktion, und zwar bei der Menge des Betriebsoptimums. Bei dieser Menge erreicht der Anbieter zwar nur einen Nullgewinn, doch ist das Unternehmen lebensfähig, weil in die Kosten auch Unternehmerlohn und Eigenkapitalverzinsung (oder der *normal profit*) eingerechnet sind. Während ein Produzent in der zuerst beschriebenen gewinnbringenden Situation auch als *intramarginaler Anbieter* bezeichnet wird, wird das gewinnlos produzierende Unternehmen *marginaler Anbieter* oder *Grenzanbieter* genannt.

Die Unterschiede der LDK-Kurven in den Abb. 16.a und b bringen Unterschiede in der von den Anbietern verwendeten (bekannten) Produktionstechnik zum Ausdruck. Solche Verschiedenheiten sind in der Ausgangssituation möglich, denn die Annahme der Markttransparenz auf einem Markt mit vollständiger Konkurrenz bedeutet Information aller Anbieter nur über zustandegekommene Preise; sie impliziert nicht Transparenz hinsichtlich aller technischen Möglichkeiten, die eine Gleichheit der langfristigen Kostenkurven einschlösse.

Entstehen in der Ausgangssituation Gewinne, gibt es also intramarginale Anbieter, dann werden neue Anbieter an den Markt gelockt, deren LDK-Kurven ähnlich günstig verlaufen, die folglich ebenfalls mit einem Gewinn rechnen können. Zwar hat der einzelne neue Anbieter annahmegemäß nur einen unmerklichen Einfluss auf das Gesamtangebot und den Preis, aber alle neuen Anbieter zusammen bewirken, dass sich die gesamtwirtschaftliche Angebotskurve nach rechts verschiebt und flacher verläuft. Weil die Nachfragekurve negative Steigung hat, folgt daraus eine Preissenkung. Bisherige Anbieter, die schon beim Ausgangspreis p^* in der Situation des Grenzanbieters waren oder im Zuge der Preissenkung in die Situation des Grenzanbieters kommen, scheiden langfristig aus dem Markt aus.

Obgleich die Vorgänge am Markt eine Transparenz hinsichtlich der technischen Produktionsmöglichkeiten nicht voraussetzen, kann man davon ausgehen, dass die neu an den Markt drängenden Anbieter sich um günstige Produktionstechniken bemühen, d. h. mit Kostenkurven arbeiten, die im Bereich der geplanten Produktionsmenge vergleichsweise niedrig verlaufen. Mit sinkendem Preis werden immer weitere der bisherigen, mit älteren Produktionstechniken arbeitenden Anbieter zum Ausscheiden (oder zum Umsteigen auf neue Techniken) gezwungen. Der Prozess der Marktzugänge und Marktabgänge führt tendenziell schließlich dahin, dass sich nur Anbieter mit den für die geplanten Produktionsmengen am niedrigsten verlaufenden Kostenkurven behaupten können. Nicht durch unmittelbare Transparenz hinsichtlich der technischen Produktionsbedingungen, sondern über das Regulativ des sinkenden Preises kommt es schließlich in der Tendenz dazu, dass sich die *Kostenkurven* und damit die *Produktionsfunktionen der am Markt befindlichen Anbieter* in dem für die Produktion in Frage kommenden Bereich *angleichen*.

Der Zustrom weiterer Anbieter mit dieser günstigsten Produktionstechnik hört erst auf, wenn diese nicht mehr mit Gewinnen rechnen können. Das ist der Fall, wenn der Preis auf das für alle Anbieter nunmehr gleiche Minimum der LDK (günstigste Produktionstechnik) gefallen ist. Diese Situation ist in Abb. 17. a/b dargestellt; dabei ist die Abzisse in Abb. 17.a (Gesamtnachfrage/Gesamtangebot) gestaucht gegenüber der Abzisse in Abb. 17.b, die das vergleichsweise kleine Angebot eines einzelnen Anbieters misst. Die gesamtwirtschaftliche Angebotsfunktion der jetzt am Markt befindlichen Anbieter ist A', das langfristige Marktgleichgewicht ist Q (Abb. 17.a). Den Preis p^{**} nimmt der Anbieter i, der jetzt für alle Anbieter repräsentativ ist, als Datum hin; er produziert die Menge y_i^{**}. Alle Anbieter befinden sich beim so beschriebenen langfristigen Konkurrenzgleichgewicht in der Lage eines Grenzanbieters, alle produzieren im Betriebsoptimum. Es herrscht, wie man auch sagt, ein *Branchen-* oder *Gruppengleichgewicht*.

Wir wollen jetzt, ausgehend vom Gleichgewichtspunkt Q beim Preis p^{**}, auch Veränderungen der Nachfrage zulassen. Würde die Nachfragekurve sich etwa

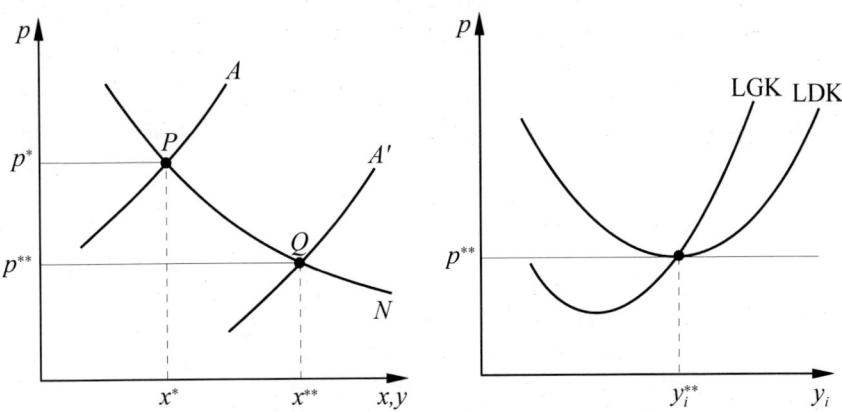

Abb.17.a/b: Langfristiges Konkurrenzgleichgewicht

aufgrund exogener Änderungen nach rechts verschieben, so würde – bei zunächst unveränderter Anbieterzahl – der Preis über p^{**} ansteigen. Die sich dadurch für die Anbieter ergebenden Gewinne würden einen Zustrom neuer Anbieter mit der gleichen Produktionstechnik auslösen, der die Angebotskurve so verschiebt, dass der Preis wieder auf p^{**} sinkt. Beziehen wir das Angebot *potentieller zusätzlicher Anbieter* mit in die Überlegungen ein, dann können wir den Schluss ziehen, dass sich der Preis immer auf p^{**} einspielt, sich also nach den bei der herrschenden Produktionstechnik minimalen Durchschnittskosten richtet. Die langfristige gesamtwirtschaftliche Angebotskurve können wir daher auch als eine Parallele zur Abszisse im Abstand p^{**} auffassen.

Es sei nochmals betont, dass die Marktvorgänge nur der Tendenz nach zu der beschriebenen Situation des langfristigen Gleichgewichts führen. Der Zustrom und das Ausscheiden von Anbietern, das Errichten und der Abbau von Betrieben mittels Investition oder Desinvestition erfordern Zeit. Es ist möglich, dass in der Aufbauzeit von Betrieben mit einer nach bisherigen Verhältnissen günstigsten Technik schon wieder neue, noch bessere Techniken verfügbar werden, so dass die Tendenz zu einem bisher angesteuerten Gleichgewicht von einer Tendenz zu einem Gleichgewicht bei noch niedrigerem Preis überlagert wird.

Es ist vor allem das in diesem Abschnitt abgeleitete Ergebnis, das die Marktform der vollständigen Konkurrenz bei freiem Marktzugang als vorteilhaft erscheinen lässt: Im langfristigen partiellen Konkurrenzgleichgewicht produzieren alle Anbieter im Betriebsoptimum, also zu den beim jeweiligen Stand der Technik geringstmöglichen Kosten; der Preis sinkt bis zu diesem Kostenminimum und ermöglicht so die *günstigste Versorgung der Nachfrager* mit diesem Gut, die ökonomisch überhaupt denkbar ist. Auf die gesamtwirtschaftlichen Vorteile von Konkurrenzgleichgewichten auf allen Märkten gehen wir in dem jetzt folgendem Teil B ein.

B. Vollständige Konkurrenz auf allen Märkten: Das totale Konkurrenzgleichgewicht

1. Einführung

Ebenso wie in der Theorie des Haushalts und der Theorie des Unternehmens war die Betrachtungsweise im Teil A dieses Kapitels *partialanalytisch:* Wir untersuchten aus dem gesamten Objektbereich der Wirtschaftstheorie, der ganzen Volkswirtschaft, nur einen Ausschnitt, nämlich den Markt für ein Gut. Wir erkannten zwar, dass zwischen diesem Markt und den Märkten für andere Güter Beziehungen bestehen, die z. B. in den allgemeinen Nachfrage- und Angebotsfunktionen der Marktteilnehmer zum Ausdruck kommen, nach denen die nachgefragte bzw. angebotene Gütermenge nicht nur vom Preis dieses Gutes, sondern auch von den Preisen anderer Güter abhängt. Durch die *ceteris-paribus*-Annahme setzten wir die Größen außerhalb des untersuchten Ausschnitts, hier also die Preise der anderen Güter, jedoch als gegeben voraus. Die untersuchten Größen hingen von den nicht zum Ausschnitt des Objektbereichs gehörenden Größen ab, wirkten jedoch nicht auf diese zurück. Es gab, da wir eine Partialanalyse durchführten, eine *Dependenz* des untersuchten Preises von den übrigen Preisen, aber keine *Interdependenz* zwischen allen Preisen. In Wirklichkeit bestehen zwischen den Gütermärkten Wechselbeziehungen. Der Güterpreis, der bestimmt werden soll, hängt von den Preisen anderer Güter ab und beeinflusst seinerseits die Preise anderer Güter. Diese Interdependenz kann nur bei gleichzeitiger Betrachtung aller Gütermärkte, d. h. in einer *mikroökonomischen Totalanalyse*, berücksichtigt werden. Im Folgenden geht es um die simultane Bestimmung aller Güterpreise (einschließlich Faktorpreisen) sowie aller Güter- und Faktoreinsatzmengen im totalen Konkurrenzgleichgewicht einer Volkswirtschaft. Ein solches hatten wir bereits in Kap. 0.G.1 veranschaulicht.

Das Modell, welches wir untersuchen wollen, ist sehr abstrakt, vor allem deshalb, weil es sich um ein statisches Modell handelt und weil vollständige Konkurrenz auf allen Märkten unterstellt wird. Als *statisches Modell* erlaubt es keine Verknüpfung der ökonomischen Vorgänge in mehreren aufeinander folgenden Perioden. Das gesamte Wirtschaften beginnt mit der betrachteten Periode und endet mit dieser. Den Haushalten ist eine Erstausstattung an Gütern exogen vorgegeben, die man sich als aus der vergangenen Periode übernommen vorstellen kann. Es werden Unternehmen errichtet, denen die Haushalte einen Teil der Erstausstattung als Faktoren zur Verfügung stellen. Die Unternehmen haben keine die Periode überdauernden Produktionsanlagen; mithin sind alle Faktoren variabel, und es entstehen keine Fixkosten. Die Errichtung von Unternehmen wird so lange fortgesetzt, bis die Preise nur noch eine Produktion mit Nullgewinnen zulassen. Diese Annahme enthebt uns der Notwendigkeit, die Gewinneinkommen der Haushalte zu berücksichtigen und Aussagen über deren Verteilung zu machen. Die Haushalte verbrauchen die von der Erstausstattung zurückbehaltenen und die von den Unternehmen produzierten Güter in der gleichen Periode. Es gibt keine Ersparnis. In der folgenden Periode müsste wieder eine Erstausstattung verfügbar sein, damit der Wirtschaftsprozess in der gleichen Weise ablaufen könnte.

Die *Annahme der vollständigen Konkurrenz* bedeutet, dass sich auf allen Märkten sehr viele Anbieter und Nachfrager befinden, von denen jeder nur einen sehr kleinen Marktanteil hat, dass es keine Präferenzen gibt und dass alle Marktteilnehmer vollständige Transparenz im Sinne vollständiger Preisinformation haben. Unter diesen Umständen kann es für jedes Gut nur einen Preis geben, an den sich Anbieter und Nachfrager mit ihren Mengen anzupassen haben.

Jeder Haushalt maximiert seinen Nutzen unter der Nebenbedingung, dass seine Bilanzgleichung erfüllt ist; jedes Unternehmen maximiert seinen Gewinn unter der Nebenbedingung, dass seine Produktionsfunktion erfüllt ist. Ein Marktteilnehmer kennt seine eigene Angebots- bzw. Nachfragefunktion, die Funktionen der anderen Marktteilnehmer und ebenso die gesamtwirtschaftliche Angebots-

bzw. Nachfragefunktion sind ihm jedoch nicht bekannt. Keine zentrale Instanz sorgt für den Ausgleich von Angebot und Nachfrage. Die in völliger Dezentralisation aufgestellten Wirtschaftspläne der Marktteilnehmer werden *allein durch die Preise* koordiniert.

Angesichts der Tatsache, dass es in einer Volkswirtschaft Millionen von Wirtschaftseinheiten und Tausende von Märkten gibt, können Zweifel auftauchen, ob eine solche Koordination der Wirtschaftspläne, die „von selbst" zu einem System von Gleichgewichtspreisen und -mengen auf allen Märkten führt, überhaupt denkbar ist. ADAM SMITH, der Begründer der klassischen Schule, sah in den Marktkräften, die diese Koordination vollbringen, das Wirken einer *invisible hand* (1776). Die exakte mathematische Formulierung erhielt die Theorie des totalen Konkurrenzgleichgewichts durch LÉON WALRAS, den Begründer der Lausanner Schule (1874). Der Beweis für die Existenz eines Systems von Gleichgewichtspreisen wurde erst von ABRAHAM WALD (1936) erbracht. Die Diskussion um Probleme der Existenz, Eindeutigkeit und Stabilität von Modellen des totalen Konkurrenzgleichgewichts wird auch gegenwärtig noch weitergeführt.

Im folgenden *Abschn. 2* formulieren wir ein Modell des totalen Konkurrenzgleichgewichts algebraisch. In den *Abschnitten 3 und 4* geben wir geometrische Darstellungen zweier vereinfachter Versionen des Modells. Anhand der geometrischen Überlegungen gehen wir auch auf das Problem der gesamtwirtschaftlichen Optimalität der Marktform der vollständigen Konkurrenz ein. In *Abschn. 5* fassen wir die Eigenschaften des totalen Konkurrenzgleichgewichts zusammen; in *Abschn. 6* erläutern wir die Bedeutung externer Effekte.

2. Formulierung des Modells

Zur Bestimmung des totalen Konkurrenzgleichgewichts benötigen wir die Angebots- und Nachfragefunktionen der Haushalte und der Unternehmen, ferner die Bedingungen für das Gleichgewicht auf den Gütermärkten.

a. Angebot und Nachfrage der Haushalte

Es gebe die Haushalte $h = 1, ..., H$, von denen jeder über eine exogen vorgegebene Erstausstattung $\bar{x}_1^h, ..., \bar{x}_n^h$ mit den Gütern $i = 1, ..., n$ verfügt. Ist ein Gut nicht in der Erstausstattung des Haushalts enthalten, dann ist die entsprechende Menge $\bar{x}_i^h$ gleich null. Wir können uns vorstellen, dass die Erstausstattung in der Regel die Arbeitskraft (wir rechnen hier Arbeit zu den Gütern) umfasst und daneben auch andere Gütermengen, die sich zum Einsatz in der Produktion oder auch nur zum Konsum eignen. Die Unterscheidung der Güter nach ihrem Verwendungszweck ist irrelevant, vielmehr ist prinzipiell zugelassen, dass alle Güter in der Produktion oder zum Konsum verwendet werden können.

Es wäre Zufall, wenn ein Haushalt mit seiner Erstausstattung gerade zufrieden wäre. In der Regel wird er Möglichkeiten sehen, durch Verkauf von Gütern und

Kauf von anderen Gütern in den Besitz einer geänderten Güterausstattung zu kommen, deren Verbrauch ihm einen höheren Nutzen gewährt als die Erstausstattung. Wir bezeichnen mit $\bar{x}_i^h$ die Menge des Gutes i in der geänderten, für den Verbrauch bestimmten Güterausstattung des Haushalts h. Verkaufte der Haushalt seine gesamte Erstausstattung, so erzielte er damit bei Güterpreisen p_i, $i = 1, ..., n$, die er als gegeben betrachtet, ein Einkommen

$$e^h = \sum_{i=1}^{n} p_i \bar{x}_i^h. \qquad (1)$$

Der Haushalt könnte damit Verbrauchsmengen x_i^h im Wert von

$$e^h = \sum_{i=1}^{n} p_i x_i^h \qquad (2)$$

erwerben. In Wirklichkeit wird der Haushalt nur die Differenzmengen

$$v_i^h = x_i^h - \bar{x}_i^h, \qquad i = 1, ..., n, \qquad (3)$$

verkaufen bzw. kaufen, und nur diese treten an den Märkten als *Nettonachfrage* in Erscheinung. Eine solche Menge ist *positiv*, wenn der Haushalt von Gut i mehr verbraucht als er in der Erstausstattung erhalten hat, mithin das Gut *nachfragt*; sie ist *negativ*, wenn der Haushalt mehr als Erstausstattung erhalten hat als er verbraucht, mithin das Gut *anbietet*. Aus (1) bis (3) folgt die Beziehung

$$\sum_{i=1}^{n} p_i (x_i^h - \bar{x}_i^h) = 0 \quad \text{oder} \quad \sum_{i=1}^{n} p_i v_i^h = 0, \qquad (4)$$

die aussagt, dass für jeden Haushalt h der Wert der vom Haushalt verkauften gleich dem der von diesem Haushalt gekauften Güter ist. Diese Beziehung stellt die Bilanzgleichung des Haushalts h dar.

Das Ziel des Haushalts h ist es, seine Erstausstattung durch Verkauf und Kauf von Gütern bei gegebenen Preisen in solcher Weise zu verändern, dass sein Nutzen, der von den Verbrauchsmengen x_i^h, $i = 1, ..., n$, abhängt, maximiert wird. Ist $u^h = f^h(x_1^h, ..., x_n^h)$ seine (ordinale) Nutzenfunktion, für die die in Kap. I eingeführten Annahmen gelten, so steht er also vor der Extremwertaufgabe

$$\text{Max} \quad u^h = f^h(x_1^h, ..., x_n^h) \quad \text{u. d. R. (4).} \qquad (5)$$

(Statt als (4) könnte man die Restriktion auch als (2) – in Verbindung mit (1) – formulieren.) Gemäß den Ausführungen in Kap. I.B.3, insbesondere (I.B.24) erfüllt die Lösung dieses Maximierungsproblems die Bedingungen

$$\frac{f_1^h}{p_1} = \ldots = \frac{f_n^h}{p_n}, \qquad (6)$$

die das 2. GOSSENsche Gesetz vom Ausgleich des Grenznutzens des Geldes zum Ausdruck bringen, und die Restriktion (4). Durch (6) sind $n-1$ unabhängige Gleichungen gegeben, was man sich leicht für $n=2$ und $n=3$ klarmachen kann. Vom Gleichungssystem (4/6) mit n Gleichungen unterstellen wir, dass es sich nach den n Variablen $x_i^h, i = 1,\ldots,n$ auflösen lässt, wobei wir auch hier die Bedingungen 2. Ordnung wieder als erfüllt ansehen wollen. Wir erhalten also – entsprechend den allgemeinen Nachfragefunktionen (I.B.25) in Kap. I – n Funktionen

$$x_i^h = x_i^{h^*}(p_1,\ldots,p_n), \qquad i = 1,\ldots,n, \tag{7}$$

wobei die Marktnachfragefunktionen (Nettonachfrage) als

$$v_i^h = v_i^{h^*}(p_1,\ldots,p_n) = x_i^{h^*}(p_1,\ldots,p_n) - \bar{x}_i^h, \qquad i = 1,\ldots,n, \tag{8}$$

anzugeben sind. In (7) kommt – anders als in (I.B.25) – das Einkommen e nicht als eigenständige (exogene) Variable vor, da der Optimierungsansatz (5) Kauf und Verkauf aller Güter (einschließlich Arbeit) und damit die optimale Einkommenserzielung erfasst (vgl. (1)).

b. Angebot und Nachfrage der Unternehmen

Wir gehen davon aus, dass jedes der Güter $j = 1, \ldots, n$ in S Einproduktunternehmen $s = 1, \ldots, S$ hergestellt wird. (Die Annahme einer gleichen Zahl S von Unternehmen in der Produktion jeden Gutes ist nicht restriktiv. S könnte als die Höchstzahl von Unternehmen interpretiert werden, die es in einem Produktionszweig gibt. Für Produktionszweige, die diese Höchstzahl nicht erreichen, wären Unternehmen in entsprechender Zahl als fiktive Wirtschaftseinheiten mit Produktions- und Faktoreinsatzmengen von null anzusetzen.) Alle Größen des Unternehmens Nr. s aus der Branche, die das Gut j produziert, sind im Folgenden mit dem oberen Index „js" gekennzeichnet: y^{js} ist die Produktionsmenge von Gut j im Unternehmen s, r_k^{js} ist die von diesem Unternehmen zur Produktion eingesetzte Menge des Gutes k, $k = 1, \ldots, n$. Die Produktionsfunktion g^{js} des betrachteten Unternehmens ist als

$$y^{js} = g^{js}(r_1^{js},\ldots,r_n^{js}) \tag{9}$$

anzuschreiben. Damit wir Bedingungen für den optimalen Produktionsplan formulieren können, unterstellen wir den allgemeinsten Fall, dass das Unternehmen alle Güter $k = 1, \ldots, n$ als Faktoren benötigt, und zwar einschließlich des Gutes $k = j$, das sie selbst produziert. Auf diese Annahme könnten wir verzichten, wenn wir für jedes Unternehmen genau spezifizierten, welche Güter sie als Faktoren zur Produktion benötigt. Die Annahme wird also nur aus Vereinfachungsgründen gemacht.

Es ist jetzt überflüssig, zwischen Güterpreisen p_j, $j=1,...,n$, und Faktorpreisen q_k, $k=1,...,n$, zu unterscheiden. Wir können daher die Gewinnfunktion des betrachteten Unternehmens wie folgt schreiben:

$$G^{js} = p_j y^{js} - \sum_{k=1}^{n} p_k r_k^{js} \,. \tag{10}$$

Bei den Kosten handelt es sich nur um variable Kosten, da Fixkosten (laut Annahme) nicht entstehen. Zur Ableitung der Bedingungen 1. Ordnung für das Gewinnmaximum setzen wir die Produktionsfunktion (9) in die Gewinngleichung (10) ein, differenzieren diese partiell nach den Faktoreinsatzmengen r_i^{js}, $i=1,...,n$ (alternativ könnte man das LAGRANGE-Verfahren anwenden) und setzen diese Ableitungen gleich null:

$$\frac{\partial G^{js}}{\partial r_i^{js}} = p_j \frac{\partial y^{js}}{\partial r_i^{js}} - p_i = p_j g_i^{js} - p_i = 0, \quad i = 1, ..., n, \tag{11}$$

also:

$$p_j g_i^{js} = p_i, \quad i = 1, ..., n. \tag{12}$$

Wir setzen wieder voraus, dass die Bedingungen 2. Ordnung erfüllt sind. (12) bringt – wie schon in Kap. II abgeleitet (vgl. (II.D.11)) – zum Ausdruck, dass für alle als Faktoren verwendeten Güter i der Wert des Grenzprodukts gleich dem Faktorpreis ist.

Lösen wir das aus n Gleichungen bestehende System (11) nach den Faktoreinsatzmengen auf, so erhalten wir die allgemeinen Nachfragefunktionen des Unternehmens js:

$$r_i^{js} = r_i^{js*}(p_1,...,p_n), \quad i=1,...,n. \tag{13}$$

Setzen wir die hiermit bestimmten optimalen Einsatzmengen in die Produktionsfunktion (9) ein, dann erhalten wir das optimale Angebot. Da die Nachfragemengen von allen Preisen abhängen, gilt dies auch für die Angebotsmenge:

$$y^{js} = y^{js*}(p_1,...,p_n) \,. \tag{14}$$

c. Marktgleichgewichtsbedingungen

Alle Unternehmen der Branche i zusammen bieten vom Gut i insgesamt die Menge

$$y_i = \sum_{s=1}^{S} y^{is} \tag{15}$$

an. Der Unternehmenssektor als Ganzes fragt andererseits vom Gut *i* als Produktionsfaktor insgesamt die Menge

$$r_i = \sum_{j=1}^{n} \sum_{s=1}^{S} r_i^{js} \qquad (16)$$

nach. Im Haushaltssektor mag es Haushalte geben, die Gut *i* anbieten, und solche, die es nachfragen. Insgesamt fragt der Haushaltssektor Gut *i* nach, wenn

$$v_i = \sum_{h=1}^{H} v_i^h \qquad (17)$$

positiv ist, und bietet es an, falls diese Summe negativ ist. Damit Marktgleichgewicht herrscht, müssen Gesamtangebot und Gesamtnachfrage für jedes Gut *i* gleich sein:

$$y_i - r_i = v_i, \quad i=1,\ldots,n. \qquad (18)$$

Bei negativem Vorzeichen auf beiden Seiten der Gleichgewichtsbedingung (18) für Markt *i* fließt netto ein Strom des Gutes *i* vom Haushalts- zum Unternehmenssektor, bei positivem Vorzeichen auf beiden Seiten ist es umgekehrt. Äquivalent lässt sich (18) auch als Bedingung

$$v_i + r_i - y_i = 0, \quad i=1,\ldots,n \qquad (19)$$

formulieren. Die linke Seite von (19) nennt man auch *Überschussnachfrage* auf Markt *i*. Im Gleichgewicht muss die Überschussnachfrage null sein.

d. Das gesamte Modell

Das gesamte Modell des totalen Konkurrenzgleichgewichts besteht aus den Angebots- und Nachfragefunktionen der Haushalte und Unternehmen sowie aus den Marktgleichgewichtsbedingungen. Damit enthält es die $nH+n(n+1)S+n$ in Tabelle 2 zusammengefassten Gleichungen; gleichzeitig enthält es ebenso viele Variablen. Es lässt sich jedoch zeigen, dass das Modell des totalen Konkurrenzgleichgewichts (a) eine unabhängige *Variable* weniger als oben gezählt und (b) eine unabhängige *Gleichung* weniger als oben enthält.

Ad (a): Alle Angebots- und Nachfragefunktionen in Tabelle 2 sind homogen vom Grade null in den Preisen $p_1,\ldots,p_n$. Die Preise p_i sind somit nicht eindeutig bestimmbar: Hat man einen Lösungsvektor für die Preise $(p_1^*,\ldots,p_n^*)$, so ist auch jedes positive Vielfache dieses Vektors $(kp_1^*,\ldots,kp_n^*)$ eine Lösung (da für die vervielfachten Preise dieselben Angebots- und Nachfragemengen resultieren). Wählt man als Faktor zur Vervielfachung $k=1/p_n^*$, so erhält man den Lösungspreisvektor $(p_1^*/p_n^*,\ldots,p_{n-1}^*/p_n^*,1)$. Das bedeutet, dass einer der Preise, z. B. p_n, willkürlich festgesetzt werden kann, z. B. auf eins; nur die restlichen $(n-1)$ Preise sind dann eindeutig bestimmt. Anders gesagt: Nicht die absoluten, sondern nur die

	Variable des Modells [Anzahl]	Gleichungen des Modells [Anzahl]	Gleichungsnummer im Text
Haushalt h $h = 1, ..., H$	$v_1^h, ..., v_n^h$ [nH]	$v_i^h = v_i^{h*}(p_1,...,p_n)$ $i=1,..., n$ [nH]	(8)
Unternehmen js $s = 1, ..., S$ $j = 1, ..., n$	$r_1^{js}, ..., r_n^{js}; y^{js}$ [$n(n+1)S$]	$r_i^{js} = r_i^{js*}(p_1,...,p_n)$ $i=1, ..., n$ $y^{js}=y^{js*}(p_1,...,p_n)$ [$n(n+1)S$]	(13) (14)
Markt i $i = 1, ..., n$	$p_1, ..., p_n$ [n]	$\sum_{s=1}^{S} y^{is} - \sum_{j=1}^{n}\sum_{s=1}^{S} r_i^{js} = \sum_{h=1}^{H} v_i^h$ $i = 1, ..., n$ [n]	(18)
Summe der Anzahlen	$nH+n(n+1)S+n$	$nH+n(n+1)S+n$	

Tabelle 2: Variablen und Gleichungen des totalen Konkurrenzgleichgewichts

relativen Preise (= Preisverhältnisse) sind durch das Modell des totalen Konkurrenzgleichgewichts bestimmt. Das Gut, dessen Preis in dieser Weise auf eins normiert wird, nennt man auch *Zählgut* oder *numéraire*.

Ad (b): Von den in Tabelle 2 angegebenen Gleichungen ist eine Gleichung überflüssig (da abhängig von den übrigen Gleichungen) aus folgendem Grund: Erfüllen die Nettonachfragemengen der Haushalte die ersten nH Gleichungen von Tabelle 2, so ist die mit Preisen bewertete aufsummierte Nettonachfrage jedes Haushalts h null (Bilanzgleichung von Haushalt h, vgl. Tabelle 3). Entsprechend ist der Gewinn jedes Unternehmens null, wenn die Faktornachfrage- und die Angebotsgleichungen erfüllt sind („Gewinn=null"-Gleichung von Unternehmen js in Tabelle 3). Summiert man alle diese $H+nS$ Gleichungen in der Tabelle 3 auf, so ergeben sich die unteren beiden (identischen) Gleichungen. Sie besagen, dass die mit Preisen bewerteten Überschussnachfragen aller n Märkte sich zu null aufsummieren. Das bedeutet aber, dass, wenn n-1 Märkte im Gleichgewicht sind [$v_i+r_i-y_i=0$], auch der letzte (n-te) Markt im Gleichgewicht sein muss. (Wir unterstellen dabei, dass alle Preise p_i im Gleichgewicht ungleich null sind.) Von den in Tabelle 2 angegebenen n Marktgleichgewichtsbedingungen sind also – wenn die davor stehenden Haushalts- und Unternehmensgleichungen erfüllt sind – nur $n-1$ Gleichungen unabhängig voneinander; die letzte (n-te) Gleichung ist redundant (wobei jede beliebige der n Gleichungen als „letzte" aufgefasst werden kann). Die Aussage: „Sind $n-1$ Märkte im Gleichgewicht, so ist auch der n-te Markt im Gleichgewicht" bezeichnet man auch als *WALRAS-Gesetz*.

Nach (a) und (b) stimmen die Anzahl der *unabhängigen* Gleichungen und der *eindeutig zu bestimmenden* Variablen doch wieder überein. Wie in Abschn. A.2.d

Wirtschafts-subjekt	Bilanzgleichung bzw. „Gewinn=null"-Gleichung
⋮ Haushalt h ⋮	$p_1 v_1^h \quad + \cdots + \quad p_n v_n^h \quad = 0$
⋮ Unternehmen js ⋮	$p_1 r_1^{js} \quad + \cdots + \quad p_n r_n^{js} \quad - p_j y^{js} = 0$
Summe aller Gleichungen	$p_1 \left[\sum_h v_1^h + \sum_j \sum_s r_1^{js} \right] + \cdots + p_n \left[\sum_h v_n^h + \sum_j \sum_s r_n^{js} \right]$ $- p_1 \sum_s y^{1s} \qquad\qquad\qquad - p_n \sum_s y^{ns} = 0$
Summe in Kurzform	$p_1 [v_1 + r_1 - y_1] \quad + \cdots + \quad p_n [v_n + r_n - y_n] = 0$

erwähnt, bietet diese Gleichheit noch keine Gewähr für die Existenz einer Lösung. Es könnte sein, dass es keine Lösung gibt oder eine Lösung ökonomisch unvernünftige Variablenwerte, z. B. negative Preise oder Konsummengen, ausweist. Für ein spezielles Modell mit einer begrenzten Zahl von Funktionen, die nummerisch vorgegeben sind, lässt sich die Existenz einer ökonomisch vernünftigen Lösung unmittelbar überprüfen. Ein mikroökonomisches Totalmodell umfasst jedoch eine Vielzahl von Funktionen, die nicht alle nummerisch ermittelt werden können. In solchen Fällen geht man von bestimmten, ökonomisch plausiblen Annahmen über die Funktionen des Modells aus und versucht, daraus ein allgemeines Existenztheorem abzuleiten. Typische Annahmen beim Beweis der Existenz von totalen Konkurrenzgleichgewichten sind beispielsweise die, dass Indifferenzkurven und Isoquanten konvex zum Ursprung sind und in der Produktion keine steigenden Skalenerträge auftreten. Existiert eine ökonomisch vernünftige Lösung, so beschreibt sie einen Gleichgewichtszustand der Gesamtwirtschaft, in dem die geplanten Handlungen der einzelnen Wirtschaftseinheiten konsistent sind. Über die Gleichgewichtspreise ist dann eine Koordination der Wirtschaftspläne sämtlicher Haushalte und Unternehmen erreicht.

Existenztheoreme sagen noch nichts über die Eindeutigkeit und Stabilität totaler Konkurrenzgleichgewichte aus. Der gesamte Fragenkomplex der Lösung mikroökonomischer Totalmodelle ist mathematisch schwierig; wir gehen darauf nicht weiter ein.

Beispiel eines Gleichungssystems von 3 Gleichungen mit 3 Variablen, das *eigentlich* nur aus 2 Gleichungen mit 2 Variablen besteht:

$$x+y - 10z = 0, \qquad (a)$$
$$2x+y - 14z = 0, \qquad (b)$$
$$3x+2y - 24z = 0. \qquad (c)$$

Man erkennt, dass das Gleichungssystem „homogen vom Grade null" ist: Hat man eine Lösung x^*, y^*, z^*, so stellt für jedes k auch kx^*, ky^*, kz^* eine Lösung dar. Man kann also eine Variable, z. B. z, willkürlich festsetzen, z. B. auf $z^*=1$; man hat dann nur noch 2 Variablen des folgenden Systems zu bestimmen:

$$x+y - 10 = 0, \qquad (a')$$
$$2x+y - 14 = 0, \qquad (b')$$
$$3x+2y - 24 = 0. \qquad (c')$$

In der Regel sind 2 Variablen durch 3 Gleichungen überbestimmt; allerdings ist hier (c′) gerade die Summe aus (a′) und (b′). Das Gleichungssystem besteht also *eigentlich* nur aus z. B. den beiden Gleichungen (a′) und (b′), die eine eindeutige Lösung für x und y besitzen. Etwas anders formuliert: Das Gleichungssystem (a/b/c) ist „äquivalent" zum Gleichungssystem

$$(x/z) + (y/z) - 10 = 0, \qquad (a'')$$
$$2(x/z) + (y/z) - 14 = 0, \qquad (b'')$$

dessen 2 Variablen (x/z) und (y/z) eindeutig bestimmt sind, übrigens als $x/z=4$ und $y/z=6$.

e. PARETO-Optimalität und die Marginalbedingungen des Güterverbrauchs und des Faktoreinsatzes

Im totalen Konkurrenzgleichgewicht gilt für jeden Haushalt h gemäß (6) für je zwei Güter i und j (die der Haushalt in *positiven* Mengen verbraucht; diesen Zusatz lassen wir im Folgenden der Einfachheit halber meist weg):

$$\frac{f_i^h}{f_j^h} = \frac{p_i}{p_j}, \quad h=1, ..., H, \quad i,j=1, ..., n. \qquad (20)$$

Betrachten wir nun zwei Haushalte $h=a$ und $h=b$, so können wir aus der für beide Haushalte gültigen Gleichung (20) folgern:

$$\frac{f_i^a}{f_j^a} = \frac{f_i^b}{f_j^b}, \quad a,b=1, ..., H, \quad i,j=1, ..., n. \qquad (21)$$

Die Beziehung (21) heißt *Marginalbedingung für den Güterverbrauch*. Sie besagt, dass für je zwei Haushalte die Grenzrate der Substitution beim Güterverbrauch

> ***Bedeutung der Marginalbedingung für den Güterverbrauch:*** Für den Haushalt a=Müller betrage der Grenznutzen von Gut i=Lebensmittel 50 und von Gut j=Kleidung 20. Für den Haushalt b=Schulze seien die entsprechenden Werte 30 und 15. Dann gilt:
>
> $$\frac{f_{Lebensm.}^{Müller}}{f_{Kleidung}^{Müller}} = \frac{50}{20} \neq \frac{30}{15} = \frac{f_{Lebensm.}^{Schulze}}{f_{Kleidung}^{Schulze}},$$
>
> die Grenzrate der Substitution stimmt also nicht für beide Haushalte überein, Müllers sind Lebensmittel gemessen an Kleidung mehr wert (50/20 > 30/15) als das bei Schulzes der Fall ist. Würden Müllers jetzt dem Haushalt Schulze 2 Einheiten Kleidung gegen 1 Einheit Lebensmittel zum Tausch anbieten, so würde durch diesen Tausch Schulzes Nutzen nicht verändert (+ 2·15 − 1·30), Müllers Nutzen würde jedoch steigen (+ 1·50 − 2·20).

zwischen je zwei Gütern übereinstimmt. Sie ist eine Effizienzbedingung: Wenn nämlich die Marginalbedingung (21) nicht erfüllt ist, lässt sich der Nutzen eines Haushalts durch Tausch erhöhen, ohne dass der Nutzen des anderen Haushalts zurückgeht (vgl. Kasten).

Diese Effizienzeigenschaft hat einen eigenen Namen, nämlich *PARETO-Optimalität*. Eine Wirtschaft ist in einem pareto-optimalen Zustand, wenn der Nutzen keiner Wirtschaftseinheit erhöht werden kann, ohne dass sich der Nutzen zumindest einer anderen Wirtschaftseinheit vermindert. Die Marginalbedingung für den Güterverbrauch bedeutet also, dass *in Bezug auf den Tausch von Konsumgütern* PARETO-Optimalität herrscht. Diese Eigenschaft ist im totalen Konkurrenzgleichgewicht stets gegeben.

Im totalen Konkurrenzgleichgewicht gilt nach (12) für jedes Gut k produzierende Unternehmen ks und jeden Produktionsfaktor i: $p_k g_i^{ks} = p_i$. Angewandt auf beliebige Produktionsfaktoren i und j ergibt sich daraus für jedes Unternehmen ks:

$$\frac{g_i^{ks}}{g_j^{ks}} = \frac{p_i}{p_j} \qquad \text{für } i, j = 1, ..., n. \tag{22}$$

Da (22) auch für jedes Unternehmen lt (Unternehmen Nr. t der Branche l) gilt, folgt:

$$\frac{g_i^{ks}}{g_j^{ks}} = \frac{g_i^{lt}}{g_j^{lt}} \qquad \begin{array}{l} \text{für } i,j,k,l = 1,...,n \\ \text{für } s,t = 1,...,S. \end{array} \tag{23}$$

Die Beziehung (23) heißt *Marginalbedingung für den Faktoreinsatz*. Sie besagt, dass für je zwei Unternehmen – auch unterschiedlicher Branchen – die Grenzrate der Substitution beim Faktoreinsatz zwischen je zwei Faktoren gleich ist (soweit diese Faktoren in der Produktion eingesetzt werden; diesen Zusatz lassen wir der

> ***Bedeutung der Marginalbedingung für den Faktoreinsatz:*** Für das 3. Unternehmen ($s=3$) der Automobilbranche (k=Auto), also Unternehmen „Auto, 3", betrage das Grenzproduktivitätsverhältnis der Faktoren i=Stahl und j=Kunststoff 1 zu 10. Für das 27. Unternehmen der Möbelbranche, also Unternehmen „Möbel, 27", betrage das entsprechende Verhältnis 1 zu 15. Die Marginalbedingung des Faktoreinsatzes ist also nicht erfüllt:
>
> $$\frac{g_{Stahl}^{Auto,3}}{g_{Kunststoff}^{Auto,3}} = \frac{1}{10} \neq \frac{1}{15} = \frac{g_{Stahl}^{Möbel,27}}{g_{Kunststoff}^{Möbel,27}}.$$
>
> Kunststoff ist im Unternehmen „Möbel, 27" produktiver als im Unternehmen „Auto, 3". Würde in „Möbel, 27" 2 Einheiten mehr Kunststoff und 30 Einheiten weniger Stahl eingesetzt, so bliebe die Möbelproduktion konstant; in „Auto, 3" würde ein Wenigereinsatz von 2 Einheiten Kunststoff sich bereits durch 20 Einheiten Stahl substituieren lassen. Durch eine andere Aufteilung des Faktoreinsatzes ließen sich also Produktionsfaktoren einsparen (oder es könnte mehr produziert werden).

Einfachheit halber meist weg). Die Marginalbedingung für den Faktoreinsatz bedeutet PARETO-Optimalität in Bezug auf den Einsatz der Produktionsfaktoren in der Produktion der Unternehmen (vgl. Kasten).

3. Geometrische und wohlfahrtstheoretische Interpretation I: Der Fall des „reinen Tausches"

In der ersten Version des Modells, die wir geometrisch darstellen wollen, bestehe die Gesamtwirtschaft aus nur zwei Haushalten a und b, deren gegebene Erstausstattungen nur zwei Güter 1 und 2 umfasst. Es seien keine technischen Verfahren bekannt, mit denen durch Einsatz von Gütern andere Güter produziert werden können. Daher gibt es keine Unternehmen. Einem Haushalt bleibt nur die Möglichkeit, zur Erhöhung seines Nutzens seine Erstausstattung in der Weise zu verändern, dass er eine Menge des einen Gutes gegen eine Menge des anderen tauscht. Obgleich wir zur Begründung der Verhaltensweise der Mengenanpassung bisher mit einer großen Zahl von Wirtschaftseinheiten argumentierten, von denen jede nur einen verschwindend kleinen Marktanteil hat, gehen wir auch hier davon aus, dass jeder der beiden Haushalte sich als Mengenanpasser verhält, die Preise der Güter also als ein von ihm unbeeinflussbares Datum ansieht.

a. EDGEWORTH-Box und Tauschkurven für die zum Verbrauch bestimmten Güter

Die dem Haushalt a gegebenen Erstausstattungsmengen $\bar{x}_1^a, \bar{x}_2^a$ lassen sich im Konsumgütermengendiagramm als Punkt E^a darstellen (Abb. 1.a), Entsprechendes gilt für den Haushalt b (Abb. 1.b).

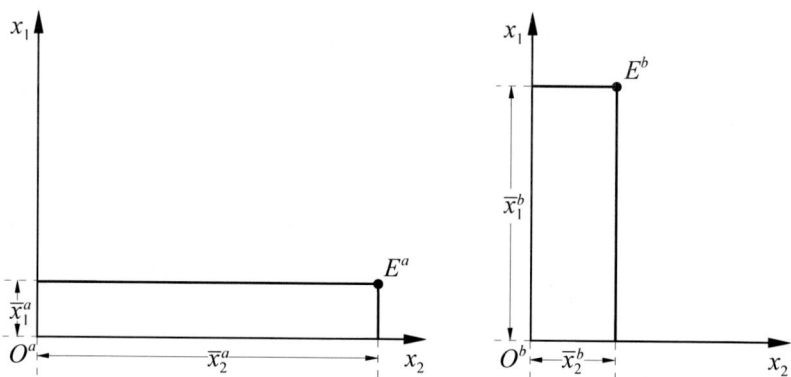

Abb. 1.a/b: Konsumgütermengendiagramm für Haushalt a und Haushalt b

Wir drehen nun das rechte Diagramm um 180° und setzen es so auf das linke Diagramm auf, dass Punkt E^b auf Punkt E^a zu liegen kommt. Auf diese Weise entsteht das EDGEWORTHsche Schachteldiagramm (kurz EDGEWORTH-Box), dessen Seitenlängen $\bar{x}_1^a + \bar{x}_1^b$ und $\bar{x}_2^a + \bar{x}_2^b$ die gesamten in der betrachteten Wirtschaft vorhandenen Mengen der Güter 1 und 2 bezeichnen (vgl. Abb. 2).

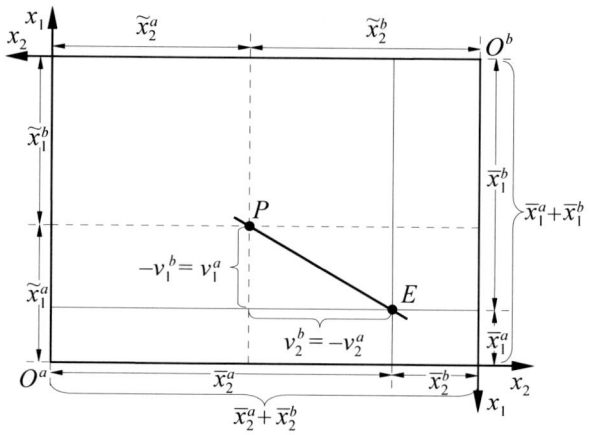

Abb. 2: EDGEWORTH-Box

Die Gütermengen des Haushalts a werden von O^a aus, die des Haushalts b von O^b aus gemessen. Der Punkt E stellt die durch die Erstausstattungen gegebene Verteilung der in der Gesamtwirtschaft vorhandenen Güter auf die beiden Haushalte dar. Jeder andere Punkt innerhalb oder auf dem Rand der EDGEWORTH-Box repräsentiert eine ebenfalls mögliche Verteilung, die durch Umverteilung der Erstausstattungen E prinzipiell realisierbar ist. Wünschten die Haushalte beispielsweise die durch P bezeichneten Mengenkombinationen $(\tilde{x}_1^a, \tilde{x}_2^a)$ und $(\tilde{x}_1^b, \tilde{x}_2^b)$ anstelle ihrer Erstausstattungen zu verbrauchen, dann können sie das durch Tausch erreichen. Die dazu erforderlichen Tausch- (=Nettonachfrage-) mengen sind

$$v_1^a = \tilde{x}_1^a - \bar{x}_1^a, \qquad v_1^b = \tilde{x}_1^b - \bar{x}_1^b,$$
$$v_2^a = \tilde{x}_2^a - \bar{x}_2^a, \qquad v_2^b = \tilde{x}_2^b - \bar{x}_2^b, \qquad (24)$$

wobei gilt:
$$v_1^a > 0, \quad v_1^b < 0, \qquad v_1^b = -v_1^a,$$
$$v_2^a < 0, \quad v_2^b > 0, \qquad v_2^a = -v_2^b. \qquad (25)$$

Die negativen Nettonachfragemengen v_1^b und v_2^a sind als *Angebots*mengen zu interpretieren. Da jeder Übergang von E zu einem anderen Punkt der EDGEWORTH-Box die Gleichheit von Angebot und Nachfrage für ein Gut impliziert, ist in dieser geometrischen Darstellung die (18) entsprechende Marktgleichgewichtsbedingung stets erfüllt.

In dem Verhältnis der ausgetauschten Mengen kommt das umgekehrte Preisverhältnis zum Ausdruck, es gilt

$$\frac{v_1^a}{-v_2^a} = \frac{-v_1^b}{v_2^b} = \frac{p_2}{p_1}. \qquad (26)$$

Die Gerade durch P und E, deren absolute Steigung gleich diesem Preisverhältnis ist und die daher auch *Preisgerade* genannt wird, können wir von O^a aus als Bilanzgerade des Haushalts a und von O^b aus als Bilanzgerade des Haushalts b auffassen für den Fall, dass Tausch nur genau zu dem durch diese Gerade bestimmten Tausch- (Preis-)verhältnis erfolgen soll. P und E erfüllen die Bilanzgleichungen (1) bzw. (2), mithin auch (3); die Kombination P ist mit dem Einkommen der Haushalte also realisierbar.

Nun wollen wir uns der Frage zuwenden, wie zu erkennen ist, ob ein Punkt wie P ein Marktgleichgewicht ist. Zu diesem Zweck haben wir die Nutzenfunktionen der beiden Haushalte in die Betrachtung einzubeziehen. Diese werden geometrisch durch Indifferenzkurven dargestellt, die für Haushalt a konvex zum Ursprung O^a, für den Haushalt b konvex zum Ursprung O^b verlaufen. In Abb. 3 zeichnen wir für jeden Haushalt eine Indifferenzkurve (I^a bzw. I^b) ein, und zwar jene, die durch E verläuft und mithin den Nutzen repräsentiert, den der jeweilige Haushalt seiner Erstausstattung beimisst. Mengenkombinationen, die durch Punkte rechts von I^a dargestellt werden, bedeuten für Haushalt a einen größeren Nutzen. Mengenkombinationen, die durch Punkte links von I^b beschrieben werden, implizieren für Haushalt b einen höheren Nutzen. Daher repräsentiert ein Punkt innerhalb des schraffiert angedeuteten Bereichs, der durch die eingezeichneten Indifferenzkurven I^a und I^b begrenzt wird, für beide Haushalte einen gegenüber ihrer Erstausstattung erhöhten Nutzen. In einem Punkt auf dem Rand des Bereichs

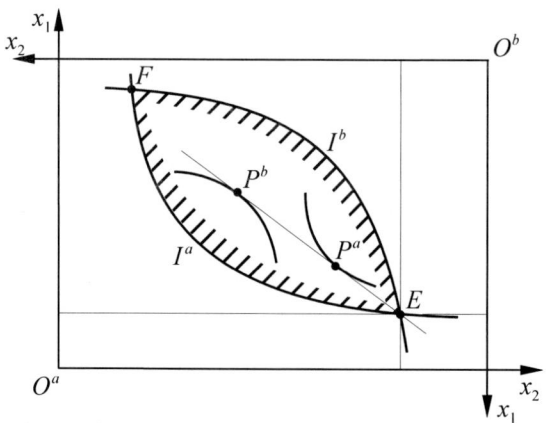

Abb. 3: Nicht gleichgewichtiges Preisverhältnis in der EDGEWORTH-Box

erhöht sich der Nutzen nur eines Haushalts, während der des anderen unverändert bleibt, in E und F verändern sich beider Nutzen nicht. Durch den schraffiert angedeuteten Bereich werden die Tauschmöglichkeiten beschrieben, an denen die Haushalte interessiert sein können.

Betrachten wir jetzt ein festes Preisverhältnis, zu dem Tausch zwischen den beiden Haushalten stattfinden soll, und zwar das durch die eingezeichnete Preisgerade gegebene Preisverhältnis. In Abb. 3 ist der *bei diesem Preisverhältnis* von Haushalt a angestrebte Konsumpunkt P^a (=Tangentialpunkt der Preisgeraden mit einer Indifferenzkurve von *a*) eingezeichnet und der entsprechende Punkt P^b für Haushalt b. Das gegebene Preisverhältnis ist nicht gleichgewichtig, da die von den Tauschpartnern angestrebten Tauschpunkte (P^a bzw. P^b) nicht übereinstimmen: Haushalt *a* fragt zum angestrebten Tausch ($E \rightarrow P^a$) weniger an Gut 1 nach als Haushalt *b* beim angestrebten Tausch ($E \rightarrow P^b$) an Gut 1 anbietet; umgekehrt ist für Gut 2 die Nachfrage (von Haushalt *b*) größer als das Angebot (von Haushalt *a*). Nachfrageüberschuss nach Gut 2 und Angebotsüberschuss an Gut 1 in dieser Situation würden nach den in Abschn. A.2.d dieses Kapitels unterstellten (walrasianischen) Preisreaktionen zu einer Erhöhung des Preisverhältnisses p_2/p_1, also zu einer Drehung der Preisgeraden um E nach rechts, führen.

Wir wollen jetzt systematisch untersuchen, welche Mengen ein Haushalt bei alternativen gegebenen Preisverhältnissen anbietet bzw. nachfragt, und betrachten als Beispiel den Haushalt *a* (vgl. Abb. 4). Bei den durch EH_1 bis EH_4 dargestellten Preisgeraden realisiert der als Mengenanpasser handelnde Haushalt sein jeweiliges Nutzenmaximum in den Punkten D_1 bis D_4. In jedem dieser Punkte ist die Grenzrate der Substitution $|dx_1^a / dx_2^a|$, also das (umgekehrte) Verhältnis der Grenznutzen f_2^a / f_1^a, gleich dem Verhältnis p_2/p_1 der jeweiligen Preise. Anders ausgedrückt: Gemäß (6) wird die Einkommenssumme so auf die beiden Güter aufgeteilt, dass sich die Grenznutzen des Geldes ausgleichen. Bei kontinuierlicher

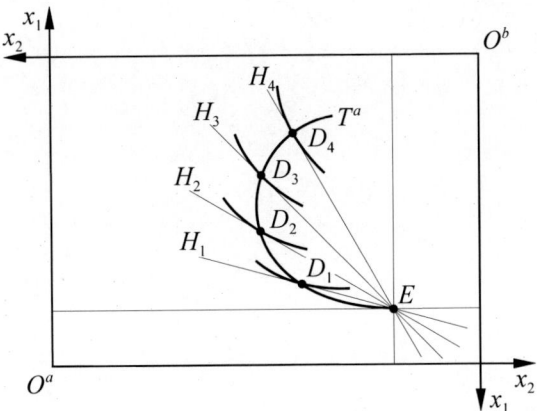

Abb. 4: Tauschkurve von Haushalt *a*

Variation des Preisverhältnisses erhalten wir als Verbindungslinie aller nutzenmaximierenden Mengenkombinationen die sogenannte *Tauschkurve* (englisch: *offer curve*) T^a. Ein Punkt auf dieser Kurve gibt an, wie viel Haushalt *a* bei dem durch die Steigung der entsprechenden Preisgeraden dargestellten Preisverhältnis vom Punkt *E* aus von Gut 2 gegen Gut 1 einzutauschen bereit ist. Die Tauschkurve beschreibt also zugleich Angebot und Nachfrage des Haushalts, und zwar in Abhängigkeit vom Preisverhältnis. In der Tauschkurve kommen somit die Funktionen (8), also die Markt- oder Nettonachfragefunktionen des Haushalts in Abhängigkeit von allen Preisen, zum Ausdruck. Analog erhalten wir eine Tauschkurve des Haushalts *b*.

Der Schnittpunkt *S* der beiden Tauschkurven T^a und T^b in Abb. 5 beschreibt nun eine Situation, in der das durch die eingezeichnete Preisgerade ausgedrückte Preisverhältnis gerade die Wünsche der Haushalte konsistent macht. In *S* berührt die Preisgerade eine Indifferenzkurve jedes Haushalts, so dass beide Haushalte bei der eingezeichneten Preisgeraden als Bilanzgeraden ein Nutzenmaximum erreichen. Der Punkt *S* beschreibt somit die im Konkurrenzgleichgewicht verbrauchten Mengen, die Preisgerade *ES* gibt das Gleichgewichtspreisverhältnis an. In *S* stimmen die Steigungen der Indifferenzkurven beider Haushalte miteinander überein, die Marginalbedingung des Güterverbrauchs (21) ist erfüllt.

Wir haben damit für unser Beispiel die Existenz eines Konkurrenzgleichgewichts aufgezeigt. Es ist noch einmal daran zu erinnern, dass es keine zentrale Instanz, sondern der Marktmechanismus ist, der die Koordination der Wirtschaftspläne gewährleistet. Die Haushalte richten ihr Angebot und ihre Nachfrage allein an ihren eigenen Interessen aus. Ein Haushalt kennt nicht die Nutzenfunktion des anderen Haushalts; es besteht Markttransparenz nur im Sinne vollständiger Preisinformation.

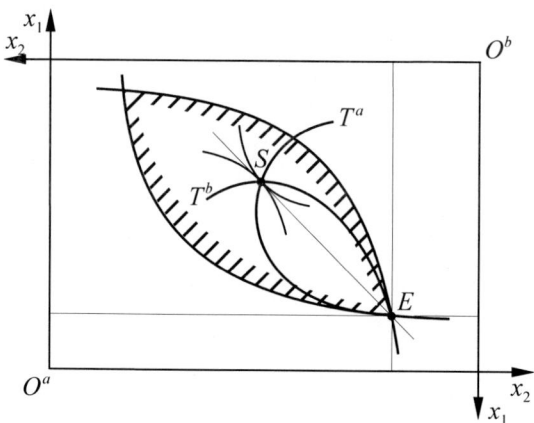

Abb. 5: Konkurrenzgleichgewicht als Schnittpunkt der Tauschkurven

b. Kontraktkurve und Nutzenmöglichkeitenkurve

Der Punkt S in Abb. 5 ist pareto-optimal. Nun gibt es aber unendlich viele Punkte, in denen sich je eine Indifferenzkurve der Haushalte a und b berühren und die mithin pareto-optimal sind. Die Tangentialpunkte aller Paare von Indifferenzkurven von a und b, die sich berühren, bilden eine Kurve (vgl. Abb. 6.a), die aus Gründen, die bei der Behandlung des bilateralen Monopols (Kap. IV.B.4) klar werden, *Kontraktkurve* genannt wird. Die Kontraktkurve stellt die Gesamtheit aller pareto-optimalen Punkte der EDGEWORTH-Box dar, oder anders gesagt: die Menge aller Punkte, die die Marginalbedingung für den Güterverbrauch erfüllen. Sie endet in den beiden Ursprüngen; ihr Verlauf hängt von den Nutzenfunktionen der Haushalte ab. Der Begriff der PARETO-Optimalität hat nichts mit einer irgendwie *gerechten* Verteilung der Gesamtmengen auf die beiden Haushalte zu tun. Punkte auf der Kontraktkurve nahe dem Ursprung O^a bedeuten beispielsweise, dass Haushalt a relativ wenig, Haushalt b relativ viel von beiden Gütern erhält.

Wo immer der die Erstausstattungen bezeichnende Punkt in einer EDGEWORTH-Box liegt, die beiden Tauschkurven, die von diesem Punkt ausgehen, schneiden sich in einem Punkt auf der Kontraktkurve. Wir können daher feststellen, dass *jedes* denkbare *Konkurrenzgleichgewicht pareto-optimal* sein muss. Umgekehrt kann jedes *PARETO-Optimum* als *Konkurrenzgleichgewicht* aufgefasst werden, das von einer geeignet festzulegenden Erstausstattung aus erreicht wird. Diese beiden Aussagen bezeichnet man als ersten und zweiten *Hauptsatz der Wohlfahrtstheorie*. Wollen wir eine Aussage über das Konkurrenzgleichgewicht machen, die unabhängig von der Verteilung der Erstausstattungen auf beide Haushalte ist, dann haben wir die Gesamtheit aller denkbaren Konkurrenzgleichgewichte, also alle Punkte auf der Kontraktkurve, in die Überlegungen einzubeziehen.

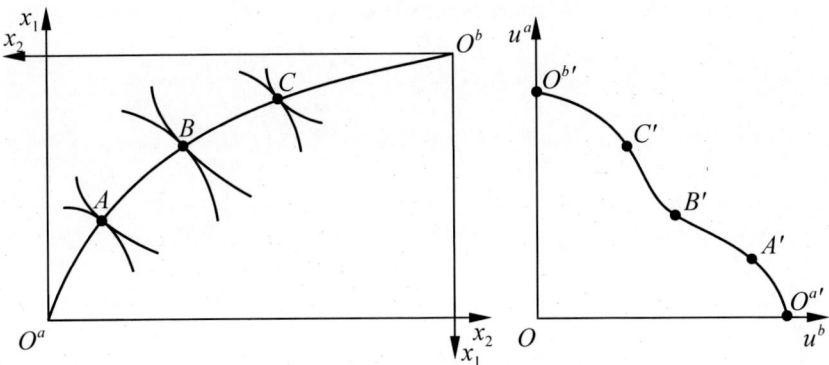

Abb. 6. a/b: Kontraktkurve und Nutzenmöglichkeitenkurve

Die Gesamtheit der pareto-optimalen Punkte können wir auch in einem Diagramm darstellen, an dessen Achsen der Nutzen der beiden Haushalte, u^a und u^b, gemessen wird (Abb. 6.b). Jeder Indifferenzkurve eines Haushalts ist durch die Nutzenfunktion eine Nutzenzahl zugeordnet. Jeder Punkt auf der Kontraktkurve als Tangentialpunkt zweier Indifferenzkurven (z. B. A, B, C in Abb. 6.a) wird somit durch eine Kombination zweier Nutzenzahlen beschrieben, die wir im Nutzendiagramm abtragen können (z. B. A', B', C' in Abb. 6.b); die Kurve, die dabei entsteht, heißt *Nutzenmöglichkeitenkurve*. Die Kontraktkurve beschreibt die denkbaren pareto-optimalen, durch Konkurrenzgleichgewichte realisierbaren Verteilungen der gesamten Erstausstattungsmengen auf die beiden Haushalte; die Nutzenmöglichkeitenkurve bezeichnet die diesen Verteilungen zugeordneten Nutzenkombinationen. Die Nutzenmöglichkeitenkurve muss negative Steigung haben, weil der Nutzenzunahme des einen Haushalts stets eine Nutzenabnahme des anderen zugeordnet ist. Punkten der EDGEWORTH-Box, die nicht auf der Kontraktkurve liegen, entsprechen Punkte links (oder unterhalb) der Nutzenmöglichkeitenkurve in Abb. 6.b. Punkte rechts (oder oberhalb) der Nutzenmöglichkeitenkurve sind (bei der durch die Erstausstattung gegebenen Größe der EDGEWORTH-Box) nicht realisierbar.

Da eine ordinale Nutzenfunktion eines Haushalts nur bis auf eine monotone Transformation bestimmt ist (vgl. I.B), liegt für ordinale Nutzenfunktionen auch der im Nutzendiagramm an den Achsen verwendete Maßstab nicht fest. Verwenden wir z. B. für Haushalt a eine monotone Transformation der bisherigen Nutzenfunktion, dann ändert sich die Skala an der Ordinate (und zwar durchaus nicht nur in Form einer einfachen Streckung oder Stauchung) und damit auch die Nutzenmöglichkeitenkurve. Die Lage und Form dieser Kurve ist folglich nicht eindeutig bestimmt. Aussagen über die Krümmung und die Ordinatenschnittpunkte der Nutzenmöglichkeitenkurve können wir für *ordinale* Nutzenfunktionen nicht machen.

c. Die gesellschaftliche Wohlfahrtsfunktion

Unsere bisherigen Überlegungen zeigen, dass sich ein totales Konkurrenzgleichgewicht durch die Eigenschaft der PARETO-Optimalität auszeichnet, dass es aber unendlich viele solcher Konkurrenzgleichgewichte gibt, von denen prinzipiell jedes durch entsprechende (Um-) Verteilung der insgesamt verfügbaren Mengen (Erstausstattungen) auf die Haushalte erreichbar ist. Damit erweist sich, dass die Theorie der vollständigen Konkurrenz das *Verteilungsproblem ungelöst* lässt. Selbst wenn wir von der *kardinalen Nutzenkonzeption* ausgehen, können wir nicht angeben, welche von zwei beliebigen Verteilungen günstiger ist, weil nicht feststeht, welches der Konkurrenzgleichgewichte bzw. welcher der Punkte auf der nun eindeutig bestimmten Nutzenmöglichkeitenkurve, die von diesen Erstausstattungen aus erreichbar sind, den Vorzug verdient. Um das Verteilungsproblem lösbar zu machen, benötigen wir einen ganz neuen Baustein: eine *gesamtwirtschaftliche Nutzenfunktion* oder *gesellschaftliche Wohlfahrtsfunktion*. Diese Funktion ordnet jeder Kombination von individuellen Nutzen der Haushalte die Wohlfahrt w zu. Im hier unterstellten Fall zweier Haushalte a und b ist die Funktion als

$$w = W(u^a, u^b) \tag{27}$$

zu formulieren. Für die Wohlfahrtsfunktion W werden ähnliche Eigenschaften wie für die (ordinalen) Nutzenfunktionen der einzelnen Haushalte unterstellt, wobei hier anstelle der Verbrauchsmengen die Nutzen u^a und u^b stehen. Im Nutzendiagramm lässt sich die Funktion in der Form gesamtwirtschaftlicher (Wohlfahrts-) Indifferenzkurven darstellen, die als konvex zum Ursprung angenommen werden. Punkte auf einer Indifferenzkurve repräsentieren Nutzenkombinationen, die vom gesamtwirtschaftlichen Standpunkt aus als gleich gut anzusehen sind. Je weiter eine Indifferenzkurve vom Ursprung entfernt ist, desto höher ist die gesamtwirtschaftliche Wohlfahrt, die sie darstellt (vgl. Abb. 23).

Wandern wir entlang der Nutzenmöglichkeitenkurve von links oben nach rechts unten, so überqueren wir bis C' fortgesetzt gesamtwirtschaftliche Indiffe-

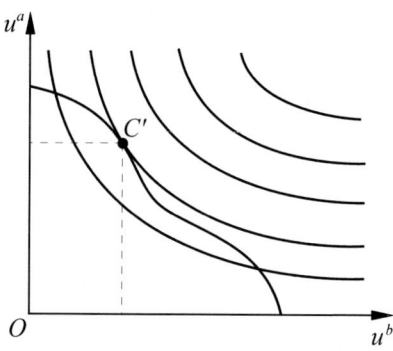

Abb. 7: Gesamtwirtschaftliches Wohlfahrtsmaximum

renzkurven mit steigendem Wohlfahrtsindex, während von C ab die Wohlfahrt wieder abnimmt. In C' ist die maximale gesamtwirtschaftliche Wohlfahrt verwirklicht, die sich mit den gegebenen Gesamtmengen an Erstausstattungen erreichen lässt. C' bezeichnet ein *gesamtwirtschaftliches Wohlfahrtsmaximum*, dem in der EDGEWORTH-Box von Abb. 6 ein Punkt C auf der Kontraktkurve entspricht. Durch Maximierung der gesellschaftlichen Wohlfahrtsfunktion (27) unter der Nebenbedingung, dass ein Punkt auf der Nutzenmöglichkeitskurve gewählt wird, sind wir in der Lage, aus der unendlichen Zahl denkbarer Konkurrenzgleichgewichte ein im Sinne dieser Wohlfahrtsfunktion „bestes" Konkurrenzgleichgewicht auszusondern.

Das gesamtwirtschaftliche Wohlfahrtsmaximum ist über den Konkurrenzmechanismus prinzipiell realisierbar, wenn der die Erstausstattungen der beiden Haushalte bezeichnende Punkt eine solche Lage hat, dass die von ihm ausgehenden Tauschkurven sich in C schneiden. Es gibt i. d. R. nicht nur einen Punkt, der diese Forderung erfüllt, sondern unendlich viele solcher Punkte. Diese liegen auf einer Geraden, deren Steigung gleich der Steigung der sich in C berührenden Indifferenzkurven der beiden Haushalte ist. Kennzeichnet etwa Punkt E die anfangs vorgegebenen Erstausstattungen, von denen aus sich das Konkurrenzgleichgewicht A (Schnittpunkt der von E ausgehenden Tauschkurven) einstellen würde, dann wäre eine Umverteilung von E beispielsweise nach F oder G herbeizuführen, damit das dem gesamtwirtschaftlichen Maximum entsprechende Konkurrenzgleichgewicht C (Schnittpunkt der Tauschkurven, die von F oder G ausgehen) erreicht wird (vgl. Abb. 8).

Die Annahme, dass eine gesellschaftliche Wohlfahrtsfunktion existiert, und noch dazu eine solche mit den Eigenschaften einer individuellen Nutzenfunktion, ist allerdings äußerst fragwürdig. Es ergeben sich hier ähnliche Probleme wie bei dem Versuch, Indifferenzkurven für einen Mehrpersonen-Haushalt abzuleiten

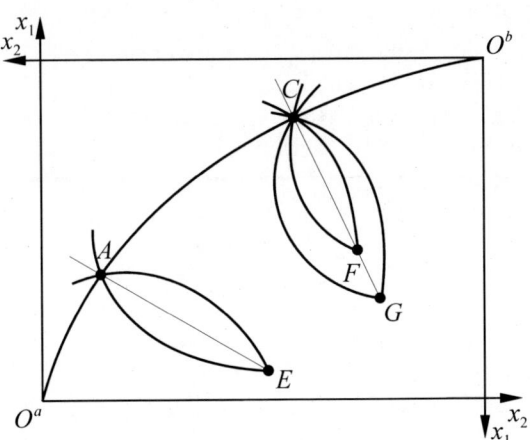

Abb. 8: Erreichung des Wohlfahrtsmaximums durch Umverteilung der Erstausstattung

(vgl. Kap. I.B.7.a). Wird ein Land von einem Diktator regiert, dann mögen dessen Vorstellungen über die Funktion (27) maßgebend sein. Unproblematisch wäre die Annahme außerdem, wenn die Haushalte völlig gleiche Vorstellungen über die gesamtwirtschaftliche Nutzenfunktion hätten. Davon ist jedoch keineswegs auszugehen; es ist vielmehr anzunehmen, dass jeder Haushalt in seiner Vorstellung über die Funktion (27) seinen eigenen Nutzen vergleichsweise stark gewichtet. Soll jeder Haushalt verschiedene Nutzenkombinationen (u^a, u^b) in eine Rangordnung bringen, dann werden die Haushalte i. d. R. zu unterschiedlichen Rangordnungen gelangen. Demokratische Mehrheitsentscheidungen über die gesamtwirtschaftliche Rangordnung können dann zum CONDORCETschen Abstimmungsparadox (vgl. Kap. I.B.7.a) führen, nach dem auch bei Transitivität der individuellen Ordnungen die gesamtwirtschaftliche Präferenzordnung intransitiv ist. Es mangelt also bereits an der Transitivität, der eine durch (27) dargestellte gesamtwirtschaftliche Präferenzordnung genügen müsste. Im Modell der vollständigen Konkurrenz bleibt daher das Problem, nach welchen Kriterien die Verteilung der Erstausstattungen auf die Haushalte im Hinblick auf die daraus über den Konkurrenzmechanismus resultierende Nutzenverteilung erfolgen soll, letztlich doch ungelöst.

4. Geometrische und wohlfahrtstheoretische Interpretation II: Einbeziehung der Produktion

Die zweite Version des Modells, die wir geometrisch darstellen wollen, unterscheidet sich von der ersten dadurch, dass wir auch die Produktion berücksichtigen. Nach wie vor gebe es nur zwei Haushalte, die wir wieder mit a und b bezeichnen. Diese verfügen über Erstausstattungen mit den Gütern 1 und 2, die ausschließlich als Faktoren in der Produktion eingesetzt werden können. Uns interessieren zunächst nur die in der betrachteten Volkswirtschaft verfügbaren Gesamtmengen dieser Güter; die Frage ihrer Verteilung auf die beiden Haushalte lassen wir vorerst offen. Da sie nicht anderweitig verwendbar sind, werden die Erstausstattungen unabhängig von der Höhe der Preise den Unternehmen angeboten. Es gibt zwei Unternehmen, die beide die Güter 1 und 2 nachfragen. Das eine Unternehmen produziert daraus gemäß der Produktionsfunktion $y_3=g^3(r_1,r_2)$ das Gut 3 in der Menge y_3, das andere gemäß der Produktionsfunktion $y_4=g^4(r_1,r_2)$ das Gut 4 in der Menge y_4. Die Güter 3 und 4 fragen die Haushalte zu Konsumzwecken nach. Obgleich es an jedem der vier Märkte jeweils nur einen bzw. zwei Anbieter und zwei Nachfrager gibt, sollen sich diese als Mengenanpasser verhalten. Eine Besonderheit dieses Modells besteht darin, dass das Angebot der Güter 1 und 2 – anders als in den Nettonachfragefunktionen (8) allgemein zum Ausdruck gebracht – nicht von Preisen abhängt; es ist vielmehr fix. Die (preisabhängige) Nachfrage der Unternehmen nach diesen Gütern sorgt im Rahmen des Modells dafür, dass die Güter restlos in der Produktion eingesetzt werden.

a. EDGEWORTH-Box für die als Faktoren verwendeten Güter

Wir beginnen mit der Darstellung des Produktionsgleichgewichts. Die Gesamtmengen der als Erstausstattung der Haushalte vorhandenen Güter 1 und 2 geben uns die Seitenlängen eines Schachteldiagramms (Abb. 9), das wir auch wieder als EDGEWORTH-Box bezeichnen wollen. Der Punkt E stellt die Verteilung der insgesamt vorhandenen Mengen $\bar{x}_1 = \bar{x}_1^a + \bar{x}_1^b$ und $\bar{x}_2 = \bar{x}_2^a + \bar{x}_2^b$ auf die beiden Haushalte dar. In diesem Diagramm lässt sich gleichzeitig noch eine andere Verteilung darstellen, nämlich die Verteilung der Güter i=1, 2 als Produktionsfaktoren r_i^j auf die Unternehmen j=3,4: $\bar{x}_1 = r_1^3 + r_1^4$, $\bar{x}_2 = r_2^3 + r_2^4$.

Zu diesem Zweck fassen wir O^3 als Ursprung des Isoquantendiagramms für Gut 3 und O^4 als Ursprung des Isoquantendiagramms für Gut 4 auf. Jeder Punkt innerhalb der EDGEWORTH-Box oder auf ihrem Rand repräsentiert nun auch eine bestimmte Verteilung der vorhandenen Faktormengen auf die Produktion der Güter 3 und 4. Als F ist eine mögliche solche Verteilung eingezeichnet. Durch F verläuft je eine Isoquante für Gut 3 und Gut 4, so dass F (wie jeder andere Punkt der EDGEWORTH-Box) eine bestimmte Kombination ($\bar{y}_3, \bar{y}_4$) von Produktionsmengen der beiden Güter repräsentiert. Soll ein Punkt die Minimalkostenkombination für $\bar{y}_3$ sein, dann muss die absolute Steigung der betreffenden Isoquante in diesem Punkt gleich dem Verhältnis der Faktorpreise p_2/p_1 sein. Dasselbe gilt bezüglich der Minimalkostenkombination für $\bar{y}_4$. Da die Faktorpreise für beide Unternehmen dieselben sein müssen, die Steigungen der Isoquanten in F aber voneinander abweichen, kann die Verteilung im eingezeichneten Punkt F nicht für die Produktion beider Güter eine Minimalkostenkombination sein.

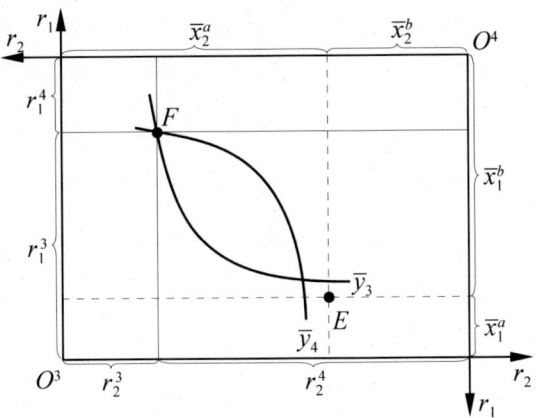

Abb. 9: EDGEWORTH-Box für den Faktoreinsatz

b. Kontraktkurve und Produktionsmöglichkeitenkurve

Punkte der EDGEWORTH-Box, die ein Konkurrenzgleichgewicht sein können, müssen die Eigenschaft aufweisen, dass die Isoquanten beider Unternehmen in ihnen dieselbe Steigung haben, nämlich die Steigung, wie sie durch ein für beide Unternehmen geltendes Preisverhältnis p_2/p_1 (vom Markt) vorgegeben wird. Verbinden wir alle Punkte, in denen sich je eine Isoquante für die Güter 3 und 4 berühren, so erhalten wir eine Kurve (vgl. Abb. 10.a), die in Analogie zur Situation beim reinen Tausch (Abb. 6.a) wieder als Kontraktkurve bezeichnet wird. Sie ist die Menge aller Punkte, die die Marginalbedingung des Faktoreinsatzes erfüllen, anders gesagt: die Menge aller Punkte, in denen die Aufteilung der Faktoren (Gut 1 und 2) auf die Produktion (der Güter 3 und 4) effizient, also pareto-optimal, erfolgt. Umgekehrt kann jeder solche Punkt als Konkurrenzgleichgewicht auf den Faktormärkten aufgefasst werden.

Die Gesamtheit der pareto-optimalen Punkte lässt sich in ein Diagramm der Produktionsmengen y_3 und y_4 übertragen (vgl. Abb. 10.b). Jedem Punkt auf der Kontraktkurve als Tangentialpunkt zweier Isoquanten entspricht eine Kombination zweier Produktionsmengen, die wir im Produktionsmengendiagramm abtragen können. Wandern wir auf der Kontraktkurve von $O^{3\prime}$ über A',B',C' nach $O^{4\prime}$, so nimmt y_3 vom Wert 0 aus dauernd zu, während y_4 abnimmt und schließlich den Wert 0 erreicht. Im Produktionsmengendiagramm entspricht dieser Wanderung eine Bewegung vom Punkt O^3 auf der Abszisse über A,B,C zum Punkt O^4 auf der Ordinate. Die dabei entstehende Kurve ist die bereits in Kap. 0.B.4 eingeführte *Produktionsmöglichkeitenkurve* oder *(Produktions-) Transformationskurve*. Die Kontraktkurve stellt alle denkbaren, durch Konkurrenzgleichgewichte realisierbaren Verteilungen der gegebenen gesamten Faktorausstattung auf die Produktion der Güter 3 und 4 dar; die Transformationskurve beschreibt die diesen Verteilungen zugeordneten Produktionsmengenkombinationen. Da einer Produktionszunahme des einen Gutes in diesem Zusammenhang stets eine Produktionsabnahme

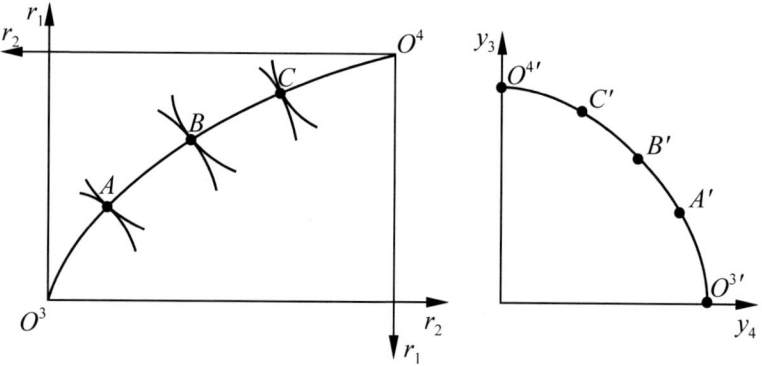

Abb. 10. a/b: Kontraktkurve und Produktionsmöglichkeitenkurve

des anderen Gutes zugeordnet ist, verläuft die Transformationskurve monoton fallend.

Wenn der Nutzen ordinal gemessen wird, ist bei der Nutzenmöglichkeitenkurve eine weitergehendere Aussage als die, dass sie negative Steigung hat, nicht möglich. Da die Produktionsmengen kardinal messbar sind, können aufgrund der Eigenschaften der für die Güter 3 und 4 unterstellten Produktionsfunktionen weitergehende Aussagen über die Krümmung der Transformationskurve gemacht werden. Zu diesem Zweck stellen wir an drei Beispielen eine Methode dar, nach der man die Transformationskurve geometrisch aus der EDGEWORTH-Box der Produktionsfaktoren ableiten kann.

Im *ersten Beispiel* seien die (substitutionalen) Produktionsfunktionen für *beide Güter linear-homogen*. Die Isoquanten einer solchen Funktion werden von einem beliebigen Strahl aus dem Ursprung in Punkten geschnitten, in denen die Isoquanten gleiche Steigung aufweisen, und die Isoquanten für konstante Produktionsmengendifferenzen haben entlang dem Strahl jeweils gleichen Abstand (vgl. Kap. II.B.4). Wir betrachten *zunächst* den in Abb. 11 erläuterten *Spezialfall*, dass die Isoquanten der beiden Produktionsfunktionen *auf der Diagonalen O^3O^4* der EDGEWORTH-Box in Quadrant II *dieselbe Steigung* haben, dass sich also jeweils zwei Isoquanten dort berühren. In diesem Fall ist die *Diagonale O^3O^4* mit der *Kontraktkurve* identisch. Da die Isoquantensteigung in jedem Punkt der Kontraktkurve dieselbe ist, gilt unabhängig davon, welches Konkurrenzgleichgewicht auf dem Faktormarkt verwirklicht wird, das gleiche Faktorpreisverhältnis. Es lohnt sich, in der Produktion beider Güter stets die *gleiche Faktorintensität* zu wählen.

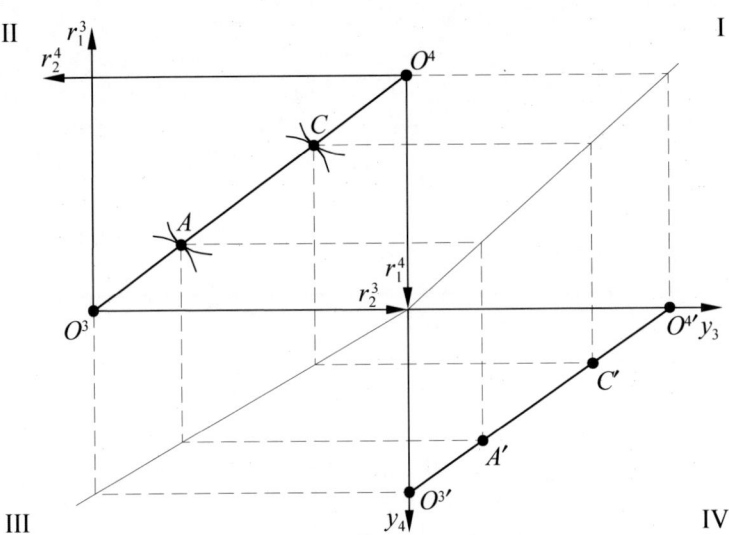

Abb. 11: Ableitung der Transformationskurve für linear-homogene Produktionsfunktionen (Spezialfall lineare Kontraktkurve)

Um nun die einzelnen Outputkombinationen, die jeweils den Faktorkombinationen auf der Kontraktkurve im II. Quadranten zugeordnet sind, in den IV. Quadranten zu übertragen, verwenden wir die in Kap. II diskutierten *Ertragskurven bei totaler Faktorvariation* bzw. die *Niveauproduktionsfunktionen* (II.B.22).

Für Gut 4 lautet die Produktionsfunktion

$$y_4 = g^4(r_1^4, r_2^4), \tag{28}$$

woraus sich wegen der unterstellten Linear-Homogenität ergibt:

$$y_4 = r_2^4 \cdot g^4\left(\frac{r_1^4}{r_2^4}, 1\right). \tag{29}$$

Da das Faktoreinsatzmengenverhältnis (r_1^4/r_2^4) unabhängig von der Höhe des Outputs entlang der Kontraktkurve O^3O^4 konstant ist, erhalten wir nach (29) den Output y_4 als lineare Funktion des Einsatzes von Gut 2 in dieser Produktion. Diese lineare Ertragsfunktion ist im III. Quadranten abgebildet. Für jede Faktorverbrauchsmenge r_2^4 (obere, nach links zeigende Achse im II. Quadranten) kann man mit Hilfe dieser Funktion die Produktionsmenge y_4 (rechte, nach unten gerichtete Achse im III. Quadranten) ablesen. Für die Punkte A und C ist das eingezeichnet. Entsprechend lässt sich für die Faktorverbrauchsmengen r_1^3 (linke, nach oben weisende Achse im II. Quadranten) die Produktionsmenge y_3 (untere, nach rechts zeigende Achse im I. Quadranten) an der linearen Ertragsfunktion für Gut 3 im I. Quadranten ablesen (eingezeichnet für die Punkte A und C). Für die Punkte

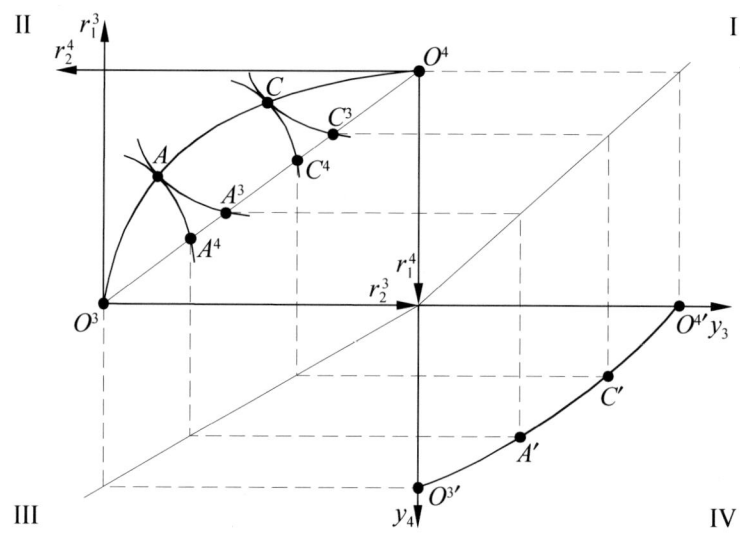

Abb. 12: Ableitung der Transformationskurve für linear-homogene Produktionsfunktionen

A und C der Kontraktkurve ergeben sich die Punkte A' und C' der Transformationskurve im IV. Quadranten. Die Konstruktion zeigt, dass im hier zunächst unterstellten Spezialfall die Transformationskurve eine Gerade ist.

Wir geben jetzt die Annahme des Spezialfalls, dass auf der Diagonalen der Produktionsfaktoren-EDGEWORTH-Box die Isoquanten beider Produktionsfunktionen gleiche Steigung haben, auf. Statt dessen unterstellen wir, dass auf der Diagonalen die Isoquanten für Gut 3 flacher verlaufen als für Gut 4. Dann ist die Diagonale $O^3 O^4$ nicht mehr identisch mit der Kontraktkurve, letztere verläuft vielmehr oberhalb der Diagonale (vgl. Abb. 12).

Die Geraden durch den Ursprung im I. und III. Quadranten können wir weiterhin als Niveauproduktions- oder Ertragsfunktionen interpretieren, die sich jetzt jedoch jeweils auf die Produktion mit der Faktorintensität der Diagonalen $O^3 O^4$ beziehen. Für einen Punkt A der Kontraktkurve können wir damit die zugehörigen Produktionsmengen y_3, y_4 bestimmen, indem wir ausnutzen, dass die Menge y_3 für A und A^3 übereinstimmt (gleiche Isoquante) und entsprechend die Menge y_4 für A und A^4. Indem man mittels solcher Hilfspunkte A^3, A^4 und C^3, C^4 Punkte der Kontraktkurve in den IV. Quadranten überträgt, erhält man die Transformationskurve, die – wie aus der geometrischen Konstruktion ersichtlich – konkav zum Ursprung gekrümmt ist. (Sie wäre auch dann konkav gekrümmt, wenn – anders als in Abb. 12 – die Kontraktkurve unterhalb der Diagonale verlaufen würde.)

Im *zweiten Beispiel* sei die (substitutionale) Produktionsfunktion für Gut 3 weiterhin linear-homogen, die für Gut 4 habe dagegen einen Homogenitätsgrad klei-

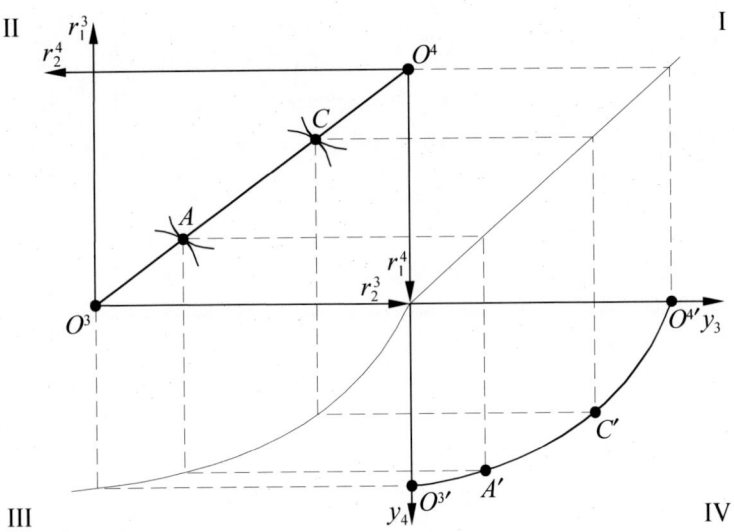

Abb. 13: **Ableitung der Transformationskurve für eine linear-homogene (y_3) und eine unterlinear-homogene (y_4) Produktionsfunktion (Spezialfall lineare Kontraktkurve)**

ner als 1. Für Gut 4 gelten also *abnehmende Skalenerträge*. Auch hier betrachten wir zunächst den Spezialfall, dass die *Kontraktkurve* mit der *Geraden* O^3O^4 identisch ist, mithin auf der Kontraktkurve stets das gleiche Faktorpreisverhältnis herrscht und dieselbe Faktorintensität gewählt wird (vgl. Abb. 13).

Die bei einer Bewegung auf der Kontraktkurve von O^3 nach O^4 mit zunehmendem Faktoreinsatz r_1^3 steigende Produktion y_3 lässt sich wieder mit Hilfe der linearen Niveauproduktionsfunktion im I. Quadranten auf die y_3-Achse übertragen. Die bei Mehreinsatz von r_2^4 entlang der Kontraktkurve von O^4 nach O^3 zunehmende Produktion von y_4 wird jetzt wegen der abnehmenden Skalenerträge für Gut 4 durch eine nicht lineare, sondern gekrümmte Niveauproduktionsfunktion im III. Quadranten beschrieben. Die als A', C' in den IV. Quadranten übertragenen Punkte A, C der Kontraktkurve zeigen, dass die Transformationskurve auch in diesem Fall einen konkaven Verlauf aufweist, der hier – anders als in Abb. 12 – allerdings auf die abnehmenden Skalenerträge in der Produktion des Gutes 4 zurückzuführen ist.

In dem allgemeineren Fall, dass die *Kontraktkurve gekrümmt* verläuft, weil die Steigungen der Isoquanten für beide Güter auf der Diagonalen nicht identisch sind (vgl. Abb. 14), gehen wir ähnlich vor wie im ersten Beispiel: Den Punkten A und C auf der Kontraktkurve sind die Punktepaare A^3, A^4 bzw. C^3, C^4 auf der Diagonalen O^3O^4 zugeordnet. Von diesen Punkten aus lassen sich die zu A und C gehörigen jeweiligen Produktionsmengen y_3 und y_4 wieder mittels der Niveauproduktionsfunktionen im I. und III. Quadranten als Punkte A' und C' der Transformationskurve im IV. Quadranten darstellen. Die *Produktionstransformationskurve*

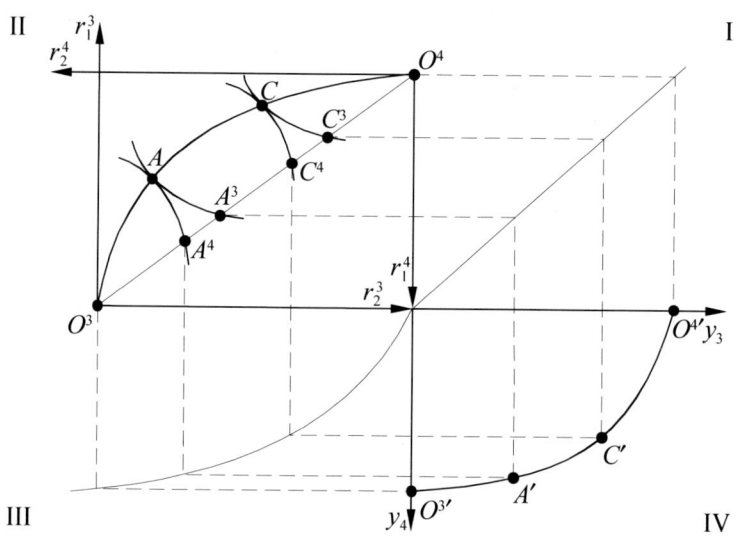

Abb. 14: Ableitung der Transformationskurve für eine linear-homogene (y_3) und eine unterlinear-homogene (y_4) Produktionsfunktion

verläuft wieder *konkav* zum Ursprung, und zwar erstens wegen der abnehmenden Skalenerträge in der Produktion des Gutes 4, zweitens wegen des Abweichens der Kontraktkurve von der Diagonalen O^3O^4.

Mit Hilfe der dargestellten Methode lassen sich leicht andere Fälle als die bisher diskutierten Beispiele untersuchen. Es ist unmittelbar einzusehen, dass die Produktionstransformationskurve erst recht konkav verläuft, wenn auch in der Produktion des Gutes 3 abnehmende Skalenerträge vorliegen. Die Produktionstransformationskurve muss bei einer Kontraktkurve in Form einer Geraden hingegen *konvex* zum Ursprung sein, wenn für eine der beiden Produktionsfunktionen konstante, für die andere *zunehmende* Skalenerträge gelten, denn dann hätten wir – gerade andersherum als in Abb. 13 – neben einer linearen eine zum II. Quadranten *konvex* verlaufende Niveauproduktionsfunktion zu verwenden. Eine zum Ursprung konvexe Produktionstransformationskurve folgt erst recht, wenn auch für das andere Gut zunehmende Skalenerträge vorliegen. Verläuft die Kontraktkurve gekrümmt, so kann die auf Konvexität der Transformationskurve gerichtete Wirkung zunehmender Skalenerträge durch die auf Konkavität der Transformationskurve gerichtete Wirkung der Kontraktkurvenkrümmung teilweise, ganz oder mehr als ganz aufgehoben werden.

Als *drittes Beispiel* erläutern wir schließlich noch den Fall, dass die beiden Produktionsfunktionen *linear-limitational* sind. Liegt der Spezialfall gleicher Faktorintensität in der Produktion beider Güter vor, so trifft wieder Abb. 11 zu. Bei ungleicher Faktorintensität lässt sich anhand von Abb. 15 argumentieren, in der O^3Q die für Unternehmen 3 und O^4P die für Unternehmen 4 effizienten Produkti-

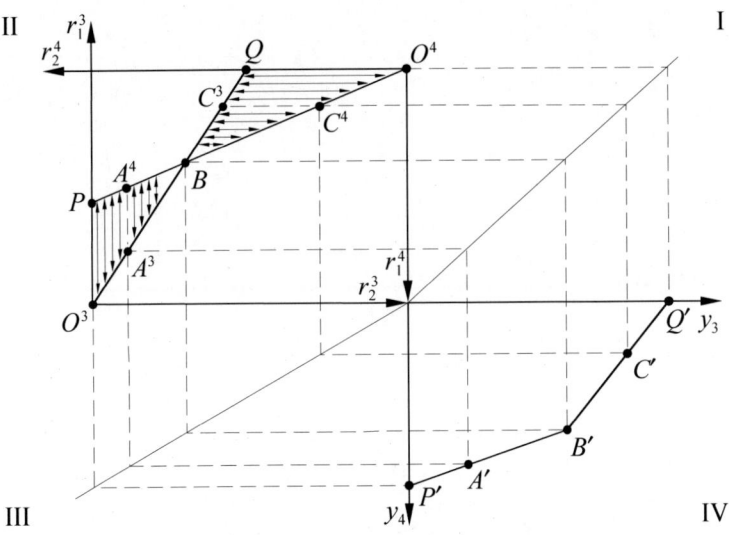

Abb. 15: Ableitung der Transformationskurve für
linear-limitationale Produktionsfunktionen

onspunkte darstellen. Während in den bisher betrachteten Fällen die Menge der pareto-optimalen Faktormengenverteilungen auf einer Kontraktkurve (Tangentialpunkte von Indifferenzkurven) lagen, ist die Situation hier grundlegend anders. Nur ein einziger Punkt (B) stellt eine Aufteilung der vorhandenen Ressourcen auf die Unternehmen 3 und 4 dar, bei der beide Unternehmen alle ihnen zugeteilten Ressourcen auch nutzen können. In allen anderen Punkten der EDGEWORTH-Box im II. Quadranten verbleibt mindestens einem Unternehmen ein Überschuss eines Produktionsfaktors, der wegen der Limitationalität der Produktionsfunktionen nicht genutzt werden kann.

Pareto-optimal sind in dieser Situation alle Punkte der Dreiecke O^3BP und O^4BQ („*Kontraktgebiet*"). Eine Verteilung gemäß einem Punkt auf der Strecke zwischen A^3 und A^4 bedeutet nämlich z. B., dass Unternehmen 3 (4) gemäß dem Punkt A^3 (A^4) produziert. Von den zugehörigen, in Punkt A' der Kontraktkurve dargestellten Produktionsmengen y_3, y_4 lässt sich keine erhöhen, ohne dass die andere gesenkt werden müsste. Insgesamt bleibt in dieser Situation die der Strecke A^3A^4 entsprechende Menge von Faktor r_1 ungenutzt, da er im Überfluss vorhanden ist. Entsprechend führt eine Verteilung gemäß eines Punktes aus O^4BQ (außer Punkt B) zu einem nicht nutzbaren Überschuss an Faktor r_2 (vgl. die Punkte C^3, C^4). Die Transformationskurve besteht aus zwei linearen Teilstücken, sie ist also ebenfalls (schwach) konkav bzgl. des Ursprungs. – Im Folgenden werden wir auf den hier dargestellten Fall limitationaler Produktionsfunktionen nicht eingehen, sondern wieder substitutionale Produktionsfunktionen unterstellen.

> *Limitationale Produktionsfunktionen und Marginalbedingung des Faktoreinsatzes:* Man beachte, dass für limitationale Produktionsfunktionen der Begriff „PARETO-Optimalität" ganz analog wie für substitutionale Produktionsfunktionen gebildet werden kann, während eine Marginalbedingung bzgl. des Faktoreinsatzes sich (mangels „normaler" Isoquanten mit negativer Steigung) nicht formulieren lässt.

c. Marginalbedingung für die Gütertransformation

Die Produktionsmöglichkeitenkurve oder Transformationskurve beschreibt die Wahlmöglichkeiten einer Volkswirtschaft zwischen den Mengen der verschiedenen Güter, die produziert werden können. Mehrproduktion von Gut 3 bedeutet zwingend Wenigerproduktion von Gut 4. Die Steigung der Transformationskurve (in einem bestimmten Punkt) gibt das Verhältnis zwischen dem möglichen Mehr an Gut 3 und dem damit verbundenen Weniger an Gut 4 an. Man nennt den Absolutbetrag dieser Steigung *Grenzrate der Transformation* (GRT):

$$GRT_{3,4} = \left|\frac{d x_3}{d x_4}\right|. \qquad (30)$$

Man spricht in diesem Zusammenhang auch von *Alternativ-* oder *Opportunitätskosten* einer zusätzlichen Einheit des einen Gutes, gemessen in aufzugebenden Einheiten des anderen Gutes. Im Folgenden soll es zunächst um die Bestimmung dieser Grenzrate der Transformation gehen. Dazu stellen wir uns vor, es solle eine kleine Menge Δr_1 oder, um gleich exakt zu argumentieren: die Größe dr_1, aus der Produktion von Gut 4 abgezogen und in der Produktion von Gut 3 zusätzlich verwandt werden:

$$d r_1^3 > 0, \qquad d r_1^4 = -d r_1^3 < 0. \tag{31}$$

Dann gilt für die durch die entsprechenden Grenzproduktivitäten bestimmten Produktionsmengenänderungen:

$$d x_3 = g_1^3 \, d r_1^3, \qquad d x_4 = g_1^4 \, d r_1^4, \tag{32}$$

und damit wegen (31)

$$GRT_{3,4} = \left|\frac{d x_3}{d x_4}\right| = \left|\frac{g_1^3 \, d r_1^3}{g_1^4 \, d r_1^4}\right| = \frac{g_1^3}{g_1^4}. \tag{33}$$

Unter Ausnutzung der im totalen Konkurrenzgleichgewicht geltenden Beziehung (12):

$$p_3 g_1^3 = p_1, \qquad p_4 g_1^4 = p_1, \tag{34}$$

erhält man hieraus:

$$GRT_{3,4} = \frac{g_1^3}{g_1^4} = \frac{p_4}{p_3}. \tag{35}$$

Für die (rein technologisch definierte) Transformationskurve („effiziente Produktkombinationen") gilt also, dass ihre Steigung in einem Punkt, der ein totales Konkurrenzgleichgewicht repräsentiert, mit dem negativen umgekehrten Preisverhältnis der beiden Güter in diesem totalen Konkurrenzgleichgewicht übereinstimmt. Da andererseits nach (20/21) im totalen Konkurrenzgleichgewicht auch die Grenzrate der Substitution (aller Haushalte für je zwei Güter) dem jeweiligen umgekehrten Preisverhältnis gleich ist, gilt im totalen Konkurrenzgleichgewicht:

> ***Zur Ableitung der Grenzrate der Transformation:*** Die Punkte der Transformationskurve entsprechen eindeutig den Punkten der Kontraktkurve (vgl. Abb. 10.a/b). Die Steigung der Transformationskurve ist also eigentlich entsprechend einer Bewegung auf der Kontraktkurve (gleichzeitige Variation/Umverteilung von r_1 und r_2) zu berechnen, während wir nur r_1 variiert haben. Nun ergibt die (31) bis (34) entsprechende Rechnung für r_2 aber dasselbe Ergebnis (35), und damit führt auch jede kombinierte Variation von r_1 und r_2 zum selben Ergebnis (35).

Die Grenzrate der Transformation stimmt mit der Grenzrate der Substitution beim Konsum überein. Diesen Zusammenhang bezeichnet man als *Marginalbedingung für die Gütertransformation.* Wir haben ihre Gültigkeit im hier betrachteten Beispiel nachgewiesen, sie gilt darüber hinaus auch ganz allgemein für totale Konkurrenzgleichgewichte.

Diese Marginalbedingung beschreibt eine sich gemeinsam auf Produktion und Konsum beziehende Effizienzeigenschaft. Selbst wenn die in Abschn. 2.e eingeführten Marginalbedingungen bzgl. des Güterverbrauchs und des Faktoreinsatzes erfüllt sind, könnte das Ergebnis des Wirtschaftens ineffizient sein: Es könnte sein, dass das, was produziert wird, effizient produziert wird (effizienter Faktoreinsatz) und dass das, was zum Verbrauch der Haushalte zur Verfügung steht, effizient auf die Haushalte verteilt wird, dass jedoch *„nicht das Richtige"* produziert (und dann verteilt) wird; es könnte sein, dass die Wahl (und anschließende Verteilung) eines anderen Punktes auf der Transformationskurve mindestens ein Wirtschaftssubjekt besser stellen würde, ohne dass irgendein anderes Wirtschaftssubjekt schlechter gestellt würde. Genau dann, wenn die Marginalbedingung der Gütertransformation erfüllt ist, gibt es diese Verbesserungsmöglichkeit nicht (vgl. Kasten); die Marginalbedingung der Gütertransformation sichert also (bei Erfüllung auch der anderen beiden Marginalbedingungen) die PARETO-Optimalität *auch* bezüglich der Wahl des Produktionspunktes auf der Transformationskurve.

> ***Bedeutung der Marginalbedingung für die Gütertransformation:*** Für alle Haushalte h betrage die Grenzrate der Substitution zwischen Le(bensmitteln) und Kl(eidung) 5 zu 2. Auf der anderen Seite betrage die Grenzrate der Transformation zwischen diesen Gütern 1 zu 1:
>
> $$GRS_{Le,Kl} = \frac{f^h_{Kl}}{f^h_{Le}} = \frac{5}{2} \neq \frac{1}{1} = GRT_{Le,Kl}.$$
>
> Die Marginalbedingung für die Gütertransformation ist also *nicht* erfüllt. Eine solche Situation ist nicht effizient (nicht pareto-optimal), denn der Grenznutzen für Kleidung ist (1½ mal) höher als der Grenznutzen für Lebensmittel, und die Grenzrate der Transformation sagt aus, dass man bei Verzicht auf die Produktion einer Einheit Lebensmittel eine Einheit Kleidung mehr produzieren kann.

d. Produktionsmöglichkeitenkurve und Nutzenmöglichkeitenkurve

Abb. 16 stellt die Marginalbedingung für die Gütertransformation graphisch dar. Wenn A' die in einem totalen Konkurrenzgleichgewicht produzierten Mengen $\bar{y}_3, \bar{y}_4$ bezeichnet, so stehen gerade diese Mengen zur Verteilung an die Haushalte a und b zur Verfügung, A' bestimmt also zusammen mit dem Koordinatenursprung eine EDGEWORTH-Box, in der die Aufteilung der Gütermengen $\bar{y}_3, \bar{y}_4$ auf die Haushalte beschrieben werden kann. In diese EDGEWORTH-Box lässt sich vom

Koordinatenursprung von Haushalt a O^a (=O) zum Koordinatenursprung von Haushalt b O^b (=A') die Kontraktkurve einzeichnen. Die Verteilung der Gütermengen $\bar{y}_3, \bar{y}_4$ muss im totalen Konkurrenzgleichgewicht zu einem Punkt auf dieser Kontraktkurve führen, und zwar zu einem solchen wie dem eingezeichneten Punkt A'', bei dem die Steigung der sich dort berührenden Indifferenzkurven (=$-p_4/p_3$) gerade so groß ist wie die Grenzrate der Transformation in A'.

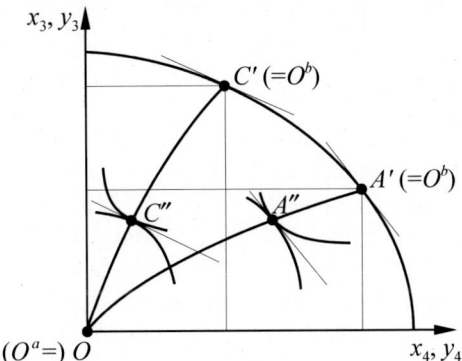

Abb. 16: Zur Marginalbedingung für die Gütertransformation

Entsprechend lässt sich für jeden anderen für ein totales Konkurrenzgleichgewicht in Frage kommenden Punkt der Transformationskurve (z. B. C') argumentieren. Dabei ergeben sich die Produktionspunkte (A', C') und die zugehörigen Verteilungspunkte (A'', C'') in Abhängigkeit von den gegebenen Erstausstattungen der Haushalte.

Den beiden in Abb. 16 eingezeichneten Kontraktkurven zu den Punkten A' und C' entsprechen im Nutzendiagramm die *Nutzenmöglichkeitenkurven* N_A und N_C (vgl. Abb. 17). Dabei stellt der Punkt A''' die Nutzen für die Haushalte a und b dar, die den durch A'' verlaufenden Indifferenzkurven entsprechen, die also in einem möglichen Konkurrenzgleichgewicht realisiert würden. $u^a_{A'}$ stellt den Nutzen von Haushalt a in der (Nichtgleichgewichts-) Situation dar, dass bei Realisie-

> *Zum (fehlenden) Erstausstattungspunkt in Abb. 16:* Die beiden in Abb.16 angedeuteten EDGEWORTH-Boxen enthalten jeweils einen auf der jeweiligen Kontraktkurve liegenden Gleichgewichtspunkt, im Unterschied zu der in Abschn. 3 beschriebenen Situation des reinen Tausches (vgl. etwa Abb. 3, 5) jedoch keinen Erstausstattungspunkt der Haushalte a und b. Das liegt daran, dass deren Erstausstattung im hier betrachteten Zusammenhang nur aus den Gütern (Faktoren) 1 und 2 besteht; die Lage der durch A'' bzw. C'' verlaufenden Bilanzgeraden richtet sich nach den Erlösen aus dem Verkauf dieser Erstausstattungen (was in Abb. 16 nicht explizit dargestellt ist).

rung des Punktes A' der Transformationskurve die gesamte Produktion von y_3 und y_4 an Haushalt a fällt; $u_{A'}^b$ ist entsprechend der bei Realisierung von A' maximal mögliche Nutzen von Haushalt b. Entsprechend sind die Punkte der Kurve N_C zu interpretieren. (In unserem Zeichenbeispiel schneiden sich die Kurven N_A und N_C; das ist nicht zwingend der Fall.) Wir erhalten unendlich viele solcher Nutzenmöglichkeitenkurven, wenn wir die Gesamtheit aller Punkte auf der Produktionsmöglichkeitenkurve in Betracht ziehen, die für ein Konkurrenzgleichgewicht in Frage kommen. Die den entsprechenden Konkurrenzgleichgewichten zugeordneten Nutzenkombinationen seien durch die grau gezeichnete Kurve N dargestellt, die die *Umhüllende zu allen Nutzenmöglichkeitenkurven* ist. Eine einzelne Nutzenmöglichkeitenkurve (wie N_A oder N_C) bezeichnet man nach PAUL SAMUELSON (1950) auch als *utility possibility curve in the point sense*, weil sie einem einzelnen Punkt der Produktionsmöglichkeitenkurve zugeordnet ist; die Umhüllende nennt man demgegenüber auch *Wohlstandsgrenze* oder *utility possibility curve in the situation sense*, weil sie die Gesamtheit der durch Konkurrenzgleichgewichte auf den Verbrauchsgütermärkten realisierbaren Produktionsmengenkombinationen auf der Produktionstransformationskurve berücksichtigt. Die Kurve N hat wieder negative Steigung; Aussagen über ihre Krümmung sind nicht möglich.

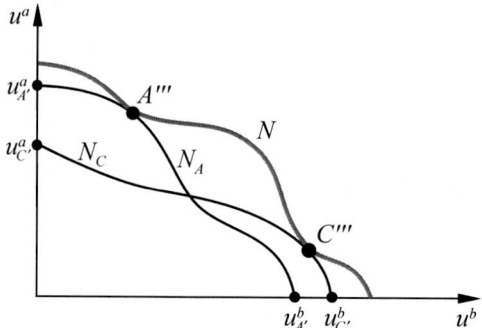

Abb. 17: *Utility possibility curves in the point sense* und *in the situation sense*

e. Die gesellschaftliche Wohlfahrtsfunktion

Die bisherigen Überlegungen ergeben, dass es unendlich viele Konkurrenzgleichgewichte gibt, die durch die Gesamtheit der Punkte auf der Wohlstandsgrenze dargestellt werden. Wenn auch unser geometrisches Instrumentarium zu einer genaueren Begründung nicht ausreicht, so ist doch einzusehen, dass durch geeignete Verteilung oder Umverteilung der als Erstausstattungen vorhandenen Gesamtmengen der Güter 1 und 2 auf die beiden Haushalte prinzipiell jedes dieser Konkurrenzgleichgewichte erreichbar ist. Bei gegebener Verteilung liefert das Modell der vollständigen Konkurrenz eine Lösung, die bestimmte Preisrelationen, bestimmte Einkommen der beiden Haushalte, bestimmte Produktions- und Konsummengen, damit aber auch einen bestimmten Punkt auf der Wohlstandsgrenze impliziert. Alternativen Verteilungen der Erstausstattungen auf die Haushalte sind (möglicherweise) unterschiedliche Punkte auf der Wohlstandsgrenze zugeordnet.

Abermals zeigt sich, dass die Theorie der vollständigen Konkurrenz keine Lösung des Verteilungsproblems bietet; es ist nicht möglich anzugeben, welche von zwei Verteilungen vorzuziehen ist, da nicht feststeht, welcher der diesen zugeordneten Punkte auf der Wohlstandsgrenze als der günstigere zu beurteilen ist. Das *Verteilungsproblem* wird erst durch Einführung einer *gesamtwirtschaftlichen Nutzenfunktion* oder *gesellschaftlichen Wohlfahrtsfunktion* vom Typ (27) lösbar (vgl. Abschn. 3.c). Geometrisch stellt diese Funktion ein System gesellschaftlicher Indifferenzkurven im Nutzendiagramm dar. Das gesamtwirtschaftliche Wohlfahrtsmaximum ist in einem Punkt P erreicht, wo eine Indifferenzkurve die Wohlstandsgrenze tangiert (vgl. Abb. 18). Dem Punkt P ist ein ganz bestimmter Punkt auf der Produktionsmöglichkeitenkurve und somit je ein Punkt in der EDGEWORTH-Box für die Verbrauchsmengen und in der EDGEWORTH-Box für die Faktormengen zugeordnet. Die Maximierung der gesellschaftlichen Wohlfahrtsfunktion (27) unter der Nebenbedingung, dass ein Punkt auf der Wohlstandsgrenze gewählt wird, bedeutet also, dass aus der unendlichen Zahl denkbarer Konkurrenzgleichgewichte auf den Verbrauchsgüter- und Faktormärkten ein im Sinne dieser Wohlfahrtsfunktion „bestes" Konkurrenzgleichgewicht herausgesucht wird. Analog zu unserer Argumentation im Zusammenhang mit Abb. 8 (in Abschn. b) ist davon auszugehen, dass es nicht nur eine einzige Verteilung der als Erstausstattungen vorhandenen Gesamtmengen auf die beiden Haushalte gibt, von der aus dieses Konkurrenzgleichgewicht erreicht wird.

Wie beim Fall des „reinen Tausches" geschildert, ist es jedoch kaum gerechtfertigt, die Existenz einer gesellschaftlichen Wohlfahrtsfunktion zu unterstellen. Das Problem, nach welchen Kriterien die als Produktionsfaktoren verwendeten Güter auf die Haushalte verteilt sein sollten, bleibt auch hier ungelöst.

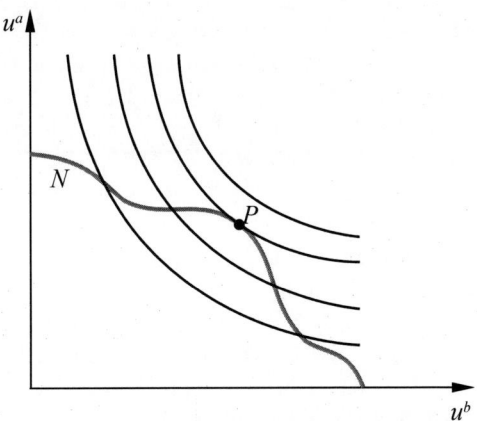

Abb. 18: Maximierung der Wohlfahrtsfunktion bei gegebener Wohlstandsgrenze

5. Zusammenfassung der Eigenschaften eines totalen Konkurrenzgleichgewichts

Die zentrale Aussage von Abschn. B über das totale Konkurrenzgleichgewicht ist: *Durch die dezentrale Lenkung des Marktes stellt sich eine effiziente Situation ein.*

Die Effizienz wird dabei präzisiert durch den Begriff der PARETO-Optimalität. Eine Situation heißt pareto-optimal, wenn der Nutzen keines Wirtschaftssubjekts erhöht werden kann, ohne dass der Nutzen mindestens eines anderen Wirtschaftssubjekts dadurch gemindert werden müsste. Dieser Effizienzbegriff ist ganz allgemeiner Natur, er ist insbesondere vollständig unabhängig vom Wirtschaftssystem, auf das er angewendet wird. Ein zentral gelenktes Wirtschaftssystem, ein marktwirtschaftliches System, ein System mit oder ohne Privateigentum usw. könnte (theoretisch) effizient sein oder auch nicht.

Die PARETO-Optimalität lässt sich in den drei im Vorangegangenen angesprochenen Marginalbedingungen (MB) konkretisieren. PARETO-Optimalität bedeutet erstens, dass das, was produziert wird, effizient produziert wird, d. h. die zur Verfügung stehenden Produktionsfaktoren müssen effizient eingesetzt werden. Dies ist Inhalt der MB für den Faktoreinsatz. Ist diese MB nicht erfüllt, so wird abseits der Kontraktkurve in der EDGEWORTH-Box der Faktorausstattungen und damit unterhalb der Produktionsmöglichkeitenkurve produziert. PARETO-Optimalität bedeutet zweitens, dass das, was den Haushalten für konsumtive Zwecke zur Verfügung steht, effizient auf die Haushalte verteilt wird. Dies ist Inhalt der MB für den Güterverbrauch. Ist sie nicht erfüllt, so findet der Tausch abseits der Kontraktkurve in der EDGEWORTH-Box statt und führt somit zu einem Punkt unterhalb der Nutzenmöglichkeitenkurve. PARETO-Optimalität bedeutet drittens, dass das, was für den Konsum produziert wird, den Präferenzen der Haushalte entspricht. Dies ist Inhalt der MB für die Gütertransformation. Ist sie nicht erfüllt (wohl aber die beiden anderen MB), so wird zwar effizient produziert und verteilt, durch Produktion anderer Mengen der einzelnen Güter könnte aber sehr wohl der Nutzen einzelner Wirtschaftssubjekte erhöht werden, ohne dass andere Wirtschaftssubjekte dadurch eine Verminderung ihres Nutzens hinnehmen müssten.

Man beachte, dass auch die Marginalbedingungen ohne Bezugnahme auf ein bestimmtes Wirtschaftssystem formuliert sind, insbesondere sind sie ohne Rückgriff auf irgendwelche (absoluten oder relativen) Preise formuliert; es geht vielmehr stets nur um Grenzraten der Substitution oder der Transformation.

Das totale Konkurrenzgleichgewicht ist auf der anderen Seite ohne jeden Rückgriff auf eventuelle Effizienzeigenschaften des resultierenden Gleichgewichts formuliert. Es ist vielmehr definiert als derjenige Zustand, der sich – bei vollständiger Konkurrenz auf allen Märkten – einstellt, wenn alle Haushalte nach Nutzenmaximierung und alle Unternehmen nach Gewinnmaximierung streben. Da sich alle Wirtschaftssubjekte als Mengenanpasser verhalten, erfolgt die Koordination der individuellen Wirtschaftspläne lediglich über den Marktmechanismus, d. h. über die Preise, die sich am Markt bilden.

Das erstaunliche Ergebnis der Analyse des totalen Konkurrenzgleichgewichts ist, dass letzteres die Marginalbedingungen erfüllt und damit die Effizienzeigenschaft der PARETO-Optimalität aufweist. Ohne dass irgendeine Instanz die Erfüllung der Effizienz zum Ziel hat und durch irgendwelche Maßnahmen zu erreichen sucht, wird – ausgehend von beliebigen Erstausstattungen – die PARETO-Optimalität durch den Marktmechanismus (die unsichtbare Hand des Marktes) hergestellt.

Es lassen sich weitere Marginalbedingungen formulieren, die entweder aus den genannten folgen oder für andere Versionen des Modells relevant werden (eine weitere Bedingung werden wir in Abschn. 6 formulieren).

Die Marginalbedingungen für ein Wohlfahrtsoptimum werden in der Wohlfahrtstheorie ergänzt durch sogenannte *Totalbedingungen*. Im Rahmen der beiden geometrisch dargestellten Versionen unseres Modells wären die Totalbedingungen für ein Wohlfahrtsoptimum bei jenem totalen Konkurrenzgleichgewicht erfüllt, welches dem Maximum der gesellschaftlichen Wohlfahrtsfunktion entspricht. Die Wohlfahrtsfunktion kann allerdings auch noch umfassender als in unserem Beispiel konzipiert werden, z. B. durch Einbeziehung der Möglichkeit, neue Güter einzuführen.

6. Die Bedeutung externer Effekte

Das Modell der vollständigen Konkurrenz formulierten wir im Abschn. 2 so, dass der Nutzen eines Haushalts nur von den von ihm konsumierten Gütermengen und die Produktion eines Unternehmens nur von den von ihm eingesetzten Faktormengen abhängt. Wir schlossen damit das Vorkommen externer Effekte aus, wie wir sie in Kap. I.B.7.e für den Konsum und in Kap. II.J.1 für die Produktion diskutierten. *Gibt es solche Effekte, dann ist ein Konkurrenzgleichgewicht in der Regel nicht mehr pareto-optimal.*

Für zum Verbrauch bestimmte Güter erläutern wir externe Konsumeffekte anhand einer EDGEWORTH-Box, deren Seitenlängen die insgesamt verfügbaren Mengen der Güter 1 und 2 beschreiben (vgl. Abb. 19). Während Haushalt a wie bisher in seiner Nutzenvorstellung unabhängig sei, hänge der Nutzen des Haushalts b nicht nur von den von ihm selbst, sondern auch von den vom Haushalt a verbrauchten Gütermengen ab. Das Indifferenzkurvensystem des Haushalts a können wir wie bisher zeichnen, das des Haushalts b verschiebt sich dagegen mit Änderungen der Verbrauchsmengen des Haushalts a. Da jeder Punkt in der EDGEWORTH-Box eine bestimmte Verbrauchsmengenkombination des Haushalts a repräsentiert, gehört zu jedem solchen Punkt ein anderes Indifferenzkurvensystem des Haushalts b. Nehmen wir einmal an, zu dem P zugeordneten Indifferenzkurvensystem gehören die Indifferenzkurven $I_1^{b,P}$ und $I_2^{b,P}$ des Haushalts b, und $I_1^{b,P}$ berühre in P die Indifferenzkurve I^a des Haushalts a. Der Punkt P beschribt mithin ein Konkurrenzgleichgewicht. Zur Beantwortung der Frage, ob sich der Nutzen des Haushalts b erhöhen lässt, ohne den des Haushalts a zu vermindern,

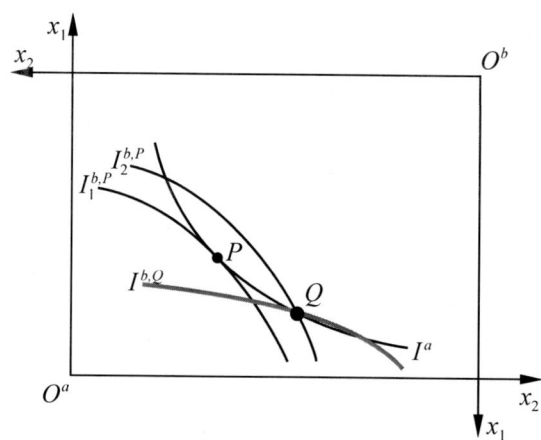

Abb. 19: EDGEWORTH-Box (Nutzen von *b* hängt auch vom Konsum von *a* ab)

wandern wir auf der eingezeichneten Indifferenzkurve I^a des Haushalts *a* nach Q. Durch diesen Punkt geht zwar die Indifferenzkurve $I_2^{b,P}$ des Haushalts *b*, allerdings würde diese Indifferenzkurve nur gelten, wenn Haushalt *a* gemäß Punkt P konsumieren würde. Wird Punkt Q als Verteilung realisiert, gilt für Haushalt *b* vielmehr ein anderes Indifferenzkurvensystem. Dazu gehöre die durch Q verlaufende (grau eingezeichnete) Indifferenzkurve $I^{b,Q}$. Der Nutzenindex von $I^{b,Q}$ kann nun durchaus höher als der von $I_1^{b,P}$ sein. Wir können uns beispielsweise vorstellen, dass ein Nutzen des Haushalts *b*, der in Q höher ist als in P, zum einen aus seinem eigenen Mehrverbrauch am Gut 1, zum anderen aber aus dem Mehrverbrauch des Haushalts *a* am Gut 2 resultiert, den er diesem „gönnt". Dann stellt P zwar ein Konkurrenzgleichgewicht auf den Verbrauchsgütermärkten, jedoch keine pareto-optimale Verteilung dar. Der P zugeordnete Punkt im Nutzendiagramm liegt unterhalb der Nutzenmöglichkeitenkurve.

Für externe Effekte in der Produktion können wir ähnliche Überlegungen anstellen. Wir brauchen zu diesem Zweck nur Abb. 19 als EDGEWORTH-Box für die von zwei Unternehmen als Faktoren verwendeten Güter zu interpretieren, so dass die Seitenlängen die gegebenen Faktormengen bezeichnen. Bei den eingezeichneten Kurven handelt es sich dementsprechend jetzt um Isoquanten. Die Produktion des Gutes, dessen Isoquanten konvex zum Ursprung O^a verlaufen, ist unabhängig vom Faktoreinsatz in der Produktion des anderen. Die Produktion des Gutes, dessen Isoquanten konvex zum Ursprung O^b sind, hängt dagegen vom Faktoreinsatz in der Herstellung beider Güter ab. Punkt P beschreibt ein Konkurrenzgleichgewicht auf den Faktormärkten. Ein Übergang von P nach Q lässt die Produktionsmenge des ersteren Gutes unverändert; er erhöhe die des letzteren. Dann ist das Konkurrenzgleichgewicht P keine pareto-optimale Allokation der vorhandenen Faktoren auf die Produktion der beiden Güter, und der P entsprechende Punkt im Gütermengendiagramm liegt unterhalb der Produktionsmöglichkeitenkurve.

Ohne externe Effekte sind die der Gesamtwirtschaft entstehenden Kosten eines Gutes, die man auch *gesellschaftliche* oder *soziale Kosten* nennt, gleich denen, die in dem das Gut produzierenden Unternehmen anfallen und als *private Kosten* bezeichnet werden. Dementsprechend sind auch die sozialen und privaten Grenzkosten des Gutes gleich. Bei *externen Kosten übersteigen die sozialen* die *privaten Grenzkosten*, bei *externen Ersparnissen bleiben* die *sozialen hinter* den *privaten Grenzkosten zurück*. Mit Hilfe dieser Begriffe lässt sich nun das regelmäßige Auseinanderfallen von Konkurrenzgleichgewicht und PARETO-Optimum bei Vorliegen externer Effekte wie folgt erklären: Bei vollständiger Konkurrenz dehnen die Unternehmen ihre Produktion so weit aus, dass sich die privaten Grenzkosten dem Preis angleichen. Zur Erreichung eines PARETO-Optimums wäre es dagegen erforderlich, die Produktion bis zur Angleichung der sozialen Grenzkosten an den Preis auszudehnen. Liegen externe Kosten vor, dann erreichen die sozialen Grenzkosten früher die Höhe des Preises als die privaten Grenzkosten, so dass die Produktionsmenge kleiner gewählt werden muss, als der Bedingung „private Grenzkosten = Preis" entspricht. Gibt es externe Ersparnisse, dann steigen die sozialen Grenzkosten später auf die Höhe des Preises an als die privaten Grenzkosten, und die Erzeugungsmenge ist folglich größer zu wählen, als die Bedingung „private Grenzkosten = Preis" fordert.

Entscheidend beim Vorliegen externer Effekte ist es, dass die Koordination der individuellen Wirtschaftspläne durch den Mechanismus der vollständigen Konkurrenz verzerrt wird. Diese Marktform verliert damit die sie auszeichnende Eigenschaft der pareto-optimalen Allokation aller Ressourcen. Da die einzelne Wirtschaftseinheit durch die Aktivität anderer Wirtschaftseinheiten Vorteile oder Nachteile hat, die finanziell nicht ausgeglichen werden, orientiert sie sich bei der Nutzen- oder Gewinnmaximierung sozusagen an den „falschen" Größen. Wegen der großen Bedeutung externer Effekte greifen wir das Problem in Kap. VI.F wieder auf.

Kapitel IV.

Verschiedene Varianten der unvollständigen Konkurrenz auf dem Markt für ein Gut

A. Einführung

In den Kap. I und II wurde das Verhalten von Haushalten und Unternehmen unter der Annahme erörtert, dass die einzelne Entscheidungseinheit die Preise der von ihr nachgefragten bzw. angebotenen Güter nicht beeinflussen kann, weil sie nur einen verschwindend kleinen Anteil an der Gesamtnachfrage bzw. am Gesamtangebot hat. Sie muss sich daher als Mengenanpasser verhalten und die Marktpreise als gegeben nehmen. In Kap. III wurde gezeigt, wie sich unter den Bedingungen der vollständigen Konkurrenz ein Preis an einem einzelnen Markt bzw. die Gesamtheit der Preise an allen Märkten herausbildet. Die Voraussetzung der Mengenanpassung konnte daher nachträglich als die bei vollständiger Konkurrenz einzig mögliche interpretiert werden. In diesem Kapitel sollen Unternehmen untersucht werden, die entweder als Anbieter oder als Nachfrager auf einem Markt mit unvollständiger Konkurrenz handeln. Wir kehren damit nach der Totalanalyse der vollständigen Konkurrenz in Kap. III.B zu Partialanalysen zurück, die wir getrennt nach einzelnen Varianten der unvollständigen Konkurrenz durchführen.

Einen Überblick über die möglichen Varianten unvollständiger Konkurrenz können wir durch Anknüpfen an die drei Merkmale gewinnen, mit denen wir in Kap. III.A.1 einen Markt mit vollständiger Konkurrenz beschrieben haben. Das Merkmal *(1)* betrifft die *Zahl der Marktteilnehmer*. Außer dem Fall sehr vieler Marktteilnehmer lassen sich die Fälle weniger Marktteilnehmer und eines Marktteilnehmers, und zwar jeweils auf der Angebots- und der Nachfrageseite, unterscheiden. Die neun Fälle, die so entstehen, sind im Folgenden *Marktformenschema* dargestellt, das auf V. STACKELBERG zurückgeht. Neben den in der Übersicht genannten Fällen könnten, wiederum jeweils auf der Angebots- und Nachfrageseite, das *Teilmonopol* (ein Teilnehmer mit großem Anteil, viele weitere Teilnehmer mit kleinen Anteilen) und das *Teiloligopol* (wenige Teilnehmer mit großen, viele weitere mit kleinen Anteilen) berücksichtigt werden. Merkmal *(2)* bezieht sich darauf, ob Präferenzen bestehen oder nicht, ob der Markt also *homogen* oder *hete-*

rogen ist. Selbst wenn man, wie in der Literatur üblich, nur Präferenzen der Nachfrager gegenüber bestimmten Anbietern eines Gutes (nicht Präferenzen der Anbieter gegenüber bestimmten Nachfrager; vgl. Kap. IV.C.3) berücksichtigt, ergeben sich für die Marktformen [1] bis [6] jeweils zwei Varianten, nämlich die homogene und die heterogene. Die heterogene Variante kann es nicht für die Marktformen [7] bis [9] geben, denn in diesen gibt es nur einen Anbieter. Ferner könnte man nach Merkmal *(3)* jeweils die Fälle der *vollständigen* und der *unvollständigen Markttransparenz* unterscheiden. Als weiteres Merkmal käme die Unterscheidung zwischen *kurzfristiger Analyse,* bei der die Zahl der Anbieter gegeben ist, und *langfristiger Analyse* hinzu. Hier besteht freier Zugang, die Zahl der Anbieter ist demnach variabel.

Angebots-seite \ Nachfrageseite	viele („atomistisch")	wenige	einer
viele („atomistisch")	[1] bilaterales Polypol	[2] Nachfrageoligopol	[3] Nachfragemonopol (Monopson)
wenige	[4] Angebotsoligopol	[5] bilaterales Oligopol	[6] beschränktes Nachfragemonopol
einer	[7] Angebotsmonopol	[8] beschränktes Angebotsmonopol	[9] bilaterales Monopol

Die in Kap. III behandelte vollständige Konkurrenz ist unter die Marktform [1] des bilateralen Polypols einzuordnen; sie betrifft den Fall, dass in dieser Marktform gemäß Merkmal *(2)* keine Präferenzen bestehen und gemäß Merkmal *(3)* vollständige Markttransparenz herrscht. Aus der großen Zahl weiterer Marktformen und Fälle, die in der einen oder anderen Weise Varianten unvollständiger Konkurrenz sind, können wir in diesem Kapitel nur einige behandeln. Wir gehen in *Abschnitt B* auf die Marktformen [7], [3] und [9] des Angebotsmonopols, des Nachfragemonopols und des bilateralen Monopols ein. In *Abschnitt C* erörtern wir die Marktform [1] des bilateralen Polypols im Gegensatz zu Kap. III für den Fall, dass der Markt heterogen ist; man spricht dann auch von monopolistischer Konkurrenz. *Abschnitt D* befasst sich mit den Marktformen [4] und [2] des Angebots- und des Nachfrageoligopols, und zwar in einem homogenen und einem heterogenen Markt. In *Abschnitt E* geht es um die Problematik der Kooperation zwischen den Anbietern in einem Markt, in *Abschnitt F* um die Marktentwicklung im Zeitablauf.

Die Theorie des Unternehmens wurde in Kap. II unter der Voraussetzung entwickelt, dass die Preise auf den Absatz- und Beschaffungsmärkten für das Unternehmen Daten sind, an die es sich mit den Absatz- bzw. Beschaffungsmengen anpasst. Diese Verhaltensweise entspricht der Unterstellung vollständiger Konkurrenz auf den Absatz- und Beschaffungsmärkten. Man sagt auch, das Unternehmen sei *Preisnehmer (price taker)*. Bei unvollständiger Konkurrenz ist es dem Unternehmen regelmäßig möglich, den Preis auf dem betrachteten Absatz- oder Beschaffungsmarkt selbst zu setzen; es ist dann *Preissetzer (price maker)*. Da es im Folgenden vorrangig um die Preispolitik von Unternehmen auf Märkten mit unvollständiger Konkurrenz geht, ist dieses Kapitel als Fortführung der Theorie des Unternehmens aufzufassen.

B. Monopolmärkte

1. Marktbeschreibung

Die drei der Marktbeschreibung dienenden Merkmale des Marktes sind in diesem Abschnitt:
1. Auf dem Markt des Gutes, den wir betrachten, gibt es entweder auf der Angebots- oder auf der Nachfrageseite nur einen Marktteilnehmer. Im ersten Fall handelt es sich um ein Angebots-, im zweiten Fall um ein Nachfragemonopol. Auf der anderen Marktseite befinden sich sehr viele Nachfrager bzw. Anbieter, von denen jeder nur einen verschwindend kleinen Marktanteil hat.
2. Es gibt keine Präferenzen des Angebotsmonopolisten für die verschiedenen Nachfrager bzw. des Nachfragemonopolisten für die verschiedenen Anbieter. Präferenzen der Nachfrager im Angebotsmonopol bzw. der Anbieter im Nachfragemonopol kann es nicht geben, da das Gut nur von einem einzigen Marktteilnehmer angeboten bzw. nachgefragt wird.
3. Anbieter und Nachfrager haben vollständige Markttransparenz im Folgenden Sinne: Der Angebotsmonopolist kennt die Nachfrage für das von ihm angebotene Gut; dem Nachfragemonopolisten ist das Angebot für das von ihm nachgefragte Gut bekannt. Die in großer Zahl vorhandenen Marktteilnehmer auf der jeweils anderen Marktseite haben wieder vollständige Preisinformation, d. h. sie sind über alle Preise, die auf dem Markt zustande kommen, unterrichtet.

Bei rationalem Verhalten der Marktteilnehmer kann es aufgrund der Merkmale 2. und 3. nur einen Preis für das Gut geben, so dass das Prinzip der Preisunterschiedslosigkeit gilt. Da der Monopolist keine Präferenzen hat, wird er keinen der Teilnehmer auf der anderen Marktseite bei der Preissetzung zu bevorzugen wünschen. Kämen dennoch verschiedene Preise zustande, so erführen alle davon, und die Benachteiligten könnten darauf bestehen, zum günstigsten Preis zu kaufen bzw. zu verkaufen. Den Fall, dass der Monopolist Möglichkeiten der *Preisdifferenzierung* gegenüber verschiedenen Gruppen von Nachfragern bzw. Anbietern hat, untersuchen wir in Abschnitt B.2.d.

Der Monopolist ist in der Lage, den für alle Teilnehmer der anderen Marktseite einheitlichen Preis zu setzen. Da jeder dieser Teilnehmer gemäß 1. nur einen verschwindend kleinen Marktanteil besitzt, bleibt ihm keine andere Wahl, als diesen

Preis als Datum zu akzeptieren. Wir unterstellen für das Angebots- und das Nachfragemonopol auf der anderen Marktseite stets ein Verhalten als Mengenanpasser, wie wir es in der Theorie des Haushalts in Kap. I und in der Theorie des Unternehmens in Kap. II angenommen hatten. Ein Angebotsmonopolist steht folglich einer Gesamtnachfragefunktion, ein Nachfragemonopolist einer Gesamtangebotsfunktion des Typs gegenüber, wie wir sie in Kap. I bzw. II abgeleitet hatten. Es ist diese Funktion, die nach dem 3. Merkmal dem Monopolisten bekannt sein soll.

In Abschnitt B.4 ersetzen wir das 1. Merkmal durch die Annahme, dass es sowohl auf der Angebots- als auch auf der Nachfrageseite nur einen Marktteilnehmer gibt. Dort handelt es sich um ein *bilaterales Monopol*. Bei dieser Marktform ist das 2. Merkmal über Präferenzen hinfällig, da es Bevorzugungen bei nur einem Marktpartner nicht geben kann, während das 3. Merkmal über den Informationsstand später näher zu erläutern ist.

2. Das Angebotsmonopol

a. Das Problem der Marktabgrenzung

Der Angebotsmonopolist hat keine Konkurrenten, die das gleiche Gut auf den Markt bringen. Nun könnte es aber ähnliche Güter geben, welche die Nachfrager als Substitute für das Monopolgut verwenden könnten, auf die also ausgewichen werden könnte. Es entstünde dann die Frage, ob die Marktabgrenzung nicht in der Weise vorgenommen werden sollte, dass der Markt auch die engen Substitutsgüter umfasst. Auf diese Weise erhielten wir anstelle eines Marktes, auf dem ein einziger Anbieter das Monopolgut anbietet, einen Markt mit einer mehr oder weniger großen Zahl von Anbietern, die einander ähnliche Güter auf den Markt bringen. Diese Überlegungen zeigen, dass ein echtes Angebotsmonopol nur dann vorliegen kann, wenn es für das Monopolgut keine Substitute gibt.

Das Fehlen von Substituten lässt sich mit Hilfe der Kreuzpreiselastizität der Nachfrage ausdrücken: Die Nachfrage nach dem Monopolgut ändert sich nicht, wenn der Preis anderer Güter variiert; die Kreuzpreiselastizität ist also null. ROBERT TRIFFIN (1940, S. 103) spricht in diesem Fall von *pure monopoly* oder *isolated selling*. Handelt es sich bei den Nachfragern des Monopolgutes bspw. um Haushalte, dann gehen in die allgemeine Nachfragefunktion eines Haushalts nur der Preis dieses Gutes und die Konsumsumme als unabhängige Variablen ein, während die Preise anderer Güter keinen Einfluss auf die Nachfrage haben. Dieses Beispiel zeigt, dass die Marktform des Monopols, ebenso wie die der vollständigen Konkurrenz, ein theoretischer Grenzfall ist, der in Wirklichkeit kaum vorkommt.

b. Preis-Absatz-, Erlös- und Grenzerlösfunktion

Dem Angebotsmonopolisten ist die gesamtwirtschaftliche Nachfragefunktion bekannt, die typisch mit negativer Steigung verläuft. Bezeichnet x die Nachfragemenge und p den Preis des Gutes, dann können wir die Nachfragefunktion entweder wie bisher in der nach x aufgelösten Form schreiben oder nach p auflösen:

$$x = x(p) \quad \text{mit} \quad \frac{dx}{dp} < 0, \tag{1a}$$

oder

$$p = p(x) \quad \text{mit} \quad \frac{dp}{dx} < 0. \tag{1b}$$

Während bei vollständiger Konkurrenz der Preis für den einzelnen Anbieter ein Datum ist, an das er sich durch Bestimmung der gewinnmaximierenden Menge anpasst, steht es dem Angebotsmonopolisten frei, entweder die Menge oder den Preis zu setzen. In der Regel wird er den Preis als Aktionsparameter wählen. Aus der Nachfragefunktion kennt der Monopolist die Menge, welche die Nachfrager bei einem von ihm gesetzten Preis abzunehmen wünschen; der Anbieter kann also immer genau die Menge y anbieten, die bei dem festgesetzten Preis nachgefragt wird. Dann ist am Monopolmarkt immer die Marktgleichgewichtsbedingung

$$x(p) = y(p) \tag{2}$$

erfüllt, so dass wir statt (1) schreiben können:

$$y = x(p) \quad \text{mit} \quad \frac{dy}{dp} < 0, \tag{3a}$$

oder

$$p = p(y) \quad \text{mit} \quad \frac{dp}{dy} < 0. \tag{3b}$$

Diese Beziehung heißt die *Preis-Absatz-Funktion* des Monopolisten, die wir in geometrischen Darstellungen mit *PAF* bezeichnen werden. In der Schreibweise (3a) gibt sie Auskunft über die jeweiligen Absatzmengen, die der Monopolist zu alternativen, von ihm gesetzten Preisen verkaufen kann. In der Schreibweise (3b) liefert sie den Preis, den der Monopolist auf dem Markt nehmen muss, um die geplante Menge y abzusetzen.

Aus der Preis-Absatz-Funktion erhalten wir die *Erlösfunktion*, indem wir die Variante (3b) mit der Absatzmenge multiplizieren:

$$E = py = p(y) \cdot y. \tag{4}$$

Unter Berücksichtigung von (4) ergibt sich dann der *Grenzerlös E'* oder *GE*, d. h. der Erlös aus einer zusätzlich verkauften (infinitesimal) kleinen Mengeneinheit, wie folgt:

$$E' = GE = \frac{dE}{dy} = p + y \cdot \frac{dp}{dy}. \tag{5}$$

Im oben behandelten Fall der vollständigen Konkurrenz ist der Preis für den einzelnen Anbieter ein vom Markt gegebenes Datum, so dass dort $dp/dy = 0$ gilt. Der Grenzerlös ist dann aus der Sicht des einzelnen Anbieters gleich dem Preis.

Bietet der Monopolist eine zusätzliche Einheit Δy an, so hat er nach Formel (5) zwei Effekte zu berücksichtigen. Zum einen erzielt er dafür den Preis p. Zum anderen muss er aber, um diese zusätzliche kleine Produktionseinheit auf dem Markt verkaufen zu können, den Preis für die gesamte bisherige Produktionsmenge y senken, was dem zweiten Terminus in (5) entspricht. Der Grenzerlös lässt sich mit Hilfe einer Umformung von (5) durch den Preis und die Nachfrage- bzw. Absatzelastizität ausdrücken:

$$E' = GE = p \cdot \left(1 + \frac{y}{p} \cdot \frac{dp}{dy}\right) = p \cdot \left(1 + \frac{1}{\eta_{yp}}\right) \quad \text{mit} \quad \eta_{yp} = \frac{dy}{dp} \cdot \frac{p}{y} < 0. \tag{6}$$

Diese Beziehung heißt AMOROSO-ROBINSON-*Relation*. Wählen wir als Beispiel eine lineare Preis-Absatz-Funktion mit den positiven Konstanten a und b,

$$p = a - by, \tag{7}$$

dann ist die Erlöskurve ein Polynom 2. Grades,

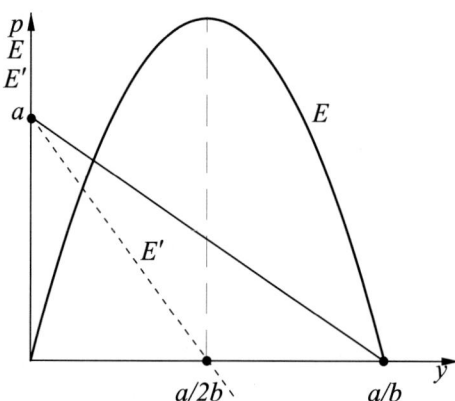

Abb. 1: Preis-Absatz-Funktion und Erlöskurve

$$E = ay - by^2,\qquad(8)$$

und die Grenzerlöskurve ist wieder linear:

$$E' = GE = a - 2by.\qquad(9)$$

Eine geometrische Darstellung dieses Beispiels geben wir in Abb. 1. Die Preis-Absatz-Funktion ist in diesem Fall eine Gerade mit der Steigung $-b$. Ihren Abszissenabschnitt a/b nennt man auch *Sättigungsmenge*, weil selbst bei einem Preis von null nicht mehr als diese Menge nachgefragt wird. Der Ordinatenabschnitt a wird *Prohibitivpreis* genannt, weil bei diesem Preis die Nachfrage auf null gefallen ist. Die Erlöskurve ist eine nach unten geöffnete Parabel, die die Abszisse im Ursprung und bei der Sättigungsmenge schneidet. Die Gerade, welche die *GE*-Kurve darstellt, hat wieder den Ordinatenabschnitt a; ihre Steigung ist $-2b$. Sie schneidet die Abszisse bei der halben Sättigungsmenge; hier ist also der Grenzlös gleich null und das Maximum der Erlöskurve erreicht. Für kleinere Absatzmengen ist der Grenzerlös positiv, für größere negativ.

c. Der optimale Produktionsplan des Angebotsmonopolisten

Das Ziel des Anbieters sei es, den Preis so festzusetzen, dass sein Gewinn maximiert wird. Wie in Kap. II.D erläutert, ist der Gewinn gleich der Differenz zwischen Erlös und Kosten. Die Erlöskurve lässt sich gemäß (4) und (3) oder (8) als Funktion von y ausdrücken. Unterstellen wir, dass der Monopolist auf seinen Beschaffungsmärkten als Mengenanpasser handelt und somit die Ausführungen in Kap. II.C zutreffen, dann können wir die Kostenfunktion von dort übernehmen und ebenfalls als Funktion von y anschreiben. Somit hängt der Gewinn wie in Kap. II.D von y ab:

$$G(y) = E(y) - K(y).\qquad(10)$$

Die gewinnmaximierende Produktions- bzw. Absatzmenge ist bei einem Grenzgewinn von null erreicht. Die *Bedingung 1. Ordnung* für ein Gewinnmaximum lautet:

$$G'(y) = E'(y) - K'(y) = 0\qquad(11)$$

oder

$$E'(y) = K'(y).\qquad(12)$$

Die gewinnmaximierende Menge wird also dort realisiert, wo die Grenzkosten *GK* gleich dem Grenzerlös *GE* sind.

Ein Gewinnmaximum ist erreicht, wenn die folgende *Bedingung 2. Ordnung* erfüllt ist:

$$G''(y) = E''(y) - K''(y) < 0\qquad(13)$$

oder

$$E''(y) < K''(y).\tag{14}$$

Die Steigung der *GK*-Kurve muss im Gewinnmaximum also größer sein als die der *GE*-Kurve, d. h. die erste Kurve muss die zweite von unten schneiden.

Den gewinnmaximierenden Preis ermitteln wir, indem wir die gewinnmaximierende Menge in die Preis-Absatz-Funktion (3b) einsetzen.

Wir ergänzen als erstes unser geometrisches Beispiel aus dem vorigen Abschnitt durch eine *GK*- und eine *DTK*-Kurve, die einer typisch verlaufenden Gesamtkostenkurve entsprechen (vgl. Abb. 2). Die gewinnmaximierende Menge ist bei y^*_{Mon} erreicht, denn dort sind die Bedingungen 1. und 2. Ordnung erfüllt. Die *Bedingung 1. Ordnung* gilt bei $\tilde{y}$, nicht jedoch die *Bedingung 2. Ordnung*, so dass dort ein Gewinnminimum oder Verlustmaximum erreicht wird. Bei negativer Steigung der *GE*-Kurve ist die *Bedingung 2. Ordnung* immer erfüllt, wenn die *GK*-Kurve im Schnittpunkt eine nichtnegative Steigung hat. Doch auch bei negativer Steigung der *GK*-Kurve kann die *Bedingung 2. Ordnung* erfüllt sein, wenn die *GK*-Kurve weniger stark fällt als die *GE*-Kurve. Der gewinnmaximierende Preis ergibt sich, indem wir bei y^*_{Mon} auf die Preis-Absatz-Funktion loten. Der Punkt *C*, den wir dort erhalten, heißt COURNOTscher Punkt, weil die Bestimmung des optimalen Produktionsplans eines Monopolisten auf AUGUSTIN COURNOT (1838) zurückgeht.

Im Beispiel der linearen Preis-Absatz-Funktion ist die Menge y^*_{Mon} bei positiven *GK* immer kleiner als die halbe Sättigungsmenge, weil dort der *GE* bereits auf null abgesunken ist. Der Punkt *C* liegt also im Bereich einer Nachfrageelastizität zwischen minus eins und minus unendlich (vgl. Kap. I.B.4.e). Der Stückgewinn

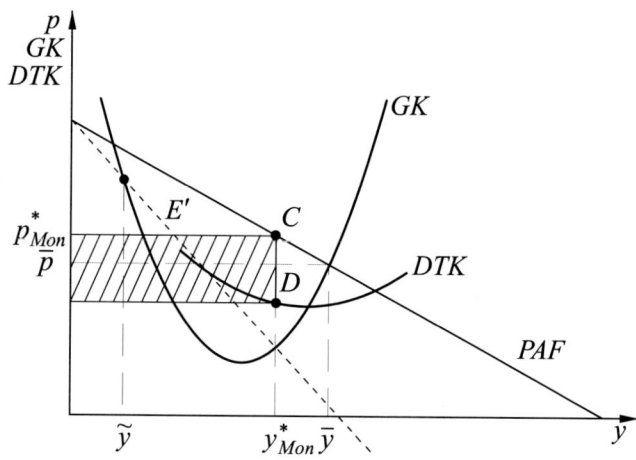

Abb. 2: Gewinnmaximale Preis-Mengen-Kombination

wird in Abb. 2 durch die Differenz CD zwischen dem Preis p^*_{Mon} und den DTK bei der Menge y^*_{Mon} dargestellt. Der Gesamtgewinn ist folglich gleich dem Inhalt der schraffierten Fläche.

Die Produktionsmenge y^*_{Mon} ist in unserem Zeichenbeispiel geringer als die des Betriebsoptimums, die beim Minimum der DTK erreicht wäre. Dies kann man so interpretieren, dass die Produktionsfaktoren unteroptimal genutzt werden. Es ist allerdings möglich, dass die GK-Kurve die GE-Kurve im Betriebsoptimum oder bei einer noch größeren Produktionsmenge schneidet und eine optimale oder überoptimale Faktornutzung vorliegt.

Als zweites unterstellen wir für die spätere Vergleichbarkeit mit anderen Marktlösungen eine linear ansteigende Grenzkostenkurve:

$$K'(y) = c + d \cdot y. \tag{15}$$

Damit das Problem ökonomisch sinnvoll ist, sei $a > c$ unterstellt. Andernfalls würde das Produkt in keiner Marktform produziert, da jeder Preis – selbst der Prohibitivpreis a – nicht die Grenzkosten decken würde. Durch Einsetzen in Bedingung (12) für ein Gewinnmaximum ergibt sich die Angebotsmenge des Monopolisten y^*_{Mon}:

$$y^*_{Mon} = \frac{a-c}{2b+d}. \tag{16}$$

Der Marktpreis im Monopol ergibt sich dann durch Einsetzen dieser Menge y^*_{Mon} in die Nachfragefunktion als

$$p^*_{Mon} = \frac{(a+c) \cdot b}{2b+d} + \frac{a \cdot d}{2b+d}. \tag{17}$$

Würde sich der Monopolist als Mengenanpasser (wie im Fall vollständiger Konkurrenz) verhalten und seine gewinnmaximierende Menge sowie den zugeordneten Preis nach der Bedingung „GK = Preis" bestimmen, dann ergäbe sich in Abb. 2 die Menge $\bar{y}$ und der Preis $\bar{p}$. Weil die Preis-Absatz-Funktion eine negative Steigung hat, ist diese Menge größer als die Monopolmenge und der Preis niedriger als der Monopolpreis. Wenn die aggregierte Grenzkostenkurve vieler kleiner Anbieter mit der Grenzkostenkurve des Monopolisten übereinstimmt, dann ist die Produktionsmenge bei vollkommener Konkurrenz $y^*_K = \bar{y}$.

Im obigen Beispiel mit linearen Nachfrage- und Grenzkostenfunktionen ergäbe sich mit der Gleichsetzung

$$a - by = c + dy, \tag{18}$$

dass
$$y^*_K = \frac{a-c}{b+d},$$

also y^*_{Mon} für $d > 0$ etwas mehr als die Hälfte der Menge y^*_K beträgt. Der Marktpreis lautet dann

$$p_K^* = \frac{2 \cdot b \cdot c}{2 \cdot (b+d)} + \frac{a \cdot d}{b+d}. \tag{19}$$

Da wir $a > c$ angenommen haben, folgt $p_{Mon}^* > p_K^*$.

> **Hinweis:** In vielen Lehrbüchern zur Markt- und Preistheorie wird oft als Spezialfall angenommen: $K'(y) = c$. Diese Situation mit konstanten Grenzkosten (kombiniert mit eventuell hohen Fixkosten) verdient eine ganz eigenständige Behandlung unter der Überschrift „Natürliches Monopol", wie in Abschnitt f. Ein Finden der Marktlösung bei vollständiger Konkurrenz nach der Regel „$p = GK$" wird dann sinnlos, da die Durchschnittskosten nicht gedeckt werden. Dennoch hat dieses Vorgehen den „Charme", dass formal $d = 0$ gesetzt werden könnte, was den obigen Vergleich deutlich einfacher macht. Die Annahme $K'(y) = c$ lässt sich genau genommen bestenfalls für einen relevanten Produktionsbereich als lokal gültig aufrechterhalten. Nur in diesem Sinne verstehen wir sie bei späteren Anwendungen.

Für den Fall konstanter Grenzkosten im relevanten Bereich gilt dann mit $d = 0$:

$$y_{Mon}^* = \frac{a-c}{2b} = \frac{S}{2}.$$

Dabei ist S als Abkürzung für $(a-c)/b$ gesetzt worden. Der Monopolpreis ergibt sich dann als

$$p_{Mon}^* = \frac{a+c}{2}.$$

Die Feststellung, dass die Nachfrager im Monopol notwendigerweise schlechter gestellt sind als bei vollständiger Konkurrenz, weil sie eine geringere Menge erhalten und einen höheren Preis bezahlen müssen, gilt zwingend allerdings nur unter der Voraussetzung, dass für den Monopolisten und die Anbieter bei vollständiger Konkurrenz die gleiche Kostensituation, d.h. die gleiche GK-Kurve, vorliegt. Es ist immerhin denkbar, dass der Monopolist infolge höherer Forschungsaufwendungen, Vorteilen der Massenproduktion und dergleichen unter günstigeren Kostenbedingungen arbeitet als die Anbieter bei vollständiger Konkurrenz und die GK-Kurve so verläuft, dass der aus der Marktform des Monopols resultierende Nachteil für die Nachfrager teilweise oder ganz kompensiert, vielleicht sogar überkompensiert wird.

Der Monopolist setzt den gewinnmaximierenden Preis höher als die Grenzkosten der gewinnmaximierenden Menge. Gemäß einem Vorschlag von ABBA P. LERNER (1933/34) kann man die im Gewinnmaximum geltende Differenz zwischen Preis p^* und Grenzkosten $K'(y^*)$, bezogen auf den Preis p^*, als Ausdruck der Marktmacht eines Monopolisten oder als *Monopolgrad* μ betrachten:

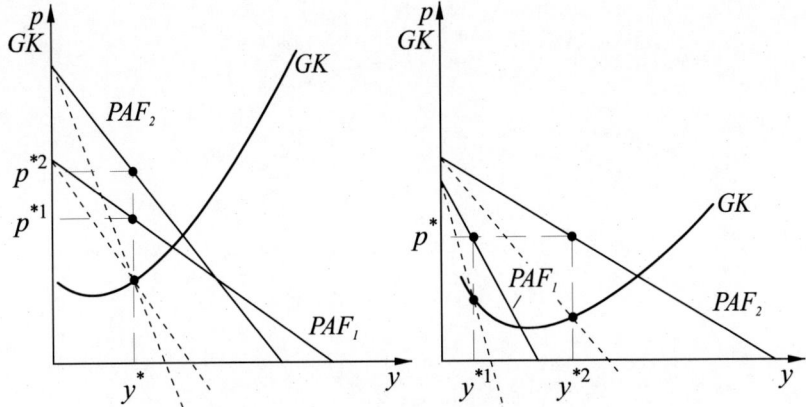

Abb. 3.a/b: Unterschiedliche Nachfrageverläufe im Monopolfall

$$\mu = \frac{p^* - K'(y^*)}{p^*} \,. \qquad (20)$$

Im Gewinnmaximum sind die Grenzkosten $K'(y^*)$ gemäß (12) gleich dem Grenzerlös $E'(y^*)$, und dieser lässt sich gemäß (6) durch den Preis p^* und die Absatzelastizität $\eta_{y^*p^*}$ ausdrücken:

$$\mu = \frac{p^* - E'(y^*)}{p^*} = \frac{p^* - p^* \cdot \left(1 + \frac{1}{\eta_{y^*p^*}}\right)}{p^*} = -\frac{1}{\eta_{y^*p^*}} \,. \qquad (21)$$

Der Monopolgrad ist also gleich dem negativen Kehrwert der Nachfrage- bzw. Absatzelastizität im Gewinnmaximum. Bei vollständiger Konkurrenz ginge μ gegen null. Bei fallender Preis-Absatz-Funktion ist μ eine positive Größe. Im Beispiel der linearen Preis-Absatz-Funktion in Abb. 2 muss die gewinnmaximierende Menge y^* kleiner als die halbe Sättigungsmenge sein; denn nur dann kann der Grenzerlös positiv und gleich positiven Grenzkosten sein. Der COURNOTsche Punkt C in Abb. 2 liegt links vom Punkt H in Abb. I.B.20, der die Strecke RT halbiert (vgl. Kap. I.B.4.e). Gemäß dem geometrischen Elastizitätsmaß liegt die Absatzelastizität in C zwischen minus eins und minus unendlich. Der Monopolgrad μ in C hat bei linearer, fallender Preis-Absatz-Funktion einen Wert zwischen eins und null.

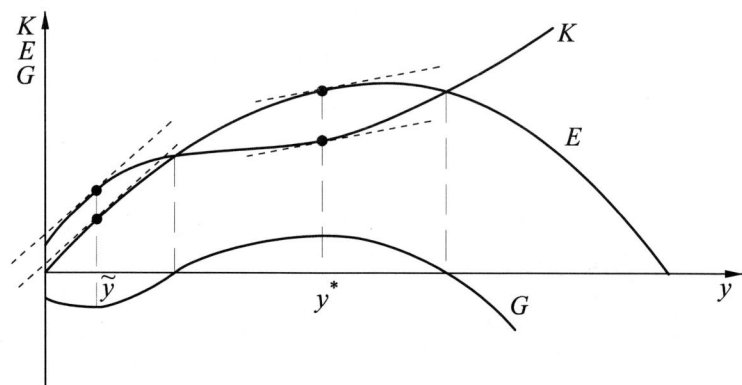

Abb. 4: Ermittlung des Gewinnmaximums mittels Gesamtkosten und Gesamterlösen

Während bei vollständiger Konkurrenz jedem gegebenen Produktpreis p eindeutig eine optimale Angebotsmenge zugeordnet ist, d. h. eine Angebotskurve existiert, gibt es im Monopol keine solche Zuordnung zwischen unterschiedlichen Preisen und angebotenen Mengen. Bei vollständiger Konkurrenz ist der Preis, dargestellt durch eine Parallele zur Abszisse, aus der Sicht jedes Anbieters gegeben. Allein die Lage der *GK*-Kurve bestimmt das Angebot des einzelnen Unternehmens. Im Monopol ist der Preis nicht gegeben, und das Angebot hängt von der Lage der Nachfragekurve bzw. der Preis-Absatz-Funktion ab. Bei gegebener *GK*-Kurve können hier verschiedene Nachfragekurven erstens die gleiche Angebotsmenge y^*, aber unterschiedliche Preise p^{*1}, p^{*2}, oder zweitens unterschiedliche Angebotsmengen y^{*1}, y^{*2}, aber den gleichen Preis p^* bewirken. Ein Beispiel für den ersten Fall ist in Abb. 3.a, ein Beispiel für den zweiten in Abb. 3.b dargestellt.

Das Gewinnmaximum im Monopol können wir mit Hilfe der Gesamterlöskurve E und der Gesamtkostenkurve K ermitteln (vgl. Abb. 4). Der maximale Gewinn, dargestellt durch den senkrechten Abstand von Erlös- und Kostenkurve, ist bei der Menge y^* erreicht. Dort sind die Steigungen beider Kurven, d. h. *GE* und *GK*, einander gleich, die *Bedingung 1. Ordnung* ist erfüllt. Auch die *Bedingung 2. Ordnung* ist erfüllt, denn die Steigung der Erlöskurve nimmt ab, die der Kostenkurve zu. Hingegen nimmt die Steigung der Kostenkurve bei $\tilde{y}$ ab, so dass dort ein Gewinnminimum vorliegt. Die Gewinnkurve schneidet die Abszisse bei den Mengen, bei denen sich *E*- und *K*-Kurve schneiden; sie erreicht ihr Maximum bei y^* und ihr Minimum bei $\tilde{y}$.

d. Monopolistische Preisdifferenzierung

Während bisher vorausgesetzt wurde, dass der Monopolist einen für alle Nachfrager einheitlichen Preis setzt, wird nun unterstellt, dass er versucht, gewisse Unterschiede zwischen Nachfragern oder Nachfragergruppen dazu auszunutzen, den Gesamtmarkt für das Monopolgut in *Teilmärkte aufzuspalten* und durch verschiedene Preissetzungen auf den Teilmärkten seinen Gewinn zu erhöhen.

Vorbedingung für die Möglichkeit monopolistischer Preisdifferenzierung ist die Bildung von Teilmärkten in solcher Weise, dass Käufer auf Teilmärkten mit niedrigem Preis nicht an Käufer auf Teilmärkten mit höherem Preis weiterverkaufen können. Durch solche *Arbitragegeschäfte* würde die Preisdifferenzierung zusammenbrechen. Beispiele für Preisdifferenzierung bzw. entsprechende Teilmärkte sind ärztliche Dienstleistungen an arme und reiche Patienten, Eintrittspreise bei Veranstaltungen für Jugendliche und Erwachsene, Lieferungen an das Ausland zu geringerem Preis als an das Inland (*Dumping*).

Im folgenden Beispiel gehen wir von einer gegebenen Aufteilung des Gesamtmarktes in zwei Teilmärkte mit den Erlös- und Grenzerlösfunktionen

$$E_1 = p_1 y_1; \quad E_1' = GE_1 = p_1 + y_1 \cdot \frac{dp_1}{dy_1} = p_1 \cdot \left(1 + \frac{1}{\eta_1}\right);$$

$$E_2 = p_2 y_2; \quad E_2' = GE_2 = p_2 + y_2 \cdot \frac{dp_2}{dy_2} = p_2 \cdot \left(1 + \frac{1}{\eta_2}\right);$$

(22)

aus. Die Fußindizes 1 und 2 beziehen sich hier auf Erlös, Grenzerlös, Preis, Menge und Absatzelastizität auf den beiden Teilmärkten. Die Bedingungen 1. Ordnung für die gewinnmaximierenden Absatzmengen erhalten wir, wenn wir die Gewinnfunktion des Preis differenzierenden Monopolisten

$$G = E_1(y_1) + E_2(y_2) - K(y) \quad \text{mit} \quad y = y_1 + y_2 \qquad (23)$$

partiell differenzieren und gleich null setzen:

$$\frac{\partial G}{\partial y_1} = \frac{\partial E_1}{\partial y_1} - \frac{\partial K}{\partial y} \cdot \frac{\partial y}{\partial y_1} = 0,$$

$$\frac{\partial G}{\partial y_2} = \frac{\partial E_2}{\partial y_2} - \frac{\partial K}{\partial y} \cdot \frac{\partial y}{\partial y_2} = 0.$$

Da $\dfrac{\partial y}{\partial y_1} = \dfrac{\partial y}{\partial y_2} = 1$ gilt, folgt

$$\frac{\partial E_1}{\partial y_1} = \frac{\partial E_2}{\partial y_2} = \frac{\partial K}{\partial y} \tag{24}$$

als notwendige Bedingung für ein Gewinnmaximum (die Bedingungen 2. Ordnung untersuchen wir hier nicht). Nach (24) müssen die jeweiligen Grenzerlöse auf den Teilmärkten gleich den Grenzkosten der gesamten Produktions- bzw. Absatzmenge sein. Wären die Grenzerlöse auf den Teilmärkten ungleich, so ließe sich der Gewinn bei fester Produktionsmenge allein durch Absatzverlagerung vom Teilmarkt mit dem niedrigeren Grenzerlös zum Teilmarkt mit dem höheren Grenzerlös steigern. Damit die Grenzerlöse auf den Teilmärkten gleich sind, hat der Monopolist in der Regel auf jedem Teilmarkt einen anderen Preis zu setzen, denn aus (22) und (24) ergibt sich:

$$p_1^* \cdot \left(1 + \frac{1}{\eta_1}\right) = p_2^* \cdot \left(1 + \frac{1}{\eta_2}\right) \tag{25}$$

Die gewinnmaximierenden Preise p_1^*, p_2^* sind nur dann gleich, wenn bei diesen Preisen die Absatzelastizitäten auf den Teilmärkten dieselben sind.

Für lineare Preis-Absatz-Funktionen auf den beiden Teilmärkten ist die Vorteilhaftigkeit der Preisdifferenzierung in den Abb. 5.a bis c dargestellt. Die Abbildungen 5.a und 5.b enthalten die Preis-Absatz-Geraden und die (gestrichelten) Grenzerlösgeraden. Die Horizontaladdition der Preis-Absatz-Geraden ergibt in Abb. 5.c die geknickte Preis-Absatz-Funktion für den Gesamtmarkt. Die zugehö-

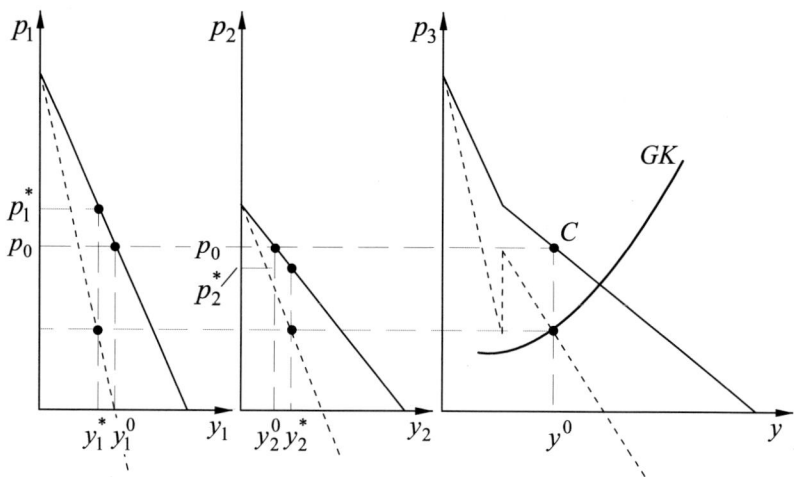

Abb. 5.a/b/c: Vorteilhaftigkeit einer Preisdifferenzierung

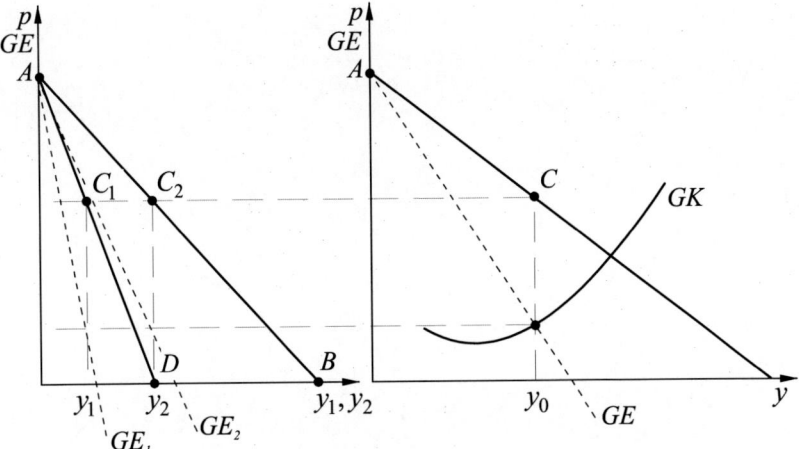

Abb. 6.a/b: Nicht lohnende Preisdifferenzierung

rige Grenzerlösfunktion weist eine Sprungstelle auf. Wir wollen im Folgenden annehmen, dass die Grenzkostenkurve einen Verlauf hat, der die Belieferung beider Teilmärkte garantiert. Ohne Preisdifferenzierung wählt der Monopolist gemäß der Bedingung „Grenzerlös = Grenzkosten" den COURNOTschen Punkt C, den Preis p^0 und die Menge y^0, wobei sich letztere auf die Mengen y_1^0 und y_2^0 auf den beiden Teilmärkten aufteilt. Bei diesen Mengen ist der Grenzerlös auf dem Teilmarkt 1 kleiner, auf dem Teilmarkt 2 größer als die Grenzkosten. Es lohnt sich also, auf dem Teilmarkt 1 die Menge zu reduzieren und den Preis zu erhöhen, auf dem Teilmarkt 2 die Menge zu erhöhen und den Preis zu senken, bis die Bedingung (24) erfüllt ist. Da die Preis-Absatz-Funktionen linear sind, handelt es sich bei dem Übergang vom einheitlichen Preis zu differenzierten Preisen nur um eine Mengenumverteilung von Markt 1 auf den Markt 2. Bei nicht-linearen Funktionen ändert sich mit Einführung der Preisdifferenzierung regelmäßig die gewinnmaximierende Gesamtmenge y^0.

Der spezielle Fall, dass die gewinnmaximierenden Preise p_1^*, p_2^* wegen gleicher Absatzelastizitäten auf den beiden Teilmärkten gleich sind, trifft bei linearen Preis-Absatz-Funktionen der Teilmärkte dann zu, wenn diese gleiche Ordinatenabschnitte haben und daher bei der Horizontaladdition kein Knick in der Preis-Absatz-Funktion des Gesamtmarktes entsteht. Dann kann man die Preis-Absatz-Geraden der Teilmärkte in ein einziges Diagramm einzeichnen und ihren gemeinsamen Ordinatenabschnitt als Punkt auffassen, von dem die Geraden als Strahlen ausgehen. Die Abszisse und die durch den COURNOTschen Punkt verlaufende Preisgerade bilden zwei Parallelen, welche die beiden Strahlen schneiden (vgl. Abb. 6.a/b). Nach dem Strahlensatz verhält sich $\overline{AC_2} : \overline{C_2B}$ wie $\overline{AC_1} : \overline{C_1D}$, so dass sich gemäß (I.B.36) in C_1 und C_2 die Absatzelastizitäten gleichen. Für die durch C_1

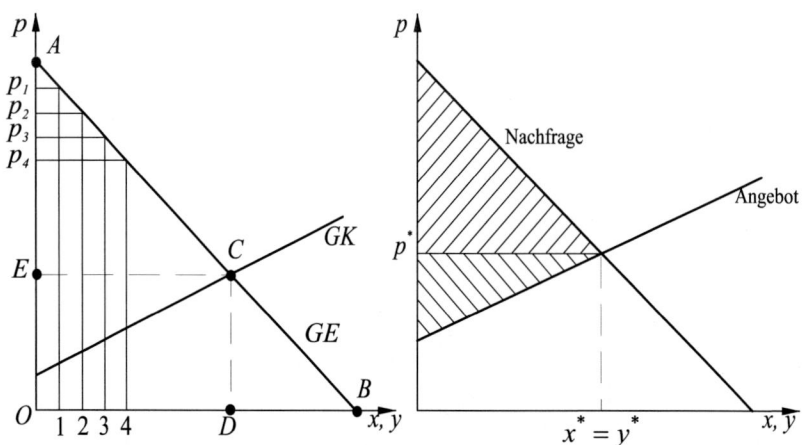

Abb. 7.a/b: Totale Preisdifferenzierung

und C_2 bezeichneten Mengen y_1^0 und y_2^0 ist nun die Bedingung (24) bereits erfüllt. Preisdifferenzierung lohnt sich hier also nicht.

In vielen Fällen ist die Aufteilung des Gesamtmarktes in Teilmärkte z. B. durch persönliche oder geographische Merkmale der Nachfrager, die vom Anbieter nicht ohne weiteres zu beeinflussen sind, vorgegeben. Ist hingegen der Anbieter in der Lage, den Gesamtmarkt alternativ in Teilmärkte aufzuspalten, dann lohnt es sich für ihn, zu sämtlichen Alternativen die gewinnmaximierende Preisdifferenzierung entsprechend (24) zu ermitteln und diejenige Marktaufteilung und zugeordnete Preisdifferenzierung zu wählen, die den höchsten Gewinn verspricht. Ist es dem Anbieter im theoretischen Extremfall möglich, für jede Absatzmengeneinheit einen gesonderten Markt zu bilden und „totale Preisdifferenzierung" zu betreiben, so kann er die erste Mengeneinheit zu p_1, die zweite zu p_2, die dritte zu p_3 usw. verkaufen (vgl. Abb. 7.a), so dass der maximale Gesamterlös durch das Dreieck *OAB* approximiert wird. Unter Berücksichtigung positiver Grenzkosten wird der Monopolist allerdings nicht diesen Maximalerlös anstreben. Der Gewinn ist in diesem Fall dann maximal, wenn der „Grenzpreis" – also der Preis für die zuletzt abgesetzte Mengeneinheit – gerade gleich den Grenzkosten ist und Punkt *C* realisiert wird. Bei der optimalen Angebotsmenge *OD* beträgt der Erlös *OACD*. Dieser Erlös ist um die Fläche des Dreiecks *AEC* größer als der Erlös, der bei einem für alle Nachfrager gleich hohen Preis von *OE* erzielt würde.

Der geschilderte Fall der totalen Preisdifferenzierung läuft auf eine vollständige Abschöpfung der Käuferrente durch den Anbieter hinaus. In Abb. 7.b sind die Käuferrente und die Verkäuferrente durch schraffierte Dreiecke dargestellt. Der durch die totale Preisdifferenzierung anfallende Mehrerlös AEC ist der Mehrgewinn gegenüber dem Fall der gewinnmaximierenden einheitlichen Preissetzung p^*. Dieser Mehrgewinn entspricht dem die Käuferrente darstellenden Dreieck. Mit seiner Preisdifferenzierung nutzt der Anbieter für jede einzelne Mengeneinheit die jeweilige marginale Zahlungsbereitschaft der Nachfrager aus.

Möglichkeiten einer Preisdifferenzierung eröffnen sich einem Anbieter stets, wenn er sich einer fallenden Preis-Absatz-Funktion gegenübersieht und er dementsprechend als Preissetzer handeln kann, wenn ferner der Markt in Teilmärkte aufgespalten oder aufspaltbar ist. Es muss sich nicht unbedingt um ein Angebotsmonopol handeln. Wie viele der anderen Überlegungen in diesem Abschnitt über das Angebotsmonopol lassen sich auch die zur Preisdifferenzierung auf andere Abschnitte, z. B. auf die über monopolistische Angebotskonkurrenz oder das heterogene Angebotsoligopol, übertragen. Daneben könnten wir im Anschluss an den Abschnitt über das Nachfragemonopol analog eine nachfragemonopolistische Preisdifferenzierung untersuchen, was jedoch unterbleiben soll.

e. Langfristiges Gleichgewicht im Angebotsmonopol

Indem wir bisher mit einer gegebenen Kosten- bzw. Grenzkostenkurve arbeiteten, unterstellten wir, dass die Betriebsgröße des Angebotsmonopolisten festliegt. Wollen wir die Möglichkeit von Betriebsgrößenänderungen einbeziehen, dann haben wir, wenn wir die Preis-Absatz-Funktion als unveränderlich betrachten, die Bestimmung der gewinnmaximierenden Angebotsmenge mit der langfristigen Grenzkostenkurve LGK durchzuführen. In der in Abb. 8 dargestellten Situation ermittelt der Monopolist mit Hilfe der LGK-Kurve die langfristig gewinnmaximierende Produktions- bzw. Angebotsmenge y_L^* und den zugehörigen langfristigen Preis p_L^*. Damit die bei dieser Menge minimalen Durchschnittskosten gewährleistet sind, hat er jene Betriebsgröße zu wählen, der die Kurven DTK^* und GK^* zugeordnet sind. y_L^* ist in unserem Zeichenbeispiel geringer als die Produktionsmenge des langfristigen und kurzfristigen Betriebsoptimums, so dass die Faktoren nicht optimal genutzt werden. Auch hier kann jedoch die gewinnmaximierende Produktionsmenge gleich oder größer dem Betriebsoptimum sein.

Die Marktform des Monopols ist als theoretischer Grenzfall besonders in langfristiger Betrachtung unrealistisch. Vor allem drei Gründe schränken die Marktposition des Angebotsmonopolisten ein:
- Es besteht erstens die Möglichkeit der *Neugründung* von Unternehmen, die das gleiche Gut herstellen. Wenden wir die in Kap. III.A.5 über das langfristige Konkurrenzgleichgewicht angeführten Argumente auf das Monopol an, dann wird ein hoher Monopolgewinn neue Anbieter an den Markt dieses Gutes locken. Ein vollkommenes Monopol würde die Sperrung des Marktzugangs voraussetzen, etwa durch ein geschütztes Patent für die Produktion des Monopolgutes, durch gesetzliches Verbot von Neugründungen oder durch Androhung eines Preiskampfes gegen neue Anbieter. Es bestehen zwar Markteintritts-

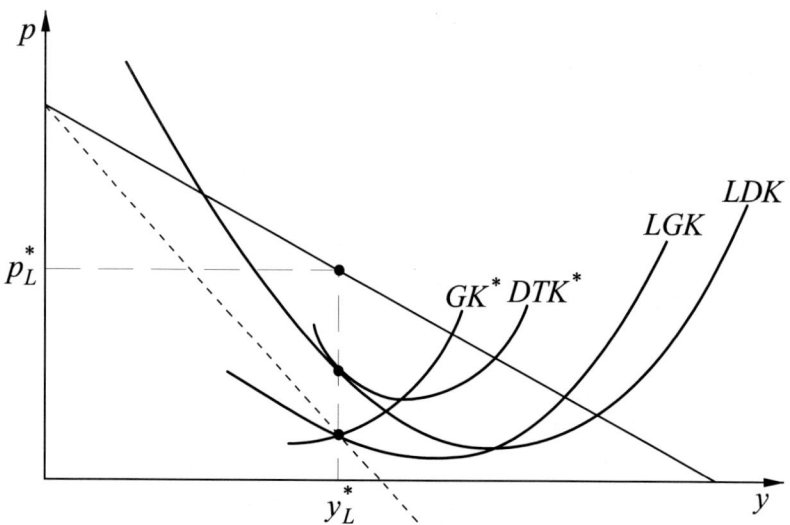

Abb. 8: Ermittlung der langfristigen Produktions- und Angebotsmenge

hemmnisse (vgl. dazu Kap. IV.F.4), doch ist Marktsperrung auf die Dauer schwer zu erreichen. Nur wenn im relevanten Bereich der Nachfrage spezielle Kostenverläufe für die Produktion des Gutes vorliegen, wird ein Angebot durch ein zweites Unternehmen dauerhaft unterbleiben. Diesen Spezialfall des sogenannten „natürlichen Monopols" behandeln wir deshalb separat.
- Zweitens ist die Annahme, dass es keine Substitute gibt, zumindest längerfristig nicht gerechtfertigt. Selbst wenn der Zugang zum Markt des Monopolgutes gesperrt ist, ergibt sich doch die Möglichkeit, *ähnliche Güter* herzustellen. Die Nachfrage nach dem Monopolgut wird dann von den Preisen dieser Substitute abhängen. In diesem Fall müsste die Marktabgrenzung anders vorgenommen werden, denn wir hätten es nun mit mehreren Anbietern einander ähnlicher Güter zu tun.
- Drittens würde ein Monopolist, der hohe Gewinne erzielt und die Nachfrager mit einer relativ kleinen Menge des Monopolgutes versorgt, von der *öffentlichen Meinung* schlecht beurteilt, was schließlich den Gesetzgeber veranlassen könnte, in dessen Preispolitik einzugreifen.

Insgesamt ist festzustellen, dass aus den angeführten Gründen die Marktform des Monopols dazu tendiert, in eine andere Marktform, besonders die des Oligopols, überzugehen.

f. Das natürliche Monopol

Von einem *natürlichen Monopol* spricht man bei *Subadditivität der Kosten im relevanten Bereich der Nachfrage*, d. h. einer Situation, in der die Kosten eines einzigen Anbieters einer insgesamt abzusetzenden Menge kleiner sind als die Summe der Kosten, die bei irgendeiner Aufteilung dieser Menge auf mehrere Anbieter entstehen würden. Im freien Wettbewerb würde sich ein einziges Unternehmen durchsetzen. *Hinreichend, wenn auch nicht notwendig* für eine solche Situation ist, dass die *Preis-Absatz-Kurve die LDK-Kurve des einzigen Anbieters in deren fallendem Bereich schneidet*. Diese Situation liegt vor, wenn die *LDK* mit wachsender Produktionsmenge stets abnehmen. Vgl. hierzu die beiden in Kap. II.G.4 dargestellten Beispiele. Sie ist auch gegeben, wenn die *LDK*-Kurve U-förmig verläuft und der aufsteigende Kurvenast erst rechts vom Schnittpunkt mit der Preis-Absatz-Kurve beginnt, so wie in Abb. 9 dargestellt.

> **HINWEIS:** Die Definition des natürlichen Monopols berücksichtigt einerseits produktionstechnische Aspekte, die zu bestimmten Kostenverläufen führen, andererseits aber auch die Nachfrageseite. Sowohl technische Veränderungen als auch Nachfragewachstum können eine Situation mit einem bisherigen natürlichen Monopol in eine neue Konstellation mit mehreren Anbietern umwandeln.

Ein natürliches Monopol ist realistisch für Güter, deren Produktion und insbesondere die Bereitstellung für die Abnehmer extrem hohe spezifische Investitionen, bspw. für die Errichtung eines Schienennetzes oder eines Leitungssystems auf kommunaler Ebene, erfordert. Es wäre volkswirtschaftliche Verschwendung, aus Wettbewerbsgründen den Markteintritt eines zweiten oder dritten Anbieters zu forcieren. Die mehrfach vorgenommenen Investitionen, bspw. in ein Netz, könnten nicht sinnvoll ausgelastet werden. Die *LDK* eines einzigen Anbieters sind bei einer gegebenen Produktionsmenge im fallenden Bereich der *LDK*-Kurve jedenfalls geringer als der Durchschnitt der *LDK* mehrerer Anbieter, die sich diese Produktionsmenge teilen. Ein Markt mit mehreren Anbietern würde in diesem Sinne „versagen". Daher kommt es, dass die *Netze* für Bahnschienen und für die leitungsgebundene Telefon- und Elektrizitätsversorgung auf kommunaler Ebene, aber auch kommunale Einrichtungen wie Wasserversorgung und Verkehrsbetriebe, als natürliche Monopole geduldet werden.

Neben der Möglichkeit konstanter Skalenerträge bei hohen Fixkosten oder steigender Skalenerträge in der Produktion eines Gutes (*economies of scale*) gibt es die Möglichkeit sogenannter Verbundvorteile in der Produktion von zwei oder mehr Gütern (*economies of scope*): Es ist dann kostengünstiger, beide Güter in einer Anlage gleichzeitig zu erstellen, als sie jeweils separat zu produzieren. Dies trifft bspw. auf die Stromerzeugung zu, wo gleichzeitig elektrische Arbeit und Normspannung bereitgestellt werden. Ob sich daraus generell ein Kostenverlauf ergibt, der zu einem natürlichen Monopol führt, ist jeweils im Einzelfall zu prüfen.

Das in Abb. 9 dargestellte natürliche Monopol würde bei Streben nach maximalem Gewinn die Preis-Mengen-Kombination p_L^*, y_L^* wählen und damit, analog zu Abb. 8, eine Betriebsgröße, die im Vergleich zur Nachfrage gering ist und die mit der den hohen Monopolpreis p_L^* ermöglichenden geringen Menge y_L^* nicht einmal optimal genutzt wird. Ein Wettbewerbsergebnis mehrerer kleinerer Unternehmen stellt sich nicht ein, und das Monopolergebnis ist wirtschaftspolitisch unerwünscht. Deswegen werden i. d. R. natürliche Monopole durch staatlichen Eingriff reguliert. Der Staat könnte bspw. einen Höchstpreis verordnen. Ein Preis, der geringer als p_L^* ist und als Datum akzeptiert werden muss, induzierte die Wahl einer größeren Betriebsgröße und die Produktion einer größeren Menge.

Die Verordnung eines Preises p_{GK} hätte eine Menge y_{GK} zur Folge; die Situation entspräche der „Preis = Grenzkosten"-Regel bei vollständiger Konkurrenz (wobei im Beispiel der Abb. 9 die Menge y_{GK} geringer als die betriebsoptimale für *DTK* ist). Dieser „Als-ob"-Konkurrenzpreis deckt im natürlichen Monopol jedoch nicht die Durchschnittskosten *LDK* bzw. *DTK*, weil hier die *LDK*-Kurve fallend und die *LGK*-Kurve notwendigerweise unterhalb der *LDK*-Kurve verläuft. Eine durch staatliche Preissetzung simulierte Situation der vollständigen Konkurrenz erweist sich also als unzweckmäßig, da der Monopolist zu Verlusten gezwungen würde und die Produktion einstellen müsste.

Ein staatlich verordneter Preis p_{DK} hätte eine Menge y_{DK} zur Folge; der Preis würde die (kurz- bzw. langfristigen) Durchschnittskosten decken, so dass das

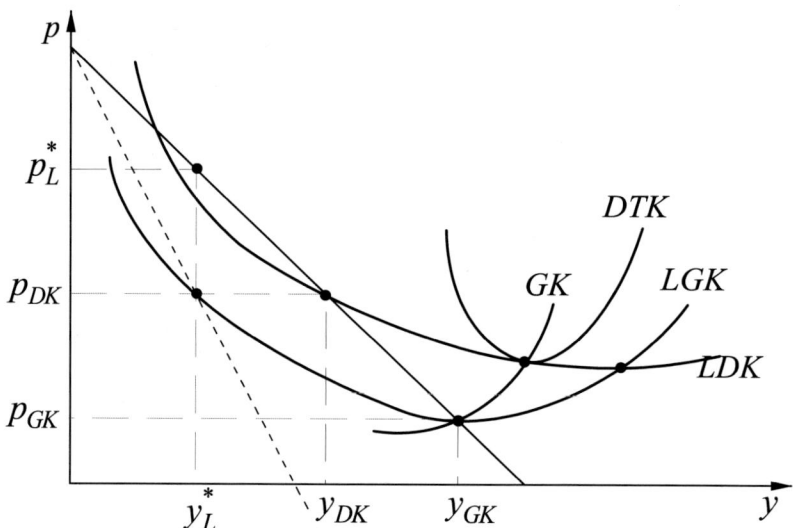

Abb. 9: Ermittlung der gewinnmaximalen Preis-Mengen-Kombination im natürlichen Monopol

natürliche Monopol ohne Gewinn arbeiten würde. Dieser Preis oder ein etwas höherer, der einen bescheidenen Gewinnzuschlag zu den Durchschnittskosten impliziert, mag in der Realität als Orientierung für die staatliche Regulierung gelten. Jeder kostenorientiert verordnete Preis birgt allerdings die Gefahr, dass nicht die Minimalkostenkombinationen realisiert oder dem staatlichen Regulierer mitgeteilt werden und dass Anreize zu kostensenkenden Maßnahmen fehlen.

Wenn deshalb die Produktion des betreffenden Gutes in ein öffentliches Unternehmen übernommen wird, das lediglich Kostendeckung anstrebt, ist noch zu klären, wie dort die Preise bspw. als Tarife oder Mautgebühren zu setzen sind. Wir betrachten hierzu ein öffentliches Unternehmen, das zwei Güter z_1, z_2 mit einer subadditiven Kostenfunktion produziert. Als Beispiel kann der Betrieb einer Brücke dienen, die von Personenkraftwagen und Lastkraftwagen genutzt wird (z_1, z_2). Gesucht ist eine unter Wohlfahrtsaspekten pareto-optimale Preispolitik, die genau kostendeckend sein soll, d. h. der Gewinn aus der Produktion der beiden Güter soll genau null betragen. Die Nachfragefunktionen seien jeweils gegeben als:

$$z_1 = f(p_1) \geq 0 \quad \text{und} \quad z_2 = g(p_2) \geq 0 \,.$$

Einkommenseffekte durch die Preispolitik des öffentlichen Unternehmens werden vernachlässigt. Die Wohlfahrt W der Konsumenten kann dann durch die Konsumentenrente beschrieben werden:

$$W(p_1, p_2) = \int_{p_1}^{\infty} f(u_1) \cdot du_1 + \int_{p_2}^{\infty} g(u_2) \cdot du_2 \,. \tag{26}$$

Wenn der Preis p_i um eine marginale Einheit Δp_i erhöht wird, sinkt die Wohlfahrt der Konsumenten um $\Delta p_i \cdot z_i$, wie man sich entweder graphisch oder algebraisch über die LEIBNIZ-Regel für die Differentiation von Integralen verdeutlicht (siehe *Exkurs* weiter unten).

Die Gewinnfunktion des Unternehmens lautet:

$$\begin{aligned} \pi(p_1, p_2) &= f(p_1) \cdot p_1 \,+\, g(p_2) \cdot p_2 \,-\, K(z_1, z_2) \\ &= f(p_1) \cdot p_1 \,+\, g(p_2) \cdot p_2 \,-\, K(f(p_1), g(p_2)) \,. \end{aligned} \tag{27}$$

Wenn die Nebenbedingung $\pi(p_1, p_2) = 0$ zu erfüllen ist, d. h. nur Kostendeckung angestrebt wird, lautet die LAGRANGE-Funktion:

$$L(p_1, p_2) = W(p_1, p_2) + \mu \cdot \pi(p_1, p_2) \,. \tag{28}$$

Die Konsumentenrente in Gleichung (26) verändert sich bei Variation des Preises p_i um eine kleine Einheit um $-f(p_1)$ bzw. $-g(p_2)$. Wegen $f(p_1) = z_1$ und $g(p_2) = z_2$, folgt jetzt unter Berücksichtigung der LEIBNIZschen-Regel für die Differentiation von Integralen:

$$-z_1 + \mu \cdot (f' \cdot p_1 + z_1 - GK_1 \cdot f') = 0 ,$$
$$-z_2 + \mu \cdot (g' \cdot p_2 + z_2 - GK_2 \cdot g') = 0 ;$$

GK_i = Grenzkosten der Produktion von Gut i
und $\pi = 0$.

Aus der ersten Gleichung erhält man durch Ausklammern von f':

$$z_1 \cdot (1-\mu)/f' = \mu \cdot (p_1 - GK_1) . \tag{29}$$

Analog aus der zweiten Gleichung:

$$z_2 \cdot (1-\mu)/g' = \mu \cdot (p_2 - GK_2) . \tag{30}$$

Berücksichtigt man, dass die direkte Preiselastizität der Nachfrage für Gut 1 gegeben ist durch

$$\eta_1 = \frac{df}{dp_1} \cdot \frac{p_1}{z_1} = f' \cdot \frac{p_1}{z_1}$$

(analog für Gut 2), dann erhält man durch Umformungen aus (29) bzw. (30):

$$\frac{p_i - GK_i}{p_i} = \frac{1}{\eta_i} \cdot \frac{1-\mu}{\mu} \quad \text{für} \quad i = 1,2 . \tag{31}$$

Daraus ergibt sich durch Division der beiden Gleichungen für das Preisverhältnis zwischen den beiden Gütern:

$$\frac{(p_1 - GK_1)/p_1}{(p_2 - GK_2)/p_2} = \frac{\eta_2}{\eta_1} . \tag{32}$$

Die Gleichung (32) wird als RAMSEY-*Preis-Regel* für ein öffentliches Unternehmen, das als natürliches Monopol anbietet, bezeichnet. Wenn das öffentliche Unternehmen Kostendeckung erreichen will, sind unter Wohlfahrtsaspekten die Preise p_i so zu setzen, dass der jeweilige relative Aufschlag auf die Grenzkosten (GK_i) proportional ist zur inversen Preiselastizität auf den Märkten für die beiden Güter. Der Aufschlagssatz auf die jeweiligen Grenzkosten bezogen auf den Güterpreis p_i multipliziert mit der Preiselastizität der Nachfrage η_i muss natürlich positiv sein. Die sogenannte „Ramsey-Zahl" μ muss in Gleichung (31) sicher stellen, dass die rechte Seite positiv ist, d.h. $\mu > 1$.

Da die politischen Zielsetzungen eine Abweichung von $\pi = 0$ erlauben können (z. B. wird für die Versorgung ländlicher Gebiete durch die „gelbe Post" ein gewisses Defizit in Kauf genommen), ist die obige Kalkulation auch für ein beliebiges $\pi = \overline{\pi}$ anwendbar: Die Preisverhältnis-Regel bleibt erhalten, gilt dann aber für ein anderes Produktionsprogramm.

Zur ökonomischen Interpretation der RAMSEY-Preis-Regel stelle man sich vor, dass Gut 1 für die Konsumenten sehr wichtig ist (η_1 ist betragsmäßig sehr niedrig), Gut 2 hingegen eher weniger dringlich (η_2 ist betragsmäßig sehr hoch). Gemäß der RAMSEY-Preis-Regel muss dann der relative Aufschlag auf die Grenzkosten für Gut 1 sehr hoch, für Gut 2 sehr gering sein, d. h. diejenigen Konsumentengruppen müssen anteilig stärker zur Fixkostendeckung herangezogen werden, deren Preiselastizität absolut gering ist. Besonders relevant ist diese Überlegung, wenn die Nachfrager nach Gut 2 (nicht aber die für Gut 1) oberhalb eines bestimmten Preises eine Substitutionsmöglichkeit für Gut 2 haben: η_2 würde dann ∞-groß.

Wenn etwa im obigen Brückenbeispiel ein Umweg über eine schmale Straße für die Pkw-Fahrer möglich ist, so liegt die Preisdifferenzierung der Mautgebühren nahe: Pkw-Fahrer bezahlen eine niedrige Maut, Lkw-Fahrer einen hohen Betrag. Nehmen wir einmal hilfsweise an, dass die Kostenfunktion $K(z_1, z_2)$ separabel derart ist, dass sie als $K(z_1, z_2) = K_1(z_1) + K_2(z_2)$ geschrieben werden kann. Dann bietet sich ein Vergleich mit einer monopolistischen Situation an. Wenn man die AMOROSO-ROBINSON-Relation für einen gewinnmaximierenden Monopolisten entsprechend (31) umformt, gilt:

$$\frac{p_i - GK_i}{p_i} = -\frac{1}{\eta_i}. \tag{33}$$

Offensichtlich fehlt gegenüber (31) der Abschlagsfaktor $(\mu - 1)/\mu$, der betragsmäßig zwischen null und eins liegt. Mit anderen Worten: Ein öffentliches Unternehmen verhält sich wie ein Monopolist, nimmt aber von vorne herein proportional niedrigere Preise.

Liegt also ein natürliches Monopol vor, so ist das Angebot entweder über ein öffentliches Unternehmen zu erbringen, oder der jeweils monopolistische Anbieter muss einer Regulierung bezüglich seiner Preisgestaltung unterworfen werden.

Die zweckmäßige Organisation natürlicher Monopole ist immer wieder Gegenstand von Diskussionen. So wurde vorgeschlagen, wo immer möglich ein öffentliches Leitungsnetz zu errichten und es von mehreren, miteinander konkurrierenden privaten Anbietern beschicken zu lassen. Ein anderer Vorschlag sieht vor, das natürliche Monopol in zeitlichen Abständen an den privaten Anbieter zu versteigern, der den niedrigsten Preis zusagt. Sofern die Nachfrager geeignet mobilisierbar sind, können Produktion und Preisgestaltung des Monopolgutes einem „Klub der Nutzer" (z. B. in Form einer Genossenschaft) übertragen werden; dabei sollen „Klubbeiträge" zur Fixkostendeckung und Grenzkostenpreise zur Abgeltung variabler Kosten von einem Management festgesetzt werden, das von der Versammlung der Mitglieder kontrolliert wird (vgl. BORCHERT/GROSSEKETTLER 1985, S. 53 f., 317 f.).

Seit der Liberalisierung von ehemals durch staatliche Politik geschützten Bereichen ist der jeweilige Kernbereich, der das natürliche Monopol im eigentlichen Sinne ausmacht, entweder durch eine Regulierungsbehörde überwacht wie im Falle der Ortsnetze in der Telekommunikation, oder den Marktprozessen überlassen wie im Falle der Elektrizitätswirtschaft, wobei das Kartellamt auf Missbrauch von Marktmacht durch die Netzbetreiber achten soll.

Exkurs: Die LEIBNIZsche Regel zur Differentiation von Integralen, die (differenzierbar) von einer Variablen s abhängen.

Sei
$$F(s) = \int_{a(s)}^{b(s)} g(x, s) \, dx$$

mit $a(s)$, $b(s)$ differenzierbar und

$$\frac{\partial g(x,s)}{\partial s}$$

existiert und ist stückweise stetig, $g(x,s)$ stetig in (x,s).

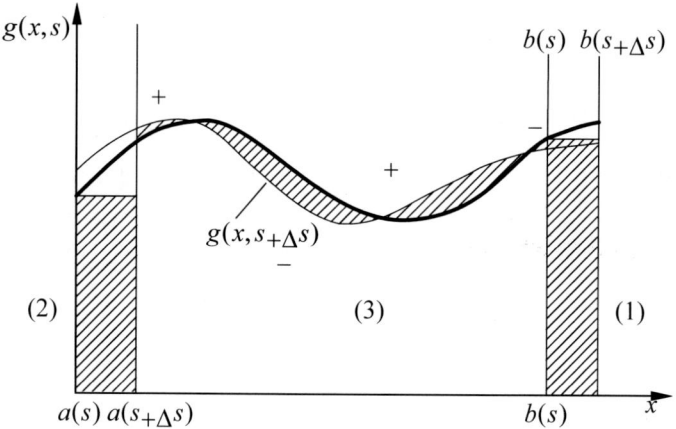

Dann stellt $F(s)$ die Fläche unterhalb des Graphen $g(x,s)$ für gegebenes s dar. Verändert man nun s um eine kleine Einheit Δs, so ändert sich F an drei Stellen:

– Die verschobene obere Integrationsgrenze (1),
– die verschobene untere Integrationsgrenze (2),
– die veränderte Funktion $g(x, s + \Delta s)$ (3)

geben die Beiträge für die Änderung der Fläche $\Delta F(s)$ an. Beim mathematisch sauberen Übergang auf Grenzwerte erhält man:

$$\frac{dF(s)}{ds} = \underbrace{g(b(s),s) \cdot \frac{db}{ds}}_{(1)} \underbrace{- g(a(s),s) \cdot \frac{da}{ds}}_{(2)} + \underbrace{\int_{a(s)}^{b(s)} \frac{\partial g(x,s)}{\partial s} \cdot dx}_{(3)}.$$

In unserem obigen Beispiel war die Konsumentenrente für Nachfragegruppe 1 gegeben durch

$$\int_{p_1}^{\infty} f(u_1) \, du_1.$$

Die Untergrenze der Integration lautet somit $a(p_1) = p_1$. Die Obergrenze ist fixiert. Ebenso hängt $f(u_1)$ nicht mehr vom Parameter p_1 ab. Deswegen fällt beim Differenzieren lediglich der Term (2) an und ergibt sich als

$$-f(p_1) \cdot \frac{dp_1}{dp_1} = -f(p_1).$$

g. Teilmonopol

Im folgenden Abschnitt betrachten wir erstmalig eine Situation, in der ein Unternehmen in seiner Entscheidung über die gewinnmaximierende Strategie eine Wechselwirkung mit den Entscheidungen anderer Unternehmen in Rechnung stellen muss. Beim zunächst untersuchten Mengenanpasserverhalten fühlte sich jedes einzelne Unternehmen zu klein und unbedeutend, um mit seinen Entscheidungen den Marktpreis zu beeinflussen; im Monopol entschied der Alleinanbieter ohne Rücksicht auf andere Unternehmen im Markt: es gab ja nur ihn selbst.

Ein Teilmonopol beschreibt dagegen eine Situation, in der ein starker Anbieter eines Gutes neben einer Vielzahl ihm gegenüber sehr kleiner Anbieter des gleichen Gutes den Markt beherrscht. Jeder der kleinen Mitbewerber verhält sich als Mengenanpasser, bietet also gemäß der Regel „Preis = steigender Ast der Grenzkosten, sofern dieser über den Durchschnittskosten liegt" an. Die Gesamtheit dieser kleinen Anbieter nennt man den Wettbewerbsrand, was auf englisch „fringe" heißt. Der starke Anbieter, der i. d. R. einen deutlichen (Grenz-)Kostenvorteil gegenüber seinen Mitkonkurrenten hat, kann sich nur teilweise als Monopolist aufführen. Bei jedem Preis, der als Ergebnis seiner Planungen auf dem Markt entsteht, muss er das bei diesem Preis auf den Markt zu Stande kommende Angebot der vielen kleinen Mitbewerber von der Gesamtnachfragemenge des Marktes abziehen. Während für die kleinen Anbieter steigende Grenzkosten unterstellt werden, nehmen wir für den Teil-Monopolisten an, dass seine Kostenfunktion im relevanten Bereich konstante Grenzkosten c aufweist.

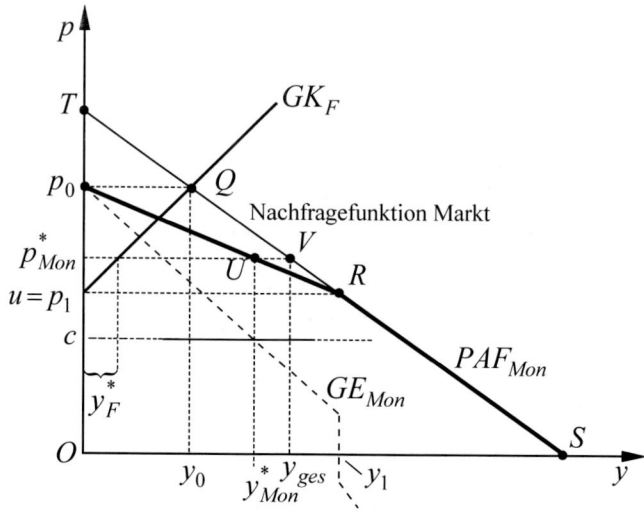

Abb. 10: Teilmonopol

In Abb. 10 beschreibt der Streckenzug *TS* die Marktnachfragefunktion, die wir wieder in linearer Form annehmen. Die aggregierte Grenzkostenfunktion GK_F der Wettbewerbsanbieter sei ebenfalls linear mit Ordinatenabschnitt u.

Nur bei Preisen oberhalb von $p_1 = u$ kommen die kleinen Anbieter mit ihren jeweiligen Mengen auf den Markt, die sich aus der aggregierten Grenzkostenkurve der Kleinen ergibt. Wenn nun der (Teil-)Monopolist diese Angebotskurve kennt, kann er sich die auf ihn entfallende Restnachfrage P_0RS als seine individuelle Preis-Absatz-Funktion ausrechnen. Beim Preis p_0 würden die kleinen Anbieter die gesamte Nachfrage zu diesem Preis befriedigen, beim Preis p_1 böten sie nicht (mehr) an. Die zugehörige Grenzerlösfunktion hat offensichtlich bei der Menge, die dem Punkt *R* entspricht, einen Sprung. Es lassen sich jetzt grundsätzlich mehrere mögliche Fälle unterscheiden: Der für die Fragestellung relevante Fall mit einem positiven Angebot sowohl des Wettbewerbsrandes als auch des Monopolisten ist in der Abb. 10 eingetragen. Der Monopolist agiert nach wie vor als der dominierende Anbieter und geht mit Bezug auf seine individuelle Preis-Absatz-Funktion (PAF_{Mon}) in seinen COURNOT-Punkt (= Punkt *U*). Bei dem dann von ihm gesetzten Preis p^* bietet der Wettbewerbsrand die Menge y_F^* an, welche zusammen mit der Monopolmenge y_{Mon}^* das Gesamtangebot y_{ges}^* ergibt.

Die folgende formale Analyse verdeutlicht die verbale und graphische Argumentation:

$p = a - by_{ges}$	Marktnachfrage
$GK_{Mon} = c$	Grenzkosten des (Teil-)Monopolisten
$GK_F = u + vy_F$	Grenzkosten des Wettbewerbsrandes.

Damit das Problem ökonomisch interessant wird, unterstellen wir für dieses Beispiel: $u > c$. Zunächst bestimmen wir die markanten Punkte p_0, Q, p_1, R:

1. $$a - by_0 = u + vy_0.$$

$$Q: \quad y_0 = \frac{a-u}{b+v}.$$

$$p_0 = \frac{ab + av - ab + ub}{b+v}.$$

$$= \frac{av + bu}{b+v}. \tag{34}$$

$$R: a - by_1 = u.$$

$$y_1 = \frac{a-u}{b}.$$

$$p_1 = u. \tag{35}$$

2. Die Steigung der monopolistischen *PAF* zwischen O und y_1 ermitteln wir elementar:

$$A = p_0 - p_1 = \frac{av + bu}{b+v} - \frac{ub + uv}{b+v} = \frac{(a-u) \cdot v}{b+v}. \tag{36}$$

$$B = y_1 = \frac{a-u}{b}. \tag{37}$$

$$\text{Steigung} = -A/B = -\frac{(a-u) \cdot bv}{(b+v) \cdot (a-u)} = \frac{-bv}{b+v}. \tag{38}$$

$$PAF_{Mon} = \frac{av + bu}{b+v} - \frac{bv}{b+v} \cdot y_{Mon}. \tag{39}$$

Das Gewinnmaximum des Monopolisten liegt dort, wo $GE = GK$:

$$GE_{Mon} = \frac{av+bu}{b+v} - 2 \cdot \frac{bv}{b+v} \cdot y_{Mon} = c.$$

$$\frac{2bv}{b+v} \cdot y_{Mon} = \frac{av+bu}{b+v} - \frac{cb+cv}{b+v}.$$

$$y^*_{Mon} = \frac{(a-c) \cdot v + b \cdot (u-c)}{2bv} = \frac{a-c}{2b} + \frac{u-c}{2v}. \tag{40}$$

Eingesetzt in die individuelle Preis-Absatz-Funktion des Teil-Monopolisten ergibt sich:

$$p^*_{Mon} = \frac{av+bu}{b+v} - \frac{(a-c) \cdot v + b \cdot (u-c)}{2 \cdot (b+v)}$$

$$= \frac{av+bu+cv+bc}{2 \cdot (b+v)}.$$

$$p^*_{Mon} = \frac{(a+c) \cdot v + b \cdot (u+c)}{2 \cdot (b+v)}. \tag{41}$$

Das Angebot des Wettbewerbsrands bei diesem Preis beträgt:

$$y^*_F = \frac{p^*_{Mon} - u}{v} = \frac{av+bu+cv+bc-2bu-2uv}{2 \cdot (b+v) \cdot v}$$

$$= \frac{av-bu+cv+bc-2uv}{2 \cdot (b+v) \cdot v}$$

$$= \frac{(a+c) \cdot v + b \cdot (c-u) - 2uv}{2 \cdot (b+v) \cdot v}. \tag{42}$$

Zahlenbeispiel: Sei $a = 20$; $b = 0{,}8$; $c = 4$; $u = 6$; $v = 2$, dann ist: $p = 20 - 0{,}8y$; $GK_{Mon} = 4$; $GK_F = 6 + 2y_F$. Das Marktergebnis ist dann gegeben mit: $y^*_{Mon} = 10{,}5$; $p^*_{Mon} = 10$; $y^*_F = 2$; $y^*_{Ges} = y^*_F + y^*_{Mon} = 12{,}5$.
Hinweis: Vollziehen Sie das Ergebnis nicht nur durch Einsetzen der Parameter in die allgemeine Lösung nach, sondern auch, indem Sie die verbale und graphische Argumentation zuvor umsetzen.

Für den Vergleich des Teilmonopols mit der reinen Monopollösung für lokal konstante Grenzkosten ergibt sich:

	Monopol	Teil-Monopol
p^*	(17): $\dfrac{a+c}{2}$	(41): $\dfrac{a+c}{2}\cdot\dfrac{v}{b+v}+\dfrac{u+c}{2}\cdot\dfrac{b}{b+v}$
y^*_{ges}	(16): $\dfrac{a-c}{2b}$	(40): $\dfrac{a-c}{2b}+\dfrac{u-c}{2(b+v)}$

Da $u > c$ gilt, ist die Angebotsmenge des Teilmonopolisten höher, der Preis niedriger als im Fall des reinen Angebotsmonopols. Wie man aus dem Vergleich erkennt, ergibt ein flacherer Verlauf der aggregierten Grenzkostenkurve des Wettbewerbsrandes ausgedrückt im kleineren Parameter v, dass die Gleichgewichtsmenge des Monopolisten im Teilmonopol größer wird und der zugehörige Preis niedriger. Da zur Menge y_{Mon} noch das Angebot $y_F = UV$ kommt, ist die Güterversorgung im Teilmonopol deutlich besser als im reinen Monopol (vgl. Abb. 10).

3. Das Nachfragemonopol (Monopson)

Die Theorie des Nachfragemonopols lässt sich weitgehend analog zur Theorie des Angebotsmonopols entwickeln, so dass wir uns im Folgenden kurz fassen können. Ein Nachfragemonopol liegt nur dann vor, wenn die Anbieter keinerlei Möglichkeit haben, das Gut an andere Nachfrager als den Nachfragemonopolisten abzusetzen. Das Gut darf also nicht als Substitut für irgendwelche Güter in Frage kommen, die von anderen Nachfragern nachgefragt werden, denn sonst hätten Preisänderungen für diese anderen Güter Einfluss auf die Nachfrage nach dem betrachteten Gut, und es wäre dann vielleicht zweckmäßig, die Marktabgrenzung unter Einschluss der engen Substitute vorzunehmen.

Als Beispiel betrachten wir ein Unternehmen, das einen variablen Faktor als Nachfragemonopolist auf dem Beschaffungsmarkt nachfragt. Der Nachfragemonopolist kennt die gesamtwirtschaftliche Angebotsfunktion für den Faktor, die sich aus der Aggregation einzelwirtschaftlicher Angebotsfunktionen von Mengenanpassern ergibt und positive Steigung hat. Er wählt den Faktorpreis als Aktionsparameter und nimmt stets die Menge ab, die die Anbieter zum jeweiligen Preis anbieten. Die Marktgleichgewichtsbedingung „Angebot = Nachfrage" ist daher immer erfüllt. Die gesamtwirtschaftliche Angebotsfunktion für den Faktor wird damit zur *Preis-Beschaffungs-Funktion* des Nachfragemonopolisten. Ist r die nachgefragte Faktormenge und q der Faktorpreis, dann lautet die Preis-Beschaffungsfunktion in der nach dem Preis aufgelösten Form:

$$q = h(r) \quad \text{mit} \quad \frac{dq}{dr} > 0. \tag{43}$$

Aus der Preis-Beschaffungs-Funktion erhalten wir die Funktion der *Ausgaben A(r)* für den Faktor, indem wir Faktorpreis und -menge multiplizieren:

$$A(r) = qr = h(r) \cdot r. \tag{44}$$

Daraus ergeben sich die *Grenzausgaben* für den Faktor:

$$A'(r) = GA = \frac{dA}{dr} = h(r) + rh'(r) = q + r \cdot \frac{dq}{dr}. \tag{45}$$

Bei vollständiger Konkurrenz ist der Preis für den einzelnen Nachfrager ein Datum. Angewendet auf unser Beispiel wäre dann $dq/dr = 0$ und die *GA* wären gleich dem Faktorpreis. Hier gilt dagegen $dq/dr > 0$, so dass die *GA* höher als der Faktorpreis sind. Bei jeder zusätzlich eingekauften Mengeneinheit muss der Nachfragemonopolist für die gesamte Menge einen höheren Preis bewilligen. Die *GA* lassen sich mit Hilfe der AMOROSO-ROBINSON-Beziehung wie folgt schreiben:

$$A'(r) = GA = q \cdot \left(1 + \frac{1}{\eta_{rq}}\right) \quad \text{mit} \quad \eta_{rq} = \frac{dr}{dq} \cdot \frac{q}{r} > 0. \tag{46}$$

Hier ist η_{rq} die Elastizität des Faktorangebots in Bezug auf den Preis.

Im Falle einer linearen Preis-Beschaffungs-Funktion mit den positiven Konstanten *k* und *l*,

$$q = k + lr, \tag{47}$$

werden die Ausgaben durch eine Kurve 2. Grades beschrieben,

$$A = kr + lr^2, \tag{48}$$

und die *GA* sind wieder linear:

$$A'(r) = GA = k + 2lr. \tag{49}$$

Geometrisch sind diese drei Beziehungen in Abb. 11 dargestellt: Die Gerade der *GA* hat den gleichen Ordinatenabschnitt und verläuft doppelt so steil wie die Gerade, welche die Preis-Beschaffungs-Funktion beschreibt.

Wir nehmen vereinfachend an, dass das Unternehmen nur diesen einen variablen Faktor benötigt, die Produktionsfunktion somit

$$y = g(r) \tag{50}$$

lautet, und dass der Preis auf dem Absatzmarkt des Produktes ein Datum $\bar{p}$ ist. Unter diesen Annahmen wollen wir die von dem Monopolisten nachgefragte Menge und den von ihm gesetzten Preis bestimmen. In der Theorie des Angebotsmonopols wird der Gewinn in Abhängigkeit von der Absatzmenge *y* als Differenz zwischen Erlös $E(y)$ und Kosten $K(y)$ definiert. In der Theorie des Nachfragemonopols soll der Gewinn in Abhängigkeit von der Faktoreinsatz- bzw. Nachfragemenge *r* ausgedrückt werden. Man schreibt daher den Erlös als Funktion von

r und nennt ihn *Wert der Produktion* $W(r) = \bar{p}y$. Ebenso verfährt man mit den Kosten und bezeichnet sie als Gesamtausgaben, die in unserem Fall (bei Vernachlässigung von Fixkosten) mit den Ausgaben $A(r)$ übereinstimmen. Unter Beachtung von (44) und (50) lautet der Gewinn somit

$$G(r) = W(r) - A(r) = \bar{p} \cdot g(r) - h(r) \cdot r. \tag{51}$$

Das Ziel des Nachfragemonopolisten sei es, den Preis des Faktors so festzusetzen, dass der Gewinn ein Maximum erreicht. Die gewinnmaximierende Nachfragemenge ist bei einem Grenzgewinn von null verwirklicht. Die *Bedingung 1. Ordnung* für das Gewinnmaximum heißt

$$G'(r) = W'(r) - A'(r) = \bar{p} \cdot g'(r) - [h(r) + r \cdot h'(r)] = 0 \tag{52}$$

oder

$$W'(r) = A'(r) \quad \text{bzw.} \quad \bar{p} \cdot g'(r) = h(r) + r \cdot h'(r). \tag{53}$$

Auf der linken Seite dieser Beziehungen steht der *Wert des Grenzprodukts des Faktors* (auch *Grenzwert der Produktion* oder *Wertgrenzprodukt des Faktors* genannt), auf der rechten Seite finden sich die *GA* für den Faktor. Ein Gewinnmaximum ist also bei einer Nachfragemenge verwirklicht, bei der sich die Kurven des Wertes des Grenzprodukts und der *GA* für den Faktor schneiden. Damit ein Maximum vorliegt, muss dort die *Bedingung 2. Ordnung*

$$G''(r) = W''(r) - A''(r) = \bar{p} \cdot g''(r) - [2 \cdot h'(r) + r \cdot h''(r)] < 0 \tag{54}$$

oder

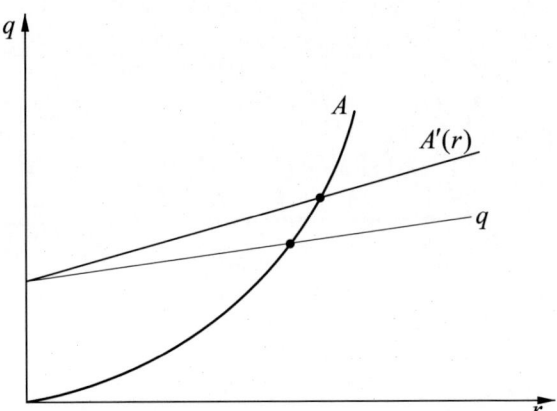

Abb. 11: Grenzausgaben und Preis-Beschaffungs-Funktion

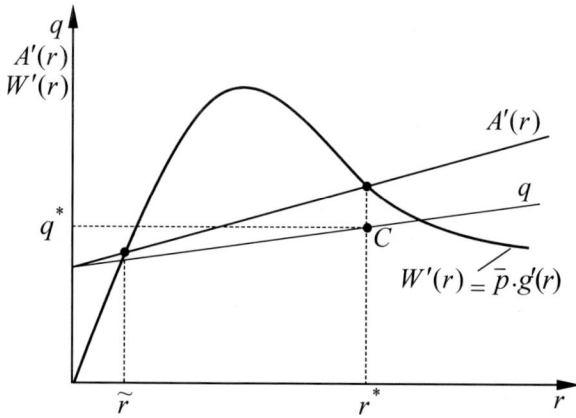

Abb. 12: **Ermittlung des COURNOTschen Punktes im Nachfragemonopol**

$$W''(r) < A''(r) \quad \text{bzw.} \quad \bar{p} \cdot g''(r) < 2 \cdot h'(r) + r \cdot h''(r) \tag{55}$$

erfüllt sein, d. h. die Steigung der Kurve, welche den Wert des Faktorgrenzprodukts bezeichnet, muss kleiner sein als die der Kurve der *GA*. Zur Bestimmung des gewinnmaximierenden Preises setzen wir die gewinnmaximierende Nachfragemenge in die Preis-Beschaffungs-Funktion (43) ein.

Aus unserem geometrischen Beispiel in Abb. 11 übernehmen wir die beiden Geraden, welche die Preis-Beschaffungs-Funktion und die *GA* darstellen, in Abb. 12. Die Kurve des Wertes des Faktorgrenzprodukts erhalten wir, indem wir die Ordinatenwerte der Grenzertrags-(Grenzproduktivitäts-)kurve mit der Konstanten $\bar{p}$ multiplizieren. Gilt für die Produktionsfunktion (50) das allgemeine Ertragsgesetz, dann hat die Grenzertragskurve zunächst positive, später abnehmende Steigung (vgl. Abb. II.A.4).

In Abb. 12 gibt es zwei Schnittpunkte der Kurve des Faktorgrenzprodukts und der Kurve der *GA*; in beiden ist die *Bedingung 1. Ordnung* (53) erfüllt. Bei $\tilde{r}$ ist die Steigung der Kurve $W'(r)$ größer, bei r^* kleiner als die Steigung der Geraden $A'(r)$. Nur bei der Menge r^* trifft die *Bedingung 2. Ordnung* (55) zu. Der gewinnmaximierende Preis q^* ergibt sich, indem wir bei r^* auf die Preis-Beschaffungsfunktion loten. *C* ist der COURNOTsche Punkt im Nachfragemonopol.

4. Das bilaterale Monopol

a. Problemstellung und Verhaltensweisen

Das Angebots- und Nachfragemonopol untersuchten wir unter der Voraussetzung, dass es auf der anderen Marktseite jeweils sehr viele Marktteilnehmer gibt, die sich als Mengenanpasser verhalten. Der Monopolist ist damit in der Lage, den Preis allein festzusetzen. In der Marktform des bilateralen Monopols stehen sich nur ein Anbieter und ein Nachfrager gegenüber, die insoweit aufeinander angewiesen sind, als sie nicht anderweitig verkaufen bzw. kaufen können. Nicht jeder von beiden kann den Preis bestimmen; denn da der Anbieter einen hohen, der Nachfrager einen niedrigen Preis setzen möchte, ist eine Übereinstimmung in einer von beiden unabhängig durchgeführten Preissetzung nicht zu erwarten. Es liegt nahe anzunehmen, dass Anbieter und Nachfrager in Verhandlungen eintreten, um zu versuchen, zu einer Einigung über Preis und Menge zu gelangen. In der Theorie des bilateralen Monopols stellt sich also das Problem, den Ausgang von Verhandlungen zwischen zwei Wirtschaftseinheiten zu erklären. Dieses Problem kann unter die allgemeine *Theorie des Verhandelns* (des *„bargaining"*) eingeordnet werden. Der Ausgang von Verhandlungen hängt vor allem vom Verhandlungsgeschick, den Vorräten und finanziellen Reserven sowie vom Stand der Information über den anderen Partner ab. Das Verhandlungsgeschick eines Partners äußert sich bspw. in der Fähigkeit, bei dem anderen glaubhaft den Eindruck zu erwecken, dass die Verhandlungen abgebrochen werden, falls eine bestimmte Forderung nicht erfüllt wird. Die Vorräte und finanziellen Reserven spielen unter anderem deshalb eine Rolle, weil sie einen Partner in die Lage versetzen, mit dem Abschluss eines Geschäftes länger zu warten oder ganz darauf zu verzichten. Informationen über die tatsächliche Lage des anderen reduzieren dessen Möglichkeiten, seine Lage günstiger darzustellen als sie ist. Alle diese Faktoren bestimmen die *relative Machtposition* eines Partners. Es ist allerdings schwierig, die einzelnen Faktoren in einem einheitlichen Maßstab auszudrücken oder zu gewichten, um so den Begriff der relativen Machtposition operational zu machen. Die Theorie des Verhandelns ist in neuerer Zeit vor allem im Rahmen der *Theorie der strategischen Spiele* entwickelt worden, die wir hier jedoch nicht behandeln können. Wir beschränken uns darauf, die Möglichkeiten der Preisbildung im bilateralen Monopol im Rahmen der herkömmlichen mikroökonomischen Theorie zu untersuchen. Dabei gehen wir zunächst davon aus, dass die Marktpartner von vornherein durch bestimmte Verhaltensweisen gekennzeichnet sind und von Verhandlungen absehen.

Obgleich beide Partner Monopolisten sind, kann jedoch nicht jeder von ihnen wie ein Monopolist handeln, d. h. den Preis unabhängig vom anderen festsetzen. Mindestens einer von beiden muss eine andere als die monopolistische Verhaltensweise anwenden. Wir unterscheiden in der folgenden Untersuchung drei mögliche Kombinationen von Verhaltensweisen der Partner:

1. *Beide* Partner verhalten sich als *Mengenanpasser*. Jeder hält seine Position für so schwach, dass er bereit ist, einen irgendwie zustande gekommenen, z. B. von einem unabhängigen Auktionator ausgerufenen Preis als Datum zu akzeptieren, an das er sich durch Festsetzung seiner zu diesem Preis optimalen Menge anpasst.
2. Ein Partner verhält sich als *Monopolist*, der andere als *Mengenanpasser*. Der eine Partner hält sich für so stark, dass er glaubt, den Preis bestimmen zu können, während der andere bereit ist, diesen Preis als Datum hinzunehmen.
3. Ein Partner verhält sich als *Optionsfixierer*, der andere als *Optionsempfänger*. Die Optionsfixierung setzt eine noch stärkere Position als die des Monopolisten voraus. Während der Monopolist entweder den Preis oder die Menge bestimmen kann und die Festlegung der jeweils anderen Größe dem Marktpartner überlässt, ist der Optionsfixierer in der Lage, sowohl Preis als auch Menge zu bestimmen. Dem Marktpartner, der sich als Optionsempfänger verhält, bleibt dann nur die Wahl, diese Preis-Mengen-Kombination anzunehmen oder das Geschäft ganz abzulehnen.

Nur für bestimmte Kombinationen von Verhaltensweisen sind mit den Instrumenten der herkömmlichen Theorie eindeutig Gleichgewichtspreis und Gleichgewichtsmenge im bilateralen Monopol ableitbar. Man kann nicht angeben, unter welchen Umständen und warum ein Marktpartner die unterstellte Verhaltensweise anwendet. Im Grunde ist es natürlich die relative Machtposition, die ihm eine bestimmte Verhaltensweise aufzwingt oder gestattet. Ein stringenter Zusammenhang zwischen der Verhaltensweise und den Faktoren, die die relative Machtposition bestimmen, lässt sich aber kaum herstellen. Wenn wir von gegebenen Verhaltensweisen der Marktpartner ausgehen, müssen wir einen wesentlichen Teil des Problems als bereits gelöst voraussetzen, nämlich die Frage, wovon eine Verhaltensweise abhängt.

Ein bilaterales Monopol ist bspw. gegeben, wenn am Arbeitsmarkt der Lohn für ein homogenes Produkt „Arbeit" zwischen einer Gewerkschaft und einem Arbeitgeberverband ausgehandelt wird. Auch zwischen einem Monopolisten auf der einen Marktseite und einem Kartell (vgl. dazu Kap. IV.E.2) auf der anderen oder zwischen Kartellen auf beiden Marktseiten liegt die Marktform des bilateralen Monopols vor.

Wir behandeln im Folgenden zwei Beispiele. Im ersten, auf FRANCIS EDGEWORTH zurückgehenden Beispiel interpretieren wir den Fall des „reinen Tausches" zwischen zwei Haushalten als bilaterales Monopol, im zweiten Beispiel gehen wir davon aus, dass sich jeweils ein Unternehmen als Anbieter und Nachfrager am Markt eines bilateralen Monopols gegenüberstehen.

b. Bilaterales Monopol im Fall des „reinen Tausches"

Wie im Kap. III.B.3 betrachten wir die Haushalte 1 und 2, die über vorgegebene Erstausstattungen mit den Gütern 1 und 2 verfügen. Diese werden durch einen Punkt E in einem Schachteldiagramm dargestellt, dessen Seitenlängen die insgesamt verfügbaren Erstausstattungen bezeichnen (vgl. Abb. III.B.2). Wir können nun wahlweise ein Gut als das umgesetzte Gut bezeichnen und das andere als das „Preisgut", mit dem bezahlt wird. Das Preisgut spielt die Rolle des Standardgutes (*numéraire*). Wir betrachten hier Gut 1 als das umgesetzte und Gut 2 als das Preisgut. Bei einem Übergang von Punkt E zum Punkt P des Schachteldiagramms ist also Haushalt 1 der Nachfrager des bilateralen Monopols, der die Menge $\hat{v}_1^1$ erhält und mit der Menge $\hat{v}_2^1$ bezahlt. Haushalt 2 ist der Anbieter des bilateralen Monopols, der die Menge $\hat{v}_1^2$ abgibt und dafür das Entgelt $\hat{v}_2^2$ bezieht. Der Preis des Gutes 1 wird in Einheiten des Gutes 2 gemessen. In der absoluten Steigung der Geraden durch P und E kommt der Preis des umgesetzten Gutes zum Ausdruck. Die Gerade heißt daher Preisgerade und ist von O^1 aus gesehen Bilanzgerade des Haushalts 1, von O^2 aus gesehen Bilanzgerade des Haushalts 2.

In Abb. 13 beschreibt der Bereich, den die durch E verlaufenden Indifferenzkurven einschließen, die Tauschmöglichkeiten, an denen die Haushalte interessiert sein können. Ein Punkt auf dem Rand bringt nur einem Haushalt einen Nutzengewinn, schädigt aber den anderen nicht. Ein Punkt, der ein Gleichgewicht repräsentiert, muss daher innerhalb dieses Bereiches oder zumindest auf seinem Rand liegen.

Die Gesamtheit der möglichen *Verhandlungsgleichgewichte* lässt sich noch weiter eingrenzen. Ein Verhandlungsgleichgewicht (ein Kontrakt) muss nämlich durch einen Punkt auf der Kontraktkurve beschrieben werden (aufgrund dieser Tatsache wählte EDGEWORTH die Bezeichnung *Kontraktkurve*). Ein Haushalt hat, bei der immer unterstellten Unabhängigkeit der Nutzen, gegen eine Nutzenerhöhung für den anderen Haushalt nichts einzuwenden, wenn nur sein eigener Nutzen nicht abnimmt. Schlägt z. B. Haushalt 2 einen Punkt vor, der nicht auf der Kontraktkurve liegt, dann kann Haushalt 1 stets einen Gegenvorschlag machen, bei dem er selbst besser und der andere nicht schlechter gestellt ist. Es ist die Eigenschaft der PARETO-Optimalität, die entscheidend ist: Nur in einem Punkt auf der Kontraktkurve kann der Nutzen eines Haushalts nicht mehr erhöht werden, ohne dass der des anderen vermindert wird.

Für ein Verhandlungsgleichgewicht kommen also nur Punkte in Frage, die in Abb. 13 erstens innerhalb oder auf dem Rand des schraffierten Bereiches zwischen den Indifferenzkurven durch E und zweitens auf der Kontraktkurve liegen. Wir untersuchen nun, welche Punkte sich bei den erwähnten Kombinationen von Verhaltensweisen der beiden Partner ergeben.

1. Beiderseitige Mengenanpassung:
Diesen Fall haben wir bereits in Kap. III.B.3 behandelt. Das Gleichgewicht wird dann durch den Schnittpunkt S der beiden von E ausgehenden Tauschkurven T^1 und T^2 beschrieben. Wird also in den Verhandlungen ein Preis des umgesetzten Gutes 1 in Erwägung gezogen, welcher der Preisgeraden durch E und S entspricht, dann sind die Wünsche der beiden Marktpartner konsistent. Das Verhandlungsgleichgewicht S liegt innerhalb des schraffierten Bereichs und auf der Kontraktkurve.

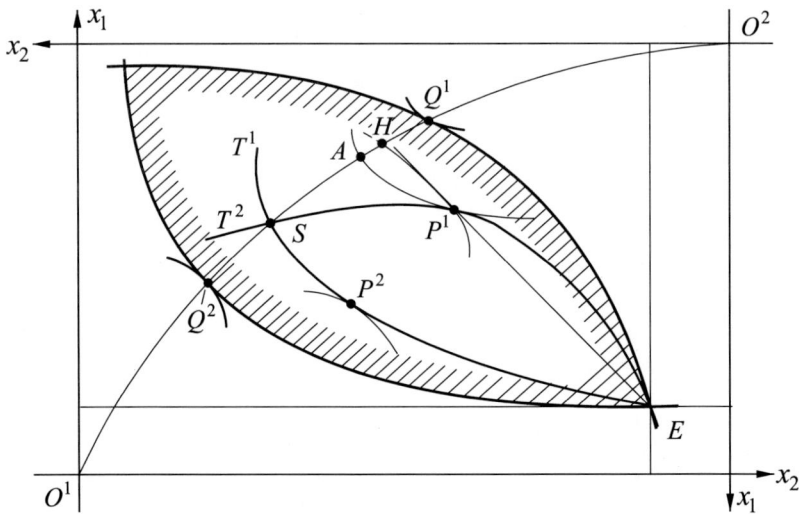

Abb. 13: EDGEWORTH-Box im Fall des „reinen Tausches"

2. Ein Partner Monopolist, der andere Mengenanpasser:
Fühlt sich Haushalt 1 so stark, dass er sich als Monopolist verhält, während Haushalt 2 sich für so schwach hält, dass er als Mengenanpasser handelt, dann kann sich Haushalt 1 jenen Punkt auf der Tauschkurve des Haushalts 2 aussuchen, der ihm den höchsten Nutzen verschafft. Haushalt 1 wird also den Preis zunächst so wählen, dass der Punkt P^1 realisiert wird, an dem die Tauschkurve T^2 eine Indifferenzkurve des Haushalts 1 tangiert. P^1 liegt zwar innerhalb des schraffierten Bereichs, jedoch nicht auf der Kontraktkurve. Dass diese Monopollösung demnach nicht pareto-optimal ist, zeigt eine Deutung von P^1 als Verhandlungssituation: Von P^1 aus könnte Haushalt 2 den Punkt A ins Gespräch bringen, bei dem er selbst besser, Haushalt 1 nicht schlechter gestellt ist als in P^1. Nun ist nicht einzusehen, warum der Vorteil eines Übergangs von P^1 auf die Kontraktkurve vollständig dem schwächeren Haushalt 2 zufallen sollte. Haushalt 1 wird wieder mit einem Vorschlag antworten, der auch ihn besser stellt; der ganze Vorteil des Übergangs fiele ihm im Punkt H zu. Das endgültige Verhandlungsgleichgewicht ist im hier behandelten Fall nicht bestimmt; wir können lediglich feststellen, dass es sich um einen Punkt zwischen A und H auf der Kontraktkurve innerhalb des schraffierten Bereichs handeln muss.

Analog können wir in dem Fall argumentieren, dass sich Haushalt 2 monopolistisch verhält, während Haushalt 1 als Mengenanpasser handelt. Haushalt 2 würde den Punkt P^2 verwirklichen, in dem die Tauschkurve T^1 eine seiner Indifferenzkurven berührt. Auch für Haushalt 2 lohnt sich die monopolistische Verhaltensweise also nicht. Bei Verhandlungen wird ein Übergang auf die Kontraktkurve stattfinden.

3. Ein Partner Optionsfixierer, der andere Optionsempfänger:
Glaubt Haushalt 1, Preis und Menge vorschreiben zu können, und Haushalt 2, dieses Diktat annehmen zu müssen, dann wird Haushalt 1 einen Punkt bestimmen, der ihm den höchsten Nutzengewinn unter der Bedingung sichert, dass sein Kontrahent das Geschäft nicht zurückweist. Haushalt 2 wird Punkte auf seiner Indifferenzkurve durch E gerade noch akzeptieren, und Haushalt 1 wird sich auf dieser Kurve den Punkt Q^1 aussuchen, weil dort der Berührungspunkt mit einer seiner eigenen Indifferenzkurven vorliegt, die folglich den höchsten von ihm erreichbaren Nutzen repräsentiert. Q^1 nennt man den *Ausbeutungspunkt* des Haushalts 1, da durch den Übergang von E nach Q^1 nur dieser Haushalt einen Nutzengewinn verzeichnet. Q^1 liegt auf dem Rand des schraffierten Bereichs und auf der Kontraktkurve. Ist umgekehrt Haushalt 2 Optionsfixierer und Haushalt 1 Optionsempfänger, dann wählt Haushalt 2 seinen Ausbeutungspunkt Q^2.

Es zeigt sich, dass man im Beispiel des „reinen Tausches" nur unter der Annahme der beiderseitigen Mengenanpassung oder der Ausbeutung eines Partners zu eindeutigen Gleichgewichten für Preis und Menge gelangt, die pareto-optimal sind und somit keinen Verhandlungsspielraum eröffnen. Verhält sich ein Partner zunächst als Monopolist und der andere als Mengenanpasser, so lässt sich das endgültige Verhandlungsgleichgewicht auf der Kontraktkurve nicht genau ermitteln. Treten die Partner sofort in Verhandlungen ein, so bleibt die Frage, welcher Punkt zwischen Q^1 und Q^2 realisiert wird, völlig offen. Weil das Verhandlungsgleichgewicht nicht in allen Fällen eindeutig ableitbar ist, bezeichnet man das Gleichgewicht im bilateralen Monopol, dargestellt am Fall des „reinen Tausches", als indeterminiert.

c. Bilaterales Monopol zwischen zwei Unternehmen

Im zweiten Beispiel unterstellen wir ein bilaterales Monopol auf dem Markt für ein Gut 2, welches vom Unternehmen 1 als Faktor zur Produktion eines Gutes 1 eingesetzt und vom Unternehmen 2 angeboten wird. Die Unternehmen kennzeichnen wir durch hochgestellte, in Klammern gesetzte Indizes, die Güter durch Fußindizes. y sei wieder eine produzierte bzw. angebotene, r eine eingesetzte bzw. nachgefragte Gütermenge, p sei ein Preis. Das Unternehmen 1 sei auf seinem Absatzmarkt Angebotsmonopolist, und es gelte dort die lineare Preis-Absatz-Funktion

$$p_1 = a - by_1 \quad \text{mit} \quad a,b > 0. \tag{56}$$

Die Produktionsfunktion laute

$$y_1 = g(r_2) = cr_2 \quad \text{mit} \quad x > 0, \tag{57}$$

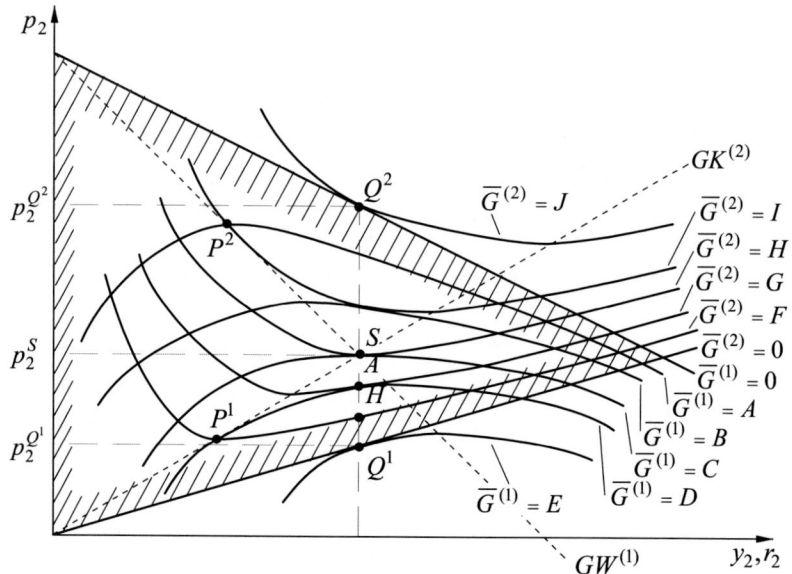

Abb. 14: Ableitung der Isogewinnkurven

d. h. es produziert mit nur einem Faktor, und die Ausbringung sei proportional zu dem Faktoreinsatz. Es entstehen keine Fixkosten. Der Gewinn des Unternehmens 1 in Abhängigkeit von der Faktoreinsatzmenge ist

$$G^{(1)} = p_1 \cdot g(r_2) - p_2 r_2 = acr_2 - bc^2 r_2^2 - p_2 r_2. \tag{58}$$

Für das Unternehmen 2 gelte die Kostenfunktion

$$K^{(2)}(y_2) = d \cdot y_2^2 \quad \text{mit} \quad d > 0. \tag{59}$$

Sein Gewinn lautet

$$G^{(2)} = p_2 y_2 - K^{(2)}(y_2) = p_2 y_2 - d \cdot y_2^2. \tag{60}$$

Um die Analogien zum ersten Beispiel aufzeigen zu können, leiten wir zunächst für jedes Unternehmen sogenannte *Isogewinnkurven* in einem Diagramm ab, an dessen Achsen Preis und Menge am Markt des Gutes 2 gemessen werden (vgl. Abb. 14). Die Isogewinnkurven oder Kurven gleichen Gewinns zeigen die verschiedenen Preis-Mengen-Kombinationen, die dem Unternehmen denselben Gewinn bringen. Wir lösen die Gewinngleichungen (58) und (60) nach p_2 und betrachten sie für einen festen Gewinn $\overline{G}^{(1)}$ bzw. $\overline{G}^{(2)}$:

$$p_2 = ac - bc^2 r_2 - \frac{\overline{G}^{(1)}}{r_2},\qquad (61)$$

$$p_2 = dy_2 + \frac{\overline{G}^{(2)}}{y_2}.\qquad (62)$$

Für einen gegebenen Gewinn des Nachfragers von null, $\overline{G}^{(1)} = 0$, stellt (61) im (r_2, p_2)-Diagramm eine Gerade mit negativer Steigung dar. Für positiven gegebenen Gewinn ist von dieser Geraden eine Hyperbel in vertikaler Richtung abzuziehen, so dass eine nach oben gewölbte Isogewinnkurve entsteht. Je höher der gegebene Gewinn, desto niedriger verläuft die Isogewinnkurve. Für einen gegebenen Gewinn des Anbieters von null, $\overline{G}^{(2)} = 0$, beschreibt (62) eine Gerade durch den Ursprung mit positiver Steigung, die gleich den Durchschnittskosten $DTK^{(2)}$ ist. Ist der gegebene Gewinn positiv, dann haben wir zu dieser Geraden in vertikaler Richtung eine Hyperbel zu addieren, so dass sich eine nach unten gewölbte Isogewinnkurve ergibt. Je höher der gegebene Gewinn, desto höher verläuft die Isogewinnkurve.

Die nach oben gewölbten Isogewinnkurven des Nachfragers erreichen ihre Maxima entlang der Kurve des Grenzwertes der Produktion. Zum Beweis dieser Behauptung setzen wir die 1. Ableitung von (61) nach r_2 gleich null,

$$\frac{dp_2}{dr_2} = -bc^2 + \frac{\overline{G}^{(1)}}{r_2^2} = 0,\qquad (63)$$

bringen nun den zweiten Summanden auf die rechte Seite, multiplizieren mit r_2 und addieren auf jeder Seite $ac - bc^2 r_2$, wodurch wir erhalten:

$$ac - 2bc^2 r_2 = ac - bc^2 r_2 - \frac{\overline{G}^{(1)}}{r_2}.\qquad (64)$$

Der Ausdruck auf der linken Seite ergibt sich auch, wenn wir die ersten beiden Summanden von (58) nach r_2 differenzieren; er stellt also den Grenzwert der Produktion des Nachfragers dar. Es handelt sich in unserem Beispiel um eine Gerade, die den gleichen Ordinatenabschnitt wie die Isogewinngerade für $\overline{G}^{(1)} = 0$ hat und doppelt so steil wie diese verläuft ($GW^{(1)}$ in Abb. 14). Auf der rechten Seite findet sich die Gleichung der Isogewinnkurve. Die *Bedingung 2. Ordnung* für ein Maximum ist erfüllt. Die Behauptung trifft also zu.

Die nach unten gewölbten Isogewinnkurven des Anbieters nehmen ihre Minima entlang dessen *GK*-Kurve an. Um diese Behauptung zu beweisen, setzen wir die 1. Ableitung von (62) nach y_2 gleich null,

$$\frac{dp_2}{dy_2} = d - \frac{\overline{G}^{(2)}}{y_2^2} = 0,\qquad (65)$$

bringen den zweiten Summanden auf die rechte Seite, multiplizieren mit y_2 und addieren auf jeder Seite dy_2, wodurch wir erhalten:

$$2dy_2 = dy_2 + \frac{\overline{G}^{(2)}}{y_2}. \qquad (66)$$

Auf der linken Seite stehen die *GK* des Anbieters, die man auch erhält, wenn man (59) nach y_2 differenziert. Es handelt sich hier um eine Gerade aus dem Ursprung, die doppelt so steil verläuft wie die Isogewinngerade für $\overline{G}^{(2)} = 0$ ($GK^{(2)}$ in Abb. 14). Auf der rechten Seite steht die Gleichung der Isogewinnkurve. Die *Bedingung 2. Ordnung* für ein Minimum ist erfüllt. Die Behauptung ist also richtig.

Die Berührungspunkte von Isogewinnkurven des Nachfragers und des Anbieters liegen sämtlich bei jener Menge $r_2^* = y_2^*$, bei der sich die Kurve (hier: Gerade) des Grenzwertes der Produktion des Nachfragers $GW^{(1)}$ und die *GK*-Kurve (hier: *GK*-Gerade $GK^{(2)}$) des Anbieters schneiden. Zum Beweis dieser Behauptung setzen wir in die 1. Ableitungen (63) bzw. (65) für $\overline{G}^{(1)}$ bzw. $\overline{G}^{(2)}$ die Gewinndefinitionen (58) bzw. (60) ein und erhalten:

$$\frac{dp_2}{dr_2} = \frac{ac - 2bc^2 r_2 - p_2}{r_2}, \qquad (67)$$

$$\frac{dp_2}{dy_2} = \frac{2d \cdot y_2 - p_2}{y_2}. \qquad (68)$$

Eine solche Funktion gibt die Steigung einer Isogewinnkurve für eine gegebene Preis-Mengen-Kombination an. Suchen wir die den beiden Kurven gemeinsamen Preis-Mengen-Kombinationen, für welche die Steigung aufgrund eines Berührungspunktes gleich ist, so haben wir $r_2 = y_2$ zu wählen und (67) mit (68) gleichzusetzen. Daraus folgt

$$ac - 2bc^2 r_2 = 2d \cdot r_2. \qquad (69)$$

Auf der linken Seite steht wieder der Grenzwert der Produktion des Nachfragers, auf der rechten Seite stehen die *GK* des Anbieters. Gleiche Steigung der Isogewinnkurven ist also bei der dem Schnittpunkt von $GW^{(1)}$ und $GK^{(2)}$ in Abb. 14 entsprechenden Menge $r_2^* = y_2^* = ac/(2(bc^2 + d))$ erreicht, womit die Behauptung bewiesen ist.

Ehe wir die Gleichgewichte bei bestimmten Kombinationen von Verhaltensweisen der beiden Marktpartner untersuchen, können wir von vornherein den Bereich abgrenzen, in dem sich Verhandlungsgleichgewichte ergeben können. Damit beide Unternehmen an einem Geschäft interessiert sind, muss das Verhandlungsgleichgewicht durch einen Punkt innerhalb oder auf dem Rand des Bereiches beschrieben werden, der durch die Isogewinngeraden für einen Nullgewinn eingegrenzt wird (die auf in Kap. II.B.3 erwähnte Möglichkeit kurzfristiger Verluste kommt in unserem Beispiel nicht in Betracht, da es nur variable Kosten gibt).

Punkte innerhalb des Bereichs bedeuten für beide einen positiven Gewinn. Ein Punkt auf dem Rand bringt nur einem Unternehmen einen Gewinn, schädigt aber das andere nicht. In Abb. 14 ist der Bereich durch schraffierte Umrandung kenntlich gemacht.

Die Gesamtheit der möglichen Verhandlungsgleichgewichte lässt sich noch weiter einschränken, wenn wir das Kriterium der PARETO-Optimalität auf den Gewinn anwenden: Ein Gleichgewicht ist nur erreicht, wenn der Gewinn eines Unternehmens nicht mehr erhöht werden kann, ohne dass der des anderen vermindert wird. Dies setzt selbstverständlich voraus, dass ein Unternehmen gegen eine Gewinnerhöhung des anderen nichts einzuwenden hat, solange sich sein eigener Gewinn nicht reduziert. Pareto-optimale Verhandlungsgleichgewichte sind nur solche, in denen sich je eine Isogewinnkurve des Nachfragers und des Anbieters berühren. Die Gesamtheit dieser Gleichgewichte wird in Abb. 14 durch die Senkrechte bei der Menge $r_2^* = y_2^*$ dargestellt, die somit Kontraktkurve ist. Für ein Verhandlungsgleichgewicht kommen also nur Punkte in Frage, die erstens innerhalb oder auf dem Rand des schraffierten Bereichs, zweitens auf der Kontraktkurve liegen.

1. Beiderseitige Mengenanpassung:
Betrachtet ein Marktpartner den Preis p_2 als gegeben, dann wählt er jene Menge, die ihm bei diesem Preis den höchsten Gewinn erbringt. Zu ihrer Ermittlung haben wir in Abb. 14 in Höhe des Preises eine Parallele zur Abszisse zu ziehen und den Punkt festzustellen, an dem die Parallele eine Isogewinnkurve – die mit dem höchsten erreichbaren Gewinnindex – berührt. Die Nachfrage- und die Angebotsmengen bei alternativen gegebenen Preisen sind also diejenigen, bei denen die Isogewinnkurven die Steigung null haben. Somit ergibt sich – wie zu erwarten – als Nachfragekurve die Kurve des Grenzwerts der Produktion des Unternehmens 1, als Angebotskurve die *GK*-Kurve des Unternehmens 2. Das Gleichgewicht wird durch den Schnittpunkt *S* beider Kurven bezeichnet, in dem die Unternehmen die Gewinne $\overline{G}^{(1)} = C$ und $\overline{G}^{(2)} = H$ realisieren.

2. Ein Partner Monopolist, der andere Mengenanpasser:
Fühlt sich der Nachfrager so stark, dass er sich als Monopolist verhalten kann, während der Anbieter sich für so schwach hält, dass er als Mengenanpasser handelt, dann kann sich der Nachfrager jenen Punkt auf der Angebotskurve aussuchen, der ihm den höchsten Gewinn gewährt. Der Nachfrager wird also die Preis-Mengen-Kombination P^1 wählen, bei der seine Isogewinnkurve für $\overline{G}^{(1)} = D$ die Angebotskurve berührt. Da P^1 nicht auf der Kontraktkurve liegt, sind für die beiden Marktpartner jedoch Verhandlungen sinnvoll. Denn der Nachfrager könnte in dieser Situation in Verhandlungen mit dem Anbieter den Punkt *H* ins Gespräch bringen, der ihn selbst besser und den Anbieter nicht schlechter stellt. Der Anbieter wird mit einem Vorschlag antworten, der ihm einen Vorteil aus dem Übergang auf die Kontraktkurve verschafft – der ganze Vorteil fiele ihm im Punkt *A* zu. Das

endgültige Verhandlungsgleichgewicht ist nicht bestimmt; es muss sich um einen Punkt zwischen A und H handeln.

Analog ist der Fall zu behandeln, dass sich der Anbieter monopolistisch verhalten kann. Der Anbieter wird den Punkt P^2 wählen, an dem seine Isogewinnkurve für $\overline{G}^{(2)} = I$ die Nachfragekurve berührt. Von dort aus wäre jedoch ein Übergang auf die Kontraktkurve sinnvoll.

3. Ein Partner Optionsfixierer, der andere Optionsempfänger:
Glaubt der Nachfrager, Preis und Menge vorschreiben zu können, und der Anbieter, dieses Diktat annehmen zu müssen, dann wählt der Nachfrager den Ausbeutungspunkt Q^1, der für ihn selbst den Gewinn $\overline{G}^{(1)} = E$ und für den Anbieter keinen Gewinn bedeutet. Ist umgekehrt der Anbieter Optionsfixierer und der Nachfrager Optionsempfänger, so wählt der Anbieter den Ausbeutungspunkt Q^2.

Auch im zweiten Beispiel ist das Verhandlungsgleichgewicht im bilateralen Monopol indeterminiert, da das Verhandlungsergebnis nicht in allen Fällen eindeutig ist.

Bemerkenswert ist die Tatsache, dass wir, unter den Annahmen des zweiten Beispiels, stets die Menge $r_2^* = y_2^*$ erhalten. Diese Menge ergibt sich auch, wenn beide Unternehmen zusammenarbeiten und *gemeinsame Gewinnmaximierung* (*joint maximization*) betreiben. Dann gilt nämlich unter Beachtung von $r_2 = y_2$ die Gewinngleichung

$$\begin{aligned} G &= G^{(1)} + G^{(2)} \\ &= [p_1 \cdot g(r_2) - p_2 r_2] + [p_2 r_2 - K^{(2)}(r_2)] \\ &= p_1 \cdot g(r_2) - K^{(2)}(r_2), \end{aligned} \quad (70)$$

aus der als *Bedingung 1. Ordnung* für das Gewinnmaximum die Gleichheit des Grenzwertes der Produktion $p_1 \cdot g'(r_2)$ und der $GK^{(2)}$ folgt. Bei der Menge $r_2^* = y_2^*$ entsteht also der maximale gemeinsame Gewinn. Diesen Gewinn streicht im Ausbeutungspunkt Q^1 ganz der Nachfrager, im Ausbeutungspunkt Q^2 ganz der Anbieter ein. Zwischen den Preisen $p_2^{Q^1}$ und $p_2^{Q^2}$ findet eine völlige Umverteilung des Gewinns von dem Nachfrager auf den Anbieter statt. Der maximale gemeinsame Gewinn wird daher durch die Fläche $p_2^{Q^1} p_2^{Q^2} Q^2 Q^1$ dargestellt. Das Verhandeln in unserem zweiten Beispiel des bilateralen Monopols geht letztlich nicht um die Menge, sondern um den Preis und damit um die Aufteilung des maximalen gemeinsamen Gewinns auf die beiden Marktpartner. Die Menge stimmt mit der Menge bei vollständiger Konkurrenz überein.

C. Märkte mit monopolistischer Konkurrenz

1. Marktbeschreibung

Die drei Marktbeschreibungs-Merkmale lauten in diesem Abschnitt wie folgt:
1. Wie bei vollständiger Konkurrenz gibt es sehr viele Anbieter und Nachfrager, deren angebotene bzw. nachgefragte Mengen nur einen verschwindend kleinen Anteil am Gesamtangebot bzw. der Gesamtnachfrage ausmachen. Es handelt sich also wieder um eine *atomistische* oder *polypolistische* Angebots- bzw. Nachfragestruktur.
2. Es gibt Präferenzen der in Kap. III.A.1 genannten Art entweder auf Seiten der Nachfrager gegenüber den Anbietern oder auf Seiten der Anbieter gegenüber den Nachfragern. Es herrscht also nicht homogene oder vollkommene, sondern heterogene oder unvollkommene Konkurrenz. In Verbindung mit 1. sprechen wir im ersten Fall von *monopolistischer Angebotskonkurrenz*, im zweiten von *monopolistischer Nachfragekonkurrenz*.
3. Es besteht Markttransparenz in folgendem Sinne: Bei monopolistischer Angebotskonkurrenz kennt ein Anbieter die Nachfrage für das von ihm angebotene Gut; bei monopolistischer Nachfragekonkurrenz kennt ein Nachfrager das Angebot an dem von ihm nachgefragten Gut. Die in großer Zahl vorhandenen Marktteilnehmer auf der anderen Marktseite können entweder vollständige Preisinformation über alle auf dem Markt zustande gekommenen Preise haben, oder sie sind nur über die Preissetzung eines Teils der Anbieter bzw. Nachfrager informiert.

Aufgrund der Tatsache, dass nach 2. auf einer Marktseite Präferenzen bestehen und nach 3. auf der anderen Marktseite möglicherweise unvollkommene Information herrscht, können bei monopolistischer Angebotskonkurrenz die von den verschiedenen Anbietern gesetzten Preise, bei monopolistischer Nachfragekonkurrenz die von den verschiedenen Nachfragern bewilligten Preise voneinander abweichen. Diese Preise werden von den Teilnehmern der anderen Marktseite als Daten betrachtet, an die sie sich mit ihrer Menge anpassen. Weil der einzelne nach 1. nur einen winzig kleinen Marktanteil hat, wirkt sich die Preissetzung oder Preisänderung eines Anbieters bei monopolistischer Angebotskonkurrenz bzw. eines Nachfragers bei monopolistischer Nachfragekonkurrenz nicht merklich auf die Angebots- bzw. Nachfragesituation der anderen aus. Die Mitanbieter im ersten Fall bzw. die Mitnachfrager im zweiten Fall haben daher keine Veranlassung, die preispolitischen Handlungen eines Konkurrenten bei ihrer eigenen Preispolitik zu berücksichtigen; sie können dessen Aktionsparameter wie Konstanten behandeln.

Bei monopolistischer Angebotskonkurrenz haben die Anbieter, bei monopolistischer Nachfragekonkurrenz die Nachfrager die Möglichkeit, die Präferenzen der Teilnehmer auf der anderen Marktseite so zu beeinflussen, dass sich die Situation auf ihrem Absatzmarkt bzw. ihrem Beschaffungsmarkt verbessert. Zur planmäßigen Einflussnahme steht einem Anbieter bei monopolistischer Angebotskonkurrenz auf dem Absatzmarkt das sogenannte *absatzpolitische Instrumentarium* zur

Verfügung. Analog könnte man hinsichtlich der Einflussnahme eines Nachfragers auf seinen Beschaffungsmarkt bei monopolistischer Nachfragekonkurrenz vom *beschaffungspolitischen Instrumentarium* sprechen. In beiden Fällen geht es um die Tatsache, dass bei monopolistischer Konkurrenz nicht allein der Preis als Aktionsparameter in Frage kommt, dass der Wettbewerb darüber hinaus auch mit anderen Aktionsparametern in der Form der *non price competition* ausgetragen werden kann.

Die in diesem Abschnitt angedeuteten Charakteristika werden noch klarer, wenn wir sie unter Abschnitt 2. bzw. 3. getrennt für den Fall der monopolistischen Angebots- und der monopolistischen Nachfragekonkurrenz erläutern.

2. Monopolistische Angebotskonkurrenz

a. Allgemeine Beschreibung

Bei monopolistischer Angebotskonkurrenz bieten die Anbieter zwar einander ähnliche, aber im Urteil der Nachfrager doch nicht gleiche Produkte an, so dass ein Nachfrager für einen bestimmten Anbieter besondere Präferenzen hat. Man könnte sagen: Jeder Anbieter hat ein Angebotsmonopol für sein spezielles Gut, jedoch sind die Güter aller Anbieter einander so ähnlich, dass sie in *enger Substitutionskonkurrenz* zueinander stehen. Daher ist es zweckmäßig, die Märkte für die ähnlichen Güter als einheitliches Ganzes zu betrachten, auf dem für die einzelnen Varianten des Produktes unterschiedliche Preise zustande kommen können.

Andererseits handelt es sich um so viele Anbieter, die alle einen verschwindend kleinen Marktanteil haben, dass die preispolitischen Handlungen eines einzelnen für die übrigen nicht spürbar werden. Wenn ein einzelner Anbieter den Preis für sein Gut senkt, gewinnt er möglicherweise Nachfrager hinzu, die von anderen Anbietern zu ihm übergehen. Da sich die Nachfrageverschiebung bei den übrigen aber auf so viele Mitanbieter verteilt, bekommt der einzelne den Rückgang seiner Nachfrage nicht zu spüren. Umgekehrt: Wenn ein einzelner Anbieter den Preis für sein Gut erhöht, verliert er möglicherweise Nachfrager an andere Anbieter, jedoch verteilt sich der Nachfragezugang auf so viele, dass ihn der einzelne Mitanbieter nicht merkt. Ein Anbieter hat daher bei monopolistischer Angebotskonkurrenz keine Veranlassung, auf eine Preiserhöhung oder -senkung eines Mitanbieters zu reagieren; er kann die Preise der Mitanbieter wie konstante Größen behandeln. Durch diese Eigenschaft unterscheidet sich die Marktform der monopolistischen Angebotskonkurrenz von der des heterogenen Angebotsoligopols, das in D.3 behandelt wird.

Neben dem Preis stehen einem Anbieter weitere absatzpolitische Instrumente zur Verfügung, mit denen er versuchen kann, räumliche, persönliche und sachliche Präferenzen der Nachfrager für sein Produkt zu schaffen. Nach ERICH GUTENBERG (Band II, 1976, zweiter Teil) kann man, abgesehen von der *Preispolitik*, zwischen den absatzpolitischen Instrumenten der *Produktgestaltung* (gute

Qualität, Aufmachung und Verpackung), der *Werbung* und der *Absatzmethode* unterscheiden. Der Einsatz dieser Instrumente soll einerseits die Nachfrage nach dem Produkt des Anbieters günstig beeinflussen, hat aber andererseits Auswirkungen auf die Kosten. Hierdurch entsteht ein Zusammenhang zwischen der Preis-Absatz-Funktion, der der Anbieter gegenübersteht, und seiner Kostenkurve. Die genaue Art dieses Zusammenhangs ist sehr schwer festzustellen. Eine Kenntnis ist aber Vorbedingung für die Bestimmung der optimalen Kombination der absatzpolitischen Instrumente. Die damit angedeuteten Probleme können wir hier nicht weiter verfolgen, obgleich oftmals gerade die *non price competition* auf Märkten mit monopolistischer Konkurrenz eine dominierende Rolle spielt und in der Betrachtungsweise des *Marketing* entscheidend für den Erfolg eines Unternehmens ist. Da alle Anbieter einen verschwindend kleinen Marktanteil haben, gehen wir hier wie bei der Preispolitik davon aus, dass die absatzpolitischen Maßnahmen eines einzelnen, z. B. eine neue Gestaltung seines Produktes oder ein Werbefeldzug, keine spürbaren Auswirkungen auf jeden der übrigen Anbieter haben; sie verschieben deren Preis-Absatz-Kurven nur unmerklich nach links. Ein Anbieter wird daher bei monopolistischer Angebotskonkurrenz auf die Aktionen eines Mitanbieters nicht reagieren. Das ist wiederum anders im Fall des heterogenen Angebotsoligopols.

Die Marktform der monopolistischen Angebotskonkurrenz wurde erstmals von EDWARD H. CHAMBERLIN (1933), der die Bezeichnung *monopolistic competition* prägte, sowie von JOAN ROBINSON (1933), die von *imperfect competition* sprach, untersucht. Sie ist neben der Marktform des heterogenen Oligopols die in der Realität am weitesten verbreitete. Wir behandeln im Folgenden zunächst die Fassung, die GUTENBERG (Band II, 1976, Kap. 7, III.B) der Theorie der monopolistischen Angebotskonkurrenz in den fünfziger Jahren gegeben hat und gehen dann auf den Beitrag CHAMBERLINS ein. Anhand der CHAMBERLINschen Konzeption diskutieren wir das langfristige Gleichgewicht bei monopolistischer Angebotskonkurrenz.

b. Der Ansatz GUTENBERGS

Da es sich um einen Markt mit Präferenzen oder – was dasselbe bedeutet – mit einer im Urteil der Nachfrager bestehenden *Produktdifferenzierung* handelt, wird ein Anbieter nicht seinen gesamten Absatz verlieren, wenn er den Preis, den er bisher für die von ihm angebotene Variante des Gutes forderte, etwas anhebt. Einige Nachfrager werden zwar aufgrund der Preiserhöhung ihre Präferenzen gegenüber diesem Anbieter überwinden und zu anderen Anbietern abwandern oder auf den Kauf des Gutes verzichten. Der Rest der Nachfrager wird infolge der Präferenzbindung jedoch bereit sein, das Gut auch zu dem erhöhten Preis zu kaufen. Je stärker allerdings die Preiserhöhung, desto geringer die Restnachfrage, die dem Anbieter bleibt. Es gibt schließlich einen *oberen Grenzpreis*, zu dem der Anbieter seinen gesamten Absatz verliert.

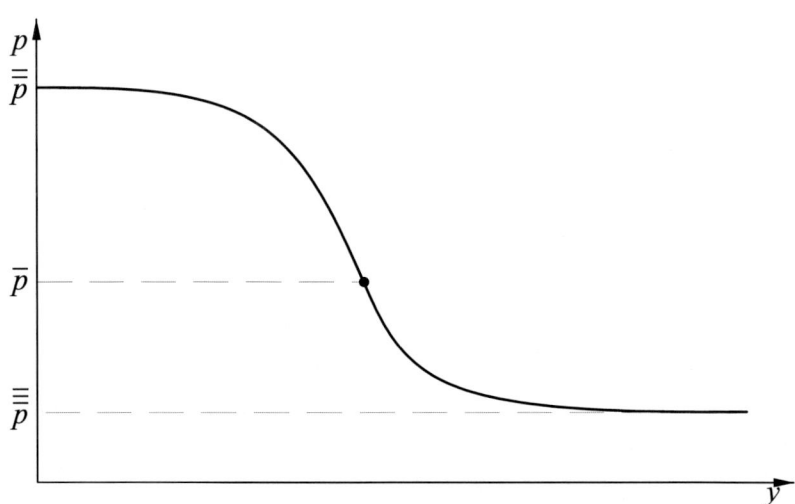

Abb. 1: Preis-Absatz-Kurve nach GUTENBERG

Umgekehrt wird ein Anbieter nicht unbegrenzt Nachfrager hinzugewinnen, wenn er den bisher geforderten Preis etwas reduziert. Aufgrund des niedrigen Preises werden zwar Nachfrager ihre Präferenzen gegenüber anderen Anbietern überwinden und zu dem hier betrachteten Anbieter übergehen, und es kommt außerdem neue Nachfrage an den Markt. Die übrigen Nachfrager werden infolge ihrer Präferenzbindungen aber weiterhin bei den Mitanbietern kaufen. Je stärker die Preissenkung, desto größer allerdings die zusätzliche Nachfrage. Es gibt einen *unteren Grenzpreis*, zu dem der Anbieter jede im Bereich seiner Produktionsmöglichkeiten liegende Menge absetzen kann.

Aus diesen Überlegungen ergibt sich der in Abb. 1 dargestellte Verlauf der Preis-Absatz-Funktion eines Anbieters. $\bar{p}$ ist der bisherige Preis des Anbieters, von dem aus die Betrachtung einsetzt. Beim oberen Grenzpreis $\bar{\bar{p}}$ und beim unteren Grenzpreis $\bar{\bar{p}}$ verläuft die Preis-Absatz-Kurve wie bei vollständiger Konkurrenz parallel zur Abszisse. Dazwischen hat die Kurve wie im Fall des Angebotsmonopols eine negative Steigung; GUTENBERG spricht deshalb vom *monopolistischen Bereich*. Verlauf und Steigung der Kurve in diesem Bereich sind von zwei Einflussgrößen bestimmt: Durchläuft der Preis die Werte $\bar{\bar{p}}$ bis $\bar{\bar{p}}$, dann tritt erstens wie beim Angebotsmonopol Nachfrage auf, die bisher nicht am Markt war. Latente Nachfrage wird mobilisiert. Zweitens strömen Nachfrager von anderen Anbietern zu.

Die Preis-Absatz-Kurve nach GUTENBERG ist selbstverständlich nur dem Typ nach bestimmt. Die Übergänge vom monopolistischen Bereich zu den Grenzpreisen könnten mehr oder weniger abrupt sein. Es mag sein, dass die Kurve in zwei

Ästen ausläuft, die nicht parallel zur Abszisse, sondern lediglich flacher als der monopolistische Bereich sind. Die vertikale Ausdehnung des monopolistischen Bereichs, d. h. die Differenz zwischen oberem und unterem Grenzpreis, und die Steigung der Kurve in diesem Bereich hängen maßgeblich von der Stärke der Präferenzbindungen der Nachfrager an andere Anbieter sowie von der Information der Nachfrager über Preisdifferenzen ab. Die Kurve verläuft dort tendenziell um so flacher, je weniger sich die Produkte der Anbieter im Urteil der Nachfrager unterscheiden und je besser die Nachfrager über die Preise informiert sind.

Der Anbieter muss seine Preis-Absatz-Funktion nicht als gegeben hinnehmen. Sein Bestreben wird es sein, durch *non price competition* Präferenzen für sein Produkt zu schaffen, d. h. sein absatzpolitisches Instrumentarium so einzusetzen, dass der monopolistische Bereich sich nach oben verlagert und die Preis-Absatz-Kurve weiter rechts verläuft. Über die Kosten des absatzpolitischen Instrumentariums entsteht so ein Zusammenhang zwischen Preis-Absatz- und Kostenkurve, den wir hier jedoch nicht weiter verfolgen; wir gehen von gegebener Preis-Absatz- und Kostenfunktion aus.

Bei der Diskussion der *Erlös-* und *Grenzerlösfunktion* können wir an IV.B.2.b anknüpfen. Die Erlösfunktion entsteht, indem man die nach der Menge aufgelöste Preis-Absatz-Funktion mit dem Preis multipliziert, die Grenzerlösfunktion, indem man die Erlösfunktion nach der Menge differenziert. Im Folgenden wollen wir die geometrische Form der Erlöskurve E und der Grenzerlöskurve GE diskutieren. Wir unterteilen die in Abb. 2 als Beispiel verwendete Preis-Absatz-Kurve in die Bereiche I bis V, wobei die Kurve in den Grenzbereichen I und V parallel zur Abszisse und im Bereich III linear mit negativer Steigung verläuft. II und IV sind

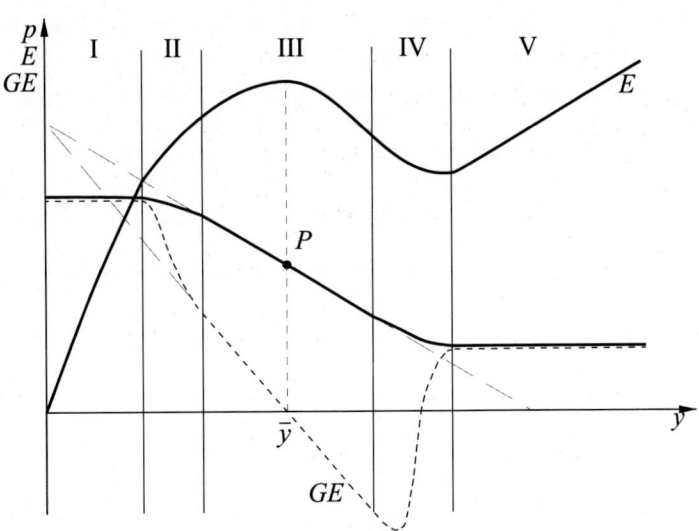

Abb. 2: Erlös- und Grenzerlöskurve

die Übergangsbereiche zwischen den linearen Teilstücken. Im Bereich III gilt als
E-Kurve eine nach unten geöffnete Parabel. In unserem Beispiel erreicht die Parabel in III ihr Maximum, und zwar bei der Menge $\bar{y}$. Als *GE*-Kurve trifft hier eine
Gerade zu, die bei $\bar{y}$ die Abszisse schneidet. Bei dieser Menge hat im Punkt *P* die
Preis-Absatz-Kurve die Elastizität − 1, weil *P* jene Strecke halbiert, die man erhält, wenn man den linearen Bereich III bis zu den Achsen verlängert. In den
Grenzbereichen I und V erhalten wir als *E*-Kurven Geraden durch den Ursprung.
Die *GE*-Kurven fallen mit der Preis-Absatz-Kurve zusammen. Weil der obere
Grenzpreis (der *GE* im Bereich I) höher als der untere Grenzpreis (der *GE* im
Bereich V) ist, verläuft die linke *E*-Gerade steiler als die rechte. In den Übergangsbereichen II und IV können wir die *E*- und *GE*-Kurven so zeichnen, dass sie
die bisher eingezeichneten jeweiligen Kurvenstücke verbinden.

Man kann sich leicht überlegen, wie sich mit einer Änderung der als Beispiel
gewählten Preis-Absatz-Kurve die *E*- und *GE*-Kurven ändern. Ist die Elastizität in
jedem Punkt des monopolistischen Bereichs kleiner als − 1, dann hat die *E*-Kurve
kein Maximum im Bereich III, und die *GE*-Kurve schneidet die Abszisse nicht. Ist
die Elastizität in jedem Punkt des monopolistischen Bereichs größer als − 1, dann
erreicht die *E*-Kurve ein Maximum im Übergangsbereich II, und die *GE*-Kurve
zum monopolistischen Bereich verläuft überall unterhalb der Abszisse. Hat die
Preis-Absatz-Kurve anstelle der beiden Übergangsbereiche Eckpunkte, in denen
die zur Abszisse parallelen Kurvenstücke in den monopolistischen Bereich münden, dann hat bei den entsprechenden Mengen auch die *E*-Kurve Eckpunkte und
die *GE*-Kurve Sprungstellen.

Zur Bestimmung der *gewinnmaximierenden Absatzmenge* haben wir neben der
Erlös- auch die Kostenfunktion zu berücksichtigen. Wie in IV.B.2.c gezeigt, lautet
die *Bedingung 1. Ordnung* für ein Gewinnmaximum „Grenzerlös = Grenzkosten",
und die *Bedingung 2. Ordnung* fordert, dass die Steigung der *GK*-Kurve größer als
die der *GE*-Kurve ist. Die Besonderheit bei monopolistischer Konkurrenz im Sinne GUTENBERGS besteht darin, dass diese Bedingungen nicht nur bei einer, sondern auch bei zwei verschiedenen Absatzmengen erfüllt sein können. In Abb. 3
sind zwei Beispiele für den Verlauf der *GK* eingezeichnet. Gilt $GK_{(1)}$, liegt nur ein
Gewinnmaximum vor, und zwar bei der Menge $y_{(1)}$, zu der der Preis $p_{(1)}$ gehört.
Trifft dagegen $GK_{(2)}$ zu, dann erreicht der Gewinn jeweils bei den Mengen $y_{(2)}^{(1)}$
und $y_{(2)}^{(2)}$ ein Maximum, zu denen die Preise $p_{(2)}^{(1)}$ bzw. $p_{(2)}^{(2)}$ gehören. Aus den beiden
relativen Maxima ist durch Vergleich das absolute Maximum auszuwählen, das im
zeichnerischen Beispiel bei $y_{(2)}^{(1)}$ erreicht ist. Nach GUTENBERG ist es allerdings
wahrscheinlich, dass der Anbieter die Menge $y_{(2)}^{(1)}$ und den Preis $p_{(2)}^{(1)}$ im monopolistischen Bereich wählt, selbst wenn das absolute Maximum bei $y_{(2)}^{(2)}$ und dem Preis
$p_{(2)}^{(2)}$ realisiert würde. Denn er müsste sonst den Mut aufbringen, den Preis von
$p_{(2)}^{(1)}$ aus noch unter den Preis $\bar{p}_{(2)}$, bei dem ein (relatives) Gewinnminimum liegt,
auf den unteren Grenzpreis $p_{(2)}^{(2)}$ zu senken. Das Gewinnminimum beim Preis $\bar{p}_{(2)}$
und der Menge $\bar{y}_{(2)}$ wirkt wie eine Barriere und liefert eine Erklärung für die „Erstarrung des preispolitischen Verhaltens der Unternehmen" (GUTENBERG, 1976,
Band II, S. 264).

c. Der Ansatz CHAMBERLINS

Gegenüber dem Ansatz GUTENBERGS hat der ältere Ansatz CHAMBERLINS (1933, Kap. 5) zur Bestimmung des Gleichgewichts auf einem Markt mit monopolistischer Angebotskonkurrenz gewisse Vorzüge, aber auch Nachteile. Ein Vorzug besteht darin, dass die Theorie CHAMBERLINS mathematisch besser ausgearbeitet ist, insbesondere hinsichtlich der Konkurrenzbeziehungen zwischen den Anbietern, die bei GUTENBERGS isolierter geometrischer Betrachtung eines Anbieters nicht unmittelbar sichtbar werden. Ein Nachteil ist eine vereinfachende Annahme über die Gleichheit der Absatz- und Kostensituation der Anbieter (auch *Symmetrieannahme* genannt), ferner die fehlende Begrenzung des monopolistischen Bereichs durch Grenzpreise.

Die Gesamtnachfragefunktion auf dem Markt nehmen wir wieder zur Vereinfachung als linear an:

$$p = a - by$$

bzw. in der inversen Schreibweise

$$y = \frac{a}{b} - \frac{1}{b} \cdot p = \alpha - \beta p. \tag{1}$$

Anbieter *i* sei ein beliebiger aus einer großen Zahl von *n* Anbietern, dessen Absatz y_i negativ von seinem eigenen Preis p_i und positiv von den Preisen aller Mitanbieter p_j abhängt. Wegen der CHAMBERLINschen Symmetrieannahme entfällt auf jeden der gleich großen Anbieter jeweils die gleiche Marktnachfrage, sofern alle die gleichen Preise nehmen. Die daraus ableitbare Nachfragefunktion heißt *DD-*

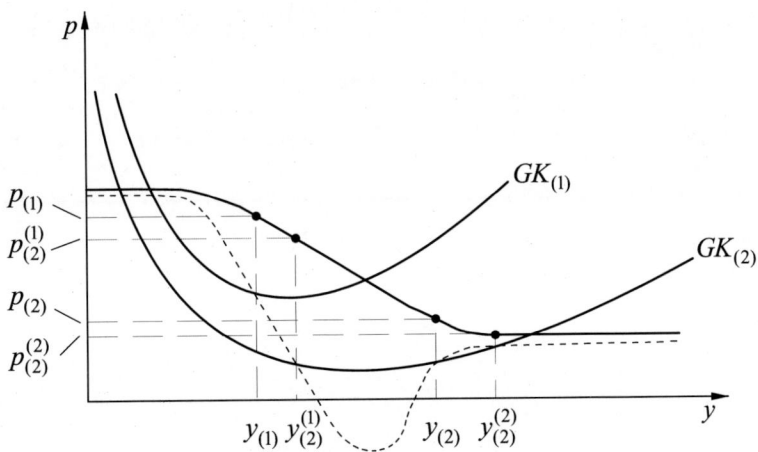

Abb. 3: Unterschiedliche Grenzkostenverläufe

Kurve:

$$y_i = \frac{\alpha}{n} - \frac{\beta}{n} \cdot p_i \quad \text{mit} \quad p_i = p_j \quad \text{für} \quad j = 1,\ldots,n \tag{2}$$

bzw.

$$p_i = \frac{\alpha}{\beta} - \frac{n}{\beta} \cdot y_i. \tag{3}$$

Sofern der Preis des Anbieters i abweichend vom Durchschnittspreis p_j^* seiner Konkurrenten gesetzt ist, kann er eine höhere (falls $p_i < p_j^*$) bzw. niedrigere (falls $p_i > p_j^*$) Nachfrage auf sich ziehen:

$$y_i = \frac{\alpha}{n} - \frac{\beta}{n} \cdot p_i + \gamma \cdot \left[\frac{1}{n-1} \cdot \sum_{\substack{j=1 \\ j \neq i}}^{n} (p_j - p_i) \right]. \tag{4}$$

Wenn der Reaktionskoeffizient γ hinreichend klein und die Zahl der Unternehmen n im Markt hinreichend groß ist, ändert sich die auf das Unternehmen i gerichtete Nachfrage vernachlässigbar, wenn nur ein einziges Unternehmen j seinen Preis variiert. Umgekehrt kann Unternehmen i davon ausgehen, dass seine isolierte Preisveränderung p_i nicht sofort Gegenreaktionen seiner übrigen Konkurrenten auslöst.

Die Gleichheit aller Anbieter hinsichtlich der Absatzsituation wird nun durch die Annahme eingeführt, dass für jeden Anbieter dieselbe Abhängigkeit vom eigenen Preis und den Preisen der Mitanbieter sowie dieselbe Größe γ unterstellt wird.

CHAMBERLIN unterscheidet nun zwei Typen von Preis-Absatz-Funktionen, die unterschiedliche Annahmen des Anbieters i über die Verhaltensweisen der Mitbewerber ausdrücken:

1. Die Preis-Absatz-Funktion eines Anbieters i für den Fall, dass mit ihm alle anderen Anbieter stets die gleichen Preise setzen. Dann fällt der rechte Term in (4) weg und es gibt für alle Unternehmen die oben abgeleitete *DD*-Kurve (2) bzw. (3).
2. Die Preis-Absatz-Funktion des Anbieters i, der die Preise der übrigen Mitanbieter als gegeben betrachtet, so dass in der rechten Klammer von (4) eine als konstant angenommene Durchschnittsgröße p_j^* steht. Dann wird (4) zu:

$$y_i = \frac{\alpha}{n} + \frac{\gamma}{n-1} \cdot p_j^* - \left(\frac{\beta}{n} + \gamma \right) \cdot p_i.$$

Kürzt man $\frac{\alpha}{n} + \frac{\gamma}{n-1} \cdot p_j^*$ als k ab und $\frac{\beta}{n} + \gamma$ als θ, so ergibt sich die sogenannte *dd*-Kurve:

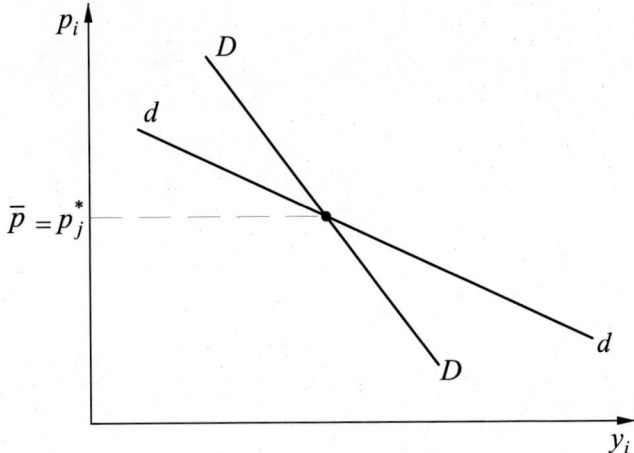

Abb. 4: **Lineare Preis-Absatz-Geraden bei isolierter und gleichgerichteter Preispolitik**

$$y_i = k - \theta p_i \quad \text{mit} \quad k = \frac{\alpha}{n} + \frac{\gamma}{n-1} \cdot p_j^*. \tag{5}$$

oder

$$p_i = \frac{k}{\theta} - \frac{1}{\theta} \cdot y_i. \tag{6}$$

Von den Preis-Absatz-Kurven, die im dargestellten Fall Geraden sind, verläuft die dd-Kurve flacher als die DD-Gerade, weil $\beta/n + \gamma > \beta/n$. Gehen wir von einer Situation aus, in der alle Anbieter den Preis $\bar{p}$ setzen, und unterstellen nun eine isolierte Preissenkung des Anbieters i, dann ist die Absatzzunahme größer als in dem Fall, in dem alle ihren Preis im gleichen Ausmaß senken. In Abb. 4 wird die Kurve des Typs (1) durch die Gerade DD dargestellt, die beim Preis $\bar{p}$ von der Kurve des Typs (2), dargestellt durch die flacher verlaufende Gerade dd, geschnitten wird. Der Anbieter legt seiner Gewinnmaximierungsüberlegung die Gerade dd zugrunde, denn er kann bei eigenen preispolitischen Aktionen mit konstanten Preisen der Mitanbieter rechnen, weil sich seine Aktionen nur unmerklich auf jeden einzelnen Konkurrenten auswirken.

Das *Marktergebnis* kommt dadurch zustande, dass eine mit der Gesamtnachfragefunktion und den jeweils individuellen Unternehmensplanungen konsistente Lösung gesucht wird. Da nicht nur die Absatz-, sondern auch die Kostensituation aller Anbieter als gleich unterstellt wird, d. h. für jeden Anbieter dieselbe *DTK*- und *GK*-Kurve gilt, sind auch die Bedingungen 1. und 2. Ordnung für das Gewinnmaximum für alle identisch: Jeder Anbieter bietet zum gleichen Preis p_i^* die

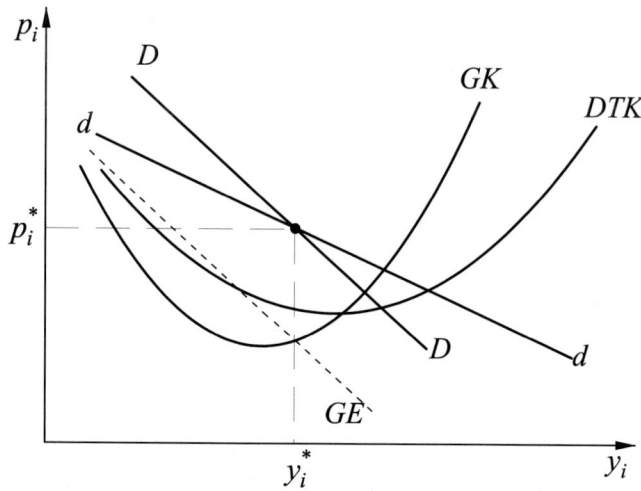

Abb. 5: Gewinnmaximale Preis-Mengen-Kombination

gleiche Menge y_i^*. Ein beliebiger Anbieter ist nun für alle repräsentativ. Die Lösung des Modells ist in Abb. 5 dargestellt. Jeder Anbieter sucht sein Gewinnmaximum und setzt hierfür „Grenzerlös = Grenzkosten". Für die zugehörige Menge y_i^* wird über die dd-Kurve der Preis p_i^* abgelesen. Wegen der Symmetrieannahme liegt der COURNOT-Punkt zugleich auf der DD-Kurve. Da die DTK hier niedriger sind als der Preis, werden positive Gewinne erzielt.

Die Symmetrieannahme ist sehr restriktiv, insbesondere weil sie gleiche Preise für alle Anbieter impliziert, was bei dieser Marktform nur zufällig der Fall ist. Lässt man andererseits ungleiche Absatz- oder Kostensituationen zu, dann ist eine einfache Lösung wie die hier vorgeführte nicht mehr möglich.

d. Langfristiges Gleichgewicht bei monopolistischer Angebotskonkurrenz

Wir gingen bisher von gegebenen Betriebsgrößen der Anbieter bei monopolistischer Konkurrenz und einer sehr großen, festen Zahl von Anbietern aus. Im Folgenden lassen wir Betriebsgrößenänderungen zu, und zwar auch solche von null auf positive Werte, so dass sich die Zahl der Anbieter vergrößert. Wir betrachten also einen *Markt* mit *freiem Zugang* oder einen offenen Markt. Weiterhin soll der einzelne Anbieter einen ganz geringen Anteil am Gesamtangebot haben. Neue Anbieter werden auf dem Markt tätig, wenn sie dort einen Gewinn erzielen können. Während der einzelne neue Anbieter die Preis-Absatz-Kurven der bereits am Markt befindlichen Anbieter nur unmerklich beeinflusst, hat der Zustrom einer größeren Zahl von Anbietern eine durchaus spürbare Linksverschiebung der Preis-

Absatz-Kurven zur Folge. Im Folgenden gehen wir wieder von einem Anbieter aus, der wegen der Symmetrieannahme repräsentativ für alle ist, wobei es sich jetzt um einen „alten" oder einen „neuen" Anbieter handeln kann, und betrachten Linksverschiebungen der dd-Geraden. Wir fragen, bei welcher Gleichgewichtskombination von Preis und Menge des repräsentativen Anbieters der Zustrom neuer Anbieter aufhören wird und mit welcher Betriebsgröße der repräsentative Anbieter diese Menge produziert. Wie immer bei der Bestimmung der optimalen Betriebsgröße haben wir mit der langfristigen Kosten-, Grenzkosten- (LGK-) bzw. Durchschnittskosten- (LDK-) Kurve zu argumentieren.

In der Situation der Abb. 6.a erzielt der repräsentative Anbieter einen durch die schraffierte Fläche bezeichneten Gewinn. Dieser lockt neue Anbieter an den Markt, wodurch sich die Preis-Absatz-Kurve nach links verschiebt. Nehmen wir zunächst an, im Zuge dieser Linksverschiebung sei die Situation der Abb. 6.b entstanden, in der die Preis-Absatz-Kurve durch den Schnittpunkt der LGK- und der LDK-Kurve, bei dem das Minimum der LDK erreicht ist, verläuft. Mengen im Bereich zwischen $\bar{y}_i$ und $\bar{\bar{y}}_i$ ergeben noch einen Gewinn; die Wahl fällt auf die Menge $\tilde{\tilde{y}}_i$, die einen durch die schraffierte Fläche beschriebenen Gewinn liefert. Der Zustrom neuer Anbieter wird somit weiter anhalten. In der durch Abb. 6.c dargestellten Situation hat sich die Preis-Absatz-Kurve durch die Neuzugänge so weit nach links verschoben, dass sie die LDK-Kurve nur noch berührt. Durch Produktion der Menge y_i^* und den Verkauf dieser Menge zu dem die LDK genau deckenden Preis p_i^* kann sich der repräsentative Anbieter gerade noch am Markt halten. Er erzielt zwar keinen Gewinn, aber eine Eigenkapitalverzinsung und einen in die Kosten eingerechneten Unternehmerlohn (bzw. den *normal profit*). Natürlich bestimmt jeder Anbieter seine Preis-Mengen-Kombination weiterhin über Gleichsetzen von Grenzerlösen und Grenzkosten. Da eine weitere Linksverschiebung der Preis-Absatz-Kurven des repräsentativen Anbieters zu Verlusten führen müsste, wird in dieser Situation der Zustrom zu dem betrachteten Markt aufhören, und y_i^*, p_i^* ist die Kombination, die das langfristige Gleichgewicht kennzeichnet.

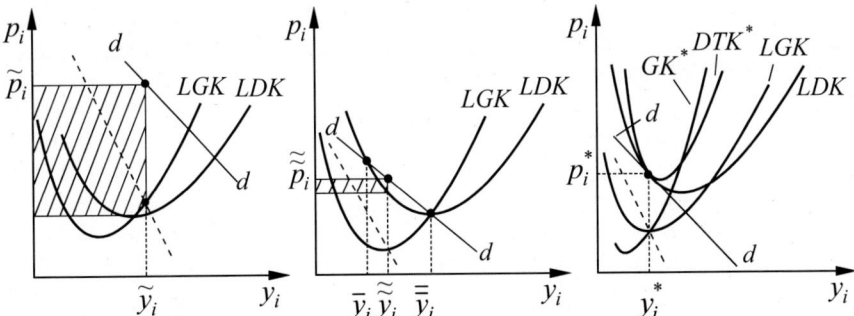

Abb. 6.a/b/c: Ermittlung der optimalen Betriebsgröße

Die Menge y_i^* wird am kostengünstigen mit der Betriebsgröße erzeugt, der die eingezeichneten Kurven DTK^* und GK^* zugehören. Bei dieser Menge berühren sich die Preis-Absatz-Kurve, die LDK- und die DTK^*-Kurve. Wegen dieser Eigenschaft wird die Lösung *Tangentenlösung* genannt (vgl. CHAMBERLIN 1963, S. 93). Bei der Menge y_i^* schneidet sich auch die GE-Kurve mit der LGK- und der GK^*-Kurve.

> **Hinweis:** Das CHAMBERLIN-Modell der monopolistischen Konkurrenz erlaubt unter den genannten vereinfachenden Annahmen eine endogene Bestimmung der Anzahl n^* von Unternehmen in einem Markt.

Wie bei vollständiger Konkurrenz gibt es bei monopolistischer Konkurrenz also ein *langfristiges Gleichgewicht* mit *gewinnloser Produktion*. Der wesentliche Unterschied besteht darin, dass der einzelne Anbieter bei vollständiger Konkurrenz im LDK-Minimum oder Betriebsoptimum produziert. Bei monopolistischer Konkurrenz erzeugt der Anbieter dagegen eine geringere Menge als die des LDK-Minimums, weil die Preis-Absatz-Kurve negative Steigung hat und der Tangentialpunkt von Preis-Absatz- und LDK-Kurve somit links vom LDK-Minimum liegen muss. Die Kapazitäten, die es sich bei monopolistischer Konkurrenz aufzubauen lohnt, werden also suboptimal genutzt; die Marktform führt zu *Überkapazitäten*. Bei gleicher Kostenfunktion erhalten die Nachfrager bei monopolistischer Konkurrenz eine im Vergleich zur vollständigen Konkurrenz geringere Menge zu einem höheren Preis. Diesen Nachteil interpretiert man auch als Ausgleich für einen Vorteil der monopolistischen Konkurrenz: Während bei vollständiger Konkurrenz der Markt jedem Nachfrager ein völlig einheitliches Produkt anbietet, herrscht bei monopolistischer Konkurrenz Produktdifferenzierung; der Nachfrager kann seine individuellen Bedürfnisse besser befriedigen, indem er die Möglichkeit erhält, sich für eine bestimmte Variante aus der Vielfalt der am Markt angebotenen Produkte zu entscheiden.

Ohne die Symmetrieannahme ist die einfache Tangentenlösung des langfristigen Gleichgewichts mit ihren Eigenschaften der gewinnlosen Produktion und den Überkapazitäten nicht herleitbar. Bei ungleicher Absatz- und Kostensituation der Anbieter werden Markteintrittshemmnisse relevant (vgl. dazu Kap. IV.F.4).

3. Monopolistische Nachfragekonkurrenz

Die Marktform der monopolistischen Angebotskonkurrenz, in der die Nachfrager Präferenzen gegenüber den verschiedenen Anbietern haben, sah man (neben der des Oligopols) als wichtiges und realitätsnahes Bindeglied zwischen den beiden extremen Marktformen der vollständigen Konkurrenz und des Angebotsmonopols an. Keine Beachtung fand dagegen die Marktform der monopolistischen Nachfragekonkurrenz, in der es Präferenzen der Anbieter gegenüber den verschiedenen Nachfragern gibt. Wir glauben, dass die im Folgenden vorzunehmende Übertragung der Theorie der monopolistischen Angebotskonkurrenz auf diesen Fall eine notwendige und zur Erklärung der Realität wichtige Ergänzung der Theorie der von den Nachfragern gesetzten Preise darstellt. Insbesondere auf den Arbeitsmärkten dürfte monopolistische Nachfragekonkurrenz sehr verbreitet sein.

Wie in Abschnitt C.1. bereits ausgeführt, ist ein Markt mit monopolistischer Nachfragekonkurrenz genauer dadurch gekennzeichnet, dass erstens sehr viele Anbieter und Nachfrager mit jeweils ganz geringem Marktanteil vorhanden sind, zweitens Präferenzen auf Seiten der Anbieter gegenüber den Nachfragern bestehen; drittens ein Nachfrager ein Angebot an dem von ihm nachgefragten Gut kennt und die Anbieter entweder vollständige oder unvollständige Information über die Preissetzung der Nachfrager haben. Von diesen Annahmen ist nun die zweite näher zu überprüfen. Was hat man sich unter Präferenzen der Anbieter gegenüber den Nachfragern vorzustellen? Wie früher in Kap. III. A.1 wollen wir auch hier räumliche, persönliche und sachliche Präferenzen unterscheiden:

1. Räumliche Präferenzen:
Die Anbieter ziehen näher gelegene oder gut erreichbare Nachfrager aus Bequemlichkeit oder wegen niedrigerer Transportkosten (die meist vom Anbieter zu tragen sind) den weiter entfernten oder schlechter erreichbaren Nachfragern vor. Beispielsweise bevorzugen die Anbieter am Markt für eine bestimmte Arbeitsqualität nahe gelegene Arbeitsstätten.

2. Persönliche Präferenzen:
Es bestehen persönliche Bindungen zwischen Anbietern und Nachfragern. Der Arbeitsmarkt bietet hierzu das Beispiel des langjährigen Mitarbeiters oder des „guten Betriebsklimas".

3. Sachliche Präferenzen:
Die Anbieter bevorzugen Nachfrager aus Gründen, die in der Art der Verwendung des Gutes liegen. Ein Anbieter von Arbeit bevorzugt z. B. eine Arbeitsstätte, in der seine Arbeitskraft mit modernen Maschinen kombiniert oder in sauberer Umgebung eingesetzt wird.

Zweifellos lassen sich weitere Beispiele von Bindungen der Anbieter an bestimmte Nachfrager anführen, die sich nicht genau unter die genannten Arten von Präferenzen einordnen lassen. Für den Arbeitsmarkt ist es die Gesamtheit der betrieblichen Sozialleistungen, die als zusätzliche Begründung für Präferenzen anzuführen wäre. Entscheidend ist, dass es sicherlich in großer Zahl Unvollkommenheiten an Beschaffungsmärkten geben kann, die sich als Präferenzen der Anbieter gegenüber den Nachfragern interpretieren lassen. Solche Präferenzen binden einen Anbieter an einen Nachfrager, selbst wenn die sonstigen Bedingungen etwas ungünstiger sind als bei anderen Nachfragern. Gibt es Präferenzen und vielleicht zusätzlich noch unvollständige Information der Anbieter über die Preissetzung der Nachfrager, dann können auf einem Beschaffungsmarkt unterschiedliche Preise zustande kommen.

Die Bestrebungen der Nachfrager sind oft darauf gerichtet, die Anbieter auf ihren Beschaffungsmärkten durch Erzeugung von Präferenzen an sich zu binden.

Wie auf den Absatzmärkten, so spielt sich auch auf den Beschaffungsmärkten der Wettbewerb oftmals nicht so sehr über den Preis als über den Einsatz eines *beschaffungspolitischen Instrumentariums* in der Form der *non price competition* ab, unter anderem auch dann, wenn der Preis durch Kartellvereinbarung für alle Marktteilnehmer verbindlich festgelegt ist. Als Instrumente der Beschaffungspolitik auf dem Arbeitsmarkt wären bspw. die Bereitstellung von Transportmitteln, Maßnahmen zur Verbesserung des Betriebsklimas als Teil der „Unternehmenskultur" oder zur Ausgestaltung der Arbeitsplätze, kurz: die gesamte betriebliche Sozialpolitik, zu nennen. Gerade diese Form des Wettbewerbs spielt auch eine wichtige Rolle, wenn eine Lohnpolitik des einzelnen Nachfragers aufgrund der Kartellvereinbarung zwischen Arbeitgeberverband und Gewerkschaft weitgehend ausgeschaltet ist.

Nach älterer betriebswirtschaftlicher Anschauung glaubte man, die freiwilligen betrieblichen Sozialleistungen zuweilen nur außerökonomisch mit einem besonderen sozialen Verantwortungsgefühl der Unternehmer begründen zu können, und man erhob diese anstelle oder neben der Gewinnmaximierung zum Ziel der Unternehmenspolitik. Nach der hier vertretenen Konzeption sind die Sozialleistungen ein durchaus ökonomisches Instrument der Beschaffungspolitik, das auf unvollkommenen Märkten dem Ziel der Gewinnmaximierung dienen kann.

Durch Einsatz der beschaffungspolitischen Instrumentariums ist der Nachfrager in der Lage, das Angebot an dem von ihm nachgefragten Gut in seinem Sinne günstig zu beeinflussen, d. h. seine Preis-Beschaffungs-Kurve nach rechts zu verschieben. Das verursacht allerdings Kosten, so dass ein zusätzlicher Zusammenhang zwischen der Preis-Beschaffungs-Funktion und der Kostenfunktion des Nachfragers besteht. Die genaue Art dieses Zusammenhangs ist schwer festzustellen und wird hier nicht weiter untersucht.

Da alle Nachfrager einen ganz geringen Marktanteil haben, gilt bezüglich der Preispolitik und des Einsatzes der beschaffungspolitischen Instrumente, dass die Aktionen eines einzelnen Nachfragers sich auf die Preis-Beschaffungs-Funktionen der übrigen Nachfrager nicht spürbar auswirken. Ein Nachfrager wird daher bei monopolistischer Nachfragekonkurrenz auf die Aktionen eines Mitnachfragers nicht reagieren. Er wird die Aktionsparameter der Mitnachfrager wie konstante Größen behandeln. Durch diese Eigenschaft unterscheidet sich die Marktform der monopolistischen Nachfragekonkurrenz von der des heterogenen Nachfrageoligopols.

Im Folgenden diskutieren wir die *Preis-Beschaffungs-Funktion* eines Nachfragers, indem wir sinngemäß die Argumente übertragen, mit denen wir im vorletzten Abschnitt den Verlauf der Preis-Absatz-Funktion GUTENBERGs begründeten. Da die Anbieter Präferenzen gegenüber dem betrachteten Nachfrager haben, wird dieser nicht sein gesamtes Angebot verlieren, wenn er den Preis, den er bisher bewilligte, etwas senkt. Einige Anbieter werden zwar zu anderen Nachfragern abwandern oder sich aus dem Markt zurückziehen, der Rest wird aufgrund der Präferenzbindung jedoch bereit sein, das Gut zu dem niedrigeren Preis zu verkaufen. Je stärker die Preissenkung, desto geringer das Restangebot, das dem Nach-

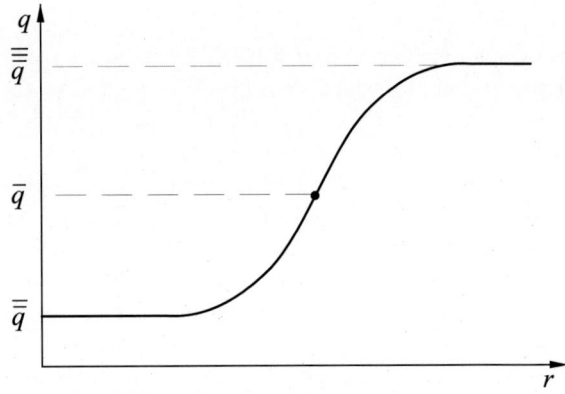

Abb. 7: Preis-Beschaffungs-Funktion

frager bleibt. Es existiert ein *unterer Grenzpreis*, zu dem dem Nachfrager nichts mehr angeboten wird.

Ein Nachfrager wird umgekehrt nicht unbegrenzt zusätzliches Angebot auf sich ziehen, wenn er den bisher gezahlten Preis heraufsetzt. Zwar überwindet aufgrund des höheren Preises ein Teil der Anbieter die Präferenzen gegenüber anderen Nachfragern und geht zu dem hier untersuchten Nachfrager über; ferner kommen neue Anbieter an den Markt. Die restlichen Anbieter verkaufen infolge ihrer Präferenzbindungen jedoch weiterhin an die anderen Nachfrager. Je stärker die Preiserhöhung, desto größer allerdings das zusätzliche Angebot. Es gibt einen *oberen Grenzpreis*, zu dem der Nachfrager jede im Bereich seines Bedarfs in Frage kommende Menge kaufen kann.

Diesen Überlegungen entspricht der in Abb. 7 dargestellte Verlauf der Preis-Beschaffungs-Funktion. $\bar{q}$ ist der Preis, von dem aus die Betrachtung einsetzt. Beim unteren Grenzpreis $\bar{\bar{q}}$ und beim oberen Grenzpreis $\bar{\bar{\bar{q}}}$ verläuft die Preis-Beschaffungskurve wie bei vollständiger Konkurrenz parallel zur Abszisse. Dazwischen hat die Kurve wie im Fall des Nachfragemonopols eine positive Steigung, und wir können deshalb vom *monopolistischen Bereich* sprechen. Steigt der Preis fortlaufend von $\bar{q}$ bis $\bar{\bar{\bar{q}}}$, dann kommt erstens – wie beim Nachfragemonopol – zusätzliches Angebot auf den Markt (Mobilisierung latenten Angebots), und es treten zweitens Anbieter hinzu, die bisher bei anderen Nachfragern verkauften.

Die Angebotskurve bei monopolistischer Nachfragekonkurrenz ist nur dem Typ nach bestimmt. Die Übergänge zu den Grenzpreisen können mehr oder weniger abrupt sein; die parallel zur Abszisse gezeichneten Äste können auch schwach ansteigen. Die Ausdehnung des monopolistischen Bereichs und die Steigung der Kurve in diesem Bereich hängen maßgeblich davon ab, wir stark die Präferenzbindungen der Anbieter an andere Nachfrager sind und wie viele Anbieter von der Preiserhöhung Kenntnis erhalten. Die Kurve verläuft tendenziell um so flacher, je schwächer die Präferenzen sind und je mehr Anbieter über die Preise informiert sind.

Der Nachfrager wird versuchen, durch den Einsatz beschaffungspolitischer Instrumente Präferenzen der Anbieter ihm gegenüber zu schaffen. Der monopolistische Bereich wird sich dadurch tendenziell nach unten verlagern, und die Preis-Beschaffungskurve verschiebt sich nach rechts, so dass der Nachfrager eine bestimmte Menge des Gutes zu einem niedrigeren Preis erwerben kann. Über die Kosten des beschaffungspolitischen Instrumentariums ergibt sich auf diese Weise ein zusätzlicher Zusammenhang zwischen Preis-Beschaffungs-Funktion und Kostenkurve, den wir nicht weiter untersuchen. Wir gehen stattdessen von einer gegebenen Preis-Beschaffungs-Funktion, d. h. einer gegebenen Kostenkurve, aus.

Zur Ermittlung der *gewinnmaximierenden Nachfragemenge* knüpfen wir an den Abschnitt IV.B.3 zum Nachfragemonopol an. Im Gewinnmaximum schneidet die Kurve der Grenzausgaben $A'(r)$ die Kurve des Wertes des Grenzprodukts $W'(r)$ (*Bedingung 1. Ordnung*), wobei im Schnittpunkt die Steigung der erstgenannten Kurve größer ist als die der letztgenannten (*Bedingung 2. Ordnung*). Wie unmittelbar einzusehen, fällt die Kurve der Grenzausgaben im Bereich der parallel zur Abszisse verlaufenden Äste der Preis-Beschaffungskurve mit diesen zusammen. Im linearen monopolistischen Bereich ist die Kurve der Grenzausgaben eine Gerade mit der doppelten Steigung der Preis-Beschaffungs-Funktion, die die Ordinate im selben Punkt schneidet wie die lineare Verlängerung des linearen monopolistischen Bereichs der Preis-Beschaffungskurve. In den Übergangsbereichen können wir die bisher erläuterten Kurvenstücke miteinander verbinden. In dem in Abb. 8 dargestellten Beispiel ist bei der Menge r^* und dem zugeordneten Preis q^*

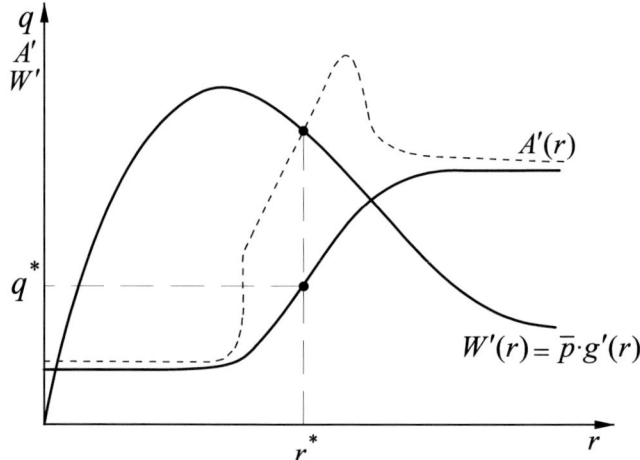

Abb. 8: Ermittlung der gewinnmaximalen Nachfragemenge

das Gewinnmaximum erreicht. Es könnte statt zwei auch vier Schnittpunkte der Kurven $W'(r)$ und $A'(r)$ geben, von denen zwei Schnittpunkte relative Gewinnmaxima beschreiben, aus denen das absolute Maximum durch Vergleich herauszusuchen wäre.

Ebenso wie die Konzeption GUTENBERGS lässt sich auch diejenige CHAMBERLINs auf den Beschaffungsmarkt übertragen. Ferner können wir ein langfristiges Gleichgewicht untersuchen, indem wir zulassen, dass neue Nachfrager an den Markt strömen, solange der repräsentative Nachfrager Gewinne erzielt. Das vorhandene Angebot teilt sich dann unter einer immer größeren Zahl von Nachfragern auf, was sich in einer Linksverschiebung der Preis-Beschaffungskurve äußert. Der Zustrom neuer Nachfrager hört erst auf, wenn die Linksverschiebung so weit fortschreitet, dass die Preis-Beschaffungskurve die (nicht eingezeichnete) Kurve des Durchschnittswertes der Produktion $\bar{p} \cdot g(r)/r$ gerade noch berührt. Die Koordinaten des Tangentialpunktes bezeichnen dann Menge und Preis des langfristigen Gleichgewichts.

D. Oligopolmärkte

1. Marktbeschreibung

Auch die in diesem Abschnitt zu behandelnde Marktform wollen wir durch die Zahl der Anbieter und Nachfrager, das Vorhandensein von Präferenzen und die Markttransparenz charakterisieren. Für Oligopolmärkte lauten die Merkmale wie folgt:

1. Entweder auf der Angebots- oder auf der Nachfrageseite gibt es eine geringe Anzahl von Marktteilnehmern, von denen jeder einen nicht unbedeutenden Anteil am Gesamtangebot bzw. der Gesamtnachfrage hat. Es handelt sich dann um eine *oligopolistische Angebots-* bzw. *Nachfragestruktur* oder einfacher: um ein *Angebots-* bzw. *Nachfrageoligopol*. Letzteres nennt man auch *Oligopson*. Die Marktteilnehmer auf der oligopolistisch strukturierten Marktseite heißen Oligopolisten. Auf der jeweils anderen Marktseite unterstellen wir wie in früheren Kapiteln eine große Zahl von Marktteilnehmern mit jeweils verschwindend kleinem Marktanteil.
2. Im Oligopol kann es Präferenzen der in großer Zahl vorhandenen Marktteilnehmer gegenüber den Oligopolisten geben oder nicht. Ohne Präferenzen handelt es sich um ein *homogenes*, mit Präferenzen um ein *heterogenes Oligopol*.
3. Es besteht Markttransparenz im folgenden Sinn: Ein Angebotsoligopolist kennt nicht nur seine eigene Absatz-, ein Nachfrageoligopolist nicht nur seine eigene Beschaffungssituation, sondern ist auch über absatz- bzw. beschaffungspolitische Parameter der übrigen Oligopolisten informiert. Die in großer Zahl vorhandenen Marktteilnehmer auf der anderen Marktseite können wieder entweder vollständige oder unvollständige Information über die von den Oligopolisten gesetzten Preise haben.

Sofern es nach 2. keine Präferenzen gibt und nach 3. alle Marktteilnehmer vollständige Informationen besitzen, kann es auf diesem Markt mit *homogener oligopolistischer Konkurrenz* nur einen einheitlichen Preis geben. Bestehen dagegen Präferenzen und herrscht möglicherweise noch unvollständige Preisinformation, dann können auf diesem Markt mit *heterogener oligopolistischer Konkurrenz* die Preise verschieden hoch sein.

Der einheitliche Preis eines Marktes mit homogener oligopolistischer Konkurrenz muss nicht durch Absprache der Oligopolisten zustande kommen. Möglich ist, dass jeder einzelne Oligopolist statt des Preises die Menge festsetzt. Der einheitliche Preis bei einer solchen *Mengenfixierung* ergibt sich im Angebotsoligopol, indem man die insgesamt angebotene Menge in die Gesamtnachfragefunktion, und im Nachfrageoligopol, indem man die insgesamt nachgefragte Menge in die Gesamtangebotsfunktion einsetzt. Auf einem Markt mit heterogener oligopolistischer Konkurrenz wird dagegen die *Preisfixierung* die Regel sein. Im Angebotsoligopol setzt der einzelne Anbieter, im Nachfrageoligopol der einzelne Nachfrager den Preis, an den sich die Teilnehmer auf der anderen Marktseite mit der Menge anpassen. Neben der Preispolitik haben die Oligopolisten die Möglichkeit, die Präferenzen der Teilnehmer auf der anderen Marktseite durch Einsatz ihres absatz- bzw. beschaffungspolitischen Instrumentariums in einem für sie günstigen Sinne zu beeinflussen. Wie bei monopolistischer Konkurrenz gibt es also im heterogenen Oligopol die Möglichkeit, den Wettbewerb mit anderen Aktionsparametern als dem Preis in der Form der *non price competition* auszutragen.

Anders als bei vollständiger oder monopolistischer Konkurrenz hat der einzelne Oligopolist nach 1. einen nicht unbedeutenden Anteil am Gesamtangebot bzw. an der Gesamtnachfrage. Ändert er bei Mengenfixierung die Menge, bei Preisfixierung den Preis oder einen sonstigen Aktionsparameter, so wird sich diese Maßnahme in einer spürbaren Veränderung der Absatz- bzw. Beschaffungssituation für die anderen Oligopolisten auswirken. Die übrigen Oligopolisten werden auf diese Aktion reagieren, d. h. die Menge bzw. den Preis oder die sonstigen Aktionsparameter der veränderten Situation anpassen, und dies wird auf die Situation des betrachteten Oligopolisten zurückwirken. Ein Oligopolist hat folglich Veranlassung, bei geplanten Aktionen die *erwarteten Reaktionen* der übrigen Oligopolisten in seine Überlegungen einzubeziehen. Daher hängen die Handlungen des ersten Oligopolisten von denen des zweiten, dritten usw., die des zweiten Oligopolisten von denen des ersten, dritten usw. ab. Diesen Sachverhalt der wechselseitigen Abhängigkeit bezeichnet man als *oligopolistische Interdependenz*. Sie bedeutet, dass der Gewinn jedes Anbieters von den Handlungen jedes einzelnen Mitbieters spürbar abhängig ist. In die Gewinnfunktion eines Oligopolisten gehen auch die Mengen bzw. die Preise und sonstigen Aktionsparameter der übrigen Oligopolisten ein, also Variablen, die er nicht selbst kontrolliert.

Nimmt ein Oligopolist an, dass die anderen Oligopolisten nicht auf seine eigenen Aktionen reagieren werden, vernachlässigt er also bei seinen Handlungen die oligopolistische Interdependenz, dann spricht man von *autonomem Verhalten*. In diesem Fall betrachtet der Oligopolist die von ihm nicht kontrollierten Variablen seiner Gewinnfunktion als konstante Größen. Versucht der Oligopolist dagegen, die erwarteten Reaktionen der anderen bei seinen Aktionen zu berücksichtigen, dann handelt es sich um *heteronomes Verhalten* (nach RAGNAR FRISCH (1933) auch: *konjekturales Verhalten*). In diesem Fall beachtet er also die Interdependenz der von ihm kontrollierten und nicht kontrollierten Variablen. In der Spieltheorie übersetzen sich diese verschiedenen Möglichkeiten in entsprechend unterschiedliche Lösungskonzepte der resultierenden Spiele.

Die einführenden Bemerkungen zeigen, dass zahlreiche Varianten von Oligopolmärkten existieren. Dementsprechend gibt es auch eine Anzahl verschiedener Modelle zur Bestimmung von Gleichgewichtspreisen und -mengen. Die meisten Modelle beschränken sich auf zwei Oligopolisten, d. h. auf den Fall des *Duopols*. In Abschnitt 2 erläutern wir Modelle des Angebotsoligopols mit Mengenfixierung bei homogener Konkurrenz, in Abschnitt 3 solche mit Preisfixierung bei homogener, in Abschnitt 4 bei heterogener Konkurrenz. Beim homogenen Mengenduopol behandeln wir das Modell von AUGUSTIN COURNOT (Abschnitt 2.a) und das asymmetrische Duopol von HEINRICH V. STACKELBERG (Abschnitt 2.b). Bei den Modellen mit Preisfixierung bei heterogener Konkurrenz behandeln wir die geknickte Preis-Absatz-Kurve (Abschnitt 4.a) und das heterogene Preisduopol (Abschnitt 4.b). Dabei gehen wir auch auf das Problem der *gemeinsamen Gewinnmaximierung* bei Kooperation sowie auf die *Preisführerschaft* eines Oligopolisten ein. Im Abschnitt 4 erläutern wir außerdem am Beispiel der Preisfixierung bei heterogener Konkurrenz, wie man die Modelle des Angebotsoligopols in Modelle des Nachfrageoligopols umformulieren kann.

Die Duopoltheorie lässt sich nicht nur nach den Merkmalen homogener versus heterogener Markt, sondern auch nach den strategischen Variablen der Unternehmen, d. h. Preis- versus Mengenstrategien unterscheiden. Da darauf verschiedene spieltheoretische Lösungskonzepte angewendet werden können, erhalten wir das folgende Tableau:

Strategie (häufig etikettiert als ...) / Lösungskonzept	Preisstrategien (BERTRAND)	Mengenstrategien (COURNOT)
NASH	Abschnitt 3 und 4.b	Abschnitt 2.a
v. STACKELBERG	Abschnitt 4.b	Abschnitt 2.b
Unternehmen U_1 und U_2 sind identisch	$p_1 = p_2$ Abschnitt 4.b	$x_1 = x_2$ Abschnitt 2.a
Kooperation	Abschnitt 4.b	Abschnitt 2.c

Zur Oligopoltheorie sind in den letzten Jahrzehnten auch im Rahmen der *Theorie der strategischen Spiele* Beiträge geleistet worden (vgl. dazu z. B. SHUBIK 1959; SELTEN, 1980). Diese spieltheoretisch fundierte Mikroökonomik hat inzwischen ein eigenes umfangreiches Instrumentarium entwickelt, was aber über den Rahmen des vorliegenden Lehrbuchs hinausgeht.

2. Das Angebotsoligopol: Mengenfixierung bei homogener Konkurrenz

a. Das homogene Mengenduopol von Cournot

Im ältesten Beitrag zur Oligopoltheorie unterstellte AUGUSTIN COURNOT (1838, Kap. 7), dass es auf einem Markt zwei Anbieter gibt, deren Produkt im Urteil der Nachfrager völlig gleich ist. Auf diesem Markt mit homogener Konkurrenz herrscht vollständige Preisinformation der Nachfrager, so dass nur ein Preis zustande kommen kann. Jeder Anbieter wendet die *autonome Verhaltensweise* an und maximiert seinen Gewinn durch Mengenfixierung: Er behandelt den Aktionsparameter seines Mitanbieters, dessen Angebotsmenge, wie eine ihm vorgegebene Größe und ermittelt unter dieser Voraussetzung seine gewinnmaximierende Menge. In der Sprache der Spieltheorie heißt das: Wenn Anbieter 1 von einer gegebenen Entscheidung über y_2 von Anbieter 2 ausgeht, bestimmt er die für ihn dann bestmögliche Entscheidung y_1. Da diese Betrachtungsweise für die von NASH (1950) vorgeschlagenen spieltheoretischen Lösungen charakteristisch ist, wird die im Folgenden erörterte Lösung des homogenen Mengenduopols auch als *NASH-COURNOT-Lösung* bei Mengenstrategie bezeichnet.

Die im Folgenden linear angenommene Nachfragefunktion des gesamten Marktes können wir als gemeinschaftliche Preis-Absatz-Funktion der Anbieter 1 und 2 auffassen, wobei die gemeinschaftliche Absatzmenge gleich der Summe der beiden individuellen Mengen y_1 und y_2 ist:

$$\begin{aligned} p &= f(y_1 + y_2) \\ &= a - b \cdot (y_1 + y_2) \\ &= a - by_1 - by_2 \quad \text{mit } a, b > 0. \end{aligned} \quad (1)$$

Wir bestimmen nun die gewinnmaximierenden Angebotsmengen des Anbieters 1 für jede überhaupt in Frage kommende, als konstant betrachtete Angebotsmenge y_2. In Abb. 1 erhalten wir gemäß (1) für $y_2 = 0$ eine Preis-Absatzgerade für Anbieter 1 mit der Steigung $-b$, dem Ordinatenabschnitt a und dem Abszissenabschnitt a/b. Für steigende Mengen $y_2 = 1,2,3$ usw. verschiebt sich diese Preis-Absatzgerade parallel in Richtung des Ursprungs. Für $y_2 = a/b$ verläuft die Gerade durch den Ursprung; Anbieter 1 ist dann vom Markt verdrängt. In Abb. 1 sind als Beispiele die Preis-Absatzgeraden für die Mengen $y_2 = 0$, $y_2 = 10$ und $y_2 = 20$ gezeichnet.

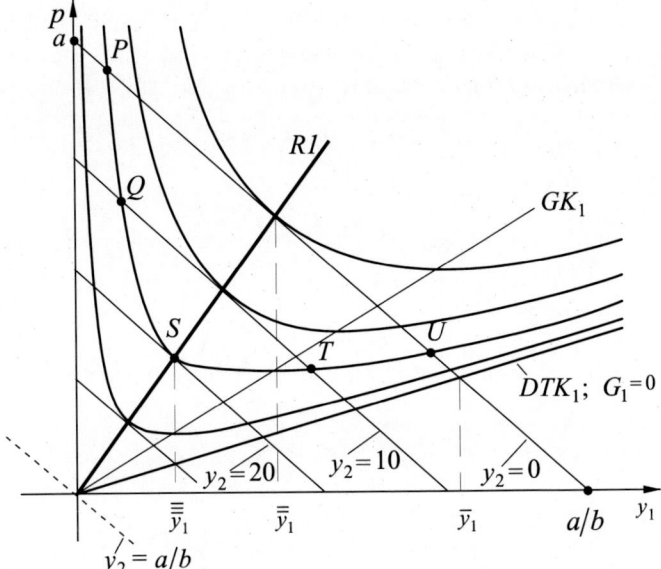

Abb. 1: Preis-Absatzgeraden und Isogewinnkurven für Anbieter 1 im (p,y_1)-Diagramm

Zu jeder der Preis-Absatzgeraden könnten wir die GE-Gerade zeichnen und aus dem Schnittpunkt von GE-Gerade und GK-Kurve die gewinnmaximierende Menge y_1 ermitteln, die der als gegeben betrachteten Angebotsmenge y_2 zugeordnet ist. In dieser Weise ging COURNOT vor. Für die Darstellung des unten folgenden v. STACKELBERG-Modells ist es jedoch vorteilhaft, wenn wir zur Bestimmung der gewinnmaximierenden Angebotsmengen des Anbieters 1 wie in Kap. IV.B.4.c beim bilateralen Monopol mit Isogewinnkurven arbeiten.

Wir unterstellen wieder eine quadratische Kostenfunktion, zu der eine linear durch den Ursprung verlaufende GK_1- und DTK_1-Kurve gehört, wobei die Steigung der ersteren doppelt so groß ist wie die der letzteren. Wir können damit die nach unten gewölbten Isogewinnkurven des Anbieters aus Abb. B.14 benutzen, die entlang der $GK^{(2)}$-Geraden ihre Minima erreichen. In Abb. 1 zeichnen wir nur jene Isogewinnkurven ein, welche Preis-Absatz-Geraden berühren. Ein Tangentialpunkt entspricht dem aus Kap. IV.B.2.c bekannten COURNOT*schen Punkt*, der hier die optimale Preis-Mengen-Kombination des Anbieters 1 für eine gegebene Menge des Anbieters 2 bezeichnet. Die Verbindungslinie aller Tangentialpunkte ist in unserem Beispiel mit linearen Preis-Absatz-, DTK_1- und GK_1-Kurven eine Gerade aus dem Ursprung. Sie wird *Reaktionskurve R1* im (p,y_1)-Diagramm genannt, weil sie die Mengenanpassung des Anbieters 1 auf Änderungen der Menge des Anbieters 2 darstellt.

Um den Vergleich mit bereits diskutierten Fällen der vollkommenen Konkurrenz oder des Teilmonopols zu ermöglichen, sei im Folgenden angenommen, dass beide Unternehmen konstante Grenzkosten c_i aufweisen und diese gleich seien:

$$GK_1(y_1) = GK_2(y_2) = c_1 = c_2 = c. \quad (2)$$

Für den Gewinn des Anbieters 1 ergibt sich

$$\begin{aligned} G_1(y_1, y_2) &= [a - b \cdot (y_1 + y_2)] \cdot y_1 - c y_1 \\ &= (a - c) \cdot y_1 - b \cdot (y_1 + y_2) \cdot y_1. \end{aligned} \quad (3)$$

Für die Ermittlung einer beliebigen *Isogewinnkurve* im (y_1, y_2)-Diagramm wird $G_1 = \overline{G}_1$ festgehalten, wodurch sich der Zusammenhang zwischen y_1 und y_2 ergibt:

$$y_2 = \frac{a-c}{b} - y_1 - \frac{\overline{G}_1}{b y_1}. \quad (4)$$

Die Lage dieser Isogewinnkurve für den Anbieter 1 im (y_1, y_2)-Quadranten wird durch folgende Überlegungen qualitativ bestimmt:
(i) Wenn y_1 „sehr klein" gewählt wird, impliziert dies ein y_2, das sehr große negative Werte annimmt.

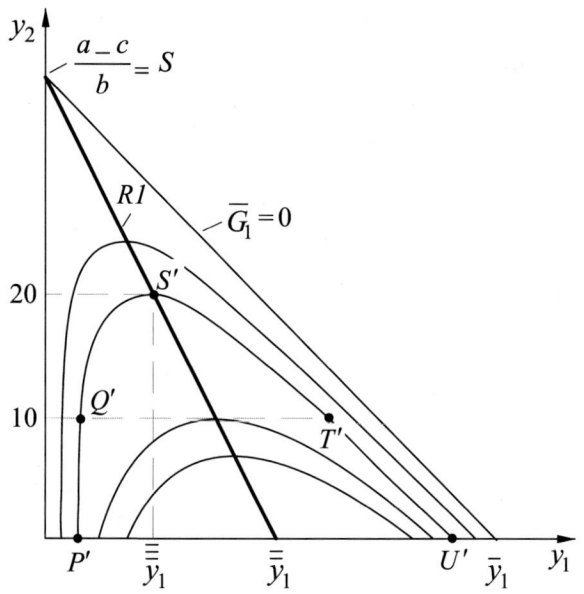

Abb. 2: Reaktionskurve und Isogewinnkurven für Anbieter 1 im (y_1, y_2)-Diagramm

(ii) y_1 „sehr groß" gewählt impliziert, dass der dritte Term in der Gleichung (4) vernachlässigbar wird, so dass sich die Isogewinnkurve asymptotisch der Geraden $y_2 = [(a-c)/b] - y_1$ annähert.

(iii) Je größer G_1 gewählt wird, desto tiefer liegen die Isogewinnkurven im (y_1, y_2)-Diagramm, was natürlich am Vorzeichen des dritten Terms in Formel (4) liegt.

Ermittelt man aus (3) das Gewinnmaximum des Anbieters 1 für ein gegebenes y_2, dann erhält man durch partielles Ableiten von (3) nach y_1 und Nullsetzen

$$y_2 = \frac{a-c}{b} - 2y_1. \qquad (5)$$

Diese Gerade verbindet alle Maxima der Isogewinnkurven, wie in der Abb. 2 dargestellt. Ein einfacher Vergleich zeigt, dass (5) den gleichen Achsenabschnitt, aber die doppelte Steigung der Asymptoten-Geraden nach (ii) hat.

Die in (5) ermittelte Gerade beschreibt offensichtlich die beste Wahl der Produktionsmenge y_1, wenn aus der Sicht des Anbieters 1 das andere Unternehmen die Menge y_2 festgelegt hat. Die Gerade (5) nennt man die *Reaktionsfunktion* des Anbieters 1 im (y_1, y_2)-Diagramm (hier nach y_2 aufgelöst). Graphisch ist die Begründung für die Wahl von y_1 in der Abb. 2 abzulesen. Die Punkte P, Q, S und T aus Abb. 1 entsprechend den Punkten P', Q', S' und T' in Abb. 2.

Als Reaktionsgerade R1 erhalten wir die Verbindungslinie aller Maxima der Isogewinnlinien. Sie beginnt auf der Ordinate bei der Menge $y_2 = (a-c)/b$ und endet auf der Abszisse bei der Menge $\bar{\bar{y}}_1$. Die Interpretation der Reaktionskurve wird noch einmal deutlich: Zu einer gegebenen Menge y_2, dargestellt durch eine Parallele zur Abszisse, lohnt es sich für Anbieter 1, die Menge anzubieten, bei der die Parallele eine seiner Isogewinnkurven tangiert. Dort erreicht er die am weitesten unten liegende Isogewinnkurve. Der Berührungspunkt muss ein Maximum der Isogewinnkurve sein und somit auf der Geraden R1 liegen. Beispielsweise wählt Anbieter 1 für $y_2 = 20$ die Menge $\bar{\bar{y}}_1$, geht also in den Punkt S' in Abb. 2.

Bei vertauschten Fußindizes könnte es sich in Abb. 2 um die Isogewinnkurven und die Reaktionsgerade R2 des Anbieters 2 handeln. Der Ordinatenabschnitt der Isogewinngerade für einen Nullgewinn sowie der der Reaktionsgeraden wären wieder $(a-c)/b$. Die Reaktionsfunktion für Anbieter 2 ergibt sich dann zu

$$y_2 = \frac{a-c}{2b} - \frac{1}{2} \cdot y_1. \qquad (6)$$

Bisher haben wir für jeden Anbieter isoliert unterstellt, dass er die jeweilige Angebotsmenge des anderen als gegeben ansieht. Dies wirft die Frage auf, ob es beiderseitige Produktionspläne gibt, die miteinander kompatibel sind in dem Sinne, dass dabei ein Marktgleichgewicht herrscht und keiner der beiden einen Grund zu einer Planrevision hat, weil er sich nicht mehr verbessern kann. Da die bestmögliche Antwort jedes Anbieters auf seiner Reaktionskurve liegen muss, läuft dieses Problem darauf hinaus, einen Schnittpunkt der jeweiligen Reaktionskurven zu finden.

Wir stellen dazu die Isogewinnkurven und Reaktionsgeraden beider Anbieter in einem Diagramm der Angebotsmengen dar. In Abb. 3.a ist Abb. 2 für Anbieter 1 übernommen. Für Anbieter 2 beginnt nun die Isogewinngerade für einen Nullgewinn auf der Abszisse bei der Menge $(a-c)/b$ und endet auf der Ordinate bei einer Menge $\bar{y}_2$. Die übrigen Isogewinnkurven dieses Anbieters wölben sich aus der Ordinate heraus und erreichen senkrechte Steigung entlang der Reaktionsgeraden $R2$. Die Gleichgewichtsmengen sind gleich den Koordinaten des Schnittpunktes V der beiden Reaktionskurven, denn bei diesen Mengen sind die Angebotspläne der Duopolisten konsistent: Anbieter 1 nimmt y_2^* als gegeben und maximiert seinen Gewinn durch das Angebot y_1^*; Anbieter 2 betrachtet y_1^* als Datum und maximiert seinen Gewinn durch das Angebot y_2^*. Der einheitliche Gleichgewichtspreis p^* ergibt sich aus der Gesamtnachfragefunktion (1), indem wir in diese die gesamte Angebotsmenge $y_1^* + y_2^*$ einsetzen.

In dem Fall, dass die Kosten beider Anbieter identisch sind, ergibt sich in Abb. 3.a eine für beide völlig symmetrische Reaktionskurve, so dass der Schnittpunkt beider Kurven für jeden die gleiche Menge vorschreibt. Der Markt wird unter diesen Bedingungen also gleichmäßig aufgeteilt. Bei gekrümmten Preis-Absatz-Kurven oder gekrümmten GK-Kurven sind die Reaktionskurven in der Regel nicht-linear. Nicht ausgeschlossen ist auch die Möglichkeit, dass sich die Reaktionskurven nicht oder nicht im positiven Quadranten schneiden, somit keine Lösung des Modells existiert.

Algebraisch erhalten wir für unser einfaches Beispiel durch Gleichsetzen von

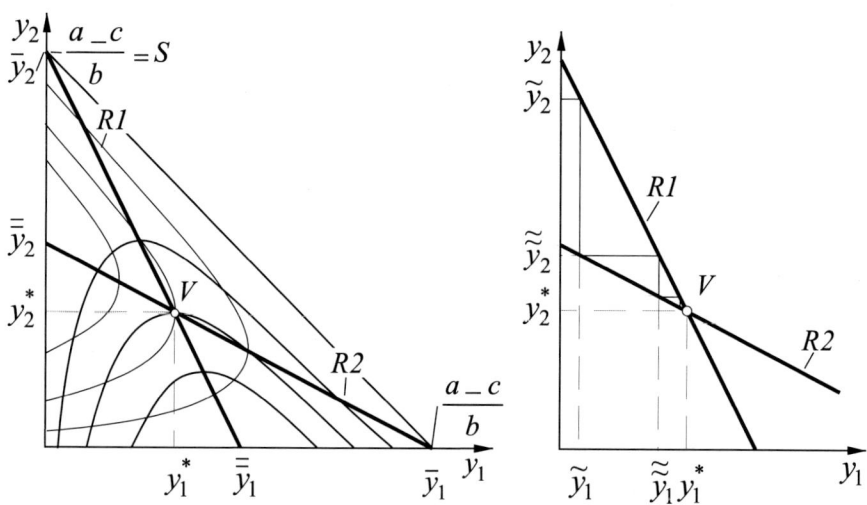

Abb. 3.a/b: NASH-COURNOT-Gleichgewicht im Mengen-Duopol

$R1$ und $R2$, d. h. von (5) und (6):

$$\frac{a-c}{b} - 2y_1^* = \frac{a-c}{2b} - \frac{1}{2} y_1^*$$

mit der Lösung

$$y_1^* = \frac{a-c}{3b},$$

und ebenso

$$y_2^* = \frac{a-c}{3b}.$$

Die Gesamtproduktionsmenge im NASH-COURNOT-Gleichgewicht ergibt sich zu:

$$y^* = y_1^* + y_2^* = \frac{2}{3} \cdot \frac{a-c}{b}.$$

Im Vergleich zur Produktionsmenge bei vollkommener Konkurrenz y_k^* und im Monopolfall y_{Mon}^* gilt für das Gesamtangebot im Duopol bei autonomen Verhaltensweisen:

$$y^* = \frac{2}{3} \cdot y_k^* = \frac{4}{3} \cdot y_{Mon}^*.$$

Der Gleichgewichtspreis ergibt sich durch Einsetzen in die Nachfragefunktion

$$p^* = a - b \cdot \left[\frac{2}{3} \cdot \frac{a-c}{b} \right] = c + \frac{1}{3} \cdot (a-c).$$

Der Schnittpunkt V der beiden Reaktionsgeraden in Abb. 3.a liefert eine konsistente Lösung für die NASH-COURNOT-Verhaltensweise. Im strengen spieltheoretischen Sinne kann man weitere Aussagen über das Verhalten außerhalb dieser Lösung nicht herleiten. Dennoch wird häufig eine heuristische Stabilitätsbetrachtung vorgenommen. Der Schnittpunkt V in Abb.3b beschriebe demnach ein stabiles Gleichgewicht, denn das autonome Verhalten führt von einer beliebigen Ungleichgewichtssituation über die gegenseitige Anpassung stets zu diesem Punkt.

Dies kann aber keine *vernünftige Interpretation* sein, weil sie ein *grob falsches Verhalten* mit fehlendem Durchdenken des gesamten Spiels unterstellen muss. Wenn nämlich etwa Unternehmen U_1 mit der Menge $y_1^I = S/2$ beginnen sollte und Unternehmen U_2 daraufhin auf seine Reaktionsfunktion R_2 mit $y_2 = S/4$ geht, dann müsste U_1 wiederum darauf reagieren und seine Produktionsmenge verringern, obwohl es angesichts dieser Folge von Zügen voraussehen kann, dass danach U_2 wiederum auf R_2 geht, was dann aber zu einem geringeren Gewinn G_1 führt als wenn U_1 schon am Anfang nicht reagiert hätte und „stur" bei y_1^I geblieben wäre. Das Nash-Cournot-Gleichgewicht ist deshalb streng genommen nur als *Gleichgewicht eines einmaligen Spiels* (one-shot game) zu interpretieren.

> **Hinweis**: Diese Betrachtungsweise lässt sich formal sehr einfach auf n Anbieter verallgemeinern ($n \geq 2$). Wenn alle dieselben Grenzkosten ($GK_i = c$) aufweisen, gilt im NASH-COURNOT-Gleichgewicht:
>
> $$y_i^* = \frac{a-c}{b \cdot (n+1)}.$$
>
> Das Gesamtangebot auf dem Markt beträgt dann $y^* = \frac{n}{n+1} \cdot \frac{a-c}{b}$ mit dem Gleichgewichtspreis
>
> $$p^* = \frac{n}{n+1} \cdot c + \frac{1}{n+1} \cdot a.$$
>
> Offensichtlich approximiert für „sehr große n" diese Lösung den Referenzfall „vollkommene Konkurrenz". Dies erklärt die wettbewerbspolitisch häufig anzutreffende Sichtweise, dass eine größere Zahl von Unternehmen auf einem oligopolistischen Markt unter Wohlfahrtsaspekten günstiger zu bewerten sei als eine kleine Zahl.

Interessant ist auch der Fall unterschiedlicher Grenzkosten. Wenn etwa $c_1 < c_2$ gilt, müsste aus Effizienzgründen nur Anbieter 1 im Markt verbleiben. Das Ermitteln der jeweiligen Reaktionskurven analog zum obigen Vorgehen und deren Gleichsetzen ergibt die NASH-COURNOT-Lösung

$$y_1^* = \frac{1}{3} \cdot \left[\frac{a-c_1}{b} + \frac{c_2-c_1}{b} \right],$$

$$y_2^* = \frac{1}{3} \cdot \left[\frac{a-c_1}{b} - \frac{2 \cdot (c_2-c_1)}{b} \right]$$

mit dem Preis

$$p^* = c_1 + \frac{1}{3} \cdot (a-c_1) + \frac{1}{3} \cdot (c_2-c_1).$$

Wegen seiner günstigeren Grenzkosten bedient Anbieter 1 zwar einen größeren Marktanteil als Anbieter 2. Dennoch ist dieser trotz seines Kostennachteils im Markt, was volkswirtschaftlich ineffizient ist.

Verhaltensweise und Vorgehen der Anbieter im COURNOT-Modell werden noch einmal deutlich, wenn wir den Ansatz unabhängig von dem diskutierten geometrischen Beispiel allgemein algebraisch formulieren: Setzt man die gemeinschaftliche Preis-Absatz-Funktion der Anbieter,

$$p = f(y_1 + y_2), \qquad (7)$$

in die Erlösfunktion ein, dann erhalten wir den Erlös jedes einzelnen Anbieters als Funktion beider Angebotsmengen:

$$E_1 = py_1 = f(y_1 + y_2) \cdot y_1 = E_1(y_1, y_2),$$
$$E_2 = py_2 = f(y_1 + y_2) \cdot y_2 = E_2(y_1, y_2). \tag{8}$$

Der Gewinn der Anbieter ist definiert als

$$G_1 = E_1(y_1, y_2) - K_1(y_1) = G_1(y_1, y_2),$$
$$G_2 = E_2(y_1, y_2) - K_2(y_1) = G_2(y_1, y_2). \tag{9}$$

Der Gewinn eines Duopolisten hängt also auch von der von ihm nicht kontrollierten Angebotsmenge des anderen ab. Autonomes Verhalten bedeutet analytisch, dass ein Anbieter seine Gewinnfunktion nach seiner eigenen Absatzmenge partiell differenziert, d. h. die Menge des anderen als Konstante betrachtet. Durch Nullsetzen der partiellen Ableitungen beider Anbieter erhält man die folgenden *Bedingungen 1. Ordnung:*

$$\frac{\partial G_1}{\partial y_1} = \frac{\partial E_1}{\partial y_1} - \frac{\partial K_1}{\partial y_1} = 0,$$

$$\frac{\partial G_2}{\partial y_2} = \frac{\partial E_2}{\partial y_2} - \frac{\partial K_2}{\partial y_2} = 0. \tag{10}$$

Die Bedingungen 1. Ordnung stellen nichts anderes als die Reaktionskurven dar, denn beide enthalten gemäß (9) die Variablen y_1 und y_2, so dass wir wie folgt auflösen können:

$$y_1 = g_1(y_2),$$
$$y_2 = g_2(y_1). \tag{11}$$

Die Gleichgewichtsmengen erhalten wir, indem wir diese zwei Gleichungen mit zwei Unbekannten lösen. Auf die Frage der Existenz einer Lösung sowie auf die Bedingungen 2. Ordnung für diesen allgemeinen Fall gehen wir hier nicht ein.

Abgesehen davon, dass das Fehlen von Präferenzen und die Mengenfixierung im COURNOTschen Modell nicht wirklichkeitsnah sind, ist an diesem Modell die Behandlung der oligopolistischen Interdependenz der Anbieter kritisiert worden: Obgleich die Duopolisten die wechselseitige Abhängigkeit etwa bei dem in Abb. 3.b beschriebenen Anpassungsprozess zum Gleichgewicht dauernd zu spüren bekommen und jede Aktion des ersten von einer Reaktion des zweiten begleitet ist und umgekehrt, gehen sie immer wieder von einer gegebenen Menge des Mitanbieters aus; es gibt *keine Lerneffekte*.

b. Das asymmetrische Duopol von V. STACKELBERG

HEINRICH V. STACKELBERG (1951, Kap. IV. 3) entwickelt seinen Ansatz aus der eben erwähnten Kritik an COURNOT. Denn es stellt sich die Frage, ob es nicht für mindestens einen der beiden Anbieter eine vorteilhaftere Strategie gibt, als jeweils die Menge des anderen als gegeben anzusehen. Anbieter 1 könnte nicht die Menge y_2, sondern die Strategie des anderen, ausgedrückt in dessen Reaktionskurve $R2$, als die für ihn relevante Reaktionshypothese verwenden. Diese Idee untersuchte V. STACKELBERG. Er behält die Ausgangskonzeption COURNOTs bei, führt jedoch für *einen* der beiden *Anbieter heteronomes Verhalten* ein, während für den anderen weiterhin die autonome Verhaltensweise unterstellt wird. Das Modell von V. STACKELBERG ist also asymmetrisch hinsichtlich der Verhaltensweise der Anbieter.

Ist Anbieter 1 derjenige, der sich heteronom verhält, dann sieht er die Angebotsmenge des Anbieters 2 nicht mehr als gegeben an; er beschränkt sich also nicht mehr auf Reaktionen gemäß seiner Reaktionskurve $R1$, sondern ist bereit, von dieser Kurve abzuweichen. Nach V. STACKELBERG nimmt er die *Unabhängigkeitsposition* ein. Anbieter 2 soll sich weiterhin autonom gemäß seiner Reaktionskurve $R2$ verhalten; er befindet sich in der *Abhängigkeitsposition*. Wenn Anbieter 1 erwartete Reaktionen des anderen auf seine Angebotsmengen y_1 in seine Über-

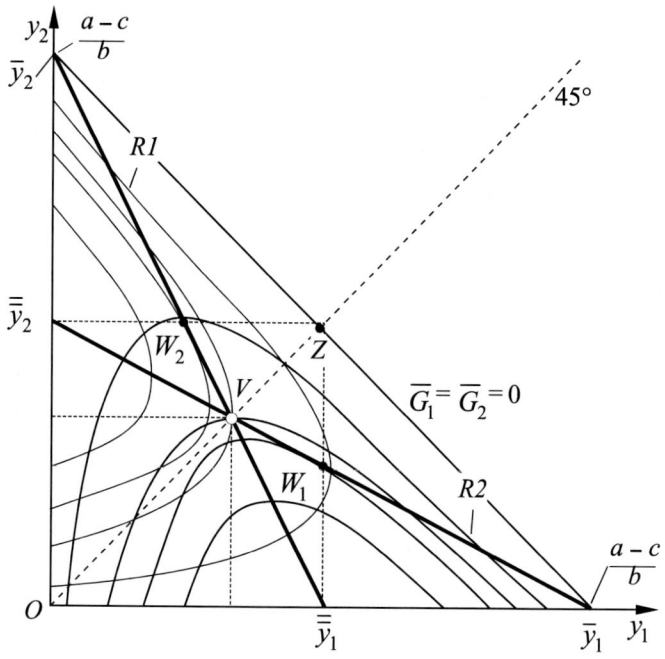

Abb. 4: Asymmetrisches Duopol

legungen einbezieht, muss er damit rechnen, dass immer Mengen-Kombinationen auf dessen Reaktionskurve *R2* zustande kommen. Unter diesen Umständen ist es für ihn am günstigsten, sich jenen Punkt auf der Reaktionskurve *R2* herauszusuchen, der seinen Gewinn G_1 maximiert. Das trifft bei der Absatzmenge y_1 zu, bei der die Reaktionskurve *R2* gerade noch eine Isogewinnkurve des Anbieters 1 berührt. Abb. 4 zeigt, dass der Tangentialpunkt nicht mit dem COURNOTschen Gleichgewicht *V* zusammenfällt, weil dort die Isogewinnkurve des Anbieters 1 waagerecht verläuft, während die Gerade *R2* negative Steigung hat. Der Tangentialpunkt muss rechts unterhalb von *V*, d. h. bei einer größeren Menge des Anbieters 1 und bei einer kleineren Menge des Anbieters 2 liegen. Das v. STACKELBERGsche Gleichgewicht bei heteronomen Verhalten des Anbieters 1 wird in Abb. 4 durch W_1 dargestellt.

Für unser Beispiel heißt dies:

$$G_1 = \left[a - b \cdot (y_1 + \frac{a-c}{2b} - \frac{1}{2} \cdot y_1) \right] \cdot y_1 - c_1 y_1 ,$$

wobei für y_2 die gesamte Reaktionskurve des Anbieters 2 gemäß (6) eingesetzt wurde. Die üblichen Schritte zur Bestimmung des Gewinnmaximums ergeben für Anbieter 1:

$$y_1^* = \frac{a-c}{2b} .$$

Anbieter 2 nimmt annahmegemäß die Angebotsmenge y_1^* als gegeben an, so dass sich durch Einsetzen in die Reaktionsfunktion (6) ergibt:

$$y_2^* = \frac{a-c}{4b} .$$

Die gesamte Angebotsmenge beträgt

$$y^* = \frac{3}{4} \cdot \frac{a-c}{b} ,$$

der Preis $$p^* = c + \frac{1}{4} \cdot (a-c).$$

Wegen seines höheren Marktanteils kommt der Anbieter 1 auf einen höheren Gewinn G_1^* als Anbieter 2: Es ist also für ihn vorteilhaft, die heteronome Verhaltensweise zu wählen. Dadurch, dass Anbieter 1 die Menge y_1^*, die ja genau der Monopolmenge y_{Mon}^* entspricht, als ersten „Schachzug" vorgibt, zwingt er Anbieter 2 in die Abhängigkeitsposition. Bei den hier unterstellten Mengenstrategien gibt es also einen *Vorteil des ersten Zuges*, auf englisch: „first mover's advantage". Da es im Modell keine objektiven Unterschiede zwischen den beiden Anbietern gibt, könnte es zu einem „Drängeln" um die hier vorteilhafte Führungsposition kommen. Wenn dabei beide dieselbe Menge $(a-c)/2b$ anbieten, ergibt sich ein

Gesamtangebot von $(a-c)/b$, was dem Ergebnis bei vollkommener Konkurrenz entspricht. Diese sogenannte BOWLEYsche Lösung des Duopols ist natürlich eher eine mögliche Modellvariante als eine Realitätsbeschreibung der Verhaltensweisen im Duopol.

Algebraisch lässt sich das Modell v. STACKELBERGs wie folgt darstellen: Der Duopolist in der Abhängigkeitsposition handelt gemäß (7) bis (11) nach seiner Reaktionsfunktion. Der Duopolist in der Unabhängigkeitsposition kann mit der Reaktionsfunktion (11) des anderen sozusagen frei operieren. Er setzt sie in seine Gewinnfunktion (9) ein, so dass in dieser nur noch seine eigene Angebotsmenge als Unbekannte bleibt, und bestimmt das Maximum der Funktion durch Differenzieren.

Ein Vergleich der Gewinne der Anbieter in den Situationen V, W_1 und W_2 der Abb. 4 ergibt folgende Gewinnrelationen:

$$G_1^{W_1} > G_1^V > G_2^{W_2},$$

$$G_2^{W_2} > G_2^V > G_2^{W_2}.$$

Da ein Anbieter seinen Gewinn durch heteronomes Verhalten vergrößern kann, besteht für ihn ein Anreiz, in die Unabhängigkeitsposition zu gehen. Daher ist ein Zustandekommen des COURNOTschen Gleichgewichts V unwahrscheinlich. Den höheren Gewinn, den ihm die Unabhängigkeitsposition verspricht, kann ein Anbieter jedoch nur erzielen, wenn sein Mitanbieter die Abhängigkeitsposition beibehält und einen gegenüber dem COURNOTschen Gleichgewicht verminderten Gewinn hinnimmt. Die Asymmetrie-Lösung v. STACKELBERGs wird sich höchstens dann einstellen, wenn die Anbieter trotz fehlender objektiver Unterschiede sich wirtschaftlich verschieden stark fühlen und der schwächere die Abhängigkeitsposition einem Machtkampf, der ihn ganz vom Markt verdrängen würde, vorzieht.

In der Regel ist dagegen aufgrund des Gewinnanreizes bzw. der drohenden Gewinnverminderung jeder Anbieter gewillt, die Unabhängigkeitsposition einzunehmen. Das heißt aber, dass keiner der Anbieter nach seiner Reaktionsfunktion handelt. Geht in dieser Situation zunächst jeder von der falschen Voraussetzung aus, dass sich der andere in die Abhängigkeitsposition begibt, dann kommen die dem Punkt Z in Abb. 4 entsprechenden Mengen auf den Markt, die der BOWLEY-SCHEN Lösung entsprechen. Keiner erzielt dann den erwarteten Gewinn; Z ist kein Gleichgewicht. Es ist keine Aussage darüber möglich, in welcher Weise die beiden Anbieter die Mengen verändern. Man spricht hier vom STACKELBERGschen Ungleichgewicht. V. STACKELBERG (1951, S. 217) selbst hält die Asymmetrie-Lösung für viel unwahrscheinlicher als das Ungleichgewicht. Er ist andererseits deshalb kritisiert worden, weil er für den wahrscheinlicheren Fall, in dem sich beide Anbieter heteronom verhalten, keine Gleichgewichtslösung ableiten kann.

c. Gemeinsame Gewinnmaximierung und Kartellbildung

Das v. STACKELBERGsche Ungleichgewicht könnte dadurch verschwinden, dass nach einer Phase von Machtkämpfen schließlich doch ein Anbieter die Unabhängigkeitsposition erreicht und den zweiten in die Abhängigkeitsposition gedrängt hat. Eine andere Möglichkeit besteht darin, dass die Anbieter zusammenarbeiten. Wenn sie dabei ihre formal-juristische Selbständigkeit bewahren, aber eine gemeinsame Vereinbarung über die Produktion treffen, haben sie ein Kartell gegründet.

Für beide als Einheit betrachtet ist es am günstigsten, diejenigen Mengen abzusetzen, die ihren gemeinsamen Gewinn maximieren. Das *gemeinsame Gewinnmaximum* muss offenbar auf der *Kurve aller hinsichtlich der Gewinne paretooptimalen Mengenkombinationen*, d. h. auf der Verbindungskurve der Tangentialpunkte von Isogewinnkurven der Anbieter 1 und 2 liegen. Bewegen wir uns in Abb. 5 auf dieser Kurve von A in Richtung B, dann nimmt der Gewinn des Anbieters 1 zu und der des Anbieters 2 ab. Normalerweise gibt es nun einen Punkt auf der Kurve, z. B. P, an dem die Summe der beiden Gewinne ein Maximum erreicht. In der Regel ist die Summe der Angebote $y_1 + y_2$, die diesem Punkt entspricht, niedriger, damit aber der Preis höher als im COURNOTschen oder v. STA-

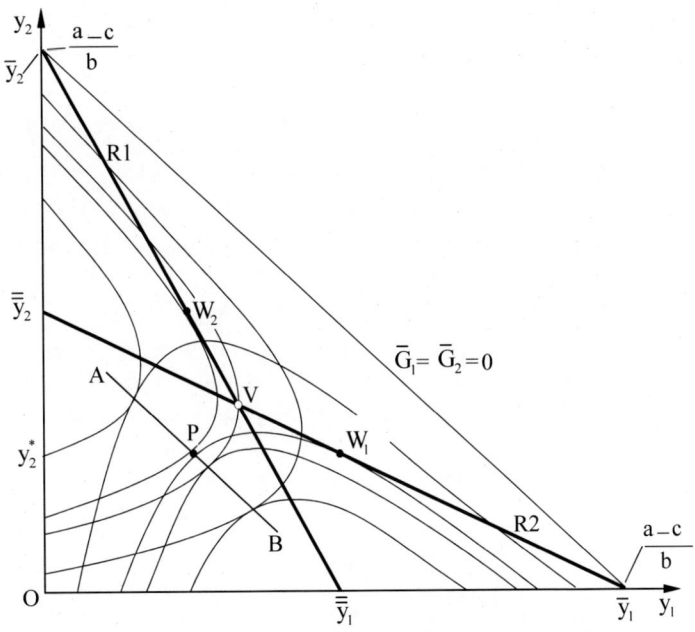

Abb. 5: Gemeinsame Gewinnmaximierung der Anbieter

CKELBERGschen Gleichgewicht. Im Beispiel der Abb. 5 liegt P links unterhalb von V, W_1 und W_2; demnach bietet hier jeder der Anbieter weniger an als in den erwähnten Gleichgewichten.

Für unser bisheriges Beispiel mit linearer Nachfragefunktion gilt dann, dass das Kartell den Gesamtgewinn bei der Gesamtmenge $y = y_1 + y_2$ maximiert.

$$G = p(y_1 + y_2) \cdot (y_1 + y_2) - K_2(y_2) - K_1(y_1),$$

$$\frac{\partial G}{\partial y_i} = p(y_1 + y_2) + \frac{dp}{dy} \cdot \frac{dy}{dy_i} \cdot (y_1 + y_2) - K'_i(y_i) = 0.$$

Da immer gilt $\frac{dy}{dy_i} = 1$, folgt sofort

$$GE = K'_1(y_1) = K'_2(y_2).$$

Für den Spezialfall $K'_1(y_1) = c_1$ und $K'_2(y_2) = c_1$ folgt die Monopollösung:

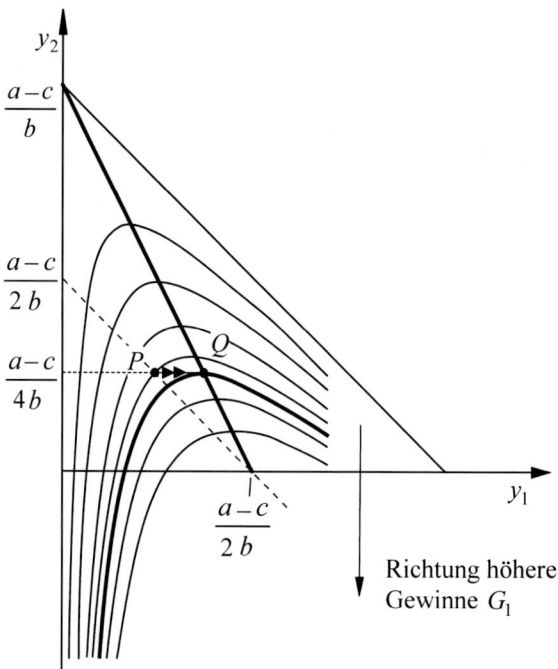

Abb. 6: **Kartell mit Anreiz zum Vertragsbruch**

$$y^*_{Kart} = y^*_{Mon} = \frac{a-c}{2b},$$

wobei beide Kartellmitglieder die gleiche Produktionsmenge

$$y^*_1 = y^*_2 = \frac{a-c}{4b}$$

erbringen. In dieser Gleichgewichtslösung befinden sich beide im Punkt P in der Abb. 6. Allerdings wirft das dauerhafte Durchsetzen der Kartellvereinbarung in Punkt P einige Probleme auf. Beispielsweise hat Anbieter 1 nach Abschluss der Kartellvereinbarung die Möglichkeit, durch Ausdehnung seiner Menge y_1 zwar den Vertrag zu brechen, aber im Punkt Q einen höchstmöglichen zusätzlichen Gewinn zu realisieren. Das Kartell wäre somit instabil. Jedoch könnte in diesem Fall Anbieter 2 an der Marktreaktion ablesen, dass Anbieter 1 entgegen seiner Zusage nicht die Menge $(a-c)/4b$ anbietet, und könnte seinerseits antworten. Wenn man diese möglichen Ketten von wechselseitigem Reagieren untersucht, kommt man mit der Theorie der wiederholten Spiele analytisch am besten zu Ergebnissen. Die Quintessenz derartiger Analysen ist, dass eine *kleine Zahl n* von Kartellteilnehmern und wirksame *Bestrafungsmechanismen* im Kartell für beobachtete Abweichungen von den Kartellmengen y^*_1, y^*_2 die Kartellstabilität sichern. Dabei führt eine Zahl von fünf oder mehr Kartellmitgliedern in vielen Modellen zur Kartellinstabilität.

Wenn die Kostenfunktionen der beiden Anbieter unterschiedlich sind, sind eine Quotenregelung mit höheren Produktionsquoten für den kostengünstigeren Anbieter sowie interne Kompensationszahlungen zugunsten der schwächeren Kartellmitglieder erforderlich, um ein Kartell zu installieren. Wir kommen darauf im Abschnitt IV.E zurück.

Wir weisen hier deutlich darauf hin, dass Kartelle i. d. R. in Deutschland und in der EU verboten sind. Unternehmen bzw. deren Manager begehen bei Kartellgründungen also schwerwiegende illegale Handlungen.

d. Vergleich der Lösungen des homogenen Mengenduopols

Für die lineare Nachfragefunktion und die zur Vereinfachung als konstant unterstellten identischen Grenzkosten $K'(y_i) = c$ gilt somit das folgende Tableau für die Duopollösungen bei den verschiedenen Verhaltensweisen. y^* bezeichnet dabei die gesamte Gleichgewichtsmenge auf dem Markt, p^* den Gleichgewichtspreis.

	$y^* = g \cdot \dfrac{a-c}{b}$	$p^* = gc + (1-g) \cdot a$	
Vollständige Konkurrenz	$\dfrac{a-c}{b}$	c	$g = 1$
Duopol: V. STACKELBERG	$\dfrac{3}{4} \cdot \dfrac{a-c}{b}$	$\dfrac{3}{4} \cdot c + \dfrac{1}{4} \cdot a$	$g = \dfrac{3}{4}$
NASH-COURNOT	$\dfrac{2}{3} \cdot \dfrac{a-c}{b}$	$\dfrac{2}{3} \cdot c + \dfrac{1}{3} \cdot a$	$g = \dfrac{2}{3}$
Kartell (=Monopol)	$\dfrac{1}{2} \cdot \dfrac{a-c}{b}$	$\dfrac{1}{2} \cdot (c+a)$	$g = \dfrac{1}{2}$
Monopol	$\dfrac{1}{2} \cdot \dfrac{a-c}{b}$	$\dfrac{1}{2} \cdot (c+a)$	$g = \dfrac{1}{2}$

Der Faktor g gibt die Nähe zur Lösung der vollkommenen Konkurrenz an: $g = 1$ heißt vollkommene Konkurrenz, $g = 1/2$ ergibt das Monopol. In Abb. 7 sind die Duopollösungen noch einmal vergleichend skizziert.

Die Tabelle zeigt, dass die Summe der Angebotsmengen und damit die Marktversorgung im Vergleich zur vollständigen Konkurrenz über die V. STACKELBERG- und die NASH-COURNOT-Lösung abnimmt und mit der Kartelllösung die Angebotsmenge des Monopols erreicht. Mit der Abnahme der Menge steigt der Preis des homogenen Duopol-Gutes.

e. Abwehr von Markteintritten

Da anbietende Unternehmen sowohl im Monopolfall als auch im homogenen Oligopol positive Gewinne erzielen, ist es nahe liegend zu untersuchen, inwieweit sie in der Lage sind, Markteintritte anderer Unternehmen abzuwehren. In der Ausgangssituation sei nur ein einziges Unternehmen im Markt. Im Gewinnmaximum bietet es

$$y^*_{Mon} = \frac{1}{2} \cdot \frac{a-c}{b} = \frac{S}{2}$$

an. Wenn dieses Unternehmen U_1 davon ausgeht, dass seine bereits getätigten Aufwendungen für die verschiedenen Kapitalgüter wie etwa Sachanlagen, ausgebautes Vertriebsnetz, Bekanntheitsgrad des Unternehmens, eingespielte Beziehungen zu Händlern usw. als nicht mehr veränderbare, d. h. also versunkene Kosten anzusehen sind, dann weiß es umgekehrt, dass ein potentiell in den Markt eintre-

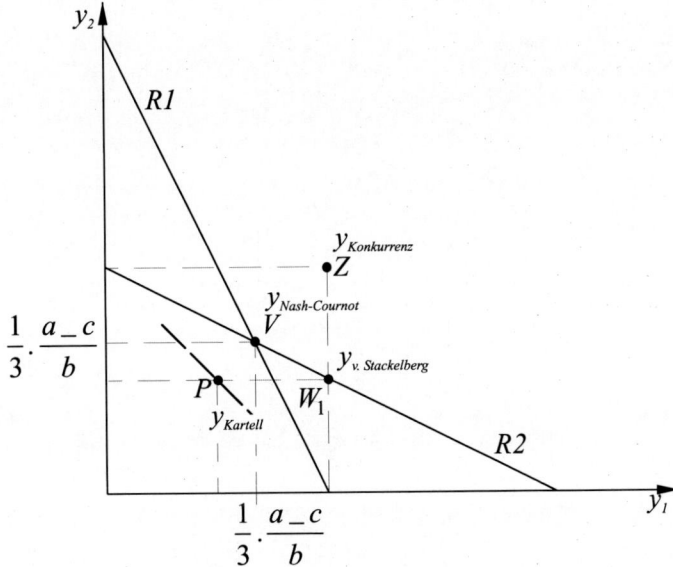

Abb. 7: Vergleich der Duopollösungen bei konstanten *GK* und linearer Nachfragefunktion

tendes Unternehmen U_2 bestimmte Fixkosten F aufwenden muss, um bezüglich dieser Größen mit ihm gleich zu ziehen.

Das Unternehmen U_2 wird nur dann in den Markt eintreten, wenn seine Erlöse mindestens die Gesamtkosten $F + cy_2$ decken. Da die Lage des Gewinnmaximums unabhängig von F ist, lässt sich der Gewinn G_2 errechnen, wenn Unternehmen U_1 die Menge y_1 anbietet. Hierzu wird in die Gewinnfunktion von Unternehmen 2 die Reaktionsfunktion *R2* eingesetzt:

$$\begin{aligned}G_2 &= [a - c - b \cdot (y_1 + y_2)] \cdot y_2 - F \\ &= \left[a - c - b \cdot \left(y_1 + \frac{a-c}{2b} - \frac{y_1}{2}\right)\right] \cdot \left(\frac{a-c}{2b} - \frac{y_1}{2}\right) - F \\ &= b \cdot \left(\frac{a-c}{2b} - \frac{y_1}{2}\right)^2 - F \\ &= b \cdot \left(\frac{S - y_1}{2}\right)^2 - F,\end{aligned}$$

wobei wieder $(a-c)/b = S$ benutzt wurde.

Es gibt nun die Bedingung für positiven Gewinn G_2:

$$G_2 > 0 \Leftrightarrow S - 2 \cdot \sqrt{F/b} > y_1.$$

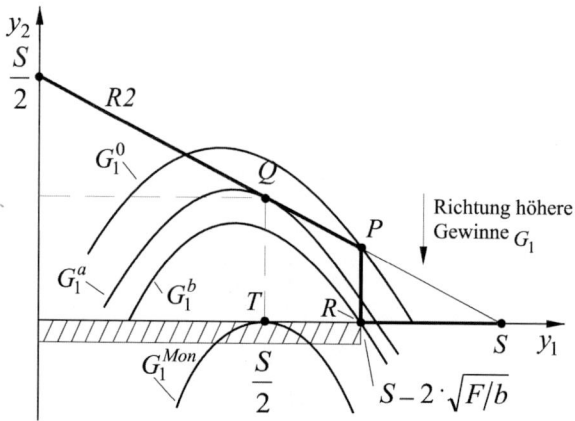

Abb. 8: Reaktionskurve des (Mengen-)Folgers bei Fixkosten F

Wenn also Unternehmen U_1 ein y_1 wählt, so dass gilt:

$$y_1 \geq S - 2 \cdot \sqrt{F/b},$$

dann kann das potentiell eintretende Unternehmen U_2 nur noch negative oder gerade Null-Gewinne erwirtschaften; es wird auf den Markteintritt verzichten.

Damit hat die Reaktionskurve von U_2 folgende Form:

$$y_2 = \begin{cases} \dfrac{a-c}{2b} - \dfrac{1}{2} \cdot y_1 & \text{für } y_1 < S - 2 \cdot \sqrt{F/b} \\ 0 & \text{für } y_1 \geq S - 2 \cdot \sqrt{F/b}. \end{cases}$$

In der Abb. 8 ist dargestellt, wie sich diese Reaktionsfunktion von U_2 auf die Planungen von U_1 auswirkt. Als Monopolist realisiert Unternehmen 1 mit $y^*_{Mon} = S/2$ den Gewinn G_1^{Mon}. Ließe es nun den Markteintritt von Unternehmen 2 zu, bliebe es bei der Produktionsmenge y^*_{Mon}. Da aber U_2 zusätzlich im Punkt Q mit der halben Menge $1/2\, y^*_{Mon} = y_2$ im Markt anbietet, ist die Gesamtmenge nur zu derart niedrigen Preisen absetzbar, dass U_1 den Gewinn G_1^a erreicht (Punkt Q entspricht der v. STACKELBERG-Lösung).

Bietet hingegen U_1 alleine im Punkt R mit

$$y^*_1 = S - 2 \cdot \sqrt{F/b} + \varepsilon$$

an, so kann es den Markteintritt seines potentiellen Konkurrenten abwehren und mit G_1^b einen höheren Gewinn als G_1^a erreichen. Natürlich wäre der Monopolgewinn G_1^{Mon} noch höher, doch kann er diesen in $y^*_{Mon} = S/2$ nicht erreichen, da sofort der Markteintritt von U_2 erfolgte.

Wenn U_1 selbst noch über Investitionen entscheiden kann, kann es durch den Aufbau einer Produktionskapazität knapp oberhalb von

$$S - 2 \cdot \sqrt{F/b}$$

glaubhaft signalisieren, dass es keinen weiteren Marktzutritt zulassen wird.

Die potentielle Gefahr des Markteintritts eines Wettbewerbers veranlasst somit das Unternehmen U_1 zu einer (Preis- und) Mengenpolitik, die zu einem höheren Angebot (Punkt R) bei einem niedrigerem Preis als im nicht angreifbaren Monopolfall führt. Offensichtlich hängt die Abweichung vom bisher verwendeten Monopolergebnis y^*_{Mon} von der Höhe der Fixkosten F ab, die ein Neuanbieter aufbringen muss. Wenn F sehr klein ist, kann dies dazu führen, dass U_1 letztlich doch den Markteintritt von U_2 zulässt und das v. STACKELBERG-Gleichgewicht realisiert wird. Bei der in Abb. 8 unterstellten Konstellation beobachten wir zwar nur ein einziges Unternehmen im Markt, das aber wegen der disziplinierenden Wirkung des drohenden Markteintritts von U_2 nicht im klassischen COURNOT-Punkt des Monopols anbietet.

3. Das Angebotsoligopol: Preisstrategien bei homogener Konkurrenz

a. BERTRAND-Lösung im homogenen Duopol ohne Kapazitätsbegrenzung

Bei ansonsten gleichen Annahmen wie im obigen COURNOT-Modell sei jetzt unterstellt, dass die beiden Unternehmen U_1 und U_2 im Duopol nicht die jeweilige Produktionsmenge als Aktionsparameter ansehen, sondern den von ihnen gesetzten Preis. Diese Annahme bedeutet zusammen mit dem NASH-Lösungskonzept,

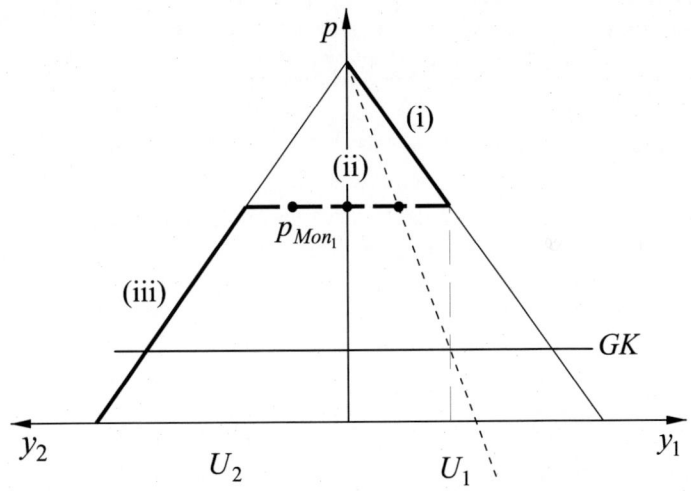

Abb. 9: Nachfragekurven für Unternehmen 1 und 2 (Bertrand-Lösung)

dass ein Unternehmen U_i einen Preis setzt und dabei davon ausgeht, dass U_j bei seinem einmal gewählten Preis bleibt. Da es aber in einem homogenen Markt ohne weitere Beschränkungen nur einen einheitlichen Preis geben kann, was beide Unternehmen wissen, ist diese Annahme problematisch.

Um die Kernüberlegungen dieser auf BERTRAND (1883) zurückgehenden Variante zu verdeutlichen, sei ein Unternehmen U_1 betrachtet, das bisher den Markt als Monopolist bedient und einen Preis $p_{Mon}^* = (a+c)/2$ setzt. In der betrachteten Anfangsperiode tritt ein zweites Unternehmen U_2 in den Markt ein, so dass bei weiterhin gegebenem Preis $p_1 = p_{Mon}^*$ die folgende Nachfrage y_2 auf dieses Unternehmen entfällt:

(i) $p_2 > p_1$: U_1 bedient den Markt weiterhin allein; $y_2 = 0$.

(ii) $p_2 = p_1$: Wegen der Homogenitätsannahme wird sich eine beliebige Marktaufteilung der Monopolmenge y_{Mon}^* auf U_1 und U_2 ergeben. In vielen Modellvarianten, wie etwa bei räumlicher Gleichverteilung der Kunden und der beiden Unternehmen, entsteht eine 50 : 50 Marktaufteilung.

(iii) $p_2 < p_1$: U_2 zieht die gesamte Marktnachfrage auf sich; $y_1 = 0$.

Bei nicht-kooperativem Verhalten der beiden Unternehmen und trotz der für beide letztlich vorhersehbaren Konsequenzen eines Festhaltens an der NASH-Verhaltensweise wird U_2 das Unternehmen U_1 unterbieten (siehe Abb. 9). Da aber U_1 nunmehr davon ausgeht, dass U_2 an seinem jetzigen Preis festhalten wird, entsteht eine hin und her wechselnde Folge von Preissenkungen, bis schließlich das NASH-BERTRAND-Gleichgewicht erreicht ist. Dieses erfüllt natürlich die Bedingung „Preis$_1$ = Preis$_2$ = Grenzkosten".

> **Hinweis:** Falls für eines der beiden Unternehmen niedrigere Grenzkosten gelten, kann es das andere durch geeignete Preispolitik aus dem Markt verdrängen, sofern keine Kapazitätsgrenzen wirksam sind.

b. Kapazitätsgrenzen

Wenn für beide Unternehmen gilt, dass ihre jeweilige Produktionskapazität nicht ausreicht, um bei einem Preis $p = c$ den Gesamtmarkt zu bedienen, lässt sich eine Modifikation des obigen Ergebnisses ableiten.

Wir gehen zur Vereinfachung von gleich großen Kapazitäten $y_1^{max} = y_2^{max}$ der beiden Unternehmen aus. Wenn etwa Unternehmen U_1 beim Preis $p = c$ angekommen ist, kann es für das zweite Unternehmen U_2 einen Spielraum für einen Preis oberhalb von c geben: Ähnlich wie bei der Ableitung im Teilmonopol zieht U_2 das maximale Angebot y_1^{max} des Unternehmens U_1 von der Gesamtnachfrage ab, so dass ihm eine Restnachfrage bleibt, innerhalb der er in den COURNOT-Punkt gehen kann. Dadurch erzielt U_2 einen positiven Extragewinn. Erhöht jetzt Unternehmen U_1 seinen Preis auf $p_2^{Mon} - \varepsilon$, so kann es y_1^{max} nach wie vor absetzen, er-

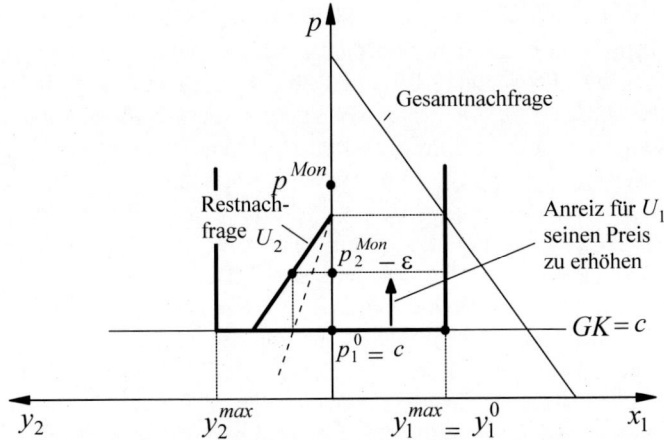

Abb. 10: BERTRAND-Modell mit Kapazitätsgrenzen

zielt aber wegen der höheren Produktionsmenge einen höheren Gewinn als U_2 (vgl. Abb. 10).

Grundsätzlich gibt es jetzt zwei Möglichkeiten:
(i) Trotz seiner schlechteren Kapazitätsauslastung hält Unternehmen U_2 still und akzeptiert aus Angst vor einem Preiskrieg diese Lösung.
(ii) U_2 unterbietet den neuen Preis von Unternehmen U_1 und löst eine erneute Preissenkungsrunde aus.

Im zweiten Fall kann es einen ständigen Wechsel in der maximalen Kapazitätsauslastung und sich wiederholenden Auf- und Abbewegung des Marktpreises geben.

4. Das Angebotsoligopol: Preisfixierung bei heterogener Konkurrenz

a. Die geknickte Preis-Absatz-Kurve

Für den Fall, dass die Nachfrager Präferenzen für die von den einzelnen Oligopolisten angebotenen Güter haben und diese den Preis als Aktionsparameter benutzen, behandeln wir zunächst die Konzeption der geknickten Preis-Absatz-Kurve, die von R. L. HALL und C. J. HITCH (1939) stammt und von PAUL SWEEZY (1939) ausgearbeitet wurde. Dieser Ansatz berücksichtigt *heteronomes Verhalten* der Anbieter, stellt allerdings kein vollständiges Modell dar, das ein Gleichgewicht erklärt. Der Ansatz beschränkt sich darauf zu zeigen, dass die bereits als Gleichgewicht realisierten Preis-Mengen-Kombinationen der Anbieter invariant gegenüber bestimmten Datenänderungen sind und dass sich damit entsprechende Starrheiten an oligopolistischen Märkten begründen lassen.

Die bereits verwirklichte Preis-Mengen-Kombination eines Anbieters i sei in Abb. 11 durch den Punkt C dargestellt. Der Anbieter habe die Vorstellung, dass seine Preis-Absatz-Kurve in einem Bereich AB etwa die Form einer Geraden habe, sofern die Mitanbieter auf seine Preisänderungen nicht mit Preisänderungen reagierten. AB gelte also für eine isolierte Änderung des Preises p_i bei konstanten Preisen p_j der übrigen Oligopolisten. Da es sich um nur wenige Anbieter handelt, rechnet Anbieter i aber mit Preisreaktionen seiner Konkurrenten, und zwar in folgender Weise: Er glaubt, dass die Mitanbieter nicht reagieren, wenn er den von ihm verlangten Preis heraufsetzt, dass sie jedoch auf eine Preissenkung ebenfalls mit einer Preissenkung antworten. Vom bisherigen Punkt C aus gilt bei einer Preiserhöhung also die Preis-Absatzgerade AC. Bei Preissenkungen glaubt der Anbieter an ein Mitziehen der Konkurrenten, so dass ein Teil der ohne diese Reaktion zusätzlich bei i auftretenden Nachfrage von den Mitanbietern befriedigt würde. Aufgrund seiner heteronomen, die Reaktionen der Mitanbieter berücksichtigenden Verhaltensweise gilt für den Anbieter i anstelle von CB ein steiler verlaufendes Teilstück der Preis-Absatz-Kurve ACD, die in C einen Knick hat. Dieser ist um so ausgeprägter, je stärker die erwarteten Preisreaktionen der Mitanbieter und je stärker die Präferenzen der Nachfrager gegenüber den anderen Anbietern sind.

Bei der C entsprechenden Menge ist die Steigung der Preis-Absatz-Kurve ACD unbestimmt, ebenso die der GE-Kurve zu ACD. Folglich hat die GE-Kurve bei dieser Menge eine Sprungstelle, der Grenzerlös ist nicht definiert. Gilt etwa die Grenzkostenkurve $GK_i^{(1)}$, die durch den Unbestimmtheitsbereich EF hindurchgeht, so lässt sich die Bedingung 1. Ordnung „$GK = GE$" für das Gewinnmaximum des Anbieters i nicht mehr formulieren. Wie man leicht erkennen kann, nimmt jedoch der Gewinn mit einer auf y_i^* wachsenden bzw. einer auf y_i^* sinkenden Menge jeweils zu, so dass y_i^* die gewinnmaximierende Menge darstellt, zu der der Preis p_i^* gehört. Verschiebt sich nun, etwa aufgrund technischen Fortschritts,

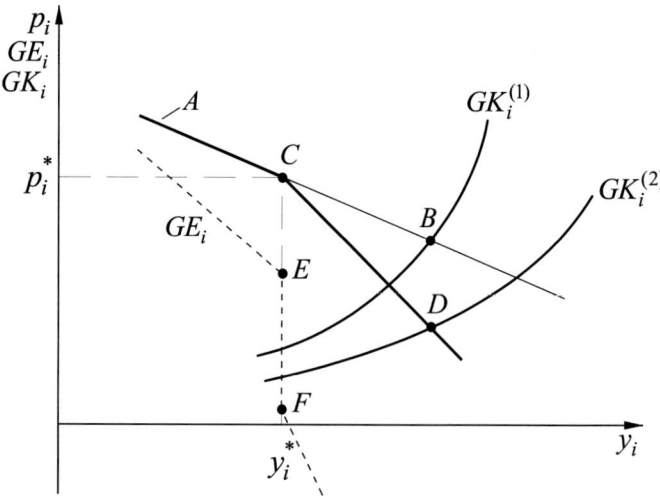

Abb. 11: Geknickte Preis-Absatz-Kurve

die GK-Kurve in die durch $GK_i^{(2)}$ bezeichnete Lage, dann ändert sich die optimale Preis-Mengen-Kombination (p_i^*, y_i^*) nicht. Mit diesem Sachverhalt versuchte man die auf oligopolistischen Märkten oft zu beobachtende *Preisstarrheit* zu begründen.

Da die Betrachtung auf einen Anbieter beschränkt ist, handelt es sich nur um das Fragment einer Theorie. Genauere Aussagen über die Stärke des Knicks in C und somit die Breite des Unbestimmtheitsbereichs der GE-Kurve sind nicht möglich, ohne dass die Preis-Absatz-Funktionen, die Kostenfunktionen und die Reaktionsweisen der anderen Anbieter explizit in ein Modell des gesamten Marktes aufgenommen werden. Nur ein vollständiges Modell würde auch erklären, warum gerade C Gleichgewichtspunkt und damit Knickstelle der Preis-Absatz-Kurve des Anbieters i ist.

b. Preisstrategien im heterogenen Duopol: NASH-, V. STACKELBERG- und Preisführerschaftslösung

Wir bestimmen im Folgenden das Gleichgewicht auf einem Markt mit heterogener oligopolistischer Angebotskonkurrenz zwischen zwei Anbietern, wobei zunächst für beide Anbieter *autonomes Verhalten* unterstellt wird, d. h. wir suchen ein NASH-Gleichgewicht. Aufgrund der letzteren Eigenschaft hat das Modell methodisch große Ähnlichkeit zu dem homogenen Mengenduopol COURNOTs. Weil zwei hier nicht näher zu erläuternde Modellansätze von WILHELM LAUNHARDT (1885, S. 149 ff.) und HAROLD HOTELLING (1929) die gleiche Lösung ergeben, findet man auch die Bezeichnung LAUNHARDT-HOTELLING-*Lösung*.

Infolge enger Substitutionskonkurrenz hängt der Absatz jedes Duopolisten nicht nur von dem von ihm gesetzten Preis, sondern auch vom Preis des anderen ab. Gehen wir wieder von linearen Beziehungen aus, dann können wir die Preis-Absatz-Funktionen der Anbieter wie folgt schreiben:

$$y_1 = \alpha_1 - \beta_1 p_1 + \gamma \cdot (p_2 - p_1), \tag{12a}$$

$$y_2 = \alpha_2 - \beta_2 p_2 + \gamma \cdot (p_1 - p_2), \tag{12b}$$

mit $\alpha_i, \beta_i, \gamma > 0$, $i = 1,2$.

Für die Gesamtnachfrage gilt dann:

$$y = y_1 + y_2 = (\alpha_1 + \alpha_2) - \beta_1 p_1 - \beta_2 p_2.$$

Die Preis-Absatz-Funktionen sagen aus, dass die Absatzmenge bei konstantem Konkurrentenpreis mit Erhöhungen des eigenen Preises zurückgeht, d. h. typisch reagiert. Die Absatzmenge nimmt bei konstantem eigenen Preis mit steigendem Konkurrentenpreis zu, weil ein Teil der Nachfrager die Präferenzbindungen gegenüber dem Konkurrenten überwindet und zum betrachteten Anbieter übergeht.

Der Reaktionskoeffizient γ misst die Flexibilität der jeweiligen Markenkunden, bei einer Preisdifferenz zum Konkurrenzprodukt zu wechseln.

Wir bestimmen zunächst die gewinnmaximierenden Angebotsmengen des Anbieters 1 für jeden überhaupt in Frage kommenden, als konstant betrachteten Preis des Anbieters 2. Zunächst lösen wir die Preis-Absatz-Funktion (12a) des Anbieters 1 nach p_1 auf:

$$p_1 = \frac{\alpha_1}{\beta_1 + \gamma} - \frac{1}{\beta_1 + \gamma} \cdot y_1 + \frac{\gamma}{\beta_1 + \gamma} \cdot p_2. \qquad (13)$$

Aus dieser Schreibweise wird erkennbar, dass wir für alternative Preise p_2 eine Schar von Preis-Absatzgeraden des Anbieters 1 erhalten, die in Abb. 12 dargestellt sind. Ist $p_2 = 0$, dann hat die Gerade die Steigung $-1/(\beta_1 + \gamma)$, den Ordinatenabschnitt $\alpha_1/(\beta_1 + \gamma)$ und den Abszissenabschnitt α_1; sie verläuft nahe dem Ursprung, weil nur Präferenzbindungen an Anbieter 1 oder fehlende Information über $p_2 = 0$ die Nachfrager daran hindern, sich das Gut von Anbieter 2 schenken zu lassen.

Für steigenden Preis $p_2 = 1,2,3$ usw. verschiebt sich die Preis-Absatzgerade parallel nach rechts oben. In Abb. 12 sind als Beispiele die Preis-Absatzgeraden für $p_2 = 10$ und $p_2 = 20$ eingezeichnet. Für jede gegebene Preis-Absatz-Funktion des Anbieters 2 existiert jedoch ein Höchstpreis, bei dem Anbieter 2 nichts mehr ab-

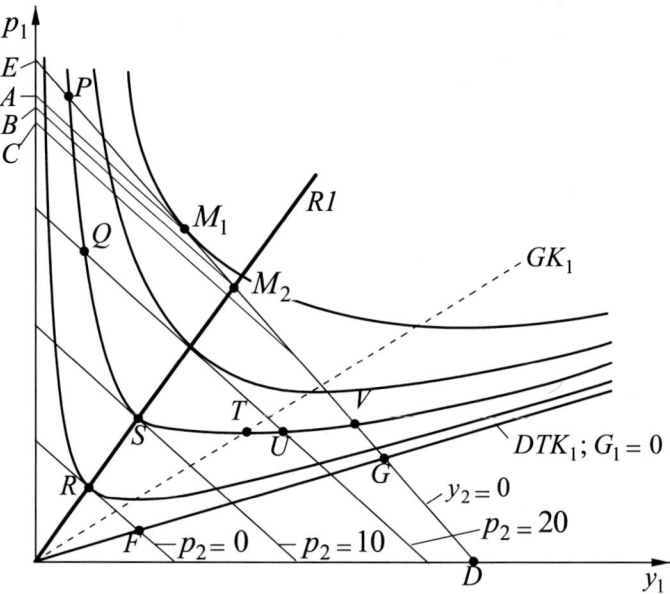

Abb. 12: Preis-Absatzgeraden und Isogewinnkurven für Anbieter 1 im (p_1, y_1)-Diagramm

setzen kann, Anbieter 1 demnach Monopolist ist. Den jeweiligen Höchstpreis $\tilde{p}_2$ ermitteln wir, indem wir in (12b) $y_2 = 0$ setzen und nach p_2 auflösen:

$$\tilde{p}_2 = \frac{\alpha_2}{\beta_2 + \gamma} + \frac{\gamma}{\beta_2 + \gamma} \cdot p_1 \tag{14}$$

Der Höchstpreis, bei dem Anbieter 2 vom Markt verdrängt ist, hängt also von p_1 ab: Je höher p_1, desto höher auch der Höchstpreis $\tilde{p}_2$. Setzen wir (14) in die Preis-Absatz-Funktion (13) des Anbieters 1 ein, dann folgt:

$$p_1 = \frac{\alpha_1 \beta_2 + (\alpha_1 + \alpha_2) \cdot \gamma}{\beta_1 \cdot (\beta_2 + \gamma) + \beta_2 \gamma} - \frac{1}{\beta_1 + \frac{\beta_2 \gamma}{\beta_2 + \gamma}} \cdot y_1 \ . \tag{15}$$

Weil gilt:

$$\frac{\beta_2}{\beta_2 + \gamma} < 1 \ .$$

ergibt sich gibt nach einigen Umformungen die Ungleichung:

$$-\frac{1}{\beta_1 + \gamma} > -\frac{1}{\beta_1 + \frac{\beta_2 + \beta_2 \gamma}{\beta_2 + \gamma}} \ .$$

In dieser Ungleichung stehen genau die Steigung dp/dy der Preis-Absatz-Funktion (15) und die Steigung von (13) für den Fall p_2 = konstant. Die absolute Steigung der Geraden (15) ist somit größer als die der bisher eingezeichneten parallel verlaufenden Geraden. In die steilere Gerade *ED*, welche die Monopolsituation kennzeichnet, münden Preis-Absatzgeraden wie *A*, *B* und *C* für einen jeweils gegebenen Preis p_2 ein, die zu den bisher gezeichneten Preis-Absatzgeraden wieder parallel sind.

Die wechselseitige Abhängigkeit der beiden Duopolisten auf dem heterogenen Markt wird somit über die Veränderung der jeweils für den anderen gültigen Nachfragefunktion durch die eigene Preispolitik erreicht.

Damit die folgende Betrachtung einfach genug bleibt, unterstellen wir wieder konstante Grenzkosten im relevanten Bereich. Als Instrumentarium sollen die Reaktionskurven *R1* bzw. *R2*, jetzt im (p_1, p_2)-Diagramm, dienen, die die bestmögliche Antwort auf eine irgendwie gegebene Preissetzung des anderen Unternehmens beschreiben.

Zahlenbeispiel:

$$y_1 = 150 - 2p_1 + (p_2 - p_1) = 150 - 3p_1 + p_2 \quad \text{für} \quad y_1 \geq 0,$$

$$y_2 = 200 - 3p_2 + (p_1 - p_2) = 200 - 4p_2 + p_1 \quad \text{für} \quad y_2 \geq 0,$$

$$y_{ges} = y_1 + y_2 = 350 - 2p_1 - 3p_2.$$

Nachfragefunktion 1 ergibt nach p_1 umgeformt:

$$p_1 = 50 - \frac{1}{3} \cdot y_1 + \frac{1}{3} \cdot p_2.$$

Aus Nachfragefunktion 2 findet man die Bedingung:

$$y_2 = 0 \quad \Leftrightarrow \quad 200 - 4\tilde{p}_2 + p_1 = 0,$$

$$\tilde{p}_2 = 50 + \frac{1}{4} p_1,$$

eingesetzt in Nachfragefunktion 1:

$$y_1 = 150 - 3p_1 + 50 + \frac{1}{4} p_1 = 200 - \frac{11}{4} p_1,$$

$$p_1 = \frac{800}{11} - \frac{4}{11} y_1.$$

Betrachten wir den Fall $p_2 = 60$. Dann gilt: $y_2 = 0$ für $p_1 \leq 40$. Damit gilt für die Nachfragefunktion y_1:

$$p_1 = \begin{cases} \dfrac{800}{11} - \dfrac{4}{11} y_1 & \text{für } p_1 \leq 40;\ p_2 = 60 \\ 70 - \dfrac{1}{3} y_1 & \text{für } p_1 > 40. \end{cases}$$

Für den Fall $p_2 = 75$ gilt $y_2 = 0$ für $p_1 \leq 100$, so dass der Knick der Nachfragefunktion $p_1 = 75 - 1/3 \cdot y_1$ an anderer Stelle liegt.

Algebraisch erhält man die Reaktionsgeraden für den Fall konstanter Grenzkosten und der oben genannten linearen Nachfragefunktionen für den Fall, dass beide Anbieter mit positiven Preisen und Mengen im Markt sind, wie folgt. Der Gewinn von Unternehmen 1 ist unter Verwendung von (12a) gegeben durch:

$$G_1 = (p_1 - c) \cdot [\alpha_1 - \beta_1 p_1 + \gamma \cdot (p_2 - p_1)].$$

Bei dem von außen gegebenen Preis p_2 sucht das Unternehmen die optimale Antwort durch

$$\frac{\partial G_1}{\partial p_1} = \alpha_1 - \beta_1 p_1 + \gamma \cdot (p_2 - p_1) + (p_1 - c) \cdot (-\beta_1 - \gamma) \stackrel{!}{=} 0,$$

woraus sich die Reaktionskurve *R1* ergibt:

(R1) $$p_1 = \frac{\alpha_1 + \gamma p_2}{2 \cdot (\beta_2 + \gamma)} + \frac{c}{2}.$$

Ebenso erhält man spiegelbildlich:

(R2) $$p_2 = \frac{\alpha_2 + \gamma p_1}{2 \cdot (\beta_1 + \gamma)} + \frac{c}{2}.$$

Lage und Form der Isogewinnkurven lassen sich für ein fixiertes G_1 bestimmen:

$$p_2 = \frac{1}{\gamma} \cdot \left[\frac{G_1}{p_1 - c} - \alpha_1 + (\beta_1 + \gamma) \cdot p_1 \right].$$

Analog zur Überlegung bei den Mengenstrategien im homogenen Duopol betrachten wir zwei Grenzgeraden:
(i) wenn p_1 asymptotisch gegen c geht, geht $p_2 \to \infty$.
(ii) wenn p_1 „sehr groß" wird, verhält sich die Isogewinnkurve approximativ wie

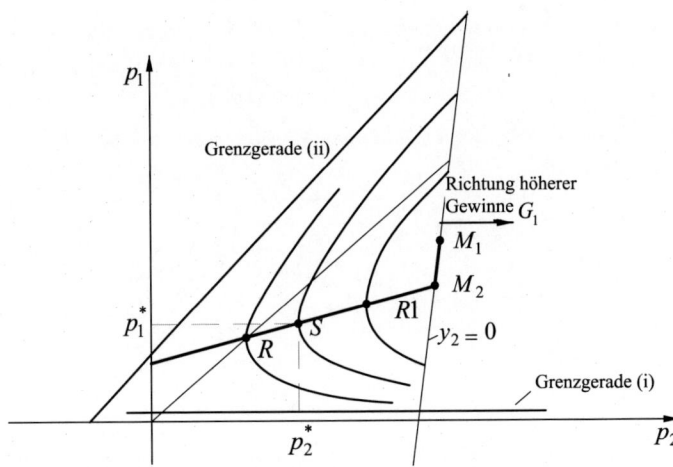

Abb. 13: Reaktionsfunktion, Isogewinnkurven und Eingrenzung des ökonomisch relevanten Bereichs für Unternehmen 1

$$p_2 \approx -\frac{\alpha_1}{\gamma} + \left(1 + \frac{\beta_1}{\gamma}\right) \cdot p_1.$$

Diese zweite Grenzgerade hat also eine Steigung größer als eins (gegenüber der p_1-Achse) und einen negativen Achsenabschnitt auf der p_2-Achse.

Die Isogewinnkurven haben also qualitativ die in der Abb. 13 wiedergegebene Form. Nach rechts außen (Richtung höherer p_2-Werte) werden die Isogewinnkurven begrenzt durch die Gerade $y_2 = 0$ nach (14), die im obigen Zahlenbeispiel durch $p_1 = -200 + 4\tilde{p}_2$ gegeben ist.

Bei Vertauschen der Fußindizes 1 und 2 könnte es sich in Abb. 13 um die Isogewinnkurven und Reaktionsgerade $R2$ des Anbieters 2 handeln. Gelten für die Anbieter unterschiedliche *DTK*- und *GK*-Geraden, dann ist zwar die Lage der Geraden und der Isogewinnkurven verschieden, doch sind die Diagramme dem Typ nach gleich.

In Abb. 14 stellen wir die Geraden für die Monopolsituation, ausgewählte Isogewinnkurven und die Reaktionskurven für beide Anbieter dar. Abb. 13 für Anbieter 1 wird direkt übernommen. Für Anbieter 2 beginnt nun die Gerade für die Monopolsituation auf der Ordinate; aus der Geraden wölben sich die Isogewinnkurven nach unten heraus. Die Reaktionskurve $R2$ beginnt auf der Abszisse und verbindet Punkte, in denen die Isogewinnkurven waagerecht verlaufen.

Das NASH-Gleichgewicht bei Preisstrategien im heterogenen Angebotsduopol beider Anbieter ist nun gleich den Koordinaten des Schnittpunktes P der beiden

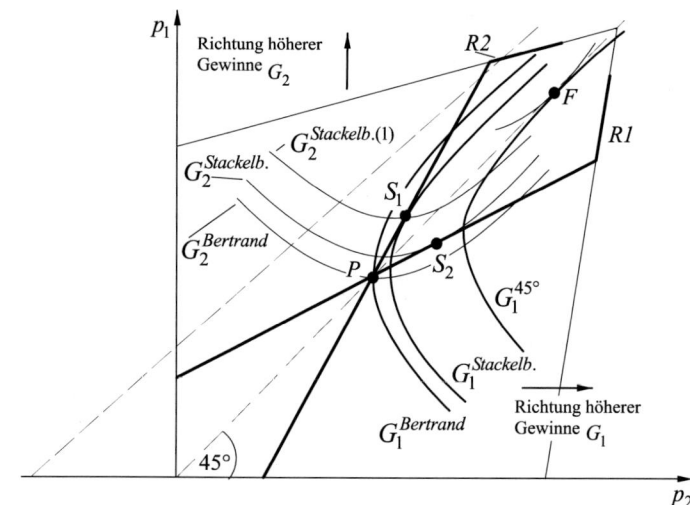

Abb. 14: Reaktionskurven *R1* und *R2* bei Preisstrategien im heterogenen Duopol

Reaktionskurven: Anbieter 1 nimmt p_2^* als gegeben hin und maximiert seinen Gewinn durch die Preissetzung p_1^*; Anbieter 2 betrachtet p_1^* als Datum und maximiert seinen Gewinn durch die Preissetzung p_2^*. Die zugeordneten Absatzmengen erhalten wir durch Einsetzen dieser Preise in die Preis-Absatz-Funktionen (12). Analog zum COURNOTschen Mengenduopol lässt sich zeigen, dass im dargestellten Beispiel die Lösung stabil ist. Für den Fall völliger Gleichheit der Preis-Absatz-Funktionen und der Kosten der Anbieter ergeben sich auch für beide die gleichen gewinnmaximierenden Preise.

Nicht in jedem Fall muss es eine Lösung geben. Bemerkenswert ist es, dass die im vorigen Abschnitt für das homogene Mengenduopol aufgestellten *Gewinnrelationen* hier *keine Geltung* haben. Das NASH-BERTRAND-Gleichgewicht im Punkt P lässt sich aus der Sicht des Anbieters 1 durch eine v. STACKELBERG-Strategie verbessern: Nimmt nämlich Anbieter 1 die Unabhängigkeitsposition ein, so sucht er die optimale Antwort von Anbieter 2 auf dessen Reaktionskurve $R2$. Im Punkt S_1 kann Anbieter 1 seinen Gewinn gegenüber der Lösung im Punkt P steigern, da seine dort erreichte Isogewinnlinie weiter rechts liegt. Allerdings kann sich Anbieter 2 über eine noch höhere Gewinnsteigerung im Punkt S_1 freuen: In Kenntnis des ersten Zuges des Anbieters 1 wählt er einen etwas geringeren Preis p_2, was die Nachfragefunktion zu seinen Gunsten verschiebt, so dass $G_1(S_1) < G_2(S_1)$. Bei Preisstrategien ist es somit nachteilig, den ersten Zug zu machen.

Spiegelbildlich ist S_2 das v. STACKELBERG-Gleichgewicht, wenn Anbieter 2 den ersten Zug macht.

Sollte Anbieter 1 signalisieren, dass er eine *Preisführerschaft* des Anbieters 2 akzeptiert, dann würde er sich bei seiner Antwort auf eine Preissetzung von Anbieter 2 nicht mehr an seiner Reaktionsfunktion $R1$ orientieren, sondern er folgte der Regel $p_1 = p_2$. Dann liegt das Gleichgewicht im Punkt F, der für beide Anbieter einen noch höheren Gewinn ermöglicht (für Anbieter 1 $G_1^{45°}$ in Abb. 14). Allerdings hat Anbieter 2 hierbei ein noch größeres Risiko des ersten Zuges: Sollte Anbieter 1 „unfair" spielen und doch auf seine Reaktionsfunktion $R1$ gehen und damit G_1 vergrößern zu lasten von Anbieter 2, dann bricht die latent instabile Gleichgewichtslösung wieder zusammen.

Interessanter und plausibler ist eine Strategie der Preisführerschaft, wenn zwischen Anbieter 1 und Anbieter 2 Unterschiede in den Grenzkosten bestehen. Wenn wir bspw. annehmen $c_2 < c_1$, dann ist das Diagramm qualitativ ähnlich wie in Abb. 14; lediglich die Reaktionskurven ($R1$ nach oben; $R2$ nach links) sind gegenüber einer Situation mit einheitlichen Grenzkosten c mit $c_2 < c < c_1$ verschoben.

Die Reaktionskurve von Anbieter 1

$$p_1 = \frac{\alpha_1 + \gamma p_2}{2 \cdot (\beta_1 + \gamma)} + \frac{c_1}{2},$$

liegt jetzt nicht mehr an der 45°-Geraden gespiegelt zur Reaktionskurve von $R2$ von Anbieter 2:

$$p_2 = \frac{\alpha_2 + \gamma p_1}{2 \cdot (\beta_2 + \gamma)} + \frac{c_2}{2}.$$

Als Preisführer wählt das kostengünstigere Unternehmen 2 den Punkt S_1 in der Abb. 15, d. h. Anbieter 2 steuert die v. STACKELBERG-Lösung an. Wenn allerdings Anbieter 1 glaubhaft macht, dass er bspw. wegen seiner Kostenunterlegenheit immer der Regel $p_1 = p_2$ folgt, dann muss Anbieter 2 den für ihn ungünstigeren Punkt Q^G realisieren: Hier tangiert die Isogewinnkurve $G_2^{45°}$ die 45°-Gerade, die gerade $p_1 = p_2$ wiedergibt.

Auch hier lassen sich gegen alle diese Lösungen die im Zusammenhang mit dem homogenen Mengenduopol genannten Einwände machen: Gegen die NASH-BERTRAND-Lösung ist einzuwenden, dass sie nur bei autonomem Verhalten beider Anbieter zustande kommt, was unrealistisch ist. Eine v. STACKELBERGsche A-symmetrie-Lösung ist zwar für beide Anbieter besser als die NASH-BERTRAND-Lösung, in Abb. 14 bleibt jedoch in S_1 für Anbieter 1, in S_2 für Anbieter 2 der Anreiz, jeweils zur anderen Asymmetrie-Lösung überzugehen. Die Lösung F bei gemeinsamer Gewinnmaximierung wäre für die beiden Anbieter als Gesamtheit die beste, wenn diese sich zu einem Kartell zusammenschlössen.

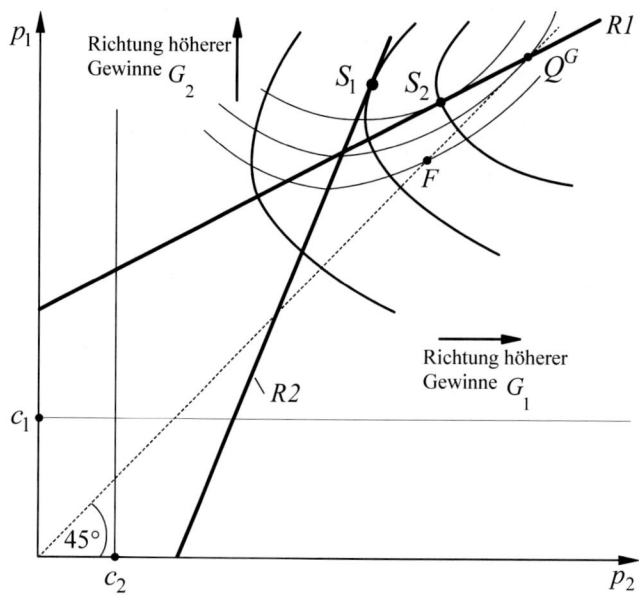

Abb. 15: Preisführerschaft durch kostengünstigeres Unternehmen

5. Das Nachfrageoligopol: Preisfixierung bei heterogener Konkurrenz

Ebenso wie die monopolistische Nachfragekonkurrenz wird auch das Nachfrageoligopol in der Literatur kaum behandelt. Wie in den vorhergehenden Kapiteln können wir auch im Fall des Oligopols Modelle, die das Verhalten von Anbietern beschreiben, in Modelle für das Verhalten von Nachfragern umformulieren. Wir wählen für eine solche Umformulierung die Modelle des heterogenen Preisduopols, d. h. wir behandeln wiederum NASH- und V. STACKELBERG-Lösungen.

Der betrachtete Markt ist dadurch gekennzeichnet, dass 1. auf der Nachfrageseite zwei Marktteilnehmer mit jeweils nicht unbedeutendem Marktanteil, auf der Angebotsseite sehr viele Anbieter mit jeweils ganz geringem Marktanteil vorhanden sind, 2. Präferenzen auf Seiten der Anbieter gegenüber den Nachfragern bestehen, 3. ein Nachfrageduopolist nicht nur über seine eigene Beschaffungssituation, sondern auch über die seines Mitnachfragers informiert ist und die Anbieter entweder vollständige oder unvollständige Information über die von den Nachfrageduopolisten bewilligten Preise haben. Unter Präferenzen der Anbieter gegenüber den Nachfragern hat man sich die in Kap. IV.C.3 erläuterten Marktunvollkommenheiten vorzustellen.

Für jeden Nachfrager gilt eine *Preis-Beschaffungs-Funktion*, nach welcher der zu zahlende Preis nicht nur von der eigenen Nachfragemenge, sondern auch vom gebotenen Preis des Mitnachfragers abhängt. Sind r_1 und r_2 die Nachfragemengen der Anbieter 1 und 2, q_1 und q_2 die entsprechenden Preise, dann sollen die Funktionen wie folgt lauten:

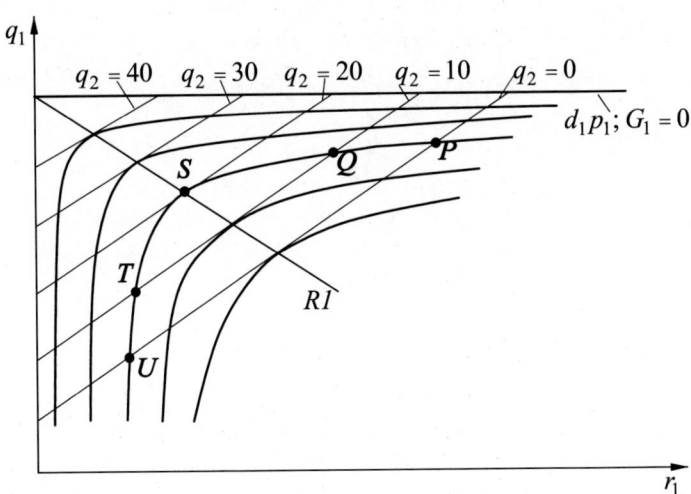

Abb. 16: Preis-Beschaffungsgeraden und Isogewinnkurven für Nachfrager 1

$$r_1 = a_1 q_1 - b_1 q_2 - c_1, \tag{16a}$$

$$r_2 = -a_2 q_1 + b_2 q_2 - c_1, \tag{16b}$$

mit $a_i, b_i, c_i > 0$, $i = 1,2$, $a_1 > a_2, b_2 > b_1$.

Je höher also der eigene Preis und je niedriger der Preis des Mitnachfragers, desto höher die eigene beschaffbare Menge. Die beiden letzten Ungleichungen in (16) beinhalten, dass auch das Gesamtangebot bei Erhöhung jedes der beiden Preise typisch reagiert. (16a) stellt für Nachfrager 1 bei einem als konstant betrachteten Preis q_2 eine Preis-Beschaffungsgerade mit positiver Steigung und positivem Ordinatenabschnitt dar. Für steigenden, jeweils gegebenen Preis q_2 verschiebt sich diese Gerade parallel nach links oben. In Abb. 16 sind als Beispiele die Preis-Beschaffungsgeraden für $q_2 = 0$, 10, 20, 30 und 40 eingezeichnet. Auch hier könnten wir die Bedingungen diskutieren, unter denen der Mitnachfrager vom Markt verdrängt, der betrachtete Nachfrager also Monopolist ist. Da sie für den abzuleitenden Gleichgewichtsbereich ohne Bedeutung sind, verzichten wir darauf.

Um die gewinnmaximierenden Preis-Mengen-Kombinationen bei gegebenem Preis des Mitnachfragers zu ermitteln, konstruieren wir *Isogewinnkurven*. Zur Vereinfachung nehmen wir an, dass jeder Anbieter mit nur einem Faktor produziert, der proportional zur Produktionsmenge einzusetzen ist. Sind y_1 und y_2 die Produktionsmengen der Nachfrager, gilt $y_1 = d_1 r_1$ und $y_2 = d_2 r_2$, wobei $d_i > 0$ und konstant, $i = 1,2$, dann können wir die Gewinne der Nachfrager wie folgt ausdrücken:

$$G_1 = d_1 r_1 p_1 - r_1 q_1, \tag{17a}$$

$$G_2 = d_2 r_2 p_2 - r_2 q_2. \tag{17b}$$

Wir lösen die Beziehungen nach q_1 bzw. q_2 auf und interpretieren sie für gegebenen Gewinn $\overline{G}_1$ bzw. $\overline{G}_2$:

$$q_1 = -\frac{\overline{G}_1}{r_1} + d_1 p_1, \tag{18a}$$

$$q_2 = -\frac{\overline{G}_2}{r_2} + d_2 p_2. \tag{18b}$$

Dies sind die Gleichungen für eine Isogewinnkurve des Nachfragers 1 bzw. 2. Wir nehmen an, dass die Nachfrager auf ihren Absatzmärkten als Mengenanpasser handeln und somit p_1 und p_2 konstante Größen sind. Geometrisch erhalten wir eine Isogewinnkurve im Diagramm für Faktorpreis und –menge, z. B. für Nachfrager 1, indem wir von der Parallelen zur Abszisse $d_1 p_1$ die Hyperbel $\overline{G}_1/r_1$ in vertikaler Richtung subtrahieren. Für $\overline{G}_1 = 0$ ist die Isogewinnkurve mit der Parallelen iden-

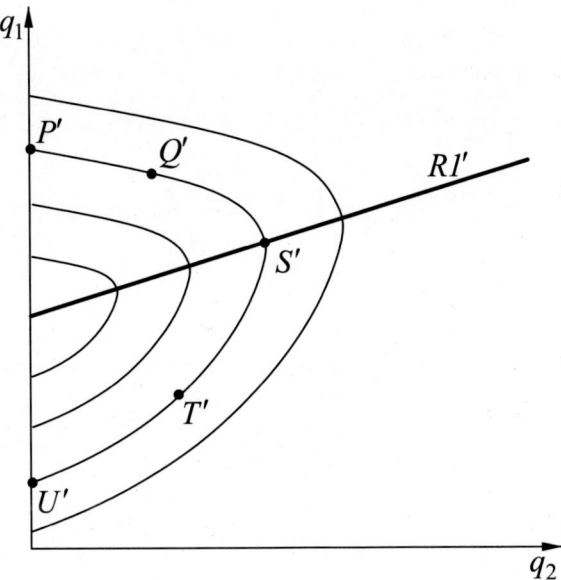

Abb. 17: Reaktionskurve und Isogewinnkurve für Nachfrager 1

tisch. Je höher der Gewinn $\overline{G}_1$, desto niedriger verläuft die Isogewinnkurve. In Abb. 16 sind diejenigen Isogewinnkurven für Nachfrager 1 dargestellt, welche die eingezeichneten Preis-Beschaffungsgeraden berühren. Die Verbindungslinie der Berührungspunkte ist die *Reaktionskurve R1* des Nachfragers 1, die in unserem Beispiel linear ist. Ein Monopolpunkt M_1 kann hier außer Betracht bleiben, da wir die Monopolsituation nicht diskutieren. Jedem Punkt in Abb. 16 ist eine Preiskombination (q_1,q_2) zugeordnet, die wir in Abb. 17 darstellen können. Wir übertragen zunächst die Isogewinnkurve mit den Punkten P, Q, S, T, U von dem erstgenannten in das letztgenannte Diagramm. Bei Bewegung von P über Q nach S fällt q_1 und steigt q_2. Dem entspricht in Abb. 17 der Kurvenast $P'Q'S'$, der negative Steigung hat. Von S nach T über U fallen sowohl q_1 als auch q_2. Dementsprechend hat in Abb. 17 der Kurvenast $S'T'U'$ positive Steigung. Die Isogewinnkurve verläuft in S' senkrecht. Ähnlich können wir andere Isogewinnkurven für positive Gewinne übertragen; alle wölben sich in Abb. 17 aus der Ordinate heraus. Als *Reaktionskurve R1'* ergibt sich in Abb. 17 die Verbindungslinie von Punkten, in denen die Isogewinnkurven senkrecht verlaufen.

Analoge Überlegungen lassen sich für Nachfrager 2 durchführen. Die Abb. 16 und 17 gelten, wenn man die Fußindizes 1 und 2 vertauscht, zumindest dem Typ nach auch für diesen.

In Abb. 18 stellen wir Isogewinnkurven und Reaktionsgeraden für beide Nachfrager dar. Für Nachfrager 2 wölben sich die Isogewinnkurven nun aus der Abszisse heraus. Seine Reaktionskurve $R2'$ verbindet Punkte, in denen die Isoge-

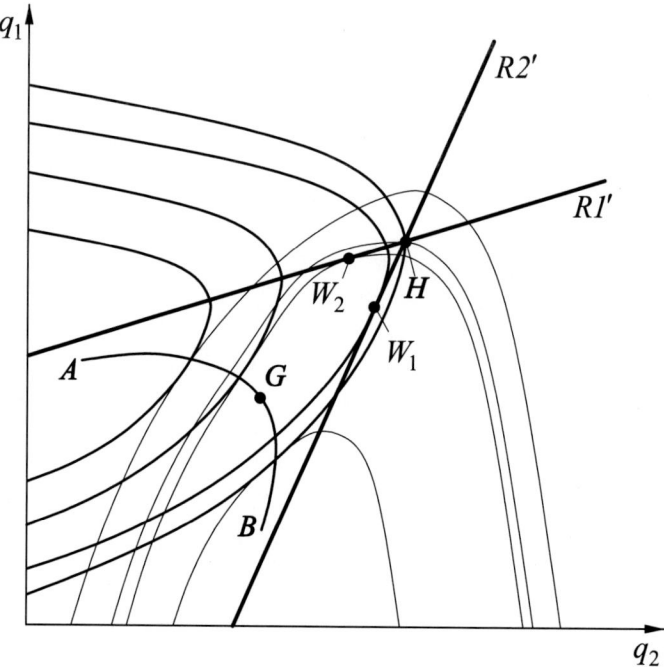

Abb. 18: NASH- und V. STACKELBERG-Lösungen im Nachfrageoligopol

winnkurven waagerecht verlaufen; sie beginnt auf der Abszisse. Das NASH-Gleichgewicht wird durch H, die V. STACKELBERGschen Asymmetrie-Lösungen werden durch W_1 und W_2 bezeichnet. Bei gemeinsamer Gewinnmaximierung wird die Lösung durch einen Punkt, z. B. G, auf der Kurve AB der hinsichtlich der Gewinne pareto-optimalen Preiskombinationen gegeben.

E. Kooperation zwischen Anbietern

1. Einführung

Schon in den Abschnitten D. 2.c und D. 4.b zeigte sich, dass sich für die Anbieter eine Zusammenarbeit lohnen kann. Wie oben verdeutlicht, lässt sich sowohl vom Preisgleichgewicht P in Abb. 14 nach NASH-BERTRAND als auch von den V. STACKELBERGschen asymmetrischen Gleichgewichten W_1 bzw. W_2 aus der Gewinn beider Anbieter noch erhöhen, wenn die Anbieter sich zur Zusammenarbeit bereit finden. Am günstigsten ist es für sie, die Preiskombination F zu vereinbaren, denn dort wird der gemeinsame Gewinn maximiert. Es entsteht dann allerdings das Problem, nach welchem Kriterium der Gewinn verteilt werden soll. Es könnte sein, dass einer der Anbieter der Preiskombination F nur zustimmt, wenn ihm der andere Teile des Gewinns abtritt, der diesem durch den Markt zugeteilt wird.

Prinzipiell lohnt sich in jeder Marktform eine Zusammenarbeit der Anbieter; sie ist in der Wirklichkeit auch sehr verbreitet. Die Zusammenarbeit kann mehr oder weniger straff sein. Folgende Fälle lassen sich unterscheiden:

1. *Zusammenschlüsse (Fusionen)*:
Die Anbieter geben ihre Selbständigkeit auf, es entsteht ein einziges Unternehmen.

2. *Formelle Kartellabsprachen*:
Die Anbieter behalten, je nach Umfang der Absprachen, ihre Selbständigkeit mehr oder weniger bei. Die Absprachen können sich etwa auf Preise, Produktionsquoten oder gar auf die Errichtung eines gemeinsamen Verkaufskontors erstrecken. Die Form der Absprachen reicht vom *„Frühstückskartell"* über das *„gentlemen's agreement"* bis zum detaillierten Kartellvertrag. Die Unterschiede beruhen auf unterschiedlich fest vereinbarten Verhaltensregeln sowie unterschiedlich verankerten Sanktionsmechanismen für den Fall eines Verstoßes gegen die Spielregeln.

3. *Informelle oder stillschweigende Vereinbarungen*, z. B. Preisführerschaft.
Kooperationen in einer dieser Formen gibt es nicht nur zwischen Anbietern des gleichen Gutes oder ähnlicher Güter (*horizontale Kooperation*), sondern auch zwischen im Produktionsprozess hintereinander geschalteten Unternehmen (*vertikale Kooperation*). Sie kann sich auch zwischen Unternehmen verschiedener Wirtschaftszweige lohnen (*konglomerate Kooperation*). Im Folgenden behandeln wir nur einige grundsätzliche Aspekte der horizontalen Kooperation zwischen Anbietern. Wir kommen im Zusammenhang mit Transaktionskosten im Kap. VI.D auf Probleme und Formen der Kooperation zwischen Wirtschaftseinheiten zurück.

2. Kartelle

In einer Ausgangssituation sei eine relativ große Zahl von n Anbietern am Markt, die sämtlich gleiche Kosten- und GK-Kurven haben und sich als Mengenanpasser verhalten. Der Preis sei $p^{(0)}$. Das Angebot eines typischen Anbieters i richtet sich nach den Grenzkosten GK_i; es wird mit $y_i^{(0)}$ bezeichnet. Das Gesamtangebot ist demnach $n \cdot y_i^{(0)}$. Bei diesem Gesamtangebot schneiden sich die gesamtwirtschaftliche Angebotskurve A und die gesamtwirtschaftliche Nachfragekurve N in Höhe des Preises $p^{(0)}$ (vgl. Abb. 1.b und GEORGE STIGLER, 1966, S. 232). Nun werde ein *Kartell* gebildet und jedem Anbieter eine Quote von $1/n$ des Gesamtangebots zugeteilt. Jeder Anbieter hat damit eine eigene Preis-Absatz-Funktion, deren Abszissenwert für einen gegebenen Preis gleich einem Anteil $1/n$ der Gesamtnachfrage bei diesem Preis ist. Diese Preis-Absatz-Kurve und die zugeordnete Grenzerlöskurve ist in Abb. 1.a dargestellt.

Der typische Anbieter wird nun gemäß der Bedingung $GE = GK$ einen Kartellpreis $p^{(1)}$ wünschen und zu diesem Preis die Menge $y_i^{(1)}$ anbieten. Das Gesamtangebot beträgt dann $ny_i^{(1)}$. Wir erhalten es im linken Diagramm auch, indem wir die Grenzerlöskurve GE zur Gesamtnachfragekurve N zeichnen und deren Schnittpunkt mit der Gesamtangebotskurve – der Horizontaladdition der einzelnen GK-Kurven – feststellen. Da alle Kartellmitglieder hinsichtlich ihrer Quote bzw. Preis-Absatz-Funktion und ihrer Kosten als identisch unterstellt sind, plädieren alle für $p^{(1)}$, so dass dieser Preis auch zustande kommt. Hier zeigt sich, dass das Kartell *wie ein Angebotsmonopol* handelt.

Der gleiche Effekt tritt bei einem *Zusammenschluss* ein. Es entsteht dann ein Unternehmen mit n Betriebsstätten. Die Verteilung der Produktion auf die Betriebsstätten erfolgt kostenminimierend, d. h. so, dass die Grenzkosten der letzten produzierten Einheit jeder Betriebsstätte gleich sind. Das bedeutet bei gleichen GK der Betriebsstätten eine Gleichverteilung der Produktion.

Es gibt zumindest fünf Faktoren (vgl. STIGLER, 1966, S. 233 ff.), die das Zustandekommen bzw. den Bestand der eben beschriebenen Lösung in Frage stellen, nämlich 1. die vorteilhafte Außenseiterposition, 2. unterschiedliche Kosten der Anbieter, 3. Neuzugänge von Anbietern, 4. unterschiedliche Investitionspolitik der Anbieter, 5. Produktdifferenzierung.

1. Die vorteilhafte Außenseiterposition:
Angenommen, $n-1$ Anbieter treten dem Kartell bei, während der letzte Anbieter Außenseiter bleibt. Sein Einfluss sei gering, so dass er den vom Kartell gesetzten Preis als Mengenanpasser akzeptieren muss. Von der Gesamtnachfrage haben wir jetzt bei jedem Preis die Menge abzuziehen, die der Außenseiter gemäß seiner GK-Kurve bei diesem Preis anzubieten bereit ist. Wir erhalten so die Gesamtnach-

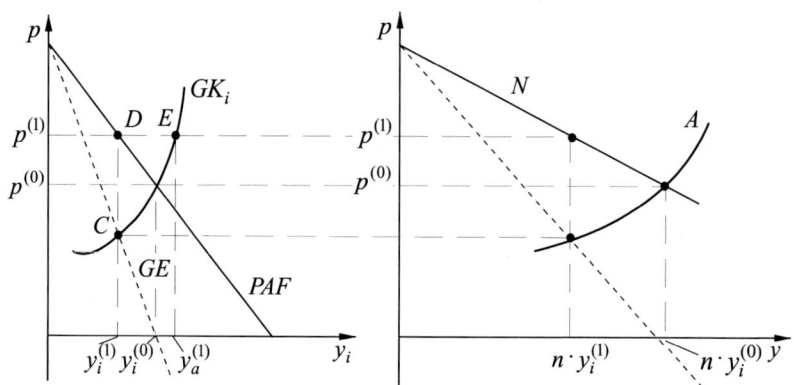

Abb. 1.a/b: Individuelle Preis-Absatz- und Grenzerlös-Kurven sowie gesamtwirtschaftliche Nachfrage- und Angebotskurven

frage, der das Kartell gegenübersteht, die wieder gleichmäßig unter die Kartellmitglieder aufgeteilt werde. Der Anteil $1/(n-1)$ des einzelnen Kartellmitglieds wird sich, da der Außenseiter unbedeutend ist, nicht wesentlich von dem in Abb. 1.a dargestellten Anteil $1/n$ unterscheiden. Der Preis wird also wieder etwa bei $p^{(1)}$, die Menge eines Kartellmitglieds wieder bei $y_i^{(1)}$ liegen. Dem entspricht wieder die Situation in Abb. 1.b. Gilt für den Außenseiter die in Abb. 1.a dargestellte *GK*-Kurve, so wird dieser als Mengenanpasser an den Preis $p^{(1)}$ aber die Menge $y_a^{(1)}$ anbieten. Der Außenseiter kommt damit in den Genuss des Kartellpreises, der etwa so hoch wie der Monopolpreis ist, ohne sich der Kartellquote zu unterwerfen. Sein Gewinn ist höher als der der Kartellmitglieder, und zwar um den Inhalt der Fläche *CDE* (für die erste infinitesimale zusätzliche Einheit entsteht ein Zusatzgewinn *CD* usw., für die letzte ein Zusatzgewinn von null).

Die vorteilhafte Außenseiterposition, die sich prinzipiell jedem der n Anbieter eröffnet, ist das erste Hemmnis bei der Entstehung eines Kartells auf einem Markt mit vielen Anbietern. Jeder Anbieter wird mit dem Beitritt zögern in der Hoffnung, als Außenseiter Nutznießer eines Kartells der anderen zu sein. Ist ein Kartell zustande gekommen, wird sein Bestand dadurch gefährdet, dass für jeden einzelnen Anbieter der Anreiz besteht, aus dem Kartell auszubrechen und in die Außenseiterposition zu gehen. Daher ist es bei einer großen Anbieterzahl unwahrscheinlich, dass es überhaupt zu einer dauerhaften Kartellbildung kommt. Um die Stabilität einer Kartellvereinbarung zu betrachten, gehen wir wieder vom oben bereits mehrfach untersuchten Spezialfall mit linearer Nachfragefunktion und einheitlich konstanten Grenzkosten c aus.

Von den n Unternehmen auf einem Markt seien k Unternehmen zu einer Kartellkooperation bereit, während $m = n - k$ Unternehmen nicht dem Kartell beitreten wollen. Diese m Unternehmen wählen ihre Produktionsmenge gemäß ihrer Reaktionsfunktion

$$y_i = \frac{1}{2} \cdot \left(S - y_k - y_{m-i}\right) \quad \text{mit} \quad S = \frac{a-c}{b},$$

wobei y_k die Kartellproduktionsmenge und y_{m-i} die Angebotsmenge der übrigen Unternehmen des Wettbewerbsrandes ist.

Da aber die Nicht-Kartellunternehmen (m) alle identisch sind, gilt:

$$(m-1) \cdot y_i = y_{m-i}, \text{ so dass } y_i = \frac{S - y_k}{m+1} \text{ und } y_m = m \cdot \frac{S - y_k}{m+1}.$$

Damit entfällt auf die Kartellanbieter die Restnachfragefunktion

$$p = a - b \cdot \left(y_k + m \cdot \frac{S - y_k}{m+1}\right).$$

Gewinnmaximierung des Kartells ergibt durch Differenzieren von G_k nach y_k:

$$G_k = \left[a - c - b \cdot \left(y_k + m \cdot \frac{S - y_k}{m+1}\right)\right] \cdot y_k,$$

$$y_k = \frac{a-c}{2b} = \frac{S}{2},$$

d. h. das Kartell verhält sich als STACKELBERG-Führer. Zusammen ergibt sich die Angebotsmenge der Nicht-Kartellmitglieder jeweils zu

$$y_i = \frac{S - \frac{S}{2}}{m+1} = \frac{1}{m+1} \cdot \frac{S}{2}.$$

Der Gleichgewichtspreis beträgt

$$p = c + \frac{1}{m+1} \cdot \frac{a-c}{2} = c + \frac{1}{m+1} \cdot \frac{bS}{2}.$$

Der jeweilige Gewinn eines Unternehmens im bzw. außerhalb des Kartells beläuft sich somit bei m Außenseitern auf

$$G_K \text{ (im Kartell)} = G_k(m,k) = \frac{b}{k \cdot (m+1)} \cdot \left(\frac{S}{2}\right)^2;$$

$$G_{AS} \text{ (Außenseiter)} = G_{AS}(m) = \frac{b}{(m+1)^2} \cdot \left(\frac{S}{2}\right)^2.$$

Es lohnt sich somit für ein Unternehmen nur dann, im Kartell zu verbleiben, wenn sein Gewinn dort größer ist als außerhalb. Wenn n Unternehmen im Markt sind, kommt also ein umfassendes Kartell mit $n = k$ nur zustande, wenn gilt:

$$G_k(0,n) = \frac{b}{n} \cdot \left(\frac{S}{n}\right)^2 \geq G_{AS}(1) = \frac{b}{(1+1)^2} \cdot \left(\frac{S}{2}\right)^2.$$

Diese Ungleichung ist dann erfüllt, wie man durch Einsetzen von $m = 0$ und $k = n$ in die Gewinngleichungen überprüft, wenn gilt:

$$\frac{1}{n} \geq \frac{1}{4}.$$

Und dies bedeutet, dass Kartellstabilität nur gegeben sein kann, wenn maximal vier Unternehmen im Markt sind.

> **Hinweis:** Für den Kartellaustritt gibt es im obigen Modell keine Strafe der übrigen Mitglieder. Funktionierende Kartelle mit $n > 4$ haben deshalb interne Sanktionsmechanismen für diejenigen Kartellmitglieder, die die vereinbarten Produktionsmengen überschreiten. Dies ließ sich bspw. am Ölkartell der sogenannten „Sieben Schwestern" (EXXON, SHELL, BP, TEXACO, GULF, SOCAL, MOBIL) in den fünfziger Jahren beobachten.

2. Unterschiedliche Kosten der Anbieter:
Wir betrachten zur Vereinfachung ein Beispiel mit nur zwei Anbietern. Werden beiden Anbietern mit verschiedenen *GK*-Kurven die gleichen Kartellquoten zugeteilt, so wünschen sie verschieden hohe Kartellpreise. Stellen wir in Abb. 2 (vgl. STIGLER, 1966, S. 234) die einheitliche Quote eines Anbieters in Höhe der Hälfte der Gesamtnachfrage N durch die eingezeichnete Gerade AB dar, der die *GE*-Gerade GE_1 bzw. GE_2 entspricht, so ist nach der Bedingung $GE = GK$ für Anbieter 1 mit den Grenzkosten GK_1 der Preis $\tilde{p}_1$ und die Menge $\tilde{y}_1$ am günstigsten, hingegen ist für Anbieter 2 mit den Grenzkosten GK_2 der Preis $\tilde{p}_2$ und die Menge $\tilde{y}_2$ am besten. Bei einheitlicher Quotenzuteilung haben also Unterschiede in den Kostenverläufen unterschiedliche Interessen der Kartellmitglieder hinsichtlich der Kartellpreissetzung zu Folge.

Gemeinsame Gewinnmaximierung und Handeln des Kartells wie ein Monopol erfordern hier ein Abgehen von einheitlichen Quoten. Das lässt sich wie folgt zeigen: Soll eine gegebene Gesamtmenge beider Anbieter Kosten minimierend hergestellt werden, so ist die Quotenverteilung so vorzunehmen, dass die Grenzkosten beider Anbieter für die letzte von ihnen produzierte Einheit gleich sind. Wir können daher die Horizontaladdition der GK_1- und der GK_2-Kurve als gemeinsame Grenzkostenkurve GK betrachten, die eine Verteilung in der erwähnten Weise berücksichtigt. Die gemeinsame *GE*-Kurve GE_N ist wieder AB. Der Preis p^*, der dem Schnittpunkt von GK- und GE_N-Kurve entspricht, liegt zwischen den Preisen $\tilde{p}_1$ und $\tilde{p}_2$, die die Anbieter bei gleichen Quoten als Kartellpreis wünschten. Die Gesamtmenge y^* unterteilt sich nun in die ungleichen Kartellquoten entsprechenden Mengen y_1^* und y_2^*. Da Anbieter 2 die günstigere *GK*-Kurve hat, ist es plausibel, dass auf ihn die größere Quote entfällt. Fraglich ist, ob Anbieter 1 einer Reduktion seiner Quote von $\tilde{y}_1$ auf y_1^* zustimmt, zumal auch der Preis von seiner Preisvorstellung $\tilde{p}_1$ auf p^* gesenkt werden soll. Die Ausgangsposition bei Kartellverhandlungen wird tendenziell durch eine Gleichbehandlung hinsichtlich der Quoten gekennzeichnet sein. Man behilft sich hier oft in der Weise, dass man gleiche Quoten vorsieht, aber zulässt, dass Teile der Quote an andere Kartellmitglieder verkauft werden. Im hier untersuchten Beispiel könnte Anbieter 1 für seine Bereitschaft, dem Preis p^* zuzustimmen, sich durch Verkauf des Quotenanteils $\tilde{y}_1 - y_1^*$ schadlos halten.

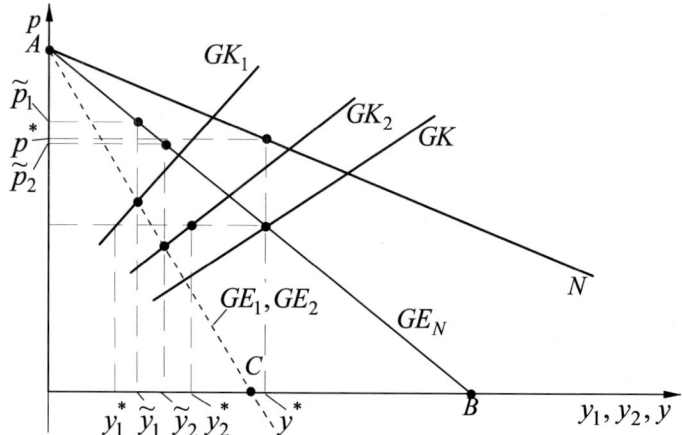

Abb. 2: Unterschiedliche Kostenverläufe

Generell gilt, dass bei Kostenunterschieden – und ebenso bei gewissen Produktunterschieden – Vereinbarungen über Preis und Quoten nur unter Schwierigkeiten erreicht werden. Eine Umverteilung von Gewinnen mag notwendig sein, um überhaupt eine Übereinkunft herbeizuführen.

3. Neuzugänge von Anbietern:
Der durch Kartellierung erhöhte Preis verspricht für Neuzugänge einen hohen Gewinn. Neu in den Markt eintretende Anbieter wären in der vorteilhaften Außenseiterposition. Die Kartellmitglieder müssten bestrebt sein, die Neuzugänge zur Mitgliedschaft zu veranlassen; sie hätten ihnen daher vorteilhafte Konditionen (z. B. große Quoten) einzuräumen. Daraus ergibt sich, dass das Kartell versuchen muss, den Marktzugang zu sperren. Wäre der Zugang völlig frei, so müsste sich auch bei Kooperation der Anbieter schließlich eine Tendenz zur Situation des langfristigen Gleichgewichts bei vollständiger Konkurrenz ergeben. Um den Markt für Neuzugänge weniger attraktiv zu machen, wird der Kartellpreis oft unter dem Preis festgesetzt, der den kurzfristigen gemeinsamen Gewinn maximiert, d. h. unter dem Monopolpreis. Von JOE BAIN (1949) wurden Modelle des *Limit Pricing* entwickelt, die zeigen, wie niedrig der Preis sein muss, um einen potentiellen Eindringling von dem Markt fernzuhalten. Dies wurde für den Fall von Fixkosten, die das neu eintretende Unternehmen zusätzlich aufbringen muss, in Abschnitt D.2.e dargestellt. Ein Kartell überlebt in der Regel um so länger, je gemäßigter seine Preispolitik ist.

4. Unterschiedliche Investitionspolitik der Anbieter:
Oftmals werden die Quoten aufgrund irgendeines Kapazitätsmaßes festgesetzt. Ein Kartellmitglied wird dann möglicherweise bestrebt sein, seine Quote dadurch

zu erhöhen, dass es durch Investitionen die Kapazität vergrößert. Da dieser Anreiz möglicherweise für alle besteht, ist das Kartell in der Gefahr, insgesamt zu hohe Kapazitäten zur Deckung der Nachfrage aufzubauen.

5. Produktdifferenzierung:
Erstreckt sich die Kartellabsprache nur auf den Preis, so werden die Anbieter durch Einsatz der anderen absatzpolitischen Instrumente Präferenzen für ihr Produkt aufzubauen bestrebt sein, um damit ihren Marktanteil zu vergrößern. Je stärker die so eingeführte Produktdifferenzierung, desto größer die Möglichkeit zu autonomer Preispolitik, so dass die Kartellabsprache schließlich in Gefahr gerät.

3. Preisführerschaft

In den bisher diskutierten Fällen gingen wir von formellen Kartellabsprachen über die Kooperation aus. Eine weniger weitgehende Spielart ist die stillschweigende Kooperation. Ohne dass es explizite schriftliche oder mündliche Vereinbarungen zwischen den Anbietern gibt, ist man sich durch konkludentes Handeln darüber einig, bestimmte absatzpolitische Maßnahmen, die die übrigen Anbieter schädigen könnten, zu unterlassen.

Ein prägnantes Beispiel einer stillschweigenden Übereinkunft ist die Preisführerschaft. Die Anbieter orientieren sich hier in ihrer Preispolitik an der Preissetzung des Preisführers; sie verzichten also auf eine eigene, gegen andere Anbieter gerichtete Preispolitik. Das bedeutet nicht unbedingt, dass sie sich mit dem Status quo der bisherigen Marktaufteilung zufrieden geben; auf unvollkommenen Märkten können sie durch Werbung und Produktgestaltung die Marktaufteilung zu ihren Gunsten zu beeinflussen versuchen. Nach STIGLER (1947, S. 342 f.) kann man zwischen *dominierender* und *barometrischer Preisführerschaft* unterscheiden. Um dominierende Preisführerschaft handelt es sich, wenn ein Anbieter einen sehr großen Marktanteil hat, so dass die anderen Anbieter nicht anders können, als dessen Preissetzung als Datum hinzunehmen. Man spricht hier auch vom *Teilmonopol* des großen Anbieters. Gibt es keinen Anbieter mit einem dominierenden Marktanteil, sondern z. B. mehrere etwa gleich große Anbieter, so kann man die Preisführerschaft eines Anbieters mit einem Barometer vergleichen, nach dem sich die anderen Anbieter richten. Preisführer muss nicht einmal der größte Anbieter sein; es könnte sich auch um einen kleineren Anbieter handeln, der bei den anderen bspw. als besonders sachkundig gilt. Das Überlassen der Preisführerschaft an einen barometrischen Preisführer ist plausibel, wenn man berücksichtigt, dass in der Wirklichkeit weitgehende Unsicherheit über die Reaktionen der Nachfrager und der Mitanbieter auf eigene preispolitische Aktionen besteht.

F. Entstehung, zeitliche Entwicklung von Märkten und Markteintrittshemmnisse

1. Einführung

Sowohl in Kap. III über vollständige Konkurrenz als auch in Kap. IV über verschiedene Varianten der unvollständigen Konkurrenz gingen wir wiederholt auf zeitliche Aspekte ein. Wir untersuchten bspw. die Wirkungen verzögerter Angebotsanpassung und die Bedeutung von Terminmärkten (Kap. III.A.4) bei vollständiger Konkurrenz. Wir stellten mit Hilfe der langfristigen Kosten- und Angebotskurve das sich bei freiem Marktzugang tendenziell einstellende langfristige Gleichgewicht bei vollständiger Konkurrenz (Kap. III.A.5), im Angebotsmonopol (Kap. IV.B.2.e) und bei monopolistischer Angebotskonkurrenz (Kap. IV.C.2.d) dar. Dabei argumentierten wir stets für einen bestimmten, bereits vorhandenen Gütermarkt und eine bestimmte Marktform. Drei wichtige Fragen wurden noch nicht gestellt: Wann und in welcher Weise entsteht ein Markt für ein neues Gut? Gibt es ein Ablaufschema für die zeitliche Entwicklung eines Marktes mit Phasen, für welche bspw. bestimmte Marktformen charakteristisch sind? Durch welche Hemmnisse wird der Zugang zu einem Markt erschwert? Mit einer Antwort auf diese Fragen wird versucht, zum einen etwas über die fortgesetzten Bewegungsanstöße auszusagen, die eine dezentral organisierte Volkswirtschaft durch das Entstehen neuer Märkte erhält, zum anderen die bisher getrennt behandelten theoretischen Ansätze zu den einzelnen Marktformen in den Zusammenhang eines typischen „Lebenszyklus" des Marktes einzuordnen und dabei auch die Rolle der Markteintrittshemmnisse anzudeuten.

2. Unternehmer und Innovationen

Der Schumpetersche Unternehmer
Die Fragestellungen dieses Abschnitts machen es notwendig, nicht die Institution des Unternehmens, sondern die Person des Unternehmers zu betrachten. Wir erläuterten bereits in Kap. II.A, dass das Entstehen von Unternehmen Unternehmern zuzuschreiben ist, die regelmäßig im Unternehmensmanagement tätig, aber nicht unbedingt (Mit-)Eigentümer sind. Nach JOSEPH SCHUMPETER (1912) lassen sich echte, *dynamische Unternehmer* (auch: Pionierunternehmer) und *statische Unternehmer* (auch: imitierende Unternehmer oder „Wirte") unterscheiden. Das definierende Merkmal dynamischer Unternehmer besteht darin, dass sie durch „neue Kombinationen von Produktionsfaktoren" *Innovationen* einführen und durchsetzen. Innovationen sind Vorgänge, die unter Inkaufnahme von Unsicherheit und Risiko neue Gewinnmöglichkeiten eröffnen. Innovationen können *bereits vorhandene Güter* betreffen; sie bestehen nach SCHUMPETER dann in der Erschließung

eines neuen Absatzmarktes, der Erschließung einer neuen Rohstoffquelle, der Einführung eines neuen Produktionsverfahrens, der Einführung einer neuen Organisationsform des Unternehmens. Als Innovation ist ferner die *Einführung eines neuen Gutes*, damit das Schaffen eines neuen Marktes, aufzufassen.

Der Innovation voraus geht die *Erfindung* des neuen Gutes; nicht jede Erfindung eines neuen Gutes wird als Innovation genutzt. Realisiert sich die durch Innovation eröffnete Gewinnmöglichkeit, setzt sich also zum Beispiel das neue Gut an einem Markt durch, so genießt das Unternehmen, in dem der dynamische Unternehmer tätig wurde, zunächst eine angebotsmonopolartige Stellung; ein echtes Angebotsmonopol liegt vor, sofern und solange es für das Gut kein Substitut gibt. Die dem Unternehmen zufließenden Monopolgewinne regen statische Unternehmer dazu an, den Pionierunternehmer zu imitieren, d. h. zusätzliche Produktionskapazitäten für das neue Gut oder ähnliche Güter zu schaffen und in den neuen Markt einzudringen. Da Sperrung des Marktzugangs für das gleiche Gut oder Substitute höchstens kurzfristig zu erreichen ist, geht die Monopolstellung des innovierenden Unternehmens verloren; seine *Monopolgewinne* erweisen sich als *zeitlich begrenzte Vorsprungsgewinne*. Es entsteht die Marktform des (im Zweifel heterogenen) Oligopols.

Expandiert der Markt aufgrund der sich über ihn ausbreitenden, teils durch Werbung geschaffenen Informationen, so locken die auf ihm entstehenden Gewinne weitere imitierende Anbieter an, so dass schließlich die Marktform der monopolistischen Angebotskonkurrenz oder – im Extrem – die der vollständigen Konkurrenz mit der Tendenz zu Nullgewinnen im entsprechenden langfristigen Konkurrenzgleichgewicht entsteht. Für viele Märkte dürfte allerdings statt eines Übergangs zur polypolistischen Angebotsstruktur, wie sie für monopolistische Angebotskonkurrenz und vollständige Konkurrenz zutrifft, eher eine Tendenz zur formellen oder stillschweigenden horizontalen Kooperation in Form des Versuchs von Kartellabsprachen oder der Anerkennung von Preisführerschaft akut werden, ehe die Zahl der Anbieter sehr groß wird.

Innovationen und das Patentsystem
Wettbewerbsvorteile eines Unternehmens können somit zumindest zeitweise auch auf erworbenen technischen Vorsprüngen beruhen. Derartige Vorsprünge können sich auf *neue einzigartige Produkte* beziehen oder auf *neuartige Produktionsverfahren*, die einen Kostenvorsprung vor den Mitwettbewerbern erlauben. Die dazu inzwischen entstandene Spezialliteratur auf den Grenzgebieten zwischen „*Industrial Economics*" (Markt- und Preistheorie), Wachstumstheorie (wo kommt der „technische Fortschritt" her?) und Institutionenökonomik (Anreizfragen bestimmter institutioneller Regelungen wie bspw. Patentsystem) ist sehr umfangreich.

Ein Teil dieser Innovationen erfolgt schrittweise „*on the job*", d. h. Innovation ist ein Prozess der stetigen Verbesserung von Abläufen und Verfahrensschritten. Diese Form wurde von ARROW in der amerikanischen Flugzeugindustrie des 2. Weltkriegs beobachtet, als sehr große Stückzahlen an Militärflugzeugen gebaut werden mussten. Die anfangs unerfahrenen Arbeitskräfte lernten sehr schnell, wie sie die Abläufe verbessern und einfacher gestalten konnten. Dieses „*learning by doing*" ist an die Arbeitskräfte und deren Erfahrungen und Teamarbeit gebunden.

Ein anderer Teil von Innovationen erfordert den Einsatz eigener Forschungs- und Entwicklungsressourcen in einem Unternehmen: Ein neues Medikament oder ein neuer Automotor müssen in spezialisierten Abteilungen durch systematisches Forschen und Entwickeln (F&E) entstehen. Damit entsteht ein erstes Anreizproblem: Aus nahe liegenden Gründen erfolgen sichere derartige Ausgaben heute nur dann, wenn das erfolgreiche Unternehmen hinterher einen eventuell zeitlich befristeten Schutz für seine Innovation genießen kann. Andernfalls würde jedes einzelne Unternehmen die F&E-Ausgaben unterlassen und durch Imitation erfolgreicher Anderer als Trittbrettfahrer profitieren. Insgesamt wäre dann die F&E-Aktivität ineffizient niedrig. Deswegen gibt es in allen wirtschaftlich entwickelten Staaten ein Patentsystem mit Schutz für erfolgreiche Innovationen für eine befristete Dauer. Damit wird um der Innovationsanreize willen entweder eine vorübergehende Monopolstellung oder zumindest ein wirtschaftlicher Vorteil in einem unvollkommenen Markt eingeräumt.

Damit gibt es drei Phasen in einem solchen Innovationsprozess:

- In der ersten Phase müssen die Unternehmen entscheiden, ob sie innovieren wollen und, wenn ja, wie viele F&E-Aktivitäten sie aufbringen wollen. Eine mögliche Maßzahl dafür sind die insgesamt aufgelaufenen (und aufgezinsten) Kosten für Labors, Entwicklungsabteilungen u. ä., die mit der Variablen z bezeichnet werden, bis zum Zeitpunkt I, an dem die Entscheidung über die Innovation fällt.

- In einer zweiten Phase (nach dem Zeitpunkt I) hat sich herausgestellt, welches der Unternehmen erfolgreich ein neues Produkt oder ein neues Produktionsverfahren entwickelt hat. Dieses Unternehmen kann jetzt während der Patentlaufzeit bis $I+T$ ökonomische Vorteile aus seinem Patent ziehen, etwa besonders hohe Gewinne oder Einnahmen aus Lizenzverkauf. In dieser Phase sind die Vorteile für die Konsumenten i. d. R. noch gering, da der eingeschränkte Wettbewerb die Preise höher hält als bei Freigabe für Imitation von Anfang an.

- In einer dritten Phase nach $I+T$ ist der Patentschutz abgelaufen, und durch Imitation der neuen Technik entsteht eine bessere Güterversorgung der Konsumenten, deren Konsumentenrente dann größer ist als vor der Innovation.

Dieser Ablauf ist schematisiert in der Abbildung 1 für eine technische Verbesserung in der Herstellung eines bereits eingeführten Gutes dargestellt, welche die bisherigen Grenzkosten c auf ein neues Niveau $c - v(z) > 0$ gesenkt hat.

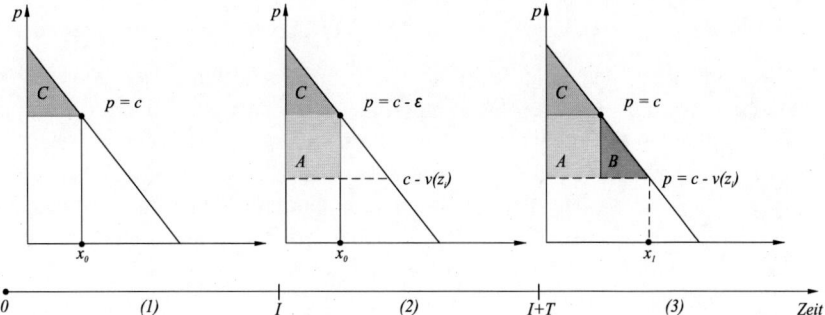

Abb. 1: Schematisierte Darstellung der Nutzen und Kosten einer Innovation mit einem Patentsystem

Das neue Produktionsverfahren wird gesucht. Die Kosten dafür betragen z_i im letztlich erfolgreichen Unternehmen.	Die Innovation erlaubt dem erfolgreichen Unternehmen eine Senkung der Grenzkosten auf $c-v(z_i)$. Für die Dauer der Patentlaufzeit bietet es alleine zum Preis $c-\varepsilon$ an.	Nach Ablauf des Patentschutzes imitieren weitere Unternehmen die neue Technik. Die Extragewinne entfallen.
Marktpreis $p = c$	Marktpreis $p = c - \varepsilon$ (U_i bietet alleine an)	Marktpreis $p = c-v(z_i)$
Konsumentenrente = Fläche C	Konsumentenrente = Fläche C Extragewinne für U_i = Fläche A	Konsumentenrente = Fläche A+B+C

In einem Patentsystem stellen sich aus ökonomischer Sicht zwei weitere Fragen:
- Wie lange muss eine optimale Patentdauer sein? Ein ewiges Patent sichert dem erfolgreichen Unternehmen hohe Monopolrenten auf eine sehr lange Zeit und benachteiligt damit die Konsumenten. Eine sehr kurze Patentlaufzeit erlaubt sehr bald die Imitation der Neuerung, so dass der ökonomische Vorteil für das innovative Unternehmen sehr gering wird. Dann unterbleiben eventuell Innovationen, welche dennoch langfristig vorteilhaft im Sinne hinreichend hoher Gewinne und Konsumentenrenten sein könnten. Dazwischen muss es eine optimale endliche Patentdauer geben.
- Wie breit muss ein Patent greifen? Ist jede geringfügige Verbesserung eines bestimmten Produkts (Verfahrens) bereits schutzwürdig für ein neues

Patent oder muss eine bedeutende qualitative Verbesserung gegenüber den bereits bekannten Produkten (Verfahren) nachgewiesen werden?

Am Beispiel eines neuen Produktionsverfahrens sollen einige zentrale Punkte betrachtet werden. In einem Markt befinden sich mehrere Anbieter, die zur Zeit alle die gleichen Grenzkostenverläufe haben und somit im relevanten Bereich des Marktgleichgewichts zu Grenzkosten c anbieten. Die Nachfragefunktion sei linear $p = a - b \cdot y_{ges}$. Wenn jetzt Unternehmen i ein neues Verfahren mit Grenzkosten $c - v$ entwickelt, das nur U_i alleine für die Dauer von T Perioden benutzen darf, dann gibt es zwei Möglichkeiten je nach Ausmaß der Kostensenkung $v(z)$:

Entweder ist der neue Kostenvorsprung von U_i so groß, dass es selbst bei Wahl des Cournot-Punktes mit seinem Preis unter den Grenzkosten der bisherigen Mitwettbewerber liegt ($p^{Mon} = \frac{1}{2} \cdot (a + c - v) < c$), oder der Preis im Cournot-Punkt liegt über den Grenzkosten der übrigen Unternehmen ($p^{Mon} \geq c$). Im letzteren Fall liegt das Gewinnmaximum für U_i in einer Preissetzung $p = c - \varepsilon$, also wenige €-Cent unterhalb von c. Im Folgenden sei der letztere als der häufigere und plausiblere Fall unterstellt. Das Unternehmen U_i bietet dann fast zum gleichen Preis an wie vor der Innovation, so dass die Konsumentenrente für die Laufzeit des Patents unverändert C beträgt. Der ökonomische Vorteil des Patents besteht dann zunächst im erzielbaren positiven Gewinn $G^*(v,T)$ für U_i für die Dauer von T+1 Perioden 0,1,2,...,T:

$$G^*(v,T) = A + \frac{A}{1+r} + \ldots + \frac{A}{(1+r)^T} = A \cdot \frac{1 + r + \left(\frac{1}{1+r}\right)^T}{r}.$$

Dem stehen allerdings die bis zum Innovationszeitpunkt I aufgelaufenen Forschungsaufwendungen z_i gegenüber, so dass der Nettovorteil für die Laufzeit des Patents nur $NV(v,T,z_i) = G^*(v,T) - z_i$ beträgt. Sobald das Patent abgelaufen ist, wird das neue Verfahren von den Konkurrenten imitiert, und das Marktgleichgewicht stellt sich unter Wettbewerbsbedingungen auf die größere Produktionsmenge ein, was nach $I+T$ eine ewige Konsumentenrente in Höhe von $A + B + C$ erzeugt. Aufaddiert über diese zukünftigen Perioden und abgezinst auf den Zeitpunkt I ergibt sich der Vorteil für die Nachfrager in Höhe von

$$KR(T) = \frac{1}{r \cdot (1+r)^{T+1}} \cdot (A + B + C) .$$

Der Vorteil der Innovation für die gesamte Volkswirtschaft besteht aus der Summe der beiden Nettovorteile für Produzenten und Konsumenten:

$$NW(v,T) = G^*(v,T) - z_i + KR(T) .$$

Wir unterstellen eine streng konkave „Produktionsfunktion" für Innovationen, d.h. wenn ein Unternehmen bereits 10 Ingenieure und Techniker mit einem Problem beschäftigt, bringt der 11. etwas weniger an Wissenszuwachs. Aus der Sicht eines gesamtwirtschaftlichen Entscheidungsträgers, der sowohl an die Anreize für die Unternehmen denken muss als auch die Gesamtmaximierung von $NW(v,T)$, muss dann ein endliches T optimal sein, denn ansonsten würde der Beitrag B in Form der höheren Konsumentenrenten für immer wegfallen.

Aus der Sicht eines einzelnen Unternehmens i ist bei der Entscheidung über die eigenen F&E-Anstrengungen eine Lotterie zu bewerten. In einem Patentrennen um die Entwicklung eines neuen Produkts oder eines neuen Produktionsverfahrens gewinnt nur der Erste. Es ist unerheblich, wer in der zeitlichen Reihenfolge auf Platz 2 oder 5 einkommt. Bei dem Patent gilt: „The winner takes it all." Die Aussichten, zum Gewinner zu werden, hängen von mehreren Variablen ab, über die das Unternehmen U_i aber nicht alleine entscheiden kann:

- Wenn es selbst eine *F&E-Intensität* z_i wählt, steigen seine Erfolgsaussichten auf den innovativen Durchbruch, aber auch seine heutigen Kosten. Die Wahrscheinlichkeit für den Durchbruch als erster lässt sich durch höheres z steigern, sofern die Konkurrenten nicht ebenfalls ein höheres z wählen.

- Die *Anzahl der Teilnehmer am Patentrennen* bestimmt die Wahrscheinlichkeit jedes einzelnen Unternehmens, als erstes ins Ziel zu kommen. Je größer die Anzahl der gleichzeitig forschenden Unternehmen, desto geringer werden die Aussichten für jedes einzelne Unternehmen, als erstes den Durchbruch zu schaffen. Im Regelfall kann es sogar eine Zahl n^* geben, bei der jedes einzelne Unternehmen seine Erfolgsaussichten, als erstes die neue Technik zu entdecken, zu Recht als so gering einschätzt, dass es die sicheren Ausgaben z_i mangels Aussicht auf zu erwartende Rückzahlung gar nicht tätigt: Eine zu große Anzahl von Unternehmen wirkt als Innovationshindernis.

- Eine längere *Patentlaufzeit T* erhöht den Anreiz für die einzelnen Unternehmen, die Innovation zu versuchen, senkt aber den Barwert der langfristigen Konsumentenrenten, ist also aus Konsumentensicht nachteilig.

Ein mit einer Innovation erfolgreiches Unternehmen hat des weiteren Anreize, zusätzlich zu dem bereits bestehenden Patent, Forschungs- und Entwicklungsanstrengungen zu unternehmen, um ähnliche Produkte oder Produktionsverfahren selbst zu entdecken. Wenn es auch diese durch Patent schützen lässt, sinken die Chancen auf eine erfolgreiche Innovation und damit auf Wettbewerbsdruck durch andere Unternehmen. Dies kann sogar dazu führen, dass Patente „schlafen", d.h. sie werden vom innovativen Unternehmen gar nicht genutzt, sondern dienen lediglich zur Abschreckung vor Wettbewerb.

3. Die Theorie der Marktphasen (Produkt-Lebenszyklus)

Die im Vorabschnitt skizzierte Theorie der Entstehung und Entwicklung von Märkten stützt sich auf SCHUMPETERs Konzeption der innovatorischen dynamischen und der imitierenden statischen Unternehmer sowie auf die in den Kap. III und IV dargestellten einzelnen Marktformen. Ebenfalls SCHUMPETERs Überlegungen fortführend, entwickelte ERNST HEUSS (1965) eine Theorie der Marktphasen. HEUSS unterscheidet
- *initiative Unternehmer*; das sind zum einen die Pionierunternehmer, zum anderen spontan imitierende, ebenfalls durch Beweglichkeit und Risikofreude gekennzeichnete Unternehmer,
- *konservative Unternehmer*; das sind erstens unter dem Druck von Datenänderungen sich anpassende, d. h. reagierende Unternehmer, zweitens immobile Unternehmer, die nur in unveränderlichen, stationären Märkten bestehen können.

Der *Lebenszyklus* eines Produktes lässt sich regelmäßig durch folgende Marktphasen charakterisieren:

Die Entwicklung eines Marktes beginnt mit der *Experimentierphase*. In dieser entwickelt ein Pionierunternehmer ein neues Gut von der Erfindung über die Laboranfertigung zur fabrikmäßigen Herstellbarkeit, damit zur Marktreife. Er betreibt ferner die Markteinführung des Gutes durch Werbung und wendet dafür hohe Nachfrageschaffungskosten auf mit dem Ziel, eine „Selbstentzündung der Nachfrage" herbeizuführen. Der sich bildende Markt hat in dieser Phase die Marktform des Monopols, allerdings mit der Besonderheit, dass äußerste Unsicherheit über die Preis-Absatz-Funktion herrscht; somit stellen Kapazitätsaufbau und Nachfrageschaffung Investitionen mit sehr unsicheren Erwartungen über die daraus resultierenden zukünftigen Einnahmen und Ausgaben dar.

Erweisen sich diese Investitionen des dynamischen Unternehmers als erfolgreich, so schließt sich die *Expansionsphase* des Marktes an. Es kommt zu einer ständigen Mobilisierung von Nachfrage nach dem neuen Gut, die eine dauernde Verlagerung der Preis-Absatz-Funktion bedeutet. Es ergeben sich einerseits neue Verwendungsmöglichkeiten für das Gut, andererseits Qualitätsverbesserungen, große Produktivitätsfortschritte und Kostensenkungen. Spontan imitierende Unternehmer drängen mit ähnlichen Produkten in den Markt ein und schaffen somit die Marktform des heterogenen Oligopols. Wegen der allgemeinen Expansion der Nachfrage herrscht unter den Anbietern Unsicherheit über die oligopolistische Interdependenz. Durchschnittskostensenkungen und beginnendes Konkurrenzbewusstsein geben Anlass zu bedeutenden Preissenkungen.

In der *Ausreifungsphase* des Marktes ist eine Mobilisierung zusätzlicher Nachfrage nur noch mit steigenden zusätzlichen Werbekosten möglich. Es kommt zu keinen weiteren Qualitätsverbesserungen, eher zu künstlichen Produktdifferenzierungen. Auch konservative Unternehmer haben auf die von dem neuen Markt gesetzten Daten reagiert, d. h. sind in den Markt eingedrungen. Es entsteht größere Kenntnis über oligopolistische Interdependenz und die preispolitischen Möglichkeiten. Es bildet sich zwischen Gruppen von Anbietern eine Bereitschaft zum

F. Entstehung und Entwicklung von Märkten und Markteintrittshemmnisse

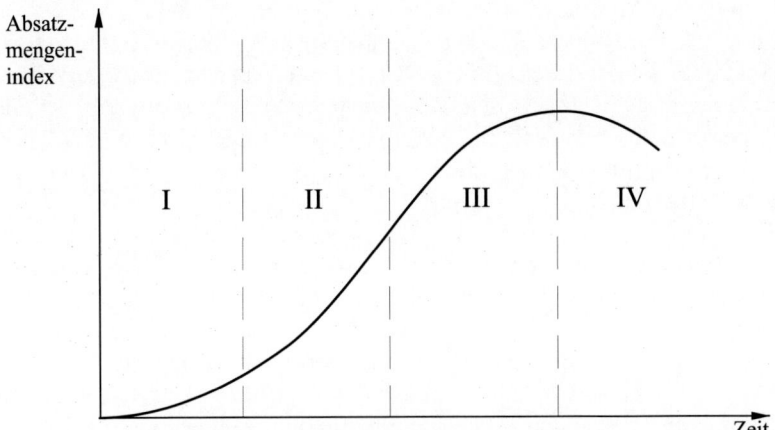

Abb. 1: Darstellung der zeitlichen Entwicklung des Marktumfangs mittels Absatzmengenindex

Zusammenschluss (zur Fusion) von Unternehmen, zur Kartellierung oder zur Preisführerschaft heraus; der Gesamtmarkt ist durch Oligopolisierung mit deutlich spürbarer Interdependenz und preispolitisch erstarrtem Verhalten gekennzeichnet.

In der *Stagnations-* und *Rückbildungsphase* bleibt die Entwicklung des Marktes, auch der Produktivitätsfortschritt, hinter dem Durchschnitt aller Märkte der Volkswirtschaft zurück. Wenn die Faktorpreise sich am Produktivitätsfortschritt anderer Märkte orientieren, erhöhen sich die Durchschnittskosten, was zu Preiserhöhungen Anlass gibt. In der Rückbildungsphase wird der Markt als ganzer zu-

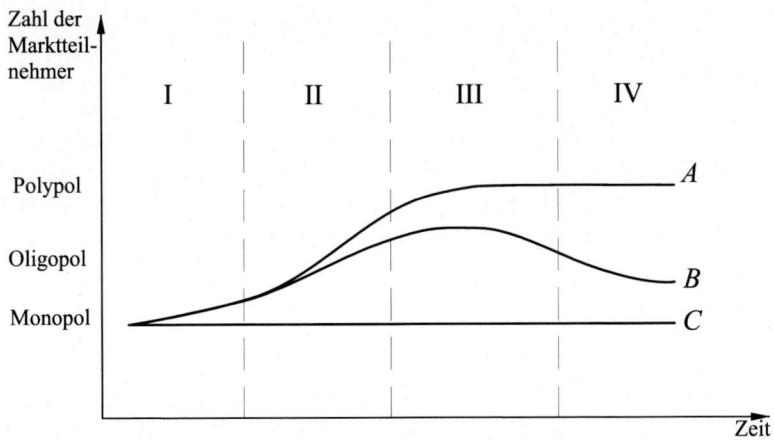

Abb. 2: Darstellung der zeitlichen Entwicklung des Marktumfangs mittels Marktformenkonstellationen

sätzlich der Konkurrenz neuer, in der Expansionsphase befindlicher Märkte ausgesetzt. Die konservativen, speziell die immobilen Unternehmer dominieren. Es herrscht gute Kenntnis der oligopolistischen Interdependenz und starke Tendenz zu weiteren Zusammenschlüssen und Kartellen, so dass sich die Zahl der oligopolistischen Anbieter verringert. Initiative Unternehmer ziehen sich aus dem schrumpfenden Markt zurück, die konservativen neigen dazu, Subventionen vom Staat zu verlangen.

Eine Vorstellung vom Marktumfang, gemessen an einem Absatzmengenindex der verschiedenen Varianten des Gutes, sowie von den möglichen Marktformenkonstellationen während der verschiedenen Marktphasen sollen Abb. 1 und 2 vermitteln. Gemäß Abb. 1 ist zu erwarten, dass die mengenmäßige Wachstumsrate des Marktes in der Experimentier- und der Expansionsphase I und II zunimmt, in der Ausreifungsphase III abnimmt und in der Stagnations- und Rückbildungsphase IV auf null und schließlich auf negative Werte fällt. Von den in Abb. 2 dargestellten Zusammenhängen sind A und C als Extremfälle denkbar, aber allein B ist nach HEUSS realistisch.

4. „Angreifbare Märkte" und Markteintrittshemmnisse

Das in Kap. III.A.5 erläuterte langfristige Konkurrenzgleichgewicht mit gewinnloser Produktion setzt freien Marktzugang voraus, es gibt keine Markteintrittshemmnisse; an den Markt drängende Anbieter arbeiten mit der neuesten, kostengünstigsten Produktionstechnik, ihre *LDK*-Kurven verlaufen im relevanten Bereich niedriger als die der bereits vorhandenen Anbieter, die damit über das Regulativ des sinkenden Preises der Verdrängung aus dem Markt ausgesetzt sind. Im Branchen- oder Gruppengleichgewicht ist der Preis auf das Minimum der *LDK* bzw. der *DTK* gesunken, und dieses Minimum ist für alle sich am Markt behauptenden Anbieter gleich. Unter Einschluss des Angebotes potentieller zusätzlicher Anbieter verläuft die Angebotskurve für den Markt parallel zur Abszisse in Höhe des Minimums der *LDK* bzw. *DTK*.

In der von BAUMOL, PANZAR und WILLIG (1982) vorgetragenen Konzeption der *angreifbaren Märkte (contestable markets)* wird die auf den freien Marktzugang zurückzuführende Konsequenz eines Preises in Höhe des Minimums der *LDK* bzw. der *DTK* auf andere Formen homogener Märkte übertragen: Gäbe es keine Markteintrittshemmnisse, so könnte auch im homogenen Oligopol und selbst im Monopol kein höherer Preis als der dem *LDK*- bzw. *DTK*-Minimum entsprechende herrschen, denn jeder höhere Preis hätte den Zugang neuer Anbieter zur Folge; unter Einschluss des Angebotes potentieller Anbieter gäbe es auch in diesen Marktformen eine in Höhe des Minimums parallel zur Abszisse verlaufende Angebotskurve. Dieser Preis würde, wie bei vollständiger Konkurrenz, die Wahl der optimalen Betriebsgröße und Produktion im Betriebsoptimum induzieren und damit die optimale Allokation der in der Herstellung des Gutes beschäftigten Faktoren. Gäbe es außerdem auch keine Marktaustrittshemmnisse, so müsste ein „*hit and run*"-Wettbewerb vorherrschen, d. h. die bereits vorhandenen Anbieter müssten ständig damit rechnen, dass noch außenstehende Anbieter für kurze Zeit in den Markt eintreten und durch Preisunterbietung die vorhandenen treffen und nach Preisanpassung im Markt wieder austreten. Die Vertreter der Konzeption angreifbarer Märkte behaupten nicht das Fehlen von Markteintritts- und Marktaustrittshemmnissen; diese sind insbesondere durch Investitionen begründet, die vorhandene Anbieter getätigt haben (bzw. die neue Anbieter tätigen müssten) und deren Kosten „versunken" sind (bzw. „versinken" würden), d. h. nicht durch alternative Verwendung der Investitionsobjekte wieder „hereingeholt" werden können (vgl. dazu auch Kap. V.C.4). Das wettbewerbspolitische Argument ist lediglich, dass es bei gegebener Angreifbarkeit eines Marktes durch zusätzliche Anbieter nicht auf die Zahl der aktuellen Anbieter ankommt, so dass ein Oligopol oder sogar ein Monopol nicht ungünstiger als die Marktstruktur des atomistischen Angebotes zu beurteilen ist.

In der Wirklichkeit der unvollständigen Konkurrenz sind folgende, systematisch zuerst von JOE BAIN (1956) untersuchte Markteintrittshemmnisse (barriers to entry) von großer Bedeutung:

1. *Produktdifferenzierung* im Oligopol oder bei monopolistischer Angebotskonkurrenz: Sie macht es für potentielle Anbieter erforderlich, die Präferenzbindungen der Nachfrager an bereits vorhandene Anbieter durch niedrigere Preise und/oder kostenaufwendigen Einsatz absatzpolitischer Instrumente zu überwinden.
2. *Absolute Kostenvorteile* bereits etablierter gegenüber neuen Anbietern: Sie beruhen bspw. auf eingearbeitetem Personal, besseren Voraussetzungen zur Nutzung neuen technischen Wissens, günstigerem Zugang zu Rohstoffen oder Finanzierungsmitteln. Diese Vorteile bedeuten, dass die *LDK*-Kurven neuer Anbieter bei jeder Produktionsmenge oberhalb derjenigen von „alten" Anbietern verlaufen. Dadurch haben letztere die Möglichkeit des *Limit Pricing*, d. h., sie setzen die Preise so, dass sie selbst Gewinn erzielen, neue Anbieter jedoch wegen drohender Verluste dem Markt fernbleiben.
3. *Massenproduktionsvorteile* bereits etablierter gegenüber neuen Anbietern: Sie resultieren zum Beispiel aus großen, für die Massenproduktion geeigneten Maschinen oder aus einer auf Großbetriebe zugeschnittenen Organisationsstruktur. Sie bedeuten, dass die *LDK*-Kurven am Markt befindlicher Anbieter zwar nicht bei jeder Produktionsmenge, wohl aber bei den von ihnen bereits realisierten großen Mengen unterhalb der *LDK*-Kurven von neuen Anbietern verlaufen. Die den Markteintritt hemmende Wirkung von Massenproduktionsvorteilen hängt wesentlich von den Erwartungen der Eintrittswilligen über die Reaktion der bereits etablierten Anbieter auf den Markteintritt ab. BAIN hält aus sechs unterschiedlichen Fällen den Fall für am wahrscheinlichsten, dass ein Eintrittswilliger außer einer Preissenkung auch eine verminderte Produktion der bisherigen Anbieter erwartet. Die schon im Markt befindlichen Anbieter würden einen Neuling sozusagen zulassen, jedoch nur, wenn dieser, ohne selbst bereits Mas-

senproduktionsvorteile zu realisieren, in der Lage ist, einen Preis zu akzeptieren, der unter dem vor dem Markteintritt herrschenden liegt.
4. *Finanzierungsschranke* für neue Anbieter: Ein Markteintritt erweist sich als unmöglich, wenn niemand bereit ist, den Produktionsapparat des potentiellen Anbieters zu finanzieren.

Die Markteintrittshemmnisse sind auch im Zusammenhang mit den in Abschnitt 3 erläuterten Marktphasen zu sehen. In der *Experimentierungsphase* ist allein der Pionierunternehmer mit der Entwicklung des Markts befasst; Marktzutrittsschranken für andere spielen noch keine Rolle. In der *Expansionsphase* des Marktes sind die Zutrittshemmnisse für spontan imitierende Unternehmer relativ gering, da sich die Nachfrage ausdehnt und bereits etablierte Anbieter noch wenig Anlass und kaum den Überblick haben, durch Limit Pricing neue Anbieter abzuwehren. In der *Ausreifungsphase* des Marktes entsteht mit der Kenntnis über die oligopolistische Interdependenz und die preispolitischen Möglichkeiten auch die Bereitschaft der vorhandenen Anbieter, den Marktzutritt neuer Anbieter zu verhindern. Insbesondere für diese Phase ist die Theorie der „barriers to entry" relevant. In der *Stagnations- und Rückbildungsphase* ist die Bereitschaft, in den Markt einzudringen, ohnehin gering, so dass die Bedeutung von Zutrittshemmnissen abnimmt.

Kapitel V.

Theorie der Faktormärkte und der Märkte für erschöpfbare Ressourcen

A. Einführung

Faktoren lernten wir in Kap. II aus der Sicht des Unternehmens kennen. Wir unterschieden dort fixe und variable Faktoren: Fixe Faktoren sind solche, die durch Investition des Unternehmens in der Form des Produktionsapparates entstehen, dessen Leistungsabgaben in den Produktionsprozess sich über mehrere Perioden verteilen. Der Produktionsapparat ist eine Bestandsgröße, seine Leistungsabgaben sind Stromgrößen. Variable Faktoren sind solche, die in der Periode ihrer Beschaffung in die Produktion eingehen, deren Beschaffungsmengen (das sind Stromgrößen) daher der Produktionsmenge einer Periode angepasst werden können.

In *Abschn. B* dieses Kapitels behalten wir die Sichtweise des Unternehmens bei. Wir kommen dort auf den optimalen Einsatz variabler Faktoren bei verschiedenen Marktformen auf Absatz- und Beschaffungsmärkten zurück und betrachten vergleichend die Zusammenhänge zwischen Faktorpreis und Grenzproduktivität. In *Abschn. C* befassen wir uns mit Grundsatzproblemen der volkswirtschaftlichen Produktionsfaktoren Arbeit, Sachkapital und Boden. Auch hier ist die Unterscheidung von Faktorbeständen und deren Leistungsabgaben oder Nutzungen wichtig; auch hier kann die Bildung der Bestände als Investitionsvorgang aufgefasst werden, der jedoch nicht auf Unternehmen beschränkt ist, sondern ebenso von Haushalten durchgeführt werden kann. Gegenstand der Betrachtung sind also Faktorbestände an Arbeit, Sachkapital und Boden, entweder bei den Unternehmen oder bei den Haushalten, und deren durch Stromgrößen gemessene Leistungsabgabe oder Nutzung. Für jeden Faktor bzw. jede Faktorvariante gibt es einen *Bestandspreis* und einen *Nutzungspreis*, deren Beziehungen zum Zinssatz und zur Faktorrente, auch unter Berücksichtigung der Faktormobilität, aufzuzeigen sind. Ferner ist auf Sonderprobleme des Arbeitsmarktes einzugehen. *Abschn. D* behandelt schließlich jene Produktionsfaktoren, deren Faktorbestände nicht durch Reinvestition regeneriert werden können, die man daher als *erschöpfbare Ressourcen* bezeichnet. Bezüglich solcher Faktoren stellt sich das Problem, ihre Leistungsabgabe in näher zu definierender, optimaler Weise über die Zeit zu verteilen.

B. Faktorpreis und Grenzproduktivität

1. Allgemeine Formulierung der Bedingungen für den optimalen Einsatz variabler Faktoren

In Kap. II.D.2 diskutierten wir den optimalen Einsatz variabler Faktoren unter der Voraussetzung eines gegebenen Güterpreises und gegebener Faktorpreise. Unter Berücksichtigung der Überlegungen in Teil B des vorigen Kapitels wollen wir nun die Bedingungen für den Fall verallgemeinern, dass sich ein Unternehmen auf dem Absatz- und/oder dem Beschaffungsmarkt einer nicht notwendigerweise völlig elastischen Nachfrage- bzw. Angebotsfunktion gegenübersieht. Wir unterstellen wieder eine substitutionale Produktionsfunktion $y=g(r_1,r_2)$ mit zwei variablen Produktionsfaktoren. (Einige Besonderheiten bei limitationalen Produktionsfunktionen berücksichtigen wir damit nicht.) Der Gewinn G ist die Differenz zwischen dem Wert der Produktion W und den Ausgaben A_1 und A_2 für die variablen Faktoren r_1 und r_2 sowie den Fixkosten F:

$$G = W - A_1 - A_2 - F. \tag{1}$$

Der Wert der Produktion ist eine Funktion der Produktionsmenge y und damit letztlich von r_1 und r_2:

$$W = W(y) = W(g(r_1, r_2)). \tag{2}$$

Die Ausgaben für einen variablen Faktor sind jeweils eine Funktion der Einsatzmenge dieses Faktors:

$$A_1 = A_1(r_1) \quad \text{und} \quad A_2 = A_2(r_2). \tag{3}$$

Wir differenzieren nun (1) unter Beachtung von (2) und (3) partiell und setzen die Ableitungen gleich null:

$$\frac{\partial G}{\partial r_1} = \frac{dW}{dy} g_1 - \frac{dA_1}{dr_1} = 0,$$

$$\frac{\partial G}{\partial r_2} = \frac{dW}{dy} g_2 - \frac{dA_2}{dr_2} = 0. \tag{4}$$

Dies sind die *Bedingungen 1. Ordnung* für die gewinnmaximierenden Faktoreinsatzmengen. Auf die Diskussion der Bedingungen 2. Ordnung verzichten wir wieder.

Der Wert der Produktion ergibt sich als $W = py$. Bei Mengenanpassung auf dem Absatzmarkt ist der Produktpreis p eine als konstant betrachtete Größe; in anderen Fällen variiert er gemäß einer Preis-Absatz-Funktion mit y: $p=p(y)$. Wir können den ersteren Fall als Grenzfall eines variablen Preises p (Preiselastizität = unendlich) auffassen und dementsprechend den Grenzwert der Produktion durch die AMOROSO-ROBINSON-Formel ausdrücken (vgl. dazu auch (IV.B.4) bis (IV.B.6)):

$$\frac{dW}{dy} = p + \frac{dp}{dy} y = p\left(1 + \frac{dp}{dy} \frac{y}{p}\right) = p\left(1 + \frac{1}{\eta_{yp}}\right). \tag{5}$$

Hier ist η_{yp} die Elastizität der Nachfrage bzw. des Absatzes in Bezug auf den Preis.

Die Ausgaben für Faktor i sind definiert als $A_i = q_i r_i$. Bei Mengenanpassung auf dem Beschaffungsmarkt wird der Faktorpreis q_i als konstante Größe betrachtet; in anderen Fällen verändert er sich gemäß einer *Preis-Beschaffungs-Funktion* mit r_i, also gemäß $q_i = q_i(r_i)$. Indem wir den ersteren Fall wieder als Grenzfall eines variablen Preises q_i interpretieren, können wir die Grenzausgaben für Faktor i ebenfalls durch die AMOROSO-ROBINSON-Formel mit Hilfe der Elastizität des Faktorangebots bzw. der -beschaffung in Bezug auf den Preis ausdrücken (vgl. dazu auch (IV.B.45) und (IV.B.46)):

$$\frac{dA_i}{dr_i} = q_i + \frac{dq_i}{dr_i} r_i = q_i\left(1 + \frac{dq_i}{dr_i} \frac{r_i}{q_i}\right) = q_i\left(1 + \frac{1}{\eta_{r_i q_i}}\right), \quad i = 1, 2. \tag{6}$$

Aus den Bedingungen 1. Ordnung (4) erhalten wir unter Berücksichtigung von (5) und (6):

$$p\left(1 + \frac{1}{\eta_{yp}}\right) g_i = q_i\left(1 + \frac{1}{\eta_{r_i q_i}}\right). \tag{7}$$

2. Vergleich früher behandelter Fälle

Die folgenden speziellen Fälle dieser Bedingungen behandelten wir in früheren Kapiteln:

1. Fall: Das Unternehmen verhält sich auf dem *Absatzmarkt* und auf den *Beschaffungsmärkten* als *Mengenanpasser*. Unter dieser Annahme argumentierten wir in Kap. II über die Theorie des Unternehmens. Das Unternehmen betrachtet die Preise auf dem Absatzmarkt und den Beschaffungsmärkten als Daten; die Nachfragefunktion für das von ihm abzusetzende Produkt und die Angebotsfunktionen für die von ihm zu beschaffenden Faktoren erscheinen ihm als Parallelen zur Abszisse; die Elastizitäten $\eta_{r_i q_i}$ dieser Funktionen sind mithin unendlich. Aus (7) werden dann die unmittelbar einleuchtenden Bedingungen

$$p g_i = q_i, \quad i = 1, 2 \tag{8}$$

oder äquivalent:

$$g_i = \frac{q_i}{p}, \quad i = 1, 2, \tag{9}$$

die wir auch unter (II.D.11a/b) ableiteten: Nach (8) muss im Gewinnmaximum der Wert des Grenzprodukts eines jeden Faktors gleich dem Faktorpreis sein; (9) bringt zum Ausdruck, dass im Gewinnmaximum die Faktoren nach ihren Grenzproduktivitäten real entlohnt werden. Im Folgenden werden wir q_i/p auch *Reallohnsatz* (statt *realen Faktorpreis*) nennen, wie es für den wichtigen Inputfaktor r_i = Arbeit angemessen ist.

2. *Fall:* Das Unternehmen steht auf dem *Absatzmarkt* einer fallenden *Preis-Absatz-Funktion* gegenüber (Monopol oder monopolistische Konkurrenz auf dem Absatzmarkt), auf den *Beschaffungsmärkten* verhält es sich als *Mengenanpasser*. Ein Verhalten als Mengenanpasser auf den Beschaffungsmärkten war stets unterstellt, wenn wir mit einer gegebenen Kostenfunktion argumentierten, denn die Kostenfunktion leiteten wir in Kap. II für gegebene Faktorpreise ab. Im hier untersuchten Fall sind die Elastizitäten der zu beschaffenden Faktormengen in Bezug auf die Faktorpreise unendlich. Aus (7) folgt dann:

$$p\left(1+\frac{1}{\eta_{yp}}\right)g_i = q_i, \quad i=1,2 \qquad (10)$$

oder äquivalent

$$\left(1+\frac{1}{\eta_{yp}}\right)g_i = \frac{q_i}{p}, \quad i=1,2. \qquad (11)$$

Wegen negativer Steigung der Preis-Absatz-Funktion gilt $0 > \eta_{yp} > -\infty$. Daher ist der Ausdruck in Klammern kleiner als eins, so dass nach (10) der reale Faktorpreis auch hier kleiner als die Grenzproduktivität des Faktors ist. Die Realentlohnung q_i/p des Faktors i bleibt um so stärker hinter der Grenzproduktivität zurück, je unelastischer die Preis-Absatz-Funktion in dem bei der gewinnmaximierenden Absatzmenge realisierten Punkt ist. Man beachte, dass $1/\eta_{yp}$ nie kleiner als -1 (der Klammerausdruck in (10/11) also nie negativ) werden kann, da die Gewinnmaximierungsbedingung „Grenzerlös = Grenzkosten" nur im Bereich positiver Grenzerlöse, also im Elastizitätsbereich $\eta_{yp} < -1$ („links vom Punkt mit der Elastizität -1"), erfüllt sein kann.

3. *Fall:* Das Unternehmen verhält sich auf dem *Absatzmarkt* als *Mengenanpasser,* auf den *Beschaffungsmärkten* steht es steigenden *Preis-Beschaffungs-Funktionen* gegenüber (Situation eines Nachfragemonopols, vgl. Kap. IV.B.3). Hier erscheint dem Unternehmen die Nachfragefunktion für das abzusetzende Produkt wieder parallel zur Abszisse verlaufend, so dass die Preiselastizität des Absatzes unendlich ist. Aus (7) ergibt sich dann

$$pg_i = q_i\left(1+\frac{1}{\eta_{r_iq_i}}\right), \quad i=1,2 \qquad (12)$$

oder äquivalent

$$\frac{g_i}{1+\dfrac{1}{\eta_{r_iq_i}}} = \frac{q_i}{p}, \quad i=1,2. \qquad (13)$$

B. Faktorpreis und Grenzproduktivität

Wegen der positiven Steigung der Preis-Beschaffungs-Funktion gilt für $i=1,2$: $0 < \eta_{r_i q_i} < \infty$. Deshalb ist in (13) der Wert des Bruchs auf der linken Seite kleiner als g_i. Er liegt um so stärker unter dem Wert von g_i, je kleiner $\eta_{r_i q_i}$ ist. (13) sagt also aus, dass der Reallohnsatz q_i/p des Faktors i um so stärker hinter der Grenzproduktivität des Faktors i zurückbleibt, je unelastischer die Preis-Beschaffungs-Funktion für diesen Faktor in dem bei der gewinnmaximierenden Faktoreinsatzmenge realisierten Punkt ist.

4. Fall: Das Unternehmen steht auf dem *Absatzmarkt* einer fallenden *Preis-Absatz-Funktion* und auf den *Beschaffungsmärkten* steigenden *Preis-Beschaffungs-Funktionen* gegenüber. (Ein Beispiel dafür wurde in Kap. IV.B.4.c behandelt (dort: Unternehmen 1): Das nachfragende Unternehmen des bilateralen Monopols ist auf seinem Absatzmarkt Monopolist; für es gilt dort eine fallende Preis-Absatz-Funktion. Verhält es sich auf seinem Beschaffungsmarkt ebenfalls als Monopolist, während sein Marktpartner als Mengenanpasser handelt, dann gilt für es dort eine steigende Preis-Beschaffungs-Funktion, die in Abb. IV.B.14 gleich der durch P^1 und S verlaufenden Geraden ist.) In diesem Fall ist keine der Elastizitäten unendlich, und die allgemeine Formel (7) vereinfacht sich nicht:

$$p\left(1 + \frac{1}{\eta_{yp}}\right) g_i = q_i \left(1 + \frac{1}{\eta_{r_i q_i}}\right), \quad i=1,2 \qquad (14)$$

oder äquivalent

$$\frac{1 + \dfrac{1}{\eta_{yp}}}{1 + \dfrac{1}{\eta_{r_i q_i}}} g_i = \frac{q_i}{p}, \quad i=1,2. \qquad (15)$$

Der Zähler des Bruchs auf der linken Seite von (15) ist, wie beim 2. Fall dargelegt, kleiner als eins, aber niemals negativ. Der Nenner ist größer als eins, der ganze Bruch mithin kleiner als eins. Der Reallohnsatz q_i/p des Faktors i bleibt um so stärker hinter der Grenzproduktivität des Faktors zurück, je unelastischer die Preis-Absatz-Funktion und die Preis-Beschaffungs-Funktionen bei den gewinnmaximierenden Mengen sind.

Es zeigt sich, dass der Reallohnsatz eines Faktors nur im 1. Fall – Mengenanpassung bzw. vollständige Konkurrenz auf dem Absatzmarkt und den Beschaffungsmärkten – die Grenzproduktivität des Faktors erreicht, während in den übrigen Fällen der Reallohnsatz hinter der Grenzproduktivität zurückbleibt. Man spricht im 2. Fall von *angebotsmonopolistischer* oder einfach *monopolistischer Ausbeutung,* im 3. Fall von *nachfragemonopolistischer* oder *monopsonistischer Ausbeutung* und im 4. Fall von einer *doppelten* (monopsonistischen und monopolistischen) *Ausbeutung* des Faktors. Dieser *grenzproduktivitätstheoretische Ausbeutungsbegriff* unterscheidet sich selbstverständlich von dem *marxistischen arbeitswerttheoretischen.*

> ***Marxistischer Begriff der Ausbeutung der Arbeit***: Im Marxismus wird unter Ausbeutung der Arbeit folgendes verstanden: Die Bereitstellung des Faktors Arbeit erfordert die sog. *Reproduktionskosten* der Arbeit, also Kosten für Wohnen, Kleidung, Essen usw. Durch den Einsatz der Arbeit im Produktionsprozess werden Werte geschaffen, die höher sind als diese Reproduktionskosten. Die Ausbeutung der Arbeit besteht darin, dass der *Kapitalist* sich die Differenz, den *Mehrwert*, aneignet, indem er die Arbeit nur mit ihren Reproduktionskosten entlohnt.

Das Zurückbleiben des Reallohnsatzes hinter der Grenzproduktivität in den Fällen 2 bis 4 könnte dann für einen Faktor unerheblich sein, wenn der Faktor im Gewinnmaximum wegen geringerer Einsatzmenge eine höhere Grenzproduktivität als im Fall 1 hat. Sein Reallohnsatz läge dann zwar unterhalb der Grenzproduktivität, wäre aber immer noch höher als der bei vollständiger Konkurrenz.

Das ist aber nicht der Fall. Im *Fall 2* (Monopol auf dem Absatzmarkt) ist der Produktpreis $p^{(2)}$ grundsätzlich höher, als er bei Konkurrenz wäre (p^{Kk}), so dass die Realentlohnung im Fall 2 stets niedriger ist als bei Konkurrenz:

$$q_i/p^{(2)} < q_i/p^{Kk}. \tag{16}$$

Das gilt, obwohl im Fall 2 weniger produziert wird und somit die Grenzproduktivität von Faktor i $g_i^{(2)}$ größer sein kann als bei Konkurrenz (g_i^{Kk}), denn aus (16) zusammen mit (9/11) ergibt sich:

$$g_i^{(2)}\left(1+\frac{1}{\eta_{yp}}\right) < g_i^{Kk}, \tag{17}$$

und man erkennt, dass eine größere Grenzproduktivität $g_i^{(2)}$ durch den Klammerausdruck in (17) stets überkompensiert wird.

Ähnlich ist in *Fall 3* (Nachfragemonopol auf dem Beschaffungsmarkt) der Faktorpreis $q_i^{(3)}$ niedriger als er bei Konkurrenz wäre (q_i^{Kk}), so dass auch hier für die Realentlohnung gilt:

$$q_i^{(3)}/p < q_i^{Kk}/p. \tag{18}$$

Dies gilt, obwohl in Fall 3 weniger von Faktor i eingesetzt wird und somit seine Grenzproduktivität $g_i^{(3)}$ größer sein kann als bei Konkurrenz, denn wie die Beziehung

$$g_i^{(3)}\bigg/\left(1+\frac{1}{\eta_{r_iq_i}}\right) < g_i^{Kk}, \tag{19}$$

die sich aus (18) zusammen mit (9/13) ergibt, zeigt, wird eine größere Grenzproduktivität $g_i^{(3)}$ durch den Klammerausdruck in (19) stets überkompensiert.

B. Faktorpreis und Grenzproduktivität

Beim Vergleich von *Fall 4* mit der Konkurrenzsituation ist schließlich von $p^{(4)} > p^{Kk}$ und $q_i^{(4)} < q_i^{Kk}$ auszugehen, so dass

$$q_i^{(4)} \big/ p^{(4)} \;\; < \;\; q_i^{Kk} \big/ p^{Kk} \tag{20}$$

gilt. Sollte in Fall 4 im Gewinnmaximum $g_i^{(4)}$ größer sein als g_i^{Kk}, so wird dies gemäß

$$g_i^{(4)} \left((1 + \frac{1}{\eta_{yp}}) \right) \bigg/ \left((1 + \frac{1}{\eta_{r_i q_i}}) \right) \;\; < \;\; g_i^{Kk}, \tag{21}$$

in dem der erste Klammerausdruck kleiner und der zweite Klammerausdruck größer als eins ist, überkompensiert.

Auch unter Berücksichtigung eventuell unterschiedlicher Grenzproduktivitäten eines Faktors in verschiedenen Marktformen bleibt es somit bei den Aussagen über die grenzproduktivitätstheoretische Ausbeutung. Diese wird allein durch die vergleichsweise Höhe der Absatzpreise bzw. der Faktorpreise in den verschiedenen Marktformen entschieden. – Wir werden in Abschn. C.6 auf Lohntheorien hinweisen, die eine reale Entlohnung der Arbeit, die höher ist als ihre Grenzproduktivität, zum Inhalt haben.

3. Die Bedeutung gewerkschaftlicher Mindestlohnsatzpolitik

In den vier im Vorabschnitt untersuchten Fällen wird für die Beschaffungsmärkte auf Seiten der Faktoranbieter stets ein Verhalten als Mengenanpasser vorausgesetzt. Wir erläutern nun die Faktorpreisbildung unter der Annahme, dass sich die Anbieter zu einem Kartell mit einheitlichem Preis zusammengeschlossen haben. Weil das Beispiel nahe liegt, argumentieren wir im Folgenden mit einem *Arbeitsmarkt*, auf dem die Anbieter von Arbeit einer bestimmten Art und Qualität in einer Gewerkschaft organisiert sind; die Argumente sind jedoch für jeden beliebigen Faktor anwendbar. Wir gehen davon aus, dass die unter der Voraussetzung der Mengenanpassung abgeleitete Arbeitsangebotskurve L^A des betrachteten Marktes positive Steigung hat (vgl. Abb. 1). Bei gewerkschaftlichem Zusammenschluss steht es in der Macht der Gewerkschaft, einen Mindestlohnsatz q_l^{min} festzulegen und damit eine Arbeitsangebotskurve in Kraft zu setzen, die in Höhe dieses Lohnsatzes parallel zur Abszisse bis zu dem Punkt verläuft, an dem die Parallele die Arbeitsangebotskurve für die Verhaltensweise der Mengenanpassung schneidet (D in Abb. 1). Von diesem Punkt ab gilt die letztere Arbeitsangebotskurve, so dass die gesamte Arbeitsangebotskurve durch den Kurvenzug *OBCDE* dargestellt wird.

Zunächst unterstellen wir, dass sich die Nachfrager auf dem Faktormarkt als Mengenanpasser verhalten. Dann gilt die in Abb. 1 als L^N eingezeichnete Faktornachfragekurve. Die gleichgewichtige Preis-Mengen-Kombination bei vollständiger Konkurrenz (ohne Mindestlohnfestsetzung) wäre $P = (q_l^*, r_l^*)$. Setzt die Ge-

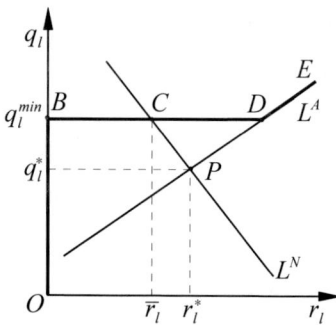

Abb. 1: Mindestlohnpolitik bei Konkurrenz auf der Arbeitsnachfrageseite

werkschaft den Mindestlohn $q_l^{\min}$ fest, so ist P nicht zu realisieren, da beim Preis q_l^* keine Arbeit angeboten wird. Als Schnittpunkt von Angebots- und Nachfragekurve ergibt sich jetzt vielmehr $C = (q_l^{\min}, \bar{r}_l)$, es wird also weniger Arbeit eingesetzt als im Konkurrenzgleichgewicht. Ob die Lohnsumme bei Mindestlohnfestsetzung $(q_l^{\min} \cdot \bar{r}_l)$ größer ist als diejenige bei Konkurrenz $(q_l^* \cdot r_l^*)$, hängt vom Verlauf der Arbeitsnachfragefunktion ab: Gelten für die Elastizität der Arbeitsnachfrage in Bezug auf den Lohnsatz, $\eta_{r_l q_l}$, im Bereich CP Werte zwischen 0 und -1, dann bleibt die relative Mengenabnahme hinter der relativen Lohnsatzzunahme zurück, und die Lohnsumme $q_l^{\min} \cdot \bar{r}_l$ ist größer als $q_l^* \cdot r_l^*$. Hier erweist sich ein Übergang von P nach C als günstig für den Faktor Arbeit, denn die ohne Gewerkschaft beschäftigte Arbeit r_l^* kann dadurch im Durchschnitt besser entlohnt werden. Der Vorteil könnte den bisher beschäftigten Arbeitskräften z. B. durch verminderte Wochenarbeitszeit bei höherem Wochenlohn zugute kommen. Liegt hingegen die Elastizität im Bereich CP zwischen -1 und $-\infty$, dann ist die Lohnsumme $q_l^{\min} \cdot \bar{r}_l$ kleiner als $q_l^* \cdot r_l^*$, so dass die bisher beschäftigte Arbeit r_l^* im Durchschnitt finanziell schlechter gestellt wird. Eine Gewerkschaftspolitik, die von der Situation P wegführt, bewirkt dann eine verminderte Beschäftigung, die mit finanziellen Einbußen verbunden ist, was kaum das Ziel eines gewerkschaftlichen Zusammenschlusses sein kann.

Wir gehen nun davon aus, dass für den Nachfrager oder die Gesamtheit der Nachfrager (also etwa den Arbeitgeberverband) eine Preis-Beschaffungs-Funktion gilt, mithin ein Nachfragemonopol oder Monopson vorliegt. Wir beschränken uns dabei wie in Kap. IV.B.3 auf den Fall *nur eines* variablen Faktors. Bei gegebenem Produktpreis (Mengenanpasserverhalten der Unternehmen auf dem Absatzmarkt) und nicht gewerkschaftlich organisiertem Arbeitsangebot liegt dann die schon in Kap. IV.B.3 beschriebene Situation vor (vgl. Abb. IV.B.12, die in Abb. 2 wieder aufgenommen wird): Die Unternehmen realisieren (ohne gewerkschaftliche Mindestlohnpolitik) diejenige Arbeitsnachfrage, bei der der Wert des Faktorgrenzprodukts $W'(r_l) = pg'(r_l)$ gleich den Grenzausgaben für Arbeit $A'(r_l) = d(r_l \cdot q_l(r_l))/dr_l$ ist. In Abb. 2 ist die Gleichheit von W' und A' in Q gegeben; die in dieser Situation realisierte Preis-Mengen-Kombination (q_l^*, r_l^*) wird durch den Punkt P der

B. Faktorpreis und Grenzproduktivität

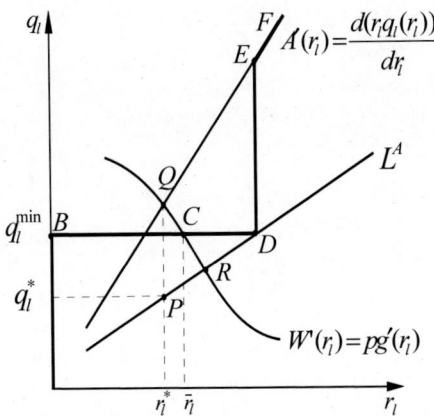

Abb. 2: Mindestlohnpolitik gegenüber monopsonistischer Arbeitsnachfrage

Arbeitsangebotsfunktion L^A verkörpert, sie entspricht der in Abschn. 2 unter Fall 3 besprochenen monopsonistischen Ausbeutung der Arbeit.

Wir unterstellen jetzt gewerkschaftliche Organisation der Arbeitnehmerseite mit Mindestlohnpolitik und wollen im Folgenden annehmen, dass es der Gewerkschaft gelingt, einen Mindestpreis $q_l^{\min}$ festzusetzen, an den die Unternehmen sich mit ihrer Arbeitsnachfrage anpassen. In der Terminologie von Kap. IV.B.4 über das bilaterale Monopol ist dann die Gewerkschaft (Angebots-) Monopolist und die Unternehmensseite Mengenanpasser auf dem Arbeitsmarkt.

Die Grenzausgaben für Arbeit sind beim Mindestlohn $q_l^{\min}$ (vgl. Abb. 2) bis zur Arbeitsmenge, die dem Punkt D entspricht, konstant gleich dem Mindestlohn; für größeren Arbeitseinsatz würden sich die Grenzausgaben wieder gemäß der doppelt so steil wie die Arbeitsangebotsfunktion L^A verlaufenden (vgl. IV.B.47/49) A'-Kurve bestimmen. Die Grenzausgaben werden beim Mindestlohn $q_l^{\min}$ also durch den Kurvenzug $OBCDEF$ bestimmt. Sein Schnittpunkt C mit der W'-Kurve des Wertes des Grenzprodukts der Arbeit ergibt die Beschäftigung $\bar{r}_l$.

In C ist der Faktor Arbeit besser gestellt, insoweit als Beschäftigung und Lohnsatz höher sind als in P. Insbesondere ist die Lohnsumme $q_l^{\min} \cdot \bar{r}_l$ in C größer als in $P(q_l^* \cdot r_l^*)$. Dass durch Mindestlohnpolitik der Gewerkschaft bei monopsonistischer Arbeitsnachfrage die Situation der Arbeit stets verbessert werden kann, liegt an der monopsonistischen Ausbeutung der Arbeit, die durch Mindestlohnpolitik beseitigt werden kann. So führt jeder Mindestlohn, der größer ist als der zu Punkt R gehörende Lohnsatz, zu Gleichung (8/9) anstelle von (12/13), also zu einer Realentlohnung der Arbeit gemäß ihrem Grenzprodukt.

Wenn – anders als bisher unterstellt – die Unternehmen auf dem Absatzmarkt einen monopolistischen Spielraum bei der Preissetzung $p=p(y)=p(g(r_l))$ haben, sind unsere bisherigen Überlegungen etwas zu modifizieren: Die W'-Kurve in

Abb. 2 ist jetzt zu interpretieren als *Grenz*wert des Grenzprodukts der Arbeit, also als

$$W'(r_l) = \frac{d[p(g(r_l))g(r_l)]}{dr_l}. \tag{22}$$

Mit dieser Modifikation stellt wiederum P das Arbeitsmarktgleichgewicht ohne gewerkschaftlichen Zusammenschluss dar, das in diesem Zusammenhang monopolistische *und* monopsonistische Ausbeutung der Arbeit impliziert, vgl. Fall 4 im vorigen Abschnitt. Ein gewerkschaftlich durchgesetzter Mindestlohn q_l^{min} führt wiederum zu Punkt C. In C ist im jetzt unterstellten Zusammenhang die monopsonistische Ausbeutung der Arbeit beseitigt, nicht aber die aus dem Absatzmarkt herrührende monopolistische Ausbeutung.

C. Die Produktionsfaktoren Arbeit, Sachkapital und Boden

1. Faktorbestände, Faktornutzungen, Faktorvarianten

Der Produktionsfaktor *Arbeit* als *Bestandsgröße* umschreibt volkswirtschaftlich den Bestand an Arbeitskräften. Mengenmäßig ist das die Zahl der (beschäftigten oder zeitweise nicht beschäftigten) Erwerbspersonen oder das Arbeitskräftepotential. In einer Sklavenwirtschaft gibt es für Arbeitskräfte einen Markt und dementsprechend einen Preis. Die Abschaffung der Sklaverei bedeutet ein Verbot solcher Märkte (gewisse Restformen haben sich allerdings erhalten im Handel mit Berufsfußballspielern zwischen Fußballvereinen bzw. deren Mäzenen). Mit dem Produktionsfaktor *Arbeit* als *Stromgröße* sind die vom Arbeitskräftepotential pro Periode in den Produktionsprozess abgebbaren Arbeitsleistungen oder Nutzungen gemeint. Für Arbeitsleistungen verschiedener Art und Qualität gibt es Arbeitsmärkte, an denen die Mengen in Arbeitsstunden gemessen und die Faktornutzungspreise in *Lohnsätzen* ausgedrückt werden.

Unter dem Produktionsfaktor *Sachkapital* ist als *Bestandsgröße* jener Teil des Produktivvermögens einer Volkswirtschaft zu verstehen, der aus Gebäuden, Maschinen, Geräten, Beschaffungs- und Absatzlagervorräten und ähnlichen Sachgegenständen besteht, die man auch *produzierte Produktionsmittel* nennt. Der Produktionsfaktor *Boden* umfasst als *Bestandsgröße* das Produktivvermögen in der Form von industriell oder landwirtschaftlich genutzten Bodenflächen, daneben auch die nicht produktiv genutzten Böden einer Volkswirtschaft. Für die einzelnen Arten und Qualitäten von Sachkapital und Boden als Bestandsgrößen kann es grundsätzlich Märkte geben, auf denen Mengen, ausgedrückt in den jeweiligen Einheiten wie Stück oder Quadratmetern, zu den entsprechenden Faktorbestandspreisen getauscht werden. Soweit Bestände an Sachkapital und Boden Bestandteil des Produktivvermögens von Unternehmen sind, kann es auch Märkte für bestimmte Anteile an diesem Produktivvermögen geben. Hier ist insbesondere an Unternehmen wie Aktiengesellschaften zu denken, bei denen Management und Eigentum getrennt sind und deren Eigentumsanteile in der Form von Aktien auf Wertpapiermärkten gehandelt werden. Aktiengesellschaften sind als juristische Personen zwar im rechtlichen Sinn Eigentümer ihres Produktivvermögens; wirtschaftliche Eigentümer sind jedoch die Aktionäre. Im Kurswert einer Aktie kommen unter anderem die Faktorbestandspreise der im Produktivvermögen des Unternehmens enthaltenen Faktorbestände zum Ausdruck.

Mit den Produktionsfaktoren *Sachkapital* und *Boden* als *Stromgrößen* sind deren pro Periode in den Produktionsprozess abgebbaren Leistungen oder Nutzungen gemeint. Soweit die entsprechenden Faktorbestände zum Produktionsapparat eines Unternehmens gehören, vollzieht sich die Leistungsabgabe oder Nutzung innerhalb des Unternehmens, also nicht über einen Markt, auf dem Mengen zu Preisen umgesetzt werden; vielmehr ist es notwendig, die Leistungsabgabe oder Nutzung der Bestände ersatzweise buchhalterisch durch Abschreibungen anzusetzen. Allerdings gibt es auch Märkte für die periodenweise Nutzung von Sachkapital oder Boden, beispielsweise in der Form des „Leasing"; die Faktornutzungspreise heißen dann „Miete" oder „Pacht". In der theoretischen Literatur wird der Preis für die Nutzung von Sachkapital als dessen *Verzinsung*, der für die Nutzung von Boden als dessen *Bodenrente* bezeichnet.

Die Unterscheidung der Produktionsfaktoren Arbeit, Sachkapital und Boden (als Bestands- oder Stromgrößen) ist, was die ökonomische *Funktion* angeht, eher gradueller als grundsätzlicher Natur. In einer entwickelten Volkswirtschaft ist Arbeit nicht „Arbeit in einem ursprünglichen Sinne"; vielmehr ist stets mehr oder weniger ausgebildete oder qualifizierte Arbeit gemeint. Bestände an Sachkapital entstehen durch Investitionen in Sachkapital, Bestände an ausgebildeter Arbeit durch Investitionen in „Humankapital" oder Bildungs- bzw. Ausbildungsinvestitionen. Analog ist Boden nicht „jungfräulicher Boden"; vielmehr sind die Böden stets gerodet, bewässert, kanalisiert oder auf andere Weise bearbeitet. Auch der jeweilige volkswirtschaftliche Bestand an Böden ist mithin das Ergebnis von Investitionen. In einem weiteren Sinne umfasst das reale Kapital einer Volkswirtschaft alle Bestände an den genannten Faktoren; Sachkapital wird allein, Arbeit und Boden werden teils durch Investitionen gebildet.

Die volkswirtschaftlichen Produktionsfaktoren Arbeit, Sachkapital und Boden werden in der Produktion praktisch aller Güter benötigt. Für jeden der Faktoren sind verschiedene Arten und Qualitäten zu unterscheiden. Selbst wenn es für einen Faktor keine natürlichen Unterschiede gäbe, wenn wir also von homogener „Arbeit in einem ursprünglichen Sinne" oder, bezüglich Land mit physisch gleicher Bodenfläche, von homogenem Boden ausgehen könnten, müssten wir für jede entwickelte Volkswirtschaft eine *bereits erfolgte Differenzierung der Produktionsfaktoren* in ein breites Spektrum von *Arten und Qualitäten* unterstellen. Diese Differenzierung ist nicht nur Ausdruck regelmäßig vorhandener natürlicher Unterschiede; sie ist vor allem das Ergebnis bewusst durchgeführter Investitionen, mit denen Faktorbestände bestimmter Art und Qualität geschaffen werden. Durch

(Aus-) Bildungsinvestitionen differenziert sich der Faktor Arbeit über natürliche Unterschiede hinaus in Arbeitsarten und -qualitäten. Der Faktor Sachkapital wird von vornherein in der Form verschiedenartigster Maschinen, Ausrüstungsgegenstände usw. gebildet. Durch Investitionen für Rodung, Bewässerung usw. werden natürliche Bodenunterschiede weiter differenziert. Für jeden der Produktionsfaktoren haben wir dementsprechend eine große Zahl von *Faktorvarianten* zu unterscheiden, und zwar jeweils für Faktorbestand und Faktornutzung, mit einer durch Investitionen im Allgemeinen *erhöhten Effizienz,* aber oftmals *verminderten Verwendungsbreite.*

Prinzipiell kann für jede Faktorvariante ein Faktorbestands- und ein Faktornutzungsmarkt existieren. Erfüllt ein solcher Markt die Bedingungen der vollständigen Konkurrenz, dann gibt es auf ihm nur einen Faktorpreis. Herrscht dagegen beispielsweise monopolistische Nachfragekonkurrenz, gekennzeichnet durch Präferenzbindungen der Anbieter an die Nachfrager, dann sind auf einem solchen Markt verschiedene Faktorpreise möglich. *Faktorpreisunterschiede* sind also zum einen auf die hinsichtlich Art und Qualität grundsätzlich *verschiedenen Varianten* eines volkswirtschaftlichen Produktionsfaktors, zum anderen auf *unvollständige Konkurrenz* an den einzelnen Märkten für diese Varianten zurückzuführen.

2. Ein Zusammenhang zwischen Faktorbestandspreis, Faktornutzungspreis und Zinssatz: Das Renditeausgleichstheorem

Bildungsinvestitionen der Haushalte und Investitionen der Unternehmen (diese betreffen vor allem Sachkapital und Böden) untersuchten wir in Kap. I.D.2 und Kap. II.H getrennt; sie können jedoch unter einheitlichem Gesichtspunkt betrachtet werden. Bei der Frage einer Bildungsinvestition ging es in unseren vereinfachenden Beispielen darum, ob der Haushalt seinen Nutzen steigert, wenn er in Periode t Teile seiner Arbeitszeit und damit seines möglichen Einkommens in (Aus-) Bildung investiert, wodurch sich sein Einkommen in Periode $t+1$ erhöht. Bei Investitionen der Unternehmen ging es um den Aufbau des Produktionsapparates durch Investitionen mit positivem Kapitalwert. In beiden Fällen wird mit Investitionen die Maximierung einer Zielgröße verfolgt; beim Haushalt soll ein von gegenwärtigem und zukünftigem Konsum oder Einkommen abhängender Gegenwartsnutzen maximiert werden, beim Unternehmen ist die Maximierung des von gegenwärtigen und zukünftigen Nettoeinnahmen $b_t - a_t$ abhängenden Kapital- oder Gegenwartswertes aller vom Unternehmen durchgeführten Investitionen das Ziel. Diese Zielsetzungen entsprechen in der Mehrperiodenanalyse den Zielsetzungen der Nutzenmaximierung des Haushalts bzw. der Gewinnmaximierung des Unternehmens in der Einperiodenanalyse.

Lassen wir in diesem Abschnitt die Unterschiede der Mehrperioden-Zielgrößen von Haushalt und Unternehmen unberücksichtigt, betrachten wir vielmehr auch den Haushalt als Kapitalwertmaximierer, so können wir unter vereinfachenden Voraussetzungen Zusammenhänge zwischen Faktorbestandspreisen, Faktornutzungspreisen und dem Zinssatz aufzeigen. Wir gehen von der Definitionsgleichung für den Kapitalwert einer Investition (II.H.1) aus; es sollen folgende Voraussetzungen gelten:

(1) Es gebe keine Unsicherheit und kein Risiko hinsichtlich zukünftiger Einnahmen und Ausgaben; der Kalkulationszinssatz k unterscheidet sich nicht vom Marktzinssatz i.

(2) Für jeden Faktorbestand F sei der Strom der periodenweisen Überschüsse der Einnahmen b_{F_t} über die Ausgaben a_{F_t} im Zeitablauf konstant und erstrecke sich über einen unendlich langen Zeitraum; er erbringe die (konstante) ewige Rente, $c_F = b_{F_t} - a_{F_t}$, $t=1, ..., \infty$. Für den Kapitalwert C_{F_0} gilt dann:

$$C_{F_0} = -a_{F_0} + \frac{c_F}{1+i} + \frac{c_F}{(1+i)^2} + \ldots + \frac{c_F}{(1+i)^t} + \ldots$$
$$= -a_{F_0} + c_F \sum_{t=1}^{\infty} \frac{1}{(1+i)^t} = -a_{F_0} + \frac{c_F}{i}, \tag{1}$$

wobei a_{F_0} die in Periode 0 zu tätigenden Ausgaben für den Faktorbestand sind.

(3) Diese Ausgaben a_{F_0} sind gleich dem Produkt aus Faktorbestandsmenge F und Faktorbestandspreis p_F, also $a_{F_0} = F \cdot p_F$. Der periodenweise Überschuss c_F hänge von der Investitionsmenge ab, $c_F = c_F(F)$ wobei $dc_F/dF > 0$ und $d^2 c_F /(dF)^2 < 0$ gelte. Der Kapitalwert lässt sich dann durch

$$C_{F_0} = -p_F \cdot F + \frac{c_F(F)}{i} \tag{2}$$

ausdrücken, und der Kapitalwert einer zusätzlichen Faktorbestandseinheit (Kapitalgrenzwert) ist

$$\frac{dC_{F_0}}{dF} = -p_F + \frac{dc_F / dF}{i}. \tag{3}$$

(4) Es werde so viel investiert, dass ein Kapitalwertmaximum erreicht wird, der Kapitalgrenzwert mithin auf null sinkt. Dann gilt also:

$$p_F = \frac{dc_F / dF}{i}. \tag{4}$$

Der der letzten Faktorbestandseinheit zuzurechnende Überschuss dc_F/dF lässt sich als Konkurrenzpreis q_F für die periodenweise Nutzung dieser Faktorbestandseinheit deuten (*Faktornutzungspreis*), der bei vollständiger Konkurrenz für alle Einheiten des Faktorbestands F gelten muss:

$$p_F = \frac{q_F}{i} \quad \text{oder} \quad q_F = i \cdot p_F \quad \text{oder} \quad i = \frac{q_F}{p_F}. \tag{5}$$

Das Verhältnis q_F/p_F stellt in dem durch (5) beschriebenen Investitionsoptimum nichts anderes als die Rendite bzw. interne Verzinsung einer zusätzlichen Faktorbestandseinheit dar.

Diese Überlegungen gelten nicht nur für einen bestimmten Faktor (eine bestimmte Faktorvariante) F, sondern für alle Faktoren (Faktorvarianten). Die Rendite muss bei der durch die Kapitalwertmaximierung beschriebenen optimalen Faktorallokation also überall gleich, nämlich gleich i, sein; man spricht vom *Renditeausgleichstheorem*. In der volkswirtschaftlichen Literatur werden im Vertrauen darauf, dass wenigstens Tendenzen einer Angleichung beider Seiten von (5) bestehen, folgende wichtige Zusammenhänge hergestellt: Betrachtet man den Zinssatz i und eine zweite Größe als gegeben, so ist auch die dritte Größe bestimmt. Man kann also vom Nutzungspreis oder Einkommen eines Faktors über den Zinssatz i auf den Faktorbestandspreis schließen. Umgekehrt lässt der Bestandspreis über den Zinssatz Schlüsse auf den Nutzungspreis oder das Faktoreinkommen zu; das *Faktoreinkommen* q_F lässt sich als *Verzinsung* $i \cdot p_F$ *einer Einheit des Faktorbestands* auffassen.

Um keinen Zweifel daran zu lassen, dass das Renditeausgleichstheorem unter extrem vereinfachenden Voraussetzungen abgeleitet wurde, seien abschließend die wichtigsten Einwände gegen eine unkritische Anwendung der in (5) abgeleiteten Beziehungen genannt:

(1) Den Investitionen sind unsichere oder risikobehaftete zukünftige Einnahmen und Ausgaben zugeordnet.

(2) Statt einer ewigen Rente sind zeitlich sinkende Einnahmenüberschüsse realistisch.

(3) Da der Kapitalmarkt unvollkommen ist, muss der Kalkulationszinssatz k höher angesetzt werden als der Marktzinssatz i.

(4) Manager können andere Zielsetzungen als Kapitalwertmaximierung verfolgen (vgl. Kap. VI.D*)*.

(5) Faktormobilitätshemmnisse, Markteintritts- und Marktaustrittshemmnisse verhindern den Renditeausgleich (vgl. dazu Abschn. 5 und Kap. IV.F.4).

(6) Das Aufspüren neuer Investitionsmöglichkeiten durch dynamische, Innovationen durchsetzende Unternehmer schafft Vorsprungsgewinne und erzeugt damit auf den entsprechenden Märkten, insbesondere in der Experimentierungs- und Expansionsphase, ein Renditegefälle, das sich durch die Investitionen imitierender Unternehmer wieder abflacht, welches für Wachstum und Entwicklung jedoch erforderlich ist (vgl. Kap. IV.F.2 und 3). Tendenziell gilt in „Wachstumsindustrien" $q_F > i \cdot p_F$, in „schrumpfenden Industrien" $q_F < i \cdot p_F$.

Im Zusammenhang dieses Abschnitts empfiehlt es sich, den Zinssatz i und seine Bedeutung zu interpretieren. Der *Zinssatz* kann als *Preis* aufgefasst werden, der sich aus Angebot und Nachfrage nach *Kapital an Finanzmärkten* ergibt. Auf Kapitalangebot der Haushalte aus positiven Ersparnissen bzw. Kapitalnachfrage aus negativen Ersparnissen hatten wir in Kap. I.D, auf Kapitalnachfrage des Unternehmens zur Investitionsfinanzierung in Kap. II.H hingewiesen. Auf Einzelheiten von Finanzmärkten und der Finanzierungsseite von güterwirtschaftlichen

Transaktionen von Haushalten und Unternehmen, auch auf die Tatsache, dass es verschiedene Zinssätze und damit eine Zinsstruktur gibt, gehen wir nicht ein. Der *Zinssatz* hat die Aufgabe, *Vermittler zwischen Gegenwart und Zukunft* zu sein. Das zeigte sich in Kap. I.D, wo mit Hilfe des Zinssatzes i zukünftiger Konsum oder zukünftiges Einkommen mit gegenwärtigem Konsum bzw. Einkommen vergleichbar gemacht und ein zeitliches 2. GOSSENsches Gesetz formuliert werden konnte. Das zeigte sich wieder in Kap. II.H, wo mit dem Kalkulationszinssatz k (der den Zinssatz i enthält, genauer: je nach Risikobereitschaft oder Pessimismusgrad über diesem liegt) zukünftige Einnahmen mit gegenwärtigen vergleichbar gemacht und der Kapitalwert einer Investition ermittelt wurde. Die Mittlerrolle geht wiederum aus (5) hervor, wo der (gegenwärtige) Faktorbestandspreis über den Zinssatz i mit dem Preis von (zukünftigen) Faktornutzungen verknüpft ist.

Zu erwähnen bleibt, dass mit i der *reale,* von etwa erwarteten Preisänderungen bereinigte *Zinssatz* gemeint ist, denn nur dieser eignet sich, um Gegenwart und Zukunft vergleichbar zu machen. Wird eine allgemeine Preissteigerung pro Periode mit der Rate g erwartet, so beträgt der Zinsfaktor, mit dem nominelle Größen zweier aufeinander folgender Perioden verknüpft sind, nicht $(1+i)$, sondern

$$(1 + i^n) = (1 + i)(1 + g), \tag{6}$$

und der entsprechende *nominale Zinssatz* oder *Geldzinssatz* i^n lautet:

$$i^n = i + g + ig \approx i + g. \tag{7}$$

Wäre der Überschuss der periodenweisen Einnahmen über die Ausgaben nicht konstant, wüchse c_F vielmehr mit der Rate g, so wären in einer (1) entsprechenden Gleichung die in der Klammer stehenden Brüche jeweils in Zähler *und* Nenner mit $(1+g)$, $(1+g)^2$, ..., $(1+g)^t$, ... multipliziert anzusetzen. Diese Inflationsfaktoren würden sich in der Beziehung zwischen realen Größen herauskürzen, und es ergäbe sich wieder (1).

3. Renten und Quasi-Renten bei vollständiger Konkurrenz auf Faktornutzungsmärkten

In Kap. III.A.2.e hatten wir die Begriffe der Käufer- und der Verkäuferrente eingeführt. Diese Begriffe lassen sich selbstverständlich auf Märkte für Faktornutzungen übertragen, auf denen vollständige Konkurrenz herrscht, so dass wir mit Angebots- und Nachfragekurven argumentieren können, deren Schnittpunkt den Gleichgewichts-Faktornutzungspreis bestimmt, an den sich Anbieter und Nachfrager mit den Faktornutzungsmengen anpassen. Im Folgenden geht es um die Verkäuferrenten der Anbieter von Faktornutzungen, die Bestandteile des Faktoreinkommens sind.

Wie bereits in Kap. III.A.2.e angedeutet, hängt die Verkäuferrente vom Verlauf der Angebotskurve ab. In Abb. 1.a verläuft die Angebotskurve senkrecht, d. h. die Elastizität des Angebotes an Faktornutzungen r_F in Bezug auf den Faktornutzungspreis q_F ist gleich null, das Angebot A ist vollkommen preisunelastisch. Bei gegebener Nachfrage N ergibt sich ein Gleichgewichtspreis q_F^*. Die Anbieter würden in diesem Extremfall gemäß ihrer Angebotskurve auch einen Nullpreis akzeptieren. Daher enthält der Preis q_F^* nur Rentenbestandteile; das gesamte dem schraffierten Rechteck entsprechende Faktoreinkommen besteht aus Rente. Der senkrechte Verlauf der Angebotskurve kann so interpretiert werden, dass es für die betrachtete Faktornutzung keine alternative Verwendung gibt. Für die Faktoreigentümer entstehen also keine Alternativ- oder Opportunitätskosten; sie verzichten nicht auf einen Ertrag aus einer nächstbesten Verwendung, wenn sie die Faktorleistungen auf dem hier betrachteten Markt anbieten.

Bei dem in Abb. 1.b unterstellten typischen Verlauf der Angebotskurve ist bereits für die erste umgesetzte Mengeneinheit die Verkäuferrente geringer als der Preis q_F^*; sie nimmt für jede weitere Einheit ab und ist für die letzte umgesetzte Einheit null. Dementsprechend ist die durch das schraffierte Dreieck dargestellte Rente kleiner als das durch das Rechteck $OBPC$ beschriebene Faktoreinkommen.

Die in Abb. 1.c gezeichnete horizontale Angebotskurve bedeutet, dass das Angebot an Faktornutzungen vollkommen preiselastisch ist. Hier entsteht weder für die erste Mengeneinheit noch für die weiteren umgesetzten Mengeneinheiten eine Rente. Das durch das Rechteck $OBPC$ dargestellte Faktoreinkommen enthält also keinen Rentenbestandteil.

Der Begriff der Rente als Faktoreinkommen geht auf die englischen Klassiker zurück und wurde von ALFRED MARSHALL (1890) verfeinert. MARSHALL bezieht den Begriff der *Rente* auf das *Einkommen natürlicher nicht vermehrbarer Faktoren* wie Boden, deren Faktorbestands- bzw. Faktornutzungsangebot wegen der Nichtvermehrbarkeit als konstant angesehen wird. Die Rente eines nicht vermehrbaren Faktors, z. B. Boden, könnte also durch das schraffierte Rechteck in Abb. 1.a wiedergegeben werden. Gibt es für den Faktor eine alternative Verwendung, beim Boden etwa zu Freizeitzwecken, so existieren beim Einsatz des Bodens in der Produktion Opportunitätskosten, d. h. Kosten des Verzichts auf Ertrag aus einer Freizeitnutzung. Betragen diese Kosten pro Faktornutzungseinheit beispielsweise $\bar{q}_F$, so verläuft die Angebotskurve von *Boden für die Produktion* von O über D nach E und wird erst ab Punkt E senkrecht. Der sich aus Angebot und Nachfrage ergebende Faktornutzungspreis q_F^* setzt sich nun aus den Opportunitätskosten $\bar{q}_F$, d. h. dem Ertrag der Bodennutzung in der nächstbesten Verwen-

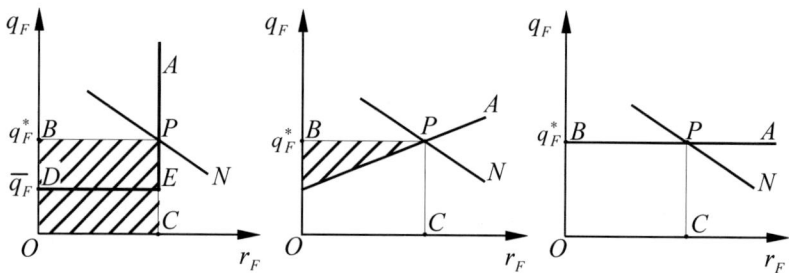

Abb. 1.a/b/c: **Verkäuferrente bei unterschiedlichen Angebotskurven**

dung, und der Rente pro Faktornutzungseinheit $q_F^* - \bar{q}_F$ zusammen. Das mit dem schraffierten Rechteck beschriebene gesamte Faktoreinkommen teilt sich nun in ein unteres Rechteck *ODEC*, die Opportunitätskosten, und in ein oberes Rechteck *DBPE*, die Faktorrente, auf.

Bei *vermehrbaren Faktoren* wie Sachkapital und auch Arbeit spricht MARSHALL von einer *Quasi-Rente*, weil sich Renteneinkommen zwar kurzfristig ergeben kann, sich bei vollständiger Konkurrenz jedoch mittel- bis langfristig durch zusätzliches, aus einer Vermehrung der Faktoren resultierendes Angebot wegkonkurrieren muss. Ausgehend von Abb. 1.a interpretieren wir im Folgenden r_F als einen vermehrbaren Faktor, dessen Angebotskurve in einer Ausgangssituation *kurzfristig* senkrecht durch *C* verläuft. Diese Darstellung ist in Abb. 2 wieder aufgenommen und führt zum kurzfristigen Gleichgewichtspunkt P_k. Die dort in der kurzen Frist gegebene Verkäuferrente wird durch das Rechteck $EDBP_k$ repräsentiert. $\bar{q}_F$ bezeichne dabei wieder die Opportunitätskosten, also die Erträge je Einheit bei der nächstbesten alternativen Verwendung des Faktors. Gleichzeitig sei $\bar{q}_F$ die Höhe der Reproduktionskosten des Faktors *F*, zu denen *langfristig* beliebig viele Einheiten von *F* produziert werden können.

Der kurzfristig hohe Faktornutzungspreis q_{Fk}^* signalisiert, dass es sich lohnt, in der Produktion des betrachteten Faktors den Bestand an Sachkapital bzw. an Arbeitskraft zu vergrößern, wodurch die Angebotskurve an Faktornutzungen flacher wird. In einer Zwischensituation („mittlere Frist") gelte beispielsweise die Angebotskurve A_m, deren Schnittpunkt mit *N* den Faktornutzungspreis q_{Fm}^* ergibt. Für die ersten Faktornutzungseinheiten beträgt jetzt die Quasi-Rente $q_{Fm}^* - \bar{q}_F$; ab dem Punkt *F* schrumpft die Quasi-Rente, bis schließlich bei der Menge r_{Fm}^* die Quasi-Rente der letzten Mengeneinheit auf null gefallen ist. Die gesamte Quasi-Rente wird durch das schraffierte Trapez dargestellt.

Auch q_{Fm}^* übersteigt noch den natürlichen oder normalen Faktornutzungspreis, so dass die Angebotskurve aufgrund weiterer Faktorvermehrung noch flacher wird, bis sie schließlich in Höhe des den Opportunitätskosten $\bar{q}_F$ entsprechenden natürlichen Faktornutzungspreises als A_l horizontal verläuft. Der langfristige Faktornutzungspreis q_{Fl}^* hat nur noch die Höhe des Preises in der nächstbesten Ver-

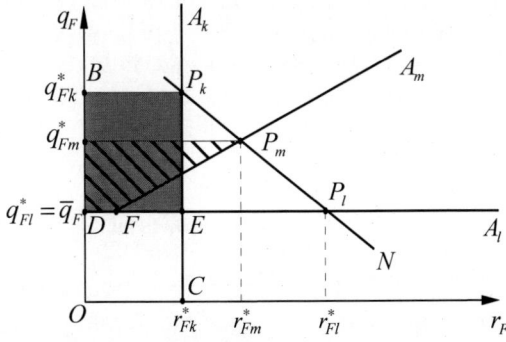

Abb. 2: Kurz-, mittel- und langfristige Angebotskurven und Verkäuferrenten

wendung, also der Opportunitätskosten $\bar{q}_F$. Die Quasi-Rente ist in dem langfristigen Gleichgewicht verschwunden.

Auf eine Steigerung der Nachfrage nach einem reproduzierbaren Faktor reagiert der Faktormarkt also zunächst mit einer Preissteigerung, die den Faktoreigentümern ein Quasi-Renteneinkommen bringt, worauf die Volkswirtschaft mit Faktorvermehrung und zusätzlichem Angebot an Faktornutzungen antwortet. Ähnlich wie im langfristigen Konkurrenzgleichgewicht an einem Gütermarkt bei freiem Marktzugang der Güterpreis auf das Minimum der Durchschnittskosten fällt und Gewinne zum Verschwinden bringt (vgl. Kap. III.A.5), sinkt im langfristigen Konkurrenzgleichgewicht auf einem Faktornutzungsmarkt der Faktornutzungspreis auf den natürlichen Preis der Wiederbereitstellung oder Reproduktion des Faktors, welcher dem langfristigen Faktornutzungspreis in der nächstbesten Verwendung oder den Opportunitätskosten entspricht, wodurch die Quasi-Rentenbestandteile des Faktoreinkommens zum Verschwinden kommen.

4. Quasi-Renten bei spezialisierten Faktoren

Auf den im Vorabschnitt dargestellten Faktornutzungsmärkten mit vollständiger Konkurrenz besteht Freiheit des Zugangs von zusätzlichem Angebot, aber auch Freiheit des Abgangs. Denn drohte der Faktornutzungspreis unter die Opportunitätskosten zu sinken, so könnten die Faktoreigentümer mit dem Angebot ihrer Faktornutzungen auch kurzfristig in die nächstbeste Verwendung ausweichen und dort den Faktornutzungspreis erlösen, der Wiederbereitstellung der Faktornutzungen sichern würde. MARSHALL befasste sich auch mit realistischen Besonderheiten auf Faktormärkten, die einer solchen alternativen Verwendung entgegenstehen und damit die vollständige Konkurrenz mit ihrer Faktornutzungspreis- und Quasi-Rentenbildung erheblich modifizieren.

Beim Kapital unterscheidet MARSHALL (1890, S. 341) *liquides* oder „freies" (Geld-) *Kapital,* mit dessen Anlage man ein sicheres, durch die Höhe des Zinssatzes bestimmtes Einkommen erzielen kann, von *Sachkapital,* bei dessen Bildung, z. B. dem Kauf einer Maschine, das eingesetzte Geldkapital „versinkt". Das versunkene Kapital ist häufig an eine spezielle Verwendung gebunden – dann z. B., wenn die Maschine nur zur Produktion eines bestimmten Gutes geeignet ist. Das Einkommen der Faktoreigentümer, und damit auch die Quasi-Renten, hängt davon ab, ob die Produktion und der Absatz des mit der Maschine hergestellten Gutes erfolgreich sind. Entstehen Verluste und soll die Produktion aufgegeben werden, so ist eine Verwendung der Maschine in einer anderen Produktion oder eine „Liquidierung" des Sachkapitals nicht oder nur begrenzt möglich. Spezielles Sachkapital hat somit keine oder nur eine ertragsschwache alternative Verwendung.

Beim Faktor Arbeit sieht MARSHALL (1890, S. 519ff.) Analogien zum Sachkapital. Die besonderen Tätigkeiten in einem Unternehmen vermitteln Arbeitskräften spezielle, nur in diesem Unternehmen nutzbare Fertigkeiten. Es tritt daher eine besondere Bindung von Arbeitskraft an dieses Unternehmen ein. Bei einem Wechsel in ein anderes Unternehmen wären die speziellen Fertigkeiten nicht nutzbar; in dieser nächstbesten Verwendung der Arbeitsleistungen würde daher nur ein niedrigeres Einkommen gezahlt. Auch hier ist die alternative Verwendung also ertragsschwächer. Genau darin zeigt sich, dass ein Teil des höheren Einkommens für die spezialisierte Tätigkeit eine Quasi-Rente ist.

In beiden Fällen, dem Fall des spezialisierten Sachkapitals und dem der spezialisierten Arbeitskraft, sind die Faktoreigentümer auf Verwendung ihrer Faktornutzungen in einem bestimmten Unternehmen angewiesen, denn eine nächstbeste Verwendung hätte nur einen geringen Ertrag, so dass die Opportunitätskosten niedrig sind. Dieser Sachverhalt hebt die Regeln der Faktornutzungspreisbildung bei vollständiger Konkurrenz auf und macht den Faktornutzungspreis zu einer Verhandlungssache zwischen Unternehmer und Faktoreigentümer. Für diese Preisbildung spielen die Investitionskosten der Sachkapitalbildung, also der Kauf der Maschinen, bzw. die Investitionskosten einer früheren Ausbildung der Arbeitskraft keine Rolle. Diese Investitions- bzw. Ausbildungskosten sind *versunkene Kosten,* d. h. Kosten, die im auszuhandelnden Faktornutzungspreis normalerweise nicht wieder „hereinholbar" sind, weil es an einer Ausweichmöglichkeit in eine nächstbeste Verwendung mit einem Nutzungspreis, der Wiedergewinnung der Investitions- bzw. Ausbildungskosten sichern würde, fehlt.

Wie MARSHALL (1890, S. 520) darlegt, kommt es beim Aushandeln der Faktornutzungspreise zu einer Aufteilung der Quasi-Rente auf Arbeiter und Unternehmen. Aus der Quasi-Rente, die bei vollständiger Konkurrenz dem Faktoreigentümer als Einkommen zufließt, wird bei Spezialisierung somit eine *zusammengesetzte Quasi-Rente* (*composite quasi-rent*), deren einer Teil dem Unternehmen bleibt.

Die von MARSHALL vorgetragenen Überlegungen spielen in der modernen Transaktionskostentheorie von WILLIAMSON eine wichtige Rolle; wir kommen darauf in Kap. VI.E.3 zurück.

5. Mobilität von Produktionsfaktoren

Im einleitenden Abschn. 1 wiesen wir darauf hin, dass die Varianten von Arbeit, Sachkapital und Boden Produktionsfaktoren sind, deren Bereitstellung mit Investitionen verbunden ist. In Abschn. 2 beschrieben wir, dass es sich unter der Zielsetzung der Kapitalwertmaximierung bei Fehlen von Unsicherheit und Risiko lohnt, Faktorbestände durch Nettoinvestitionen in solcher Weise zu bilden und auf die verschiedenen Produktionen zu verteilen, dass die Rendite als Verhältnis von Faktornutzungs- zu Faktorbestandspreis in jeder Verwendung gleich ist. In Abschn. 3 wurde dargelegt, dass die Faktornutzungspreise vermehrbarer Faktoren in der Zeit der Anpassung an ein langfristiges Gleichgewicht Quasi-Renten enthalten. In den Abschnitten 2 und 3 wurde damit suggeriert, dass die Produktionsfaktoren durch Mobilität gekennzeichnet sind und sich in solche Räume, in solche

Branchen und in solche Unternehmen begeben, in denen die Rendite hoch ist, bzw. von dort abwandern, wo die Rendite gering ist. Das Bild einer durch Faktormobilität zustande kommenden Tendenz zum Renditeausgleich würde sich allerdings schon durch Zulassen von Faktorverwendungen mit unterschiedlichem Risiko ändern; die Rendite riskanter Investitionen müsste gegenüber der von risikolosen Investitionen einen Risikozuschlag enthalten.

Aber auch die in Abschn. 4 dargestellten Überlegungen MARSHALLs machen deutlich, dass Varianten von Faktorbeständen und Faktornutzungen sich in ihren Verwendungen spezialisieren können und dadurch in diesen Verwendungen „eingeschlossen" (*locked in*) sind. Dies hat Konsequenzen für die Faktornutzungspreise, die sich dann nicht mehr nach Grundsätzen der vollständigen Konkurrenz bilden können, sondern ausgehandelt werden müssen und auch dadurch eine Tendenz zum Renditeausgleich verwischen können.

Es gibt eine Vielzahl weiterer Mobilitätshemmnisse. Einerseits ist für Faktoranbieter ein Wechsel in andere Räume, in andere Branchen oder auch nur in ein anderes Unternehmen regelmäßig mit erheblichen Mobilitätskosten verbunden. Andererseits lassen sich die in Kap. IV.F.4 erläuterten Markteintrittshemmnisse als Mobilitätsschranken gegen das Eindringen von Produktionsfaktoren in Märkte mit hoher Rendite deuten. Die Faktormärkte einer Volkswirtschaft sind also teils aus Gründen der Faktorspezialisierung, teils wegen hoher Mobilitätskosten und nicht zuletzt wegen monopolistischer Versuche, Märkte durch Eintrittshemmnisse abzuschließen, weit von einem System interdependenter neoklassischer Faktormärkte mit vollständiger Konkurrenz bei vollständiger Faktormobilität entfernt.

6. Sonderprobleme des Arbeitsmarktes

Wir behandelten den Produktionsfaktor Arbeit bisher analog zu den Faktoren Sachkapital und Boden und hoben damit die Gemeinsamkeiten aller Faktoren hervor. Die Beziehungen zwischen Lohnsatz und Grenzproduktivität, die Bedeutung gewerkschaftlicher Zusammenschlüsse der Arbeitsanbieter, die Unterscheidung zwischen Arbeitskräftepotential als Bestandsgröße und Arbeitsleistungen als Stromgröße und den entsprechenden Preis, die Rentenbestandteile dieser Preise, die Unterteilung des Arbeitsmarktes in Märkte für verschiedene Arbeitsvarianten, die Mobilität dieser Varianten – diese Aspekte lassen sich für Arbeit nach denselben Gesichtspunkten wie für Sachkapital und Boden untersuchen. Das heißt jedoch keineswegs, die besondere Bedeutung dieses Faktors zu verkennen. In einer Volkswirtschaft, in der es keine Märkte für Arbeit als Bestandsgröße (also keine Sklavenmärkte) gibt, können wir uns diesbezüglich auf die Märkte für Arbeitsleistungen konzentrieren. Ihre Besonderheit besteht in drei Sachverhalten. Erstens bildet der Verkauf von Arbeitsleistungen gegen Lohn für die Mehrzahl der Haushalte die *wichtigste oder einzige Quelle von Einkommen*. Diese Haushalte hängen existentiell vom Arbeitsmarkt ab; gelingt es ihnen nicht, Arbeitskraft zu verkaufen, so sind sie auf Unterstützung aus sozialpolitischen Maßnahmen wie Arbeitslosenversicherung oder Sozialhilfe angewiesen. Zweitens bedeutet der Verkauf von Arbeitsleistungen für einen Arbeitsanbieter, sich für eine Tätigkeit zu entscheiden, über deren Modalitäten er oftmals *ungenaue Vorstellungen* hat. Drittens ist mit der Bereitstellung von Arbeitsleistungen die Einordnung des Arbeitsanbieters in die *hierarchische Struktur* des nachfragenden Unternehmens verbunden. Mit der Tätigkeit selbst und ihrer Stellung in der Unternehmenshierarchie verknüpft der Arbeitsanbieter gewisse Vor- und Nachteile, die sich teils auf seine individuelle, teils auf eine öffentliche Einschätzung gründen. Vorteile sind etwa mit einer Tätigkeit verbundene Arbeitsfreude oder berufliches Prestige, Nachteile sind beispielsweise mit einem Arbeitsplatz verbundene unschöne Umgebung oder hohes Entlassungsrisiko.

Will man für den volkswirtschaftlichen Faktor Arbeit die Struktur der Faktornutzungspreise oder die *Lohnstruktur* erklären, so sind folgende Gesichtspunkte zu berücksichtigen:

(1) Die Besonderheit beim Faktor Arbeit besteht darin, dass beim Angebot von Arbeitsleistungen in einer bestimmten Art und Qualität nicht nur die zwar meist existentiell notwendige Entlohnung, sondern auch mit der Tätigkeit selbst zusammenhängende Vor- und Nachteile eine Rolle spielen. Sowohl Entlohnung als auch die Vor- und Nachteile müssen bei Investitionsrechnungen für (Aus-) Bildungsinvestitionen in Ansatz gebracht werden. Anstelle von Lohnsätzen sind in solchen Rechnungen genau genommen Indizes zu verwenden, in die sowohl monetäre Entlohnungs- als auch nichtmonetäre Vorteils- bzw. Nachteilskomponenten eingehen, Vorteile und Nachteile können dabei zu einem positiven oder negativen *Nettovorteil* saldiert werden. Über natürliche Unterschiede hinaus differenziert sich der Faktor Arbeit durch solche Investitionen in ein Spektrum von Varianten. Für jede Variante gibt es einen Markt; aufgrund gemeinsamer Verwendungsmöglichkeiten verschiedener Varianten kann ein enger Zusammenhang zwischen solchen Märkten gegeben sein. Die Lohnsätze, die sich an den verschiedenen Märkten bilden, sind tendenziell um so niedriger (höher), je größer (kleiner) der Nettovorteil einer Tätigkeit ist (vgl. ADAM SMITH, 1776, Buch I, Kap. 10). Die hiermit angesprochene Differenzierung des Faktors Arbeit liefert sozusagen die Grobstruktur der Lohnsätze.

(2) Die in Abschn. 2 erläuterte Beziehung zwischen Faktorpreisen und Grenzproduktivität ist für Arbeitsleistungen durch folgende neuere neoklassische Lohntheorien ergänzt worden (vgl. dazu SESSELMEIER und BLAUERMEL 1990, Kap. V und VI):

– die *Humankapitaltheorie*, nach der sich Arbeit durch Humankapitalinvestitionen, die auch durch das Unternehmen angeregt und finanziert sein können, höher qualifiziert;

– die *Kontrakttheorie*, die Arbeitsverhältnisse auch als Risikoteilung zwischen Unternehmen und Arbeitern in der Weise sieht, dass Arbeitsplatzsicherheit ein Entlohnungselement ist;

– die *Effizienzlohntheorien,* nach denen ein höherer als der Grenzproduktivitätslohn gezahlt wird, weil eine solche Entlohnung bessere Arbeitsmoral oder weniger Kündigungen seitens der Arbeitskräfte verspricht.

Die Lohntheorien, angewendet auf die einzelnen Faktorvarianten der Arbeitskraft, begründen eine weitere Strukturierung der Lohnsätze.

(3) Die Lohnsätze für einzelne Faktorvarianten können durch Rentenbestandteile mitbestimmt sein. Im unrealistischen Extremfall einer naturbedingten, nicht durch Investition vermehrbaren oder anderweitig verwendbaren Faktorvariante ist das Angebot vollständig preisunelastisch und die Entlohnung ganz als Rente zu deuten. Realistisch sind demgegenüber Renten, die auch in der Neuen Institutionenökonomik (vgl. Kap. VI.E.3) eine wichtige Rolle spielen. Durch Rentenbestandteile ist eine weitere Strukturierung der Lohnsätze gegeben.

(4) Auf dem Markt für eine einzelne Faktorvariante wird der Lohnsatz häufig im Rahmen von Verhandlungen der Sozialpartner determiniert. Daneben oder im Zusammenhang mit der *Lohndrift* (der empirisch unterschiedlichen Entwicklung der tatsächlichen und der tariflich vereinbarten Lohnsätze) kann es zu einer durch *heterogene Konkurrenz* bedingten Differenzierung der Lohnsätze kommen. Zu ihrer Erklärung lassen sich beispielsweise die Theorie der monopolistischen Nachfragekonkurrenz (vgl. Kap. IV.C.3) oder die Theorie des Nachfrageoligopols (vgl. Kap. IV.D.5) heranziehen. Mit Elementen der heterogenen Konkurrenz ist die Feinstrukturierung der Lohnsätze erklärbar.

In Untersuchungen zur Differenzierung der Arbeitsmärkte wird häufig vom *segmentierten* oder *dualen Arbeitsmarkt* gesprochen (vgl. SENGENBERGER 1978). In diesem Zusammenhang werden *primäre Märkte* für Faktorvarianten mit hohem Ausbildungsstand, hohen Lohnsätzen und geringem Entlassungsrisiko von *sekundären Märkten* für Varianten mit geringem Ausbildungsstand, geringen Lohnsätzen und hohem Entlassungsrisiko unterschieden. Auf primären Märkten dominieren Arbeitsanbieter, die ihren hohen Ausbildungsstand teils ihrer sozialen Herkunft, teils auch weiteren Ausbildungsinvestitionen durch die nachfragenden Unternehmen verdanken. Primäre Arbeitsmärkte haben sich teils in die Unternehmen verlagert: frei werdende Arbeitsplätze werden mit Arbeitskräften besetzt, in deren Ausbildung das Unternehmen bereits investiert hat. Sekundäre Märkte sind hingegen vorwiegend besetzt von Anbietern mit geringen eigenen Möglichkeiten oder Motivationen zu Ausbildungsinvestitionen; zu ihnen gehören beispielsweise Gastarbeiter. Trotz der Bemühungen um Chancengleichheit und gewisser Nivellierungstendenzen in Tarifverhandlungen kann die Differenzierung der Arbeitsmärkte mithin in sozial unerwünschte Segmentierung umschlagen.

Zu den Arbeitnehmern gehören auch Manager von Unternehmen, die nicht selbst Unternehmenseigner sind. Für die Märkte solcher Arbeitnehmer gelten zum Teil zusätzliche oder andere Gesichtspunkte als die hier angesprochenen. Auf diesen Aspekt wird unter der Überschrift „Trennung von Eigentum und Management" in Kap. VI.D.3 eingegangen.

D. Zur Theorie erschöpfbarer Ressourcen

1. Definition erschöpfbarer Ressourcen

Die Bestände der meisten Varianten der volkswirtschaftlichen Produktionsfaktoren nützen sich durch ihre Leistungsabgabe oder auch durch technische Veraltung ab, können jedoch durch Ersatz- oder Reinvestitionen regeneriert und durch Nettoinvestitionen vergrößert werden. Das trifft vor allem für Sachkapital zu, dessen Bestände sich durch Beschaffung von Maschinen, Ausrüstungen, Vorräten usw. wieder auffüllen bzw. vergrößern lassen. Auch Böden erfordern (insoweit sie durch Investitionen nutzbar geworden sind) regenerierende Reinvestitionen oder die Leistungsabgabe steigernde Nettoinvestitionen. Bezüglich der Bestände des Produktionsfaktors Arbeit kann jener Teil der Bildungsinvestitionen als Reinvestition aufgefasst werden, der dazu dient, den Ausbildungsstand des Arbeitskräftepotentials zu erhalten (Ausbildung der nachwachsenden Generation); nur darüber hinausgehende Bildungsinvestitionen sind Nettoinvestitionen in den Faktor Arbeit.

Von den durch Reinvestition regenerierbaren und durch Nettoinvestition vermehrbaren Faktorbeständen sind die nicht regenerierbaren oder erschöpfbaren zu unterscheiden. Darunter sind *natürliche,* d. h. nicht produzierte *Ressourcen* zu verstehen, deren Vorräte begrenzt sind; dabei handelt es sich vor allem um fossile Brennstoffe und Metalle. Der Bestand selbst stiftet i. d. R. keinen Nutzen. Aus ökonomischer Perspektive ist der Einsatz derartiger Ressourcen in Produktionsprozessen bedeutend: Mit ihrem Einsatz nach erfolgter Extraktion ist ein Abbau der Vorräte verbunden. Im Falle fossiler Brennstoffe wie Stein- oder Braunkohle, Mineralöl und Erdgas wird die Ressource durch die Nutzung tatsächlich verbraucht in dem Sinne, dass die am Ende entstandenen Produkte Wärme und CO_2, das in die Atmosphäre gelangt, sowie eventuell Wasserdampf nicht mehr für energetische Anwendungen verfügbar gemacht werden können. Im Falle von Rohstoffen wie Kupfer oder Aluminium sind die im Produktionsprozess eingesetzten Moleküle auch hinterher in Gütern oder Verschnitt verfügbar und können grundsätzlich durch Recycling wieder in den Produktionsprozess zurückgeführt werden.

Zu den erschöpfbaren Faktorbeständen werden oft auch solche natürlichen Ressourcen gezählt, die sich zwar prinzipiell regenerieren oder vermehren können, deren Bestände jedoch bei zu starker Nutzung schrumpfen und so möglicherweise aufgebraucht werden. Dazu gehören Fisch- und Waldbestände. Auf diese Art erschöpfbarer Ressourcen gehen wir im Folgenden nicht weiter ein.

Bei der Definition erschöpfbarer Ressourcen sind mit dem Kriterium der Nichtregenerierbarkeit von Faktorbeständen stets die gesamtwirtschaftlichen (volks- oder weltwirtschaftlichen) Vorräte angesprochen. Eine einzelne Wirtschaftseinheit kann solche Ressourcen, sofern der gesamtwirtschaftliche Vorrat noch nicht aufgebraucht ist, stets beschaffen. Für Unternehmen gehören erschöpfbare Ressourcen regelmäßig zu den variablen Faktoren, deren optimaler Einsatz sich nach den in Abschnitt B behandelten Bedingungen richtet. Plant ein Unternehmen die

Ansammlung eines Lagerbestandes einer erschöpfbaren Ressource, so ist dafür die in Kap. II.H dargestellte Investitionsrechnung relevant.

Kontrovers ist die Frage, wie die gesamtwirtschaftlichen Bestände erschöpfbarer Ressourcen gemessen und ihre Knappheitsgrade angesetzt werden sollen. Zwar lassen sich die Bestände regelmäßig z. B. in Flüssigkeits- oder Feststoffmengeneinheiten messen; neben identifizierten gibt es jedoch regelmäßig noch unentdeckte Mengen einer erschöpfbaren Ressource. Für die Knappheit spielen ferner Substitutionsmöglichkeiten, Sättigungstendenzen und technischer Fortschritt beim Abbau eine wichtige Rolle. Alle diese Einflüsse schlagen sich in den Faktorbestands- und Faktornutzungspreisen der erschöpfbaren Ressourcen nieder.

2. Die zeitliche Verteilung des Abbaus erschöpfbarer Ressourcen als Grundsatzproblem

Das Grundsatzproblem bei erschöpfbaren Ressourcen besteht darin, den Abbau eines Vorrates über die Zeit hinweg, seine *zeitliche Allokation,* nach einem näher zu definierenden Kriterium optimal zu gestalten. Aus gesamtwirtschaftlicher Sicht geht es vor allem darum, ob ein starker Abbau in der Gegenwart eine Bevorzugung gegenwärtiger gegenüber zukünftigen Generationen bedeutet, ob nicht statt dessen ein extrem geringer Abbau das langfristige Wirtschaftswachstum am besten fördert. Die Beantwortung dieser schwierigen Frage hängt wesentlich davon ab, wie zukünftige Bedürfnisse im Vergleich zu gegenwärtigen beurteilt und gewichtet werden und wie die zukünftige Produktionstechnik relativ zur gegenwärtigen beschaffen sein wird. Es ist durchaus realistisch, dass die Befriedigung der Bedürfnisse zukünftiger Generationen weniger von der Nutzung eines erschöpfbaren Ressourcenbestandes abhängt als die der gegenwärtigen Generation. Dafür könnte die Entwicklung einer Produktionstechnik verantwortlich sein, durch die die Ressource weitgehend durch andere, nicht erschöpfbare Faktoren substituiert wird. Das Heranreifen dieser Technik könnte selbst wieder durch zunehmende Knappheit und einen steigenden Preis der erschöpfbaren Ressource initiiert sein. Nicht auszuschließen ist auch, dass die neue Technik nur durch vergleichsweise starke Inanspruchnahme der erschöpfbaren Ressource in der Gegenwart entwickelt werden kann. Eine Technik, mit der eine erschöpfbare Ressource durch eine praktisch nicht erschöpfbare (regenerierbare oder unbegrenzt vorhandene) ersetzt wird, heißt nach NORDHAUS (1973) *backstop technology.* Beispiele solcher Techniken, die Erdöl als erschöpfbare Ressource in der Energiegewinnung ersetzen könnten, sind die kontrollierte Kernfusion oder die unbegrenzte Nutzbarkeit von Solarenergie. Im Folgenden werden, ausgehend von den Entscheidungen der einzelnen Wirtschaftseinheiten, einige Ansätze aus der Theorie erschöpfbarer Ressourcen dargestellt. Zunächst leiten wir aus der Zielsetzung der Ressourceneigner, den Kapitalwert der erschöpfbaren Faktorbestände zu maximieren, die HOTELLING-Regel ab, die Aussagen über die Renten- und Preisentwicklung bei einem unter dieser Zielsetzung optimalen zeitlichen Abbau der Ressource macht.

Danach wenden wir uns einem Markt zu, auf dem die Ressourceneigner die Leistungsabgaben der erschöpfbaren Faktorbestände unter den Bedingungen der vollständigen Konkurrenz anbieten. Schließlich gehen wir kurz auf den Fall ein, dass der Ressourceneigner Angebotsmonopolist ist.

3. Die HOTELLING-Regel

Ebenso wie bei Investitionen geht es bei der zeitlichen Allokation eines erschöpfbaren Ressourcenbestandes um eine Zielsetzung, die ökonomische Größen aus mehreren Perioden betrifft. Die der Einperioden-Gewinnmaximierung entsprechende Zielgröße ist bei Investitionen die Kapitalwertmaximierung, die erreicht ist, wenn der Kapitalwert zusätzlicher Investitionen auf null und der interne Zinssatz auf den Marktzinssatz i gesunken ist (vgl. Gleichung (II.H.2) und Kap. V.C.2). Auch der zeitliche Abbau eines gegebenen Ressourcenbestandes kann als Problem der Kapitalwertmaximierung aufgefasst werden. Die Einnahmen aus dem Verkauf der abgebauten Mengen abzüglich der Ausgaben für den Abbau ergeben in jeder Periode einen Überschuss, der mit dem Marktzinssatz i auf die Gegenwart abzuzinsen ist. Die Einnahmen hängen ab von der Preisentwicklung $\{q(t)\}$, wobei $q(t)$ der Preis ist, der zum Zeitpunkt t durch Verkauf einer Einheit der Ressource zu erzielen ist. In diesem Abschnitt gehen wir davon aus, dass – wie es der Situation vollständiger Konkurrenz entspricht – der einzelne Ressourceneigner keinen Einfluss auf den Preis $q(t)$ hat, ihn vielmehr als ein Datum hinnehmen muss. Zur Vereinfachung unterstellen wir eine Kostenfunktion für die Extraktion der Ressource mit konstanten Grenzkosten c. Wird von Fixkosten abgesehen, sind diese gleich den Stückkosten k. Wenn $v(t)$ die Abbaumenge im Zeitpunkt t bezeichnet, ist der Kapitalwert V eines Ressourcenbestandes $\bar{z}$ im Zeitpunkt $t = 0$ gegeben durch

$$V = \int_0^\infty e^{-i \cdot t} \cdot [q(t) - c] \cdot v(t) \, dt \, . \tag{1}$$

Der Integrand von (1) stellt den Einnahmeüberschuss $[q(t) - c] \cdot v(t)$ im Zeitpunkt t dar, diskontiert mit dem Marktzinssatz i auf den Zeitpunkt $t = 0$. In dieser Darstellung wird (der einfacheren mathematischen Handhabarkeit wegen) die Zeit als stetige Variable t erfasst und nicht als diskrete Variable, die jeweils eine Zeitperiode charakterisieren würde. Genau genommen wäre $v(t)$ daher als „Abbaumengenrate" zu bezeichnen (Dimension = Mengeneinheit pro Zeiteinheit). Der Anschaulichkeit halber werden wir im Folgenden trotzdem $v(t)$ als Abbaumenge bezeichnen; weiterhin werden wir gelegentlich von einer „Periode t" sprechen, womit dann eine infinitesimale kleine Zeitspanne gemeint ist. Der Einnahmeüberschuss pro abgebauter Einheit

$$\mu(t) = q(t) - c \tag{2}$$

lässt sich interpretieren als Obergrenze einer Vergütung, die ein Pächter (Konzessionär, Faktornutzer) dem Eigner des Faktorbestands für das Recht zum Abbau einer Mengeneinheit in Periode t zahlen würde. $\mu(t)$ kann daher auch als *Faktorrente* einer Einheit der erschöpfbaren Ressource bezeichnet werden. Während bei der Erläuterung des Rentenbegriffes in Abschnitt C.3 auf die Angebotsbereitschaft der Anbieter bei alternativen Preisen bzw. Grenzkosten abgestellt und die Rente einer Faktornutzungseinheit als vertikaler Abstand von Preisgerade und Angebotskurve interpretiert wurde, wird hier mit den Grenzkosten c keine Angebotsbereitschaft signalisiert. Aus der Sicht des Ressourceneigners stellt die Rente $\mu(t)$ vielmehr die *Opportunitätskosten des Nichtabbaus* oder den *Wert der Konservierung* einer Mengeneinheit in Periode t dar, denn $\mu(t)$ ist die Geldsumme, die er bei vollständiger Konkurrenz auf dem Faktornutzungsmarkt erzielen könnte, auf die er aber zugunsten des Nichtabbaus verzichtet.

Je nach der zeitlichen Gestaltung des Abbaus, also des Mengenpfades $\{v(t)\}$, erhält man einen anderen Kapitalwert des Ressourcenbestandes. Optimal ist jener Mengenpfad, der (2) maximiert unter den Bedingungen

$$v(t) \geq 0 \quad \text{und} \quad \int_0^\infty v(t)\,dt \leq \bar{z}. \tag{3}$$

Die Abbaumengen müssen also nicht-negativ sein und dürfen in ihrer Gesamtheit den gegebenen Ressourcenbestand $\bar{z}$ nicht übersteigen.

Zunächst soll nun nicht die Ableitung eines optimalen Abbauplans selbst im Mittelpunkt der Betrachtung stehen (vgl. dazu den nächsten Abschnitt 4), sondern der *Zusammenhang zwischen der Preisentwicklung $\{q(t)\}$ und dem optimalen Ressourcenabbau*. Betrachten wir dazu zunächst das Problem, den Kapitalwert (1) zu maximieren, für einen konstanten Preis q, also $q(t) = q$ für alle $t \geq 0$. Offenbar ist es zur Erreichung eines hohen Kapitalwertes in dieser Situation günstig, möglichst früh möglichst große Mengen der Ressource abzubauen, da für jede abgebaute Einheit der Einnahmenüberschuss $\mu = q - c$ ab dem Zeitpunkt des Abbaus am Kapitalmarkt zum Zinssatz i angelegt werden kann, während jede nicht abgebaute Einheit eine unverzinste Kapitalanlage in Höhe von $\mu = q - c$ darstellt. Optimal wäre in dieser Situation also ein Abbau des gesamten Ressourcenvorrates $\bar{z}$ in Periode 0. Dasselbe Resultat erhält man, wenn nicht von einem konstanten Preis ausgegangen wird, sondern von einem Preis, der hinreichend langsam wächst. Hinreichend langsam meint, dass der Ressourcenabbau und die Anlage der Einnahmenüberschüsse zum Zinssatz i einen Ertrag bringen, der höher ist als der Wertzuwachs der noch nicht abgebauten Ressourcen durch den gestiegenen Preis. Gehen wir umgekehrt von einem sehr stark steigenden Preis $q(t)$ aus, so ist es zur Erreichung eines hohen Kapitalwertes günstig, den Ressourcenabbau möglichst weit in die Zukunft zu verschieben. Steigt der Preis $q(t)$ also „zu langsam", so wird bei Maximierung des Kapitalwertes der gesamte Abbau der Ressource in der Gegenwart vorgenommen; steigt umgekehrt $q(t)$ „zu schnell", so wird entsprechend der Abbau gänzlich in die Zukunft verschoben. Wir fragen jetzt danach, welche Preisentwicklung einen kontinuierlichen Ressourcenabbau ermöglicht, d. h. Angebotsbereitschaft zu jedem Zeitpunkt erzeugt.

Dafür ist es offenbar erforderlich, dass in jeder Periode t der Abbau einer Einheit der Ressource – und Anlage des Einnahmenüberschusses zum Zinssatz i – gleich rentabel ist wie die Konservierung dieser Einheit zum Zwecke eines späteren Abbaus. Anders ausgedrückt, muss der Beitrag $e^{-i \cdot t} \cdot \mu(t)$, den eine in Periode t abgebaute Einheit zur Erhöhung des Kapitalwertes V leistet, für alle t gleich sein, d. h. der Ausdruck

$$e^{-i \cdot t} \cdot \mu(t) = \mu(t=0) = \mu_0$$

muss konstant sein. Daraus folgt unmittelbar:

$$\mu(t) = \mu_0 \cdot e^{i \cdot t}. \tag{4}$$

Differenzieren nach der Zeit ergibt

$$\dot{\mu} = \frac{d\mu}{dt} = i \cdot \mu_0 \cdot e^{i \cdot t} = i \cdot \mu(t), \tag{5}$$

so dass die Wachstumsrate von μ konstant und gleich dem Zinssatz ist. Dieser Zusammenhang wird die HOTELLING-Regel genannt:

$$\hat{\mu} = \frac{\dot{\mu}}{\mu} = i. \tag{6}$$

Sie besagt, dass bei Mengenanpasserverhalten und Kapitalwertmaximierung der Ressourcenanbieter *die Faktorrente mit dem Zinssatz i wachsen* muss, damit in jeder Periode t Angebotsbereitschaft besteht (vgl. HAROLD HOTELLING 1931). Die Preisentwicklung, die der HOTELLING-Regel entspricht, ist nach (2) und (6):

$$q(t) = c + \mu(t) = c + \mu_0 \cdot e^{i \cdot t}. \tag{7}$$

Während bei einem mit konstanten Grenzkosten c produzierbaren Gut für einen Preis $q \geq c$ Angebotsbereitschaft besteht, kann für eine erschöpfbare Ressource mit gegebenem Bestand vom Preis $q(t)$ *einer* Periode noch nicht auf die Angebotsbereitschaft geschlossen werden. Dazu ist vielmehr stets die *Betrachtung der gesamten zukünftigen Preisentwicklung* $\{q(t)\}$ erforderlich. Der Preispfad (7) entspricht dabei gerade einer Situation $q = c$, insoweit als auf ihm Angebotsbereitschaft besteht. Die abgebaute und angebotene Menge der Ressource kann aber ohne Berücksichtigung der Nachfrage noch nicht abgeleitet werden. Man beachte auch, dass (6) und (7) lediglich eine Aussage über das Wachstum von Faktorrente bzw. Preis machen; die absolute Höhe von Faktorrente und Preis ist erst im Zusammenhang mit der Nachfrageseite zu erklären. Dies erfolgt in Abschnitt 4.

Wir revidieren das Beispiel nun dahingehend, dass die Kosten des Abbaus nicht mehr konstant sind, sondern dass die Grenzkosten gemäß

$$c = c(v(t), t) \tag{8}$$

von der Abbaumenge $v(t)$ und der Zeit abhängen. Dabei sollen die Grenzkosten mit steigender Abbaumenge $v(t)$ zunehmen und im Zeitablauf wegen technisch verbesserter Abbauverfahren abnehmen. Die Vorzeichen der partiellen Ableitungen von (8) sind also $dc/dv > 0$ und $dc/dt < 0$. Mit (8) hängen auch die Stückkosten $k(t)$ von v und t ab: $k = k(v(t),t)$. Der Kapitalwert wird in dieser Situation beschrieben durch

$$V = \int_0^\infty e^{-i \cdot t} \cdot \left[q(t) - k(v(t),t)\right] \cdot v(t) \, dt. \quad (9)$$

Seine Maximierung unter der Nebenbedingung (3) erfordert wieder die Einhaltung der Optimalitätsbedingung (4), mithin der HOTELLING-Regel (6), wobei die Rente $\mu(t)$ jetzt als zusätzlicher Einnahmeüberschuss bei Abbau einer *zusätzlichen* Einheit in Periode t, also als

$$\mu(t) = q(t) - c(v(t),t) \quad (10)$$

zu definieren ist. Wird (10) nach $q(t)$ umgestellt, nach der Zeit t differenziert und aus (6) $\dot{\mu} = i \cdot \mu$ eingesetzt, ergibt sich folgende Bedingung für die Zunahme des Preises $dq/dt = \dot{q}(t)$:

$$\begin{aligned}\dot{q}(t) &= \frac{d}{dt}\left[\mu(t) + c(v(t),t)\right] = \frac{d\mu(t)}{dt} + \frac{dc}{dv} \cdot \frac{dv(t)}{dt} + \frac{dc(t)}{dt} \\ &= i \cdot \mu(t) + \frac{dc}{dv}\dot{v}(t) + \frac{dc(t)}{dt}.\end{aligned} \quad (11)$$

Nach (11) braucht der Preis bei sinkenden Grenzkosten ($dc/dt < 0$) nur weniger stark zu steigen als bei konstanten Grenzkosten. Darüber hinaus bringt (11) einen Zusammenhang zwischen der Preissteigerung $\dot{q}$ und der Veränderung der Abbaumenge $dv/dt = \dot{v}(t)$ zum Ausdruck. Zunehmende Abbaugeschwindigkeit ($\dot{v} > 0$) bedingt zusätzliche Preissteigerung und umgekehrt. Für den hier betrachteten Fall einer Abhängigkeit der Grenzkosten von der Abbaumenge lässt sich damit diejenige Preisentwicklung, die Angebotsbereitschaft in jeder Periode herbeiführt, nicht mehr unabhängig von den jeweiligen Abgabemengen angeben.

Eine optimale Abbaupolitik im Sinne einer Kapitalwertmaximierung des Bestandes erschöpfbarer Ressourcen wird mit der HOTELLING-Regel durch Renten- und Preissteigerungsraten beschrieben, die durch den Zinssatz bestimmt sind. Die Renten- und Preissteigerungen verhindern einen zu schnellen Abbau; sie strecken den Ressourcenbestand in einer aus der Sicht der Ressourceneigner optimalen Weise über die Zeit. Die HOTELLING-Regel sagt nichts darüber aus, ob und unter welchen Bedingungen solche Renten- und Preissteigerungen zustande kommen. Diesbezügliche Aussagen sind nur im Rahmen von Modellen möglich, die Annahmen über die Nachfrage und die Marktform enthalten, so dass für jede Periode die Abbaumengen ermittelt werden können, die eine Realisierung der nach der HOTELLING-Regel notwendigen Renten und Preise erlauben. Dieser Frage wenden wir uns im folgenden Abschnitt zu.

4. Die zeitliche Verteilung des Abbaus erschöpfbarer Ressourcen bei vollständiger Konkurrenz und im Angebotsmonopol

Gemäß der in Kap. III.A.1. gegebenen Marktbeschreibung gibt es auf einem *Markt mit vollständiger Konkurrenz* sehr viele Anbieter und Nachfrager, deren Angebots- bzw. Nachfragemengen jeweils einen verschwindend kleinen Anteil am Gesamtangebot v bzw. an der Gesamtnachfrage r ausmachen. Es existieren keine Präferenzen und es herrscht vollständige Markttransparenz im Sinne vollständiger Preisinformation. Nach dem Gesetz der Preisunterschiedslosigkeit kommt in jeder Periode auf dem Markt ein einheitlicher Preis zustande; an diesen müssen sich die einzelnen Anbieter und Nachfrager mit ihren Mengen anpassen. In dem in Kap. III.A.2.b erläuterten Modell der vollständigen Konkurrenz auf dem Markt für ein produzierbares Gut ging es darum, aus gesamtwirtschaftlicher Nachfrage- und Angebotskurve diejenige Preis-Mengen-Kombination zu bestimmen, bei der Nachfrage- und Angebotsmenge gleich sind.

Auch hier gehen wir von einer gesamtwirtschaftlichen Nachfragefunktion $q = q(r)$ aus, für die wir unterstellen, sie sei im Zeitablauf unveränderlich. Anstelle der Grenzkostenkurve, die bei einperiodiger Gewinnmaximierung das Angebotsverhalten beschreibt, haben wir hier die Überlegungen des vorangegangenen Abschnitts zu berücksichtigen, in denen wir die Angebotsbereitschaft der Ressourceneigner aus der Zielsetzung der Kapitalwertmaximierung hergeleitet haben. Wir greifen dabei auf den einfachsten Fall konstanter Grenzkosten zurück, d. h. wir unterstellen, dass alle Ressourceneigner dieselben Grenzkosten c haben, die nicht von der Abbaumenge und nicht von der Zeit abhängen. Die Fragestellung richtet sich hier auf diejenige zeitliche Entwicklung des Preises $q(t)$ und der Abbaumenge $v(t)$, die in jeder Periode zu einer Gleichheit von Nachfrage- und Angebotsmenge führt. Gemäß der HOTELLING-Regel muss eine solche Preisentwicklung von der Form (7) sein, wie sie in Abb. 1.a skizziert ist. Abb. 1.b stellt die – hier als linear angenommene – gesamtwirtschaftliche Nachfragefunktion $q = q(r)$ dar. Aus ihr lassen sich die den Preisen der Perioden $t = 0, 1, 2 \ldots$ entsprechenden Nachfragemengen $r(t)$ ablesen. Die fett eingezeichneten vertikalen Strecken in Abb. 1.a entsprechen dabei den (exponentiell wachsenden) Faktorrenten $\mu(t)$. Da für eine Preisentwicklung gemäß der HOTELLING-Regel die Anbieter bereit sind, die entsprechende Nachfrage zu befriedigen, kann mit Hilfe von Abb. 1.c die zeitliche Entwicklung der Abbaumengen in Abb. 1.d übertragen werden.

Für ein willkürlich gewähltes Niveau der Preisentwicklung (also willkürlich vorgegebene Rente $\mu(0)$) wird im allgemeinen der gegebene gesamtwirtschaftliche Bestand $\bar{z}$ der Ressource nicht gerade in demjenigen Zeitpunkt T aufgebraucht sein, in dem der Preis den Prohibitivpreis $\breve{q}$ erreicht, $q(T) = \breve{q}$, in dem also auch die Nachfrage null wird. Ist vielmehr $\mu(0)$ zu hoch, wird mit der HOTELLING-Regel der Prohibitivpreis früher als in T erreicht. Folglich ist bei Erreichen des Prohibitivpreises der Ressourcenbestand noch positiv, obwohl fortan keine Nachfrage mehr besteht. Ist $\mu(0)$ umgekehrt zu niedrig, so wird schon in einem früheren Zeitpunkt $\bar{t}$ als T die Ressource aufgebraucht sein, so dass die Nachfrage in

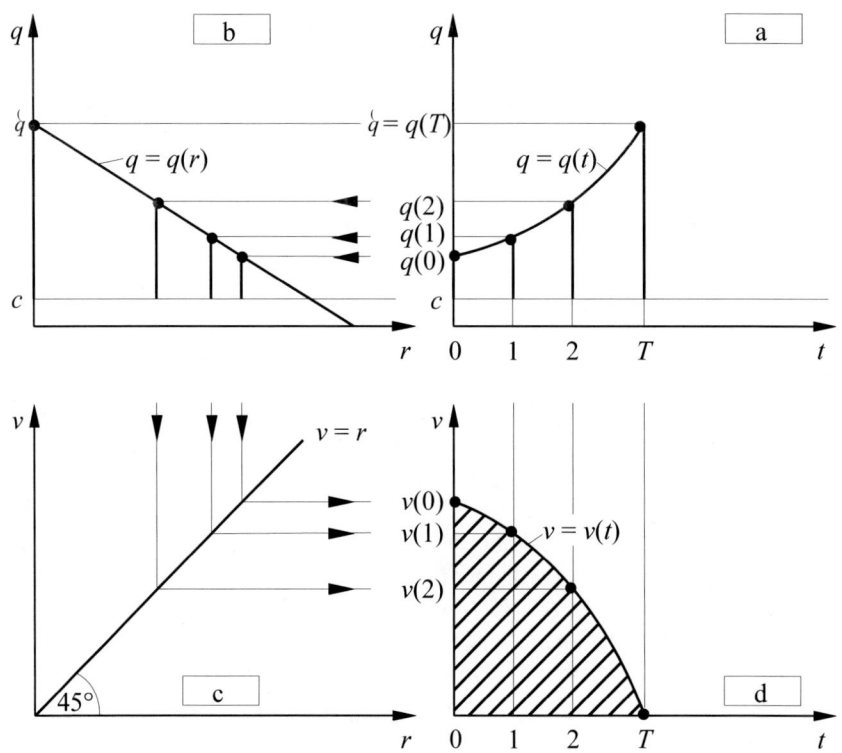

Abb. 1.a-d: Marktgleichgewicht für erschöpfbare Ressourcen bei vollständiger Konkurrenz

der Zeit zwischen $\bar{t}$ und T unbefriedigt bleibt. Offenbar gibt es genau eine Rente $\mu(0)$ derart, dass die zugehörige Preisentwicklung (7) in jeder Periode eine Gleichheit von Nachfrage- und Angebotsmenge impliziert. Sie ist, zusammen mit der Abbauzeit T, aus dem Gleichungssystem

$$\breve{q} = q(T) = e^{i\cdot T}\cdot\mu(0)+c\,, \quad \int_0^T v(t)\,dt = \bar{z} \tag{12}$$

zu bestimmen, wobei $\{v(t)\}$ der gemäß Abb. 1.d von der Preisentwicklung abhängige Abbaumengenpfad ist. Die schraffierte Fläche unterhalb des Abbaupfades $v(t)$ in Abb. 1.d ergibt den Bestand $\bar{z}$.

Nachdem wir nun die Gleichgewichtspreis- und -mengenentwicklung für den Markt einer erschöpfbaren Ressource unter den Bedingungen der vollständigen Konkurrenz abgeleitet haben, stellt sich die Frage, wie und unter welchen Voraussetzungen der Marktmechanismus für das Zustandekommen dieser Entwicklung sorgen könnte. Dazu bedarf es der Annahme, dass ein *System von Termin- oder Zukunftsmärkten* (vgl. dazu Kap. III.A.4.b) für die erschöpfbare Ressource existiert, das vollständig in dem Sinne ist, dass in Periode 0 auch Konkurrenzgleichgewichte für alle folgenden Perioden zustande kommen. Wir nehmen also an, in der Periode 0 würden nicht nur für die in Periode 0 zu liefernden und zu beziehenden Mengen zum Preis $q(0)$ Verträge abgeschlossen, sondern gleichzeitig damit würden sich auch Gleichgewichtspreise und -mengen für alle folgenden Perioden bilden. Eine Transaktion auf einem Zukunftsmarkt besteht dann darin, dass ein bestimmter Anbieter mit einem bestimmten Nachfrager in Periode 0 die Lieferung einer bestimmten Menge der Ressource in Periode t vereinbart zum schon in Periode 0 gebildeten Preis $q(t)$, der bei Lieferung in Periode t zu entrichten ist.

Eine eventuell zunächst bestehende Situation mit einem Angebotsüberschuss (Nachfrageüberschuss) über die für eine Periode $\hat{t}$ geplanten Transaktionen wird entsprechend der walrasianischen Konzeption des *tâtonnement* den Preis $q(\hat{t})$ sinken (steigen) lassen und damit (via HOTELLING-Regel) auch alle übrigen Preise $q(t)$ beeinflussen. Ist also etwa $\mu(0)$ ursprünglich zu groß, so dass in Periode T die Ressourcenbestände noch nicht aufgebraucht wären, so wird der auf den für den Zukunftsmarkt T sich ergebende Preis $q(T)$ sinken und damit auch die Preise für die Märkte aller übrigen Perioden. Ein Gleichgewicht für ein solches System von Zukunftsmärkten ist dann erreicht, wenn in Periode 0 Preise $q(t)$ für jede Periode t gebildet werden, so dass die für Gegenwart und Zukunft bei diesen Preisen geplanten gesamtwirtschaftlichen Nachfragemengen jeweils den Angebotsmengen entsprechen. Unsere in Kap. III getroffene Feststellung, dass die Marktform der vollständigen Konkurrenz einen theoretischen Grenzfall darstellt, wird durch die für erschöpfbare Ressourcen zusätzliche Annahme eines Systems von perfekt funktionierenden Zukunftsmärkten noch unterstrichen.

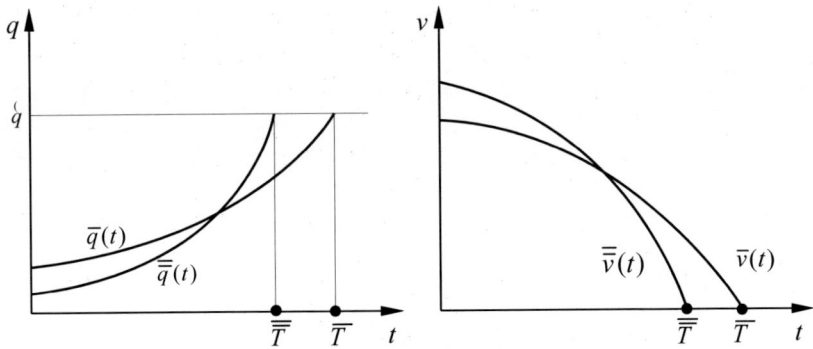

Abb. 2.a/b: Preis- und Mengenpfade bei verschiedenen Zinssätzen

Wir wollen jetzt die Preis- und Abbauentwicklung für *unterschiedliche Zinssätze* $\bar{i} < \bar{\bar{i}}$ bei einer gegebenen Nachfragefunktion anhand der Abb. 2 betrachten. Die HOTELLING-Regel besagt, dass für den höheren Zinssatz $\bar{\bar{i}}$ die Preise stärker steigen als für $\bar{i}$. Aus der Bedingung, dass bei Erreichen des Prohibitivpreises (in Periode $\bar{T}$ bzw. $\bar{\bar{T}}$) der Ressourcenbestand gerade abgebaut ist, folgt dann, dass die Preisentwicklung $\bar{\bar{q}}(t)$ für den höheren Zinssatz weder ganz oberhalb noch ganz unterhalb der entsprechenden Entwicklung $\bar{q}(t)$ beim Zinssatz $\bar{i}$ verlaufen kann. Die Entwicklung der Gleichgewichtspreise und Abbaumengen verläuft vielmehr wie in Abb. 2 skizziert. Insbesondere ist festzuhalten, dass *ceteris paribus* die Ressource bei höherem Zinssatz schneller abgebaut wird, also $\bar{\bar{T}} < \bar{T}$ ist.

Abschließend sei darauf hingewiesen, dass bisher als Abdiskontierungsrate zukünftiger Einzahlungsüberschüsse der Marktzinssatz i benutzt wurde, was die Opportunitätskosten entgangener Verzinsung reflektiert. Wenn nun ein Ressourcenanbieter einem Enteignungsrisiko ausgesetzt ist, kann er für einen zukünftigen Zeitpunkt nicht mehr sicher sein, über dann noch vorhandene Ressourcenbestände auch verfügen zu können. Wenn sich die Enteignung gemäß einem stochastischen Prozess vom Typ POISSON ergibt, dann bedeutet dies, dass der Zeitpunkt für das Eintreffen des Bestandsverlustes exponentialverteilt ist, deren Parameter λ mit dem des POISSON-Prozesses übereinstimmt. Damit kalkuliert der Ressourceneigner mit dem Abdiskontierungsfaktor $e^{-(i+\lambda)\cdot t}$, d. h. er verhält sich, als ob er einen höheren kalkulatorischen Zinssatz benutzt.

Nach der Betrachtung eines Marktes mit vollständiger Konkurrenz wollen wir nun den Markt einer erschöpfbaren Ressource untersuchen, auf dem ein *einzelner Anbieter als Monopolist* über den *gesamten Bestand* verfügt. Dabei gehen wir wieder von konstanten Grenzkosten c (die, sofern keine Fixkosten anfallen, dann wieder gleich den konstanten Stückkosten k sind) und einer im Zeitablauf unveränderlichen Nachfragefunktion $q = q(r)$ – die aus der Sicht des Anbieters seine Preis-Absatzfunktion $q = q(v)$ darstellt – aus. Der Kapitalwert lautet dann

$$V = \int_0^\infty e^{-i\cdot t}\left[q(v(t)) - k\right]\cdot v(t)\,dt\,. \tag{13}$$

Seine Maximierung unter den Nebenbedingungen (3) verlangt wieder die Einhaltung der Optimalitätsbedingung (4) und damit der HOTELLING-Regel (6), wobei jetzt $\mu(t)$ als der *zusätzliche Gewinn* oder die *zusätzliche Rente* einer in Periode t *zusätzlich* abgebauten Einheit der Ressourcen, also als

$$\mu(t) = E'(v(t)) - c = \left(1 + \frac{1}{\eta_{rq}}\right)\cdot q(v(t)) - c \tag{14}$$

zu definieren ist. E' bezeichnet dabei den Grenzerlös, der sich mit Hilfe der AMOROSO-ROBINSON-Relation (IV.B.6) durch den Preis q und die Preiselastizität der Nachfrage η_{rq} ausdrücken lässt.

Abb. 3 skizziert die Entwicklung des Preises und der Abbaumenge im Ressourcen-Monopol. Ausgangspunkt ist dabei der exponentiell mit der Rate i wachsende Grenzgewinn $\mu(t)$ bzw. die Kurve $\mu(t) + c$ in Abb. 3.a. Daraus lassen sich gemäß (14) oder $\mu(t) + c = E'$ die Abbaumengen $v(t)$ ableiten. Zusätzlich ist hier aus dem Zusammenhang zwischen Grenzerlös und Preis-Absatzkurve die Preisentwicklung $q(t)$ zu konstruieren. Der Preis- und der Mengenpfad werden in der Abb. 3 bestimmt, indem man für jeden Wert des Pfades $\mu(t) + c$ den zugehörigen Grenzerlös in Abb. 3.b abliest, anschließend anhand der Nachfragefunktion den Marktpreis so wie die Nachfragemenge. Diese beiden Größen werden schließlich in die Mengen-Zeit-Diagramme (Abb. 3.a und 3.d) überführt.

Ein Vergleich von Abb. 3 mit Abb. 1 zeigt, dass im Monopolfall die Preisentwicklung – ausgehend von einem höheren Niveau – flacher verläuft als bei vollständiger Konkurrenz und die Abbaumengen – beginnend bei einem niedrigeren Niveau – langsamer auf null absinken. Das bedeutet, dass die Marktform des

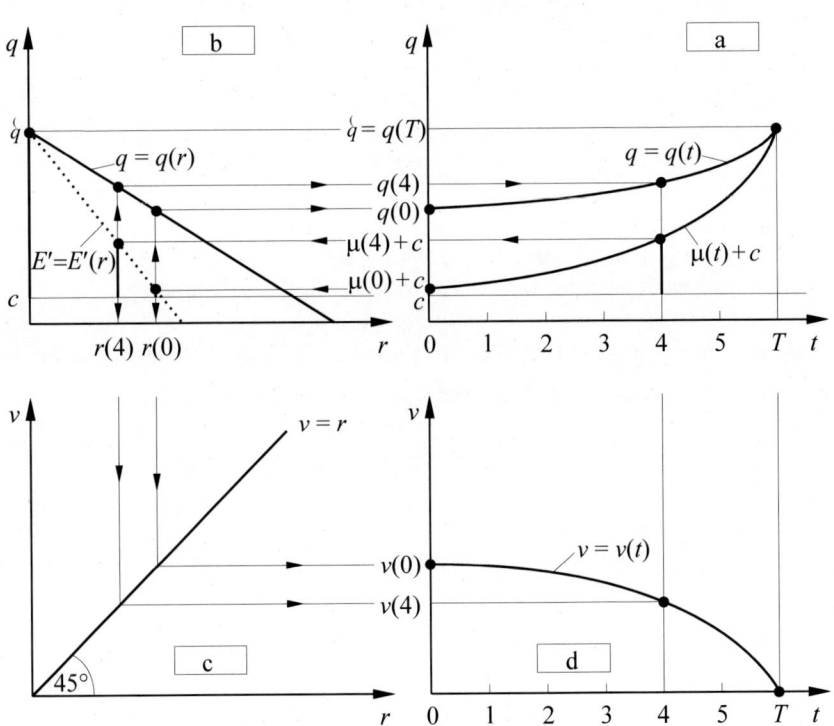

Abb. 3.a-d: **Marktgleichgewicht für erschöpfbare Ressourcen bei monopolistischem Angebot**

Monopols erschöpfbare Ressourcen eher konserviert und über einen längeren Zeitraum verteilt als die der vollständigen Konkurrenz. Diese Aussage ist allerdings nicht allgemein gültig; sie hängt vielmehr von der in unserem Beispiel unterstellten gesamtwirtschaftlichen Nachfragefunktion und den Kosten ab. Betrachten wir dazu kurz ein alternatives Beispiel, in dem die Grenzkosten konstant gleich null sind und die Nachfrage durch eine konstante Preiselastizität $\eta_{rq} = -0{,}5$ charakterisiert ist. Gemäß (7) wächst bei vollständiger Konkurrenz der Preis (der dann mit der Faktorrente übereinstimmt) mit der Rate i; aber auch der im Monopolfall mit der Rate i wachsende Grenzgewinn impliziert nach (14) in diesem Beispiel ein Wachsen des Preises mit der Rate i. Für beide Marktformen muss dann auch das Ausgangsniveau der Preise übereinstimmen und damit ebenfalls die Abbaumengenentwicklung. Dieses Beispiel liefert Hinweise dafür, dass monopolistische Elemente für die zeitliche Allokation erschöpfbarer Ressourcen von geringerer Bedeutung sein könnten als zunächst zu vermuten ist (vgl. dazu STIGLITZ, 1976).

Über die hier behandelten Ansätze hinaus befasst sich die Theorie erschöpfbarer Ressourcen mit zahlreichen weiteren Fragestellungen. So wird die Frage untersucht, in welcher Reihenfolge durch ihre Abbaukosten sich unterscheidende Lagerstätten einer erschöpfbaren Ressource abgebaut werden sollten. Ferner werden Bedingungen und Zeitpunkt des Übergangs vom Abbau einer erschöpfbaren Ressource zur Verwendung einer sie substituierenden nicht erschöpfbaren Ressource, einer *backstop technology,* untersucht. Die Probleme der Unsicherheit über den Umfang des Bestandes einer erschöpfbaren Ressource, über die zukünftige Nachfrage, die zukünftigen Abbautechniken sind weitere Beispiele.

Schließlich geht es in der Theorie erschöpfbarer Ressourcen auch um die Fragen, ob in einer dezentral organisierten Wirtschaft der Marktmechanismus für eine Realisierung des Zeitpfades optimaler Abbaumengen und entsprechender Zeitpfade der Renten und Preise erschöpfbarer Ressourcen sorgt oder ob wirtschaftspolitische Eingriffe erforderlich sind.

Kapitel VI.

Erweiterungen

A. Entscheidungen unter Risiko

In Kap. I.B.7.h haben wir uns mit rationalem Verhalten bei Unsicherheit beschäftigt und vier mögliche Verhaltensregeln betrachtet (vgl. Tabelle I.B.1):
- BAYESsches Verhalten,
- Prinzip des unzureichenden Grundes,
- Maximin-Kriterium,
- Optimismus-Pessimismus-Kriterium.

Die erste Verhaltensweise bezieht sich auf Entscheidungen unter Risiko (bekannte Wahrscheinlichkeiten), die weiteren drei Verhaltensweisen auf Entscheidungen bei Ungewissheit (nicht einmal Wahrscheinlichkeiten sind bekannt). In den meisten ökonomischen Zusammenhängen liegen zumindest subjektive Wahrscheinlichkeiten beim Entscheidenden vor; so lässt sich jede Entscheidung gemäß dem Prinzip des unzureichenden Grundes interpretieren als Entscheidung bei Risiko, wobei alle möglichen Ergebnisse als gleich wahrscheinlich angesehen werden. Wir werden daher in diesem Abschnitt Entscheidungen bei Risiko näher beleuchten und dabei verschiedene Analysemethoden vorstellen und durch Beispiele erläutern.

1. Erwartungsnutzentheorie

a. Risikonutzenfunktion

Wie in Kap. I.B.7.h erläutert, besteht BAYESsches Verhalten darin, einen dem Erwartungswert nach möglichst großen Nutzen anzustreben. Dieses Entscheidungsprinzip wird als *Erwartungsnutzenmaximierung* bezeichnet. Um dieses Prinzip näher zu erläutern, unterstellen wir eine Nutzenfunktion $u=u(z)$, in der der Nutzen positiv ($u'=du/dz>0$) von einer (eindimensionalen) Geldgröße z abhängt (Einkommen oder Vermögen, im Folgenden werden wir sie stets als Vermögen interpretieren). Die Nutzenfunktion gibt den Nutzen für den sicheren Geldbetrag z

an; wir werden aber mit Hilfe dieser Nutzenfunktion Entscheidungen unter Risiko beschreiben, daher wollen wir $u=u(z)$ *Risikonutzenfunktion* nennen. Bei Entscheidungen unter Risiko ist der Betrag z nicht mit Sicherheit bekannt, sondern liegt nur als Zufallsvariable Z vor, z. B. als

$$Z = \begin{pmatrix} z_1 & z_2 \\ w_1 & w_2 \end{pmatrix}. \tag{1}$$

Wir werden im Folgenden stets vereinfachend unterstellen, dass Z nur zwei diskrete Ausprägungen z_1 und z_2 mit den Wahrscheinlichkeiten w_1 und w_2 ($w_1+w_2=1$) annehmen kann (es ließen sich leicht mehr als zwei Ausprägungen oder noch allgemeiner stetige Dichtefunktionen berücksichtigen). Z nennt man auch etwas abstrakt *Lotterie*. Der Erwartungswert von Z ergibt sich als:

$$\bar{z} = \mathrm{E}[Z] = w_1 z_1 + w_2 z_2. \tag{2}$$

Der Nutzen, den die Lotterie Z stiftet, ist eine Zufallsgröße. Diese Zufallsgröße nimmt die Werte $u(z_1)$ und $u(z_2)$ an, ebenfalls mit den Wahrscheinlichkeiten w_1 und w_2. Ihr Erwartungswert, der *Erwartungsnutzen,* ergibt sich also als:

$$\mathrm{E}[u(Z)] = w_1 u(z_1) + w_2 u(z_2). \tag{3}$$

Das Kriterium Erwartungsnutzenmaximierung bedeutet, sich unter verschiedenen Lotterien Z stets für diejenige mit dem größten Erwartungsnutzen zu entscheiden. (Das entspricht dem in Kap. I.B.7.h angesprochenen BAYESschen Verhalten.)

In Abb. 1 ist diese Situation für $w_1=w_2=\frac{1}{2}$ dargestellt: $\mathrm{E}[Z]$ liegt dann genau in der Mitte zwischen z_1 und z_2, $\mathrm{E}[u(Z)]$ liegt genau in der Mitte zwischen $u(z_1)$ und $u(z_2)$. In der Abbildung gilt:

$$\mathrm{E}[u(Z)] < u(\mathrm{E}[Z]) = u(\bar{z}). \tag{4}$$

Hat der in der Abbildung dargestellte Haushalt sich zu entscheiden zwischen der Lotterie Z und der „Lotterie", die ihm mit Sicherheit $\bar{z} = \mathrm{E}[Z]$ einbringt (ihr

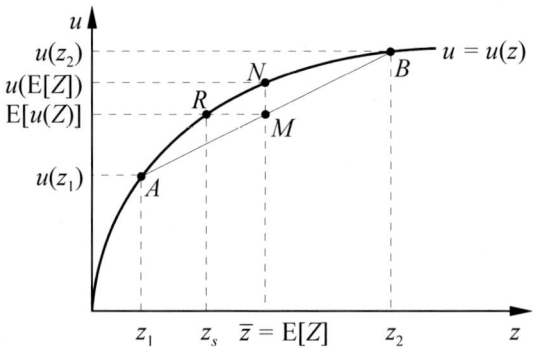

Abb. 1: Risikonutzenfunktion eines risikoscheuen Haushalts

Erwartungsnutzen beträgt $u(\bar{z})$), so wird er sich gemäß (4) für $\bar{z}$ entscheiden. Solche Haushalte nennt man *risikoscheu* oder *risikoavers*. Man erkennt, dass ganz allgemein strikte Konkavität der Risikonutzenfunktion Risikoaversion bedeutet, denn strikte Konkavität ($u''=d^2u/dz^2<0$) führt ja gerade dazu, dass die Nutzenfunktion zwischen z_1 und z_2 stets oberhalb der Strecke AB verläuft, mithin (4) erfüllt ist. Dieser Zusammenhang gilt auch, wenn die Wahrscheinlichkeiten w_1 und w_2 – anders als für Abb. 1 unterstellt – nicht jeweils ½ sind, sondern beliebige Werte zwischen null und eins annehmen (mit $w_2=1-w_1$). Der Erwartungsnutzen $E[u(Z)]$ lässt sich auch dann mit Hilfe eines M entsprechenden Punktes auf AB (der dann nicht genau in der Mitte zwischen A und B liegt) an der Ordinate ablesen (vgl. dazu Abb. 2 im folgenden Abschnitt). Bei Konkavität von u liegt N stets oberhalb von M, und daher gilt dann stets (4).

Risikoaversion lässt sich auch anders erkennen: Es sei z_s derjenige sichere Geldbetrag, der denselben Nutzen bringt wie die Lotterie Z (genau genommen müsste man sagen: der denjenigen Nutzen bringt, der dem Erwartungsnutzen von Z entspricht), also: $z_s = u^{-1}(E[u(Z)])$; z_s heißt auch *Sicherheitsäquivalent* zu Z. Risikoaversion liegt genau dann vor, wenn gilt:

$$z_s = u^{-1}(E[u(Z)]) < E[Z], \qquad (5)$$

wenn das Sicherheitsäquivalent also kleiner als der Erwartungswert der zugehörigen Lotterie ist.

Ein Haushalt ist *risikoneutral* (oder *risikoindifferent*), wenn der Nutzen des Erwartungswertes einer Lotterie gleich dem Erwartungswert des Nutzens der Auszahlungen ist, wenn also in (4) bzw. (5) statt des <-Zeichens das =-Zeichen gilt. In diesem Fall ist die *Risikonutzenfunktion* eine *Gerade* mit positiver Steigung, das Sicherheitsäquivalent einer Lotterie Z stimmt mit dem Erwartungswert von Z überein, die Punkte M, N und R in Abb. 1 fallen zusammen. Ein Haushalt ist *risikofreudig* oder hat *Risikovorliebe*, wenn er den Nutzen des Erwartungswertes einer Lotterie geringer als den Erwartungswert des Nutzens der Auszahlungen einschätzt, wenn also in (4) bzw. (5) statt des <-Zeichens das >-Zeichen zutrifft. Die Risikonutzenfunktion hat dann *konvexen* Verlauf, d. h. ihre (positive) Steigung nimmt zu; das Sicherheitsäquivalent einer Lotterie ist größer als ihr Erwartungswert.

In ökonomischen Zusammenhängen verhalten sich die meisten Menschen risikoscheu, wir werden daher im Folgenden neben $u'>0$ stets $u''<0$ voraussetzen. Doch könnte mit wachsendem z die Risikoscheu abnehmen. Ferner könnte die Risikonutzenfunktion einer Person in einem Teilbereich konkav, in einem anderen konvex sein. Auf solche Fragen kommen wir in Abschn. f zurück.

In Kap. I.B.5.a haben wir kardinale und ordinale Nutzenfunktionen unterschieden: Unterschiedliche *kardinale Nutzenfunktionen* können zu identischen Nachfrageentscheidungen führen (wenn sie nämlich identische Indifferenzkurvensysteme haben); sie heißen daher *gleich als ordinale* Nutzenfunktionen, wenn sie sich nur um eine positive monotone Transformation unterscheiden (vgl. (I.B.46)).

Auch unterschiedliche Risikonutzenfunktionen können zu gleichem Verhalten bei Risiko führen. So ergeben beispielsweise die Funktionen

$$u(z), \quad \tilde{u}(z) = a\,u(z), \quad \tilde{\tilde{u}}(z) = u(z) + b \quad \text{mit } a>0 \quad (6)$$

für zwei Lotterien Z_1 und Z_2 gemäß dem Erwartungsnutzenkriterium stets dieselbe Rangordnung:

$$E[\,u\,(Z_1)] \gtreqless E[\,u\,(Z_2)]$$

$$\Leftrightarrow E[\,\tilde{u}\,(Z_1)] \gtreqless E[\,\tilde{u}\,(Z_2)] \quad (7)$$

$$\Leftrightarrow E[\,\tilde{\tilde{u}}(Z_1)] \gtreqless E[\,\tilde{\tilde{u}}(Z_2)].$$

Andere als die in (6) angedeuteten Transformationen kann man mit Risikonutzenfunktionen nicht vornehmen, ohne dass das mit ihnen beschriebene Verhalten bei Risiko sich ändern würde. Man nennt daher zwei Funktionen $u(z)$ und $\tilde{u}(z)$ *gleich als Risikonutzenfunktionen*, falls sie sich nur um eine *positive lineare Transformation* unterscheiden, falls also gilt:

$$\tilde{u}(z) = a\,u(z) + b \quad \text{mit } a>0. \quad (8)$$

b. Anwendung: Vermögens- und Haftpflichtversicherung

Als Anwendung betrachten wir die Entscheidung eines Haushalts über die Nachfrage nach Vermögensversicherung und nach Haftpflichtversicherung (vgl. dazu SINN 1980, Kap. 3B). Durch eine Versicherung kann der Haushalt von einer Risikosituation in eine Sicherheitssituation gelangen, indem er gegen Zahlung einer Versicherungsprämie einen Anspruch auf Schadenersatz erwirbt, wenn ein (im Versicherungsvertrag definierter) Schaden eintritt. Bei einer Vermögensversicherung wird das vorhandene Vermögen des Haushalts versichert (ein Beispiel ist die Versicherung von Eigenheim und Hausrat durch eine Wohngebäude- und Hausratversicherung). Durch eine Haftpflichtversicherung wird der Haushalt dagegen abgesichert, dass andere Personen einen gesetzlichen Haftpflichtanspruch gegen ihn erwerben, weil ihnen durch schuldhaftes Verhalten des Haushalts ein Schaden entstanden ist.

Vermögensversicherung: Im Folgenden bezeichne z_0 das Vermögen am Anfang einer Periode (z. B. eines Jahres). Das Vermögen sei einem möglichen Schaden S ausgesetzt, von dem wir der Einfachheit halber annehmen wollen, er sei entweder null ($s=0$; kein Schaden) oder total ($s=z_0$; Totalschaden); letzteres trete innerhalb der betrachteten Periode mit der Wahrscheinlichkeit w ein, S ist also die Zufallsvariable

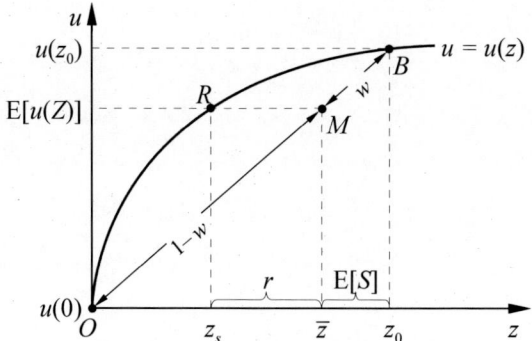

Abb. 2: Vermögensversicherung: Sicherheitsäquivalent z_s kleiner als erwartetes Vermögen $\bar{z}$

$$S = \begin{pmatrix} z_0 & 0 \\ w & 1-w \end{pmatrix}. \tag{9}$$

Wenn wir von einer Verzinsung des Vermögens, Einnahmen und Ausgaben im Laufe der Periode abstrahieren, wird das Vermögen am Ende der Periode durch die Zufallsvariable $Z=z_0-S$ beschrieben:

$$Z = \begin{pmatrix} 0 & z_0 \\ w & 1-w \end{pmatrix}. \tag{10}$$

Die Situation ist in Abb. 2 dargestellt: Bei Risikoaversion (konkave Risikonutzenfunktion) ist der Erwartungswert des Vermögens $\bar{z}=\mathrm{E}[Z]$ größer als das Sicherheitsäquivalent z_s. Die Differenz $r=(z_0-z_s)-\mathrm{E}[S]=\bar{z}-z_s$ nennt man auch *Risikoprämie*; r lässt sich interpretieren als maximaler Betrag, den der betrachtete Haushalt bereit ist, für eine Versicherung (die im Falle des Schadens s den Schaden durch Erstattung des Betrags s an den Haushalt reguliert) über den Erwartungswert des Schadens hinaus *höchstens* zu zahlen; der Haushalt wäre also bereit, eine Versicherungsprämie $p \leq \mathrm{E}[S]+r$ *zu akzeptieren*. Andererseits wird jedes Versicherungsunternehmen *mindestens* (den durchschnittlich als Versicherungsleistung zu erbringenden Betrag) $\mathrm{E}[S]$ als Prämie verlangen: $p \geq \mathrm{E}[S]$. In diesem Zusammenhang spricht man auch von $p^f = \mathrm{E}[S]$ als fairer Prämie. Abstrahiert man – was zur Vereinfachung der Analyse häufig zweckmäßig ist – von jeglichen Verwaltungskosten der Versicherungsunternehmen, so ist p^f einfach der Preis, der für das Unternehmen im Mittel (dem Erwartungswert nach) einen Gewinn von null bedeutet. Insgesamt gilt in der dargestellten Situation einer Vermögensversicherung (wegen $r>0$):

$$p^f = \mathrm{E}[S] \leq p \leq \mathrm{E}[S]+r. \tag{11}$$

> **Zahlenbeispiel zur Vermögensversicherung:**
> Es sei $u=u(z)=\sqrt{z}$, $z_0=10.000$, $w=0,25$. Dann gilt:
>
> $$E[S] = 0,75 \cdot 0 + 0,25 \cdot 10.000 = 2.500,$$
>
> $$\bar{z} = E[Z] = 0,75 \cdot 10.000 + 0,25 \cdot 0 = 7.500,$$
>
> $$E[u(Z)] = 0,75 \cdot \sqrt{10.000} + 0,25 \cdot \sqrt{0} = 75.$$
>
> Daraus berechnen sich Sicherheitsäquivalent und Risikoprämie als
>
> $$z_s = u^{-1}(75) = 75^2 = 5.625,$$
>
> $$r = (z_0 - z_s) - E[S] = 4.375 - 2.500 = 1.875.$$
>
> Der in (11) beschriebene Spielraum für eine Versicherungsprämie p, zu der die Versicherung des Vermögens z_0 zustande kommen kann, lautet also
>
> $$E[S] = 2.500 \leq p \leq 4.375 = E[S] + r.$$

Betrachten wir jetzt eine Haftpflichtversicherung. Sie ist (im Gegensatz zu einer Versicherung des Vermögens eines Versicherungsnehmers) dadurch gekennzeichnet, dass der mögliche Schaden (= gesetzliche Haftpflichtansprüche eines Geschädigten) größer als das Vermögen des Versicherungsnehmers sein kann. In Abb. 3 ist das für eine Schadenzufallsvariable

$$S = \begin{pmatrix} s & 0 \\ w & 1-w \end{pmatrix}, \quad s \gg z_0, \tag{12}$$

mit nur einer möglichen Schadenausprägung $s>0$, in der s wesentlich größer ist als das vorhandene Vermögen z_0, dargestellt. Die Haftpflichtversicherung möge hier darin bestehen, dass das Versicherungsunternehmen gegen Zahlung einer Prämie p im Schadenfall dem Versicherungsnehmer den Schadenbetrag s erstattet. Nach Abschluss einer Versicherung hat der betrachtete Haushalt damit in jedem Fall („mit Sicherheit") am Ende der Periode das Vermögen $z_0 - p$.

Ohne Abschluss einer Versicherung nimmt im Schadenfall das Vermögen des Haushalts den negativen Wert $z_0 - s$ an. Wir haben bisher (auch in den vorangegangenen Kapiteln) die Argumente der jeweils betrachteten Nutzenfunktion stets als nichtnegativ unterstellt. Im hier betrachteten Zusammenhang kann aber offenbar das Vermögen (durch Verbindlichkeiten des Haushalts) auch negative Werte annehmen. Wir formulieren daher die Annahmen an die zugrunde gelegte Nutzenfunktion in dieser Situation als

$$u(z) = 0 \quad \text{für } z \leq 0$$

und
$$u'(z) > 0, \quad u''(z) < 0 \quad \text{für } z > 0. \tag{13}$$

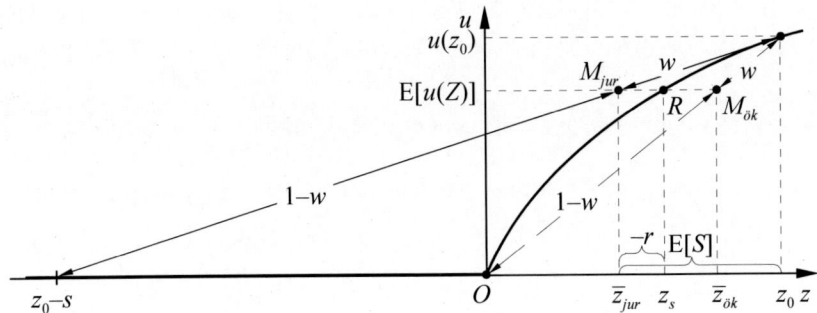

Abb. 3: Haftpflichtversicherung: Sicherheitsäquivalent z_s größer als erwartetes Vermögen $\bar{z}_{jur}$

In der Konstanz des Nutzens für negative Werte von z kommt zum Ausdruck, dass bei Verschuldung einer Person in einer Höhe, die ein Abtragen der Schuld innerhalb des Lebens aussichtslos erscheinen lässt, die konkrete Höhe der Schuld irrelevant für das Nutzenniveau des Schuldners ist („100 Mio. EUR Schulden drücken nicht schlimmer als 10 Mio. EUR"). In diesem Zusammenhang ist das Vermögen z als auch das Humankapital (abgezinstes zukünftiges Lebenseinkommen) umfassend zu verstehen unter Berücksichtigung eines Existenzminimums („Pfändungsgrenze"). Die Achsen in Abb. 3 sind also so verschoben (normiert) aufzufassen, dass $z=0$ dem Existenzminimum und $u(0)$ dem Nutzen dieser Situation entspricht.

Wir unterscheiden jetzt zwischen den Zufallsvariablen Z_{jur} (*juristisches Vermögen*) und $Z_{ök}$ (*ökonomisches Vermögen*):

$$Z_{jur} = \begin{pmatrix} z_0 - s & z_0 \\ w & 1-w \end{pmatrix}, \quad Z_{ök} = \begin{pmatrix} 0 & z_0 \\ w & 1-w \end{pmatrix}. \quad (14)$$

Die im Schadenfall (juristisch vorliegende) Verschuldung (Verbindlichkeit) z_0-s ist ökonomisch gesehen irrelevant; die verschuldete Person verhält sich so, als wäre ihr Vermögen im Schadenfall nur auf den Wert 0 gesunken. In Abb. 3 sind die Erwartungswerte $\bar{z}_{jur} = E[Z_{jur}]$ und $\bar{z}_{ök} = E[Z_{ök}]$ eingetragen. Als Sicherheitsäquivalent ist in dieser Situation derjenige Geldbetrag z_s anzusehen, der denselben Nutzen bringt wie $Z_{ök}$ oder Z_{jur} (also $E[u(Z_{ök})]=E[u(Z_{jur})]=E[u(Z)]$). Man erkennt, dass im dargestellten Beispiel der Erwartungswert des Schadens $E[S]$ größer ist als die Differenz z_0-z_s, so dass die Risikoprämie $r = (z_0-z_s) - E[S]$ negativ ist. Das bedeutet, dass es im dargestellten Beispiel (trotz „grundsätzlicher" Risikoaversion) nicht lohnend ist, eine Haftpflichtversicherung abzuschließen. Der Grund dafür liegt darin, dass ohne Abschluss einer Versicherung im Schadenfall eine Haftung des Schädigers tatsächlich nur in Höhe von z_0 erfolgt (der Teil $s-z_0$ des Schadens wird dem Geschädigten nicht erstattet), während die Versicherungsprämie den gesamten Schaden s berücksichtigen muss. Die an diesem Beispiel dargestellte Interessenlage hat dazu geführt, dass in vielen Ländern ein gesetzlicher Zwang zum Abschluss von Haftpflichtversicherungen (für bestimmte Risiken)

> ***Zahlenbeispiel zur Haftpflichtversicherung:*** Es sei wie im vorigen Beispiel $u=\sqrt{z}$ für $z>0$ und $z_0=10.000$. Der mögliche Schaden s in (12) betrage 100.000 und trete mit der Wahrscheinlichkeit $w=0,025$ ein. Dann gilt:
>
> $$E[S] = 0{,}975 \cdot 0 + 0{,}025 \cdot 100.000 = 2.500,$$
>
> $$\bar{z}_{jur} = E[Z_{jur}] = 0{,}975 \cdot 10.000 + 0{,}025 \cdot (-90.000) = 7.500,$$
>
> $$\bar{z}_{ök} = E[Z_{ök}] = 0{,}975 \cdot 10.000 + 0{,}025 \cdot 0 = 9.750,$$
>
> $$E[u(Z_{jur})] = E[u(Z_{ök})] = 0{,}975 \cdot \sqrt{10.000} + 0{,}025 \cdot 0 = 97{,}5.$$
>
> Daraus berechnen sich Sicherheitsäquivalent und Risikoprämie als
>
> $$z_s = u^{-1}(97{,}5) = 97{,}5^2 = 9.506{,}25,$$
>
> $$r = (z_0 - z_s) - E[S] = 493{,}75 - 2.500 = -2.006{,}25.$$
>
> Einen (11) entsprechenden Spielraum für die Versicherungsprämie p gibt es wegen
>
> $$E[S] = 2.500 \not< 493{,}75 = E[S] + r$$
>
> in diesem Beispiel nicht.

eingeführt wurde.

c. Zwei-Zustands-Diagramm

Die spezielle Situation, dass es für die Einkommens- oder Vermögensvariable z nur zwei verschiedene mögliche Werte z_1 und z_2 gibt, die mit bestimmten Wahrscheinlichkeiten w und $1-w$ eintreten, lässt sich besonders gut im *Zwei-Zustands-Diagramm* analysieren. In Abb. 4 ist auf der z_1-Achse abgetragen, welchen Wert z im Zustand 1 (der mit der Wahrscheinlichkeit w eintritt) hat, und auf der z_2-Achse ist entsprechend der Wert für den Fall, dass Zustand 2 eintritt, abgetragen. Jeder Punkt des Diagramms stellt eine mögliche Vermögenssituation eines Haushalts dar, die durch unterschiedliche Vermögenswerte z_1 und z_2 in zwei Zuständen charakterisiert ist, wobei die Wahrscheinlichkeiten für die beiden Zustände (w und $1-w$) einheitlich sind. Der Punkt A stellt beispielsweise die Zufallsvariable

$$A = \begin{pmatrix} z_1^A & z_2^A \\ w & 1-w \end{pmatrix} \tag{15}$$

dar.

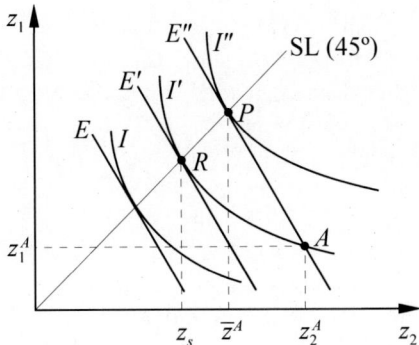

Abb. 4: Zwei-Zustands-Diagramm: Sicherheitslinie (SL), Isoerwartungswertgeraden (*E*), Indifferenzkurven (*I*)

Ein Punkt wie *R*, der auf der 45°-Linie liegt, bedeutet dasselbe Vermögen in beiden Zuständen (das Vermögen hängt nicht davon ab, ob Zustand 1 oder Zustand 2 eintritt). Die 45°-Linie heißt daher auch *Sicherheitslinie* (SL). Der Erwartungswert des Vermögens im Punkte *A* beträgt

$$\bar{z}^A = E[A] = w z_1 + (1-w) z_2. \tag{16}$$

Durch Auflösen von (16) nach z_1 erkennt man, dass alle Punkte des Zwei-Zustands-Diagramms, die denselben Erwartungswert haben, auf der Geraden

$$z_1 = \frac{\bar{z}^A}{w} - \frac{1-w}{w} z_2 \tag{17}$$

liegen, die in Abb. 4 als *Isoerwartungswertgerade E''* eingezeichnet ist. Auch alle anderen Isoerwartungswertgeraden haben dieselbe Steigung $-(1-w)/w$.

Jeder Punkt des Zwei-Zustands-Diagramms verkörpert nicht nur einen bestimmten Erwartungswert des Vermögens (16), sondern auch einen bestimmten Erwartungswert des Nutzens. Für Punkt *A* ist das

$$E[u(A)] = w \, u(z_1^A) + (1-w) \, u(z_2^A). \tag{18}$$

Die „Isoerwartungsnutzenlinien" bezeichnen wir entsprechend dem früheren Gebrauch dieses Wortes als *Indifferenzkurven*. In Abb. 4 sind drei Indifferenzkurven I, I', I'' mit $I \prec I' \prec I''$ eingezeichnet. Die Steigung der Indifferenzkurven erhält man, indem man das totale Differential des Erwartungsnutzens für die Zufallsvariable *Z* mit den beiden Zuständen z_1 und z_2 bildet und null setzt:

$$dE[u(Z)] = w \, u'(z_1) \, dz_1 + (1-w) \, u'(z_2) \, dz_2 = 0 \tag{19}$$

als

$$\frac{dz_1}{dz_2} = -\frac{(1-w)}{w} \frac{u'(z_2)}{u'(z_1)}. \tag{20}$$

Für Punkte der Sicherheitslinie (vgl. z. B. Punkt R oder P) ist $z_1=z_2$, und damit vereinfacht sich (20) zu $dz_1/dz_2=-(1-w)/w$. Das bedeutet, dass die Steigung der Indifferenzkurven auf der Sicherheitslinie mit der Steigung der Isoerwartungswertgeraden (vgl. (17)) übereinstimmt.

Die konvexe Krümmung der Indifferenzkurven resultiert aus der unterstellten Risikoaversion. Risikoaversion bedeutet, dass bei gleichem Erwartungswert des Vermögens der Punkt auf der Sicherheitslinie (R, P, ...) den größten (Erwartungs-)Nutzen bringt. Entfernt man sich nämlich von SL (auf der Isoerwartungswertgeraden), so nimmt der Erwartungsnutzen ab – man trifft auf Indifferenzkurven mit immer niedrigerem Index. Bei Risikoneutralität wären die Indifferenzkurven Geraden und würden mit den Isoerwartungswertgeraden übereinstimmen; bei Risikovorliebe würden die Indifferenzkurven konkav verlaufen.

Punkte auf der Sicherheitslinie SL verkörpern jeweils das *Sicherheitsäquivalent* zu den Punkten einer Indifferenzkurve; so lässt sich an Punkt R in Abb. 4 ablesen, dass das Sicherheitsäquivalent zu A dem auf der z_2-Achse eingezeichneten Wert z_s entspricht.

d. Anwendung: Optimaler Deckungsgrad einer Versicherung

Im Zwei-Zustands-Diagramm lässt sich die optimale Versicherungsnachfrageentscheidung eines risikoaversen Haushalts gut analysieren. In Abb. 5 beschreibt der Punkt A die Situation eines Haushalts mit dem Anfangsvermögen z_0, der mit der Wahrscheinlichkeit w einen Schaden $s<z_0$ erleidet; sein Vermögen am Ende der Periode beträgt – ohne Versicherung – also

$$Z = \begin{pmatrix} z_1 & z_2 \\ w & 1-w \end{pmatrix} \quad \text{mit } z_1 = z_0 - s, \ z_2 = z_0. \quad (21)$$

Schließt der Haushalt eine Versicherung ab, die gegen Zahlung der Prämie p im Schadenfall den vollen Schaden s ersetzt („*Vollversicherung*"), so erreicht er den Punkt V der Sicherheitslinie.

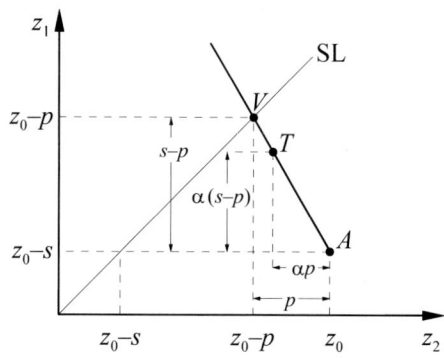

Abb. 5: Voll- und Teilversicherung im Zwei-Zustands-Diagramm

Wir nehmen jetzt an, es sei dem Haushalt möglich, eine *Teilversicherung* mit dem *Deckungsgrad* $\alpha>0$ abzuschließen, bei der er gegen die Zahlung der Prämie αp im Schadenfall die Versicherungsleistung αs erhält. Das Vermögen am Ende der Periode für beide Zustände ist in Tabelle 1 angegeben. In Abb. 5 entspricht das dem Punkt T (wobei der Abbildung ein Wert von ungefähr $\alpha=3/4$ zugrunde liegt). Man erkennt, dass für $0<\alpha<1$ Teilversicherung resultiert (Punkte wie T auf der Geraden AV zwischen A und V); für $\alpha=1$ fällt T auf V; für $\alpha>1$ ergeben sich Punkte der Versicherungsgeraden jenseits von V – die „Teil"versicherung ist *Überversicherung*. Die Gerade AV nennt man auch *Versicherungsgerade*. Sie beschreibt die Wahlmöglichkeit des Haushalts in Bezug auf den Deckungsgrad α. Die Versicherungsgerade verläuft stets durch den Punkt A (ohne Versicherung); ihre Steigung hängt von der Prämie p ab.

Vermögen bei ... in...	Vollversicherung (V) Prämie: p Erstattung: s	Teilversicherung (T) Prämie: αp Erstattung: αs
Zustand 1	$z_1 = (z_0 - p) - s + s$ $= z_0 - p$	$z_1 = (z_0 - \alpha p) - s + \alpha s$ $= (z_0 - s) + \alpha(s-p)$
Zustand 2	$z_2 = z_0 - p$	$z_2 = z_0 - \alpha p$

Tabelle 1: Vermögen bei Vollversicherung und Teilversicherung

Die faire Prämie (Erwartungswert des Schadens) im hier analysierten Zusammenhang beträgt $p^f = \mathrm{E}[S] = ws$. Für $p=p^f$ ergibt sich die Steigung der Versicherungsgeraden (vgl. Abb. 5) als

$$\frac{\mathrm{d}z_1}{\mathrm{d}z_2} = -\frac{s-p^f}{p^f} = -\frac{s-ws}{ws} = -\frac{1-w}{w}. \qquad (22)$$

Sie stimmt also mit der Steigung der Indifferenzkurven auf der Sicherheitslinie überein. Daraus ergibt sich, dass – wie in Abb. 6 dargestellt – bei fairer Prämie p^f für den Haushalt die Wahl des Deckungsgrades $\alpha=1$ (Vollversicherung, Punkt V) optimal ist. Für eine Prämie $p_1>p^f$ (flacherer Verlauf der Versicherungsgeraden) ist dagegen ein Deckungsgrad $\alpha<1$ (Teilversicherung, Punkt T_1) optimal. Umgekehrt ist es für einen Haushalt bei einer Prämie $p_2<p^f$ stets optimal, einen Deckungsgrad $\alpha>1$ (Überversicherung, Punkt T_2) zu wählen.

Bei Überversicherung ist das Vermögen des Versicherten in Zustand 1, wenn also der Schaden eingetreten ist, größer als in Zustand 2 ohne Schaden. Eine solche Situation würde einen starken Anreiz zu einer Verhaltensänderung des Versicherten (*moral hazard, moralisches Risiko*) bedeuten: Während normalerweise eine gewisse Schadenverhütung betrieben wird, würde jetzt Nachlässigkeit oder sogar bewusste Herbeiführung des Schadens nutzensteigernd wirken. Ein Deckungsgrad der Versicherung wird daher meist auf $\alpha \leq 1$ beschränkt.

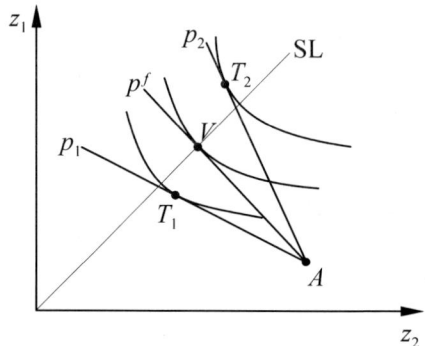

Abb. 6: Optimaler Deckungsgrad bei unterschiedlichen Prämien

Abstrahieren wir von allen Verwaltungskosten der Versicherungsunternehmen und unterstellen vollständige Konkurrenz auf dem Versicherungsmarkt, so wird sich am Markt die faire Prämie p^f durchsetzen; denn bei einer höheren Prämie würde es sich für jedes einzelne Unternehmen lohnen, diese Prämie zu unterbieten und damit Nachfrage auf sich zu ziehen. Berücksichtigen wir Kosten der Versicherungsunternehmen, so muss die sich im Markt ergebende Prämie höher als p^f sein. Rationale Haushalte fragen dann – falls die Möglichkeit angeboten wird – Teilversicherung entsprechend dem Punkt T_1 in Abb. 6 nach. Im Folgenden wollen wir der Einfachheit halber von diesen Kosten aber wieder absehen.

e. Anwendung: Asymmetrische Informationen auf dem Versicherungsmarkt

Im vorigen Abschnitt haben wir (implizit) einen Versicherungsmarkt unterstellt, auf dem alle Nachfrager durch die gleiche Schadensituation, also gleiche Zufallsvariable Z in (21) charakterisiert waren. Im Unterschied dazu machen wir jetzt die Annahme, es gebe zwei Typen von Nachfragern, a und b, für die zwar das Vermögen am Anfang der Periode (z_0) und die Höhe des möglichen Schadens (s) gleich sind, die sich aber hinsichtlich der Eintrittswahrscheinlichkeit dieses Schadens, w^a bzw. w^b, unterscheiden. Im Folgenden gelte jeweils $w^a < w^b$; entsprechend der Ausdrucksweise der Versicherungswirtschaft wollen wir Nachfragertyp a als gutes und Nachfragertyp b als schlechtes Risiko bezeichnen.

Die Situation ohne Abschluss einer Versicherung wird für beide (Typen von) Nachfrager(n) im Zwei-Zustands-Diagramm durch denselben Punkt (A in Abb. 7) dargestellt. Die jeweiligen fairen Prämien und die zugehörigen Steigungen der Versicherungsgeraden (vgl. (22)) unterscheiden sich aber:

$$p^{fa} = w^a s \ < \ w^b s = p^{fb}, \qquad \frac{1-w_a}{w_a} > \frac{1-w_b}{w_b}. \tag{23}$$

Damit unterscheiden sich auch die Indifferenzkurvensysteme von a und b (I^a und I^b in Abb. 7); dabei kann offen bleiben, ob a und b unterschiedliche oder identische Risikonutzenfunktionen haben.

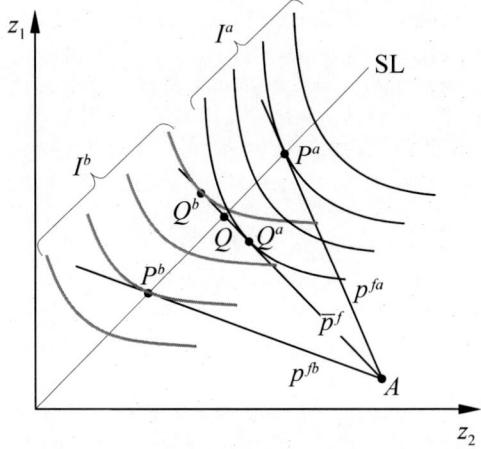

Abb. 7: **Versicherungsmarktgleichgewicht mit 2 Typen von Nachfragern**

Im hier betrachteten Zusammenhang spricht man von *symmetrischen Informationen*, wenn sowohl die Nachfrager wissen, ob sie gute oder schlechte Risiken sind, als auch die Versicherungsunternehmen (*ex ante*, also vor Abschluss des Versicherungsvertrags) zwischen den Typen *a* und *b* unterscheiden können. (Beispiel: Versicherung eines Hauses gegen Sturm; Einteilung von ganz Deutschland in Regionen der Sturmzonen *a* und *b*.) In diesem Fall werden bei vollständiger Konkurrenz zwei Typen von Versicherungsverträgen angeboten werden – einer zur Prämie p^{fa} für die guten Risiken, einer zur Prämie p^{fb} für die schlechten Risiken. Die resultierenden Marktgleichgewichtspunkte der beiden Teilmärkte sind als P^a und P^b in Abb. 7 eingetragen.

Bei *asymmetrischen Informationen* können die Versicherungsunternehmen im Gegensatz zu den Haushalten nicht zwischen guten und schlechten Risiken unterscheiden. (Beispiel: Einbruchdiebstahlversicherung des Hausrats von Haushalt *a* bzw. *b*; *b* ist im Gegensatz zu *a* häufig verreist, wobei Wohnung oder Haus von *b* leersteht.) In dieser Situation können die Unternehmen nur eine einheitliche Prämie *p* von beiden Nachfragertypen verlangen.

In Abb. 7 ist als einheitliche Prämie die in Bezug auf die gesamte Versicherungsnachfrage faire Prämie $\bar{p}^f$ zugrunde gelegt (wobei von gleich vielen guten wie schlechten Risiken ausgegangen wurde: $\bar{p}^f = \frac{1}{2}p^{fa} + \frac{1}{2}p^{fb}$), also diejenige Prämie, die gerade dem durchschnittlichen (über beide Risikotypen) zu erwartenden Schaden entspricht. Würde zu diesem Preis nur Vollversicherung angeboten, so wäre es im Beispiel von Abb. 7 für jedes Risiko lohnend, eine solche Versicherung, die es in die Situation von Punkt *Q* bringt, abzuschließen. In *Q* „subventioniert" jedes gute Risiko ($\bar{p}^f > p^{fa}$) ein schlechtes Risiko ($\bar{p}^f < p^{fb}$). Die Versicherungsunternehmen machen insgesamt einen Gewinn von null; *Q* ist ein Marktgleichgewicht – solange das Angebot auf Vollversicherung beschränkt ist.

Prämiendifferenzierung vs. Preisdifferenzierung: Bei unterschiedlichen Nachfragern (guten und schlechten Risiken) kommt es, falls diese Unterschiedlichkeit für das Versicherungsunternehmen erkennbar ist, zur Aufspaltung des Marktes in Teilmärkte, zu *Prämiendifferenzierung*. Dieses Phänomen ist nicht zu verwechseln mit der in Kap. IV.B.2.d beschriebenen (monopolistischen) *Preis*differenzierung. Bei letzterer werden vom Anbieter für *ein und dasselbe* Gut unterschiedliche Preise für verschiedene Nachfragegruppen gesetzt mit dem Ziel der Gewinnerhöhung durch *Abschöpfung der Käuferrente*. Versicherung von guten bzw. schlechten Risiken ist aber gerade *nicht dasselbe* Gut, die Unterschiedlichkeit des Erwartungsschadens erfordert gerade bei Konkurrenz unterschiedliche Prämien, ohne dass dadurch Käuferrente abgeschöpft würde.

Lassen wir Teilversicherung zu, so sind bei der Prämie $\bar{p}^f$ die von den jeweiligen Risiken angestrebten Punkte Q^a bzw. $Q^{b.}$. (Q^b ist durch Q zu ersetzen, wenn maximal Vollversicherung möglich ist, der Deckungsgrad also auf $\alpha \leq 1$ beschränkt ist.) Es kommt zu einer *adversen Selektion*, d. h. zu einer ungünstigen Bestandsmischung; im Versicherungsnehmerbestand eines Versicherungsunternehmens sind die schlechten Risiken mit einem höheren Versicherungsschutz (Überversicherung bzw. Vollversicherung) vertreten als die guten Risiken (Teilversicherung). Diese Situation ist aber kein Gleichgewicht. Wegen der unterschiedlichen Deckungsgrade würde hier die „Subventionierung" durch die guten Risiken nicht ausreichend sein, die Unternehmen würden Verluste machen. Es müsste daher eine höhere Prämie als $\bar{p}^f$ verlangt werden, wodurch der von den guten Risiken angestrebte Deckungsgrad noch weiter sinken würde (die adverse Selektion würde sich verstärken). Ob hierdurch ein Gleichgewicht erreicht werden kann, soll hier nicht untersucht werden.

Stattdessen soll aufgezeigt werden, dass bei Beschränkung auf den einfachen Fall der Vollversicherung die Situation eintreten kann, dass nur ein solches Gleichgewicht auf dem Versicherungsmarkt existiert, bei dem kein gutes Risiko Versicherungsschutz nachfragt. In Abb. 8 ist eine Situation dargestellt, in der es für die guten Risiken nicht lohnend ist, (Voll-) Versicherung zur durchschnittlichen fairen Prämie $\bar{p}^f$ nachzufragen. Diese Situation kann je nach Wahrscheinlichkeiten w^a, w^b, nach Ausmaß der Risikoaversion und nach Anteil der guten und schlechten Risiken gegeben sein. Da dann überhaupt keine „Subventionierung" der schlechten Risiken erfolgt, kann kein Unternehmen eine Prämie niedriger als p^{fb} anbieten, und P^b ist das Gleichgewicht auf dem Markt. Die Asymmetrie der Information „drängt die guten Risiken aus dem Markt" (vgl. dazu auch AKERLOF 1970).

Ein Marktgleichgewicht, bei dem beide Nachfragertypen Versicherungsschutz zur für den jeweiligen Nachfragertyp fairen Prämie erhalten, kann trotz asymmetrischer Informationsverteilung dann existieren, wenn es den Versicherungsunternehmen gelingt, die Versicherungsnachfrager zur Aufdeckung ihres Typs zu veranlassen. Sind bestimmte Voraussetzungen gegeben, die hier nicht näher erläutert werden sollen (vgl. hierzu ROTHSCHILD/STIGLITZ 1976), ist es für ein Versicherungsunternehmen möglich, 2 unterschiedliche Verträge (gekennzeichnet durch eine Prämie verbunden mit einem festen Deckungsgrad) anzubieten, so dass Nachfragertyp a sich für den einen, Nachfragertyp b sich für den anderen Vertrag entscheidet.

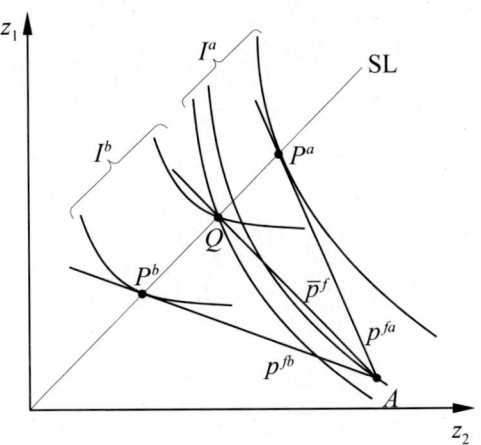

Abb. 8: Nichtexistenz eines Versicherungsmarktgleichgewichts (nur Vollversicherung) bei asymmetrischer Information

f. Risikoaversionsmaße

Die für Entscheidungen unter Risiko zentrale Frage der Einstellung des Entscheidenden zum Risiko kommt innerhalb der Erwartungsnutzentheorie in der Form der Risikonutzenfunktion zum Ausdruck. Tabelle 2 gibt darüber einen *qualitativen* Überblick. Für *quantitative* Fragestellungen (z. B.: „Wie groß ist die Risikoprämie r in Bezug auf eine bestimmte Schadenzufallsvariable?") reicht die in Tabelle 2 gegebene Klassifikation nicht aus; man braucht eine genauere Beschreibung des quantitativen Ausmaßes an Risikoaversion bzw. -vorliebe. Als ein sol-

Risiko-	Verlauf der Risikonutzenfunktion	2. Ableitung der Risikonutzenfunktion	Beispiel
- aversion	konkav	$u'' < 0$	$u(z) = \sqrt{z}$
- neutralität	linear	$u'' = 0$	$u(z) = z$
- vorliebe	konvex	$u'' > 0$	$u(z) = z^2$

Tabelle 2: Risikoeinstellung und Risikonutzenfunktion

ches Maß bietet sich die 2. Ableitung u'', die ja eine *quantitative* Größe ist, an. Allerdings ist die 2. Ableitung nicht invariant unter positiven linearen Transformationen, d. h. dass beispielsweise für $u(z)=\sqrt{z}$ und $\tilde{u}(z)=5u(z)=5\sqrt{z}$ die 2. Ableitungen $u''(z)$ und $\tilde{u}''(z)$ verschieden sind, obwohl $u(z)$ und $\tilde{u}(z)$ als Risikonutzenfunktionen identisch sind, also genau dieselbe Risikoeinstellung zum Ausdruck bringen (vgl. (5/6/7) in Abschn. a).

Um dieses Problem zu umgehen, verwendet man die sog. ARROW-PRATT-Maße der (absoluten und relativen) Risikoaversion ρ^A und ρ^R (vgl. PRATT 1964). Für eine Person mit der Risikonutzenfunktion u definiert man als absolute Risikoaversion beim Vermögen z

$$\rho^A(z) = -\frac{u''(z)}{u'(z)} \qquad (24)$$

und als relative Risikoaversion

$$\rho^R(z) = -\frac{u''(z)}{u'(z)} z. \qquad (25)$$

Für $\tilde{u}$ als positive lineare Transformation von u (vgl. (8)) erhält man

$$\frac{\tilde{u}''}{\tilde{u}'} = \frac{au''}{au'} = \frac{u''}{u'}, \qquad (26)$$

so dass die Definitionen (24) und (25) dieselben Werte für u und $\tilde{u}$ ergeben. Das Minuszeichen in (24/25) bewirkt, dass für die Maße $\rho=\rho^A$ und $\rho=\rho^R$ gilt:

$$\rho \begin{Bmatrix} > \\ = \\ < \end{Bmatrix} 0 \quad \Leftrightarrow \quad u \text{ bringt } \begin{Bmatrix} \text{Risikoaversion} \\ \text{Risikoneutralität} \\ \text{Risikovorliebe} \end{Bmatrix} \text{ zum Ausdruck.}$$

konstante *absolute* Risikoaversion		konstante *relative* Risikoaversion	
$\rho^A > 0$:	$u(z) = -e^{-\rho^A z}$	$\rho^R > 1$:	$u(z) = -z^{1-\rho^R}$
z. B. $\rho^A = 1$:	$u(z) = -e^{-z}$	z. B. $\rho^R = 2$:	$u(z) = -1/z$
$\rho^A = 0$:	$u(z) = z$	$\rho^R = 1$:	$u(z) = \ln z$
$\rho^A < 0$:	$u(z) = +e^{-\rho^A z}$	$\rho^R < 1$:	$u(z) = +z^{1-\rho^R}$
z. B. $\rho^A = -1$:	$u(z) = e^z$	z. B. $\rho^R = \frac{1}{2}$:	$u(z) = \sqrt{z}$
		z. B. $\rho^R = 0$:	$u(z) = z$
		z. B. $\rho^R = -1$:	$u(z) = z^2$

Tabelle 3: Risikonutzenfunktionen mit konstanter Risikoaversion

Für eine beliebige Risikonutzenfunktion hängt das Ausmaß der Risikoaversion von der Höhe von z ab, sogar das Vorzeichen des Risikoaversionsmaßes kann (beispielsweise für ganz kleine bzw. sehr große Werte von z) unterschiedlich sein. In diesem Zusammenhang ist die Frage interessant, ob es Risikonutzenfunktionen gibt, die in ihrem ganzen Verlauf eine *konstante Risikoaversion* (absolut oder relativ) aufweisen. Es lässt sich zeigen, dass es zu jedem Wert ρ^A bzw. ρ^R genau eine solche Funktion gibt. Diese Funktionen sind in Tabelle 3 angegeben. Bzgl. der Eindeutigkeit dieser Funktionen sei an die möglichen positiven linearen Transformationen erinnert (insbesondere kann bei allen Funktionen, die negative Nutzen als Funktionswerte haben, eine beliebig große Konstante addiert werden).

Wir haben die Tabelle hier nicht abgeleitet („Wie findet man genau alle diejenigen Funktionen, die die absolute Risikoaversion $\rho > 0$ haben?"). Es lässt sich aber leicht zeigen, dass die angegebenen Funktionen die jeweiligen Risikoaversionen aufweisen. Die Rechnung sei beispielhaft für zwei dieser Funktionen durchgeführt.

$u(z) = -e^{-\rho z}$	$u(z) = -1/z = -z^{-1}$
$u'(z) = +\rho e^{-\rho z}$	$u'(z) = +1/z^2 = +z^{-2}$
$u''(z) = -\rho^2 e^{-\rho z}$	$u''(z) = -2/z^3 = -2z^{-3}$
$\rho^A(z) = -\dfrac{u''(z)}{u'(z)} = \rho$	$\rho^R(z) = -\dfrac{u''(z)}{u'(z)} z = 2$

Die Eigenschaft Konstanz der Risikoaversion lässt sich sehr anschaulich beschreiben: Das Vermögen z_0 eines Haushalts (das wir im Folgenden als variabel ansehen) möge einem zufälligen Schaden S ausgesetzt sein (den wir als fest ansehen), z. B. dem Schaden

$$S = \begin{pmatrix} s & 0 \\ w & 1-w \end{pmatrix} \quad \text{mit } s < z_0. \tag{27}$$

Für eine Versicherung gegen diesen Schaden ist der Haushalt bereit, maximal den Betrag $p^{max} = E[S] + r$ als Prämie zu entrichten, mit r als Risikoprämie (vgl. (11)).

Genau dann, wenn der Haushalt eine Risikonutzenfunktion mit konstanter absoluter Risikoaversion hat, ist der Betrag p^{max} unabhängig von der Höhe z_0 des Vermögens.

Wenn ein solcher Haushalt bei einem Vermögen von $z_0 = 100.000$ EUR für die Versicherung gegen den möglichen Schaden, 10.000 EUR mit 10% Wahrscheinlichkeit zu verlieren, bereit ist, maximal 1.200 EUR an Prämie zu zahlen, dann ist auch bei einem Vermögen von $z_0 = 200.000$ EUR oder $z_0 = 1$ Mio. EUR genau 1.200 EUR die Obergrenze seiner Zahlungsbereitschaft für eine Versicherung gegen diesen Schaden.

Ersetzen wir den *konstanten absoluten* Schaden durch einen *konstanten relativen* Schaden, so ergibt sich eine anschauliche Beschreibung von konstanter *relati-*

ver Risikoaversion. Wir interpretieren in (27) also *s* als einen Schaden, der in einer festen Relation zu z_0 steht: $s=\alpha z_0$ mit α konstant, $0<\alpha<1$. p^{max} sei wieder die maximale Zahlungsbereitschaft für eine Versicherung gegen diesen Schaden.
Genau dann, wenn der Haushalt eine Risikonutzenfunktion mit konstanter relativer Risikoaversion hat, ist p^{max} relativ zu z_0 konstant (also $p^{max}/z_0 =$ konstant).
Diese Aussage ist an einem Beispiel im nachstehenden Kasten veranschaulicht.

> **Konstante relative Risikoaversion:** Ein Haushalt habe die Risikonutzenfunktion $u = \sqrt{z}$. Diese Nutzenfunktion hat die konstante relative Risikoaversion ½ (vgl. Tabelle 3). Der zu versichernde Schaden möge darin bestehen, dass mit der Wahrscheinlichkeit w ($0<w<1$) das ganze Vermögen z_0 verloren geht ($s=z_0$). Der Erwartungsnutzen des betrachteten Haushalts beträgt
>
> $$E[u(z_0-S)] = (1-w)\sqrt{z_0}.$$
>
> Das Sicherheitsäquivalent z_s dazu beträgt (vgl. (5))
>
> $$z_s = u^{-1}(E[u(z_0-S)]) = ((1-w)\sqrt{z_0})^2 = (1-w)^2 z_0.$$
>
> Damit ergibt sich die maximale Zahlungsbereitschaft für eine Versicherung des Schadens als:
>
> $$p^{max} = z_0 - z_s = 2wz_0 - w^2 z_0 = (2w - w^2)\, z_0.$$
>
> p^{max} ist also proportional zu z_0. Bei einer Schadenwahrscheinlichkeit von beispielsweise 10% ($w=0{,}1$) ist der Haushalt bereit, maximal 19% ($2w-w^2=0.19$) seines Vermögens für eine Versicherung dieses Schadens zu zahlen.

2. μ-σ-Analyse

a. Das *μ-σ-Diagramm*

Eine grundsätzlich andere Darstellung von Entscheidungen unter Risiko besteht darin, dass man von der Existenz einer Nutzenfunktion *v* des Entscheidenden ausgeht, die direkt von den stochastischen Eigenschaften der Zufallsvariablen *Z*, auf die sich die Entscheidung bezieht, abhängt. Im Folgenden bezeichne *z* weiterhin eine Vermögensgröße (*z* ließe sich auch wieder als Einkommensgröße interpretieren). Für jede Zufallsvariable *Z* bezeichne μ den zugehörigen Mittelwert (Erwartungswert) und σ die zugehörige Streuung (Standardabweichung), also

$$\mu = E[Z], \quad \sigma = \sqrt{\mathrm{Var}[Z]}, \tag{28}$$

wobei $\mathrm{Var}[Z] = E[(Z-\mu)^2]$ die Varianz von *Z*, also die mittlere quadratische Abweichung der Zufallsvariablen *Z* von ihrem Mittelwert μ bezeichnet.

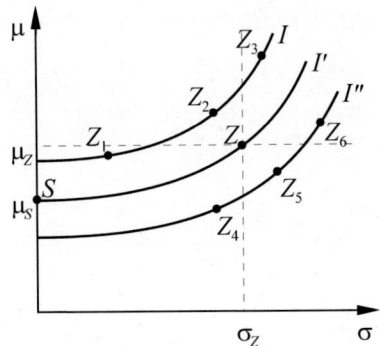

Abb. 9: Indifferenzkurven im μ-σ-Diagramm

Für die μ-σ-Analyse unterstellen wir, dass der Entscheider eine Nutzenfunktion $v=v(\mu,\sigma)$ hat, die den Nutzen von Zufallsvariablen Z in Abhängigkeit von den gemäß (28) zugehörigen Werten μ und σ angibt (μ-σ-*Nutzenfunktion*). Dabei setzen wir für v die Eigenschaften

$$\partial v/\partial \mu > 0, \qquad \partial v/\partial \sigma < 0 \tag{29}$$

voraus; bei „gleichem Risiko" (d. h. σ=konstant) bringt ein höherer Erwartungswert höheren Nutzen, bei „gleichem Ertrag" (d. h. μ=konstant) bedeutet größere Streuung geringeren Nutzen. In Abb. 9 sind Indifferenzkurven I, I', I'' ($I \succ I' \succ I''$) einer solchen Nutzenfunktion dargestellt. Im Kontext der μ-σ-Analyse nennt man die zufällige Vermögensgröße Z meist nicht abstrakt Lotterie, sondern man spricht von Kapitalanlagen. So verkörpert der Punkt Z in Abb. 9 eine Kapitalanlage, z. B. eine Aktie, deren Wert am Ende einer gegebenen Periode dem Erwartungswert nach μ_Z betragen wird, wobei das Risiko in Bezug auf die tatsächliche Höhe des Wertes durch die Streuung σ_Z wiedergegeben wird.

Kapitalanlagen mit höherem erwarteten Wert (Ertrag) μ *und* geringerem Risiko σ als Z (Punkte „nordwestlich von Z") werden höher als Z eingeschätzt (Beispiel: Z_2); Kapitalanlagen mit geringerem μ *und* größerem σ werden geringer eingeschätzt (Beispiel: Z_5). Wenn μ *und* σ geringer als in Z sind (Punkte „südwestlich von Z") kann der Nutzen sowohl größer als auch kleiner sein als für Z (Beispiele: Z_1 bzw. Z_4). Ähnlich verhält es sich für Punkte „nordöstlich von Z".

Die Indifferenzkurven in Abb. 9 bringen über die in (29) geforderten Eigenschaften hinaus durch die zunehmende Steigung die (im Folgenden stets unterstellte) Eigenschaft einer abnehmenden Grenzrate der Substitution (zwischen Sicherheit und Ertrag) zum Ausdruck: Bei Bewegung auf einer Indifferenzkurve nach rechts/oben kann eine Einheit mehr an Ertrag ständig weniger Risikozunahme kompensieren.

Punkte auf der μ-Achse sind Kapitalanlagen, die ohne jedes Risiko, also sicher, sind. Da in Abb. 9 der Punkt S auf derselben Indifferenzkurve liegt wie Z, kann man S auch als *Sicherheitsäquivalent* von Z bezeichnen.

b. Der Zusammenhang zwischen μ-σ-Analyse und Erwartungsnutzentheorie

In Teil a dieses Abschnitts und in Teil a des vorigen Abschnitts haben wir unterschiedliche Analysemethoden für Entscheidungen bei Risiko eingeführt:
- Entscheidung gemäß einer Risikonutzenfunktion u,
- Entscheidung gemäß einer μ-σ-Nutzenfunktion v.

Es ergibt sich die Frage, ob es Risikonutzenfunktionen u und μ-σ-Nutzenfunktionen v gibt, die „zueinander passen" in dem Sinn, dass sie in allen Situationen zur gleichen Entscheidung führen.

Im Allgemeinen wird das nicht der Fall sein. Wie man sich leicht klar macht, gibt es unterschiedliche Kapitalanlagen Z, die dieselben Werte μ und σ aufweisen (vgl. Kasten). Solche Kapitalanlagen sind im μ-σ-Diagramm gar nicht unterscheidbar, können gemäß der Erwartungsnutzentheorie aber unterschiedlich bewertet werden. Für zwei Einschränkungen der Allgemeinheit lassen sich aber eindeutige Beziehungen zwischen Risikonutzenfunktionen und μ-σ-Nutzenfunktionen konstatieren.

(1.) *Beschränkung auf quadratische Risikonutzenfunktionen.* Es sei $u = az - bz^2$

Beispiel (Z ist nicht durch μ und σ bestimmt): Wir betrachten die beiden Zufallsvariablen

$$Z_1 = \begin{pmatrix} 0 & 10.000 \\ 1/5 & 4/5 \end{pmatrix} \quad \text{und} \quad Z_2 = \begin{pmatrix} 6.000 & 16.000 \\ 4/5 & 1/5 \end{pmatrix}.$$

Man berechnet leicht $\mu_1 = \mu_2 = 8.000$. Um σ_1 zu erhalten, berechnen wir zunächst die Varianz von Z_1:

$$\text{Var}[Z_1] = \frac{1}{5}(0 - 8.000)^2 + \frac{4}{5}(10.000 - 8.000)^2 = 16 \text{ Mio.}$$

Daraus ergibt sich als Quadratwurzel $\sigma_1 = 4.000$. Für σ_2 erhält man durch entsprechende Rechnung denselben Wert: $\sigma_2 = 4.000$. Wegen $\mu_1 = \mu_2$ und $\sigma_1 = \sigma_2$ werden Z_1 und Z_2 durch denselben Punkt im μ-σ-Diagramm dargestellt. Jede beliebige μ-σ-*Nutzenfunktion* bewertet Z_1 und Z_2 daher gleich:

$$v(\mu_1, \sigma_1) = v(\mu_2, \sigma_2).$$

Für die beispielhaft gewählte *Risikonutzenfunktion* $u = \sqrt{z}$ gilt hingegen:

$$E[u(Z_1)] = \frac{1}{5}\sqrt{0} + \frac{4}{5}\sqrt{10.000} = 80,$$

$$E[u(Z_2)] = \frac{4}{5}\sqrt{6.000} + \frac{1}{5}\sqrt{16.000} = 87{,}266.$$

eine quadratische Risikonutzenfunktion. Für eine beliebige Kapitalanlage Z mit gemäß (28) zugehörigem μ und σ gilt

$$E[u(Z)] = E[aZ-bZ^2] = aE[Z] - b\,E[Z^2] = a\,\mu - b\,(\sigma^2+\mu^2), \tag{30}$$

wobei wir die Beziehung

$$\sigma^2 = \text{Var}[Z] = E[Z^2] - (E[Z])^2 = E[Z^2] - \mu^2 \tag{31}$$

ausgenutzt haben. (30) zeigt, dass der Erwartungsnutzen von Z nur von den zugehörigen Werten μ und σ abhängt, d. h. für quadratische Nutzenfunktionen gilt der oben gemachte Einwand (vgl. Kasten) nicht: Unterschiedliche Zufallsvariablen, die aber hinsichtlich μ und σ übereinstimmen, haben dann, wenn die Präferenzen eines Haushalts durch eine quadratische Risikonutzenfunktion repräsentiert werden, denselben Erwartungsnutzen, d. h. sie werden hinsichtlich des Erwartungsnutzens gleich bewertet. Die zugehörigen μ-σ-Indifferenzkurven bestehen aus denjenigen μ-σ-Kombinationen, für die $E[u(Z)]$ einen konstanten Wert c annimmt, also nach (30) denjenigen Punkten des μ-σ-Diagramms, für die

$$a\,\mu - b\,(\sigma^2+\mu^2) = c \tag{32}$$

gilt. (32) lässt sich umformen zu

$$(\sigma - 0)^2 + \left(\mu - \frac{a}{2b}\right)^2 = c' \tag{33}$$

mit $c' = [a/(2b)]^2 - c/b$ (=konstant). (33) ist eine Kreisgleichung für einen Kreis um den Mittelpunkt $\sigma=0$, $\mu=a/(2b)$. Abb. 10 stellt eine quadratische Risikonutzenfunktion und die zugehörigen Indifferenzkurven im μ-σ-Diagramm dar. Natürlich ist wegen der allgemein von uns getroffenen Annahme eines positiven Grenznutzens eine quadratische Nutzenfunktion stets nur bis zu ihrem Maximum, also für $z < a/(2b)$, sinnvoll interpretierbar. Entsprechend sind die in Abb. 10.b dargestellten Indifferenzkurven nur für $\mu < a/(2b)$ gültig.

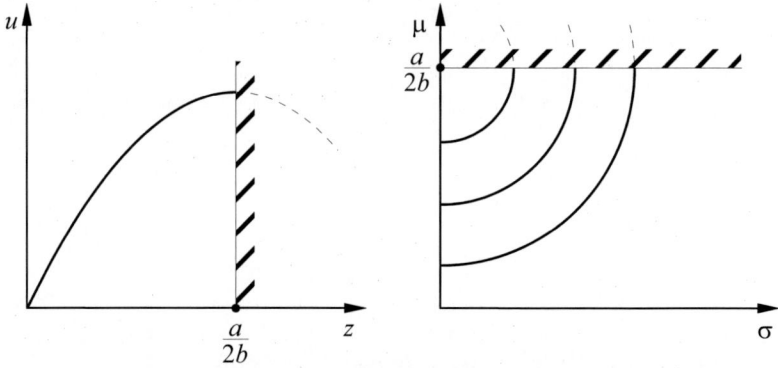

Abb. 10.a/b: Quadratische Nutzenfunktion und zugehörige μ-σ-Indifferenzkurven

(2.) *Beschränkung auf 2parametrige Wahrscheinlichkeitsverteilungen für Z.* Auch wenn wir beliebige Risikonutzenfunktionen zulassen, uns aber darauf beschränken, nur eine bestimmte Klasse von 2parametrigen Wahrscheinlichkeitsverteilungen für Z zu betrachten, lässt sich – ähnlich wie unter (1.) – die Bedingung $E[u(Z)] = c$ in eine Gleichung für μ und σ transformieren, die die zum Erwartungsnutzen c gehörige μ-σ-Indifferenzkurve beschreibt. Klassen von 2-parametrigen Verteilungen sind etwa GAUSS- (oder Normal-)verteilungen oder Rechteckverteilungen. Wenn wir also beispielsweise unterstellen, die Erträge aller möglichen Kapitalanlagen würden ausschließlich durch Zufallsvariablen mit Normalverteilungen beschrieben, dann entspricht jeder Risikonutzenfunktion ein-eindeutig ein Indifferenzkurvensystem im μ-σ-Diagramm.

Der für Risikonutzenfunktionen definierten Eigenschaft der *Risikoaversion* (Konkavität von u, also $u'' < 0$) entspricht in der μ-σ-Analyse die Eigenschaft $\partial v/\partial \sigma < 0$ in (29), die bei Voraussetzung der allgemeinen Annahme $\partial v/\partial \mu > 0$ äquivalent mit positiver Steigung der μ-σ-Indifferenzkurven ist. Genauso entspricht der *Risikoneutralität* (bzw. -vorliebe) ein waagerechter Verlauf (bzw. eine negative Steigung) der μ-σ-Indifferenzkurven.

Die unter (1.) für quadratische Nutzenfunktionen abgeleiteten μ-σ-Indifferenzkurven („Viertelkreise", vgl. Abb. 10.b) haben für $\sigma = 0$, also auf der μ-Achse, die Steigung null. Diese Eigenschaft gilt auch für alle gemäß (2.) aus Risikonutzenfunktionen abgeleiteten μ-σ-Indifferenzkurven. Der Grund liegt darin, dass für „ganz kleines Risiko σ" die möglichen Erträge einer Kapitalanlage Z überwiegend „ganz nahe" beim Erwartungswert μ von Z liegen. „Ganz nahe bei μ" lässt sich eine Risikonutzenfunktion aber durch eine lineare Risikonutzenfunktion approximieren; für σ „ganz nahe bei null" kann daher näherungsweise von Risikoneutralität, also waagerechtem Verlauf der μ-σ-Indifferenzkurven ausgegangen werden. Für μ-σ-Indifferenzkurven unterstellt man daher allgemein in der μ-σ-Analyse

$$\frac{d\mu}{d\sigma} = 0 \quad \text{für} \quad \sigma = 0. \tag{34}$$

c. Anwendung: Optimales Portfolio

Eine typische Kapitalanlageentscheidung besteht darin, eine gegebene Anlagesumme auf verschiedene Kapitalanlageobjekte zu verteilen. Im Folgenden wollen wir unterstellen, es gebe genau zwei unterschiedliche Kapitalanlagemöglichkeiten, eine risikolose Anlage („festverzinsliches Wertpapier") und eine Anlage mit höherem erwarteten Ertrag, aber positivem Risiko („Aktie"). Wenn die gesamte Anlagesumme eines Anlegers in nur eine der beiden Anlageformen investiert wird, mögen sich im μ-σ-Diagramm von Abb. 11 die Punkte F bzw. A ergeben. Wenn der Anleger nur einen Teil λ ($0 < \lambda < 1$) der möglichen Aktienanlage (A) realisiert und den Rest der Anlagesumme zum Kauf von festverzinslichen Papieren (F) verwendet, realisiert er das gemischte Portfolio

$$Z = (1-\lambda)F + \lambda A. \tag{35}$$

Für das gemischte Portfolio Z gilt:

$$\mu_Z = E[(1-\lambda)F + \lambda A] = (1-\lambda)\mu_F + \lambda\mu_A,$$
$$\sigma_Z = \sigma[(1-\lambda)F + \lambda A] = \sigma[\lambda A] = \lambda\sigma_A, \tag{36}$$

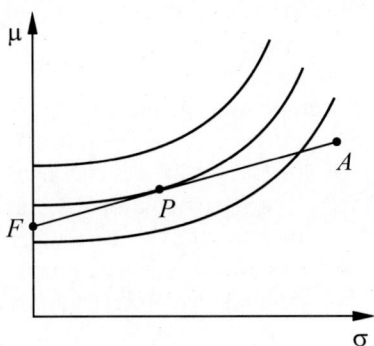

Abb. 11: Optimales Portfolio

mit λ wachsen also sowohl Ertrag wie auch Risiko linear an. Im μ-σ-Diagramm liegen daher die den möglichen gemischten Portfolios entsprechenden Punkte auf der Geraden zwischen F und A (für $\lambda=0$ ergibt sich F, für $\lambda=1$ ergibt sich A). Unter diesen gemischten Portfolios beschreibt P das optimale Portfolio. Man erkennt, dass in der typischen Situation (zu erwartender Ertrag von Aktien höher als für risikolose Papiere) das Optimum P nie auf der μ-Achse liegt; es lohnt sich also stets (d. h. unabhängig von der individuellen Risikoeinstellung des Anlegers – wenn diese nur (34) erfüllt), zumindest einen Teil der Anlagesumme in die risikobehafteten Papiere zu investieren.

Mischung von 2 risikobehafteten Anlagen: Wenn – anders als im in Abb. 11 dargestellten Fall – *beide* zur Verfügung stehenden Anlageformen X und Y risikobehaftet sind, ist die Bestimmung des geometrischen Ortes der gemischten Portfolios $Z=(1-\lambda)X+\lambda Y$ im μ-σ-Diagramm schwieriger. Das Aussehen der entsprechenden Kurve hängt davon ab, ob X und Y stochastisch unabhängig voneinander oder ob sie miteinander korreliert sind. Abb. 12 zeigt den geometrischen Ort der realisierbaren Portfolios für

(1) perfekt positiv miteinander korrelierte,
(2) stochastisch unabhängige und
(3) perfekt negativ miteinander korrelierte

Anlagen X und Y (wobei der Beweis für die dargestellten Verläufe hier nicht erfolgen soll, vgl. dazu etwa ELTON et al. 2009, Kap. 5). Man erkennt, dass für perfekt negativ miteinander korrelierte Anlagen durch entsprechende Kombination (entsprechendes λ) das Risiko ganz eliminiert werden kann (Punkt S). Bei stochastisch unabhängigen Anlagen kann das Risiko des Portfolios durch Beimischung eines kleinen Anteils des risikoreicheren Papiers stets unter das Risiko des risikoärmeren Papiers gesenkt werden (z. B. Punkt R).

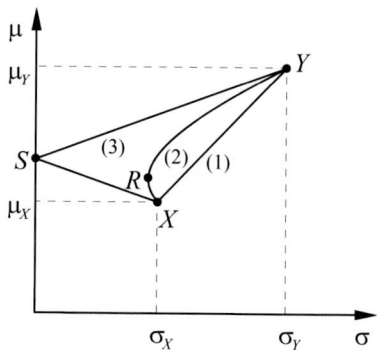

Abb. 12: Portfolio-Mix bei unterschiedlicher Korrelation

B. Asymmetrische Information

1. Das allgemeine Prinzipal-Agenten-Problem

In den bisherigen Betrachtungen war implizit unterstellt, dass hinsichtlich der Lieferung eines Gutes oder einer Faktorleistung jeweils beide Vertragsparteien den gleichen perfekten Informationsstand haben und dass eine Vertragsspezifikation im Streitfall vor einem Gericht durchgesetzt werden könnte. Im Folgenden soll das in vielen Vertragsbeziehungen anzutreffende Problem einer asymmetrischen Informationsverteilung zwischen zwei Marktteilnehmern betrachtet werden.

Da man wegen der Eigennutz- oder Gewinnmaximierungsannahme davon ausgehen muss, dass die besser informierte Seite anstrebt, ihren Informationsvorteil zu ihren Gunsten strategisch auszunutzen, hat dies Konsequenzen sowohl für das Zustandekommen als auch die Ausgestaltung einer Vertragsbeziehung. In der analytischen Darstellung werden gegenüber gestellt:
- Ein *Agent*, der mit seinen Handlungen das Ergebnis für ihn selbst beeinflusst, aber auch das seines Gegenübers, des sogenannten *Prinzipals*.
- Der Prinzipal hat je nach Handlung des Agenten ein positives Ergebnis in Form von Gewinn oder Nutzen. Er muss in geeigneter Form nach einem Sanktions- bzw. Vergütungssystem suchen, das dem Agenten Anreize schafft, die „bestmöglichen" Handlungen einzusetzen.
- Die Natur überlagert das Ergebnis der Handlungen durch Zufallseinflüsse, so dass alleine aus einem Ergebnis der Handlung des Agenten nicht eindeutig auf die Handlung selbst geschlossen werden kann. Zur Vereinfachung unterstellen wir zunächst, dass es n Zustände der Welt geben kann mit gegebenen Wahrscheinlichkeiten p_i, so dass

$$\sum_{i=1}^{n} p_i = 1. \tag{1}$$

Offensichtlich ergeben sich bereits aus dieser einfachen Ausgangsstruktur eine Vielzahl denkbarer Verhandlungsprozesse unter unvollkommener Information. In der sogenannten Prinzipal-Agenten-Theorie wird jeweils einer Marktpartei die Rolle zugewiesen, einen Vertrag aufzusetzen, den die andere Marktseite entweder annimmt oder ablehnt. Es lassen sich dann drei wichtige Modelltypen danach unterscheiden, welche Marktseite den ersten Zug des Spiels macht bzw. welche Informationen vorliegen:
- In der *klassischen Prinzipal-Agenten-Konstellation* mit unvollkommener Information handelt die uninformierte Marktseite zuerst und kann wegen der Zufallseinflüsse durch die Natur nur unvollkommen auf die Handlungen der informierten Marktpartei Rückschlüsse ziehen, die diese nach Vertragsabschluss vornimmt. Dies beschreibt etwa den Abschluss eines Arbeitsvertrages zwischen Unternehmen (Prinzipal) und Arbeitnehmer (Agent), bei dem die tatsächliche Anstrengung oder das Drückebergerverhalten (shirking) des Arbeitnehmers nicht beobachtbar ist. Dabei entsteht das Problem der *moralischen Wagnisse* (*moral hazard*).
- In Situationen mit *adverser Selektion* weiß eine Marktseite nichts über die Eigenschaften oder Handlungen der informierten Marktpartei. Die uninformierte Marktpartei macht den ersten Zug. Diese Konstellation trifft bspw. auf eine Autoversicherung (Prinzipal) zu, die nicht weiß, ob der neu eintretende Versicherungsnehmer (Agent) vorsichtig fährt oder eher ein nachlässiger Autofahrer ist. Sie kann eventuell auf Grund gesetzlicher Regulierung ihre Versicherungstarife nicht unterschiedlich ausgestalten und für schlechte Fahrer andere Prämien verlangen als für gute: Jeder Interessent wird dann behaupten, dass er ein guter Fahrer ist.

– In *Signalisierungs*-Ansätzen weiß eine Marktseite wiederum nichts über die Eigenschaften oder Handlungen der informierten Marktpartei, aber der informierte Marktteilnehmer macht den ersten Zug. So kann ein Außendienstmitarbeiter (Agent) dem potentiellen Arbeitgeber (Prinzipal) signalisieren, dass er sich als überdurchschnittlich talentiert und fleißig einschätzt, wenn er eine Entlohnung mit einem hohen auf den Umsatz bezogenen Provisionsanteil vorschlägt.

Häufig wird für eine Marktseite zusätzlich Risikoaversion unterstellt, so dass im Kern zwei Probleme bei der Gestaltung eines Vertrages zu lösen sind: Erstens bedarf es einer ausreichenden Aufteilung des Risikos, das durch die Natur ins Spiel gebracht wird, zweitens bedarf es hinreichender Anreize in der Vertragsentlohnung, die für beide Seiten ein Zustandekommen des Vertrags erst ermöglichen.

Allgemein lässt sich feststellen: Hätte der Prinzipal in die Handlungen und in den Informationsstand des Agenten kostenfrei Einblick und wären die Ergebnisse der Handlungen des Agenten nicht mit Unsicherheit behaftet, sondern dem Prinzipal kostenfrei bekannt, so bestünde ein Zustand vollständiger Information, der dem Agenten keinen Handlungsspielraum lassen würde. Anstelle einer *Agency*-Beziehung läge dann eine Situation vor, wie sie die neoklassische Theorie des Unternehmens unterstellte. Der Agent hätte als Arbeitskraft zu einem Faktornutzungspreis seine Arbeitsleistung unter unmittelbarer Beobachtung und Anweisung des Managements als Prinzipal zu erbringen, und diese Arbeitsleistung hätte ein sicheres Ergebnis. Der *Agency*-Theorie geht es nun darum, die vertragliche Ausgestaltung der *Agency*-Beziehung so zu wählen, dass der Verlust, den der Prinzipal gegenüber dem Zustand kostenfreier, vollständiger Information aufgrund des Bestehens der asymmetrischen Information und der Unsicherheit der Handlungsergebnisse erleidet, möglichst gering ist. Die Differenz zwischen dem Nutzen, Einkommen oder Gewinn des Prinzipals in einer erstbesten Lösung bei vollständiger Information und dem in einer zweitbesten Lösung der *Agency*-Beziehung soll minimiert werden. Man nennt die Differenz auch den *Agency*-Verlust oder die *Agency*-Kosten; *durch die Vertragsgestaltung sollen die Agency-Kosten minimiert werden* (PRATT und ZECKHAUSER 1985, S. 3). Aus spieltheoretischer Sicht handelt es sich bei allen Modellvarianten um v. STACKELBERG-Spiele, da jeweils eine Marktseite den ersten Zug durchführt.

2. Das Problem der moralischen Wagnisse (moral hazard)

Die Struktur eines Problems moralischer Wagnisse ergibt sich aus dem Ablaufschema in der Abb. 1.

Der Prinzipal kann dem Agenten nicht einen Vertrag anbieten, in dem die Handlungen direkt belohnt werden: letztere sind für den Prinzipal nicht beobachtbar. Ein optimaler Vertrag muss somit einerseits eine Orientierung am Ergebnis aufweisen. Andererseits wird aber das Ergebnis durch die Zufallseinflüsse überlagert, so dass der Agent einen Vertrag, der ihm die Konsequenzen aller Zufallseinflüsse auferlegt, nicht unbedingt annehmen wird.

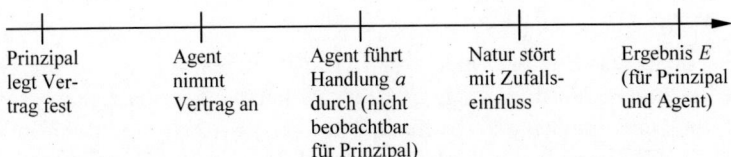

Abb. 1: Zeitliche Struktur des klassischen Prinzipal-Agenten-Problems mit moralischen Wagnissen

Für den Zusammenhang zwischen der Anstrengung a des Agenten und dem Ergebnis E sei angenommen, dass die sogenannte stochastische Dominanz gilt: Mehr Anstrengung a erhöht die Wahrscheinlichkeit für ein besseres Ergebnis.

Wenn dabei die Dichtefunktion $p_i(a)$ so getrennt liegt, dass bestimmte Ergebnisse nur bei hoher, andere nur bei niedriger Anstrengung zustande gekommen sein können, lässt sich ein sehr einfacher Vertrag gestalten: Der Prinzipal weiß dann, dass bestimmte positive Ergebnisse fast sicher nur erreicht worden sein können durch hohe Anstrengung des Agenten und bestimmte schlechte nur durch geringe Anstrengung. Er kann dann bei dieser speziellen Wahrscheinlichkeitsfunktion für den Zusammenhang zwischen Anstrengung und Ergebnis den Einfluss der natürlichen Unsicherheit weitgehend ausschalten. Im allgemeinen Fall ist dies jedoch kaum gegeben. Der Prinzipal kann dann einem Ergebnis nicht ansehen, auf wieviel Anstrengung und auf wieviel günstige oder eher ungünstige äußere Umstände es zurückzuführen ist.

Da die allgemeine Prinzipal-Agenten-Theorie auf mathematisch äußerst anspruchsvolle Modellstrukturen führt, sollen die grundlegenden Argumente an Hand eines noch überschaubaren vereinfachten Ansatzes vorgestellt werden. Dazu kann man sich den Agenten als einen Arbeitnehmer vorstellen, dessen Arbeitseinsatz nicht direkt beobachtbar ist, so dass aus seiner Sicht „Drückebergerverhalten" möglich ist. Der Prinzipal sei der Leiter des Unternehmens, der über ein

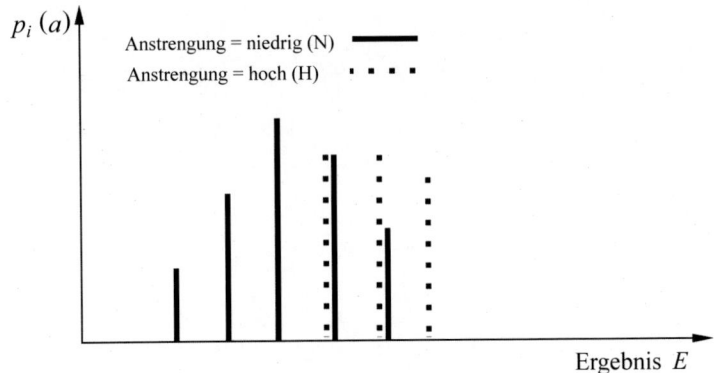

Abb. 2: Stochastische Dominanz

Entlohnungssystem möglichst intensiven Arbeitseinsatz induzieren möchte. Je nach Bedeutung der Zufallseinflüsse und nach Risikoeinstellung der Beteiligten kommen unterschiedliche Verträge zustande. Für den Prinzipal unterstellen wir generell Risikoneutralität, d. h. er maximiert den Erwartungswert seiner Nettoüberschüsse, d. h. Produktionsergebnis abzüglich Entlohnung für den Arbeiter.

Für den Zusammenhang zwischen Arbeitsintensität x und dem Produktionsergebnis y nehmen wir eine lineare Funktion an, die ebenfalls linear durch eine Zufallsgröße w überlagert wird:

$$y = x + w. \tag{2}$$

Der Prinzipal bietet eine lineare Entlohnungsfunktion an, wobei die Entlohnung z am Produktionsergebnis y orientiert ist:

$$z = r + sy. \tag{3}$$

Die Nutzenfunktionen von Prinzipal (P) und Agent (A) seien gegeben durch:

$$U_A(W_A) = E[W_A] - \frac{\alpha}{2} \cdot \text{Var}(W_A),$$
$$U_P(W_P) = E[W_P]. \tag{4}$$

Der Fall $\alpha = 0$ beschreibt die besondere Konstellation, dass auch der Agent risikoneutral ist.

Die Zufallsvariable w sei normalverteilt mit Erwartungswert null und Varianz σ^2. Die Anstrengungen des Arbeiters gehen negativ quadratisch in seine materielle Wohlfahrtsvariable W_A ein. Damit ist

$$W_A(x,r,s) = r + sy - x^2 = r + s \cdot (x+w) - x^2, \tag{5}$$

und durch Einsetzung in (4):

$$U_A(x,r,s) = r + sx - x^2 - \frac{\alpha}{2} s^2 \sigma^2. \tag{6}$$

Wenn der Agent bei gegebenem r,s (was ja im Vertragsangebot des Prinzipal enthalten ist) seinen Nutzen maximiert, wählt er als optimale Anstrengung

$$x^* = \frac{s}{2}. \tag{7}$$

Wenn er dabei einen Mindestnutzen in Höhe von m erreichen möchte, weil er andernfalls den Vertrag ablehnt, muss zusätzlich gelten

$$r + \frac{s^2}{2} - \frac{s^2}{4} - \frac{\alpha}{2} \cdot s^2 \sigma^2 \geq m.$$

Daraus folgt, dass

$$r = m - \frac{s^2}{4} \cdot (1 - 2\alpha\sigma^2) \tag{8}$$

gerade ausreichend ist, um ihn zum Vertragsschluss zu bringen. Der Nutzen m heißt auch Reservationsnutzen. Der Nutzen des Prinzipals entsteht beim gewählten Entlohnungsschema als derjenige Teil des Produktionsergebnisses, den er nicht an den Arbeiter als Lohn abführen muss, also y – z:

$$W_p(x,r,s) = (1-s) \cdot (x+w) - r. \tag{9}$$

Da E[w] = 0, ergibt sich für den Erwartungswert des Nutzens $U_p(W_p) = \mathrm{E}[W_p]$:

$$\begin{aligned} U_p(x,r,s) &= (1-s) \cdot x - r \\ &= (1-s) \cdot \frac{s}{2} - m + \frac{s^2}{4} \cdot (1 - 2\alpha\sigma^2). \end{aligned}$$

Die letzte Umformung ergab sich dabei durch Einsetzen der Werte für x^* und r aus (7) und (8). Da der Prinzipal jetzt lediglich über die Größe s entscheiden kann, ergibt sich das für ihn bestmögliche Entlohnungsschema aus der Maximierung von U_P bezüglich s:

$$\frac{dU_P}{ds} = \frac{1}{2} - \frac{1}{2} \cdot s - \alpha s \sigma^2 \overset{!}{=} 0, \tag{10}$$

$$s^* = \frac{1}{1 + 2\alpha\sigma^2},$$

$$r^* = m - \frac{1 - 2\alpha\sigma^2}{4 \cdot (1 + 2\alpha\sigma^2)^2},$$

$$x^* = \frac{1}{2 + 4\alpha\sigma^2}.$$

Fall (i):
Es sei $\alpha = 0$, d. h. der Agent ist selbst risikoneutral. Dann ergibt sich die folgende Lösung:

$$s^* = 1, \quad r^* = m - \frac{1}{4}, \quad x^* = \frac{1}{2}. \tag{11}$$

Wenn ein gesamtwirtschaftliches Optimum in dem Sinne gesucht würde, das Maximum von $U_A + U_P$ zu finden, dann läge dies unter Verwendung von (4), (5) und (9) beim Maximum von

$$U_A + U_P = x - x^2.$$ (12)

Diese Funktion liefert als Optimum $x^* = 1/2$, was gerade mit der obigen Lösung für das Prinzipal-Agent-Problem bei risikoneutralem Agenten übereinstimmt. Da das gesamtwirtschaftliche Optimum als „first best"-Lösung bezeichnet wird, käme diese im Fall (i) zustande. Die Festlegung von $s^* = 1$ bedeutet, dass der Agent von jeder zusätzlich produzierten Einheit 100 % als Lohnzuwachs bekommt. Weil der Agent risikoneutral ist, ist er selbst zum Unternehmer geworden und nutzt die Fabrikanlagen des Prinzipals im Leasing-System.

Fall (ii):
Es sei $\alpha > 0$, d. h. der Agent ist risikoavers. Die Risikoaversion des Agenten erlaubt es jetzt nicht mehr, die Entlohnungsfunktion so steil zu konzipieren wie im Fall (i). Dadurch, dass der Agent nur dann einen Vertrag akzeptiert, wenn er mit einer relativ höheren fixen Entlohnung r^* abgesichert wird, (vgl. (11) mit (10)), fehlt der Anreiz, die zur Erreichung des „*first best*" erforderliche Anstrengung zu induzieren. Im obigen Beispiel war $x^{**} = 1/2$. Tatsächlich liegt beispielsweise für $\alpha = 1$ und $\sigma = 1/2$ das Produktionsergebnis nur noch bei $x^* = 1/3$. Diese sogenannte *second best*-Lösung ist Konsequenz der Annahme, dass die Arbeitsanstrengung selbst nicht beobachtbar ist.

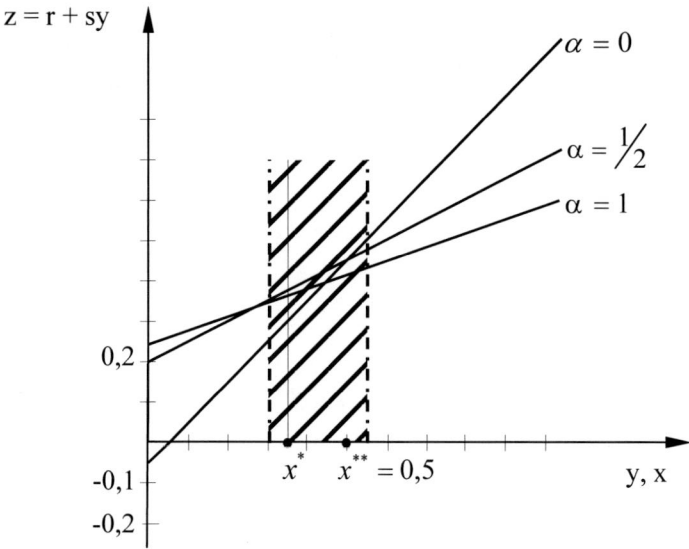

Abb. 3: Entlohnungsfunktion ($m = 0{,}2$) für alternative Risikoaversion α

In der Abb. 3 wird davon ausgegangen, dass das obige mathematische Modell aus praktischen Gründen nur für den schraffierten Bereich zur Anwendung kommt, weil etwa für den völligen Produktionsausfall andere Lösungen gefunden werden.

Dort sind für $m = 2$ die Entlohnungsfunktionen für verschiedene Grade von Risikoaversion eingezeichnet. Die jeweiligen Ordinatenabschnitte r sowie die Steigung s ergeben sich durch Einsetzen der Werte für α in (10).

Am obigen Modell ist auch wichtig, dass die Allokation x^* nur von der Steigung s der Entlohnungsfunktion, nicht jedoch von deren Achsabschnitt r abhängt. Der Reservationsnutzen $U_{min} = m$ entscheidet über die Aufteilung des erzielten Ergebnisses auf Prinzipal und Agenten. Im Falle eines Arbeitsvertrages hängt der Reservationsnutzen davon ab, welche Alternative einem Arbeiter offen steht: Bei guter Marktlage kann diese eine Beschäftigung in einem anderen Unternehmen sein, bei Gefahr der Arbeitslosigkeit kann diese in staatlichen Unterstützungszahlungen liegen. Ob überhaupt ein Arbeitsvertrag zustande kommt, kann dadurch bestimmt werden.

3. Adverse Selektion

Die Struktur des Problems enthält wieder asymmetrische Informationen, diese beziehen sich jetzt aber darauf, dass der Prinzipal zwischen verschiedenen Typen von Agenten auswählen muss, die er möglichst anhand eines optimalen Vertrages unterscheiden möchte. Die Reihenfolge des Spiels ist im Schema wie folgt zu lesen:

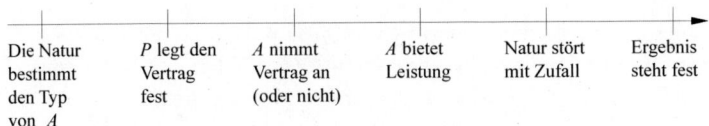

Abb. 4: Struktur eines Problems mit adverser Selektion

Musterbeispiel für einen Markt mit asymmetrischer Informationsverteilung ist der *Markt für gebrauchte Kraftfahrzeuge,* der im Folgenden nach AKERLOF (1970) und MILDE (1988) dargestellt wird. Folgende Annahmen sollen gelten:
- Es gibt verschiedene Qualitäten von Gebrauchtwagen.
- Die Anbieter kennen die Qualität ihrer Wagen.
- Den Anbietern geringerer Qualität wird ein opportunistisches Verhalten unterstellt; sie sind nicht bereit, Mängel mitzuteilen.
- Die Nachfrager können nicht die Qualität des einzelnen Wagens, sondern nur die Durchschnittsqualität der angebotenen Wagen beobachten.

Ein Nachfrager weiss, dass nicht alle angebotenen Wagen von der besten Qualität sind; er kann jedoch das einzelne Angebot nicht einordnen. Da die Anbieter so tun, als böten sie sämtlich nur eine einheitliche (beste) Qualität an, und den Nachfragern die Angebote unterschiedslos erscheinen, muss sich auf dem Markt ein einheitlicher Preis für die Durchschnittsqualität der angebotenen Wagen bilden. Die Kenntnis der Nachfrager, dass auch mindere Qualitäten („*lemons*") unter den angebotenen Wagen sind, dass also die Durchschnittsqualität geringer als die beste Qualität ist, dämpft ihre Zahlungsbereitschaft. Der sich bildende einheitliche Preis ist daher geringer als jener, der sich an einem Markt für die beste Qualität ohne Informationsasymmetrie ergeben hätte.

Dieser geringere Preis teilt die Anbieter in zwei Gruppen: Die Anbieter besserer als diesem Preis entsprechende Qualitäten ziehen sich vom Gebrauchtwagenmarkt zurück (einige könnten allerdings bereit sein, den „Schleuderpreis" zu akzeptieren, um auf einen Neuwagen umsteigen zu können). Es findet am Gebrauchtwagenmarkt also eine *Selbstauslese guter Qualitäten* statt. Am Markt bleiben Anbieter, deren Wagenqualität der relativ geringe Preis entspricht, und auch solche mit noch schlechterer Qualität (auch die Anbieter mit guter Qualität, die den „Schleuderpreis" hinnehmen, sind dabei).

Gibt es nur zwei Qualitäten (und keinen Anbieter, der für die gute Qualität den „Schleuderpreis" akzeptiert), so bleiben nur Wagen der schlechten Qualität am Markt. Es findet also eine *negative Auslese (adverse selection)* statt. Wegen der asymmetrischen Informationsverteilung unterbleiben Markttransaktionen für Wagen der guten Qualität, aus denen Käufer- und Verkäuferrenten entstanden wären.

Gibt es viele Qualitätsstufen, so ist vorstellbar, dass sich die Selbstauslese in einer Mehrzahl von Schritten vollzieht. In einem ersten Schritt führt ein Preis p_1, der geringer ist als der Preis der besten Qualität, zum Rückzug dieser Qualität vom Markt. Die Kenntnis der Nachfrager, dass mindere Qualitäten unter den noch angebotenen Wagen sein müssen als diejenige, die dem Preis p_1 entspricht, dämpft abermals deren Zahlungsbereitschaft und führt zu einem noch geringeren Preis p_2 für die verbliebene Durchschnittsqualität der Wagen. Dieser Preis führt im zweiten Schritt zum Rückzug des dem Preis p_1 entsprechenden Angebotes vom Markt. Der Prozess der Selbstauslese endet offensichtlich in einem Zustand, in dem nur noch die schlechteste Wagenqualität am Markt umgesetzt wird; es ist also im Zuge fortgesetzter negativer Auslese zu einem *weitgehenden Marktzusammenbruch* gekommen. Ohne Informationsasymmetrie hätten sich für jede Wagenqualität Märkte bilden können, an denen Käufer- und Verkäuferrenten entstanden wären. Mit einer Asymmetrie der Informationsverteilung lässt sich daher ein *Marktversagen* begründen.

Selbstverständlich gibt es Sachverhalte, die der Informationsasymmetrie entgegenwirken. Ein Nachfrager kann einen ihm angebotenen Wagen untersuchen lassen. Ein Anbieter kann gegen einen höheren Preis für einen Wagen guter Qualität eine Garantie anbieten. Die Informationsbeschaffung durch Nachfrager oder die signalisierende Informationsverbreitung durch Anbieter kann aber mit erheblichen Kosten und Risiken verbunden sein, so dass die Informationsasymmetrie regelmäßig nur reduziert, aber nicht beseitigt wird.

Statt an den Markt für Gebrauchtwagen kann man auch an Märkte für alte Häuser oder für Antiquitäten denken. Eine analoge Informationsasymmetrie gibt es an *Versicherungsmärkten* bezüglich des Eintrittsrisikos von Versicherungsfällen.

Hier sind es die Nachfrager von Versicherungsleistungen, die weitgehend über das Risiko informiert sind, während die Anbieter von Versicherungsleistungen nicht erkennen können, ob der einzelne Nachfrager ein hohes oder ein geringes Risiko darstellt. Es liegt nahe, dass insbesondere Personen mit hohem Risiko den Versicherungsschutz nachfragen. Der Anteil der Versicherten mit hohem Risiko an der Gesamtzahl der Versicherten ist daher deutlich höher als der Anteil solcher Personen an der gesamten Bevölkerung. Da die Anbieter von Versicherungsleistungen nicht das Risiko des einzelnen Nachfragers, wohl aber den hohen Anteil riskanter Fälle abschätzen können, ist der Preis, die *Versicherungsprämie,* relativ hoch. Dies wiederum hält, bei gegebener Risikoneigung (vgl. dazu Kap. VI.A.1.a), Personen, für die das Risiko des Versicherungsfalles gering ist, davon ab, Versicherungsschutz nachzufragen. Auch hier kommt es zu einer *negativen Auslese*. Es kann sich dabei um zahlreiche Arten *freiwilliger* Versicherungen handeln, etwa um Kranken-, Unfall- oder Lebensversicherungen, aber auch um Haftpflicht-, Kfz-Kasko- oder Rechtsschutzversicherungen.

4. Signalgebung

Anders als beim oben behandelten Problem der adversen Selektion steht bei Signalgebung dem Agenten die Möglichkeit zur Verfügung, vor Festlegung eines Vertragsangebotes auf seinen speziellen Typ hinzuweisen: so z. B. wenn ein besonders gut ausgebildeter und talentierter EDV-Fachmann signalisieren kann, dass er wegen seiner besonderen Qualifikation eine überdurchschnittliche Bezahlung verdient hat. Oder es trennen sich die Vertragsangebote in solche für Arbeiter mit einer Standardqualifikation und in solche, die bspw. bereit sind, eine betriebsinterne Überprüfung und Weiterbildung erfolgreich zu absolvieren. Die Reihenfolge des Spiels ist dann wie folgt verändert:

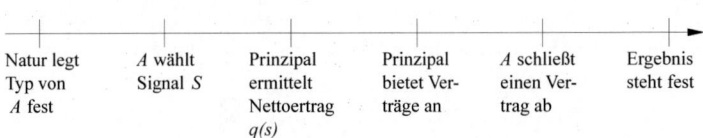

Abb. 5: Struktur eines Problems mit Signalgebung

Bei der analytischen Behandlung dieser Fälle werden zunehmend spieltheoretische Konzepte verwendet, die über den Rahmen dieses Lehrbuchs hinausgehen.

C. Neue Mikroökonomik und Ungleichgewichtstheorie

1. Einführung

In der traditionellen mikroökonomischen Markttheorie, wie sie in Kap. III für Märkte mit vollständiger Konkurrenz und in Kap. IV für Märkte mit unvollständiger Konkurrenz dargestellt wurde, spielt sich der Preis auf einem Markt stets so ein bzw. wird so gesetzt, dass die insgesamt angebotene gleich der insgesamt nachgefragten Menge ist. Die Märkte werden durch die Preise stets geräumt. Die Gleichheit von angebotener und nachgefragter Menge ist als Gleichgewichtsforderung in den Marktmodellen enthalten; erst durch sie werden Gleichgewichtsmenge und Gleichgewichtspreis bestimmbar (vgl. dazu Kap. III.A.2.b und B.2.c; Kap. IV.B.2.c). Auf Märkten mit vollständiger Konkurrenz kann man sich die Angleichung von angebotener und nachgefragter Menge entweder als ein durch einen walrasianischen Auktionator erreichtes *tâtonnement* oder als einen Vorgang des *recontracting* vorstellen. Dabei kommt ein Nachfrageüberschuss durch Preiserhöhung, ein Angebotsüberschuss durch Preissenkung zum Verschwinden. Auf Märkten mit unvollständiger Konkurrenz ist regelmäßig eine Marktseite Preissetzer; sie setzt den Preis so, dass unter Berücksichtigung der Preis-Absatz- bzw. Preis-Beschaffungs-Funktion die angebotene gleich der nachgefragten Menge ist.

Die automatische Angleichung von Angebot und Nachfrage ist nur bei einem hohen Informationsstand der Marktteilnehmer denkbar. Zur Beschreibung eines Marktes mit vollständiger Konkurrenz in Kap. III.A.1 gehörte, dass alle Marktteilnehmer vollständige Markttransparenz im Sinne vollständiger Preisinformation haben. Die Beschreibung von Märkten mit unvollständiger Konkurrenz in Kap. IV.B.1, C.1 und D.1 schloss stets vollständige Markttransparenz des Preissetzers im Sinne einer Kenntnis der Nachfrage oder des Angebots bzw. der Preis-Absatz- oder Preis-Beschaffungsfunktion der anderen Marktseite ein.

Die *Neue Mikroökonomik* konstatiert, dass in der realen Welt die Nichtübereinstimmung von Angebots- und Nachfragemenge zu einem herrschenden Preis eine normale Erscheinung ist, und zwar nicht nur aufgrund staatlicher Marktinterventionen (vgl. Kap. III.A.3.c), sondern auch bei freier Preisbildung. Die Neue Mikroökonomik erklärt den Fortbestand solcher *nicht markträumenden Preise*, indem sie anstelle des in der traditionellen Theorie unterstellten hohen Informationsstandes von unvollständiger Information ausgeht, die es sich durch Aufwendung von Informationskosten nur zu reduzieren, aber nicht zu beseitigen lohnt. In *Abschn. 2* gehen wir auf die Grundüberlegungen der *Neuen Mikroökonomik* sowie auf ihre Schlussfolgerungen bzgl. Marktgleichgewicht und Marktmechanismus ein. In *Abschn. 3* erläutern wir Anwendungen auf den Arbeitsmarkt. *Abschn. 4* erörtert schließlich den viel diskutierten Ansatz der *Ungleichgewichtstheorie* und sein Verhältnis zur *Neuen Mikroökonomik*.

2. Unvollständige Information und Informationskosten als Grund für nicht markträumende Preise

Situationen unvollständiger Information, die durch Aufwendung von Informationskosten verbessert werden können, wurden in die Markttheorie erst durch GEORGE STIGLER (1961) und durch die *Neue Mikroökonomik* eingeführt (vgl. besonders ARMEN ALCHIAN 1970). In der Neuen Mikroökonomik, die vorwiegend an Beispielen für einzelne Märkte entwickelt wurde und für die es keine allgemeine, der Marktformenlehre vergleichbare Systematik gibt, setzt die Betrachtungsweise beim einzelnen Marktteilnehmer an. Wir erläutern die Grundüberlegungen an einem von ALCHIAN (1970, S. 32f.) gegebenen, hier etwas weiter ausgeführten Beispiel eines *Zeitungsverkäufers*, der sowohl über die Anzahl der einzukaufenden Zeitungsexemplare, als auch über den Verkaufspreis der Zeitungen entscheiden muss. Aus den Erfahrungen der Vergangenheit weiß er, dass er zu einem bestimmten Preis $\bar{p}$ durchschnittlich 100 Zeitungen absetzen kann. Er hat keine vollständige Information über die Absatzmenge eines bestimmten Tages; diese ist aus seiner Sicht *zufallsbestimmt* und nicht vorhersehbar. In dieser Situation stehen dem Zeitungsverkäufer verschiedene Handlungsmöglichkeiten offen, z. B. könnte er sich für eine der folgenden drei Möglichkeiten entscheiden:

(1) Er wählt einen festen Preis $\bar{p}$ und nimmt sich vor, jeden Tag genau die Menge einzukaufen, die er an diesem Tag absetzen kann; unverkaufte Zeitungen (Lagerhaltung) soll es nicht geben. Dies würde voraussetzen, dass er durch Marktforschung die Absatzmenge einzelner Tage oder die Abweichung dieser Tage vom Durchschnitt 100 ermittelt. Die für Marktforschung aufzuwendenden Informationskosten sind um so höher, je genauer die Absatzmenge ermittelt werden soll. Der Zeitungsverkäufer hat abzuwägen zwischen dem zusätzlichen Erlös aus weiterer Information, dargestellt durch die Reduzierung des Verlustes aus nicht verkauften Zeitungen, und den zusätzlichen Kosten der Information. In Bezug auf die unvollständige Information kann also die „Grenzerlös=Grenzkosten"-Regel angewendet werden; es lohnt sich nur, den Informationsstand so lange zu verbessern, wie der Grenzerlös zusätzlicher Information deren Grenzkosten übersteigt. Es ist davon auszugehen, dass der Zeitungsverkäufer sein Vorhaben, die Einkaufsmenge genau der Absatzmenge anzupassen, nicht voll verwirklichen wird, weil dies mit prohibitiv hohen Informationskosten verbunden wäre. An manchen Tagen kauft er mehr, an anderen weniger ein, als er absetzen kann, so dass beim Preis $\bar{p}$ jeweils ein Angebots- oder ein Nachfrageüberschuss besteht. Es lohnt sich nicht, vollständige Information herzustellen, um den Markt beim Preis $\bar{p}$ stets räumen zu können.

(2) Er beschafft täglich die Durchschnittsmenge von 100 Zeitungen und nimmt sich vor, den Preis in einem für Markträumung erforderlichen Ausmaß zu senken bzw. anzuheben, wenn der Absatz zum Preis $\bar{p}$ unter bzw. über dem Durchschnitt liegt. Auch dies würde Marktforschung voraussetzen, die nun zu ermitteln hätte, um wie viel der Preis zur Verwirklichung einer Absatzmenge von 100 an einem Tag gesenkt bzw. gesteigert werden müsste. Je genauer die erforderliche Preisän-

derung bestimmt werden soll, desto höher die Informationskosten. Auch hier lohnt sich der Abbau unvollständiger Information nur so lange, wie der Grenzerlös weiterer Information über den Grenzkosten liegt. Die Preisanpassung ist unvollständig, sie reicht nicht aus, den Markt zu räumen.

Die Nachfrager haben hier nicht nur hinzunehmen, dass an Tagen eines Nachfrageüberschusses einige leer ausgehen werden; sie sehen sich auch einem von Tag zu Tag schwankenden Preis gegenüber. Dadurch vergrößert sich bei ihnen der Grad unvollständiger Information. Es lohnt sich für sie, Informationskosten für die Suche nach anderen Zeitungsverkäufern mit geringeren Preisforderungen einzugehen. Um solche bei schwankendem Preis entstehenden Informationskosten zu vermeiden, präferieren die Nachfrager einen stabilen Preis, auch wenn dieser höher als der Durchschnitt schwankender, tendenziell markträumender Preise ist.

(3) Der Zeitungsverkäufer wählt einen festen Preis $\overline{p}$ und nimmt sich vor, eine solche Menge einzukaufen, dass er die an einem Tag auftretende Nachfrage stets decken kann; nicht verkaufte Exemplare (Lagerhaltung) sind jetzt zugelassen. Informationskosten für Marktforschung entstehen hier allenfalls zur Ermittlung der höchstmöglichen Abweichung der Nachfrage vom Durchschnitt 100 nach oben. Hingegen gibt es Kosten für nicht verkaufte Zeitungen. Die Nichträumung des Marktes als Folge der unvollständigen Information ist hier nur in der Form von Angebotsüberschüssen möglich.

Welche der verschiedenen Möglichkeiten der Zeitungsverkäufer unter der Zielsetzung der Gewinnmaximierung wählt, hängt wesentlich vom genauen Verlauf der Erlöse und der Kosten einer Reduzierung von unvollständiger Information ab. Entscheidend ist, dass i. Allg. *eine ständige Markträumung nicht lohnend* ist, dass vielmehr sowohl bei Mengenanpassung in den Fällen (1) und (3) als auch bei Preisanpassung im Fall (2) ein *Angebots-* oder ein *Nachfrageüberschuss* die Regel ist.

Weitere Beispiele aus der alltäglichen Erfahrung lassen sich ähnlich erklären: Ohne Preisanpassungen nach oben gibt es *Nachfrageüberschüsse* für bestimmte Typen neuer Autos oder an Taxi- und Bushaltestellen während Stoßzeiten. Die Anbieter unterlassen eine Preiserhöhung und muten den Nachfragern eine Rationierung des Angebots oder Einreihung in eine Warteschlange zu, weil sich die Beseitigung des Nachfrageüberschusses durch Beschaffung von Information über die Nachfrageseite und durch Setzen eines markträumenden Preises oder durch Ausdehnen der Angebotsmenge nicht lohnt. Ohne Preisanpassungen nach unten gibt es *Angebotsüberschüsse* am Wohnungsmarkt in Form leerstehender Wohnungen oder in Einzelhandelsgeschäften in Form ausgestellter Waren. Diese mit Angebotsüberschüssen implizierte zusätzliche Lagerhaltung, die im Zeitungsverkäufer-Beispiel wegen Veralterung der Zeitungen keine weitere Funktion hatte, kann hier als Teil der Informationsaktivität von Anbietern aufgefasst werden, und zwar als signalisierende Informationsverbreitung. Die *Bereitschaft zur Lagerhaltung* kann also zwei Gründe haben: Entweder lohnt es sich für die Anbieter nicht, durch Informationsbeschaffung über die Nachfragesituation und Setzen von markträumenden Preisen den Angebotsüberschuss zu vermeiden; oder es lohnt sich für sie, durch Informationsverbreitung den Nachfragern Informationskosten zu ersparen, die sie selbst durch den höheren Preis ersetzt bekommen.

Je häufiger nicht vorhersehbare Schwankungen der Nachfrage auftreten, je höher die Informationskosten und die Kosten schneller Produktionsanpassung sind, je geringer die Abneigung gegen Warteschlangen und die Kosten der Lagerhaltung zu veranschlagen sind, desto größer wird die Bereitschaft sein, *anstelle von markträumenden Preisänderungen Nachfrage- und Angebotsüberschüsse zuzulassen*. Diese von der Neuen Mikroökonomik herausgearbeiteten Tendenzen gelten nicht, wenn sich die Nachfrage nicht zufallsbedingt, sondern systematisch in einer Richtung ändert. Dann sind die Informationskosten tendenziell geringer, und es lohnt sich, Angebotsmengen und/oder Preise in Richtung einer markträumenden Konstellation anzupassen.

3. Anwendung auf den Arbeitsmarkt: Sucharbeitslosigkeit

Die im vorigen Abschnitt dargestellten Grundüberlegungen wurden insbesondere auch auf den Arbeitsmarkt angewendet: Unvollständige Information über die Arbeitsnachfrage (Arbeitsplätze) machen es für Arbeitsanbieter lohnend, Informationskosten in der Form von Suchzeit auf sich zu nehmen. Die durch diese Informationsaktivität bedingte Arbeitslosigkeit lässt sich als ein beim herrschenden Lohnsatz bestehender Angebotsüberschuss deuten.

Im Folgenden wollen wir den Ansatz der Sucharbeitslosigkeit anhand eines Modells von DALE MORTENSON (1970; vgl. auch die Darstellung von KURT ROTHSCHILD 1979) präzisieren. Betrachtet wird ein Arbeitsmarkt, auf dem sowohl die angebotenen als auch die nachgefragten Arbeitsleistungen heterogen sind; sie sollen durch einen Qualifikationsgrad z kontinuierlich messbar sein. Ein Anbieter mit der Qualifikation $\bar{z}$ kann jede Nachfrage nach Arbeit mit einer Qualifikation $z \leq \bar{z}$ befriedigen. Der Faktornutzungspreis oder Lohnsatz q_l, den alle Nachfrager für Arbeit der Qualifikation z zu zahlen haben, sei um so höher, je höher die Qualifikation, also:

$$q_l = f(z) \quad \text{mit} \quad \frac{dq_l}{dz} > 0. \tag{1}$$

Die Nachfrage ist in Form einer in Abb. 1 dargestellten Verteilung gegeben. Auf der Abszisse ist der Lohnsatz q_l abgetragen; jedem Lohnsatz entspricht gemäß (1) eine bestimmte Qualifikation. Auf der Ordinate ist die Arbeitsnachfrage r_l zu finden, die einem Qualifikationsgrad und damit einem Lohnsatz zugeordnet ist. Nach der in Abb. 1 eingezeichneten Verteilungsfunktion $r_l = g(q_l)$ entsprechen die Punkte a und b der niedrigsten bzw. der höchsten nachgefragten Qualifikation und damit dem niedrigsten bzw. höchsten Lohnsatz. Die Darstellung der Arbeitsnachfrage in Abb. 1 ist selbstverständlich zu unterscheiden von einer Arbeitsnachfragekurve etwa der in Kap. V.B.3 benutzten Art, deren Schnittpunkt mit einer Arbeitsangebotskurve den Gleichgewichts-Lohnsatz für eine homogene Arbeitsqualität ergibt. Abb. 1 zeigt vielmehr die Lohnsätze eines ganzen Spektrums verschiedener Arbeitsqualitäten, wie sie sich am heterogenen Arbeitsmarkt in einer nicht näher untersuchten Weise bereits herausgebildet haben, und die diesen Lohnsätzen jeweils zugeordnete Nachfrage zur Besetzung von Arbeitsplätzen.

Jeder Anbieter kennt seine Qualifikation $\bar{z}$ und den dieser zugeordneten Lohnsatz $\bar{q}_l$, ferner ist ihm die Verteilung in Abb. 1 bekannt. Er ist jedoch nicht informiert über die Qualifikation, die das einzelne Unternehmen nachfragt. Ein Arbeitsanbieter muss *Zeit zum Aufsuchen der einzelnen Nachfrager* aufwenden. Ist seine Qualifikation höher als die nachgefragte oder gleich hoch, so hat er zu entscheiden, ob er den Arbeitsplatz annimmt oder weiter sucht. Entscheidet er sich für die Annahme eines Arbeitsplatzes mit geringerem Lohnsatz q_l als dem Lohnsatz $\bar{q}_l$, der seiner Qualifikation $\bar{z}$ entspricht, so verzichtet er zwar auf ein mögliches höheres Einkommen, erspart sich aber auch weitere Suchkosten. Es lohnt sich, so lange weiter zu suchen, bis der erwartete Grenzerlös zusätzlicher Informationsaktivität auf deren erwartete Grenzkosten gefallen ist.

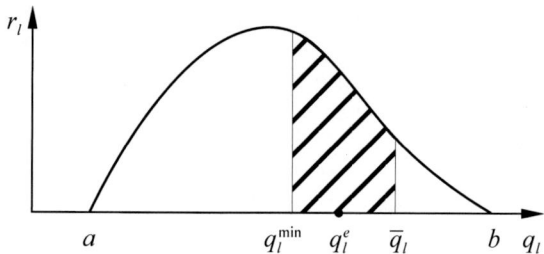

Abb. 1: Qualifikations-Verteilung der Arbeitsnachfrage

Die Bestimmung der *optimalen Suchzeit* lässt sich auf die Wahl eines *Mindestlohnsatzes* q_l^{min} (*acceptance wage*) zurückführen, bei dessen Erreichen der Anbieter seinen Suchprozess einstellen und den gefundenen Arbeitsplatz annehmen würde. In Abb. 1 ist der Lohnsatz $\bar{q}_l$ der der Qualifikation des Anbieters entsprechende und daher maximal realisierbare. Wird q_l^{min} als Mindestlohnsatz gewählt, so ist die Wahrscheinlichkeit, bei der zufallsbestimmten Suche einen Arbeitsplatz mit einem Lohnsatz zwischen q_l^{min} und $\bar{q}_l$ zu finden, gleich dem Anteil α der schraffierten an der gesamten Fläche unter der Kurve in Abb. 1. Die erwartete Suchzeit, ausgedrückt in der Zahl von erforderlichen Versuchen, ist dann $1/\alpha$. Von der Wahl des Mindestlohnsatzes q_l^{min} hängt der zu erwartende tatsächliche Lohnsatz ab. Der Anbieter würde alle Lohnsätze zwischen q_l^{min} und $\bar{q}_l$ akzeptieren; der zu erwartende Lohnsatz q_l^e ist der Erwartungswert der in Abb. 1 schraffierten Häufigkeitsverteilung.

Da sich das zum erwarteten Lohnsatz q_l^e erzielte Einkommen in die Zukunft erstreckt, müssen bei der Gegenüberstellung von Erlösen und Kosten zusätzlicher Information auf die Gegenwart abdiskontierte Größen verwendet werden. E^e

bezeichne die aufsummierten, abdiskontierten als zukünftige Arbeitseinkommen erwarteten Erlöse. Sie hängen vom erwarteten Lohnsatz ab: $E^e = E^e(q_l^e)$. Da der erwartete Lohnsatz seinerseits vom zu wählenden Mindestlohnsatz q_l^{min} (a< q_l^{min} <$\bar{q}_l$) abhängt, sind die erwarteten Erlöse E^e letztlich eine Funktion von q_l^{min}:

$$E^e = E^e(q_l^e) = E^e(q_l^e(q_l^{min})). \qquad (2)$$

In der (von ROTHSCHILD übernommenen) Abb. 2 sind diese Funktion sowie ihre Ableitung, die erwarteten Grenzerlöse GE^e, eingezeichnet. K^e sei die Kurve der abdiskontierten erwarteten Suchkosten, die aus dem entgangenen erwarteten Arbeitseinkommen herzuleiten sind. Sie hat für q_l^{min}=a den Wert null, da bei diesem Mindestlohnsatz sofort eine Beschäftigung gefunden wird. Ihre Steigung nimmt zu, da mit wachsendem q_l^{min} die Suchzeit immer länger wird; wenn q_l^{min} gegen $\bar{q}_l$ geht, geht die Suchzeit gegen unendlich. GK^e bezeichne die Grenzsuchkosten. Der größte senkrechte Abstand der Kurven E^e und K^e ist dort erreicht, wo ihre Steigungen gleich sind, wo sich also GE^e und GK^e schneiden. Bei diesem Schnittpunkt ist der Grenzerlös auf die Grenzkosten zusätzlicher Information gefallen und damit der optimale Mindestlohnsatz q_l^{min*} bestimmt. Ihm sind eine optimale Suchzeit $1/\alpha^*$ und ein optimaler erwarteter Lohnsatz q_l^{e*} zugeordnet.

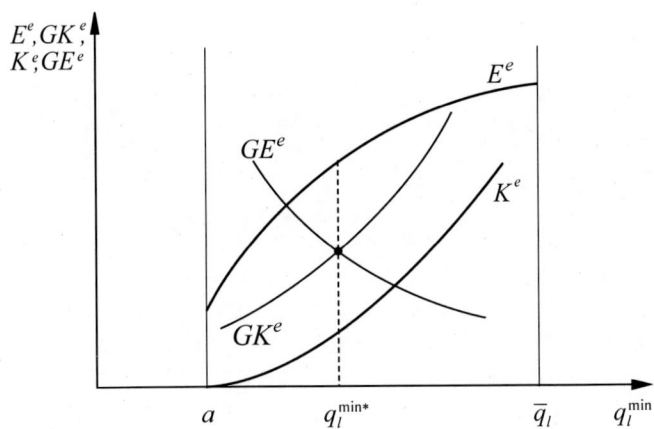

Abb. 2: Optimaler Mindestlohnsatz

Mit der Theorie der Sucharbeitslosigkeit wurde der Versuch unternommen, den von A.W. PHILLIPS (1958) empirisch festgestellten Zusammenhang zwischen Lohnsatzsteigerungsrate dq_l/dt und Arbeitslosenquote u (Anteil der nicht Beschäftigten am Arbeitskräftepotential in Prozent), wie er dem Typ nach in Abb. 3 dargestellt ist, theoretisch zu erklären. Die *PHILLIPSkurve* (Abb. 3) sagt aus, dass eine geringe Arbeitslosenquote mit einer hohen Lohnsatzsteigerungsrate einhergeht und umgekehrt, so dass Lohnsatzstabilität ($dq_l/dt = 0$) nur bei einer positiven Arbeitslosenquote $\bar{u}$ herrschen kann. Die *modifizierte PHILLIPSkurve* behauptet einen analogen Zusammenhang zwischen allgemeiner Preissteigerungsrate und Arbeitslosenquote; man geht dabei davon aus, dass die Lohnsatzsteigerungsrate regelmäßig etwa um die Produktivitätssteigerungsrate über der Preissteigerungsrate liegt. Zur Erklärung der PHILLIPSkurve wird von den Vertretern der Sucharbeitslosigkeitstheorie das Argument der Geldillusion bzw. der verzögerten Erwartungsanpassung benutzt. Bei einer allgemeinen Lohnsatzsteigerung verschiebt sich in Abb. 1 die die Arbeitsnachfrage repräsentierende Verteilungskurve auf der Abszisse nach rechts, bei einer Lohnsatzsenkung nach links. Sind sich die Arbeitsanbieter der inflationären oder deflationären Entwicklung (zunächst) nicht bewusst und, bleibt vielmehr wegen Bestehens von Geldillusion der optimale Mindestlohnsatz q_l^{min*} unverändert, so muss sich bei Lohnsatzsteigerung die optimale Suchzeit verkürzen und damit die Arbeitslosenquote verringern, bei Lohnsatzsenkung entsprechend verlängern bzw. erhöhen. Das impliziert den Typ des in Abb. 3 wiedergegebenen Zusammenhangs.

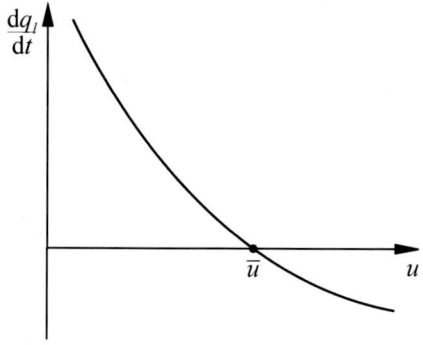

Abb. 3: PHILLIPSkurve

Die Theorie der Sucharbeitslosigkeit, die im Rahmen der *Neuen Mikroökonomik* entwickelt wurde, zeigt, dass ein gewisser Anteil der Angebotsüberschüsse am Arbeitsmarkt durch das Bestehen unvollständiger Information und dadurch ausgelöste Suchaktivität bedingt sein kann. Sucharbeitslosigkeit gehört zu der sogenannten *friktionellen Arbeitslosigkeit*. Der erläuterte Ansatz ist jedoch keineswegs geeignet, darüber hinausgehende Arbeitslosigkeit zu erklären. Wir kommen darauf in Abschn. 5 zurück.

4. „Neue Mikroökonomik" - eine Ungleichgewichtstheorie?

Die Neue Mikroökonomik wird, da sie Angebots- und Nachfrageüberschüsse nicht als vorübergehende Erscheinungen begreift, von ihren Vertretern (z. B.

EDMUND PHELPS 1970) als eine Ungleichgewichtstheorie bezeichnet. Die durch Unsicherheit und Informationskosten bedingte Bildung von Lagern oder Warteschlangen ist jedoch nichts, was die Wirtschaftseinheiten bei dem ihnen in diesem Ansatz unterstellten Streben nach maximalem Gewinn nicht berücksichtigt hätten. Diese Phänomene sind daher nicht als *Ungleichgewichte* zu bezeichnen, sie fügen sich vielmehr in ein Bild des Gleichgewichts ein. Es ist auch nicht gerechtfertigt, bezüglich der auf Lager genommenen Güter von ungenutzten oder unfreiwillig unterbeschäftigten Ressourcen zu sprechen. Diese können, wie erwähnt, die Funktion der Informationsverbreitung haben, so dass insoweit eine informationsfördernde Verwendung von Ressourcen oder *Investition in Information* vorliegt. Es ist das Verdienst der *Neuen Mikroökonomik*, deutlich gemacht zu haben, dass im Rahmen eines totalen mikroökonomischen Gleichgewichts ein Teil der Ressourcenallokation auf Informationsaktivitäten entfallen muss.

5. Mikroökonomische Grundlagen KEYNESscher Ungleichgewichtstheorie („Neue Makroökonomik")

Als Gleichgewichtstheorie ist die im vorigen Abschnitt erläuterte *Neue Mikroökonomik* von dem nun anzusprechenden Ansatz zu unterscheiden, der in den 70iger Jahren Ausgangspunkt einer *Neuinterpretation* der KEYNESschen makroökonomischen *Beschäftigungstheorie* als einer *Ungleichgewichtstheorie* war. Dieser Ansatz geht von Märkten mit vollständiger Konkurrenz aus, für die es gesamtwirtschaftliche Nachfrage- und Angebotsfunktionen gibt, wobei Angebot und Nachfrage bei der Partialanalyse eines Marktes vom Preis des betrachteten Gutes (vgl. Kap. III.A), bei der Totalanalyse aller Märkte jeweils von den Preisen aller Güter abhängen (vgl. Kap. III.B). Es wird jedoch *kein* walrasianisches *tâtonnement* mit Hilfe eines Auktionators und *kein* Marktablauf mit *recontracting* unterstellt; die in Kap. III.A.2.c erläuterten Spielregeln, nach denen ein Konkurrenzgleichgewicht zustande kommt und Transaktionen zwischen Anbietern und Nachfragern dann zu den Gleichgewichtspreisen abgewickelt werden, gelten also nicht. Vielmehr wird unterstellt, dass schon vor Erreichen eines Marktgleichgewichts Transaktionen getätigt werden. Sie finden bei Vorliegen eines Angebots- oder eines Nachfrageüberschusses und damit zu einem Nicht-Gleichgewichtspreis statt; man spricht auch von *trading at a false price* (vgl. JOHN HICKS 1946, Kap. IX).

Man könnte sich vorstellen, dass bei einem Rückgang der Nachfrage, in Abb. 4 dargestellt durch Linksverschiebung der Nachfragekurve, zum bisherigen Gleichgewichtspreis $\bar{p}$, bei dem in der neuen Situation ein Angebotsüberschuss in Höhe von QP herrscht, weiterhin Transaktionen stattfinden. Der Preis passt sich der neuen Gleichgewichtssituation nicht oder nicht sofort an; es bleibt ein nicht markträumender Preis bestehen. Im Unterschied zu den im vorigen Abschnitt beschriebenen Situationen ist der Angebotsüberschuss hier ungeplant. Nicht alle Anbieter, die verkaufen möchten, kommen zum Zuge. Das Angebot muss auf die *kurze Marktseite*, die Nachfrageseite, *mengenbeschränkt* oder *rationiert* werden. Analog

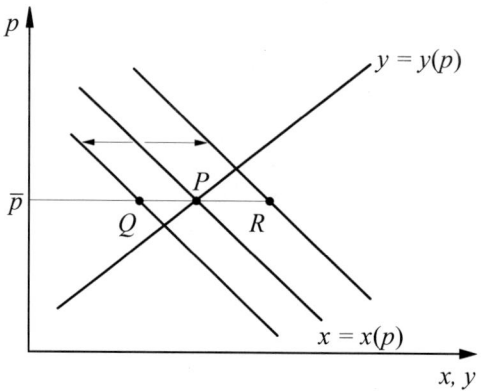

Abb. 4: Ungleichgewichtspreis

bedeutet bei Rechtsverschiebung der Nachfragekurve und Fortbestehen des Preises $\bar{p}$ einen Nachfrageüberschuss PR, dass also nicht alle Nachfrager zum Zuge kommen, dass die Nachfrage nun auf die Angebotsmenge rationiert werden muss. Bei Transaktionen zu Gleichgewichtspreisen werden die Angebots- und die Nachfragewünsche der Marktteilnehmer allein über den Preis auf konsistente Mengen beschränkt. Bei Transaktionen zu Ungleichgewichtspreisen müssen für die Teilnehmer der *langen Marktseite* weitere *Rationierungsmechanismen* hinzukommen. Beispielsweise könnte der Grundsatz gelten, dass die zuerst Kommenden voll bedient werden und die später Kommenden leer ausgehen. Ein anderer Grundsatz wäre, dass alle um einen gleichen Prozentsatz rationiert werden. Eine Vielzahl anderer, auch sehr ungerechter Rationierungsmechanismen wie Rasse, Geschlecht oder Augenfarbe sind denkbar. Rationierungsmechanismen werden im Folgenden nicht weiter untersucht, sie spielen jedoch bei Ungleichgewichtstransaktionen stets eine Rolle.

Ziehen wir, ohne nach den Gründen ihres Entstehens zu fragen, alle denkbaren Angebots- und Nachfrageüberschüsse an einem Markt und die jeweilige Beschränkung des Umfangs der Transaktionen auf die *kurze Marktseite* in Betracht, so erhalten wir im Beispiel der Abb. 5 den fett gezeichneten Kurvenzug als Beschreibung der *realisierbaren* Angebots- und Nachfragemengen. Während die gemäß der Angebots- bzw. der Nachfragefunktion *geplanten* Mengen durch

$$x = x(p) \quad \text{und} \quad y = y(p) \tag{3}$$

gegeben sind, müssen die *realisierbaren* Mengen durch

$$x^r = y^r = \min\{x(p), y(p)\} \tag{4}$$

beschrieben werden.

Wichtige Schlussfolgerungen ergeben sich, wenn man statt eines Marktes die Gesamtheit aller Märkte einer Volkswirtschaft betrachtet, wenn also statt einer

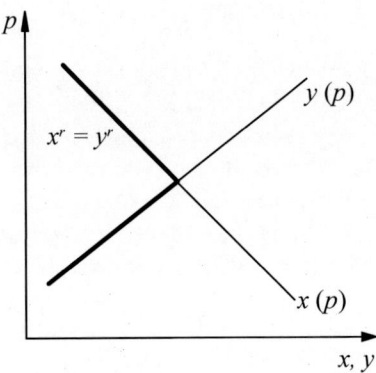

Abb. 5: **Realisierbare Transaktionen bei Nicht-Gleichgewichtspreisen**

Partial- eine Totalanalyse durchgeführt wird. Den Unterschied zwischen walrasianischer Gleichgewichts-Totalanalyse und dem entsprechenden Ansatz der neuen Ungleichgewichtstheorie wollen wir anhand einer Volkswirtschaft untersuchen, die aus nur zwei Märkten besteht, dem Markt für (homogene) Arbeitsleistungen l und dem Markt für ein Konsumgut c. Wenn q und p die zugehörigen Preise sind, lassen sich die aus Nutzenmaximierung der Haushalte bzw. Gewinnmaximierung der Unternehmen hergeleiteten Angebots- (oberer Index: a) und Nachfragefunktionen (oberer Index: n) wie folgt schreiben:

$$\left. \begin{array}{l} l = l^a(q,p) \\ c = c^n(q,p) \end{array} \right\} \text{ für Haushalte}, \qquad (5)$$

$$\left. \begin{array}{l} c = c^a(q,p) \\ l = l^n(q,p) \end{array} \right\} \text{ für Unternehmen}. \qquad (6)$$

Diese Funktionen entsprechen einer auf den Fall zweier Märkte vereinfachten Version der Funktionen (III.B.7), (III.B.13) und (III.B.14), die wir für das totale Konkurrenzgleichgewicht abgeleitet hatten.

Für die Haushalte gilt die Bilanzgleichung

$$q \, l^a(q,p) = p \, c^n(q,p), \qquad (7)$$

die (III.B.4) entspricht. Für die Unternehmen gilt bei gewinnloser Produktion die „Erlös=Kosten"-Gleichung

$$p \, c^a(q,p) = q \, l^n(q,p). \qquad (8)$$

Nach (7) und (8) ist für Haushalte und Unternehmen der Wert ihrer Verkäufe stets gleich dem Wert ihrer Käufe. Im *walrasianischen* Gleichgewicht gelten ferner die Marktgleichgewichtsbedingungen

$$l^a = l^n \quad \text{und} \quad c^a = c^n. \tag{9}$$

Der Zustand dieses Gleichgewichts ist in Abb. 6 dargestellt. Der Verlauf der Angebots- und Nachfragekurven in Abb. 6.a ist dabei für den Gleichgewichtspreis p^*, der sich aus Abb. 6.b ergibt, dargestellt; umgekehrt sind die Kurven in Abb. 6.b für den in Abb. 6.a ermittelten Gleichgewichtspreis q^* eingezeichnet. Aus der Gleichheit des Wertes der Verkäufe und Käufe jeweils der Haushalte und der Unternehmen gemäß (7) und (8) und aus den Marktgleichgewichtsbedingungen (9) folgt die Gleichheit der Umsätze auf dem Arbeits- und dem Konsumgütermarkt: $l^*q^* = c^*p^*$. Bei gleichen Abszissenmaßstäben für die Einheiten der Arbeitsleistungen und des Konsumgutes sind die schraffierten Flächen in Abb. 6.a und 6.b flächengleich.

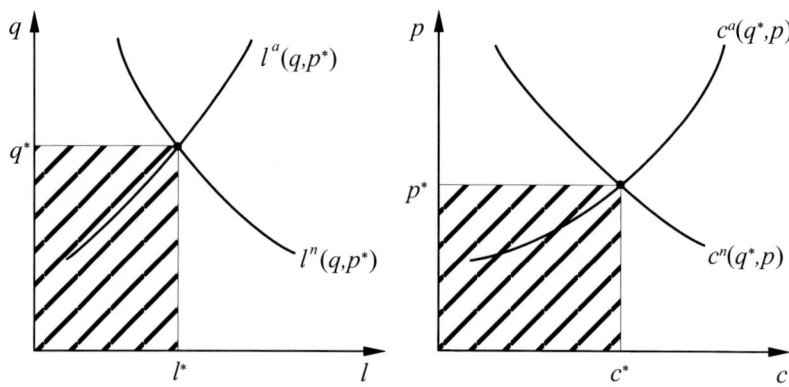

Abb. 6.a/b: Walrasianisches (totales Konkurrenz-) Gleichgewicht

Betrachtet man *im walrasianischen Ansatz* Situationen, in denen zwar mit (7) und (8) die Wertgleichheit der Verkäufe und Käufe jeweils der Haushalte und Unternehmen erfüllt ist, jedoch *nicht die Gleichgewichtsbedingungen (9)*, sondern Angebots- und Nachfrageüberschüsse zugelassen sind, dann ist die *Summe dieser in Preisen bewerteten Überschussmengen gleich Null*. Aus (7) und (8) folgt nämlich

$$q \, [(l^a(q,p) - l^n(q,p)] = p \, [c^n(q,p) - c^a(q,p)]$$

oder kurz $\qquad\qquad\qquad\qquad\qquad\qquad\qquad\qquad\qquad\qquad\qquad\qquad$ (10)

$$p \, [c^n - c^a] + q \, [l^n - l^a] = 0.$$

Dies ist das *WALRAS-Gesetz*, das wir in Kap. III schon für den Fall beliebig vieler Märkte abgeleitet haben (vgl. dazu auch Tabelle 2 in Kap. III.B.2.d): In allen – etwa von einem Auktionator während des *tâtonnement*-Prozesses registrierten – Ungleichgewichtssituationen mit im Sinne der wertmäßigen Gleichheit von Verkäufen und Käufen konsistenten Plänen der Wirtschaftseinheiten (d. h. bei Geltung von (7) und (8)) ergänzen sich Angebots- und Nachfrageüberschüsse insgesamt wertmäßig zu null. Einem mit $\bar{q}$ bewerteten Angebotsüberschuss auf dem Arbeitsmarkt würde in unserem Beispiel genau ein mit $\bar{p}$ bewerteter Nachfrageüberschuss auf dem Konsumgütermarkt entsprechen. In der Abb. 7.a/b kommt dies durch Flächengleichheit der schraffierten Rechtecke zum Ausdruck. Die von den Unternehmen als Markttransaktionen angestrebten Mengen l_U und c_U sind bei den gegebenen Preisen wertgleich, ebenso die von den Haushalten angestrebten Angebots- und Nachfragemengen l_H und c_H.

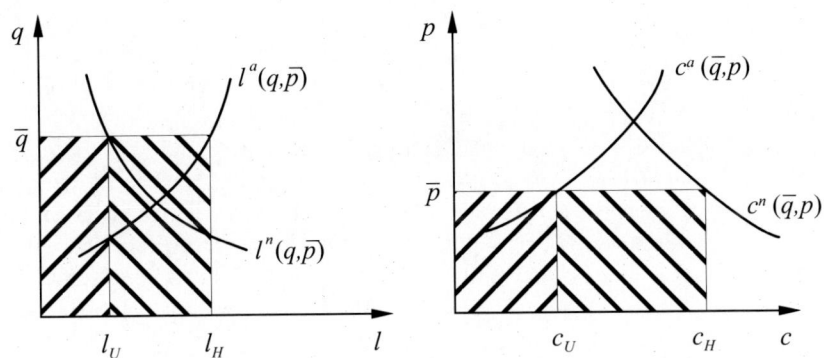

Abb. 7.a/b: Angebot und Nachfrage bei Nicht-Gleichgewichtspreisen

Wenn jedoch Transaktionen schon vor Erreichen des Gleichgewichts und damit zu Nicht-Gleichgewichtspreisen bei Angebots- oder Nachfrageüberschüssen stattfinden – wie für einen einzelnen Markt im Zusammenhang mit Abb. 5 erörtert –, dann kommt es zur Rationierung jeweils der langen auf die kurze Marktseite. Das kann schwerwiegende Konsequenzen für das Funktionieren des Marktmechanismus haben, da von der Rationierung eines Marktes regelmäßig Wirkungen auf andere Märkte ausgehen, die man als *spill-over*-Effekte bezeichnet. Das WALRAS-Gesetz gilt dann nicht mehr; Angebotsüberschüssen stehen nicht mehr wertmäßig gleich große Nachfrageüberschüsse gegenüber.

An unserem in Abb. 7 dargestellten Beispiel, für das wir jetzt unterstellen, dass in einer gewissen (kurzen) Frist die Preise p und q völlig inflexibel und mit ihren Werten $\bar{p}$ und $\bar{q}$ fest gegeben sind, lässt sich dies wie folgt verdeutlichen: Die Haushalte werden als Anbieter auf dem Arbeitsmarkt rationiert, denn die realisierte Arbeitsmenge l^r ist bei den gegebenen Preisen:

$$l^r = \min \{l_U, l_H\} = l_U < l_H. \tag{11}$$

Die Haushalte realisieren also weniger Arbeitseinkommen ($\bar{q}l^r$) als geplant ($\bar{q}l_H$) und können daher ihre *eigentlich geplante* Nachfrage c_H nicht aufrechterhalten. In einer solchen Situation (Rationierung auf dem Arbeitsmarkt) müssen die Haushalte bei der Entscheidung über ihre Nachfrage nach dem Konsumgut auch die tatsächliche Beschäftigung (l^r) berücksichtigen; in die Nachfragefunktion der Haushalte ist also l^r als Argument aufzunehmen:

$$c = c^{ne}(\bar{q}, \bar{p}; l^r). \qquad (12)$$

Das Argument l^r in (12) bringt den *spill over* vom Arbeitsmarkt auf den Konsumgutmarkt zum Ausdruck. Die Nachfragefunktion (12) entspricht in einem gewissen Sinn der in Kap. I.B.4.a abgeleiteten Nachfragefunktion (I.B.30), die das Einkommen e als Argument enthält; hier verkörpert die realisierte Menge der Arbeit l^r (bei gegebenem Preis $\bar{q}$) die Einkommensgröße. Die Nachfragefunktion (12) bezeichnet man auch als *effektive Nachfrage*; die bisher von uns betrachtete Nachfrage nach dem Konsumgut (vgl. (5)), die nur von den Preisen abhängt, nennt man im Gegensatz zur effektiven Nachfragefunktion auch *walrasianische* oder *eigentliche* (engl.: *notional*) Nachfrage.

Falls die Unternehmen in ihrem Güterangebot rationiert sind ($c^r < c^a(\bar{q}, \bar{p})$), ergibt sich ein *spill over* vom Konsumgutmarkt auf den Arbeitsmarkt, denn die Unternehmen werden bei geringerem Absatz *effektiv* weniger Arbeit nachfragen als in einer nicht rationierten Situation. In ihrer Arbeitsnachfragefunktion ist also die Absatzmenge c^r als Argument zu berücksichtigen (wobei wir der Einfachheit halber Produktion und Absatz gleichsetzen, also von der Möglichkeit der Lagerhaltung absehen):

$$l = l^{ne}(\bar{q}, \bar{p}; c^r). \qquad (13)$$

(13) heißt auch *effektive* Arbeitsnachfragefunktion der Unternehmen im Unterschied zur bisher betrachteten *walrasianischen* oder *eigentlichen* (*notional*) Arbeitsnachfrage aus (6).

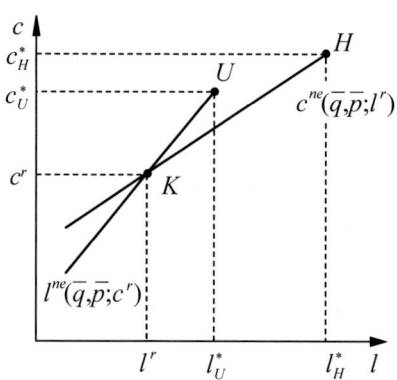

Abb. 8: KEYNESsches Ungleichgewicht oder (temporäres) Gleichgewicht bei Unterbeschäftigung

In Abb. 8 ist die Situation eines KEYNESschen Ungleichgewichts dargestellt. Da die (Nicht-Gleichgewichts-) Preise $\bar{p}$ und $\bar{q}$ fest vorgegeben und in der kurzen Frist nicht flexibel sind, lassen sich effektive Güternachfrage und effektive Arbeitsnachfrage in einem Arbeits-Konsumgut-Diagramm darstellen. H sei der Punkt, den die Haushalte bei den Preisen $\overline{p}$ und $\overline{q}$ im *walrasianischen* Sinne realisieren wollen, also:

$$l_H^* = l^a(\overline{q},\overline{p}), \quad c_H^* = c^n(\overline{q},\overline{p}). \tag{14}$$

Falls sie weniger Beschäftigung finden als angestrebt ($l^r < l_H^*$), fragen sie gemäß ihrer effektiven Güternachfragefunktion (12) weniger Güter nach als eigentlich geplant ($c^{ne} < c_H^*$). Bzgl. der Funktion c^{ne} ist auf der l-Achse die unabhängige und auf der c-Achse die abhängige Variable dargestellt.

Entsprechend sei U der Punkt, den die Unternehmen bei den Preisen $\overline{p}$ und $\overline{q}$ im *walrasianischen* Sinne realisieren wollen, also:

$$l_U^* = l^n(\overline{q},\overline{p}), \quad c_U^* = c^a(\overline{q},\overline{p}). \tag{15}$$

Falls sie weniger Absatz finden als angestrebt ($c^r < c_U^*$), fragen sie gemäß ihrer effektiven Arbeitsnachfragefunktion (13) weniger Arbeit nach als eigentlich geplant ($l^{ne} < l_U^*$). Bzgl. der Funktion l^{ne} ist auf der c-Achse die unabhängige und auf der l-Achse die abhängige Variable dargestellt.

In der in Abb. 8 dargestellten Situation ergibt sich aus der effektiven Arbeitsnachfrage der Unternehmen eine Rationierung für die Haushalte, auf die sie gemäß ihrer effektiven Güternachfragefunktion c^{ne} mit weniger Güternachfrage reagieren. Diese geringere Nachfrage rationiert die Unternehmen auf dem Gütermarkt, worauf diese gemäß ihrer effektiven Arbeitsnachfragefunktion l^{ne} mit einer Einschränkung der Arbeitsnachfrage reagieren. Das stellt eine Verschärfung der Rationierung der Haushalte dar, wodurch deren effektive Konsumnachfrage weiter sinkt. Dieser Anpassungsprozess führt zum Punkt K, in dem die effektiven Angebots- und Nachfragemengen von Haushalten und Unternehmen auf beiden Märkten miteinander konsistent sind: Vorausgesetzt, die Haushalte finden Beschäftigung im Umfang l^r, fragen sie (effektiv) c^r am Konsumgutmarkt nach; vorausgesetzt, die Unternehmen finden Güterabsatz im Umfang c^r, fragen sie (effektiv) l^r am Arbeitsmarkt nach. K nennt man auch *temporäres Gleichgewicht* bei Unterbeschäftigung – temporär, weil in der in K bestehenden Ungleichgewichtssituation längerfristig mit einer Änderung der Preise $\overline{p}$ und $\overline{q}$ zu rechnen ist. In K herrscht auf beiden betrachteten Märkten Angebotsüberschuss, das WALRAS-Gesetz gilt nicht.

Die anhand des Beispiels erläuterten Grundüberlegungen bilden den Ausgangspunkt einer Neuinterpretation der makroökonomischen KEYNESschen Beschäftigungstheorie. Während die *Neue Mikroökonomik* als neoklassische Fortführung der traditionellen Gleichgewichtstheorie eines funktionierenden Marktmechanismus zu deuten ist, ist die Ungleichgewichtstheorie als Versuch anzusehen, Gründe für ein Nichtfunktionieren dieses Mechanismus zu erkennen und wirtschaftspolitische Maßnahmen für eine verbesserte Funktionsweise vorzuschlagen.

D. Alternative Ansätze zur Theorie des Unternehmens

1. Einführung

In Kap. II wurde die Theorie des Unternehmens unter der Voraussetzung gegebener Preise für Produkt und Faktoren und der Zielsetzung der Gewinnmaximierung dargestellt. Kap. III behandelte Märkte mit vollständiger Konkurrenz, d. h. Märkte, auf denen sich die Preise in Abhängigkeit von Gesamtangebot und Gesamtnachfrage herausbilden, auf denen jedoch der einzelne Anbieter oder Nachfrager keinen Einfluss auf den Preis hat, diesen vielmehr als gegeben hinnehmen muss. Es ging in Kap. III also darum zu beschreiben, wie sich die Voraussetzung gegebener Preise an den Absatz- bzw. Beschaffungsmärkten eines Unternehmens herstellen könnte. In Kap. IV betrachteten wir ein Gewinnmaximierung verfolgendes Unternehmen, das sich entweder auf seinem Absatz- oder auf seinem Beschaffungsmarkt nicht als Mengenanpasser an einen vom Markt gegebenen Preis verhält, d. h. nicht „Preisnehmer" ist, das vielmehr in der Marktform des Monopols, der monopolistischen Konkurrenz oder des Oligopols als Anbieter oder Nachfrager regelmäßig „Preissetzer" ist. Nachdem wir in Kap. V Besonderheiten von Faktorbeschaffungsmärkten des Unternehmens erläutert hatten, greifen wir nun die Theorie des Unternehmens wieder explizit auf. In Abschnitt 2 gehen wir auf Ansätze zum Preissetzungsverhalten ein, die alternativ zu dem in Kap. IV erläuterten sind und entweder als Folge von Ungewissheit oder als Ausdruck einer anderen Zielsetzung als Gewinnmaximierung aufzufassen sind. Abschnitt 3 befasst sich mit Beiträgen, die den Sachverhalt berücksichtigen, dass Unternehmenseigentümer und Unternehmensleitung (Manager) oftmals nicht identisch sind und die Manager möglicherweise andere Zielsetzungen als die der Gewinnmaximierung verfolgen. Alternative Maximierungszielsetzungen wie Umsatz- oder Nutzenmaximierung, die für Manager plausibel sind, behandelt Abschnitt 4. In Abschnitt 5 werden Probleme erörtert, die mit der Ungewissheit über Vorgänge innerhalb eines Unternehmen zusammenhängen und unternehmensinterne Ineffizienzen hervorrufen können. Abschnitt 6 befasst sich schließlich mit Ansätzen, die maximierendes, insbesondere gewinnmaximierendes Verhalten des Unternehmens in Frage stellen, die statt dessen ein satisfizierendes Verhalten, ein Verhalten mit „zufriedenstellenden" Ergebnissen, unterstellen.

2. Preissetzung auf der Grundlage von Kostenzuschlägen

Nach der traditionellen Theorie des Unternehmens ist der gewinnmaximierende Absatzpreis durch die Anwendung der „Grenzerlös = Grenzkosten"-Regel zu bestimmen, die sich aus der *Bedingung 1. Ordnung* für das Gewinnmaximum eines Angebotsmonopolisten (vgl. Kap. IV.B.2.c) oder eines Anbieters bei monopolistischer Konkurrenz (vgl. Kap. IV.C.2.b) ergibt. Die Regel lässt sich auch in der traditionellen Theorie des Angebotsoligopols mit Preisfixierung bei heterogener

Konkurrenz aufspüren: Bei geknickter Preisabsatzkurve (vgl. Kap. IV.D.4.a) kann sie, wenn die Grenzkostenkurve durch den Unbestimmtheitsbereich der Grenzerlöskurve verläuft, nicht formuliert werden; dann ist aber der gewinnmaximierende Preis durch den Knickpunkt gegeben, und für jede andere Menge wäre „Grenzerlös ≠ Grenzkosten". Bei den Lösungen im Sinne COURNOTs und V. STACKELBERGS (vgl. Kap. IV.D.4.b) ist die *Bedingung 1. Ordnung* und damit die „Grenzerlös = Grenzkosten"-Regel für jeden Punkt der Reaktionskurve erfüllt. Sie trifft somit für Oligopolisten zu, für die eine Oligopollösung einen Punkt auf ihrer Reaktionskurve beinhaltet (bei der COURNOT-Lösung gilt das für beide Oligopolisten, bei der V. STACKELBERG-Lösung für den Anbieter in der Abhängigkeitsposition).

In einer größeren Zahl von neueren Beiträgen wird untersucht, ob es nicht angemessener wäre, die Preisbildung für Unternehmen, die „Preissetzer" sind, durch eine Preissetzung auf der Grundlage von *Zuschlägen zu den Kosten (cost plus pricing)* zu beschreiben. Die Diskussion kam mit einem Beitrag von GARDINER MEANS (1935) unter dem Stichwort *administrierte Preise* in Gang. Während bei Preissetzung nach der „Grenzerlös = Grenzkosten"-Regel der Preis regelmäßig auf jede Änderung der Preis-Absatz- und der Grenzkostenfunktion reagieren muss, ist ein administrierter Preis ein solcher, der eine gewisse Zeit konstant gehalten werden soll und typischerweise aufgrund von Kostenzuschlägen kalkuliert wird (cost plus pricing). Drei Varianten von Kostenzuschlagskalkulationen lassen sich unterscheiden (vgl. CURWEN 1976, S. 91 ff.):

1. Nach dem Variable-Kosten-Prinzip (*mark up pricing*) wird zur Ermittlung des Absatzpreises ein Zuschlag zu den (meist als konstant angesetzten) variablen Durchschnittskosten gerechnet; es wird kein Versuch gemacht, Kosten zuzurechnen, die als Fixkosten nicht mit der Produktionsmenge des Gutes variieren; das sind insbesondere auch solche Kosten, die in einem Mehrproduktunternehmen für mehrere Produkte gemeinsam anfallen (Gemeinkosten).
2. Nach dem Vollkostenprinzip (*full cost pricing*) werden die Durchschnittskosten eines Produktes möglichst vollständig ermittelt; insbesondere werden auch anteilige Gemeinkosten sowie die Kosten des absatzpolitischen Instrumentariums dem Produkt zugerechnet. Auf der Basis dieser Vollkosten, und zwar bei normaler oder Standard-Kapazitätsauslastung (man spricht auch von Standardkosten), wird der Preissetzungszuschlag festgelegt.
3. Das Prinzip einer angestrebten Kapitalverzinsung (*target rate of return*) kann als Unterfall des Vollkostenprinzips aufgefasst werden, bei dem der Zuschlag zu den Vollkosten so gesetzt wird, dass sich das in dem Unternehmen investierte Geldkapital zu einem Kalkulationszinssatz verzinst.

Der Zuschlagssatz, dessen Addition zu den durchschnittlichen variablen Kosten bzw. Vollkosten den Preis ergibt, kann fest oder flexibel angesetzt werden. Bei *festem Zuschlagssatz* variiert der Preis mit den Durchschnittskosten. Soll der Preis beispielsweise mit Rücksicht auf die Preissetzung von Mitanbietern nicht ohne weiteres auf Kostenänderungen reagieren, so sind *flexible Zuschlagssätze* notwendig. Ein Missverständnis wäre es zu unterstellen, die Preissetzung der An-

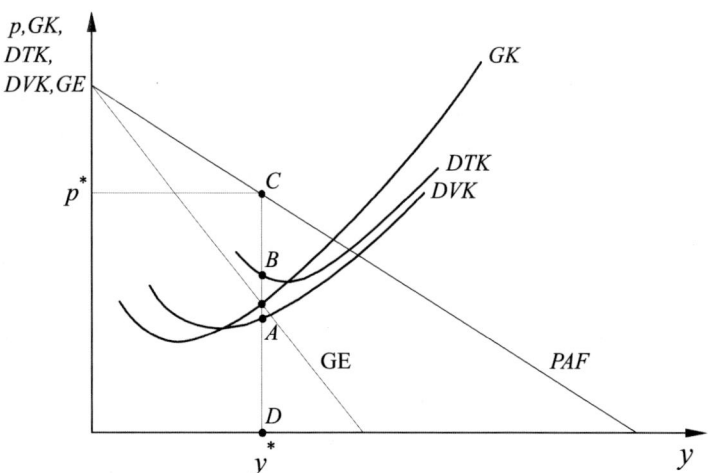

Abb. 1: Gewinnmaximierung und Kostenzuschlagskalkulation

bieter aufgrund von Kostenzuschlägen würde völlig unabhängig von der Nachfragesituation erfolgen. In der Höhe des den variablen Kosten nach 1., des den Vollkosten nach 2. zugeschlagenen Satzes bzw. in der Höhe des nach 3. angesetzten Kalkulationszinssatzes kann sich durchaus die Nachfragesituation widerspiegeln. Änderungen der Nachfrage können durch flexible Zuschlagssätze berücksichtigt werden.

Eine Preissetzung auf der Grundlage von Kostenzuschlagssätzen muss, insbesondere wenn diese flexibel sind, der Zielsetzung der Gewinnmaximierung und einer Anwendung der „Grenzerlös = Grenzkosten"-Regel nicht widersprechen. Prinzipiell lässt sich die Differenz zwischen dem aus dem Schnittpunkt der Grenzerlös- und der Grenzkostenkurve ermittelten gewinnmaximierenden Preis p^* und den DVK bzw. den DTK bei der Menge y^* als Prozentsatz der DVK bzw. DTK ausdrücken ($\overline{CA}/\overline{AD}$ bzw. $\overline{CB}/\overline{BD}$ in Abb. 1). Ist y^* die Menge, auf deren Basis die Kalkulation erfolgt, so führt ein Hinzurechnen dieses Prozentsatzes selbstverständlich auf den gewinnmaximierenden Preis. Die Preissetzung aufgrund von Zuschlägen soll allerdings ein Verhalten beschreiben, das keine (genaue) Kenntnis der Preis-Absatz-Funktion, damit der Erlös- und der Grenzerlösfunktion, voraussetzt. Dann wäre weder y^* bekannt, noch ließe sich ein Zuschlagssatz als Differenz zwischen p^* und DVK bzw. DTK bestimmen. Das *cost plus pricing* kann daher auch dahingehend interpretiert werden, dass über die genaue Nachfragesituation und deren Veränderungen unvollständige Information herrscht. Diese ließe sich durch Marktforschung zwar reduzieren; es kann jedoch sein, dass die damit verbundenen Informationskosten dem Unternehmen nicht lohnend erscheinen.

Das Unternehmen strebt in diesem Fall also nach Gewinnmaximierung, wünscht im Beispiel der Abb. 1 die Kombination y^*, p^* zu realisieren, ohne dass es die Preis-Absatz-Funktion *PAF* und die Grenzerlösfunktion *GE* genau kennt. Es ist darauf angewiesen, einen Zuschlagssatz so zu *schätzen,* dass der COURNOTsche Punkt *C* verwirklicht wird. Je stärker und je schneller die Nachfragesituation sich verändert, die Preis-Absatz-Funktion sich verschiebt, desto größer ist die Gefahr, diesen Punkt zu verfehlen. Es kann im Interesse der Gewinnmaximierung sinnvoll sein, Uninformiertheit nicht vollständig abzubauen, weil die Informationskosten eine zusätzlich zu berücksichtigende Größe sind.

Andererseits ist es auch möglich, die Preissetzung auf der Grundlage von Kostenzuschlägen als Ausdruck einer anderen Zielsetzung als Gewinnmaximierung, z. B. als Ausdruck satisfizierenden Verhaltens, zu sehen (vgl. Abschnitt 6).

3. Trennung von Eigentum und Management

In der älteren Theorie des Unternehmens wird personelle Identität von Eigentümer und Entscheidungsberechtigtem (Manager) vorausgesetzt, so dass es keine vom Gewinnmaximierungsziel des Eigentümers abweichende Zielsetzung des Managements geben kann. Für zahlreiche kleine und mittlere Unternehmen trifft diese Identität auch heute noch zu. Für das Entstehen großer Unternehmen sind hingegen zweierlei Sachverhalte charakteristisch: Erstens müssen die finanziellen Mittel durch Ausgabe von Eigentumsanteilen in der Form von Aktien oder durch Fremdkapital aufgebracht werden. Zweitens erfordert das Management eines großen Unternehmens die Einstellung von speziell dafür geeigneten Personen. Auf diese Weise erfolgt eine Trennung von Eigentum und Unternehmensleitung, die wichtigstes Kennzeichen des *Managerkapitalismus* (ROBIN MARRIS 1964) ist. Der Gewinnmaximierung im Interesse der Eigentümer als periodenbezogener Zielsetzung entspricht unter zeitlichem Aspekt die Maximierung des Wertes der Firma, des *shareholder value*. Mit der Trennung könnte die Möglichkeit entstehen, dass das Management eine vom Eigentümerinteresse abweichende Politik verfolgt. Diese Möglichkeit wurde immer wieder diskutiert, seitdem BERLE und MEANS (1932) festgestellt hatten, dass knapp die Hälfte der 200 größten US-Aktiengesellschaften schon im Jahr 1929 managerkontrolliert waren. Wenn es dem Management auch auf Dauer möglich wäre, ein Unternehmen nach eigenen, vom Eigentümerinteresse abweichenden Zielen erfolgreich zu führen, dann bedürfte es zum Funktionieren einer Marktwirtschaft offenbar nicht der Anreizwirkungen eines hohen Gewinns, damit Eigentümer den Unternehmen Produktionsfaktoren bzw. Finanzierungsmittel zur Verfügung stellen. Im Managerkapitalismus wäre damit eine wichtige Funktion des Privateigentums abhanden gekommen.

Inzwischen werden nicht mehr allein die Zielsetzungen der *shareholders* und des Managements, sondern auch die Interessen anderer an einem Unternehmen Beteiligten, also der Arbeitskräfte, der Kunden und Lieferanten, der Gläubiger gesehen; die Gesamtheit aller wird *stakeholders* genannt. Die Ansprüche der anderen Beteiligten sind mit kontraktbestimmten Lohnsätzen, mit Absatzpreisen, Beschaffungspreisen und Zinssätzen für Fremdkapital ziemlich klar umrissen. Die Ansprüche der Anteilseigner richten sich auf den vom residualen Gewinn abhängenden Firmenwert; sie sind damit viel schwächer artikuliert und den Entscheidungen des Managements viel stärker ausgesetzt. Wir konzentrieren uns im Folgenden auf das Verhältnis von Eigentum und Management.

Ursprünglich sollte das Management nur eine aus Zweckmäßigkeit vom Eigentum abgespaltene Funktion haben, nämlich das Eigentümerinteresse nicht zu durchkreuzen, sondern durch spezialisierte Managementleistungen zu fördern. Grundsätzlich sind Anteilseigner in der Rolle von Prinzipalen und Manager in der Rolle von Agenten; im Vergleich zu Managern sind Eigentümer weniger gut informiert, zwischen beiden besteht also asymmetrische Information.

In der Diskussion über die Möglichkeiten des Managements, sich der Kontrolle der Eigentümer zu entziehen und eine gegen deren Interessen gerichtete Unternehmenspolitik betreiben zu können, spielen folgende Argumente eine Rolle (vgl. CURWEN 1976, S. 104 ff.): Ist das Eigentum breit gestreut, dann nehmen viele der *Kleinaktionäre* die Gelegenheit, auf der Hauptversammlung die Geschäftspolitik mitzubestimmen, nicht wahr, wenigstens dann nicht, wenn ihre Zielsetzung, an einem steigenden Firmenwert teilzuhaben oder ein Dividendengewinneinkommen zu erhalten, vom Management nicht allzu offensichtlich missachtet wird. Die Kleinaktionäre haben Grund, so zu handeln, denn ihre individuelle Einflussnahme ist gering, und die Kosten des Zustandebringens einer Koalition von Kleinaktionären sind für jeden einzelnen so hoch, dass keiner Anlass hat, die Bildung der Koalition zu betreiben. Dieser Sachverhalt schafft für das Management die Möglichkeit, ohne Schwierigkeiten wiedergewählt zu werden und anstelle der Eigentümer die Kontrolle über die Geschäftspolitik auszuüben. Wird das Management nicht direkt von den Eigentümern kontrolliert, so sind es oft die Vertreter *institutioneller Anleger* wie Investmentfonds, die im Auftrag der Kleinaktionäre wirksame Kontrolle auszuüben vermögen. Ein besonderes Problem bildet das *Depotstimmrecht* der Banken, d. h. die Übertragung des Stimmrechts des Aktionärs auf die Bank, bei der er seine Aktien deponiert hat. Eine Bank, die viele Aktionäre vertritt, vermag Kontrolle über das Management eines Unternehmens auszuüben, allerdings nicht notwendigerweise im Sinne einer eigentümerfreundlichen Politik, sondern auch im Sinne ihrer eigenen Zielsetzung, beispielsweise als Gläubiger des Unternehmens oder Teilhaber an Konkurrenzunternehmen.

Als Schranke für eine gegen die Eigentümerinteressen verstoßenden Politik des Managements werden in der Literatur *Übernahmeangebote (take over bids)* diskutiert. Dabei handelt es sich um die öffentliche Ankündigung eines Unternehmens, es werde Aktien eines anderen Unternehmens – das schlecht geführt und dessen im Aktienkurs sich ausdrückender Marktwert daher vergleichsweise gering ist – zu einem über dem derzeitigen Kurs liegenden Preis kaufen. Die hinter solchen Offerten stehende Absicht besteht darin, die Aktienmehrheit zu erwerben, das Management abzulösen und das Unternehmen so zu reorganisieren, dass über verbesserte Dividendenerwartungen sein Aktienkurs steigt. Die Aufkäufer sind Unternehmen, deren Tätigkeit sich auch auf das gewinnbringende Aufkaufen und Verkaufen von Unternehmensanteilen erstreckt. Wären alle gegen die Eigentümerinteressen verstoßenden Managementpolitiken einer Bedrohung durch Übernahmeangebote ausgesetzt, könnten solche Politiken nicht von Dauer sein. Es gibt allerdings keine Anzeichen, dass ein derartiger selektiver Marktmechanismus des Herausfilterns eigentümerunfreundlich geführter Unternehmen funktioniert; vom Ankauf durch andere Unternehmen scheinen vielmehr gleichermaßen Unternehmen mit mehr oder minder eigentümerfreundlichem Management betroffen zu sein.

Eine weitere Schranke für eine gegen das Eigentümerinteresse gerichteten Politik könnte die Notwendigkeit sein, das *Aktienkapital* im Verlauf des Wachstums des Unternehmens *aufzustocken,* mithin die Bereitschaft potentieller Eigentümer zum Erwerb neu auszugebender Aktien zu wecken. Diese Schranke greift allerdings nur insoweit, als der Kapitalbedarf des Unternehmens die Grenzen der Selbstfinanzierung und der Fremdfinanzierung übersteigt.

Eine Möglichkeit, das Management auf eine das Eigentümerinteresse fördernde Politik auszurichten, besteht in einer bewussten Förderung von Aktienbesitz des Managements durch Ausgabe von *Aktienberechtigungsscheinen (stock options)* als Bestandteil der Managerentlohnung (vgl. auch BLATTNER 1977, S. 105). Dabei handelt es sich um das Recht des Managers, eine bestimmte Zahl von Aktien des Unternehmens zu einem festen Optionskurs zu einem von ihm gewählten Zeitpunkt kaufen zu können. Es liegt dann im Interesse des Managers, eine eigentümerfreundliche Politik zu betreiben, die den Kurs der Aktien über den Optionskurs ansteigen lässt.

Im Zusammenhang mit einer von den Eigentümerinteressen abweichenden Unternehmenspolitik des Managements steht auch die Frage der Vergütung von Managementleistungen. Nach deutschem Aktienrecht ist der Aufsichtsrat für die Festsetzung der Vorstandsbezüge zuständig. Feste Vergütungen mindern, ebenso wie Löhne, als kontraktbestimmtes Einkommen das erfolgsabhängige, in dem Unternehmen erwirtschaftete Residuum. Insoweit das Management stark risikobehaftete Entscheidungen z. B. für Neuorganisation und Investitionen fällt, ist bei Misserfolg der Maßnahmen eine feste Vergütung offenbar disfunktional; Sanktionen gegenüber dem Management würden sich auf unsichere Reaktionen wie Übernahmeaktivitäten anderer Unternehmen beschränken. Funktionsgerechter sind Vergütungen, deren Höhe vom Unternehmenserfolg abhängt, die also als Anteile vom Residuum variabel sind. Geringe Transparenz der Vergütungen und aktienrechtlich zweifelhafte Zahlungen (wie nachträgliche Anerkennungsprämien und Abfindungen) haben die Entlohnung von Managementleistungen in Verruf gebracht. Dies mag dazu beitragen, deren Bewertung neu zu diskutieren und diese stärker zu Gunsten variabler Vergütungen zu gestalten.

Mit der Trennung von Eigentum und Leitung hat sich im Managerkapitalismus eine für Großunternehmen sinnvolle und notwendige Spezialisierung durchgesetzt. Eigenkapitalgeber sind Personen mit Spezialisierung in der Bereitstellung von Finanzierungsmitteln über einen Markt für Eigenkapital. Manager sind Personen mit spezialisiertem Wissen und Können in der Unternehmensführung; sie sind aus einem Markt für Managementleistungen zu rekrutieren. Funktioniert auf beiden Märkten eine konkurrenzwirtschaftliche Auslese, dann wird die *direkte Kontrolle des Managements durch die Eigentümer ersetzt durch die Kontrolle des Kapitalmarktes und des Marktes für Managementleistungen*. Wenn die direkte Kontrolle des Managements nicht zufrieden stellend gelingt, so sollte nach Funktionsmängeln des Kapitalmarktes und – vor allem – des Marktes für Managementleistungen gesucht werden.

4. Alternative Maximierungszielsetzungen

Während die traditionelle Theorie des Unternehmens stets von der Zielsetzung der Gewinnmaximierung ausgeht, werden in neueren Ansätzen alternative Zielsetzungen untersucht, von denen in diesem Abschnitt jene behandelt werden sollen, die ebenfalls Maximierung einer Zielgröße unterstellen.

Von WILLIAM BAUMOL (1959) wird die Zielsetzung der *Erlös-(Umsatz-)Maximierung* besonders für die von Managern kontrollierten Großunternehmen mit der Begründung unterstellt, dass Entlohnung, Macht und Ansehen von Managern innerhalb und außerhalb des Unternehmens eher vom Umsatz als vom Gewinn abhängen. Als Nebenbedingung wird allerdings die Erreichung eines Mindestgewinns angenommen, der die Eigentümer zufrieden stellt und die Möglichkeit der Kapitalaufnahme gewährleistet.

In der der Abb. IV.B.4 ähnlichen Abb. 2 ist die gewinnmaximierende Absatzmenge dort erreicht, wo die Differenz zwischen Erlös- und Kostenkurve am größten ist, also bei der Menge y^*, der gemäß der (nicht eingezeichneten) Preis-Absatz-Funktion ein gewinnmaximierender Preis zugeordnet ist. Die umsatzmaximierende Menge ist hingegen größer, nämlich y^u, der gemäß der Preis-Absatz-Funktion ein geringerer Preis entspricht. Der Mindestgewinn *MG* wird allerdings nur bei kleineren Mengen zwischen $\bar{y}$ und $\bar{\bar{y}}$ gewährleistet, so dass die unter der Nebenbedingung umsatzmaximierende Menge $\bar{\bar{y}}$ beträgt. Der Menge $\bar{\bar{y}}$ entspricht ein Preis, der höher als der für die Menge y^u, aber geringer als der für die Menge y^* ist.

Verschiedene Autoren versuchten, den statischen Charakter der Theorie des Unternehmens dadurch zu überwinden, dass sie die Zielsetzung des Unternehmens auf seine Entwicklung im Zeitablauf beziehen (vgl. BLATTNER 1977, S. 56 ff.), wobei aus Gründen der Lösbarkeit eine gleichgewichtige Entwicklung (*steady state*) in dem Sinne vorausgesetzt werden muss, dass das Verhältnis von relativem Produktionszuwachs- und Sachkapitalzuwachs konstant ist. Der Gewinnmaximierung im statischen Ansatz entspricht die *Wahl eines Wachstumspfades,* der den *Kapitalwert* (die Differenz zwischen abdiskontiertem Ertragswert und dem Wert des diesem Pfad zugeordneten Sachkapitalstocks im Ausgangszeitpunkt) *maximiert.*

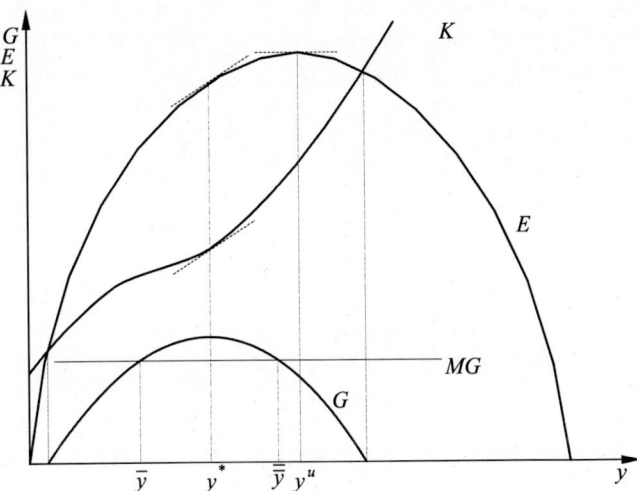

Abb. 2: Umsatzmaximierung und Mindestgewinn

Im Zusammenhang mit der Trennung von Eigentum und Management wurde insbesondere von ROBIN MARRIS (1963, 1971) die Theorie entwickelt, dass Manager das Ziel verfolgen, die *Wachstumsrate des Umsatzes* unter der Nebenbedingung einer aus Sicherheitsgründen nicht zu unterschreitenden Bewertungsrate (Quotient aus Börsenbewertung und Wert des Sachkapitalstocks) zu *maximieren*. Ein Indiz dafür, dass den Managern die Wachstumsrate wichtiger als das Niveau des Umsatzes erscheint, besteht darin, dass sie nicht generell bestrebt sind, von kleineren in größere Unternehmen zu wechseln.

So wichtig die Ausarbeitung dynamischer Ansätze auch ist, es sollte nicht übersehen werden, dass ihnen wegen Voraussetzungen wie der des Gleichgewichtswachstums nur eingeschränkte Aussagefähigkeit zukommt, die z. B. nicht das Alter des Unternehmens und eine begrenzte Expansionsfähigkeit seiner Absatzmärkte berücksichtigen.

Wird als Zielsetzung *Nutzenmaximierung der Manager* unterstellt, so ließe sich darunter auch die Umsatz- oder die Wachstumsmaximierung einordnen, wenn man diese Ziele als die den Nutzen der Manager bestimmenden Größen ansähe. In der Literatur werden jedoch unter die Nutzenmaximierungsansätze speziell die folgenden eingeordnet (vgl. CURWEN 1976, S. 128 ff.):

(a) *Abwägung* zwischen *Einkommen und Freizeit:* In einigen Beiträgen findet sich die Überlegung, dass Manager eine Nutzenfunktion haben, in welcher der Gewinn (der ihr Einkommen bestimmt) sowie ihre Freizeit Bestimmungsgrößen sind.

(b) *Maximierung einer Präferenzfunktion:* Von ANDREAS PAPANDREOU (1952) wurde vorgeschlagen, für die Manager eines Unternehmens eine allgemeine Präferenzfunktion zu unterstellen, die deren Wertsystem zum Ausdruck bringt und in der Faktoren wie beispielsweise Macht, Prestige, ruhiges Leben eine Rolle spielen. Das große Problem besteht darin, dass es kaum möglich ist, eine solche allgemeine Funktion im Einzelfall zu spezifizieren und zu quantifizieren.

(c) *Maximierung des Lebenszeiteinkommens:* Von R. JOSEPH MONSEN und ANTHONY DOWNS (1965) wird die Auffassung vertreten, dass sich die Eigentümer eines Unternehmens – wegen der Unsicherheit einer Besserstellung durch Verkauf ihrer Anteile und Erwerb anderer Aktiva – mit einem „zufriedenstellenden Gewinn" abspeisen lassen und die Manager danach streben können, den Gegenwartswert ihres monetären und nicht-monetären (z. B. in Prestige und Macht bestehenden) Lebenszeiteinkommens zu maximieren.

(d) *Ausgabenpräferenz:* Ein vieldiskutierter Ansatz ist der von OLIVER WILLIAMSON (1963, 1964), nach dem in der Nutzenfunktion der Manager Größen eine Rolle spielen, die mit bestimmten Arten von Ausgaben verbunden sind. So verschaffen Vergrößerungen des Personalbestandes und die damit verbundenen Ausgaben den Managern nicht nur höhere monetäre, sondern auch nichtmonetäre Entlohnung in Form von Sicherheit, Macht, Ansehen und beruflichem Erfolg. Der starken Gewichtung des Personals entsprechend wird der Ansatz auch als *staff model* bezeichnet. Neben dem *staff* werden auch Investitionen und die damit verbundenen Ausgaben in der Nutzenfunktion der Manager stark gewichtet.

5. Unternehmensinterne Ineffizienzen

Die traditionelle Theorie des Unternehmens unterstellt stets die *Minimierung der Kosten* für die jeweilige Produktionsmenge. Im langfristigen Konkurrenzgleichgewicht bei freiem Marktzugang (vgl. Kap. III.A.5) hat der Preis die Tendenz, auf das Minimum der langfristigen Durchschnittskosten zu fallen, wobei die Durchschnittskosten selbst aus dem Kostenminimierungsansatz hergeleitet sind. Ohne Kostenminimierung könnte ein Unternehmen in dieser Marktform nicht überleben. Auch in anderen Marktformen ist mit der Zielsetzung der Gewinnmaximierung stets Kostenminimierung postuliert. Als in der Literatur schließlich zur Gewinnmaximierung alternative Zielsetzungen eines Unternehmens berücksichtigt wurden, blieb die Kostenminimierung zunächst unbestrittene Annahme der Theorie des Unternehmens.

HARVEY LEIBENSTEIN (1966) lenkte mit seinem Begriff der *X-inefficiency* die Aufmerksamkeit auf die Fragwürdigkeit dieser Annahme. *X-inefficiency* ist die *Differenz* zwischen den *geringstmöglichen* und den *tatsächlichen Kosten* einer Produktionsmenge. Begründet wird die Ineffizienz vor allem mit Unkenntnis bezüglich der kostenminimierenden Produktions- und Kostensituation, ferner mit einer Neigung der Arbeitskräfte aller Art und Qualität (einschließlich des Managements), nicht unter Ausnutzung ihrer vollen Kapazität zu arbeiten. Je geringer der Wettbewerbsdruck, desto stärker die Tendenz zur Ineffizienz.

Von LEIBENSTEIN und anderen Autoren (vgl. z. B. CURWEN 1976, S. 133 und S. 164) wird die Ineffizienz speziell mit der Trennung von Eigentum und Management und mit zur Gewinnmaximierung alternativen Zielsetzungen in Verbindung gebracht. Sind die Eigentümer nicht in der Lage, strikte Kontrolle auszuüben, so werden mit Sicherheit Ineffizienzen entstehen. Diese können prinzipiell durch finanzielle Anreize für Management und Arbeitskräfte sowie durch Kontrolleinrichtungen in Grenzen gehalten werden. Eine Reduzierung der Ineffizienzen lohnt sich jedoch nur bis zu einem gewissen Grad, nämlich so lange, wie die dadurch bewirkten Kosteneinsparungen größer als die Kosten zusätzlicher Anreize und Kontrollen sind.

Ein Beispiel dafür, dass systematisch derartige Ineffizienzen gegenüber einer fiktiven *„first best"*-Lösung auftreten, haben wir im obigen Abschnitt über Prinzipal-Agenten-Probleme behandelt.

6. Zielsetzung „Satisfizierung" und Verhaltenstheorie des Unternehmens

In den Ansätzen, die von Trennung von Eigentum und Management ausgehen und/oder andere Maximierungszielsetzungen als Gewinnmaximierung unterstellen, wird regelmäßig als Nebenbedingung die Notwendigkeit hervorgehoben, den Eigentümern einen „befriedigenden" (Mindest-)Gewinn zu sichern. Insbesondere auf HERBERT SIMON (1955, 1959) gehen Ansätze zurück, in denen anstelle von Maximierung generell eine *befriedigende (satisficing) Realisierung von Zielgrößen* wie Gewinn, Marktanteil oder Umsatz tritt. Dieser Autor sieht auch in der Preissetzung auf der Grundlage von Kostenzuschlägen den Ausdruck der Zielsetzung eines befriedigenden Gewinns. Der Verzicht auf Maximierung zugunsten von Satisfizierung wird auch mit der Unsicherheit begründet, unter der das Unternehmen entscheidet.

Die Konzeption des *satisficing* spielt in der *Verhaltenstheorie der Unternehmung* eine entscheidende Rolle, die sich von der traditionellen Theorie des Unternehmens und auch von einem Teil der neueren Ansätze dadurch unterscheidet, dass sie sich nicht als normative oder präskriptive, sondern als positive oder deskriptive Theorie versteht. Der bekannteste Ansatz der Verhaltenstheorie ist der von RICHARD CYERT und JAMES MARCH (1963), der im Folgenden kurz dargestellt werden soll. Das Unternehmen wird als eine Koalition aus Managern, Eigentümern, Beschäftigten, Kunden und Gläubigern gesehen. Die meisten der Koalitionspartner wünschen keinen besonderen Einfluss auf die Zielbildung des Unternehmens auszuüben, vorausgesetzt, sie erhalten von dem Unternehmen Leistungen (*side-payments*) in der Form von Dividendengewinn, Lohn, Güterlieferungen bzw. Zinsen in zufrieden stellendem Umfang. Die Manager können durch solche Leistungen einen Teil der möglichen Konflikte zwischen den Koalitionspartnern aus dem Zielbildungsprozess des Unternehmens heraushalten. Sie verfolgen ihrerseits keine persönliche Maximierungszielsetzung, sondern Satisfizierung; dabei spielt das Wohlergehen des Unternehmens, speziell aber das der Abteilung, für die sie zuständig sind, eine bedeutende Rolle. Es bleiben Konfliktmöglichkeiten zwischen einzelnen Managern bzw. zwischen deren Abteilungen. Ein Teil davon ist wieder durch *side-payments* an Manager lösbar, die dafür auf Mitwirkung an der Zielbildung verzichten. Das Ergebnis des Zielbildungsprozesses sind gewisse qualitative Ziele, z. B. „Dienst am Kunden", „Wohl der Beschäftigten", die fast für jede Art von Entscheidung als nichts sagende Begründung angeführt werden können, daneben aber auch quantitative Ziele, deren wichtigste die folgenden sind: Produktionsziel, Lagerhaltungsziel, Absatzziel, Marktanteilsziel, Gewinnziel. Jedem dieser Ziele ist ein *Anspruchsniveau* des zuständigen Managers zugeordnet. Die Anspruchsniveaus ändern sich generell nur langsam; sie orientieren sich an jenen Zielquantitäten, die in einer vergangenen Periode unter den Managern ausgehandelt wurden und in diesem Sinne eine konsistente Lösung des Zielkonflikts darstellten. Änderungen der Anspruchsniveaus sind dann akut, wenn Ziele über längere Zeit hinweg deutlich über- oder untererfüllt werden; dann setzt ein *Suchverhalten* ein.

Werden die Ziele in Zeiten, die für das Unternehmen günstiger als erwartet sind, generell übererfüllt, so entwickeln sich nach CYERT und MARCH *organisational slacks,* die die Differenz zwischen Anspruchsniveau und realisiertem Niveau der Zielgrößen beschreiben. Beispielsweise werden höhere Löhne und Gewinne an die Koalitionspartner gezahlt, als sie nötig wären, um diese gemäß ihrem Anspruchsniveau zum Erbringen ihrer Leistungen zu veranlassen. Werden in ungünstigen Zeiten die Ziele untererfüllt, so ist das Unternehmen imstande, durch Auflösung von *organisational slacks* Konflikte unter den Koalitionspartnern abzufangen. Die *organisational slacks* ändern sich also gegenläufig zur allgemeinen Lage und haben eine Pufferfunktion.

Organisational slacks ähneln den im Vorabschnitt erwähnten unternehmensinternen Ineffizienzen. Beide kennzeichnen eine im Vergleich zur Kostenminimierung der traditionellen Theorie ineffiziente Allokation von Faktoren innerhalb des Unternehmens; ihre Begründung ist jedoch verschieden. *X-inefficieney* wird begründet mit Unkenntnis der Produktions- und Kostensituation sowie mit Nichtausnutzung der vollen Arbeitskapazität; es ist rational, sie nur in dem Grad zu beseitigen, als die mit der Beseitigung verbundenen Kosten des Anreizes und der Kontrolle nicht die Kosteneinsparungen übertreffen. *Organisational slacks* im Sinne von CYERT und MARCH resultieren hingegen aus einer kurz- bis mittelfristigen Nichtanpassung von Anspruchsniveaus, wobei die Anpassung auch im Hinblick auf schlechtere Zeiten unterlassen wird.

E. „Neue Institutionenökonomik": Unternehmen, Märkte und Kooperationen als ökonomische Koordinationsinstitutionen

1. Einführung

In der neoklassischen Theorie sind zwei Arten von Institutionen erkennbar. Erstens beruht diese Theorie auf der *Institution des Privateigentums,* die staatlichen Schutz für jede Art des Eigentums vorsieht und Eigentümern von Faktorbeständen das Recht gibt, Faktornutzungen zu verkaufen und so ein Einkommen zu beziehen. Die Institution des Privateigentums ist damit wesentlicher Bestandteil der vom Staat gesetzten Ordnung einer Marktwirtschaft. Zweitens brachte die neoklassische Theorie als gedankliches Konstrukt die *Institution der Märkte* hervor. Es war allerdings notwendig, im Falle eines Marktes mit vollständiger Konkurrenz zur Konkretisierung dieser Institution den Börsenmakler oder den walrasianischen Auktionator sowie Spielregeln zum Ablauf des Marktes einzuführen, um das Zustandekommen eines Marktgleichgewichtes aus der Nachfrage- und Angebotsbereitschaft der großen Zahl von „kleinen" Marktteilnehmern mit Preisnehmer-(Mengenanpasser-)Verhalten erklären zu können. Wegen der Homogenität des Angebotes ist es bei vollständiger Konkurrenz dem einzelnen Nachfrager gleichgültig, von welchem Anbieter er beliefert wird. Transaktionen müssen nicht mittels Verträgen zwischen einzelnen Nachfragern und Anbietern abgewickelt werden; jeder Nachfrager und Anbieter kontrahiert vielmehr mit „dem Markt". In Marktformen der unvollständigen Konkurrenz mit Preissetzerverhalten beispielsweise eines Angebotsmonopolisten, eines Anbieters bei monopolistischer Konkurrenz oder eines Angebotsoligopolisten stellt sich die Institution des Marktes weniger speziell als in der neoklassischen Variante der vollständigen Konkurrenz dar. Hier können Verträge zwischen dem preissetzenden Anbieter und jeweils einem Nachfrager zustande kommen, die sich insbesondere auf Preis, Qualität und Menge eines Gutes beziehen, die aber auch weitere Modalitäten wie Lieferzeit, Rabatte oder Skonti regeln können.

Die *Neue Institutionenökonomik* erkennt an, dass die neoklassische Theorie und die sie ergänzende Marktformenlehre die volkswirtschaftliche Koordinationsinstitution der Märkte abgearbeitet hat; sie kritisiert jedoch, dass in der traditionellen Mikroökonomik die Koordination einzelwirtschaftlichen Handelns innerhalb von Unternehmen nicht problematisiert wird, dass die Unternehmen als Organisation überhaupt nicht existieren. Das „Innenleben" eines Unternehmens wird lediglich durch eine Produktionsfunktion dargestellt, in der sich die Produktionstechnik ausdrückt. Bei gegebenen Faktornutzungspreisen bestimmt ein fiktives, anonymes Management aus der Produktionsfunktion die Minimalkostenkombination variabler Faktoren und die Kostenkurve. Das Unternehmen wird also als eine konfliktfreie, nicht weiter zu erklärende homogene Wirtschaftseinheit betrachtet, in der die Entscheidungen über den Faktoreinsatz durch die Produktionstechnik vorgeprägt sind. Nicht das Unternehmen selbst, sondern dessen Nachfrage nach Faktorleistungen in Abhängigkeit von den Faktorpreisen interessieren im Rahmen der traditionellen volkswirtschaftlichen Mikroökonomik, wie wir sie in Kap. II.E.3 und Kap. III.B.2.b behandelten. Die Faktorallokation über den Preismechanismus der Faktormärkte steht im Vordergrund.

Allerdings war durch LEIBENSTEINs Konzeption der X-Ineffizienz und durch CYERTs und MARCHs Konzeption der *„organisational slacks"* die Aufmerksamkeit bereits auf Koordinationsprobleme innerhalb von Unternehmen gelenkt worden (vgl. dazu Kap. VI.D.5 und 6); es blieb jedoch der Neuen Institutionenökonomik vorbehalten, die *Unternehmen* selbst und *Kooperationen von Unternehmen* systematisch als eigenständige *weitere Institutionen volkswirtschaftlicher Koordination zu* untersuchen. Mit der Auffächerung des Unternehmens als Untersuchungsgegenstand wird die traditionelle volkswirtschaftliche Mikroökonomik sozusagen noch einmal mikroökonomisch untermauert.

Am Beginn der Herausbildung einer Theorie der Märkte und des Unternehmens als volkswirtschaftliche Koordinationsinstitutionen stand RONALD COASEs Beitrag *„The Nature of the Firm"* (1937), der bis in die siebziger Jahre hinein wenig Beachtung fand und dann als *Transaktionskostenansatz* gefeiert wurde. Wir stellen ihn in Abschnitt 2 dar. Der Transaktionskostenansatz wurde von OLIVER WILLIAMSON zur heute dominierenden *Governance-Richtung* der Neuen Institutionenökonomik ausgebaut. Diese befasst sich eingehend mit Transaktionen, menschlichem Verhalten, der Gestaltung von Vertragsbeziehungen und Koordinationsstrukturen innerhalb von und zwischen Unternehmen, insbesondere in Abhängigkeit von einer *Faktorspezifität*. Die *Governance*-Richtung bildet den Schwerpunkt unserer Darstellung in Abschnitt 3. Einen weiteren Zweig der Neuen Institutionenökonomik stellt die bereits oben vorgestellte *Agency-Theorie* dar.

2. Die Koordinationsinstitutionen „Markt" und „Unternehmen" in der Theorie von COASE

COASE hatte in seinem berühmten Aufsatz konstatiert, dass nicht nur die von der neoklassischen Theorie beschriebene Faktorallokation über den Preismechanismus der Märkte eine Institution der Koordination wirtschaftlicher Aktivitäten ist; vielmehr erfolge auch innerhalb der Unternehmen eine Faktorallokation, und zwar durch Anweisungen, mithin seien auch Unternehmen eine Institution der Koordination wirtschaftlicher Aktivitäten, deren Existenz und Dauerhaftigkeit es zu erklären gelte.

Die Unternehmen als dauerhafte, zweite Koordinationsinstitution gibt es nach COASE deshalb, weil die *Nutzung der Institution der Märkte und des Preismechanismus* entgegen den Vorstellungen der neoklassischen Theorie *nicht kostenfrei* ist. „*Costs of using the price mechanism*" entstehen *erstens* für Informationen über die Preise der zu produzierenden Güter und der einzusetzenden Faktorleistungen, *zweitens* für das Aushandeln und den Abschluss von Verträgen mit Abnehmern von produzierten Gütern und Lieferanten von Faktorleistungen. Es ist oft günstig, längerfristige Verträge abzuschließen, die jedoch nachträglich angepasst werden müssen, z. B. an veränderte Kombinationen von Faktorleistungen bei veränderten Preisrelationen oder an technischen Fortschritt. Diese Anpassungen von Verträgen begründen einen *dritten Typ* von Kosten beim Gebrauch des Preismechanismus.

Werden die über Märkte abgewickelten Aktivitäten in einem noch näher zu bestimmenden Umfang in ein Unternehmen hinein verlegt, so lassen sich die Kosten der Benutzung des Preismechanismus senken. Argumentiert man gemäß ARROW (1969) mit der Zuordnung von *„Transaktionen"* und *„Transaktionskosten"*, so sind es nach COASE also *Transaktionskostenersparnisse*, die zur Zusammenfassung von Transaktionen in der Form dauerhafter Unternehmen führen.

Zu fragen ist dann aber, warum nicht die gesamte Produktion in einem einzigen großen Unternehmen abgewickelt wird (COASE 1937, S. 340). Auch die Koordination der Aktivitäten innerhalb eines Unternehmens verursacht Kosten. Hier stellt sich das in der neoklassischen Theorie ignorierte Problem der Organisation eines Unternehmens und der *Transaktionskosten innerhalb dieser Organisation*. COASE geht davon aus, dass die Kosten der unternehmensinternen Koordination von Aktivitäten überproportional zur Zahl der abgewickelten Transaktionen steigen, weil die Koordinationsfähigkeit der Unternehmensleitung abnehmende Grenzerträge hat und die Wahrscheinlichkeit unternehmerischer Fehlentscheidungen und ineffizienten Faktoreinsatzes zunimmt (vgl. auch BÖSSMANN 1983, S. 107).

Mit dem Beitrag von COASE wurde klar, dass nicht nur die in der neoklassischen Theorie vor allem betrachteten Produktionskosten, sondern auch die Transaktionskosten der Koordination von Aktivitäten über Märkte einerseits, innerhalb von Unternehmen andererseits in Rechnung zu stellen sind. Um bei gegebenen Produktionskosten die Transaktionskosten zu senken, lohnt es sich, Transaktionen aus den Beschaffungs- oder Absatzmärkten herauszunehmen und in das Unternehmen einzugliedern, wenn sie dort geringere Transaktionskosten verursachen. Eine *optimale Substitution von Transaktionen* über Märkte durch Transaktionen innerhalb von Unternehmen ist offenbar dann erreicht, wenn die Grenzkosten unternehmensinterner Transaktionen auf die Grenzkosten von Transaktionen über Märkte angestiegen sind. Durch diese Anwendung des Marginalprinzips erweist sich der COASEsche Ansatz als eine Fortführung neoklassischer Theorie. Er beschreibt die *transaktionskostenminimierende institutionelle Struktur* einer Volkswirtschaft, bestehend aus Märkten und „Inseln der Planung" in der Form dauerhafter Unternehmen.

Die Erklärung der Existenz und der Größe von Unternehmen mit Transaktionskosten ist einleuchtend, allerdings inhaltsleer, solange nicht dargelegt wird, was unter Transaktionen und Transaktionskosten zu verstehen ist, von welchen Größen und Sachverhalten die marktlichen und die unternehmensinternen Transaktionskosten abhängen. Es kommt darauf an, den Begriff der Transaktionen und ihrer Kosten aufzufächern, um zu den spezielleren Bestimmungsgründen der institutionellen Struktur einer Volkswirtschaft vorzudringen.

3. Transaktionskostentheorie: Die Governance-Richtung von WILLIAMSON

Die am detailliertesten ausgebaute Transaktionskostentheorie stammt von WILLIAMSON; seine zahlreichen Veröffentlichungen (zum Teil mit Koautoren) finden ihre systematische Zusammenfassung in dem Buch „*The Economic Institutions of Capitalism. Firms, Markets, Relational Contracting*" (1985), auf das wir uns im Folgenden hauptsächlich beziehen.

a. Verhalten der an Transaktionen beteiligten Personen

WILLIAMSON (1985, S. 44 ff.) unterstellt den an Transaktionen beteiligten Personen
- eingeschränkte Rationalität (*bounded rationality*),
- opportunistisches Verhalten (*opportunistic behavior*).

Mit der *eingeschränkten Rationalität* ist gemeint, dass eine Person zwar in ihrem Eigeninteresse nutzenmaximierend handelt, ds sie dies wegen ihrer begrenzten Kapazität zur Aufnahme und zur Verarbeitung von Informationen jedoch nicht unter Beachtung aller objektiv relevanten Einflussgrößen, sondern nur unter der Restriktion subjektiv begrenzter Informationen kann (WILLIAMSON beruft sich hier auf HERBERT SIMON, doch ist zu beachten, dass dieser statt maximierenden Verhaltens das „satisfizierende" Verhalten unterstellt; vgl. dazu Kap. I.B.6.h.).

Unter *opportunistischem Verhalten* versteht WILLIAMSON eine verschärfte Form eigennützigen Verhaltens, auch unter Anwendung von Täuschung (*„self-interest seeking with guile"*), vor allem durch das Zurückhalten oder Verzerren von Informationen. Die Möglichkeit opportunistischen Verhaltens eröffnet sich erst dadurch, dass ein Vertragspartner nicht im neoklassischen Zustand vollständiger Information, sondern unter begrenzter Information handelt. Opportunistisches Verhalten ist daher nicht als zusätzliche Verhaltensannahme zu deuten, sondern ist bereits in einem nutzenmaximierenden Verhalten bei begrenzter Informationskapazität der Vertragspartner angelegt.

b. Transaktionen und Transaktionskosten

Wirtschaftliche *Transaktionen* sind nicht leicht allgemein zu definieren, denn der Begriff soll ja nicht nur marktliche, sondern auch unternehmensinterne Vorgänge erfassen. WILLIAMSON geht bei seinem Definitionsversuch offenbar davon aus, dass ein Gut auf seinem Weg zur Konsumreife verschiedene, technisch bestimmte Fertigungsstufen durchläuft, wobei jeweils einzelne oder mehrere dieser Stufen in einem der „hintereinander geschalteten" Unternehmen angesiedelt sind, welche an der Bereitstellung des Konsumgutes teilhaben. So ist es zu verstehen, dass WILLIAMSON eine Transaktion konstatiert, *„when a good or service is transferred across a technologically separable interface. One stage of activity terminates and an other begins"* (1985, S. 1). An den Schnittstellen ist nicht nur das noch unfertige Gut jeweils auf die nächste Fertigungsstufe überzuleiten; die Transaktionen betreffen vielmehr auch das Einbringen von Faktorleistungen in die Fertigungsstufen. Entscheidend ist, dass an den zahlreichen Schnittstellen des Produktionsprozesses, seien sie nun durch einen Markt zwischen den Unternehmen zweier Fertigungsstufen markiert oder innerhalb eines Unternehmens angesiedelt, jeweils Personen agieren, die sich verständigen müssen.

Bei der Definition von *Transaktionskosten* bezieht sich WILLIAMSON auf ARROW (1969, S. 48), der von *„costs of running the economic system"* spricht. Die Transaktionskosten entstehen aufgrund der an den Schnittstellen notwendigen Verständigung zwischen den beteiligten Personen. Die Verständigung kann erschwert sein durch Missverständnisse oder Konflikte zwischen den nur eingeschränkt rational und möglicherweise opportunistisch handelnden Beteiligten. Transaktionskosten lassen sich demnach als *Kosten vertraglicher Beziehungen* umschreiben, welche die *Verständigung der an den Transaktionen beteiligten Personen* regeln. Es kann sich dabei um *explizite* (ausdrückliche) oder um *implizite* (stillschweigend durch entsprechendes Handeln anerkannte) *Verträge* zwischen den Personen handeln (WILLIAMSON 1985, S. 20). Transaktionskosten entstehen grundsätzlich für die Vorbereitung, den Abschluss, die Ausführung und die Kontrolle der Verträge.

Transaktionskosten sind mithin alle Kosten, die nicht unmittelbar die Produktion in Form von Kosten für Vor- oder Zwischenprodukte und für Faktorleistungen selbst betreffen. Ohne Anspruch auf Vollständigkeit beziehen sie sich erstens auf Verträge des Managements mit Lieferanten der vorgelagerten oder Abnehmern der nachgelagerten Stufe, und zwar angefangen von Kosten der Suche nach Vertragspartnern mittels beschaffungs- bzw. absatzpolitischer Instrumente wie Werbung, bis hin zu Kosten nachträglicher Vertragsanpassungen, Reklamationen oder gerichtlicher Auseinandersetzungen. Transaktionskosten beziehen sich zweitens auch auf die Kosten der vertraglichen Beziehungen zwischen Management und Faktoreigentümern, also beispielsweise Kosten der Arbeitsvermittlung bei Neueinstellungen, Kosten von Sozialplänen bei Entlassungen oder Kosten im Zusammenhang mit der Finanzierung von Sachkapital durch Aktienausgabe am Kapitalmarkt. Angesichts der mit den Beispielen angedeuteten Breite des Transaktionskostenbegriffes mag es nicht überraschen, dass überschlägige Schätzungen die Transaktionskosten entwickelter Volkswirtschaften in etwa gleicher Größenordnung wie die Produktionskosten ansetzen (vgl. WALLIS und NORTH 1986).

Von besonderer Bedeutung ist, dass WILLIAMSON neben den *Ex-ante-Transaktionskosten,* die vor Abschluss eines Vertrages für Anbahnung, Entwurf, Verhandlung und Absicherung der vorgesehenen Vertragsausführung entstehen, auch *Ex-post-Transaktionskosten* für nachträgliche Konkretisierung, Ergänzung oder Anpassung eines *unvollständigen Vertrages* einbezieht. Ein Vertrag könnte nur im Extremfall Regelungen für alle während seiner Ausführung denkbar eintretenden Ereignisse enthalten; er wäre damit vollständig, und es gäbe dann nur Ex-ante-Transaktionskosten. Aus Gründen, die in der Vielfalt denkbarer Ereignisse und in der eingeschränkten Rationalität der Beteiligten liegen, sind Verträge fast immer unvollständig. Gerade wenn es um nachträgliche Revision eines unvollständigen Vertrages geht, muss mit opportunistischem Verhalten der Beteiligten gerechnet werden. Bei der Gestaltung vertraglicher Beziehungen sind daher auch Regelungen eventuell notwendig werdender Vertragskonkretisierung, -ergänzung oder -anpassung vorzusehen, um die Ex-post-Transaktionskosten gering zu halten.

Oftmals wird argumentiert, die wohldefinierten Handlungsrechte von Personen in einer privatwirtschaftlichen Eigentumsordnung machten es überflüssig, vertragliche Konfliktregelungen auszuhandeln; man könne die Konfliktbereinigung vielmehr weitgehend der Rechtsprechung, dem öffentlichen „*court ordering*" überlassen. Aus der Sicht des Transaktionskostenansatzes sind hingegen vertragliche Vorkehrungen privater Konfliktbereinigung, also „*private ordering*", i. d. R. interessengerechter und transaktionskostengünstiger, so dass „*court ordering is better regarded as a background factor rather than a central forum for disput resolution*" (WILLIAMSON 1989, S. 141).

c. Absicherung vertraglicher Regelungen

Bei den Gestaltungsmöglichkeiten der Vertragsausführung spielen, insbesondere zur Abwehr opportunistischen Verhaltens, Absicherungen durch *glaubhafte Bindungen* (*credible commitments*) eine wichtige Rolle; sie sollen einen Anreiz für gute Vertragsausführung geben. WILLIAMSON (1983) bezeichnet Absicherungen als Bereitstellung von *Geiseln* (*hostages*), worunter man sich selbstverständlich nicht Menschen, sondern beliebige Sicherheitsleistungen von Vertragspartnern vorzustellen hat. Eine solche Sicherheitsleistung besteht in Geld oder einem anderen Vermögensgegenstand und fällt bei Nichterfüllung des Vertrages entweder dem anderen Vertragspartner zu oder geht dem Sicherheitsleistenden auf andere Weise verloren.

Eine Absicherung vertraglicher Regelungen kann ein Vertragspartner auch durch seine *Reputation* leisten. Man kann Reputation am Beispiel eines *Erfahrungsgutes* (*experience good*) erläutern, d. h. eines Gutes, für das ein Käufer zahlt, ehe er Gelegenheit hat, die vertraglich vereinbarte Qualität nach der Lieferung durch den Verkäufer kennen zu lernen (vgl. KLEIN und LEFFLER 1981). Der Preis eines solchen Gutes muss eine Qualitätsprämie enthalten, ohne die der Verkäufer Anreiz hätte, eine geringere als die vereinbarte Qualität zu liefern. Wird die Prämie entrichtet, so hat der Verkäufer Anlass, die vertraglich zugesicherte Qualität einzuhalten; denn bei Nichterfüllung dieser Zusicherung ginge bei zukünftigen Verträgen die auf die Reputation zurückzuführende Qualitätsprämie verloren.

d. Dimensionen von Transaktionen: Unsicherheit, Häufigkeit, Faktorspezifität

Um Aussagen über volkswirtschaftliche Koordinationsinstitutionen für Transaktionen und über typische Formen vertraglicher Ausgestaltung bei der Abwicklung von Transaktionen machen zu können, ist es notwendig, den allgemeinen Begriff der Transaktionen nach produktions- und transaktionskostenrelevanten Merkmalen oder Dimensionen aufzugliedern. WILLIAMSON unterscheidet die Unsicherheit und die Häufigkeit von Transaktionen und – das bei weitem wichtigste Merkmal – die Faktorspezifität bei Transaktionen.

Bei der *Unsicherheit* von Transaktionen (vgl. WILLIAMSON 1985, S. 60 f.) geht es nicht nur um zukünftige Ereignisse, die aufgrund ihrer Häufigkeit mehr oder weniger gut mit subjektiven oder objektiven Wahrscheinlichkeiten beschrieben werden können, so dass die Grundsätze des Verhaltens bei Risiko (vgl. Kap. 1.B.7.h und Kap. VI.A.a) Anwendung finden können. Vielmehr ist auch Unsicherheit i. d. S. gemeint, dass bestimmte zukünftige vertragsrelevante Ereignisse gegenwärtig nicht einmal benannt werden können. Unsicherheit in diesem Sinne könnte z. B. über opportunistisches Verhalten eines Vertragspartners bestehen. Es ist die Unsicherheit darüber, welche aus der Vielzahl der denkbaren und der nicht benennbaren vertragsrelevanten Ereignisse tatsächlich eintreten, die *Verträge* über Transaktionen *regelmäßig unvollständig* macht.

Die *Häufigkeit* von Transaktionen ist insofern von Bedeutung, als regelmäßig wiederkehrende Transaktionen eine andere vertragliche Ausgestaltung der Koordination sinnvoller machen als nur gelegentlich wiederkehrende oder einmalige Transaktionen.

Die *Faktorspezifität* bei Transaktionen und ihre Implikationen für die volkswirtschaftliche Koordination sind eine Besonderheit der Theorie von WILLIAMSON und verleihen ihr eine überragende Bedeutung innerhalb der Neuen Institutionenökonomik. Der Begriff der Faktorspezifität lässt sich auf MARSHALLS in Kap. V.C.4 dargestellte Argumente zurückführen: In der Produktion eines Unternehmens spezialisiertes Sachkapital oder spezialisierte Arbeitskräfte erwirtschaften dort eine Quasi-Rente, die deshalb verhältnismäßig hoch ist, weil alternative Verwendungen der Faktorleistungen ertragsschwach wären, so dass die Opportunitätskosten hoch sind. Die Kosten der Investition oder Ausbildung sind dann „versunken"; sie lassen sich nicht durch Androhen eines Ausweichens in eine nächstbeste Verwendung wieder hereinholen; der zwischen Unternehmen und Faktoreigentümer auszuhandelnde Faktornutzungspreis ist losgelöst von den Investitions- oder Ausbildungskosten und impliziert die Möglichkeit einer Abschöpfung von Quasi-Rente durch den Vertragspartner.

WILLIAMSON entwickelte MARSHALLS Beispiele spezialisierter Faktorleistungen zur Konzeption der *transaktionsspezifischen Aktiva* weiter, das sind Aktiva oder Faktorbestände, die einen besonderen Wert durch ihre Leistungsabgabe in dauerhaften Vertragsbeziehungen über Transaktionen zwischen Vertragspartnern erhalten. WILLIAMSON (1989, S. 143) nennt, ohne Anspruch auf Vollständigkeit, folgende (sich teils überschneidende) Arten von Spezifität, zu denen wir jeweils eine kurze beispielhafte Erläuterung anfügen:

Räumliche Spezifität (site specificity): Sachkapitalinvestitionen an einem für beide Vertragspartner günstigen Standort führen dazu, dass während der Lebensdauer der Anlagen auf beiden Seiten Lagerhaltungs- oder Transportkosten eingespart werden können.

Physische Spezifität (physical asset specificity): Sachkapitalinvestitionen in spezialisierte Maschinen erlauben einem Vertragspartner die Herstellung eines Produktes, welches sich als Vorprodukt besser als andere Vorprodukte bei einem Vertragspartner der nachgelagerten Produktionsstufe eignet.

Humankapital-Spezifität (human asset specificity): Hier könnte es sich um Humankapital-Investitionen für eine spezialisierte Ausbildung handeln. Gemeint ist aber insbesondere auch Spezifität aufgrund von „*learning by doing*" in der Abwicklung von Produktionstätigkeiten sowie aufgrund des Kennenlernens von Besonderheiten des Vertragspartners; beides lässt sich als Erwerb idiosynkratischen Wissens von in der Vertragsbeziehung tätigen Arbeitskräften umschreiben.

Widmungs-Spezifität (dedicated assets): Ein Vertragspartner leistet Sachkapitalinvestitionen zu Gunsten eines bestimmten Kunden.

Markenartikel-Spezifität (brand name capital): Die Investitionen eines Vertragspartners in einen Werbefeldzug für ein Produkt erhalten ihren besonderen Wert in den Vertragsbeziehungen mit den Käufern des Produktes.

Diese Aufzählung deutet an, dass die Bildung transaktionsspezifischer Aktiva oder Faktorbestände allgemein als *Festlegung ihrer Leistungsabgabe auf begrenzte Verwendungsbereiche* gesehen werden kann. Eine solche Festlegung mag einerseits die Leistungsabgabe in die vertraglich vorgesehenen Transaktionen besonders ertragreich machen, sie schränkt andererseits alternative Verwendungen der Leistungen ein bzw. macht diese ertragsschwach. Je höher der Grad der Spezifität,
- desto geringer die Möglichkeiten alternativer Verwendung,
- desto höher die Opportunitätskosten,
- desto höher der Anteil der Quasi-Rente am Einkommen aus der Leistungsabgabe,
- desto stärker die Abhängigkeit des Eigentümers der spezifischen Aktiva oder Faktorbestände vom Vertragspartner,
- desto größer die Gefahr, dass der Vertragspartner in den Verhandlungen vor oder nach Vertragsabschluss einen Teil der Quasi-Rente abschöpfen kann.

e. Fixfaktoren und Faktormobilität im Verhältnis zur Faktorspezifität

Die Leistungsabgabe eines *Fixfaktors* in die Produktion einer Periode wird, unabhängig von der Produktionsmenge, mit konstanten Fixkosten angesetzt. Dies lässt sich so deuten, dass ein Fixfaktorbestand über mehrere Perioden hinweg einen unveränderlichen Strom von Leistungen abgibt, die in einer Abschreibung des Anschaffungspreises zum Ausdruck kommen. Bei der *Faktorspezifität* kommt es nicht auf die Dauerhaftigkeit und Unveränderlichkeit der Leistungsabgabe, sondern auf die Möglichkeiten zu deren Verwendung an. Ein Fixfaktorbestand in Form eines vielseitig verwendbaren und daher jederzeit verkäuflichen Lastwagens ist unspezifisch. Für das in ihn investierte Kapital sind die Opportunitätskosten vor der Investition genauso hoch wie die nach der Investition; es gibt keine „versunkenen Kosten"; auch in einer anderen Verwendung des Lastwagens als der ursprünglich vorgesehenen können die Abschreibungen „hereingeholt" werden. Ein Fixfaktorbestand in Form eines Spezialtransporters ist spezifisch; mit der Investition „versinken" die Kosten, denn die Opportunitätskosten sind nun sehr hoch. Die Abschreibungen können nur in der spezifischen Verwendung „verdient" werden.

Die *Faktormobilität* bezieht sich grundsätzlich auf die Beweglichkeit von Faktorbeständen bzw. deren Leistungsabgabe zwischen Regionen, Branchen oder Unternehmen. Die Faktormobilität wird durch Mobilitätshemmnisse eingeschränkt; diese bestehen in Mobilitätskosten, die im Fall des Bodens unendlich groß sind und im Fall der Arbeit sich auch in sozio-kulturellen Bindungen äußern. Da die *Faktorspezifität* auf Möglichkeiten alternativer Verwendung von Faktorleistungen abstellt, die sich auch auf andere Regionen, Branchen oder Unternehmen beziehen könnten, scheint eine Verwandtschaft zum Begriff der Mobilität gegeben zu sein. Vollkommen spezifische Faktoren haben keine alternative Verwendung; also könnte man versucht sein, sie als vollständig immobil zu deklarieren. Allerdings ist die Begründung für Spezifität ein besonderer Ertrag in der einen Verwendung, während Immobilität mit der Existenz von Mobilitätskosten zu tun hat. Wegen der unterschiedlichen ökonomischen Begründung empfiehlt es sich somit, Faktormobilität und Faktorspezifität auseinander zu halten.

f. Die fundamentale Transformation

Nach WILLIAMSON kommt es mit der Investition in transaktionsspezifische Aktiva oder Faktorbestände zu einer *fundamentalen Transformation* der Bedingungen bezüglich der Zahl der Wettbewerber: „*... a large-numbers condition at the outset (ex ante competition) is transformed into a small-numbers condition during contract execution and at contract renewal intervals (ex post competition) ...*" (1985, S. 12). Zur Erläuterung wählen wir als Beispiel Transaktionen in Form von speziellen Transportleistungen, die eine Spedition für eine Chemiefirma erbringen soll. Vor dem Vertragsabschluss steht die Spedition im Wettbewerb mit anderen Speditionen als Anbieter von Transportleistungen, und die Chemiefirma steht im Wettbewerb mit anderen Unternehmen als Nachfrager solcher Leistungen. Bis zum Vertragsabschluss ist ein Auswechseln des Vertragspartners grundsätzlich möglich. Nach dem Vertragsabschluss wird aus der Situation eines Marktes mit mehreren Anbietern und Nachfragern eine Situation mit einem Anbieter und einem Nachfrager, also ein *bilaterales Monopol,* welches im Beispiel durch folgende transaktionsspezifische Aktiva gekennzeichnet sei:

1. Der Anbieter tätigt eine Investition mit physischer Spezifität, indem er Spezialfahrzeuge beschafft, die ausschließlich zum Transport der Produkte des Nachfragers besonders geeignet sind.
2. Es entsteht Humankapital-Spezifität von Arbeitskräften beider Vertragspartner, die sich zum einen durch „*learning by doing*" in einem besonders effizienten Umgang mit den Spezialfahrzeugen äußert, und die zum anderen im Kennenlernen von Besonderheiten des Vertragspartners besteht, wodurch Kosten der Abstimmung eingespart werden können.

Während die unter 1. erwähnte transaktionsspezifische Sachkapitalinvestition unmittelbar nach Vertragsschluss getätigt werden muss und dann für den Anbieter „versunkene Kosten" darstellt, entsteht die unter 2. genannte Humankapital-Spezifität während der Vertragsausführung ohne Investitionskosten. Die Vorteile, die beide Vertragspartner aus der Vertragsbeziehung haben, würden sich, sollte sich ein Partner nach einem anderen Vertragspartner umsehen, nicht oder nicht voll auf ein Vertragsverhältnis mit dem neuen Partner übertragen; es besteht insoweit eine gegenseitige Abhängigkeit. Die Vorteile, die ein Vertragspartner bei Wahl eines anderen Partners als zweitbeste Alternative konservieren könnte, stellen für ihn die Opportunitätskosten des betrachteten Vertragsverhältnisses dar. Die nicht übertragbaren Vorteile erweisen sich als seine Quasi-Rente aus diesem Vertragsverhältnis.

Beim Aushandeln des Vertrages geht es darum, Vertragsbedingungen für Abschluss, Ausführung und Kontrolle des Vertrages zu finden,
- welche die Spedition veranlassen, die spezifische Sachkapitalinvestition in Spezialfahrzeuge tatsächlich vorzunehmen,
- welche die Summe der Quasi-Renten, die den Partnern aus dem Vertragsverhältnis erwachsen, aufteilt.

Je nach Sachverhalt und Stärke der Partner kommt es zu einer Aufteilung der Summe beider Quasi-Renten mehr zu Gunsten des einen oder des anderen Vertragspartners. Im Extremfall kann sich der stärkere der Partner neben seinen Opportunitätskosten seine eigene Quasi-Rente und die ganze Quasi-Rente des schwächeren Partners aneignen, indem er den Ertrag des schwächeren Partners auf dessen Opportunitätskosten heruntedrückt. Der schwächere Partner ist also *verletzlich*, weil seine Quasi-Rente der *Beraubung* (*holdup*) durch den stärkeren Partner ausgesetzt ist. Nach ALCHIAN und WOODWARD (1987, S. 115 f.) gibt es allerdings *plastische spezifische Faktoren,* das sind solche, deren Eigentümer eine vertraglich nicht fixierbare Leistungsabgabe einstellen oder variieren und damit eine Beraubung abwehren (vielleicht sogar selbst eine Aneignung von Quasi-Rente des Vertragspartners durchsetzen) können. Dabei ist insbesondere an Arbeitskräfte zu denken. Nur nicht-plastische spezifische Faktoren sind verletzlich.

Die Vertragsbedingungen können auch *Absicherungen* gegen opportunistisches Verhalten während der Vertragsausführung enthalten. Die Chemiefirma kann sich gegen den Verdacht, sie würde der Spedition mit der Behauptung, ihre Absatzlage habe sich verschlechtert, während der Vertragsausführung mit vorzeitiger Vertragsauflösung drohen, glaubhaft binden. Als „Geisel" könnte die Chemiefirma beispielsweise selbst eine transaktionsspezifische Sachkapitalinvestition in Form einer Verladeeinrichtung offerieren, die auf die Spezialfahrzeuge der Spedition zugeschnitten ist. Gegen den Verdacht schlechter Vertragsausführung könnte die Chemiefirma auch ihre in früheren Vertragsbeziehungen aufgebaute *Reputation* anführen, die ihr in der jetzigen Vertragsbeziehung zwar Verhandlungsstärke verleiht und die Aufteilung der Summe der Quasi-Renten zu ihren Gunsten beeinflussen könnte, die aber bei schlechter Vertragsausführung für sie zukünftig nicht mehr bestünde.

Die „fundamentale Transformation" verwandelt eine Wettbewerbssituation vor Vertragsabschluss in die Situation des bilateralen Monopols nach Vertragsabschluss, deren Modalitäten bezüglich Vertragsausführung bereits in dem Vertrag geregelt werden. Dennoch wird der Vertrag aus Gründen der Unsicherheit unvollständig sein, daher späterer Konkretisierungen und Änderungen bedürfen. Eine vertragliche Vorkehrung zu späterer Konfliktbereinigung ohne öffentliche Gerichtsbarkeit (*court ordering*) könnte die Einbeziehung einer dritten Partei in die Vertragsabwicklung sein, beispielsweise einer Schiedsstelle.

Es stellt sich die Frage, ob die Umwandlung der Wettbewerbssituation in die Situation eines bilateralen Monopols nach Ende der Vertragslaufzeit im Rahmen eines neuen Vertrages der alten Partner ihre Fortsetzung findet. Verschaffen bei zukünftigen vorvertraglichen Verhandlungen bereits vorhandene transaktionsspezifische Aktiva den bisherigen Partnern einen Vorsprung vor potentiellen Wettbewerbern?

Man könnte vermuten, dass die Spedition, die ihre spezifische Sachkapitalinvestition in Spezialfahrzeuge als „versunkene Kosten" betrachten muss, bei Neuverhandlungen die Transportleistungen zu einem Preis anbieten kann, der nicht die vollen Kosten deckt, weil er keine Abschreibungen berücksichtigt. Das würde jedoch bedeuten, dass sich in einem neuen Vertragsverhältnis die spezifische Investition nicht weiter amortisiert und mithin die durch sie begründete Quasi-Rente auf den Vertragspartner übergeht. Berücksichtigt die Spedition hingegen die „versunkenen Kosten" bei der Neuverhandlung, so kalkuliert sie Abschreibungen mit ein, hat dann aber keinen Vorteil gegenüber Mitbewerbern, wenn diese ebenfalls zu der spezifischen Investition bereit sind.

Die während der Vertragsausführung entstandenen Arten der Humankapital-Spezifität, die idiosynkratisches Wissen der Arbeitskräfte beider Vertragspartner darstellen, unterliegen nicht der Abnutzung, stellen gewissermaßen eine Investition mit unendlicher Lebensdauer dar, die nicht der Abschreibung bedarf. Auch in einem zukünftigen Vertragsverhältnis bilden sie einen zweifelsfreien Vorteil der bisherigen Partner gegenüber potentiellen Mitbewerbern, also anderen Transportunternehmen als Vertragspartner der Chemiefirma bzw. anderen Unternehmen mit Transportbedarf als Vertragspartner der Spedition. Es ist daher plausibel, dass WILLIAMSON für die zeitliche Fortdauer von Vertragsbeziehungen transaktionsspezifisches Humankapital stärker gewichtet als transaktionsspezifisches Sachkapital.

g. Faktorspezifität und vertikale Integration

Wir erwähnten bereits in Abschnitt d die Möglichkeit, Grade der Spezifität von Aktiva oder Faktoren zu unterscheiden, die Spezifität also als Variable zu betrachten, von deren jeweiliger Größe die Opportunitätskosten, die Höhe der Quasi-Rente, die gegenseitige Abhängigkeit der Vertragspartner und ihre Verletzlichkeit hinsichtlich einer „Beraubung" bestimmt sind. Nach WILLIAMSON (1985, S. 90 ff.) hängt es maßgeblich vom Grad der Faktorspezifität bei der Herstellung eines Vorproduktes ab, ob das Vorprodukt von einem Lieferanten produziert und über einen Beschaffungsmarkt bezogen, oder ob die Herstellung des Vorproduktes nach vertikaler Integration in dem Unternehmen selbst erfolgen soll. Zur Analyse dieser „*make or buy*"-Entscheidung werden, jeweils abhängig von der Faktorspezifität, die Produktionskosten und die Transaktionskosten der Produktion des Vorproduktes erstens bei marktlicher Koordination von Anbieter und Nachfrager über den Beschaffungsmarkt und zweitens bei unternehmensinterner Koordination nach Integration der Herstellung des Vorproduktes gegenübergestellt.

Zur Illustration soll das im Vorabschnitt eingeführte Beispiel aufgegriffen und erweitert werden: Es geht um Transportleistungen als Vorprodukt, die bei geringer Faktorspezifität mit vielseitig verwendbaren Lastwagen und bei sehr hoher Faktorspezifität mit nur für einen Abnehmer verwendbaren Spezialfahrzeugen (z. B. Transport einer ätzenden Flüssigkeit) erbracht werden können.

Während die Faktorspezifität der Transaktionen als variabel betrachtet wird, sollen die Dimensionen der Unsicherheit und der Häufigkeit der Transaktionen als gegeben und konstant unterstellt werden; was die Häufigkeit angeht, seien für die Transportleistungen nicht einmalige, sondern regelmäßig wiederkehrende Transaktionen angenommen.

In Abb. 1.a betrachten wir die vermutlichen *durchschnittlichen Produktionskosten* einer Einheit Transportleistung in Abhängigkeit von der Faktorspezifität k, mit der

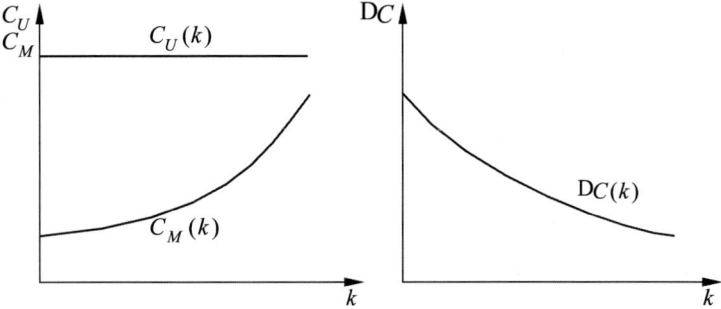

Abb. 1.a/b: Faktorspezifität und durchschnittliche Produktionskosten

sie produziert wird, und zwar einmal bei einer Spedition als Lieferant und zum anderen in einem Unternehmen, das selbst die Fahrzeuge und die Transportleistungen bereitstellt. Die durchschnittlichen Produktionskosten bei der Spedition, $C_M(k)$, dürften bei geringer Faktorspezifität k niedrig sein, da die Spedition die Transportleistungen mit den vielseitig verwendbaren Lastwagen für viele Abnehmer mit Massenproduktionsvorteilen herstellen kann. Je höher k, desto spezieller die Fahrzeuge, desto kleiner die Zahl der Abnehmer, desto höher die durchschnittlichen Produktionskosten der Transportleistung. Dies macht den deutlich steigenden Verlauf der Kurve $C_M(k)$ plausibel. Bei Bereitstellung der Transportleistungen für den Eigenbedarf in dem Unternehmen sind bei geringem k die Durchschnittskosten $C_U(k)$ jedenfalls höher als $C_M(k)$, da es keine Massenproduktionsvorteile gibt. Mit steigendem k könnte $C_U(k)$ konstant bleiben (wie in Abb. 1.a) oder steigen. Wichtig für die Argumentation ist nur, dass der in Abb. 1.b dargestellte vertikale Abstand $\Delta C(k)$ der Kurven $C_M(k)$ und $C_U(k)$ mit zunehmendem k geringer wird. Mit steigender Faktorspezifität wird also der Produktionskostenvorteil $\Delta C(k)$ des Beziehens der Transportleistungen über den Beschaffungsmarkt bei marktlicher Koordination im Vergleich zur Selbstherstellung der Transportleistung bei unternehmensinterner Koordination immer geringer; dies ist in Abb. 1.b veranschaulicht.

In Abb. 2.a sind die vermutlichen *durchschnittlichen Transaktionskosten* pro Einheit Transportleistung in Abhängigkeit von k zum einen bei marktlicher, zum anderen bei unternehmensinterner Koordination dargestellt. Bei $k = 0$, also unspezifischen Faktoren in der Form vielseitig verwendbarer Lastwagen, ist bei marktlicher Koordination die Spedition nicht auf eine dauerhafte Vertragsbeziehung mit dem Unternehmen angewiesen. Sie kann die Lastwagen ebenso gut bei Transportleistungen für andere Unternehmen einsetzen; die Investitionen in die Lastwagen stellen keine „versunkenen Kosten" dar; eine Quasi-Rente, auf die ein Vertragspartner Raubgelüste haben könnte, bezieht die Spedition nicht. Das betrachtete Unternehmen kann die Transportleistung genauso gut von anderen Speditionen beziehen. Die marktliche Koordination vollzieht sich mithin über einen Markt, der einem in der neoklassischen Theorie unterstellten Konkurrenzmarkt ähnlich ist (es könnte viele Nachfrager und Anbieter geben; allerdings muss nicht homogene Konkurrenz herrschen, auch das Bestehen von Präferenzen wäre denkbar). Die Transaktionskosten sind unter diesen Umständen sehr gering. Die Kurve $T_M(k)$ der durchschnittlichen Transaktionskosten bei marktlicher Koordination beginnt daher nahe dem Ursprung. Mit zunehmender Faktorspezifität k investiert die Spedition in immer speziellere Transportfahrzeuge, und die mit diesen zu erbringenden immer spezielleren Transportleistungen bedürfen einer zunehmend transaktionskostenaufwendigen Vertragsgestaltung der dauerhaften Marktbeziehung zwischen Spedition und Unternehmen. Denn in zunehmendem Maße sind die Transportfahrzeuge verwendungsbeschränkt, stellen die Investitionen „versunkene Kosten" dar, entstehen Quasi-Renten und Raubgelüste darauf, die Bedarf an vertraglichen Absicherungen schaffen. Das bedeutet, dass die Ex-ante- und die Ex-post-Transaktionskosten immer weiter ansteigen, wie durch den Verlauf der Kurve $T_M(k)$ angedeutet.

Bei unternehmensinterner Koordination entstehen dem Unternehmen, das selbst die Transportleistungen bereitstellt, Transaktionskosten für die Beschaffung, für den Betrieb und die Kontrolle der Transportfahrzeuge. Die durchschnittlichen Transaktionskosten je Einheit Transportleistung, $T_U(k)$, dürften für $k = 0$ höher als $T_M(k)$ sein. Da bei interner Koordination nicht die mit der Faktorspezifität zunehmend komplexeren vertraglichen Regelungen marktlicher Koordination anfallen, dürfte die Kurve $T_U(k)$ weniger stark ansteigen als die Kurve $T_M(k)$. Das impliziert, dass es eine Faktorspezifität k gibt, bei der sich die Kurven schneiden, der Transaktionskostenvorteil $\Delta T(k)$ marktlicher Koordination also auf null gefallen ist; für $k > \bar{k}$ ist der Vorteil negativ. Dies ist in Abb. 2.b dargestellt.

In Abb. 3 sind die Kurven des Produktionskostenvorteils marktlicher Koordination und des Transaktionskostenvorteils marktlicher Koordination aus den Abb. 1.b und 2.b übernommen und vertikal zur Kurve $\Delta C(k) + \Delta T(k)$ addiert, welche die Summe aus Produktions- und Transaktionskostenvorteil marktlicher Koordination angibt (die Abbildung ist auch bei WILLIAMSON 1989, S. 153, zu finden; die Transaktionskosten werden dort „*governance costs*" genannt). Dieser Vorteil ist bei $\hat{k}$ auf null gesunken. Bis zu diesem Grad der Faktorspezifität lohnt sich unter der Zielsetzung der Kostenminimierung marktliche Koordination, also das Eingehen vertraglicher Beziehungen mit einem Lieferanten des Vorproduktes. Ab der Faktorspezifität $\hat{k}$ empfiehlt sich hingegen die Integration der Bereitstellung des Vorproduktes in das Unternehmen, wird also unternehmensinterne Koordination lohnend. Bei Werten von k zwischen $\bar{k}$ und $\hat{k}$ sind zwar die Transaktionskosten marktlicher Koordination bereits höher als die unternehmensinterner Koordination; dieser Transaktionskostennachteil marktlicher Koordination wird

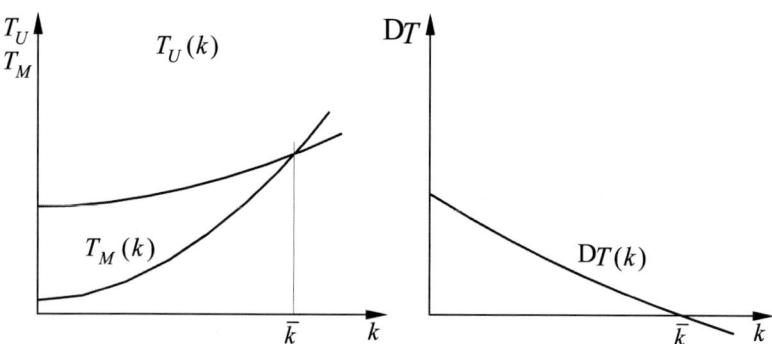

Abb. 2.a/b: Faktorspezifität und Transaktionskosten

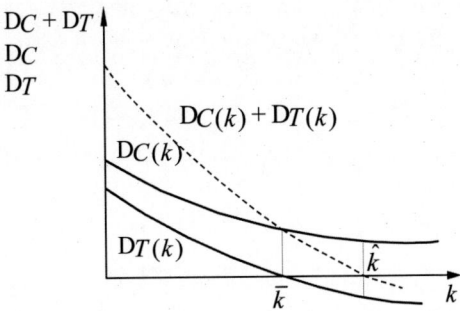

Abb. 3: **Faktorspezifität und Nettovorteil aus Produktions- und Transaktionskosten**

jedoch noch durch einen Produktionskostenvorteil dieser Koordinationsart überkompensiert.

Die Analyse nach WILLIAMSON hat gezeigt, dass bei Zutreffen des Verlaufs der Kurven ab einem Faktorspezifitätsgrad $\hat{k}$ eine Integration der Herstellung von Transportleistungen in das dieses Vorprodukt nachfragende Unternehmen lohnt. Es stellt sich allerdings die Frage, wovon die Wahl des Grades der Faktorspezifität abhängt. In der früheren Version unseres Beispiels, mit dem wir die „fundamentale Transformation" erläuterten, war das nachfragende Unternehmen eine Chemiefirma, deren Transportbedarf am besten mit Spezialfahrzeugen zu decken war. Hier könnte die Wahl einer Faktorspezifität $k > \hat{k}$ aus Gründen einer sicheren Transporttechnik und einer Haftung für Umweltschäden am ertragsgünstigsten sein und die Integration veranlassen. In anderen Fällen könnten technische Bedingungen, aber auch Überlegungen gerade zur Abwehr einer Integration zur Wahl einer Faktorspezifität $k < \hat{k}$ führen. GROSSMAN und HART (1986) haben gezeigt, dass spezifische Sachkapitalinvestitionen eines Lieferanten, die Integration lohnend machen würden, deswegen unterbleiben können, weil das Management des Lieferanten durch die Integration Möglichkeiten zum Aneignen von Quasi-Rente durch opportunistisches Verhalten verlieren würde, die ein unvollständiger Vertrag zwischen den nicht-integrierten Firmen bietet. Diese Argumentation begründet, warum die Faktorspezifität nicht immer höher gewählt wird und warum daher der vertikalen (und ähnlich der horizontalen) Integration bzw. Konzentration Grenzen gesetzt sind.

h. Faktorspezifität, Transaktionshäufigkeit und Koordinationsstruktur (governance structure)

Im Folgenden wird die Dimension der Faktorspezifität von Transaktionen nicht mehr als kontinuierlich variable Größe, sondern nur noch in den drei Ausprägungen „unspezifisch", „mittelspezifisch" und „vollkommen spezifisch" betrachtet.

Wir ziehen nun noch eine zweite der drei Dimensionen, die Häufigkeit von Transaktionen, heran, allerdings nur in den zwei Ausprägungen „gelegentliche" und „regelmäßig wiederkehrende" Transaktionen. Die dritte der früher genannten Dimensionen, die Unsicherheit, wird nicht explizit betrachtet.

Übersicht 1		Faktorspezifität (beim Lieferanten)		
		unspezifisch	mittelspezifisch	vollkommen spezifisch
Häufigkeit der Transaktion (aus Sicht des Kunden)	gelegentlich	Kauf von Standardausrüstung	Kauf kundenangepasster Ausrüstung	Bau eines Zweigwerks des Kunden
	regelmäßig wiederkehrend	Kauf von Standardmaterial	Kauf kundenangepassten Materials	Bereitstellung von Spezialtransportfahrzeugen für Kunden

In Übersicht 1, die sich ähnlich bei WILLIAMSON (1985, S. 73) findet, ergeben die Ausprägungen der beiden Dimensionen sechs Felder. In jedem Feld sind beispielhaft typische Transaktionen von Zwischenprodukten zwischen einem Lieferanten und einem Kunden genannt, welche die Allgemeinheit des Transaktionskostenansatzes besser belegen als die in den Vorabschnitten benutzten Beispiele. In der Übersicht 2 werden den Feldern der Übersicht 1 gemäß den Erkenntnissen der Transaktionskostentheorie dann die typischen Koordinationsstrukturen (*governance structures*) sowie auch typische Vertragsformen zugeordnet.

Wir betrachten die Felder der Übersichten spaltenweise. Zunächst erläutern wir Transaktionen, die es sich für den Lieferanten mit *unspezifischen Faktoren* auszuführen lohnt. Dabei kann es sich nur um Zwischenprodukte handeln, die als *Standardgüter* vom Lieferanten an viele Kunden verkauft werden können, so dass die Faktorleistungen nicht nur in einem Vertragsverhältnis mit dem hier betrachteten Kunden, sondern mit gleichem Ertrag für Lieferungen an andere Kunden eingesetzt werden können. Ebenso wie der Lieferant auf andere Kunden ausweichen kann, könnte auch der Kunde auf einen anderen Lieferanten der Standardgüter überwechseln. Unter diesen Umständen wird kein dauerhaftes Vertragsverhältnis zwischen Lieferant und Kunde zustande kommen. Die Opportunitätskosten sind gleich dem Ertrag aus dem kurzfristigen Vertragsverhältnis; eine Quasi-Rente kann nicht entstehen. Die Probleme eines unvollständigen Vertrages, der nachträglich zu konkretisieren wäre, wobei opportunistisches Verhalten und Versuche zur Abschöpfung der Quasi-Rente eine Rolle spielen könnten, sind hier nicht aktuell. Dies alles gilt sowohl für Transaktionen mit Standard-Ausrüstungsgütern, die vom Kunden als Investitionsgüter nur gelegentlich beschafft werden (z. B. Standard-Büromöbel), als auch für Transaktionen mit Standardmaterial, welches in jeder Periode gekauft werden muss (z. B. genormte Nägel). Weil der Lieferant für viele Nachfrager produziert und damit Massenproduktionsvorteile realisieren kann, sind die durchschnittlichen Produktionskosten der Standardgüter relativ niedrig. Die Ex-ante-Transaktionskosten für die kurzfristigen Vertragsbeziehungen sind gering; Ex-post-Transaktionskosten entstehen nicht. Es findet, wie in Übersicht 2 angemerkt, *marktliche Koordination* statt, und zwar auf Märkten, die denen der neoklassischen Theorie entsprechen; es sind Märkte mit vielen Anbietern und Nachfragern, auf denen es allerdings Präferenzen geben könnte. MACNEIL (1978) spricht von *klassischen Verträgen*, die für Transaktionen auf solchen Märkten geschlossen werden. Wie in Kap. VI.E.1 betont, muss es auf einem Markt mit vollständiger Konkurrenz, also bei Fehlen von Präferenzen, nicht zu Verträgen zwischen einzelnen Nachfragern und Anbietern kommen; jeder könnte vielmehr, wie an einer Börse, „mit dem Markt kontrahieren".

Übersicht 2		Faktorspezifität (beim Lieferanten)		
		unspezifisch	mittelspezifisch	vollkommen spezifisch
Häufigkeit der Transaktion (aus Sicht des Kunden)	gelegentlich	Marktliche Koordination	Trilaterale Koordination	
	regelmäßig wiederkehrend		Bilaterale Koordination	Vertikale Integration: Unternehmensinterne Koordination

Bei Transaktionen, die der Lieferant mit *mittelspezifischen Faktoren* ausführt, kann es sich nur um Zwischenprodukte handeln, die besonderen Erfordernissen des Kunden entsprechen, die daher im Fall gelegentlicher Lieferung als *kundenangepasste Ausrüstung* (z. B. Einbaumöbel für Arztpraxis), im Fall regelmäßig wiederkehrender Lieferung als *kundenangepasstes Material* (z. B. Spezialbeschläge) bezeichnet werden können. Hier kann der Lieferant mit der Leistungsabgabe der Faktoren, in die er transaktionsspezifisch investiert hat, nur begrenzt in andere Verwendungen ausweichen; ein Teil seiner Investitionskosten ist „versunken". Ebenso hat der Kunde nur eingeschränkte Möglichkeiten, das Zwischenprodukt von einem anderen Lieferanten zu beziehen. Das Vertragsverhältnis zwischen beiden ist dauerhaft; der Ertrag daraus ist für den Lieferanten geringer als die Opportunitätskosten; ein Teil des Ertrages ist für ihn Quasi-Rente. Diese könnte wegen der Unvollständigkeit des Vertrages und opportunistischen Verhaltens des Kunden der Beraubung ausgesetzt sein. Der Vergleich der Produktions- und der Transaktionskosten bei marktlicher und interner Koordination geht zugunsten der marktlichen Koordination aus, so dass Integration nicht in Frage kommt. Der Vertrag, welcher die durch die „fundamentale Transformation" entstandene Situation des bilateralen Monopols regelt, bedarf sorgfältiger Ausarbeitung. Außer einer *bilateralen Koordination,* d. h. eines zweiseitigen Vertrages, der auch Absicherung und nachträgliche Vertragsauslegung, Vertragsanpassung und Konfliktbereinigung den beiden Vertragspartnern überlässt, kommt insbesondere bei gelegentlichen Transaktionen auch eine *trilaterale Koordination* in Betracht, d. h. ein Vertrag, in den eine dritte Partei als private Vermittlungs- und Schiedsinstanz, insbesondere für die Zeit nach dem Vertragsabschluss, einbezogen wird. MACNEIL (1978) spricht bei trilateraler Koordination von *neoklassischen Kontrakten*.

Bei Transaktionen, die der Lieferant mit *vollkommen spezifischen Faktoren* ausführt, muss es sich um Zwischenprodukte handeln, die ausschließlich an den einen hier betrachteten Kunden geliefert werden können, so dass die spezifischen Faktorleistungen keine alternativen Verwendungen haben. Als Zwischenprodukt, welches als Investitionsgut vom Kunden nur gelegentlich bezogen wird, haben wir beispielhaft den Bau eines Zweigwerkes angegeben. Bei regelmäßig wiederkehrender Lieferung kommen wir auf das in den Vorabschnitten benutzte Beispiel von Spezial-Transportleistungen für eine Chemiefirma (z. B. Transport einer ätzenden Flüssigkeit) zurück, für welche Spezialfahrzeuge benötigt werden. Es stellt sich die Frage, ob in den hier diskutierten Fällen nicht der im Vorabschnitt erläuterte Spezifitätsgrad $\hat{k}$ erreicht oder überschritten wird, ab dem Integration der Bereitstellung des Zwischenproduktes in das Unternehmen des Kunden akut wird.

Bei *nur gelegentlicher Transaktion* wie dem Bau eines Zweigwerkes ist es plausibel anzunehmen, dass eine Integration sich nicht lohnen muss. Was die Produktionskosten angeht, dürfte eine Baufirma als Lieferant regelmäßig Vorteile gegenüber einer Bauabteilung innerhalb der Kundenfirma haben; diese Vorteile könnten Transaktionskostennachteile der marktlichen gegenüber einer unternehmensinternen Koordination überkompensieren. Für den dauerhaften Vertrag stellen sich die oben für mittelspezifische Faktoren angesprochenen Probleme in besonderer Schärfe. Es gibt für den Lieferanten sehr hohe Opportunitätskosten; sein Ertrag aus dem Vertrag besteht fast nur aus Quasi-Rente; diese könnte den Kunden in besonderem Maße dazu verleiten, eine Beraubung zu versuchen. Für die dazu erforderlichen sorgfältigen vertraglichen Regelungen bietet sich hier vorzugsweise eine *trilaterale Koordination* an.

Insbesondere bei *regelmäßig wiederkehrenden Transaktionen* erscheint eher die Integration plausibel. Die Chemiefirma, welche die Spezial-Transportfahrzeuge von der Spedition übernimmt oder selbst neu kauft, dürfte auf Dauer keinen Produktionskostennachteil für die Transportleistungen haben, wenigstens keinen solchen, der durch den Transaktionskostenvorteil unternehmensinterner Koordination nicht überkompensiert würde.

Die in den Übersichten dargestellten und im Text beschriebenen Fälle sollen verdeutlichen, dass der Anwendungsbereich des Transaktionskostenzweiges der Neuen Institutionenökonomik viel breiter ist als in den Beispielen der Vorabschnitte zum Ausdruck kam. Dennoch geben auch die Übersichten nur einen unvollständigen Eindruck. Wir beschränkten uns dort auf Fälle, in denen faktorspezifische Investitionen nur des Lieferanten explizit betrachtet werden. Aus den speziellen Beispielen der Vorabschnitte wissen wir aber bereits, dass Spezifität bei den Leistungen beider Vertragspartner eine Rolle spielt, und zwar nicht nur beim Sachkapital, für welches dann „versunkene Kosten" entstehen; es gibt sie auch beim Faktor Arbeit, und zwar nicht unbedingt durch Humankapitalinvestitionen, sondern gerade auch in Form idiosynkratischen Wissens, welches während der Vertragsausführung entsteht.

Es soll hier nur darauf hingewiesen werden, dass die vorgeführten Begriffe und Argumentationsweisen der Transaktionskostentheorie beispielsweise auch auf die Erklärung von *langfristigen Rohstoffkontrakten,* auf die Vertragsbeziehungen zwischen Teilnehmern an *Franchising-Vertriebssystemen* sowie auf die Vertragsbeziehungen zwischen einer *Genossenschaft und ihren Mitgliedern,* kurz: auf eine Vielzahl von in der Wirklichkeit anzutreffenden *langfristigen Kooperationen,* angewendet wurden.

i. Abschließende Bemerkung

Die Transaktionskostenökonomik, insbesondere die *Governance*-Richtung von WILLIAMSON, hat viele Einsichten zu der Frage gebracht, warum es Unternehmen und Märkte als ökonomische Institutionen gibt und worauf die Koordinationsstrukturen (*governance structures*) dieser Institutionen zurückzuführen sind. Die Beiträge von COASE, WILLIAMSON und anderen führen weit über die neoklassische Theorie der vollständigen Konkurrenz und die Lehren von den Marktformen des Monopols, der monopolistischen Konkurrenz und des Oligopols hinaus. Sie helfen auch, die vielfältigen Erscheinungsformen der Kooperation zwischen den beiden Extremen „Markt" und „Unternehmen" zu erklären. Schließlich gestatten sie auch Aussagen über vertikale Konzentration. Zahlreiche praktische Fälle aus der amerikanischen Wettbewerbspolitik ließen sich mit ihnen diskutieren und beurteilen.

Allerdings ist nicht zu übersehen, dass die Transaktionskostenökonomik noch nicht am Ende ihrer Entwicklung angekommen ist. Die Konzeptionen sind meist einleuchtend, an Beispielen gut belegbar, aber noch nicht allgemein quantifizierbar. Bestimmte Problembereiche, wie etwa die oligopolistische Interdependenz zwischen selbständigen Unternehmen, werden bisher weitgehend ausgespart. Die Theorie sagt bisher auch wenig über Innovationen und dadurch bedingte Veränderungen von Koordinationsstrukturen aus.

Eine gewisse Gefahr besteht schließlich darin, dass sich die Transaktionskostenökonomik mit ihrer Erklärung der volkswirtschaftlichen Koordinationsstruktur nach dem Grundsatz der Produktions- plus Transaktionskostenminimierung als *Effizienzrichtung* versteht und sich deutlich von einer *Monopolrichtung* absetzen möchte, welche die Koordinationsstruktur durch monopolistische Positionen und durch Eingliedern von Transaktionen ineffizient verzerrt sieht (vgl. WILLIAMSON 1985, S. 25). Zwar lassen sich manche der früher als monopolistisch interpretierten Konzentrationsvorgänge oder Konzentrationsformen unter Einbeziehung von Transaktionskosten als effizient deuten. Es wäre aber verfehlt, jede derartige Erscheinung im Zweifel als effizienzfördernd einzustufen und damit die Neigung einer Volkswirtschaft zur Monopolisierung zu verharmlosen.

4. Transaktionskostentheorie und *Agency*-Theorie: Ein Vergleich

1. Der Anspruch der *Governance-Transaktionskostentheorie* ist es zu zeigen, dass Märkte, Unternehmen und Kooperationen als produktions- und transaktionskostenminimierende Typen von ökonomischen Koordinationsinstitutionen zu deuten sind, die sich insbesondere aus unterschiedlich hoher Aktiva- oder Faktorspezifität herleiten und die Funktion haben, Quasi-Renten abzusichern und dadurch die spezifischen Investitionen zu induzieren. Demgegenüber versteht sich die *Agency-Theorie* als ein Ansatz zur Erklärung von Institutionen, welche den Zweck haben, die Folgen von Informationsasymmetrien der beteiligten Prinzipale und Agenten unter Berücksichtigung ihrer Risikoneigungen insbesondere mittels Entlohnungsanreizen für den (oder die) Agenten bestmöglich zu überwinden.
2. Die Transaktionskostentheorie vollzieht bis heute ihre Typisierungen auf der Grundlage plausibler Produktions- und Transaktionskostenverläufe fast ohne mathematische Formalisierung; die Typisierungen sind durch zahlreiche Beispiele aus der Realität gut belegbar. Die Beiträge zur *Agency*-Theorie bestehen überwiegend aus formalen und damit logisch-schlüssigen Modellen. Sowohl was einzelne Annahmen als auch abgeleitete Anreizstrukturen angeht, gibt es in der Realität eher selten gute Entsprechungen. Das mag daran liegen, dass die Praxis mit dem Erkennen und dem Umsetzen relativ komplexer Anreizstrukturen überfordert ist, d. h. dass hohe Transaktionskosten, welche die *Agency*-Theorie ignoriert, einer Umsetzung entgegenstehen.
3. Die in der Transaktionskostentheorie zentralen Begriffe der Aktiva- oder Faktorspezifität sowie der Quasi-Renten spielen in der *Agency*-Theorie keine explizite, allerdings eine implizite Rolle: Wenn bei der Entlohnung des Agenten als „*participation constraint*" ein Lohnsatz des Agenten als Untergrenze zu beachten ist, den er in alternativen Beschäftigungen erreichen könnte, so ist mit der Höhe dieses Opportunitätskosten-Lohnsatzes im Vergleich zu dem in der *Agency*-Beziehung in Betracht gezogenen Lohnsatz der Grad der Faktorspezifität angesprochen; je relativ höher die Opportunitätskosten, desto höher die Faktorspezifität. Bei der Wahl der Entlohnungsfunktion durch den Prinzipal geht es letztlich um eine Aufteilung der Quasi-Renten aus der *Agency*-Beziehung, die allerdings in vielen *Agency*-Modellen dadurch determiniert wird, dass sich der Agent als Mengenanpasser verhält.
4. WILLIAMSON (1990, S. 67 f.) hebt hervor, Gegenstand der *Agency*-Theorie seien vollständige Verträge, die das Ziel haben, Ex-ante-Anreizstrukturen zu schaffen und die Risikoverteilung zu regeln; die Transaktionskostentheorie habe demgegenüber unvollständige Verträge zum Gegenstand, die während der Vertragsausführung ergänzt und modifiziert werden müssen; neben Anreizstrukturen spiele in ihr daher auch eine zweiseitige Anpassungsfähigkeit eine wichtige Rolle. Allerdings hat sich die *Agency*-Theorie seit einigen Jahren auch der Analyse unvollständiger Verträge zugewandt (vgl. z. B. HART und MOORE 1988) und versucht auch, Transaktionskostenelemente zu integrieren.

F. *Property rights* und externe Effekte

1. Privateigentum und *property rights*

Wie bereits in Kap. 0.B.3 dargelegt, sind in einer privatwirtschaftlich organisierten Marktwirtschaft die Faktorbestände grundsätzlich Eigentum privater Haushalte. Für Arbeit ist dies seit Abschaffung der Sklavenwirtschaft selbstverständlich. Sachkapital und Boden können juristisch Eigentum von Unternehmen sein; wirtschaftliche Eigentümer sind die Eigentümer der Unternehmen, also private Haushalte.

Das *Privateigentum* an den Faktorbeständen hat *ökonomisch die Funktion, den Eigentümern ein Recht auf Erträge aus Leistungsabgaben dieser Faktorbestände zu geben,* ihnen allerdings grundsätzlich auch die *Pflicht zur Verantwortung der Misserfolge von Leistungsabgaben zuzuweisen.* Das Recht auf die Erträge gibt den Eigentümern den Anreiz, Arbeitskraft, Sachkapital- und/oder Bodenleistungen für die Produktion bereitzustellen, um daraus ein Einkommen zu beziehen. Arbeitseinkommen und Zinsen für Fremdkapital basieren auf vertraglichen Vereinbarungen der Eigentümer mit dem Management von Firmen, sind daher *kontraktbestimmtes* Einkommen, für welches das Risiko von Misserfolgen weitgehend auf das Unternehmen bzw. dessen wirtschaftliche Eigentümer übertragen wird. Die Eigenkapitalgeber als wirtschaftliche Eigentümer haben den Anspruch auf den (durch Abzug der Kosten vom Erlös als Residuum ermittelten) Gewinn als Einkommen; sie sind *residual claimants.* Sie tragen allerdings auch das Risiko von Misserfolgen des Faktoreinsatzes in Form von Verlusten. Das Eigeninteresse der Faktoreigentümer an möglichst hohem Einkommen bewirkt, dass die Faktorbestände und -leistungen in ertragreiche Verwendungen gelenkt werden, d. h. in solche Unternehmen, die direkt oder indirekt (in der Form von Zwischenprodukten) zur Bereitstellung der von den Haushalten am dringlichsten gewünschten Konsumgüter beitragen.

Es sind die wirtschaftlichen Anreizwirkungen des Privateigentums, die seit der von ADAM SMITH begründeten klassisch-liberalen Schule betont werden, nach der Privateigentum und Eigeninteresse allerdings nur in einer strengen Wettbewerbsordnung, die Monopolisierungsbestrebungen verhindert, ihre wohlfahrtsfördernde Wirkung entfalten. Kritik erfuhr die Institution des Privateigentums am Sachkapital und am Boden durch die Sozialisten. Nach KARL MARX besteht die Anreizwirkung für die Eigentümer solcher Produktionsmittel, die „Kapitalisten", im Streben nach möglichst hohem Profit. Beziehe die Arbeitskraft wegen der Konkurrenz am Arbeitsmarkt nur ein Lohneinkommen, welches sie gerade erhalte, so werde der Mehrwert, den die Arbeitskraft in der Kombination mit den Produktionsmitteln hervorbringt, als Profit auf die Kapitalisten übertragen. Diese Ausbeutung der Arbeitskraft sei nicht zuletzt durch das Privateigentum an den Produktionsmitteln begründet; die Eigentumsordnung sei falsch konstruiert; sie solle daher durch Gemeineigentum an den Produktionsmitteln abgelöst werden (vgl. dazu Kap. 0.C.2).

Als es zur Abschaffung des Privateigentums an den Produktionsmitteln in den sozialistischen Staaten kam, zeigten die dramatischen Effizienzverluste, wie stark es auf die Anreizwirkungen des Privateigentums für die Lenkung der Produktionsfaktoren ankommt. Schon in den fünfziger und sechziger Jahren des vergangenen Jahrhunderts wurde in den sozialistischen Staaten über die Einführung marktwirtschaftlicher Elemente debattiert; eine Forderung nach Wiedereinführung des Privateigentums an den Produktionsmitteln kam allerdings erst mit der politischen Wende zum Durchbruch. Ihre Verwirklichung war das weitaus schwierigste Problem im Prozess der Transformation dieser Volkswirtschaften in Marktwirtschaften.

In den letzten zwei Jahrzehnten wurde die Frage nach den wirtschaftlichen Anreizwirkungen der Eigentumsordnung allgemeiner gestellt. Für wirtschaftliche Anreize sind nicht nur die Rechte juristischer oder wirtschaftlicher Eigentümer, sondern grundsätzlich alle *Handlungsrechte* von Personen über wirtschaftliche Güter relevant. Handlungsrechte müssen nicht kodifiziertes Recht sein; sie können auch auf Moral, Sitte und Tradition beruhen. Die englische Bezeichnung der neuen Richtung mit *property rights* meint viel mehr als Eigentumsrechte von juristischen oder wirtschaftlichen Eigentümern; nach ALCHIAN und DEMSETZ (1972, S. 17) geht es um „*socially recognized rights of action*", nach FURUBOTN und PEJOVICH (1974, S. 3) um „*sanctioned behavioral relations among men that arise from the existence of goods and pertain to their use*". Die Theorie der *property rights* untersucht beispielsweise die Entstehung und die Veränderung von Handlungsrechten; sie versucht damit, den rechtlichen Ordnungsrahmen wirtschaftlichen Handelns, der in der neoklassischen Theorie der Marktwirtschaft stets zum nicht hinterfragten „Datenkranz" gehörte, mit zum Gegenstand der theoretischen Erklärungen zu machen. Da es um die institutionelle Gestaltung der Eigentumsordnung – oder allgemeiner, der Handlungsordnung – geht, bei der Anreizstrukturen und Transaktionskosten eine wichtige Rolle spielen, wird die *Property-Rights*-Theorie zuweilen auch der Neuen Institutionenökonomik zugeordnet.

Im Folgenden soll die Theorie der *property rights* nicht in der ganzen Breite ihrer Fragestellungen, sondern unter dem speziellen Aspekt von Eigentums- bzw. von Handlungsrechten im Verhältnis zu externen Effekten erläutert werden.

2. Externe Effekte

Externe Effekte beschrieben wir in Kap. 0.H.2.b als Leistungsbeziehungen zwischen Wirtschaftseinheiten, die nicht über Märkte vonstatten gehen und daher nicht durch Preise abgegolten werden. Der Absender eines von dem Empfänger (den Empfängern) positiv bewerteten externen Effektes erhält von diesem (diesen) keine Vergütung; der Absender eines von dem Empfänger (den Empfängern) negativ bewerteten externen Effektes haftet nicht für den von ihm damit angerichteten Schaden. Schon im einleitenden Überblickskapitel deuteten wir an, dass externe Effekte eine Fehlallokation von Produktionsfaktoren bewirken und damit ein Marktversagen beinhalten können.

Auch in späteren Kapiteln gingen wir bereits auf externe Effekte ein: In Kap. I.B.7.e behandelten wir *externe Konsumeffekte;* der Nutzen eines Haushalts hängt beim Mitläufereffekt positiv, beim Snob-Effekt negativ von den Verbrauchsmengen anderer Haushalte ab, ohne dass der Haushalt für die Nutzensteigerung etwas zahlt bzw. für die Nutzenminderung entschädigt wird. In Kap. II.J.1 diskutierten wir *externe Produktionseffekte;* Produktion und Kosten eines Unternehmens hängen entweder positiv oder negativ von der Produktion anderer Unternehmen ab, ohne dass das Unternehmen dafür Zahlungen leistet oder Entschädigungen erhält. In Kap. III.B.6 erläuterten wir schließlich die Bedeutung externer Konsum- und/oder Produktionseffekte für das totale Konkurrenzgleichgewicht und wiesen darauf hin, dass externe Effekte den Marktmechanismus der vollständigen Konkurrenz verzerren und die Eigenschaft der paretooptimalen Allokation der Ressourcen aufheben.

Der Begriff externer Effekte sei durch die folgenden Beispiele nicht-marktmäßiger Beziehungen zwischen Wirtschaftseinheiten weiter erläutert:
- Ein privater Haushalt macht Lärm oder verbrennt Gartenmüll auf seinem Grundstück. Für die Nachbarhaushalte ist dies ein nutzenmindernder, also negativer externer Effekt.
- Ein Viehzüchter zäunt seine Herden nicht ein, so dass diese in den Feldern eines Getreidebauern umherlaufen und die Ernte schädigen. Für letzteren ist dies ein gewinnmindernder, also negativer externer Effekt.
- Die Einführung einer Innovation (z. B. eines neuen Gutes oder eines neuen Produktionsverfahrens) durch einen Anbieter, von der andere Anbieter kostenfrei Kenntnis erhalten und die sie nachahmen, ist für letztere ein gewinnsteigernder, also positiver externer Effekt.
- Die Bereitstellung von Kollektivgütern (und, soweit kostenfrei, auch von meritorischen Gütern) durch den Staat (vgl. dazu Kap. 0.H.2.c) steigert den Nutzen von Haushalten bzw. den Gewinn von Unternehmen und ist deshalb für diese Wirtschaftseinheiten ein positiver externer Effekt – wenigstens soweit sie ihren Finanzierungsbeitrag zum Staatshaushalt nicht als Preis in Anrechnung bringen.

Aus der Kennzeichnung von externen Effekten als nicht-marktmäßigen Beziehungen zwischen Wirtschaftseinheiten ergibt sich, dass damit nicht Einwirkungen auf Nutzen oder Gewinn einer Wirtschaftseinheit gemeint sind, die diese über erhöhte oder verminderte Preise, also über die Märkte, erreichen. Erhöht sich beispielsweise wegen Mehrproduktion anderer Unternehmen die Nachfrage nach einem Rohstoff und dessen Preis, so ist dies für ein Unternehmen, das den Rohstoff ebenfalls benötigt, kein externer Effekt, sondern ein marktinterner Vorgang. Früher sprach man in Bezug auf die nicht-marktmäßigen Einwirkungen von „technologischen", in Bezug auf die über Märkte laufenden Einwirkungen von „pekuniären externen Effekten" (SCITOVSKY 1954). Beide Bezeichnungen sind irreführend, denn externe Effekte sind nicht nur technologisch bedingt, und marktinterne Vorgänge sind keine externen Effekte, haben also auch nicht die oben erwähnten, den Marktmechanismus verzerrenden Wirkungen.

3. Gemeineigentum und externe Effekte: Die Rationalitätsfalle

Externe Effekte durchbrechen sozusagen die ökonomische Funktion des Privateigentums, nämlich den Eigentümern ein Recht auf Erträge aus Leistungen und eine Pflicht zur Verantwortung von Misserfolgen zu geben. Als Absender positiver externer Effekte haben Eigentümer keinen Anspruch auf eine Vergütung durch den (die) Empfänger; als Absender negativer externer Effekte haften sie nicht gegenüber dem (den) Empfänger(n) für Schäden. Externe Effekte entsprechen daher einem Zustand nicht des Privat-, sondern des Gemeineigentums.

Dies lässt sich am Beispiel der *Allmende,* einer in Gemeineigentum stehenden landwirtschaftlichen Nutzfläche, erläutern: Ohne Privateigentum am Boden, mit Nutzungsrechten für alle, hat jeder einen Anreiz, den Boden extensiv zu nutzen, jedoch niemand Anreiz zur Pflege des Bodens. Denn Aufwendungen des einzelnen zur Regeneration des Bodens kämen ihm selbst nur zu einem verschwindend kleinen Teil zugute. Der Boden wird übernutzt und verliert seine Qualität. Jeder einzelne handelt in seinem Eigeninteresse, es existiert jedoch eine *Rationalitätsfalle,* denn es kommt zu einer kollektiven Selbstschädigung der Gemeinschaft (vgl. JÖHR 1976, S. 127 ff.; oftmals spricht man auch von einem *Gefangenendilemma* nach einem zuerst von W. A. TUCKER spieltheoretisch diskutierten Beispiel, vgl. LUCE und RAIFFA 1957, S. 95 ff.).

Dieses Problem des Gemeineigentums am Boden kann wie folgt als Problem der externen Effekte gesehen werden: Die Nutzung des Bodens ist für jeden einzelnen ein positiver externer Effekt, d. h. eine wirtschaftliche Leistung, die die einzelnen Empfänger unentgeltlich erhalten, denn es gibt keinen Markt und damit keinen Preis für Bodenleistungen. Der Absender des externen Effektes ist die Gemeinschaft als Eigentümerin des Bodens. Sie erhält von den privaten Nutzern keine Entschädigung. Durch Überführung des Gemeineigentums in Privateigentum ließe sich die Zuordnung von Folgen zu den Handlungen herstellen, d. h. die individuelle Nutzung des Bodens mit den privaten Erträgen und Kosten verknüpfen. Es würde ein Markt für Bodenleistungen entstehen; Bodenleistungen würden entgeltlich und rechenbar gemacht; der externe Effekt würde *internalisiert.*

Das Beispiel des vom Gemeineigentum am Boden ausgehenden externen Effektes lässt sich abwandeln: *Umweltverschmutzende Handlungen* von Wirtschaftssubjekten nutzen das knapp gewordene, im Gemeineigentum stehende Gut Umwelt, ohne für die Folgen verminderter Umweltqualität aufzukommen, also unentgeltlich als positiven externen Effekt. Überführung der Umwelt vom Gemein- in Privateigentum würde bedeuten, dass die Inanspruchnahme der Umwelt entgeltlich gemacht, die externen Effekte also internalisiert werden, was allerdings, wie zu zeigen bleibt, nur sehr begrenzt möglich ist.

Wahlweise lässt sich Nutzung der Allmende oder Umweltverschmutzung auch als Absenden negativer externer Effekte deuten, die Allmende bzw. Umwelt, und damit die Gemeinschaft schädigen (vgl. Kap. 0.H.2.c).

4. Internalisierung von externen Effekten: Das COASE-Theorem

Die Probleme des Gemeineigentums ließen sich als externe Effekte deuten; Umwandlung in Privateigentum würde diese Probleme lösen, die externen Effekte entgeltlich machen, also zum Verschwinden bringen oder internalisieren. Kommt es nur auf eine Umwandlung von Handlungsrechten an, um allgemein die Probleme externer Effekte zu beseitigen? Wäre es stets möglich und sinnvoll, durch Gestaltung von Handlungsrechten externe Effekte zu internalisieren?

Die *Handlungsrechte bezüglich des Absendens externer Effekte* können grundsätzlich in zweierlei Weise ausgestaltet sein:

Das *Absenden negativer externer Effekte* könnte
(a) erlaubt sein mit der Folge, dass die Empfänger die damit verbundene Nutzen- oder Gewinnminderung ohne Anspruch auf Entschädigung hinzunehmen haben, die Absender also nicht für den Schaden haften;
(b) verboten sein mit der Folge, dass die Empfänger bei Nichtbeachtung des Verbotes einen Anspruch auf Entschädigung haben, die Absender also haften.

Das *Absenden positiver externer Effekte* könnte
(a) keinen Anspruch des Absenders auf Kompensation für die Nutzen- oder Gewinnsteigerung des Empfängers schaffen;
(b) einen solchen Anspruch des Absenders begründen.

Unter der *jeweiligen Rechtsausgestaltung* (a) sind *externe Effekte nicht zu kompensieren;* die Folgen der Handlung des Absenders beim Empfänger scheinen für den Absender, da er nicht zahlen muss oder Zahlungen erhält, irrelevant zu sein. Die *jeweilige Rechtsausgestaltung* (b) mit ihrer Schadenshaftung bzw. dem Recht des Absenders auf Kompensation durch den Empfänger bedeutet *Entgeltlichmachen* und damit eine *Internalisierung des externen Effektes.* Durch (b) wird wie beim Privateigentum erreicht, dass die Wirtschaftssubjekte die Folgen ihrer Handlungen wirtschaftlich zu spüren bekommen.

In Analogie zur Vorteilhaftigkeit des Privateigentums gegenüber dem Gemeineigentum scheint die Rechtsausgestaltung (b) grundsätzlich die sinnvollere zu sein, da sie eine Erfassung aller Kosten und Erträge beim Absender, dem Verursacher, anstrebt. Nur Schadenshaftung für negative externe Effekte und Kompensationsanspruch für positive externe Effekte scheinen sich als die dem Privateigentum entsprechende Ausgestaltung von Handlungsrechten anzubieten, die bewirken würde, dass den Wirtschaftssubjekten die Folgen ihrer Handlungen zugerechnet werden.

In *„The Problem of Social Cost"* (1960) zeigte RONALD COASE allerdings, dass – nicht aufgrund handlungsrechtlicher Regelungen, wohl aber im Eigeninteresse der Beteiligten – auch unter einer Rechtsausgestaltung (a) eine Internalisierung von externen Effekten möglich ist, so dass sich die Frage nach einer bestmöglichen Ausgestaltung von Handlungsrechten doch nicht in gleicher Weise wie die nach Gemein- oder Privateigentum beantworten lässt.

COASE argumentiert am Beispiel eines Viehzüchters, dessen Herden in den Feldern eines Getreidebauern umherlaufen und so den negativen externen Effekt auslösen. Wir erläutern den Inhalt des sogenannten COASE-Theorems hier an einem Beispiel nach BÖSSMANN (1979) unter der Annahme, dass Viehzüchter und Getreidebauer auf ihren Absatzmärkten als Mengenanpasser handeln. Den Viehzüchter kennzeichnen wir in den folgenden Gleichungen durch den Fußindex v, den Getreidebauern durch den Fußindex g. Wir unterstellen die Kostenfunktionen

$$K_v = a y_v^2 \quad \text{und} \quad K_g = b y_g^2 + c y_v^2, \tag{1}$$

von denen die letztere mit dem Summanden $c \cdot y_v^2$ die Abhängigkeit der Kosten des Getreidebauern von der Produktion des Viehzüchters, also den externen Effekt, zum Ausdruck bringt.

Gibt es unter der *Rechtsausgestaltung (a) keine Haftung des Viehzüchters* für die durch seine Herden dem Getreidebauern entstehenden Schäden, so hat letzterer ein Interesse, den ersteren zur Reduzierung seiner Herden zu veranlassen und ist bereit, diesem für jede Verringerung seiner ohne Ausgleichszahlung gewinnmaximierenden Produktionsmenge y_v^* um eine Einheit einen näher zu bestimmenden Betrag z zu zahlen. In der Gewinnfunktion des Viehzüchters

$$G_v = p_v y_v - a y_v^2 + z \cdot (y_v^* - y_v) \tag{2}$$

stellt $y_v^* - y_v$ die Reduzierung der Produktionsmenge, der Summand $z \cdot (y_v^* - y_v)$ die vom Getreidebauern geleistete Ausgleichszahlung dar. Wenn der Viehzüchter z als eine gegebene Größe betrachtet, an die er sich mit seiner Produktionsmenge anpasst, dann ergibt sich aus der *Bedingung 1. Ordnung*

$$\frac{\partial G_v}{\partial y_v} = p_v - 2 a y_v - z = 0 \tag{3}$$

seine gewinnmaximierende Menge in Abhängigkeit von z:

$$y_v^{**} = \frac{p_v - z}{2a}. \tag{4}$$

In der Gewinnfunktion des Getreidebauern,

$$G_g = p_g y_g - b y_g^2 - c y_v^2 + z \cdot (y_v^* - y_v), \tag{5}$$

ist die Ausgleichszahlung abgezogen. Der Getreidebauer könnte wie ein preissetzender Monopolist im bilateralen Monopol (vgl. Kap. IV.B.4) den seinen Gewinn maximierenden Wert von z ermitteln, indem er (4) als „Reaktionsfunktion" des Viehzüchters in seine Gewinnfunktion G_y einsetzt, diese dann nach z differenziert und die 1. Ableitung gleich null setzt (auf *Bedingungen 2. Ordnung* gehen wir hier und im Folgenden nicht ein).

Statt dessen wird hier auch für den Getreidebauern mengenanpassendes Verhalten unterstellt (vgl. Kap. IV.B.4). Dieser sieht also z als gegeben an und ermittelt die für ihn optimale Menge y_v^{***} durch Ableiten von (5) nach y_v, und Nullsetzen:

$$\frac{\partial G_g}{\partial y_v} = -2cy_v + z = 0 \quad \text{oder} \quad y_v^{***} = \frac{z}{2c}. \tag{6}$$

Im Gleichgewicht muss gelten $y_v^{**} = y_v^{***}$, also

$$\frac{p_v - z}{2a} = \frac{z}{2c} \quad \text{oder} \quad z^{opt} = \frac{cp_v}{a+c}. \tag{6a}$$

Aus

$$\frac{\partial G_g}{\partial y_g} = p_g - 2by_g = 0 \tag{7}$$

ergibt sich die von z^{opt} und c unabhängige gewinnmaximierende Produktionsmenge des Getreidebauern:

$$y_g^{**} = \frac{p_g}{2b}. \tag{8}$$

Haftet hingegen unter der Rechtsausgestaltung (b) *der Viehzüchter* für die dem Getreidebauern entstehenden Schäden, so gilt für den Viehzüchter die Gewinnfunktion

$$G_v = p_v y_v - ay_v^2 - sy_v, \tag{9}$$

in der sy_v die Entschädigungszahlung darstellt. Betrachtet der Viehzüchter die je Produktionsmengeneinheit zu zahlende Entschädigung s als gegebene Größe, an die er sich mit seiner Produktionsmenge anpasst, dann ergibt sich aus der *Bedingung 1. Ordnung*

$$\frac{\partial G_v}{\partial y_v} = p_v - 2ay_v - s = 0 \tag{10}$$

seine gewinnmaximierende Menge in Abhängigkeit von s:

$$y_v^{**} = \frac{p_v - s}{2a}. \tag{11}$$

In der Gewinnfunktion des Getreidebauern,

$$G_g = p_g y_g - by_g^2 - cy_v^2 + sy_v, \tag{12}$$

ist die Entschädigungszahlung hinzugezählt. Der Getreidebauer könnte den seinen Gewinn maximierenden Wert von s ermitteln, indem er (11) als „Reaktionsfunktion" es Viehzüchters in seine Gewinnfunktion G_g einsetzt, diese dann nach s differenziert und die 1. Ableitung gleich null setzt. Mit einer solchen Festlegung von s würde er wie ein preissetzender Monopolist gegenüber einem Mengenanpasser im bilateralen Monopol handeln.

Stattdessen wird wieder mengenanpassendes Verhalten unterstellt. Der Getreidebauer sieht s als gegeben an und ermittelt die für ihn optimale Menge y_v^{***} durch Ableiten von (12) nach y_v und Nullsetzen:

$$\frac{\partial G_g}{\partial y_v} = -2cy_v + s = 0 \quad \text{oder} \quad y_v^{***} = \frac{s}{2c}. \tag{13}$$

Im Gleichgewicht muss gelten $y_v^{**} = y_v^{***}$, also

$$\frac{p_v - s}{2a} = \frac{s}{2c} \quad \text{oder} \quad s^{opt} = \frac{cp_v}{a+c}. \tag{13a}$$

Aus

$$\frac{\partial G_g}{\partial y_g} = p_g - 2by_g = 0 \tag{14}$$

ergibt sich die von s^{opt} und c unabhängige gewinnmaximierende Produktionsmenge des Getreidebauern:

$$y_g^{**} = \frac{p_g}{2b}. \tag{15}$$

Da $s^{opt} = z^{opt} = cp_v / (a + c)$, zeigt sich in (4) und (11) bzw. (8) und (15) das Hauptergebnis des COASE-Theorems, dass nämlich die gewinnmaximierende Produktionsmenge sowohl des Viehzüchters als auch des Getreidebauern unter beiden Rechtsausgestaltungen jeweils dieselbe ist oder, allgemeiner ausgedrückt, dass die *Rechtsausgestaltung neutral* in bezug auf die in den beiden *Produktionen eingesetzten Faktoren* ist. Ein Übergang von einer Rechtsausgestaltung zur anderen würde die Allokation der Faktoren nicht verändern. Für die Gewinne lässt sich eine analoge Aussage nicht machen. Denn ein Vergleich von (2) und (9) sowie von (5) und (12) ergibt, dass der Gewinn des Viehzüchters unter der Rechtsausgestaltung (a) und der des Getreidebauern unter der Rechtsausgestaltung (b) größer als unter der jeweils anderen ist. Die *Rechtsausgestaltung* ist also *nicht neutral* hinsichtlich der *Gewinnverteilung*. Bei einem Übergang von der einen zur anderen Rechtsausgestaltung stünde sozusagen eine Gewinnsumme $z^{opt}(y_v^* - y_v^{**}) + s^{opt} y_v^{**}$ zur Disposition.

Die Überlegungen von COASE zeigen, dass es *ökonomisch nicht von vornherein vorziehenswert ist*, mittels der Rechtsausgestaltung (b) den Absender als Verursacher im Fall eines negativen externen Effektes haftungspflichtig (oder im

Fall eines positiven externen Effektes kompensationsberechtigt) zu machen. „Verursachen" bezieht sich sowieso nur auf den externen Effekt im technischen Sinn des Herumtrampelns der Herden im Getreide. Wenn der Viehzüchter zuerst sein Unternehmen gründete und der Getreidebauer später hinzukam, könnte man auch letzterem die Entstehung des externen Effektes anlasten. Ökonomisch besteht das Problem in den konkurrierenden Ansprüchen beider Wirtschaftssubjekte auf die Nutzung des Bodens für Getreideanbau und Viehzucht. Das „Verursacherprinzip", das allein auf (b) als Internalisierungsmaxime hinweist, ist ökonomisch ambivalent (vgl. BONUS 1986). Allerdings könnte man in einer mikroökonomischen Betrachtung von politischem Lobbyismus aus den obigen Überlegungen den Schluss ziehen, dass es sich für beide Seiten lohnt, die rechtliche Ausgestaltung jeweils zu ihren Gunsten zu beeinflussen: Auch wenn die Allokation jeweils die gleiche wäre, so ergeben sich jeweils unterschiedliche Verteilungsergebnisse.

Anders als bei der Überführung von Gemeineigentum in Privateigentum scheint das COASE-Theorem aufgrund der Faktorallokationsneutralität der Rechtsausgestaltungen (a) und (b) keinen Bedarf für die wirtschaftspolitische Gestaltung von Handlungsrechten anzudeuten. Vielmehr wird suggeriert, dass die Wirtschaftssubjekte in Verhandlungen ohnehin zu einer Internalisierung externer Effekte gelangen und damit – wie bei Privateigentum – die Folgen ihrer Handlungen übernehmen. Die Tatsache, dass in der Wirklichkeit für zahlreiche externe Effekte keine Internalisierungsaktivität zwischen den beteiligten Wirtschaftssubjekten auszumachen ist, legt es nahe, die Voraussetzungen des COASE-Theorems zu prüfen und das Fortbestehen externer Effekte mit dem Nichtzutreffen von Voraussetzungen zu erklären. Im COASEschen Beispiel gilt:

1. Der externe Effekt selbst sowie Absender und Empfänger dieses Effektes sind bekannt.
2. Es handelt sich um nur zwei Beteiligte.
3. Bei den Verhandlungen gibt es keine Ausübung von Macht.
4. Es gibt keine Kosten der gegenseitigen Information über die Produktionsbedingungen, keine Kosten des Aushandelns, der Ausführung und der Kontrolle eines Vertrages über Schadens- oder über Kompensationszahlungen.

Zu 1.: In der Wirklichkeit gibt es externe Effekte, die nicht oder schwer messbar und/oder deren Absender oder Empfänger unbekannt sind. Als Beispiel sind hier Emissionen und Immissionen mit teils unscharfen räumlichen (auch internationalen) und zeitlichen Schadenszusammenhängen zu nennen.

Zu 2.: Bei vielen externen Effekten handelt es sich um eine Vielzahl von Absendern und/oder Empfängern, so dass Verhandlungen mit hohen Verhandlungskosten verbunden wären. Nur diejenigen, die eine höhere Kompensation als ihre individuellen Verhandlungskosten erwarten, sind an Verhandlungen interessiert.

Zu 3.: Selbst bei nur zwei Beteiligten ist, ähnlich wie in einem bilateralen Monopol, nicht nur eine Verhandlungslösung möglich; vielmehr können Verhandlungsgeschick oder andere Ungleichheiten der Verhandlungspartner, die sich mit dem Begriff „Macht" umschreiben lassen, andere Zahlungen als die im COASEschen Beispiel bei machtfreiem Anpasserverhalten deduzierten Zahlungen veranlassen, die dann auch Nichtneutralität der Handlungsrechte bezüglich der Faktorallokation implizieren.

Zu 4.: Die unter 1. genannten Fälle lassen sich so deuten, dass die Kosten der Information über externe Effekte und über daran Beteiligte sehr hoch, ja sogar unendlich hoch sein können. Unter 2. wurden Kosten für Verhandlungen in Abhängigkeit von der Zahl der Beteiligten angesprochen. Mit 3. sind verallgemeinernd die Kosten für Information, für das Aushandeln, das Ausführen und für die Kontrolle von Verträgen, also *Transaktionskosten,* gemeint. Es sind insbesondere hohe Transaktionskosten, die in den meisten Fällen eine Internalisierung externer Effekte aus der Sicht der Beteiligten von vornherein als nicht lohnend erscheinen lassen.

Als Ergebnis lässt sich festhalten, dass es leider unmöglich ist, der Wirtschaftsordnungspolitik analog zu der Empfehlung „Privateigentum mit Wettbewerb statt Gemeineigentum" die generelle Empfehlung „Schadenshaftung für das Absenden negativer externer Effekte, Kompensationszahlungen für das Empfangen positiver externer Effekte" zu geben. Die Materie ist bei den externen Effekten im Allgemeinen komplizierter als bei der Eigentumsfrage. Nur in wenigen Einzelfällen kann man, unabhängig von der Rechtsausgestaltung, gemäß dem COASE-Theorem auf Internalisierung aus dem Eigeninteresse der Beteiligten hoffen.

Wirtschaftspolitischer Handlungsbedarf besteht insbesondere in bezug auf das im Gemeineigentum stehende Gut Umwelt. Als umweltpolitische Instrumente, deren Einsatz die negativen externen Effekte in Form von Emissionen mindert oder entgeltlich macht, kommen Emissionsobergrenzen (*Auflagen*), *Emissionssteuern* oder *Emissionszertifikate* (handelbare „Verschmutzungsrechte") in Frage. Allerdings ist die Einführung einer Haftung für negative externe Effekte im Umweltbereich auch deshalb schwierig, weil für Emissionen bezüglich ihres Umfangs, ihrer Schädlichkeit oder ihrer exakten Quelle in vielen Fällen Unklarheit besteht.

Zudem macht es auch im Bereich der Umweltpolitik keinen Sinn, unter Berufung auf das Verursacherprinzip stets auf einer Rechtsausgestaltung (b) mit Schadenshaftung zu beharren. Wie BONUS (1986) am Beispiel des umstrittenen, in Baden-Württemberg eingeführten „Wasserpfennigs" zeigte, spricht ökonomisch nichts gegen eine Rechtsausgestaltung (a), die hier eine Beibehaltung des Rechts von Bauern bedeutet, durch Bodendüngung das Grundwasser zu schädigen. Der „Wasserpfennig" ist dann eine vom Staat den Wasserverbrauchern zugunsten der Bauern verordnete Kompensation für den (teilweisen) Verzicht auf das Recht, den Boden zu düngen oder Pestizide einzusetzen.

Kapitel VII.

Drei abschließende Anmerkungen zur Marktwirtschaft: Wettbewerb, Sozialpolitik und Toleranz

A. Marktwirtschaft und Wettbewerb

Die Kapitel I und II führten in die Theorien des Haushalts und des Unternehmens ein, deren dezentralisiert und in einzelwirtschaftlichem Interesse getroffenen Entscheidungen über die in den Kapitel III bis V diskutierten Güter- und Faktormärkte koordiniert werden. Diese Darstellung der Koordination wird modifiziert durch die in Kap. VI angesprochenen neueren Entwicklungen in der mikroökonomischen Theorie, die sich beispielsweise mit asymmetrischen Informationen und Transaktionskosten befassen.

Es ist keineswegs ein Bild reibungslosen Funktionierens, das die mikroökonomische Theorie von der Koordination der einzelwirtschaftlichen Entscheidungen vermittelt. Zwar scheint das in Kap. III beschriebene Modell der vollständigen Konkurrenz auf allen Märkten einen perfekten Koordinationsmechanismus zu beschreiben. Bei näherer Betrachtung sind jedoch selbst bei den in diesem Modell angenommenen atomistischen Marktstrukturen mit Mengenanpasserverhalten aller Marktteilnehmer gravierende Mängel und Möglichkeiten des Marktversagens erkennbar. So bewirken z.B. fallend verlaufende Durchschnittskostenkurven, dass ein Konkurrenzgleichgewicht möglicherweise nicht existiert. Externe Effekte, die es sich nicht zu internalisieren lohnt, bedeuten Abweichungen der privaten von den sozialen Grenzkosten; sie verhindern die optimale Allokation der Ressourcen. Der Ansatz der Ungleichgewichtstheorie zeigt die Möglichkeit anhaltender Divergenzen von Angebot und Nachfrage und damit von Ungleichgewichten auf einem Teil der Märkte, wenn man die Annahme des walrasianischen *tâtonnements* durch die wirklichkeitsnähere Annahme ersetzt, dass Transaktionen auch zu Ungleichgewichtspreisen getätigt werden. Selbst wenn sich eine Volkswirtschaft durchgängig in der Marktform der vollständigen Konkurrenz organisieren ließe, wäre ein pareto-optimales Marktergebnis keineswegs gewährleistet. Vollständiger

Konkurrenz kann daher nur als idealtypischer Marktform und damit nur als Vergleichsbasis weiterhin große Bedeutung zugesprochen werden.

Die Koordination über Märkte schließt aber auch die in Kap. IV behandelten Märkte mit unvollständiger Konkurrenz ein. Für eine Volkswirtschaft, die mit monopolistischen und oligopolistischen Märkten durchsetzt ist, lässt sich gesamtwirtschaftlich mit dem PARETO-Kriterium nichts anfangen. Es könnte sein, dass nach dem Maßstab dynamischer Effizienz bei innovatorischem Wettbewerb ein gewisser Grad der Monopolisierung oder Oligopolisierung besser als vollständige Konkurrenz abschneidet, z.b. ein höheres Wachstum ermöglicht.

Es gibt daher Bemühungen, den marktwirtschaftlichen Wettbewerb in den Vordergrund zu stellen und unabhängig von einer modelltheoretischen Fundierung nach Kriterien seiner *Funktionsfähigkeit* zu beurteilen. Dabei stellt man nicht ausschließlich auf Marktformen oder – unter Berücksichtigung des Entwicklungsaspekts – auf eine zeitliche Abfolge von Marktformen ab. Im dynamischen Prozess der „*Workable Competition*" (J. M. CLARK 1961) haben folgende Funktionen Bedeutung:

- Bestimmung der funktionalen Einkommensverteilung (d.h. der Verteilung des volkswirtschaftlichen Einkommens auf die Produktionsfaktoren Arbeit und Kapital einschließlich Boden bzw. auf Einkommen aus nichtselbständiger Tätigkeit sowie aus Unternehmertätigkeit und Vermögen) nach der Marktleistung.
- Steuerung der Zusammensetzung des Konsumgüterangebots nach den Konsumentenpräferenzen.
- Lenkung der Faktoren in die produktivsten Verwendungen.
- Flexible Anpassung der Produktion an sich ändernde Nachfrage und Produktionstechnik.
- Förderung des technischen Fortschritts bei Produktion und Produktionsverfahren.

Um die Funktionsfähigkeit zu beurteilen, werden grundsätzlich drei Arten von Tests herangezogen, welche die Marktstruktur (*market structure*), das Marktverhalten (*market conduct*) und die Marktergebnisse (*market performance*) prüfen sollen:

- *Marktstrukturtests* beziehen sich beispielsweise auf die Anzahl und die Marktanteile der Marktteilnehmer, den Grad der Produktdifferenzierung, die Möglichkeit des Zugangs neuer Marktteilnehmer. Schon diese Tests stellen nicht nur auf die Marktform, sondern auch auf zusätzliche Kriterien ab.
- *Marktverhaltenstests* erstrecken sich z. B. auf die Stärke des Gewinnerzielungsmotivs, das Rivalitätsempfinden, gleichgerichtetes Verhalten und die Preisreagibilität der Nachfrage.
- *Marktergebnistests* richten sich beispielsweise auf die Höhe der Kosten und Preise, des Gewinns, der Kapazitätsauslastung, auf Produktqualität und technischen Fortschritt.

Die *Harvard-Schule des funktionsfähigen Wettbewerbs* (der auch J. M. CLARK zuzurechnen ist), reicht bis in die dreißiger Jahre des vergangenen Jahrhunderts zurück. Sie legt das Gewicht vorwiegend auf Marktergebnisse wie sinkende Kosten und Preise, steigende Produktqualität und technischen Fortschritt. Nach ihr ist es minder wichtig, bei welcher Marktstruktur oder Marktform und welchem Marktverhalten sich diese Marktergebnisse einstellen. Trotzdem gibt es Versuche, die Marktergebnisse wieder bestimmten Marktstrukturen zuzuordnen. So vertritt ein deutscher Repräsentant dieser Schule, E. KANTZENBACH (1967), die These, dass optimale Wettbewerbsintensität und bestmögliche Marktergebnisse in der Marktform des *weiten Oligopols* (d.h. eines Oligopols mit nicht zu geringer Anbieterzahl) bei mäßiger Produktdifferenzierung erreicht werden.

Als zweite Richtung der Wettbewerbslehren sind *neoklassisch orientierte Schulen* zu nennen. In den Vereinigen Staaten ist es die *Chicago-Schulde*, die ein Gegengewicht zur Harvard-Schule darstellt. In dieser Schule herrscht die Überzeugung vor, dass das Modell des langfristigen Konkurrenzgleichgewichts, modifiziert durch Informationsaspekte, noch immer ein brauchbares Instrument zur Analyse des Marktgeschehens darstellt, und dass private Monopole seltener und weniger schädlich sind als behauptet wird. Das Überleben eines Wettbewerbes (*survivor*) am Markt wird bereits als Rechfertigung dafür gesehen, dass der Wettbewerb vertretbare Ergebnisse hat.

Ein deutscher Zweig der neoklassischen Richtung war im und nach dem Zweiten Weltkrieg der vor allem von WALTER EUCKEN repräsentierte *Freiburger Ordoliberalismus*: Die den Wettbewerb *konstituierenden Prinzipien* umfassen die notwendigen Elemente einer Wettbewerbsordnung wie Privateigentum, Vertragsfreiheit, Vertragshaftung, Konkurrenzpreisbildung, Preisstabilität, Vorhersehbarkeit und Stetigkeit der Wirtschaftspolitik; sie werden ergänzt durch *regulierende Prinzipien* zur Überwachung der Marktprozesse wie Korrektur von Marktmacht, von anormalen Angebotsreaktionen und von externen Effekten (vgl. EUCKEN 1990; zur ausführlichen Darstellung GROSSEKETTLER 1997, S. 44 ff.).

Eine die Freiburger Schule weiterführende neoklassische Richtung ist die von E. HOPPMANN (1977) vertretene Konzeption des *Freien Wettbewerbs*, die Merkmale der Marktstruktur und des Marktverhaltens in den Vordergrund stellt. Gewährt die Marktstruktur insbesondere freien Zugang und gibt es kein kartellartiges Verhalten, so zeigt dies Freiheit auf der Anbieterseite. Sorgt die Marktstruktur ferner dafür, dass die Nachfrager Wahlmöglichkeiten haben, dann bedeutet dies Freiheit auf der Nachfragerseite. Wegen der Freiheit, die er verbürgt, ist Wettbewerb selbst schon ein gesellschaftspolitisches Ziel. Freier Wettbewerb zeitigt als Instrument auch zufrieden stellende Marktergebnisse.

Außerhalb der konventionellen Wettbewerbslehren entwarf H. GROSSEKETTLER (vgl. 1985, S. 170 ff. und 1989, S. 321 ff.) das *Koordinationsmängel-Konzept* (KMK), mit dem die Funktionsfähigkeit eines Marktprozesses anhand folgender Kriterien empirisch zu prüfen ist:

(1) *Markträumungsfunktion*: Verhinderung von Angebots- oder Nachfrageüberschüssen durch Preissenkung bzw. Preiserhöhung.

(2) *Renditenormalisierungsfunktion*: Anpassung der (risikoberichtigten) Rendite an eine gesamtwirtschaftliche Normalrendite durch Beschleunigung oder

Verzögerung der Investitionen und damit der Anpassung der Produktionskapazität.

(3) *Übermachterosionsfunktion*: Verhinderung dauerhafter Übermacht einer Marktseite durch Markteintritte.

(4) *Produktfortschrittsfunktion*: Abbau von Fortschrittsrückständen bei der Einführung neuer und qualitätsverbesserter Produkte.

(5) *Verfahrensfortschrittsfunktion*: Abbau von Verfahrensrückständen bei der Einführung neuer und qualitativ verbesserter Produkte.

Mit KMK soll einerseits die Diagnosetechnik von Störungen vereinheitlicht und andererseits eine umfassende empirisch fundierte Wettbewerbstheorie entwickelt werden.

B. Marktwirtschaft und Sozialpolitik

In diesem Buch wurde die Bedeutung des Staates bisher nur im Hinblick auf die Problematik öffentlicher und meritorischer Güter angesprochen. Fragen der solidarischen Absicherung der in der Marktwirtschaft handelnden Menschen durch sozialpolitische Maßnahmen (soziale Sicherungssysteme) wurden nicht behandelt. In diesem Abschnitt soll es um das grundsätzliche Verhältnis von Marktwirtschaft und Sozialpolitik gehen. Sind die in einer Marktwirtschaft angestrebte ökonomische Effizienz und die mit Sozialpolitik angesprochene Solidarität der Menschen Gegensätze oder können sie sich ergänzen? Muss die Finanzierung der Sozialpolitik als staatlich erzwungene Korrektur und Umverteilung der sich in einer Marktwirtschaft ergebenden Einkommen aufgefasst werden, oder kann eine zweckmäßig gestaltete und dosierte Sozialpolitik den marktwirtschaftlichen Wettbewerb ergänzen und stärken?

Seit den neoklassischen *Old Welfare Economics*, insbesondere seit PIGOU (1920), gab es immer wieder Vorschläge, durch staatliche Umverteilung eine gleichmäßigere Einkommensverteilung zu erreichen. Bei – sonst nicht unterstellter (vgl. Kap. I.B.2, Kap. III.B.3) – interpersoneller Vergleichbarkeit der Nutzen ergäbe sich durch Umverteilung ein Wohlfahrtsgewinn, wenn der Nutzenverlust der die Sozialpolitik finanzierenden „Reichen" geringer wäre als der Nutzengewinn der die Sozialleistungen beziehenden „Armen". Grundsätzlich müsste sich daher auch mit umverteilender Sozialpolitik eine Wohlfahrtssteigerung erzielen lassen. Im Anschluss an solche Überlegungen entwickelte sich die Idee des Einkommen umverteilenden „Wohlfahrtsstaates".

Als in der Bundesrepublik Deutschland nach dem Zweiten Weltkrieg in der Tradition des Freiburger Ordoliberalismus das Leitbild der „Sozialen Marktwirtschaft" von ALFRED MÜLLER-ARMACK (1946, 1948) entworfen und von LUDWIG ERHARD als Wirtschafsminister in die Politik eingeführt wurde, hatte das Adjektiv „sozial" grundsätzlich nichts mit der Idee einer Korrektur oder Umverteilung marktwirtschaftlicher Ergebnisse zu tun (eine Umverteilung wurde allenfalls durch progressive Einkommensbesteuerung akzeptiert, die „Reiche" relativ stärker belastet als „Arme" – sofern eine solche Besteuerung nicht die Bereitschaft zum Investieren und damit Beschäftigung und Wachstum vermindert). „Soziale Marktwirtschaft" wurde also nicht als „Marktwirtschaft plus Umverteilung" interpretiert (vgl. GROSSEKETTLER 1997, S. 18, S. 89); in ihrem ordnungspolitischen Rahmen sollten vielmehr die Anreize zu wettbewerblichem und solidarischem Handeln so gesetzt werden, dass sich Marktwirtschaft und Sozialpolitik ergänzen.

Die Idee, dass selbst eine umverteilende Sozialpolitik nicht „gegen den Markt" gerichtet sein muss, sondern durch geeignete Gestaltung von Anreizen in einer die Marktwirtschaft unterstützenden Weise eingesetzt werden kann, ist auch durch die neueren Entwicklungen der mikroökonomischen Theorie aktuell geblieben, die Handlungsrechte und Anreize nicht in einen unbeeinflussbaren „Datenkranz" verweisen, sondern als Aufgabe der institutionellen Gestaltung einer Rahmenordnung sieht. Mit folgenden Argumenten lässt sich eine solche zwar umverteilende, jedoch die Marktwirtschaft unterstützende Sozialpolitik begründen:

(1) Sie könnte zum einen nicht in marktwirtschaftliche Prozesse integrierbare Randgruppen vor einem Ausscheren in kriminelle Verhaltensweisen bewahren und andererseits die Verlierer aus gesellschaftlichen und marktwirtschaftlichen Reformen zumindest teilweise entschädigen.

(2) Sofern die Nutzenfunktionen von Haushalten altruistisch sind, könnte eine Sozialpolitik zu Lasten solcher Haushalte und zu Gunsten in Not geratener Randgruppen für alle günstiger sein.

(3) Sozialhilfe, Altersrente, Krankenversicherung und Arbeitslosengeld können als Versicherungsleistungen eines Sozialstaats interpretiert werden (vgl. SINN 1996). Die finanziellen Beiträge der Haushalte zu einer solchen Sozialpolitik sind als Investitionen zur Verminderung individueller Risiken zu sehen – also des Risikos, nicht arbeiten zu können, zu alt zum Arbeiten, krank oder arbeitslos zu werden. Die individuellen (positiven oder negativen) Überschüsse geleisteter Beiträge über erhaltene soziale Leistungen sind dann keine Umverteilungen von marktwirtschaftlich erzielten Einkommen, sondern die Transferleistungen zwischen den Versicherten einer Versicherung

Entscheidend ist, dass die „Sozialpolitik als Versicherungsschutz" anreizkompatibel ausgestaltet wird. Auf der einen Seite soll sie möglichst wenig Anreiz zu gesamtwirtschaftlich schädlichen Verhaltensweisen geben, wie z.B. zu unzureichenden Vorkehrungen zur Verhütung des Eintritts oder gar zur vorsätzlichen Herbeiführung des Versicherungsfalls, um Leistungen beziehen zu können (*moral hazard*, vlg. Kap VI.A.1.d und Kap. VI.B.2). Auf der anderen Seite kommt es vor allem darauf an, die staatliche Sozialpolitik so zu gestalten, dass der von ihr gewährte Schutz die Menschen im Wettbewerb der Marktwirtschaft risikobereiter macht. Sozialstaatliche Absicherungen könnten beispielsweise riskante Humankapitalinvestitionen in eine spezifische Ausbildung und ebenso riskante Sachkapitalinvestitionen eines Unternehmens in spezifische Verwendungen fördern. „…

wenn dies für viele Akteure der Fall ist, werden die ... Investitionsraten in einer Gesellschaft und damit ihr langfristiger Wohlstand höher sein als ohne solche Versicherungen" (HOMANN 1999, S. 15).

C. Marktwirtschaft und Toleranz

Zum Abschluss soll die Frage aufgegriffen werden, ob und in welchem Sinn der Wettbewerb in einer Marktwirtschaft ethischen Anforderungen wie der Toleranz genügt. Die Schlagworte von der Rücksichtslosigkeit des Wettbewerbs und vom Ellenbogenwettbewerb könnten den Verdacht wecken, dass es die wirtschaftlich Starken an Toleranz fehlen lassen, den noch Schwachen im Wettbewerb eine Chance einzuräumen – wobei unter „Starken" und „Schwachen" sowohl einzelne Akteure wie Haushalte oder Unternehmen als auch ganze Volkswirtschaften wie hoch oder wenig entwickelte Länder verstanden werden können.

1. Wirkungen marktwirtschaftlichen Wettbewerbs

Zunächst sollen einige der bisher verstreut behandelten Wirkungen des Wettbewerbs auf Arbeitsteilung und Produktivitätsfortschritt, auf Innovationen und Wachstum sowie auf den Wissensfortschritt zusammengefasst werden:

Arbeitsteilung und Produktivitätsfortschritt: Die Arbeitsteilung, die wir als Grund für die Entstehung von Unternehmen diskutierten, führt sowohl bei Herstellung verschiedener Güter in verschiedenen Unternehmen als auch bei Herstellung eines Gutes innerhalb eines Unternehmens durch ein Team oder eine organisatorisch zusammengefasste Gruppe zu gewaltigen Produktivitätssteigerungen (vgl. Kap 0.H.3 und Kap. II.A). Nur im Zuge der wettbewerblichen Arbeitsteilung werden die knappen Produktionsfaktoren Arbeit, Sachkapital und Boden in die sinnvollsten Verwendungen gelenkt, so dass das von der Gesamtwirtschaft produzierte Sozialprodukt ein Viel-Hundertfaches dessen beträgt, was ohne Arbeitsteilung in hauswirtschaftlicher Eigenversorgung bereit stünde. ADAM SMITH (1776) erläuterte die Produktivitätssteigerung am Beispiel der Arbeitsteilung in der Produktion des Gutes Stecknadeln. Er führt auch die durch Arbeitsteilung entstandenen Unternehmen des Bäckers und des Brauers an. Es ist nicht deren altruistisches Wohlwollen, das sie Brot und Getränk für andere produzieren lässt, sondern es liegt in deren Eigeninteresse, sich nach ihren besonderen Fähigkeiten durch Arbeitsteilung zu spezialisieren, um so die Produktivitätssteigerungen zu ermöglichen und im Wettbewerb am Markt zu nutzen.

Innovationen und Wachstum: Der Wettbewerb erhält durch unternehmerische Innovationen stets neuen Antrieb (vgl. Kap. 0.G.5 und Kap.IV.F.2). Nach JOSEPH SCHUMPETER (1912) sind es die dynamischen Pionierunternehmer, die sich durch Innovationen Vorsprungsgewinne verschaffen. Diese geben statischen Unternehmen den Anreiz, die Innovationen zu imitieren, um so an den Vorsprungsgewinnen teilzuhaben. Im Wettbewerb zwischen Pionierunternehmern und Imitatoren setzt sich die Innovation durch und schmelzen Vorsprungsgewinne ab. Von den Innovationssektoren breitet sich Wachstum über die ganze Volkswirtschaft aus.

Wissensfortschritt: Die wettbewerblichen Anreize veranlassen die einzelnen Menschen, in ihren wirtschaftlichen und sozialen Lebensbereichen Entdeckungen zu machen. Nach FRIECHRICH A. VON HAYEK (1968) ist der Wettbewerb durch Aktivierung der schöpferischen Fähigkeiten von Menschen ein Entdeckungsverfahren (vgl. Kap. 0.G.5), welches das Wissen der einzelnen fördert. Über den arbeitsteiligen Austausch der mit diesem Einzelwissen hergestellten Güter kommt das Einzelwissen allen zugute.

2. Zum Begriff der Toleranz

Toleranz ist „die Fähigkeit von Individuen, Gruppen, Organisationen, neue andersartige, fremdartige, entgegengesetzte Auffassungen, Werte, Verhaltensweisen zur Kenntnis zu nehmen und zu respektieren" (KAHL 1990, S. 597). Historisch stand zunächst die religiöse Toleranz im Vordergrund. Die Toleranzidee wurde von JOHN STUART MILL („*On Liberty*" 1859) auf Politik und Gesellschaft ausgedehnt. Er wendet sich gegen eine Tyrannei der Mehrheit, setzt dagegen eine zu tolerierende Freiheit des Denkens und Handelns jedes einzelnen, auch wenn dieser damit zu einer Minderheit gehört oder allein steht. Diese Freiheit des einzelnen findet jedoch dort ihre Grenze, wo dessen Denken oder Handeln andere schädigt.

Angewendet auf den Wettbewerb bedeutet Toleranz in diesem Sinn, Verhaltensweisen von Konkurrenten hinzunehmen, soweit die Konkurrenten damit die Tolerierenden nicht schädigen. Das Kriterium der Nichtschädigung scheint im Wettbewerb auf den ersten Blick verletzt zu sein: Der SMITHsche Bäcker wird bei Eindringen eines weiteren Bäckers als Wettbewerber in seinen Markt geschädigt; der SCHUMPETERsche Pionierunternehmer, der eine Innovation einführt, erleidet Schaden durch imitierende Unternehmer, die ihm seinen Vorsprungsgewinn streitig machen. Auf den zweiten Blick sind jedoch neben diesen unmittelbaren Schädigungen die positiven Wirkungen des Wettbewerbs einzubeziehen, also die mit der Arbeitsteilung verbundene Produktivitätssteigerung, das sich mit Innovationen durchsetzende Wachstum und das mit Entdeckungen zunehmende Wissen. Der einzelne Wettbewerber erleidet Einbußen durch andere; er nimmt jedoch teil an den beinahe unermesslichen Vorzügen, die der Wettbewerb in einer funktionierenden Wettbewerbsordnung schafft. Per Saldo wirkt sich Wettbewerb für den einzelnen nicht schädigend, im Durchschnitt sogar extrem fördernd aus. In diesem Sinne widersprechen sich Wettbewerb und Toleranz nicht, sondern können sich ergänzen, so dass von *wettbewerblicher Toleranz* gesprochen werden kann.

3. Die Bedeutung der Wettbewerbsordnung für die Toleranz

Der Verwirklichung wettbewerblicher Toleranz stehen allerdings Schwierigkeiten entgegen: Der SMITHsche Bäcker wird bestrebt sein, den Marktzugang für Konkurrenten zu sperren, der SCHUMPETERsche Pionierunternehmer wird versuchen, die Imitation seiner Innovation zu verhindern, um die unmittelbare Schädigung durch Wettbewerber zu vermeiden und um seine monopolistische Marktposition zu verteidigen. Solche aus dem Eigeninteresse resultierenden Verhaltensweisen mindern die positiven Wirkungen des Wettbewerbs. Die Wettbewerber sitzen mithin in einer *Rationalitätsfalle*: Das monopolistische Handeln im Eigeninteresse führt zu einer kollektiven Selbstschädigung (vgl. dazu Kap. VI.F.3). Wettbewerbliche Intoleranz durch Verhinderung von Marktzugang bzw. Imitation zahlt sich für den einzelnen besonders dann aus, wenn sich die anderen wettbewerblich tolerant verhalten, indem sie auf monopolistische Positionen verzichten. Nur wenn eine Wettbewerbsordnung der wettbewerblichen Toleranz Geltung verschaffen kann, lassen sich die positiven Wirkungen des Wettbewerbs voll ausschöpfen.

Was zunächst als eindeutiges Votum für wettbewerbliche Toleranz hergeleitet werden kann, fällt in der wirklichen Welt der Gestaltung von Wettbewerbsordnungen leider viel unschärfer aus. Zum einen herrscht, wie auch die unter A erwähnten Wettbewerbslehren zeigen, Uneinigkeit darüber, wie beispielsweise Marktstruktur, Marktverhalten und Marktergebnisse in einer anzustrebenden Wettbewerbsordnung zu konkretisieren und zu gewichten sind. Zum anderen werden Wettbewerbsordnungen nicht von interessenfrei entscheidenden Gremien verabschiedet, sondern von Parlamenten, deren Mitglieder die Interessen von Gruppen vertreten. Die wettbewerbliche Toleranz ist zwar in der Idee des wirtschaftlichen Wettbewerbs angelegt; der Grad ihrer Realisierung bleibt jedoch ebenso unscharf wie die Konkretisierung einer „bestmöglichen" Wettbewerbsordnung.

Literatur

A. Literaturhinweise

Allgemeine Volkswirtschaftslehre:

Als erste Lektüre eignen sich Lehrbücher und Kompendien zur Allgemeinen Volkswirtschaftslehre, die einen Überblick über das gesamte Gebiet der Volkswirtschaftslehre vermitteln, beispielsweise:

APOLTE, T. et al. (2007): Vahlens Kompendium der Wirtschaftstheorie und Wirtschaftspolitik, 2 Bde. 9. Aufl. München.

HEERTJE, A., WENZEL, H.-D. (2008): Grundlagen der Volkswirtschaftslehre. 7. Aufl. Berlin.

SAMUELSON, P.A., NORDHAUS, W.D. (2010): Economics. 19. Aufl. Boston. Deutsch: Volkswirtschaftslehre. Das internationale Standardwerk der Makro- und Mikroökonomie. 3. Aufl. Köln 2007.

Bei Fragen zu einem bestimmten Thema bietet sich die Verwendung von Lexika an, die eine Einführung in das Themengebiet und weiterführende Literaturhinweise geben, z. B.:

Gabler Wirtschaftslexikon (2010), 8 Bde. 17. Aufl. Wiesbaden.

The New Palgrave Dictionary of Economics (2008), 8 Bde. 2. Aufl. Basingstoke/UK.

Lehrbücher zur mikroökonomischen Theorie:

Im Folgenden sind beispielhaft einige Lehrbücher aufgeführt, die in allgemeiner Form den Stoff der mikroökonomischen Theorie behandeln und als Lektüre parallel zu diesem Buch in Frage kommen:

BÖVENTER VON, E., ILLING, G. (1997): Einführung in die Mikroökonomie. 9. Aufl. München.

CULLIS, J., JONES, P. (2009): Microeconomics. A journey through life's decisions. Harlow/England u. a. O.

FEESS, E. (2004): Mikroökonomie. Eine spieltheoretisch- und anwendungsorientierte Einführung. 3. Aufl. Marburg.

FEHL, U., OBERENDER, P. (2004): Grundlagen der Mikroökonomie. 9. Aufl. München.

HENDERSON, J.M., QUANDT, R.E. (1980): Microeconomic theory. A mathematical approach. 3. Aufl. New York. Deutsch: Mikroökonomische Theorie. 5. Aufl. München 1983.
HERBERG, H. (1994): Preistheorie. Eine Einführung. 3. Aufl. Stuttgart.
HIRSHLEIFER, J., GLAZER, A., HIRSHLEIFER, D. (2005): Price theory and applications. 7. Aufl. London.
KREPS, D.M. (1990): A course in microeconomic theory. New York u. a. O. Deutsch: Mikroökonomische Theorie. Landsberg/Lech 1998.
MAUßNER, A., KLAUS, J. (1997): Grundzüge der mikro- und makroökonomischen Theorie. 2. Aufl. München.
REIß, W. (2007): Mikroökonomische Theorie. Historisch fundierte Einführung. 6. Aufl. München.
VARIAN, H.R. (1992): Microeconomic analysis. 3. Aufl. New York-London. Deutsch: Mikroökonomie. 3. Aufl. München 1994.
VARIAN, H.R. (2009): Intermediate microeconomics. A modern approach. 8. Aufl. New York-London. Deutsch: Grundzüge der Mikroökonomik. 7. Aufl. München 2007
WEISE, P. et. al. (2005): Neue Mikroökonomie. 5. Aufl. Heidelberg.

Anwendungsbeispiele und Übungen zur Mikroökonomik:

BÖHM, V. (1995): Arbeitsbuch zur Mikroökonomie I. 3. Aufl. Berlin u. a. O.
BÖHM, V. (1993): Arbeitsbuch zur Mikroökonomie II. 2. Aufl. Berlin u. a. O.
ENGELHARD, P., GEUE, H. (1998): Angewandte Mikroökonomik. München.
HESSE, H. (1980): Arbeitsbuch Angewandte Mikroökonomik. Tübingen.
HIPPE, A., HOLZ, A., FALK, B. (1995): Übungsbuch Mikroökonomie. Aufgaben mit ausführlichen Lösungen. Wiesbaden.
MEYER, U., DIEKMANN, J. (2000): Arbeitsbuch zur mikroökonomischen Theorie. 5. Aufl. Berlin u. a. O.

Mathematische Grundlagen:

CHIANG, A.C. (2004): Fundamental methods of mathematical economics. 4. Aufl. New York.
CHIANG, A.C. (1999): Elements of dynamic optimization. New York u. a. O.
LÈONHARD, D., VAN LONG, N. (1992): Optimal control theory and static optimization in economics. Cambridge/Mass.
SILBERBERG, E. (2000): The structure of economics. A mathematical analysis. 3. Aufl. New York u. a. O.
STÖWE, H., HÄRTTER, E. (1990): Lehrbuch der Mathematik für Volks- und Betriebswirte. Die mathematischen Grundlagen der Wirtschaftstheorie und Betriebswirtschaftslehre. 3. Aufl. Göttingen.

Weiterführende Literaturhinweise zu den einzelnen Kapiteln:

Die Grundlagen der mikroökonomischen Theorie (Stoff der Kapitel I-III) werden in allen Lehrbüchern zur Allgemeinen Volkswirtschaftslehre und zur mikroökonomischen Theorie dargestellt.

Als weitere Lektüre zu einzelnen Teilgebieten eignen sich neben den im Text genannten und im Literaturverzeichnis aufgeführten Quellen u. a. die folgenden Arbeiten:

Kapitel 0:

Zu den internationalen Aspekten der Marktwirtschaft:

HECKSCHER, E. F. (1919): The effects of foreign trade on the distribution of income. Ekonomisk Tidskift (in Schwedisch). Englisch in: Ellis, H. S., Metzler, L. A. (eds): Readings in the theory of International Trade. London 1950, S. 272 – 300.

OHLIN, B. (1933): Interregional and international trade. Cambridge/Mass.

RICARDO, D. (1817): Principles of political economy and taxation. London-New York. Deutsch: Grundsätze der politischen Ökonomie und der Besteuerung. Frankfurt/Main 1972.

SAMUELSON, P. A. (1948): International trade and the equalisation of factor prices. Economic Journal 58, S. 163-184. Deutsch: Der Ausgleich der Faktorpreise durch den internationalen Handel. In: Rose, K. (Hrsg.): Theorie der internationalen Wirtschaftsbeziehungen, Köln-Berlin 1965, S. 69-90.

STOLPER, W. F., SAMUELSON, P. A. (1941): Protection and real wages. Review of Economic Studies 9, S. 58-73.

Kapitel I:

Zur Haushaltsnachfrage:

HENDERSON, J.M., QUANDT, R.E. (1980): Microeconomic theory. A mathematical approach. 3. Aufl. New York. Deutsch: Mikroökonomische Theorie. 5. Aufl. München, Kap. 2f.

KREPS, D.M. (1990): A course in microeconomic theory. New York u. a. O. Deutsch: Mikroökonomische Theorie. Landsberg/Lech 1998, Kap. 2.

Zum Haushaltsangebot:

FEESS, E. (2004): Mikroökonomie. Eine spieltheoretisch- und anwendungsorientierte Einführung. 3. Aufl. Marburg, Kap. 10.

Kapitel II:

Zur Produktions- und Kostentheorie:

SAMUELSON, P.A. (1983): Foundations of economic analysis. Cambridge/Mass.

HENDERSON, J.M., QUANDT, R.E. (1980): Microeconomic theory. A mathematical approach. 3. Aufl. New York. Deutsch: Mikroökonomische Theorie. 5. Aufl. München, Kap. 4f.

FERGUSON, C.E. (1969): The neoclassical theory of production and distribution. Cambridge/Mass., Kap. 1–10.

Zu externen Produktionseffekten zwischen zwei Anbietern eines Gutes:

HENDERSON, J.M., QUANDT, R.E. (1980): Microeconomic theory. A mathematical approach. 3. Aufl. New York. Deutsch: Mikroökonomische Theorie. 5. Aufl. München.

Zum Mehrproduktunternehmen:

SELTEN, R. (1970): Preispolitik der Mehrproduktunternehmung in der statischen Theorie. Berlin u. a. O.

ZIMMERMANN, G. (1972): Untersuchungen zur Preistheorie der Mehrproduktunternehmung bei Nachfrage- und Kostenverbund. Münster.

Kapitel III:

Zum partiellen und totalen Konkurrenzgleichgewicht:

HENDERSON, J.M., QUANDT, R.E. (1980): Microeconomic theory. 3. Aufl. New York. Deutsch: Mikroökonomische Theorie. 5. Aufl. München, Kap. 6 und 9f.

Zur wohlfahrtstheoretischen Interpretation des totalen Konkurrenzgleichgewichts:

SOHMEN, E. (1992): Allokationstheorie und Wirtschaftspolitik. 2. Aufl. Tübingen.

Kapitel IV:

CABRAL, L.M. (2000): Introduction to industrial economics. Cambridge/Mass., London.

MARTIN, S. (2001): Advanced industrial economics. 2. Aufl. Cambridge/Mass.

MARTIN, S. (1993): Industrial economics. Economic analysis and public policy. 2. Aufl. New York.

PEPALL, L., RICHARDS, D.J., NORMAN, G. (2008): Industrial organization. 4. Aufl. Hoboken/New Jersey.

SCHMALENSEE, R., WILLIG, R.D. (Hrsg.) (1989): Handbook of industrial organization, 2 Bde. Amsterdam u. a. O.

TIROLE, J. (1999): Industrieökonomik. 2. Aufl. München u. a. O.

Kapitel V:

Zu Faktormärkten:

FRANZ, W. (2009): Arbeitsmarktökonomik. 7. Aufl. Berlin-Heidelberg.

SESSELMEIER, W., BLAUERMEL, G. (1997): Arbeitsmarkttheorien. Ein Überblick. 2. Aufl. Heidelberg.

WAGNER, T., JAHN, E.J. (2004): Neue Arbeitsmarkttheorien. 2. Aufl. Stuttgart.

WOLL, A. (2011): Volkswirtschaftslehre. 16. Aufl. München, Zweiter Teil B.

Zur Ressourcenökonomischen Theorie:

WACKER, H., BLANK, J.E. (1998): Ressourcenökonomik I. Einführung in die Theorie regenerativer natürlicher Ressourcen. München.

WACKER, H., BLANK, J.E. (1999): Ressourcenökonomik II. Einführung in die Theorie erschöpfbarer natürlicher Ressourcen. München.

STRÖBELE, W. (1987): Rohstoffökonomik. München.

Kapitel VI:

Zu Entscheidungen unter Unsicherheit und asymmetrischer Information:

BAMBERG, G., SPREMANN, K. (Hrsg.) (1989): Agency theory, information, and incentives. Heidelberg u. a. O.

DUTTA, P.K. (1999): Strategies and games. Theory and practice. Cambridge/Mass.-London.

GÜTH, W. (1999): Spieltheorie und ökonomische (Bei)Spiele. 2. Aufl. Berlin u. a. O.

HIRSHLEIFER, J., RILEY, J.G. (1992): The analytics of uncertainty and information. Cambridge/Mass.

HOLLER, M.J., ILLING, G. (2008): Einführung in die Spieltheorie. 7. Aufl. Berlin u. a. O.
MACHO-STADLER, I., PÉREZ-CASTRILLO, D. (2001): An introduction to the economics of information, incentives and contracts. 2. Aufl. Oxford.
PRATT, J.W., ZECKHAUSER, R.J. (Hrsg.) (1991): Principals and agents. The structure of business. Boston/Mass.
SALANIÉ, B. (2005): The economics of contracts. 2. Aufl. Cambridge/Mass., London.
SIEG, G. (2010), Spieltheorie, 3. Aufl., München.
RASMUSEN, E. (2007): Games and information. An introduction to game theory. 4. Aufl. New York.

Zur Neuen Mikroökonomik:

PHELPS, E.S. et al. (1973): Microeconomic foundations of employment and inflation theory. New York.
ALCHIAN, A.A., ALLEN, R. (1974): University economics. Elements of inquiry. London.

Zur Ungleichgewichtstheorie:

BARRO, R.J., GROSSMANN, H.I. (1976): Money, employment and inflation. Cambridge/Mass. u. a. O.
MALINVAUD, E. (1985): The theory of unemployment reconsidered. 2. Aufl. Oxford.
MEYER, U. (1983): Neue Makroökonomik. Ungleichgewichtsanalyse mit Hilfe der Methode des temporären Gleichgewichts. Berlin u. a. O.

Zu Institutionenökonomik und Theorie der Eigentumsrechte:

EGGERTSON, T. (1990): Economic behavior and institutions. Cambridge/Mass.
ERLEI, M. LESCHKE, M., SAUERLAND, D. (2007): Neue Institutionenökonomik. 2. Aufl. Stuttgart.
FURUBOTN, E.G., PEJOVICH, S. (1974): The economics of property rights. Cambridge/Mass.
RICHTER, R., FURUBOTN, E.G. (2010): Neue Institutionenökonomik. Eine Einführung und kritische Würdigung. 4. Aufl. Tübingen.
SCHÜLLER, A. (2004): Property Rights und ökonomische Theorie. München.
WILLIAMSON, O.E. (1998): The economic institutions of capitalism. Firms, markets, relational contracting. New York-London. Deutsch: Die ökonomischen Institutionen des Kapitalismus. Tübingen 1990.

Zu externen Effekten und umweltökonomischen Problemen:

SOHMEN, E. (1992): Allokationstheorie und Wirtschaftspolitik. 2. Aufl. Tübingen
WEIMANN, J. (1995): Umweltökonomik. Eine theorieorientierte Einführung. 3. Aufl. Berlin.

Kapitel VII:

Zu den Wettbewerbslehren:

BORCHERT, M., GROSSEKETTLER, H. (1985): Preis- und Wettbewerbstheorie. Marktprozesse als analytisches Problem und ordnungspolitische Gestaltungsaufgabe. Stuttgart, 2. Teil.
SCHMIDT, I. (2005): Wettbewerbspolitik und Kartellrecht. Eine Einführung. 8. Aufl. Stuttgart u. a. O.

Zu Wettbewerb und Toleranz:

SCHUMANN, J. (1998): Wirtschaftlicher Wettbewerb und Toleranz. In: BALTZAREK, F., BUTSCHECK, F., TICHY, G. (Hrsg.): Von der Theorie zur Wirtschaftspolitik – ein Österreichischer Weg. Festschrift zum 65. Geburtstag von ERICH W. STREISSLER. Stuttgart, S. 253-266.

B. Literaturverzeichnis

Im Folgenden sind alle im Text angeführten Quellen angegeben:

AKERLOF, G.A. (1970): The market for „lemons". Quality uncertainty and the market mechanism. Quarterly Journal of Economics 84, S. 488-500.

ALCHIAN, A.A. (1970): Information costs, pricing, and resource unemployment. In: PHELPS, S. et al.: Microeconomic foundations of employment and inflation theory. New York, S. 27-52.

–, DEMSETZ, H. (1972): Production, information costs, and economic organization. American Economic Review 62, S. 777-795.

–, WOODWARD, S. (1987): Reflections on the theory of the firm. Journal of Institutional and Theoretical Economics (Deutsch: Zeitschrift für die gesamte Staatswissenschaft) 143, S. 110-136.

ARROW, K.J. (1970): Social choice and individual values. 2. Aufl. New York u. a. O.

– (1969): The organization of economic activity. Issues to the choice of market versus nonmarket allocation. In: US JOINT ECONOMIC COMMITTEE: The analysis and evaluation of public expenditure. The PBB system, Bd. 1. Washington, S. 59-73.

–, SCITOVSKY, T. (Hrsg.) (1969): Readings in welfare economics. London.

BAUMOL, W.J. (1959): Business behaviour, value and growth. New York.

BECKER, G.S. (1965): A theory of the allocation of time. Economic Journal 75, S. 493-517.

BERLE, A.A., MEANS, G.C. (1932): The modern corporation and privat property. New York.

BLATTNER, N. (1977): Volkswirtschaftliche Theorie der Firma. Firmenverhalten, Organisationsstruktur, Kapitalmarktkontrolle. Berlin u. a. O.

BÖSSMANN, E. (1979): Externe Effekte. Das Wirtschaftsstudium 8, S. 95-98 und S. 147-151.

– (1983): Unternehmungen, Märkte, Transaktionskosten. Die Koordination ökonomischer Aktivitäten. Wirtschaftswissenschaftliches Studium 12, S. 105-111.

BONUS, H. (1986): Eine Lanze für den Wasserpfennig. Wider die Vulgärform des Verursacherprinzips. Wirtschaftsdienst 9, S. 451-455.

BORCHERT, M., GROSSEKETTLER, H. (1985): Preis- und Wettbewerbstheorie. Marktprozesse als analytisches Problem und ordnungspolitische Gestaltungsaufgabe. Stuttgart u. a. O.

CHAMBERLIN, E.H. (1933): The theory of monopolistic competition. A reorientation of the theory of value. 8. Aufl. Cambridge/Mass. 1965.

CLARK, J.M. (1961): Competition as a dynamic process. Washington.

CLOWER, R.W. (1963): The Keynesian counter-revolution. A theoretical appraisal. In: HAHN, F.H., BRECHLING, F.P.R. (Hrsg.): The theory of interest rates. London 1965, Kapitel 5. Deutsch: Die Keynesianische Gegenrevolution. Eine theoretische Kritik. Schweizerische Zeitschrift für Volkswirtschaft und Statistik 99 (1963), S. 8-31

COASE, R.H. (1937): The nature of the firm. Economica 16, S. 386-405.

– (1960): The problem of social cost. Journal of Law and Economics 3, S. 1-44.

COBB, C.W., DOUGLAS, P.H. (1928): A theory of production. American Economic Review, Papers and Proceedings 18, S. 139-165.

COURNOT, A. (1838): Recherches sur les principes mathématiques de la théorie des richesses. Paris. Deutsch: Untersuchungen über die mathematischen Grundlagen der Theorie des Reichtums. Jena 1924.

CURWEN, P.J. (1976): The theory of the firm. London-Basingstoke.

CYERT, R.M., MARCH, J.G. (1963): A behavioural theory of the firm. Englewood Cliffs/NJ.

EDGEWORTH, F.Y. (1881): Mathematical psychics. An essay on the application of mathematics to the moral sciences. London.

ELTON, E.J. et al. (2009): Modern portfolio theory and investment analyses. 8. Aufl. Hoboken/New Jersey.

EUCKEN, W. (2004): Grundsätze der Wirtschaftspolitik. 7. Aufl. Tübingen.

FREYER, W. (1979): Mikro- und makroökonomische (Un-)Gleichgewichtsanalyse. Das Wirtschaftsstudium 8, S. 549-553 und S. 605-609.

FRISCH, R. (1933): Monopole-polypole – la notion de force dans l'économie. Nationalokonomisk Tidsskrift 71, S. 241-259. Deutsch: Monopol-Polypol – der Begriff der Kraft in der Wirtschaft. In: OTT, A.E. (Hrsg.) (1965): Preistheorie. Neue Wissenschaftliche Bibliothek 1, Wirtschaftswissenschaften. Köln-Berlin, S. 17-32.

FURUBOTN, E.G., PEJOVICH, S. (Hrsg.) (1974): The economics of property rights. Cambridge/Mass.

GALBRAITH, K. (1958): The affluent society. Cambridge/Mass. Deutsch: Gesellschaft im Überfluß. München-Zürich.

GOSSEN, H.H. (1853): Entwicklung der Gesetze des menschlichen Verkehrs und der daraus fließenden Regeln für das menschliche Handeln. 3. Aufl. Berlin 1927.

GROSSEKETTLER, H. (1989): Marktprozesse als Gegenstand theoriegeleiteter empirischer Analysen. Ein Forschungsbericht. In: GAHLEN, B., MEYER, B., SCHUMANN, J. (Hrsg.): Wirtschaftswachstum, Strukturwandel und dynamischer Wettbewerb. ERNST HELMSTÄDTER zum 65. Geburtstag. Berlin u. a. O., S. 321-357.

– (1995): Mikroökonomische Grundlagen der Staatswirtschaft. In: DIECKHEUER, G. (Hrsg.): Beiträge zur angewandten Mikroökonomik. JOCHEN SCHUMANN zum 65. Geburtstag. Berlin u. a. O., S. 3-28.

– (1997): Die Wirtschaftsordnung als Gestaltungsaufgabe. Entstehungsgeschichte und Entwicklungsperspektiven des Ordoliberalismus nach 50 Jahren Sozialer Marktwirtschaft. Münster-Hamburg.

GROSSMAN, S.J., HART, O.D. (1986): The costs and benefits of ownership. A theory of vertical and lateral integration. Journal of Political Economy 94, S. 691-719.

GUTENBERG, E. (1976): Grundlagen der Betriebswirtschaftslehre II. Der Absatz. 16. Aufl. Berlin u. a. O.

HART, O.D., MOORE, J. (1988): Incomplete contracts and renegotiation. Econometrica 56, S. 755-785.

HAYEK, F.A. VON (1968): Wettbewerb als Entdeckungsverfahren. In: SCHNEIDER, E. (Hrsg.): Kieler Vorträge N.F. 56, Kiel.

HICKS, J. (1975): Value and capital. An inquiry into some fundamental principles of economic theory. 2. Aufl. Oxford.

HOMANN, K. (1999): Sozialpolitik nicht gegen den Markt. Frankfurter Allgemeine Zeitung vom 13.02.99, S. 15.

HOPPMANN, E. (1977): Marktmacht und Wettbewerb. Beurteilungskriterien und Lösungsmöglichkeiten. Tübingen.

HOTELLING, H. (1931): The economics of exhaustible resources. Journal of Political Economy 39, S. 137-175.

JEVONS, W.S. (1871): The theory of political economy. London. Deutsch: Die Theorie der politischen Ökonomie. Jena 1924.
JÖHR, W.A. (1976): Die kollektive Selbstschädigung durch Verfolgung des eigenen Vorteils. In: NEUMARK, F. (Hrsg.): Wettbewerb, Konzentration und wirtschaftliche Macht. Festschrift für HELMUT ARNDT. Berlin.
KAHL, J. (1990): Toleranz. In: SANDHÜHLER, H.-J. (Hrsg.): Europäische Enzyklopädie zu Philosophie und Wissenschaften, Bd. 4. Hamburg, S. 597-599.
KANTZENBACH, E. (1997): Die Funktionsfähigkeit des Wettbewerbs. 2. Aufl. Göttingen.
KEYNES, J.M. (1936): The general theory of employment, interest and money. London. Deutsch: Allgemeine Theorie der Beschäftigung, des Zinses und des Geldes. München-Leipzig.
KLEIN, B., LEFFLER, K.B. (1981): The role of market forces in assuring contractual performance. Journal of Political Economy 89, S. 615-641.
KNIGHT, F.H. (1921): Risk, uncertainty and profit. New York.
LANCASTER, K. (1971): Consumer demand. A new approach. New York-London.
LEIBENSTEIN, H. (1950): Bandwagon, snob and Veblen effects in the theory of consumer's Demand. Quarterly Journal of Economics 64, S. 183-207. Deutsch: Bandwagon-, Snob- und Veblen-Effekte in der Theorie der Konsumentennachfrage. In: STREISSLER, E. u. M. (Hrsg.) (1966): Konsum und Nachfrage. Köln-Berlin, S. 231-255.
LERNER, A.P. (1933/34): The concept of monopoly and the measurement of monopoly power. Review of Economic Studies I, S. 157-175.
LINDER, S.B. (1971): Das LINDER-Axiom. Gütersloh-Wien.
LUCE, R.D., RAIFFA, H. (1957): Games and decisions. Introduction and critical survey. New York.
MACNEIL, I.R. (1978): Contracts. Adjustment of long-term economic relations under classical, neoclassical and relational contract law. Northwestern University Law Review 72, S. 854-906.
MANDEVILLE, B. (1714): Fable of the Bees. Or: Private vices publick benefits. Faks. Ausg. Düsseldorf 1990.
MARCUSE, H. (1967): Der eindimensionale Mensch. Studien zur Ideologie der fortgeschrittenen Industriegesellschaft. Neuwied-Berlin.
MARRIS, R. (1963): A model of the „managerial" enterprise. Quarterly Journal of Economics 7, S. 185-209.
– (1964): The economic theory of „managerial capitalism". London.
– (1971): An introduction to the theories of corporate growth. In: MARRIS, R., WOOD, A. (Hrsg.): The corporate economy. Growth, competition and innovative power. London.
MARSHALL, A. (1890): Principles of economics. London, 8. Aufl. New York 1920.
MARX, K. (1867, 1885, 1894): Das Kapital, 3 Bde. Berlin 1955/56.
MEANS, G.C. (1935): Industrial prices and their relative inflexibility. US Senate, Document B, 74th Congress, 1st Session. Washington.
MECKLING, W.H. (1976): Values and the choice of the model in the social sciences. Schweizerische Zeitschrift für Volkswirtschaft und Statistik 112, S. 545-560.
MENGER, C. (1871): Gesammelte Werke. Hrsg. mit einer Einleitung von F.A. HAYEK, Band 1. Grundsätze der Volkswirtschaftslehre. Tübingen 1968.
MILDE, H. (1988): Theorie der adversen Selektion. Wirtschaftwissenschaftliches Studium 17, S. 1-6.
MILL, J.S. (1859): On Liberty. Deutsch: Über Freiheit. Frankfurt am Main 1969.

MONSEN, R.J., DOWNS, A. (1965): A theory of large managerial firms. Journal of Political Economy 73, S. 221-236.
MORTENSON, D.T. (1970): Job search, the duration of unemployment, and the Phillips Curve. American Economic Review 60, S. 847-862.
MÜLLER-ARMACK, A. (1946): Wirtschaftslenkung und Marktwirtschaft. Hamburg.
– (1948): Vorschläge zur Verwirklichung der Sozialen Marktwirtschaft. Wiederabgedruckt in MÜLLER-ARMACK, A. (1981): Genealogie der Sozialen Marktwirtschaft. 2. Aufl. Bern-Stuttgart.
NIESCHLAG, R., DICHTL, E., HÖRSCHGEN, H. (2002): Marketing. 19. Aufl. Berlin.
NORDHAUS, W.D. (1973): The allocation of energy resources. Brooking Papers on Economic Activity, S. 529-576.
PACKARD, V. (1957): The hidden persuaders. New York. Deutsch: Die geheimen Verführer. Der Griff nach dem Unbewußten in jedermann. Düsseldorf 1958.
PAPANDREOU, A.G. (1952): Some basic problems in the theory of the firm. In: HALEY, B. (Hrsg.): A survey of contemporary economics. Homewood/Ill.
PARETO, V. (1906): Manuel d'économie politique. 2. Aufl. Paris 1927
PHELPS, E.S. (1970): Introduction. The new microeconomics in employment and inflation theory. In: PHELPS et al. (1970).
– et al. (1970): Microeconomic foundation of employment and inflation theory. New York.
PHILLIPS, A.W. (1958): The relation between unemployment and the rate of change of money wage rates in the United Kingdom, 1861-1957. Economica N.S. 25, S. 283-299
PIGOU, A.C. (1920): The economics of welfare. London.
PRATT, J. (1964): Risk aversion in the small and in the large. Econometrica 32, S. 122-36.
–, ZECKHAUSER, R.J. (Hrsg.) (1985): Principals and agents. The structure of business. Boston/Mass.
ROBINSON, J. (1933): The economics of imperfect competition. London.
ROTHSCHILD, K.W. (1963): Lohntheorie. Berlin-Frankfurt am Main.
– (1979): Unvollkommene Information und Arbeitsmarkt. Suchtheorie der Arbeitslosigkeit. Wirtschaftswissenschaftliches Studium 8, S. 518-523.
ROTHSCHILD, M., STIGLITZ, J. E. (1976): Equilibrium in competitive insurance markets. Quarterly Journal of Economics 90, S. 629-649.
SAMUELSON, P.A. (1950): Evaluation of real national income. Oxford Economic Papers N.S. 2, S. 1-29.
SCHITTKO, U.K. (1981): Der Dualitätsansatz und einige Anwendungsbeispiele. Das Wirtschaftsstudium 10, S. 395-401.
SCHUMPETER, J.A. (1912): Theorie der wirtschaftlichen Entwicklung. 1. Aufl. Leipzig. 6. Aufl. Berlin 1964.
SCITOVSKY, T. (1954): Two concepts of external economies. Journal of Political Economy 62, S. 143-151. Wiederabgedruckt in: ARROW, K.J., SCITOVSKY, T. (Hrsg.) (1969), S. 242-252.
SENGENBERGER, W. (Hrsg.) (1978): Der gespaltene Arbeitsmarkt. Ein Reader zur Theorie der Arbeitsmarktsegmentation. Frankfurt am Main.
SESSELMEIER, W., BLAUERMEL, G. (1998): Arbeitsmarkttheorien. Ein Überblick. 2. Aufl. Heidelberg.
SHEPHARD, R.W. (1970): Theory of cost and production functions. Princeton/NJ.
SIMON, H.A. (1955): A behavioural model of rational choice. Quarterly Journal of Economics 69, S. 99-118.

– (1959): Theories of decision making in economics and behavioural science. American Economic Review 59, S. 253-284.
SINN, H.-W. (1980): Ökonomische Entscheidungen bei Ungewißheit. Tübingen.
– (1996): Social insurance, incentives and risk taking. International Tax and Public Finance 3, S. 259-280.
SLUTSKY, E.E. (1915): Sulla teoria del bilancio del consumatore. Giornale deglie Economisti 51, S. 1-26. Deutsch: In: OTT, A.E. (Hrsg.) (1965): Zur Theorie des Verbraucherbudgets, S. 87-116.
SMITH, A. (1759): Theory of moral sentiments. Faks. der Erstausgabe Düsseldorf 1986. Deutsch: Theorie der ethischen Gefühle. Hamburg 1985.
–(1776): An inquiry into the nature and causes of the wealth of nations. Deutsch: Der Wohlstand der Nationen, 4 Bde. München 1974.
STIGLER, G. (1961): The economics of information. Journal of Political Economy 69, S. 213-225
– (1987): The theory of price. 4. Aufl. New York-London
STIGLITZ, J.E. (1976): Monopoly and the rate of extraction of exhaustible resources. American Economic Review 66, S. 655-661.
TRIFFIN, R. (1940): Monopolistic competition and general equilibrium theory. Cambridge/Mass.
VARIAN, H.R. (1994): Mikroökonomie, 3. Aufl. München.
VEBLEN, T. (1924): The theory of the leisure class. An economic study of institutions. London. Deutsch: Theorie der feinen Leute. Eine ökonomische Untersuchung der Institutionen. Köln-Berlin.
WALD, A. (1936): Über einige Gleichungssysteme der mathematischen Ökonomie. Zeitschrift für Nationalökonomie 7, S. 637-670.
WALLIS, J.J., NORTH, D.C. (1986): Measuring the transaction sector in the American economy 1870-1970. In: ENGERMANN, S.L., GALLMAN, R.E. (Hrsg.): Long-term factors in American economic growth. Studies in income and wealth. Bd. 51, S. 95-161.
WALRAS, L. (1874): Eléments d'économie politique pure ou théorie de la richesse sociale. Englisch: Elements of pure economics or the theory of social wealth. London 1954.
WICKSELL, K. (1913): Vorlesung über Nationalökonomie auf Grundlage des Marginalprinzips. Jena, Neudruck 1969.
WILLIAMSON, O.E. (1963): A model of rational managerial behaviour. In: CYERT, R.M., MARCH, J.G.: A behavioural theory of the firm. Englewood Cliffs/NJ.
– (1964): The economics of discretionary behaviour. Managerial objectives in a theory of the firm. Englewood Cliffs/NJ.
– (1983): Credible commitments. Using hostages to support exchanges. American Economic Review 73, S. 519-540.
– (1985): The economic institutions of capitalism. Firms, markets, relational contracting. New York-London. Deutsch: Die ökonomische Institution des Kapitalismus. Tübingen 1990.
– (1989): Transaction cost economics. In: SCHMALENSEE, R., WILLIG, R.D. (Hrsg.): Handbook of industrial organization, Bd. 1. Amsterdam u. a. O., S. 135-182.
– (1990): A comparison of alternative approaches to economic organization. Journal of Institutional and Theoretical Economics (Deutsch: Zeitschrift für die gesamte Staatswissenschaft) 146, S. 61-71.

Sachverzeichnis

Abhängigkeitsposition des Oligopolisten 350
absatzpolitisches Instrumentarium 102, 323, *324*
Abschreibung 403
Abstimmungsparadox, CONDORCETsches 89
Abstimmungsparadox, CONDORDETsches 262
acceptance wage 464
Adding-Up-Theorem *155*
Adverse Selektion 451, 457
Agency-Theorie 452
Agent 451
Aggregation
   von Angebotskurven 201
   von Arbeitsangebotskurven 112
   von Nachfragekurven 95
Aktie 403
Aktienberechtigungsscheine 479
Aktiengesellschaft 403
Allmende 509
Alternativkosten *s.* Opportunitätskosten
Alternativproduktion *208*
Altruismus 13
AMOROSO-ROBINSON-Relation *286*, 310, 394
Analyse
   dynamische ~ eines Marktes 223
   komparativ statische 229
   mikroökonomische Total~ 243
   Partial~ 242
Anbieter
   intramarginaler 240
   marginaler 240
   potentieller 242
Angebot
   atomistische ~sstruktur 215
Angebotsfunktion (-kurve)
   Aggregation von ~en *201*
   allgemeine *179*
   Arbeits~ *s.* Arbeitsangebotsfunktion (-kurve)
   des Unternehmens *175*

einzelwirtschaftliche 21, 217
gesamtwirtschaftliche 22, 217
gesamtwirtschaftliche ~ aus Sicht eines Nachfragers 218
langfristige *194*
und Marktgleichgewicht 219
Angebotskonkurrenz
   monopolistische *324*
Angebotsmonopol *s.* Monopol, *s.* Monopol
Angebotsüberschuss 462, 466
   ungeplant 467
Anspruchsniveau 105
Arbeit 5, 402
Arbeitsangebot 109
   optimales intertemporales 122
Arbeitsangebotsfunktion (-kurve) 110
   atypischer Verlauf der 110
   bei Mindestlohnsatzpolitik 399
   gesamtwirtschaftliche 112
   plausibler Verlauf der 111
Arbeitskräftepotential 402
Arbeitslosigkeit 6
   friktionelle 466
   Such~ 463
   versteckte 7
Arbeitsmarkt 412
   dualer *s.* Arbeitsmarkt, segmentierter
   mit gewerkschaftlicher Organisation 399
   primärer 414
   segmentierter 414
   sekundärer 414
Arbeitsnachfragefunktion (-kurve)
   im Modell der Sucharbeitslosigkeit 463
Arbeitsqualität 114
Arbeitsteilung 34, 129
ARROW-Paradox
   s. Abstimmungsparadox 89
aspiration level 105
Auktionator 220
Ausbeutung 12, 397
   doppelte 397
   monopolistische 397, 402
   monopsonistische 397, 401

Ausbeutungspunkt
  im bilateralen Monopol *317*
Ausbildung 122
Ausgabenfunktion *83*
Ausgabenminimierung 82
  grafische Darstellung der 83
Ausgabensumme *48*
Außenseiterposition
  vorteilhafte *376*
Autarkie 34
Axiom 80
  Konsistenz~ 80
  Konvexitäts~ 81
  Nichtsättigungs~ 80
  Stetigkeits~ 81
  Transitivitäts~ 80
  Vollständigkeits~ 80
backstop technology 416, 426
band wagon effect 97
Bedürfnisse *4*
BERTRAND-Lösung des Oligopols *s.*
  Oligopol
Beschaffungsmarkt *s.* Faktormarkt
beschaffungspolitisches
  Instrumentarium 324
Besitzeinkommensmaximierung 117
Betriebsgröße
  Änderungen der 238
  des natürlichen Monopols 300
  im Angebotsmonopol 297
  optimale *191*
Betriebsminimum *169*
Betriebsoptimum *169*, 239
Betriebswirtschaftslehre 2
Bilanz
  des Haushalts 116
Bilanzebene 49
Bilanzgleichung (-gerade) 14, 49
  im totalen Konkurrenzgleichgewicht 245
  in der EDGEWORTH-Box 255
  intertemporale 120
  zeitliche 113
Bilanzungleichung 48
Bildung *s.* Humankapital
Bildungsinvestition 404
Bindungen, glaubhafte 490
Boden 5, 402
Bodenrente 227, 403
BOWLEYsche Lösung des Oligopols *s.*
  Oligopol
Branchengleichgewicht 241
Bruttokomplement *70*
Bruttosubstitut *70*

Budgetgleichung (-gerade) *s.*
  Bilanzgleichung (-gerade)
Budgetungleichung *s.*
  Bilanzungleichung
CES-Funktion *s.* Produktionsfunktion
COASE-Theorem *510, 512*, 513
COBB-DOUGLAS-Produktionsfunktion *s.*
  Produktionsfunktion
cobweb-Modell *s.* Spinngewebe-Modell
CONDORCET-Paradox
  s. Abstimmungsparadox 89
conspicuous consumption 97
COURNOTscher Punkt *26*
  im Angebotsmonopol *288*
  im homogenen Oligopol 343
  im Nachfragemonopol 312
  im Teilmonopol 306
Dependenz und Interdependenz 243
Devisenterminmarkt 236
Differential
  totales 54
Differenzengleichung
  lineare 232
  Lösung einer linearen 234
Direktinvestitionen 43f.
Divergenz 234
  s. auch Instabilität
Dualität 172
  von Nutzen und Ausgaben 82
  von Produktion und Kosten 169
Duopol *s.* Oligopol
Durchschnittskostenminimum *s.*
  Betriebsoptimum
dynamische Analyse eines Marktes 223
dynamische Theorie 231
EDGEWORTH-Box *254*
  für den Faktoreinsatz 263
Effekte, externe *s.* externe Effekte
Effizienz 252
  dynamische 37
  s. auch PARETO-Optimalität
  statische 37
Effizienzlohntheorien 413
Eigeninteresse 8, 11
Eindeutigkeit
  des totalen
    Konkurrenzgleichgewichts 250
Einkommenseffekt *72*, 85
Einkommenselastizität *s.* Elastizität
Einkommens-Konsum-Kurve 66
Einkommens-Nachfrage-Kurve *s.*
  ENGEL-Kurve
Einkommensstrom
  zeitlicher 118

Einkommenstransformationskurve 123
Elastizität 73
  Bogen~ *s.* Strecken~
  Einkommens~ der Nachfrage 76
  Kreuzpreis~ der Nachfrage 77
  Preis~ der Nachfrage *74*
  Preis~ des Angebots 77
  Punkt~ *73*
  Strecken~ *73*
ENGEL-Kurve 66
ENGEL-SCHWABEsches Gesetz 67
Entscheidungen
  bei Risiko 427
Enveloppe *s.* Umhüllende
Erlös 20, 131
  Grenz~ 20
erschöpfbare Ressourcen *s.* Ressourcen,
  erschöpfbare
Ersparnis 118
Ersparnisse, externe 279
Erstausstattung *244*, 253
Ertragsgebirge 135, 139
Ertragsgesetz *140*
Ertragskurve 139
Erwartungsnutzen 428
Erwartungsnutzentheorie 427, 446
EULER-Theorem *154*
Existenz
  des totalen
    Konkurrenzgleichgewichts 249
Expansionspfad *162*
externe Effekte 13, 39, *203, 506*
Externe Effekte
  der Nachfrage 97
  im Konsum 97, 277
  in der Produktion 278
  und Konkurrenzgleichgewicht 277
  und PARETO-Optimalität 279
Faktor *s. auch* Produktionsfaktor
  erschöpfbarer *s.* Ressourcen,
    erschöpfbare
  fixer 18, *133, 393*
  spezialisierter 410
  variabler 18, *133*, 393
Faktoranpassungskurve *s.*
  Expansionspfad
Faktorbestandspreis 5, 402, 404
Faktoreinkommen 406, 407
Faktorintensität 153
Faktormarkt 393
Faktormobilität 7, 411
Faktornachfrage
  bei unvollständiger Konkurrenz 394
  kompensierte 169
  konditionale 169

Faktornutzungspreis 5, 402, 405, 407
  eines spezialisierten Faktors 411
  erschöpfbarer Ressourcen 416, 419
Faktorpreis
  und Grenzproduktivität 395
Faktorpreisangleich
  internationaler 42
Faktorpreisverhältnis
  in der EDGEWORTH-Box 263
Faktorproportionentheorem 41
Faktorrente
  bei erschöpfbaren Ressourcen 418
Faktorspezifität 491, 493, 496, 499
Faktorvariation
  partielle 155
  totale 155
Finanzmarkt 406
fixer Faktor *s.* Faktor
Fixkosten *s.* Kosten
Freizeit
  Nachfrage nach 109
Fusion 375, 389
Geld 34
Geldillusion 64, 114, 466
gentlemen's agreement s. Kartell
Gesetz
  1. GOSSENsches 5, *52*
  2. GOSSENsches 10, 15, *61*
  ENGEL-SCHWABEsches 67
  zeitliches 2. GOSSENsches 121, 407
Gewerkschaft 399
Gewinn *20*, 131
Gewinnmaximierung 8, 11, 131
  gemeinsame 322, 341, 353
Gewinnmaximum 173
Gleichgewicht *221*
  bei Unterbeschäftigung 472, 473
  temporäres 472, 473
  und Lagerhaltung 462
  walrasianisches 469
Gleichgewichtsmenge 218
Gleichgewichtspreis 218
  in der EDGEWORTH-Box 257
GOSSENsches Gesetz
  erstes 5
  zeitliches zweites 407
  zweites 10, 15, 245
governance structures s.
  Koordinationsstrukturen
Grenzanbieter *s.* Anbieter, marginaler
Grenzerlös 20
  der Information 461
Grenzkosten 19, 169
  der Information 461
  private 279

soziale 279
Grenzkostenfunktion (-kurve) 19
Grenznutzen 5, *51*
   abnehmender 52
   des Geldes 10, 11, *61*
   nach monotoner Transformation 79
   negativer 52
Grenzprodukt
   Wert des ~s 177
Grenzproduktivität
   eines Produktionsfaktors 140
Grenzproduktivitätstheorie 177
Grenzrate der Substitution 143, 271
   abnehmende *53*
   beim Konsum *54*
   intertemporal 119
   nach monotoner Transformation 79
Grenzrate der Transformation 209, 270
Grundbedürfnisse 4
Gruppengleichgewicht 241
Gut 4, 127
   absolut inferiores *65*, 73, 85
   dauerhaftes Konsum~ 122
   freies 5
   Gebrauchs~ 122
   GIFFEN~ 73
   homogenes *215*
   immaterielles 4
   Investitions~ 8
   komplementäres *s.* Komplemente
   materielles 4
   meritorisches 40
   öffentliches 39
   privates 39
   relativ inferiores 66, *67*
   substitutives *s.* Substitute
   superiores 66, 67
   wirtschaftliches 5
Haftpflichtversicherung 432, 434
Haftung 510
Handel zu falschen Preisen 220
Handlungsrechte 506
Hauptsatz der Wohlfahrtstheorie 258
Hedger 238
Höchstpreis 230
homo oeconomicus 105
Homogenität *64*
Homogenitätsgrad *64*, *149*, 150
Horizontaladdition *s. auch* Aggregation
HOTELLING-Regel 416, 421
Humankapital 116, 125
Humankapitaltheorie 413
Imitationswettbewerb 38
Indifferenzkurven 14, *51*, 53
   bzgl. Arbeitsarten 115

bzgl. zeitlichen Konsums 118
   der Wohlfahrtsfunktion 260
   gesellschaftliche 275
   im Zwei-Zustands-Diagramm 435
   im μ–σ-Diagramm 447
   im μ-σ-Diagramm 445
   in der EDGEWORTH-Box 255
   Konvexität 53, 55, 58, 81
Ineffizienz im Unternehmen 482
Inflation
   und Nominalzinssatz 407
Information
   asymmetrische ~ auf dem
      Versicherungsmarkt 438
   Grenzkosten, -erlös der ~ 461
   symmetrische ~ auf dem
      Versicherungsmarkt 439
   unvollkommene *451*
   unvollständige 104, 117, 460, 462
   vollständige *452*
Informationskosten 104, 461
Informationsverteilung
   asymmetrische *450*
Innovation 29, 37, *382*
Inputkoeffizient *s.*
   Produktionskoeffizient
Instabilität 222
Institutionenökonomik *485*
   Neue 130
Integrierbarkeitsproblem 88
Interdependenz und Dependenz 243
interner Zinssatz *s.* Zinssatz
Investition 7, 197, 403, 404
invisible hand *s.* unsichtbare Hand
Isoerwartungswertgerade 435
Isogewinnkurve 318, *344*, 351, 353,
   367, 372
Isokostengerade 157
Isoquante *135*, 142
Kalkulationszinssatz *s.* Zinssatz
Kapitalangebot 116, 118
Kapitalanlagen
   Analyse der ~ im μ-σ-Diagramm 445
   negativ korrelierte 450
   positiv korrelierte 450
   stochastisch unabhängige 450
Kapitalwert 198
Kapitalwertmaximierung 404
   bei erschöpfbaren Ressourcen 417
Kartell 353, 375, 390
   Frühstücks~ 375
   gentlemen's agreement 375
Kassageschäft 236
Kassamarkt *236*
Kassapreis *236*

Kassaspekulation 237
Käuferrente 226
  auf Faktormärkten 407
Knappheit s. Ressourcenknappheit
Kollektivgut s. Gut, öffentliches
Kommunismus 12
Komplemente
  Brutto~ 70
  Netto~ 85
  strikte 57
Konkurrenz
  monopolistische 28, 282, *323*
  unvollständige 33, 281
  vollständige 24, 215
Konkurrenzgleichgewicht
  "bestes" 261
  bestes 275
  Eigenschaften des totalen ~s 276
  in der EDGEWORTH-Box 257
  langfristiges 241
  langfristiges partielles 238
  totales 3, *24*, 30, 36
  und PARETO-Optimalität 36, 258
  Variablen und Gleichungen des
    totalen ~s 249
  Veränderungen des 228
Konsistenz 80
Konsumaktivität
  effiziente 92
  gemischte 91
  reine 91
Konsumentenrente s. Käuferrente
Konsumentensouveränität 47, 101
Konsumerismus 106
Konsumplan
  optimaler 15, 92, s. auch optimaler
    Verbrauchsplan
Konsumzeitrestriktion 93
  bei endogenem Arbeitsangebot 112
Kontraktkurve *258*, 315
  bzgl. des Faktoreinsatzes 264
Kontrakttheorie 413
Konvergenz 234
  s. auch Stabilität
Konvexität
  ~saxiom 81
  von Indifferenzkurven 53, 55, 58,
    115
Konzentration
  horizontale 29
  konglomerate 29
  vertikale 29
Kooperation *374*, 503
Koordination
  dezentrale 243
  marktwirtschaftliche 1, 9, 12

Koordinationsstrukturen 500
Kosten
  Alternativ- s. Opportunitätskosten
  durchschnittliche 19
  durchschnittliche fixe *167*
  durchschnittliche totale *168*
  durchschnittliche variable *168*
  externe 203
  fixe 18, 164
  Grenz~ s. Grenzkosten
  langfristige Durchschnitts~ *192*
  Opportunitäts~ s.
    Opportunitätskosten
  private 279
  soziale oder gesellschaftliche 279
  Stück~ 19
  Subadditivität der *299*
  totale 18
  variable 18, 164
  versunkene *391*, 411
Kostenfunktion (-kurve) 19, *162*
  geometrisches Bild der *163*
  langfristige *192*
  lineare 186
Kostensteuer s. Steuer
Kostenverlauf
  ertragsgesetzlicher 166
  linearer 164
  typischer 19, *165*
Kostenvorteile
  komparative 41
Kostenzuschlagskalkulation 475
Kreislauf
  volkswirtschaftlicher 30
Kreuzableitung *52*
Kreuznachfragefunktion 70
Kreuzpreiselastizität 284
Kuppelproduktion *212*
lag 231, s. Preis, verzögerte Anpassung
Lagerhaltung
  und Gleichgewicht 462
LAGRANGE-Funktion 59, 61, 160
LAGRANGE-Multiplikator 59, 61, 63
LAGRANGE-Verfahren 61
Lausanner Schule 244
law of indifference 216
Leasing 403
Lebenszyklus eines Marktes *388*
LEIBNIZsche-Regel *301*, *304*
Lenkung
  dezentrale 276
LEONTIEF-Produktionsfunktion s.
  Produktionsfunktion
Lernen aus Erfahrung 236
Limit Pricing 380

Lohndrift 414
Lohn-Freizeit-Kurve 110
Lohnsatz 5, 402
Lohnstruktur 413
Lohntheorien 414
Lotterie 428
Macht 12
Makroökonomik 2
Managementleistungen 478
Managerkapitalismus 477
Marginalbedingung
   für den Faktoreinsatz 252, 276
   für den Güterverbrauch 251, 257, 276
   für die Gütertransformation 270, 272, 276
Markt 22
   angreifbarer 390
   Entstehung eines ~es 34
   heterogener 27
   homogener 27
   offener 238
   schwarzer 230
   unvollkommener 38
   zeitliche Entwicklung eines ~es 382
Marktaustrittshemmnisse 391
Markteintritt
   im Oligopol *s.* Oligopol
Markteintrittshemmnisse 390
Marktformenschema *281*
Marktgleichgewicht *23*
   auf einem Versicherungsmarkt 439, 441
   bei vollständiger Konkurrenz *218*
   bei vollständiger Konkurrenz auf allen Märkten 247, 276
   Eindeutigkeit 222
   Existenz 222
   geometrische Darstellung 219
   Gleichgewichtsbedingung 218
   in der EDGEWORTH-Box 255
   Stabilität 222
Marktmechanismus 32, 276
Marktseite
   kurze 230, 467
   lange 468
Markttransparenz 240, 282, 339
   vollständige *216*, 460
Marktungleichgewicht 32
Marktversagen 13, 38
Marktwirtschaft 1, 11, 33, 35
   soziale 34
Marktzugang, freier 238
MARSHALL-Stabilität 225
Marxismus 12, 398

Massenproduktion
   Vorteile der 391
Maximierungsproblem
   duales 170
Maximierungszielsetzungen
   alternative *480*
Mehrproduktunternehmen 208
Mehrwert 12, 398
Mengenanpasser 20, 48, 173, 216, 314, 315, 321
Mengenrationierung 102
Mengenstrategie
   im Oligopol 341
Miete 403
Migration 43
Mikroökonomik 1
Mindesterlösforderung
   gesamte 226
   marginale 226
Mindestlohnsatz *464*
Mindestlohnsatzpolitik 399
Mindestpreis 230
Minimalkostenkombination *158*, 160
Mitläufereffekt 97
Modell
   statisches 243
Monopol 24, 27, *283*
   bilaterales 313
   natürliches 38, 290, *299*
Monopolgrad *290*
monopolistischer Bereich 326, 337
Monopson *s.* Nachfragemonopol
moral hazard s. moralische Wagnisse
Moralische Wagnisse 451, 452
Nachfrage *s. auch* Nachfragefunktion (-kurve)
   atomistische ~struktur 215
   effektive 472
   eigentliche 471
   notional 472
   Struktur der 226
   vollkommen elastische 75
   vollkommen unelastische 75
   walrasianische 472
Nachfragefunktion (-kurve) 15
   Aggregation von ~en *202*
   allgemeine *63*, 179
   allgemeine ~ im totalen Konkurrenzgleichgewicht 247
   atypischer Verlauf der 70
   einzelwirtschaftliche 16, 217
   gesamtwirtschaftliche 17, 96, 217
   gesamtwirtschaftliche aus Sicht eines Anbieters 218
   HICKSsche kompensierte *83*, 85

Kreuz~ 70
MARSHALLsche *68*, 85
spezielle *65*, *181*
typischer Verlauf der 16, 70
und Marktgleichgewicht 219
Nachfrageinterdependenzen 97
Nachfragekonkurrenz
   monopolistische *334*
Nachfragemonopol *309*, *s.* Monopol
Nachfrageüberschuss 462, 466
NASH-COURNOT-Lösung des Oligopols
   s. Oligopol
Naturaltausch 34
natürliches Monopol *s.* Monopol
Nebenbedingung 59
neoklassische Theorie 3
Nettoinvestition *s.* Investition
Nettokomplemente *85*
Nettonachfrage 245, 246
   in der EDGEWORTH-Box 255
Nettosubstitute *85*
Neue Institutionenökonomik *s.*
   Institutionenökonomik
Neue Mikroökonomik 103, 460, 466
Nichtausschließbarkeit 39
Nichttrivialität im Konsum 39
Nichtsättigung *51*, 80
Niveauproduktionsfunktion 266
normal profit 240
Nullgewinn
   Produktion mit 243
numéraire 248
Nutzen *4*
   für negative Geldgrößen 433
   Grenz~ *s.* Grenznutzen
   in Geld ausgedrückt 226
Nutzenfunktion *50*
   gesamtwirtschaftliche *s.*
      Wohlfahrtsfunktion
   indirekte *82*
   intertemporale 123
   kardinale *78*, 260, 429
   mehrperiodige (intertemporale) 118
   ordinale *78*, 259, 429
Nutzenindex 78
Nutzenkurve 50
Nutzenmaximierung 8, 11, 47
   Dualität 82
   durch Wahl der Konsumgütermengen
      58
   durch Wahl des Arbeitsangebots 109
   durch Wahl von Arbeits- und
      Kapitalangebot 125
   grafische Darstellung der 83
   Kritik an der Annahme der 101

versus Einkommensmaximierung
   123
Nutzenmöglichkeitenkurve *259*, 273,
   274
Nutzenvergleich
   interpersoneller 50
offer curve 257
   s. auch Tauschkurve
Oligopol 27, *339*, 388
   ~istische Interdependenz 28
   Angebots~ 342
   BERTRAND-Lösung des ~s 359
   BOWLEYsche Lösung des ~s 352
   Duopol 341
   heterogenes 28, 339
   homogenes 339
   Markteintritt im 356
   Mengenstrategie im 341
   Nachfrage~ 371
   NASH-COURNOT-Lösung des ~s 342
   STACKELBERG-Lösung des ~s 350
Oligopson 339
Opportunitätskosten 8, 271, 491
optimale Betriebsgröße *s.* Betriebsgröße
Optimalitätsbedingung
   1. Ordnung für den Güterkonsum 59,
      60
   2. Ordnung für den Güterkonsum 60
Option *s.* Aktienberechtigungsscheine
Optionsempfänger 314, 317, 322
Optionsfixierer 314, 317, 322
Ordnungspolitik 2
organisational slacks 484
Pacht 5, 403
Paradox *s.* Abstimmungsparadox
   GIFFENsches 70, *72*, 73
Parallelproduktion *208*
PARETO-Optimalität 36, *252*, *276*, 315,
   321
   und externe Effekte 279
   und Konkurrenzgleichgewicht 258
Partialanalyse 242, 468
Patent 37
Patentbreite 385
Patentdauer 385
Patenttrennen 387
PHILLIPSkurve 465
   modifizierte 466
Polypol 27
   heterogenes *s.* Konkurrenz,
      monopolistische
Portfolio, optimales 448
Präferenzen 15, 51, 335
   intertemporale 118
   persönliche 216

räumliche 215
sachliche 216
und homogene Güter *215*
Präferenzordnung 81
lexikografische 81
Prämie
faire 431, 437
Prämiendifferenzierung 440
Preis 9
(nicht) markträumender 460, 462
falscher 467
   s. auch trading at a false price
Nicht-Gleichgewichts~ 469
relativer 248
verzögerte Anpassung 231
Preis-Absatz-Funktion (-kurve) *25*, *285*, 363, 388
geknickte *361*
Preis-Beschaffungs-Funktion *309*, 336, 371, 395, 396
Preisdifferenzierung 228, 440
monopolistische *293*
totale 296
Preise
administrierte *475*
Preisführerschaft 369, 375, 381
barometrische 381
dominierende 381
Preisgerade 255
Preisinformation 220, *s.*
Markttransparenz
Preis-Konsum-Kurve 69
Preisnehmer 20, 283
Preissetzer 25, 283
Preisstrategie
im Oligopol 341, 359, 363
Preisuntergrenze 175
Prestigeeffekt 97, *s. auch* VEBLEN-Effekt
Prinzip
der Preisunterschiedslosigkeit 216
Ökonomisches *47*, 59
Prinzipal 451
Prinzipal-Agenten-Theorie 451
Privateigentum 485, 505
Private Equity Investment 44
Produktdifferenzierung 27, 325, 381, 388, 391
Produktdiversifizierung 29
Produktionsfaktor 5
~bestand 5, 402
~differenzierung 403
~nutzung 402
Leistungsabgaben eines ~s 5
Produktionsfunktion 19, *134*

CES- *144*
COBB-DOUGLAS- *144*, 153
homogene 146, 152
LEONTIEF- *136*, 144
limitationale *136*, 270
linear-homogene 148
substitutionale 137
Produktionskoeffizient 136
Produktionsmittel
produzierte s. Sachkapital
Produktionsmöglichkeitenkurve 208, 264
s. auch Transformationskurve
Produktionsplan
optimaler 177, 188
Produzentenrente *s.* Verkäuferrente
Prohibitivpreis 287
Property Rights 506
Prozeßpolitik 2
Quasi-Rente 409, 410
RAMSEY-*Preis-Regel 302*
Randoptimum 58
Rationalität 103
eingeschränkte 105, 488
Rationierung 467, 471
~smechanismus 468
Reaktionsfunktion (-kurve) *343*, 350, 357, 365
Reallohnsatz 396
recontracting 220
Renditeausgleichstheorem 406
Rente 227, 407, *s. auch* Käufer- und Verkäuferrente
rent-seeking 37
Reputation 490, 495
Reservationsnutzen 455
resourceful, evaluating, maximizing man 105
Ressource *s.* Produktionsfaktor
Ressourcen 415
~knappheit 6
erschöpfbare 415
Markt für erschöpfbare 417, 421
natürliche 415
Risiko 106, *s.* Spekulation
gutes, schlechtes 438
Risikoaversion 429, 436, 448
absolute *442*
konstante 442, 443
relative *442*
Risikoaversionsmaß 441, 442
Risikofreude *s.* Risikovorliebe
Risikoindifferenz *s.* Risikoneutralität
Risikoneutralität 429, 436, 448, 454

Risikonutzenfunktion 428, 446
   quadratische 446
Risikoprämie 431
Risikoscheu
   s. Risikoaversion
Risikovorliebe 429, 436, 448
Rohstoffe 415, s. auch Ressourcen, erschöpfbare
Sachkapital 5, 402
Sättigung 52
Sättigungsmenge 287
Schweinezyklus 236
SHEPHARDs Lemma 84, 171
Sicherheitsäquivalent 429, 445
Sicherheitslinie 435
Signalgebung 459
Skalenelastizität 147
Skalenerträge 250, 268, 269, 299
   abnehmende 150
   konstante 148
   zunehmende 149
SLUTSKY-Gleichung 84
Snobeffekt 97, 99
Sozialismus 12
Sparen 118
   und zeitliches Arbeitsangebot 124
Spekulation 236
spill-over-Effekt 471
Spinngewebe-Modell 231
   mit Lagerhaltung 235
Staat 1
Stabilität 222
   des Spinngewebe-Modells 232
   des totalen Konkurrenzgleichgewichts 250
   MARSHALL-~ 225
   s. auch Spekulation 238
   WALRAS-Stabilität 225
Stabilitätsbedingung 223
STACKELBERG-Lösung s. Oligopol
Stetigkeit 50, 81
Steuer
   auf Nachfrage oder Angebot 229
Stückgewinn 175
Stückkosten 19
Substitute
   Brutto~ 70
   Netto~ 85
   vollkommene 57
Substitution
   Alternativ~ 56
   Grenzrate der s. Grenzrate der Substitution
   periphere 56

Substitutionseffekt 71, 72, 84
Substitutionselastizität 145
Suchkosten 465
Suchzeit, optimale 464
Symmetrieannahme
   in der Theorie von CHAMBERLIN 329
Tangentenlösung in der Theorie von CHAMBERLIN 334
tâtonnement 220
Tausch
   reiner 253
   Vorteilhaftigkeit des ~s 227
Tauschkurve 257
Teilbarkeit
   von Gütern 48
Teilmonopol 281, 305
Teiloligopol 281
Teilversicherung 437
Termingeschäft 236
Terminkontrakt 237
Terminmarkt 236
Terminpreis 236
Terminspekulation 237
Totalanalyse 468
Totalanalyse, mikroökonomische 243
Totalbedingungen 277
trading at a false price 467
Transaktion 488
Transaktionskosten 129, 489, 514
Transaktionskostenansatz 486
Transaktionskostentheorie 130, 488
Transformation 430
   fundamentale 493
   monotone 79
   positive lineare 430, 442
Transformationskurve 6, 208, 264
   Einkommens~ 123
   für limitationale Produktionsfunktionen 269
   für linear-homogene Produktionsfunktionen 265, 266
Transitivität 80, 89
Treppenkurve 225
Trittbrettfahrer 39
Übernahmeangebot 478
Überschussnachfrage 220, 248
Überversicherung 437
Umhüllende
   zu den Kostenfunktionen 191
Umsatzsteuer s. Steuer
Unabhängigkeitsposition des Oligopolisten 350
Ungewissheit 106

Ungleichgewicht 222
  KEYNESsches 472
Ungleichgewichtstheorie
  und Neue Makroökonomik 467
  und Neue Mikroökonomik 466
unsichtbare Hand 12, 32, 277
Unterbeschäftigung 6
Unternehmen *127*
  Entstehung von 128
Unternehmer *130*
  dynamischer 29, 37, 382
  imitierender 30
  initiativer 388
  konservativer 388
  Pionier~ 29
  statischer 382
unverbundene Produktion *s.*
  Parallelproduktion
utility possibility curve
  in the point sense 274
  in the situation sense 274
v. STACKELBERG-Lösung s. Oligopol
variabler Faktor *s.* Faktor
VEBLEN-Effekt 97, 100
Verbrauchsebene 49
Verbrauchsplan 49
  optimaler 57
  optimaler intertemporaler 120
Verbundvorteile 299
Verhalten
  autonomes *340*, 342, 349, 363
  heteronomes *341*, 350, 361
  konjekturales 341
  opportunistisches 488
  rationales ~ bei Unsicherheit 427
  satisfizierendes 105
Verhaltenstheorie des Unternehmens 483
Verhandlungsgleichgewicht *315*
Verkäuferrente 227
  auf Faktormärkten 407
Vermögen
  juristisches 433
  ökonomisches 433
Vermögensversicherung 431, 432
Versicherung
  Deckungsgrad 437
Versicherungsgerade 437
Versicherungsgleichgewicht 441
Versicherungsmarktgleichgewicht 439
Verteilung
  gerechte 258
Verteilungspolitik 34, 36
Verteilungsproblem 10, 260, 275

Vertrag
  unvollständiger 490
Verzinsung 403
Vollkostenprinzip 475
Vollständigkeit 80
Vollversicherung 436
Vorprodukt 6
Vorsprungsgewinn 29, 37
Vorteil
  absoluter 128
  komparativer 128
WALRAS-Gesetz 249, 470
WALRAS-Stabilität 225
Werbung 102
Wettbewerb 8, *9*
  als Entdeckungsverfahren 29
  Auslesefunktion des ~s 37
  Imitations~ 38
Wettbewerbspolitik 12
Wettbewerbsrand *305*, 377
Wirtschaftseinheit *1*
Wirtschaftsordnung 1
Wirtschaftssystem 276
Wohlfahrtsfunktion 260, 275
  Existenz einer 261
Wohlfahrtsindex 261
  s. auch Wohlfahrtsfunktion
Wohlfahrtstheorie, Hauptsatz der 258
Wohlstandsgrenze 274
X-inefficiency 482
Zählgut 248
Zahlungsbereitschaft
  gesamte 225
  marginale 225
Zeitpräferenzrate *120*
Zentralverwaltungswirtschaft 1
Zins 403
Zinssatz 5, 119, 405, 406
  interner *199*
  Kalkulations~ *198*
  nominaler 407
  realer 407
Zukunftsmarkt *s.* Terminmarkt
Zuschlagssatz *s.*
  Kostenzuschlagskalkulation
Zuteilungsverfahren 10
  marktwirtschaftliches 10, 34
Zwei-Zustands-Diagramm 434
Zwischenprodukt 6
μ-σ-Analyse 444, 446
μ-σ-Diagramm 444
μ-σ-Nutzenfunktion 445, 446

Printed by Books on Demand, Germany